BENLİK, AİLE VE İNSAN GELİŞİMİ

KÜLTÜREL PSİKOLOJİ

Koç Üniversitesi Yayınları: 25

Benlik, Aile ve İnsan Gelişimi: Kültürel Psikoloji
ÇİĞDEM KAĞITÇIBAŞI
Psikoloji

Çeviri: Kolektif
Redaksiyon: Şeyda Öztürk
3. Baskı yayıma hazırlayan: Çiçek Öztek
3. Baskı Düzelti: Mehmet Celep
Kapak tasarımı: Altuğ Atik / Tayburn Kurumsal
Kapak görseli: Ulkutay Design
Sayfa tasarımı ve uygulama: Alef Yayınevi

Baskı: Colorist Akademi Matbaacılık
Yeşilce Mahallesi Yılmaz Sokak No: 3 4.Levent/İSTANBUL
Tlf. (212) 270 78 78
Matbaa sertifika no: 18977

Family, Self, and Human Development Across Cultures: Theory and Application
© Türkçe hakları Koç Üniversitesi Yayınları, 2010
© Lawrence Erlbaum Associates, Inc. 2007
Taylor & Francis Group LLC'nin iştiraki olan Lawrence Erlbaum Associates tarafından yayımlanan
İngilizce versiyonun onaylı çevirisidir.
3. baskı: İstanbul, Kasım 2012
2. baskı: İstanbul, Eylül 2012
1. baskı: İstanbul, Şubat 2010
ISBN 978-605-5250-07-2
Sertifika no: 18318

Bu kitap geri dönüşümlü kâğıda basılmıştır.

Koç Üniversitesi Yayınları
Rumeli Feneri Yolu, 34450 Sarıyer-İstanbul
Tlf. +90 212 338 17 97
kup@ku.edu.tr | www.kocuniversitypress.com | www.kocuniversitesiyayinlari.com

Benlik, Aile ve İnsan Gelişimi

Kültürel Psikoloji

ÇİĞDEM KAĞITÇIBAŞI

KOÇ
ÜNİVERSİTESİ
YAYINLARI

Oğuz'un anısına

... ve bütün çocukların esenliğine

İçindekiler

İkinci Basımın Sunuşu

Elinizdeki kitap bundan on yıl önce yayımlanmış olan *Kültürel Psikoloji* kitabımın genişletilmiş ve güncelleştirilmiş yeni baskısıdır. *Kültürel Psikoloji*'nin yayımlanmasından beri, son on yıl içinde, benlik, aile ve insan gelişimi konularındaki kültürel ve kültürler arası araştırmalar ve kuramlar o kadar çoğaldı ki alan değişim geçirdi. Dolayısıyla bu basım öncekinden çok farklı ve çok daha kapsamlı. Bu nedenlerle kitabın adını da değiştirdim. Özellikle bu çalışmanın vurgu alanları—benlik, aile ve insan gelişimi ve bunlarla ilgili kültürel bağlamda kuram ve uygulamalar—kitabın adını oluşturdu.

Kültürel Psikoloji gibi *Benlik, Aile ve İnsan Gelişimi* de önce İngilizce yazıldı ve yurtdışında basıldı. Türkiye'deki okuyucuya da bu çalışmalarımı sunmak amacıyla elinizdeki Türkçe çeviriyi hazırladım. Ancak okurken kitabın özellikle Türk okuyucuyu değil de uluslararası beşeri bilimler camiasını hedef aldığını hatırlamak gerekir. Bu, bazı noktalarda ortaya çıkacaktır, özellikle de ilk baskıdan değiştirilmeden alınan "Kişisel Bir Giriş"te. Bu kişisel girişi ikinci basımda da tutuyorum çünkü çalışmalarıma ve genel bakış açıma hâlâ geçerli bir çerçeve oluşturuyor.

Bu kitabı ve öncekini niçin önce İngilizce yazıp yurtdışında bastırdığımı da açıklamak isterim. 15-20 yıldır genellikle insan gelişimi, özellikle de benlik gelişimi ve bunun bağlamını oluşturan aile olgusunu inceliyorum. Bu incelemelerim bir taraftan da uygulamalı bir projeden yola çıkarak (Erken Destek Projesi), anne ve çocuğa yönelik ülke çapında bir yaygın eğitim programına dönüştü. Birbirinden çok farklı ve ayrı görünen bu bilimsel ve uygulamalı çalışmalar aslında benim için bir bütünlük oluşturuyor. Bu bütünlük hem kuramsal niteliktedir hem de kuram-uygulama ilişkisindedir. Bu bütünlüğü ortaya koymak istedim.

"Kişisel Bir Giriş"te ve kitap boyunca da belirttiğim gibi, bilimsel çalışmalarımın neredeyse en başından beri sosyokültürel ortamı hep dikkate aldım. Bu da beni giderek kültürel ve kültürler arası psikolojiye yöneltti. Yurtdışındaki doktora öğrenimimden itibaren baskın Amerikan psikolojisinin bazı kuram ve varsayımlarının sanıldığı gibi evrensel olmadığını ve neyin evrensel neyin kültüre bağlı olduğunun ayırt edilmesi gerektiğini düşündüm. Bundan yola çıkarak özellikle 1980'lerden sonra giderek bağlamsal-işlevsel bir bakış açısı geliştirdim. Bir yandan da psikolojinin insan sorunlarına duyarlı katkılarının daha fazla olması gerektiğini düşündüm.

Bu konularda esas muhatabım uluslararası bilim camiasıydı. Ayrıca bir yandan Batı psikolojisini sorgularken, bir yandan da uluslararası psikolojiye ve beşeri bilimlere bir katkıda bulunmayı amaçladım. Bu nedenlerle kitabımı önce İngilizce yazdım.

Bu kitap, son 20 yıllık çalışmalarımı bir araya getirip bazı sentezlere ulaşma çabamın bir sonucudur. Kitap, ilk baskısının yayımlanmasından sonraki iki yıl içinde yurtdışında oldukça çok tartışıldı.[1] Çeşitli uluslararası dergilerde yayımlanan olumlu yorumlar ve birçok ülkedeki beşeri bilimcilerden bana doğrudan gelen olumlu geribildirim ve devam eden yoğun ilgi, kitabın amacına ulaştığını gösterdi. Bu kitap ilk kitabın çalışmasını daha ileriye götürdü. Şimdi de Türkiye'deki beşeri bilimler camiasına, meslektaşlarıma, öğrencilere ve ilgili okuyucuya *Kültürel Psikoloji*'den sonra daha geliştirilmiş olan *Benlik, Aile ve İnsan Gelişimi*'ni Türkçe olarak sunabildiğim için mutluyum.

Bu kitap, Brewster Smith'in birinci basım için yazdığı önsözü de içeriyor. O da geçerliliğini koruyor ve çalışmalarım hakkında derinlemesine bir anlayış sunuyor. Ayrıca bu önsöz, hocam olan önemli bir psikoloğun bilgeliğini de yansıtıyor.

Kültürel Psikoloji'nin bütün bölümleri güncelleştirildi ve bazıları büyük ölçüde değiştirildi. İki yeni bölüm eklendi: "Ana Babalık ve Özerk-İlişkisel Benliğin Gelişimi" ve "Göç ve Kültürleşme." İlki, bazı diğer bölümlerde de anlatıldığı gibi, benim "benlik"le ilgili yeni kuramlarımı anlatıyor. İkincisi, bu baskının içeriğine uygun güncel araştırma ve düşünceleri içeriyor.

Benlik, Aile ve İnsan Gelişimi ile *Kültürel Psikoloji*'nin arasındaki asıl fark, bu kitabın benim benlik ve aileye kuramsal yaklaşımlarımı daha büyük ölçüde kapsamasıdır. Bu bakış açıları son yıllarda çok gelişti. Bunlar kitabın temelini oluşturuyor, diğer birçok değişik konu da bu bakış açılarının üzerine kurulu. İkinci olarak, bu kitap, insan gelişimi, aile ve kişi hakkında öne sürülen "sağlıklı model"in evrensel uyumunu daha güçlü bir bakışla sunuyor. Bu öneri bütün kitap boyunca görülüyor ama 3, 5, 6 ve 11. Bölümler'de özellikle daha çok öne çıkıyor. Bu kitapta politika ve uygulamalar da vurgulanıyor. Şöyle ki, bu kitabın bir tezi var ve benim ilişkili konulardaki görüşlerim açıkça belirtiliyor. Bu, sosyal bilimlerin, genellikle üstü örtülü de olsa, "değer yargılarından arınmış" olamayacağına ilişkin düşüncemle uyumlu. Bu değer yargılarını açıkça belirtmeyi daha uygun buluyorum.

---

1   Örneğin bakınız: *Contemporary Pscyhology*, 1997, 42/9, s. 787-92, Wallach, Triandis ve Oyserman'ın değerlendirme yazıları; *International Journal of Behavioral Development*, 1997, 21, s. 633-8, Friedlmeier'in değerlendirmesi; *Journal of Cross-Cultural Psychology*, 1997, 28, s. 359-90, Keats'in değerlendirmesi. Daha sonraki yıllarda da kitaba çok sayıda referans verilmiş ve temel kuramsal yaklaşımları kullanılmıştır.

Bir konuyu sunarken, psikolojideki güncel yayınlardan daha önceki çalışmalara ve kuramsal bakış açılarına da gönderme yapmayı tercih ettim. Çünkü bir konudaki düşüncelerin gelişmesini anlamanın ve okuyucuyla paylaşmanın önemli olduğunu düşünüyorum. Ayrıca, önceki çalışmaları öğrenmenin çok yararlı olduğuna ve bilgimizin bu şekilde birikimli olarak çoğaldığına inanıyorum. Aksi halde yeni bir etiketle eskiyi tekrar etme ya da "tekerleği tekrar icat etme" tehlikesi baş gösterebilir. Böylece, *Benlik, Aile ve İnsan Gelişimi*'nde hem bilgilerin önemli bir güncellemesini yaptım hem de önceki kuramsal bakış açılarına gönderme yapmaya devam ettim. Bir konudan söz ederken önce tarihsel geçmişini ve önceki önemli araştırmaları verip daha sonra daha güncel çalışmalara geçtim. Bu yolla, okuyucuya, birçok konunun uzun bir geçmişi olduğunu ve konunun zaman içindeki gelişimini bilmenin şimdiki durumunu anlamaya yardımcı olacağını ifade etmeye çalıştım.

Kitaptaki bütün bölümler birbirleriyle bağlantılıdır. Bazı bölümler birbirleriyle örtüşebiliyor da; ama bu, birbirleriyle bağlantılı konularda beklenebilir bir durum. Ayrıca bu, her bölümün diğerlerinden bağımsız bir şekilde okunabilmesini ve bir bölümü okuyan kişinin o konu hakkında kapsamlı bilgiye ulaşmasını da sağlıyor.

Bu kitabı okuyucu ve öğrenci için kullanımı daha kolay olacak şekilde düzenlemeye yardımcı bir yenilik de var. Her bölümün sonuna madde madde hazırlanmış "Özet ve Temel Noktalar" kısmı eklendi.

Teşekkür

Kültürel Psikoloji'yi önceki üniversitem olan Boğaziçi Üniversitesinden aldığım izin yılımda Hollanda İleri Araştırma Enstitüsünde (The Netherlands Institute for Advanced Study- NIAS) yazmıştım. *Benlik, Aile ve İnsan Gelişimi*'nin de büyük bir bölümünü NIAS'taki ikinci iznimde yazdım. Bunun gerçekleşmesine imkân sağladığı için NIAS'a teşekkür ederim. Koç Üniversitesi bana çok değerli beş aylık bir izin verdi.

Koç Üniversitesindeki asistanlarım ve öğrencilerim Ayça Atik, Duygu Çakıroğlu, Suzi Levi, Ayşegül Ertüreten, Hande Sungur, Selin Gülgöz, Bengi Keskin, Ezgi Dede, Merve Erkal, Gözde Attila, Demet Çek ve Ekin Çapar bu kitabın çevirisinde ve diğer konularda bana yardımcı oldular. "Kültür ve Davranış" ve "Psikolojide Bilim, Politika ve Uygulama" derslerimde, yıllar içinde düşüncelerimi ve bu kitapta sözü edilen konular hakkındaki bakış açılarımı geliştirdim. Bu sürece katkıda bulunan tüm öğrencilerime de teşekkür borçluyum. Ayrıca bana birçok şey öğreten Türk ve yabancı bilimci arkadaşlarıma da aynı şekilde borçluyum.

Bu kitapta yer alan fotoğraflar, en baştaki hariç, Anne Çocuk Eğitim Vakfı'nın (AÇEV) arşivlerinden derlendi. Bunlar Türkiye'de yoksul çevrelerde yaşayan çocukların fotoğrafları. Okullarında ve hayatlarında adil bir başlangıç sağlamak için onlara AÇEV tarafından Anne Çocuk Eğitim Programı ve diğer destek yardımları sağlandı. Fotoğraflardan dolayı AÇEV'e teşekkür ederim. Ayrıca AÇEV'e Türkiye'de ve yurtdışında insan gelişimine olan büyük katkılarından dolayı hayranlığımı ve şükranlarımı ifade etmek isterim.

Bu çalışma çok uzun bir sürecin sonucudur, özellikle de son yirmi yılın. Bütün yaşam kariyerim boyunca birçok kişi; ama özellikle merhum annem Süheyla Çizakça, merhum eşim Oğuz Kağıtçıbaşı ve bütün ailem benim için güç ve destek kaynağı oldu. Onlara sonsuz sevgi ve minnet duyuyorum.

Çiğdem Kağıtçıbaşı
İstanbul, 2008

Birinci Basımın Önsözü

M. BREWSTER SMITH[1]

Bu olağandışı kitap uluslararası psikoloji dünyasında tanıtıma gereksinimi olmayan bir yazarın kitabıdır. İstanbul Koç Üniversitesi Psikoloji Bölümünde profesör ve Türk Psikoloji Derneğinin eski başkanı olan Çiğdem Kağıtçıbaşı, aynı zamanda Kültürler Arası Psikoloji Kuruluşunun başkanlığını yapmış ve Uluslararası Bilimsel Psikoloji Birliğinin de başkan yardımcısı olmuştur. 1993 yılında Amerikan Psikoloji Derneğinin "Psikolojinin Uluslararası Gelişimine Seçkin Katkı" ödülüne layık görülmüştür. Bu kitap, farklı bir kariyer sürecinin doruk noktasıdır. Ben bu süreci, kendisinin California Üniversitesindeki lisansüstü çalışmalarından beri hayranlıkla izleme imkânına sahip şanslı kişilerden biriyim. Bu anlamda, onun da önsözünde belirttiği gibi, bu, çok kişisel bir kitaptır.

Aynı zamanda bu kitap, insan gelişimi ve sosyal gelişime, "diğer taraftan" güncel ve örnek alınacak bir bakış açısının da sergilenişidir. Bu "diğer taraf," Kağıtçıbaşı'nın (artık Üçüncü Dünya olarak nitelenmeyen) Çoğunluk Dünya olarak adlandırdığı, sanayi sonrası Batı yaşamının yararlarını ve sorunlarını tam olarak yaşamayan ülkeleri kapsıyor. Dahası, Avrupa-Amerika psikolojisinin büyük bir kısmının düşüncesizce kültüre bağımlılığını düzelten, kültürler arası perspektifin yetkeli bir sunumu, insan gelişimiyle ilgilenen perspektiflerin bir analizidir. Bu analiz, kültürel bağlamsal yaklaşımların kolaylıkla düşebileceği aşırı göreciliğin tuzaklarına da düşmemektedir. Bunu, özerklik ve ilişkiselliğin dengede olduğu bilişsel yeterlik ve gelişen benlik kriterleri oluşturarak başarıyor. Bu yapıt, aile değişimi kuramına yapılmış özgün bir katkıdır; aynı zamanda modernleşme kuramının, gelişmekte olan toplumlardaki ailelerin giderek Batı bireyci modelinde birleşeceği beklentisine karşı çıkmaktadır. Bu, Çoğunluk Dünya'nın sorunlarına odaklanan, ancak Batı için de aynı ölçüde geçerli olan, psikolojinin sosyal değişim meydana getirmedeki rolünün yapıcı ve akıllı bir

---

[1] California Üniversitesi, Santa Cruz, ABD. Smith, Amerikan Psikoloji Derneğinin başkanlığını yapmış, birçok ödül almış, tanınmış bir sosyal psikologdur. California Üniversitesinde (Berkeley) doktora hocamdı. Bu Önsöz, adımın telaffuzu gibi Türk okuyucuyu hedef almayan birkaç cümlesi çıkarılarak Türkçeye çevrilmiştir.

analizidir. Bu kitapta aynı zamanda, erken çocuk bakımı ve eğitimi (EÇBE) konusuyla ilgili ABD'deki ve Çoğunluk Dünya'daki kuram ve uygulamaların eleştirel bir gözden geçirilişini görüyoruz. EÇBE, Kağıtçıbaşı'nın ilgi alanına giren ve aile bağlamında gerçekleştirilen bir tür müdahaledir. Yaygın bir alana yayılmış bütün bu konularda Kağıtçıbaşı'nın literatüre hâkimiyetinin genişliği ve derinliği şaşırtıcıdır. Bu literatürün bir kısmıyla tanışık olan okuyucu (başka kim hepsine birden hâkim olabilir ki?) kendi alanındaki geniş bibliyografyaya Kağıtçıbaşı'nın sağladığı kılavuzluğa saygı duyacak, tanımadığı yeni alanlarda da bu bilgilendirmeden memnun kalacaktır.

Tüm sözü edilen konular, Erken Destek Projesi'nde somut hale geliyor. Kağıtçıbaşı'nın İstanbul'un gecekondu bölgelerinde tasarladığı ve yürüttüğü bu Lewin stili eylem içeren araştırma [action-research] birçok açıdan saygı duyulacak bir projedir. Türk kültürel bağlamına duyarlı bir şekilde tasarlanan projede, çocuk gelişiminde bilişsel ve sosyal yetkinliğin göreli olmayan standartları göz ardı edilmemiştir. Müdahale çalışması okulöncesi yıllarda sosyalleşmenin birincil bağlamı olan anneye yönelmiş. Araştırmanın tasarımı birden çok sonucun ölçüldüğü uygun kontrollü karşılaştırmaların yapılmasına uygun olarak hazırlanmıştı. Özellikle bilişsel ve okulla ilgili ölçümlerde, anne eğitimi ve eğitim veren gündüz bakımevlerinin etkisi ile oluşan dikkat çekecek olumlulukta kısa dönem sonuçları elde edildi. Daha önce neredeyse hiç benzeri olmayan 10 yıllık bir takip araştırmasından sonra ise, anne eğitiminin etkilerinin sürdüğü (kadınların da güçlendiği), ancak gündüz bakımevi deneyiminin avantajlarının zamanla yok olduğu ortaya çıkmıştır. Bu bulgular, Kağıtçıbaşı'nın annelere uygulanan müdahalenin aile sisteminin işleyişine yeni bir yönelim kazandırdığı şeklindeki yorumuyla anlam kazanmaktadır. Kağıtçıbaşı, daha sonra bu projenin Türkiye'de erken çocukluk desteğini içeren programları etkilediğini ortaya koyarak, psikolojinin Çoğunluk Dünya'da insan gelişiminin ulusal ve giderek global yönleriyle nasıl ilgili olabileceğini gösteren yollar önermektedir. Böylece kuram ve uygulama bu kitapta bütünleşiyor.

Burada, Kağıtçıbaşı'nın entelektüel açıdan liderlik yaptığı ve hem Avrupa-Amerikan hem Çoğunluk Dünya psikolojisinin şiddetle ihtiyaç duyduğu bazı noktaları vurgulamak istiyorum. Bu noktalar, bu kitabın alkışladığım katkılarıdır.

İlk olarak, onun, Avrupa-Amerikan kültürünün bireyciliğinin günümüzdeki eleştirisini genişletme çabasından büyük memnuniyet duydum. Psikoloji ve sosyal bilimlerdeki—feministler ve diğerleri dahil— birçok ses bireysel değerler olan yetkinlik ve özerklik özelliklerini tamamlayan ilişkisellik değerlerine büyük öncelik verir. Avrupa-Amerikan kültürünün hâkim olduğu yerlerin dışında "toplulukçu" değerlerin yaygın olduğunu gösteren geniş literatüre olan hâkimiyetiyle Kağıtçıbaşı, gelişmeyle ilişkisellik değerlerinin yerini Batı bireyciliğine terk edeceğini öngören modernleşme kuramına meydan okuyor. Gerçekten de ekonomik gelişme ve beraberinde getirdiği kentleşme, geleneksel kültürlerin birçok yönünü yok edebiliyor. Ancak, Japonya ve diğer Doğu Asya "başarı hikâyeleri," ilişkisellik değerlerinin ekonomik gelişme sürecinde hayatta kaldığını gösteriyor. Kağıtçıbaşı, Çoğunluk Dünya'daki meslektaşlarına seslenerek, Batılı olmayan kültürlere özgü ilişkisellik değerlerini koruyan bir kişisel özerklik için yeni hedefler belirlenmesi gerektiğini söylemektedir. Uyguladığı EÇBE anne eğitimi projesi, psikolojinin bu hedefe yönelik kullanılabileceğini gösterdi ki bu hedef, varlıklılar için olduğu kadar yoksullar için de arzulanan bir hedeftir.

Günümüzde Triandis, Berry, Bond'un kültürler arası psikolojisi ile Cole, Rogoff, Shweder ve arkadaşlarının kültürel psikolojisi arasında bir kutuplaşma belirmiştir. İlk grup, modası geçmiş pozitivist geleneği sürdürmekle suçlanıyor. Bunu bireyci Batı kültürünün bazı boyutlarını, herkes için geçerli varsayıp karşılaştırma standartları olarak (etik) dayatarak yaptıkları öne sürülüyor. İkinci grup, bağlamsal (emik) bir yaklaşımla, olgu ve davranışları her kültürün kendi çerçevesi içinde inceliyor. Ancak bunlar da aşırı göreciliğin çıkmazına saplanabiliyor. Kağıtçıbaşı, kültürler arası gelenekten gelmektedir, bu alanda bir lider olarak kabul ediliyor. Ancak iddiası, kültürel ve kültürler arası psikolojinin birbiriyle rekabet eden değil, birbirini tamamlayan iki alan olduğudur; psikolojinin, karşılaştırma yöntemlerinden ve tarih ve kültürü aşan ilke ve kuralları keşfetme amacından vazgeçmeden kültürel bağlama eğilebileceğine inanıyor.

Kağıtçıbaşı'nın birleştirici yaklaşımı, uluslararası ve kültürler arası, varlıklılar ve yoksullar arasındaki engelleri aşan insan gelişimi standartlarının gerekliliği konusundaki ısrarında odaklanıyor. Bu, kültürel bağlamcılıkla evrensel standartları birleştirme çabası, karmaşık ve zor bir entelektüel manevra olduğu gibi, aynı zamanda kolay olmayan politik bir uzlaşmadır da. Bence bu, doğru bir seçimdir. Okulda edinilen bilişsel yeterlikleri, modern öncesi kırsal topluluklarda ve sokak kültüründe yetişen çocukların daha az soyut bilişsel yeterliklerinden daha "gelişmiş" olarak değerlendirmek bugün politik olarak doğru kabul edilmiyor. Hatta resmi okul eğitiminin zaruri değeri bile sarsılmıştır. Kağıtçıbaşı bize, Çoğunluk Dünya'da evrensel eğitimin ve okuryazarlığın İnsan Hakları Evrensel Beyannamesi ve Çocuk Hakları Anlaşması'nda yer alan uzlaşılmış hedeflerden olduğunu, ancak bunların özellikle kadınlar ve kızlar açısından sadece kısmi olarak uygulandığını hatırlatıyor. Gerçekten de "orta sınıf" bilişsel yeterlikler, çağdaş dünyanın karmaşıklığıyla başa çıkabilmek için fazlasıyla gereklidir; ABD'deki azınlıklar için de, Çoğunluk Dünya'nın büyük şehirlerine akın eden kırsal kesim göçmenleri için de aynı şey geçerlidir. Kağıtçıbaşı'nın da gözlediği gibi, geleneksel kültürün postmodern hayranlarının aşırı göreciliği, çifte standarda doğru atılmış bir adımdır: *Bizim* çocuklarımızı *bizim* dünyamıza hazırlamak için birinci sınıf anaokulları ve ilkokullar kurmak, fakat örneğin Kuran okullarındaki ezberci öğrenimi (veya kızların okula gitmemesini) ötekilerin değerli kültürünün korunması olarak kabul etmek. Bu konunun ahlaki ve siyasal yönleri oldukça karmaşıktır, halbuki Kağıtçıbaşı'nın bakış açısı cesur ve açıktır.

Prensipte onun görecilikten arınmış bir bağlamsalcılık öneren bakışıyla aynı görüşte olmayanlar, onun fikirleriyle başa çıkmak zorunda kalacakları gibi, aynı zamanda da onun anne ve erken çocukluk desteği içeren müdahale araştırmasının çıkarsamalarını da dikkate almak zorunda kalacaklardır. Ben yakın geçmişte, psikolojide bilimsel ampirizmin postmodernist saldırıya karşı savunuculuğunu yapmak zorunda kaldım; amacım, hakikate ve iyiliğe yaklaşmaya çalışan insan çabasının belli tarihsel kültürel bağlamları aşması gerektiğini desteklemekti. Kağıtçıbaşı'nın Çoğunluk Dünya'da anne eğitimi müdahalesinin etkililiğinin ortaya konması, aşırı kültürel göreciliğe karşı herhangi bir felsefi tartışmayla verilecek cevaptan daha etkilidir. Somut örnek ikna edicidir: Kültürel bağlamsal temelli bilimsel araştırmalar yapılabilir ve bunlar, kamu politikaları üzerinde etkili olabilir. Gelişmekte olan ülkelerdeki elit kesim, Kağıtçıbaşı'nın gerçekleştirdiği türden müdahale araştırmalarını desteklemek isteyecektir; bunları destekleyecek bir başka kesim de araştırmalardan bizzat yararlanan katılımcılar olacaktır. İşte izleyeceğimiz yol budur!

Bu kitap çok kısa bir zamanda geniş bir kitle için vazgeçilmez bir kitap, kültürel ve kültürler arası psikologlar için çok değerli bir kaynak haline gelecektir. Avrupa-Amerikan psikolojisini yeniden şekillendirme, gerçekten evrensel hale getirme ve daha az kültüre bağlı kılma çabası içinde olan kültürler arası psikologların sayısı hâlâ çok azdır. Bu kitabın, Çoğunluk Dünya'daki psikologların ve onlarla birlikte psikolojiyi, toplumsal gelişimin sorunlarına uygulamak isteyen Avrupalı-Amerikalı psikologların aynı oranda ilgisini çekmesi gerekir. Ancak, bu kitabı bir ders kitabı ve kaynak olarak kullanabilecek kitle çok daha büyüktür. Kağıtçıbaşı'nın aileye ve insan gelişimine "diğer taraftan" bakışı, "bu" taraftaki psikologların varlıklılar ve yoksullar arasındaki büyük ayrımla ilgili endişeleriyle çok yakından ilintilidir. Biz Avrupalı-Amerikalılar, içimizdeki yoksul azınlıklarla ilişkilerde benzer sorunlar yaşıyoruz. Bizlerin, günümüzdeki siyaseten doğruluk dalgası içinde, göreciliğin benzer umutsuzluklarıyla kafamız karışıyor olabilir; özellikle de "orta sınıf" bilişsel standartlarının, orta sınıf fırsat ve kazanımlarından sistematik olarak mahrum kalmış çocuk ve yetişkinler için geçerli olması konusunda. Erken müdahale projelerine verilen destek, Başkan Johnson'ın Büyük Toplum programları ile doruğa ulaştı ve bu projeler büyük ölçüde erken çocuk gelişiminde aile bağlamını göz ardı etti. Belki de Kağıtçıbaşı'nın İstanbul'dan gelen umutlandırıcı örneği, bezgin Amerikalı psikologları harekete geçirebilir ve dışarıda bırakılmış azınlıkları tam bir vatandaş yapma konusundaki sorunları daha ciddi ele almalarını sağlayabilir. Kağıtçıbaşı, kesinlikle, gelişim ve aile ilişkileri psikologlarına ve öğrencilerine, üzerinde dikkatle düşünülecek pek çok konu veriyor.

Kişisel Bir Giriş [1]

Kişiler Arası İlişkiler

Birkaç yıl önce kültürler arası psikoloji kongresinin bir sempozyumuna katılmaya davet edilmiştim. Benden istenen, kültürler arası psikolojiye nasıl yöneldiğimi anlatacak kişisel bir tanıtım sunmamdı, özellikle de kültürler arası araştırmalar yapmaya nasıl başladığımı anlatmam isteniyordu. Bu istek benim geriye bakmamı sağladı ve bugünkü akademik ilgi alanımın arka perdesini aralamama yol açtı. Bu, bir geçmişi yeniden yapılandırma süreciydi. Kültürler arası veya kültür psikolojisine olan ilgimin nasıl başladığını bulmaya çalıştıkça oldukça gerilere gittiğimi gördüm. Böylece, akademik bir yeniden yapılandırma çabası, otobiyografik bir incelemeye dönüştü. Aslında, herkesin çalışmasında kişisel deneyimlerin bir yansıması görülür, ancak bu nadiren dışa vurulur. Ben, kitaba bu kişisel deneyimleri açığa çıkararak başlamak istiyorum. Çünkü bunun, söyleyeceklerime bir perspektif sağlayacağına inanıyorum—özellikle uluslararası bir perspektif.

O heyecan verici 60'lı yıllarda Berkeley, California Üniversitesinde sosyal psikoloji lisansüstü öğrencisiydim. 1950'lerin ve 60'ların sosyal psikoloji literatürüne oldukça hâkimdim. O zamanlar popüler olan bilişsel çelişki kuramından ve laboratuvar deneylerinden daha çok ilgimi çeken, artık pek popüler olmayan yetkeci kişilik kuramının sosyal, politik ve psikolojik sonuçları olmuştu (Adorno, Frenkel-Brunswick, Levinson ve Sanford, 1950). Christie ve Jahoda'nın (1954) etkili yöntemsel eleştirilerine rağmen bu kuram bana o dönem ilginç geliyordu. Böylece, danışmanım ve hocam M. Brewster Smith'in önerisine uymayarak, doktora tezim için sorunsuz bir deneysel çalışma yerine kültürler arası karşılaştırmalı bir konu seçtim. Amacım, yetkeci kişilik kuramının kültürler arası geçerliliğini sınamaktı. Ben kendimi sosyal psikolog olarak tanımlıyordum

---

1   İngilizce kitabın önsözü. Bu önsözü genelde Batılı ve özellikle Amerikalı psikolog ve sosyal bilimci okura hitaben yazdım. Ancak Türk okuru için de farklı bir açıdan anlamlı olduğunu düşünüyorum. Özellikle Batılı bir eğitimden geçmenin ve yurtdışı deneyiminin kültüre duyarlığa yol açıcı etkisi, birçok okur için de geçerli olabilir.

ama aslında, tanıdığım hiç kimsenin "kültürler arası psikoloji" terimini dahi kullanmadığı bir zamanda özünde bir kültürler arası psikologdum.

Aslında bu, ABD'de yabancı bir öğrenci olmamın ve dolayısıyla okumalarımda kültürel bir filtre kullanmamın "doğal" bir sonucuydu. Seçtiğim konu, *Authoritarian Personality*'yi (Adorno vd, 1950) okurken yetkeci (otoriter) *kişiliğin* bazı özelliklerinin Türkiye'de aslında *sosyal norm* olduğunu fark etmem sonucunda şekillendi. Aşağıdaki paragraf, tezime dayalı makalenin açılış paragrafıdır ve çalışmamın temelindeki genel bakışı tanımlar:

> Sosyal psikolojinin bazı bulguları genel insan ilişkileri için geçerli olabilir; diğerleri ise sadece belli bir sosyokültürel ortamdaki ilişkiler için geçerlidir. Sadece sistematik kültürler arası karşılaştırmalar bu ikisini birbirinden ayırabilir veya belli genelleştirmelerin hangi sınırlar içinde geçerli olabileceğini belirler. Genel bir sendrom olduğu varsayılan "yetkeciliğin" bazı özellikleriyle ilgili bulgular, aslında kültüre bağlı olabilir. Sosyal normların bu sendromun bazı öğelerini etkilediği kültürlerde, farklı türde ilişkiler görülebilir. Bu tür zıtlıklar, ABD ve Türkiye arasında beklenmektedir. Bu çalışma, "yetkeciliğin" altında yatan kişilik özelliklerinin ve tutumsal değişkenlerin varsayılan doğal dinamik organizasyonunu, kültürler arası bir karşılaştırma ışığında irdelemektedir (Kağıtçıbaşı, 1970, s. 444).

Bir anlamda, yukarıdaki bakış açısını 25 yıl sonra da taşımaktayım. Bu bakış açısı, insan davranışına ışık tutan kültürler arası psikolojinin varlık nedenidir.

Evrensel ve değişmez olduğu varsayılan bazı "temel" kişilik özelliklerinin kültürler arası değişkenliğinin farkına erken varışım, Berkeley'de yabancı öğrenci olmamın yanı sıra erken yaşta kültürle olan temasımla da ilişkilidir. Bunlar, yaşandığında basit olaylardı, bazılarıysa çarpıcıydı; ancak çok sonraları bunları bir perspektife oturtabildim ve onlara kültüre yerleşmiş bir anlam yükledim. Zaman tünelinde biraz geriye giderek bu deneyimlerden bazılarını sizinle paylaşmak istiyorum.

Ergenlik çağımda, İstanbul'da Arnavutköy Amerikan Kız Kolejinde yatılı okuyan bir öğrenciydim. Kızlar arasında sevginin ve sıcak arkadaş ilişkilerinin doğal bir parçası olarak oldukça fazla fiziksel temas vardı (her iki yanaktan öpme, sarılma, koridorlarda, bahçede kol kola yürüme vb). Yeni gelmiş Amerikalı genç kadın öğretmenlerin "yerlilerin alışkanlıklarına" alışmadan önceki şoke olmuş bakışlarıyla eğlenirdik. Bazı haylaz kızlar, bu acemi öğretmenleri şoke etmek amacıyla, arkadaşlar arasındaki sevgi gösterisini abartırdı.

Arnavutköy Kız Kolejinden mezun olduktan sonra Wellesley Kolejine (Massachusetts, ABD) kabul edildim. Amerika'daki yaşama hazırlanma ve uyum gösterme çabalarımın içinde hemcinslerime fiziksel sevgi göstermemek de vardı.

Arnavutköy Kız Kolejindeki son yıllarımda İngiliz ve Amerikan edebiyatı çalıştım; fenomenoloji ve varoluşçuluğa yoğunlaşan bir yirminci yüzyıl felsefesi dersi aldım. Kierkegaard, Jaspers, Husserl, Heidegger ve Sartre'ın çalışmalarının yanı sıra, Sartre'ın bazı oyunlarını da okudum. Bunlar benim Batı felsefesi ve edebi geleneğinin yaygın bireyci perspektifiyle ilk temaslarımdı. Sartre'ın *Çıkış Yok* adlı eserinin kapanış cümlesi olan, "Cehennem başkalarıdır," hafızama yer etmişti. Bu etkili cümle beni, ifade ettiği yabancılaşma ile etkilemişti. Bugün bu sözleri, aşırı bireyciliğin bir yansıması olarak görüyorum.

Bir Amerikalı aileyle birlikte kaldığım "Banliyö Amerikası"nın (Newton Center, Massachusetts) bende bıraktığı ilk izlenim, güzel evler, ağaçlar ve çiçeklerle bezenmiş muhteşem bahçeler, temiz caddeler yanında insanların yokluğuydu. Sık sık insanların nerede olduğunu merak ederdim. Bir kere bile komşuları görmedim ve ailemin de onları ziyaret ettiğine tanık olmadım.

Wellesley'de bazı kısa tatillerde ailesinin evinde kaldığım yakın bir arkadaşım vardı. Bir gün, onu üzgün gördüğümde kendisine ne olduğunu sordum. Bana "kişisel bir sorun" şeklinde yanıt verdi. Çok sarsılmıştım. Açıkça beni reddetmişti; eğer bana sırrını açmıyorsa, belli ki beni yakın arkadaşı olarak görmüyordu. Benim arkadaşlık anlayışıma göre, en iyi arkadaşımdan saklayacak hiçbir şeyim olamazdı. Ayrıntıları açıklamasam bile en azından sorunun ne olduğunu ona söylerdim. O, kendi özel alanını, bir yerde, mahremiyetini koruyordu; ben ise bunu reddedilme olarak algılıyordum. Bu kadar yıl sonra bile bu anı benim için hâlâ canlılığını koruyor.

Her gün yaşanan bu tür olay ve deneyimler, insan ilişkilerinin kültürler arası bağlamda değişiklik gösteren temel bir boyutu olarak nitelediğim kişiler arası bağlılık (ilişkisellik) veya ayrıklıkla ilişkilidir. Başka bir perspektiften bakıldığında, bunların bireyselleşme (ayrıklık, sınırlılık) veya başkalarına bağlanmışlık düzeyi anlamında, benlikle ilişkili olduğu görülür. ABD'deki öğrencilik yıllarımda ve daha sonraki uluslararası temaslarımda yanlış anlama veya uyum sorunu içeren başka deneyimler de yaşadım. Ancak hatırladığım olaylardan çoğunun bu sözünü ettiklerim gibi insanlar arasındaki bağlanmışlık-ayrıklık boyutuyla ilişkili olmasını önemli buluyorum.

Bazı olaylar insan artık saf bir öğrenci olmasa bile şaşırtıcı nitelikte olabiliyor. Birkaç yıl önce, arkadaşım olan Kuzey Amerikalı tanınmış bir kültürler arası psikologla ve eşiyle yaptığım bir konuşmayı örnek olarak vermek istiyorum. O zaman yirmi bir yaşında olan oğullarının nasıl olduğunu sorduğumda, arkadaşım oğullarının hâlâ onlarla aynı evde oturduğunu, ancak ondan kira almadıklarını söyledi. Duyduğuma inanamamıştım, şaka mı yapıyorsunuz diye sordum: Hayır yapmıyordu.[2]

---

2   Bir başka Kuzey Amerikalı tanıdığım, söz konusu arkadaşımın oğlundan, kira almamasına şaşırdığımı sandı! Oysa ki ben, arkadaşımın, oğlundan kira almayı düşünmüş olmasına şaşmıştım.

Bir başka olay, on yıl kadar önce Harvard Üniversitesinde ve Radcliffe Kolejinde (Bunting Enstitüsü) araştırma yaparken meydana geldi. Benden yaşça oldukça büyük olan tanınmış bir antropologla tanıştım. Bir gün bir arabanın arka koltuğuna oturmak üzereyken onun önce binmesine yardım etmeye kalktım. Davranışım onu gücendirmişti, bana arabaya binmesine yardım edilecek kadar yaşlı olmadığını söyledi. Halbuki benim davranışım onun yaşına ve başardıklarına duyduğum saygının ve takdirin yansımasıydı. O ise bunu bağımsızlığına ve özerkliğine bir tehdit olarak algıladı. Buradaki ilginç nokta, benim bir kültürler arası psikolog olarak, geleneksel değerlerimin Amerikan değerleri hakkında bildiklerimin önüne geçmesine izin vermiş olmam ve onun da deneyimli bir antropolog olarak bunu anlamamış olmasıydı.

Bu tür deneyimler, kişiler arası ilişkiler alanındaki kültürel anlam sistemlerini ve konvansiyonlarını yansıtan kültürler arası çeşitliliği anımsatıyor. Bu çeşitlilik, insanın biyolojik doğasından ve çok geniş kültürler arası-uluslararası iletişim ağından kaynaklanan ortak özelliklerimizle bir arada var olmakta. Bu ortak yönler, benzer eğitim deneyimleriyle de pekişerek, güçlü birleştirici unsurlar olarak işlemekte. Bunlara rağmen farklılık ve çeşitlilik sürmektedir. Kültüre duyarlı ve uluslararası deneyimli sosyal bilimciler arasında bile yukarıdaki örneklerde olduğu gibi basit olayların yorumunda böylesine farklılıklar olabiliyorsa, sadece kendi kültürleriyle yoğrulmuş insanlar arasında daha büyük farklılıkların olması doğaldır.

Yukarıda sözünü ettiğim deneyimler, bir başka kültürel bağlamda yaşayarak insanın kendi başına *kültüre* nasıl duyarlılaştığını göstermektedir. Bu, "sudaki balık" örneğinde olduğu gibi, insanın, ancak kendi kültüründen dışarı çıktığı zaman kültürü "fark" etmesidir. Bundan daha da önemlisi, insanın kültürün farkına vardıktan sonra artık onu göz ardı edemeyeceğidir. Bu cümle belki de benim kültürel ve kültürler arası psikolojiye olan ilk ilgimin özetidir. Bunun, psikolojiyi ele alışım açısından önemli sonuçları olduğuna inanıyorum.

Benim için öncelikle önemli olan, insanlar arası ilişkilerin altında yatan boyutlar, bunların kültürler arası çeşitlilikleri ve nedenleridir. Daha önce yukarıda sözünü ettiğim kişisel deneyimlerde yansıtıldığı gibi, kişiler arası bağlanmışlık-ayrıklık boyutu, benliği ve onun bağlam içerisindeki gelişimini anlamaya yarayacak bir ipucuna işaret ediyor. Bu bağlam aile ve ondan hareketle sosyokültürel çevredir. Benlik kurgusunda ve benlikle başkaları arasındaki ilişkilerde gözlenen çeşitlilikler, bağlamdaki kültürler arası farklılıklardan kaynaklanıyor (Kağıtçıbaşı, 1990; Markus ve Kitayama, 1991). Bu farklılıkların nasıl ve neden oluştuğu, bence, insan gerçekliğinin önemli bir yönünü anlamak için sorulacak anahtar sorudur.

Sosyal Katılım

Hem özel yaşamımı hem profesyonel kariyerimi derinden etkileyen bir başka unsur da toplumsal refaha çok önem verişim ve hizmet anlayışım olmuştur.

Bunun kökleri, özel yaşamımda aynı dönemlerde gerçekleşen, aile ve okulda sosyalleşme sürecime kadar iner. Annem ve babam, kendilerini modern laik toplumun eğitimine adamış iki cumhuriyet öğretmeniydi.[3] Bursa'da çok sınırlı olanaklarla bir özel okul açmışlardı. Ben iki yaşındayken kendimi okulda buldum ve yaşamım boyunca da orada kaldım. Özellikle annem tarafından vurgulanan "toplum için yararlı bir şeyler yapmak" idealiyle büyütüldüm.

Geriye baktığımda, benim neslimin gençleri tarafından, özellikle eğitimli öğretmenlerin ve "modern bir ulus kurma" sorumluluğunu duyan devlet memurlarının çocuklarında bu tür ideallerin ciddiye alınmış olduğunu görüyorum. Nitekim İkinci Dünya Savaşı sonrası dönemde gerçekleştirilmiş araştırmalar, gelişmekte olan ülkelerin genç kuşağında, Amerikan gençliğine oranla vatanseverliğin yüksek olduğunu ve "aile ve ülke için yararlı bir şeyler yapma"nın büyük değer taşıdığını ortaya çıkarmıştır. Örneğin Gillespie ve Allport (1955), yeni oluşan uluslardaki gençlerin vatanseverlik duygularının daha güçlü olduğunu bulgulamışlardır.

Ulus inşasının tarihsel bağlamı, ulusa duyulan bağlılığın genç insanların değerleri arasında önemli bir yere sahip olmasına neden olmuş olabilir. Bununla birlikte, geçmiş araştırmaların ve günümüzdeki çalışmaların gösterdiği üzere, bundan başka nedenler de söz konusudur. Örneğin, 1966'da yaptığım Türk ve Amerikalı gençler arasındaki karşılaştırmalı bir araştırmada, ulusun inşasının temel bir mesele olmadığı bir devrede, Türk gençleri arasında ulusal sadakatin yüksek değer taşıdığını bulguladım. Bunun tersine Amerikalı gençler kişisel başarıyı ve mutluluğu önemsemekteydiler (Kağıtçıbaşı, 1970). Dahası, Türk gençleriyle gerçekleştirdiğim daha sonraki bir araştırmada (Kağıtçıbaşı, 1973), yurtseverliğin (ülkeye bağlılık anlamında) "modern" bir görünüme oturduğunu ve iyimserlik, başarı güdüsü ve içsel "pekiştirme" kontrolüne inançla ilintili olduğunu buldum. Dindarlık, yetkecilik ve dışsal pekiştirme kontrolüne inançla belirlenen daha geleneksel bir görünüm ise yurtseverlikle olumsuz bir şekilde ilişkiliydi.

Çoğunlukla benlik odaklı olduğu savunulan başarı güdüsü incelendiğinde bile topluma bağlılığı görmek mümkündür. Phalet ve Claeys (1993), Belçikalı gençlerin bireysel başarı güdüsüne zıt olarak, Türkiye'deki ve Belçika'daki Türk gençlerinin kişisel ve grup bağlılıklarını "sosyal başarı güdüsü"nde (Kağıtçıbaşı, 1987b) birleştirdiklerini bulgulamışlar. Sosyal yönelimli başarı güdüsüyle ilgili benzer bulgular Japonlar (De Vos, 1968), Hintliler (Agarwal ve Misra, 1986; Misra ve Agarwal, 1985) ve Çinliler için de (Bond, 1986, s. 36; K.-S. Yang, 1986; s. 113-4) elde edilmiştir.

Yukarıdaki örnekler, toplulukçu kültür diye adlandırılan ortamlarda benliği aşan varlıklara bağlılığın ve taahhüdün devam eden yaygınlığına işaret etmektedir. Bununla birlikte bireyci kültürlerde "birincil bağlılığın benliğe, onun değerleri-

---

3   Süheyla ve İhsan Çizakça.

ne, özerkliğine, zevkine, erdemine ve gerçekleştirilmesine" yönelik olduğu öne sürülmüştür (Kagan, 1984). Burada, neyin doğru neyin yanlış olduğuna dair değer yargılamaları yapmak istemiyorum; işaret etmek istediğim nokta, benliğe ya da benliğin içinde olduğu topluluğa odaklanmadaki farklılıktır. Gelecek bölümlerde ortaya çıkacağı gibi, bu nokta kitabın temel konularından birini oluşturmaktadır.

Günümüzde "kendini gerçekleştirme ve kişisel doyum etrafında kurulmuş yaşamlar"ın zaaflarını vurgulayan eleştiriler ve "benliği aşan değerlere ve projelere bağlanmış yaşamların daha anlamlı ve doyurucu olacağı"nı öne süren düşüncelere rastlanmaktadır (M. B. Smith, 1994, s. 7). Özellikle ABD'de aşırı bireycilikle ilgili endişeleri yansıtan eleştiriler ortaya çıkmıştır (örneğin, Bellah, Madsen, Sullivan, Swindler ve Tipton, 1985; Cushman, 1990; Lasch, 1979, 1984; Sampson, 1987; Schwartz, 1986; C. Taylor, 1989). Topluma daha çok taahhütle ilgili özlemler ortaya konmuştur (Etzioni, 1993; Sarason, 1981, 1988; M.A. Wallach ve L. Wallach, 1983, 1990).

Bu güncel gelişmeler benim konuya olan duyarlılığımı daha da belirgin kıldı. Bireyci ve toplulukçu ilgiler arasındaki farkın devam etmekte olduğu görülüyor. Bu nedenle Batılı akademik psikolojinin toplumsal sorunlara eğilmemesi anlaşılabilir bir durumdur.[4] Buna karşılık, toplulukçu Çoğunluk Dünya'da[5] toplumsal gelişim için sorumluluk duyan, sosyal katılımlı bir psikolojiye özlem duyulmaktadır (örneğin, Kağıtçıbaşı, 1991d, 1994b; Nsamenang, 1992; D. Sinha, 1983; D. Sinha ve Kao, 1988). Bazı Batılı kültürler arası psikologlar da Jahoda'nın çağrısıyla (1975) buna katıldı.

Psikolojinin sosyal katılımı ve uygulamaya yönelik önemi benim genel yönelimimin anahtarını oluşturmaktadır. Bu yönelimin kökleri hem kişisel hem de akademik geçmişimde ve kültürel bağlamda yatmaktadır. Ben, psikolojik bilgiyi sadece davranışı anlamada değil, aynı zamanda makro düzeyde insan yaşamını iyileştirebilmek amacıyla onu değiştirmede de kullanılabilecek bir araç olarak görüyorum. Bu, bazen naif, bazen de gerçekçi olmayan ve hırslı bir yaklaşım olarak görülebilir. Böyle bir eleştiride doğruluk payı olduğunun ve insan olgularının psikolojik olmayanlar dahil birçok neden içerdiğinin farkındayım. Yine de psikolojinin insanın içinde bulunduğu şartları iyileştirmeye katkıda bulunacak bir potansiyele sahip olduğunu düşünüyorum.

---

4   Bunun değiştiğini gösteren bazı işaretler vardır. Dokuzuncu Bölümde ikinci dipnota bakınız.

5   "Gelişmekte Olan Ülkeler" veya "Üçüncü Dünya" yerine "Çoğunluk Dünya" terimini kullanıyorum. Gelişmekte olan ülkeler gelişmiş ülkelere yaklaşamamaktadır (eğer bir değişiklik oluyorsa o da aradaki mesafenin büyümesidir) ve "İkinci Dünya"nın çöküşüyle de "Üçüncü Dünya"nın pek bir anlamı kalmamıştır. Dünya nüfusunun çoğunluğunu kapsayan "Çoğunluk Dünya" terimi daha tercih edilebilir gözükmekte.

Son yirmi yıllık çalışmalarım iki farklı, ancak birbiriyle ilişkili yolda iler-
leyen araştırmaları içeriyor. Bunlardan biri yönelim olarak kuramsal, diğeri de
daha çok sorunlara yönelik ve uygulamalı bir yol oldu. Bu birbirinden farklı ilgi
alanları benim düşüncemde birleşti. Ben bu kitapta bu birleşimi yansıtabilmeyi
umuyorum.

Bir taraftan, benlik-aile-kültür ilişkilerini ve bunların zaman ve mekân
içerisindeki değişimini çözümlerken, diğer taraftan uygulamalı bir müdahale pro-
jesiyle gerçekleştirilebilecek planlı bir değişimi inceliyorum. Lewin geleneğinde
bir "eylem içeren araştırma" olan bu proje, önemini ve politik açıdan anlamını
hem kendi önemi nedeniyle hem de psikolojinin uygulama ve politikaya yönelik
önemini göstermek amacıyla sunulmuştur.

Bu kitabı, 1993-1994 akademik yılında, Hollanda İleri Çalışmalar Enstitü-
sü'nde (Netherlands Institute for Advanced Study—NIAS) yazdım. Bunun için
Boğaziçi Üniversitesi tarafından sağlanan yıllık izin çok önemliydi. Çalışmama
büyük katkı sağlayan NIAS'ın verdiği desteğe ve oradaki mükemmel ortama
müteşekkirim. NIAS çalışanlarından Pilar van Breda-Burgueno metni özenle
daktilo etti.

Ype Poortinga, metnin ilk halini okudu ve bana değerli geribildirimlerde
bulundu. John Berry, Pierre Dasen, Patricia Greenfield ve başka adı saklı kalan
kişilerin yorumlarından ve Walt Lonner'ın desteğinden de oldukça yararlandım.
Kitabın İngilizce baskısını yayımlayan Lawrence Erlbaum Yayınevinden Judith
Amsel ve Sondra Guideman'ın kitabın hazırlanması ve basımı sırasındaki yar-
dımlarına ayrıca teşekkür ederim.

Öğrencilerim Aslı Çarkoğlu ve Nurcan Karamolla, İngilizce dizinin ve
bibliyografyanın hazırlanmasında, Didem Gürbey ve Ayşe Üskül de metnin
basıma hazırlığında yardım ettiler. Metnin üzerindeki çalışmalarım sırasında,
eşim Oğuz Kağıtçıbaşı bana moral, destek ve cesaret verdi ve bu sayede kitabı
bitirmemi sağladı. Bütün bu kişilere minnettarım. Son on yılda insan gelişimi,
aile ve kültürler arası psikoloji konularındaki düşüncelerimi etkileyen iş arka-
daşlarım ve öğrencilerime de ayrıca teşekkür ederim.

Kültürel Psikoloji

Bu Kitap Hakkında

Bu kitap okuyucuya ne sunmaktadır? Neyle ilgilidir? Kitap, ailesel ve kültürel bağlamda insan gelişimiyle ilgilidir. İnsan gelişiminin iki önemli faktörü olan yetkinlik ve benliğin gelişimiyle ilgilidir. Bu faktörlerin arasındaki benzerlik ve farklılık kalıplarıyla ilgilidir. Aynı zamanda, sosyal değişimle bağlantılı ve sosyoekonomik gelişimle paralel olarak ailede, benlikte ve insan yetkinliğindeki sistematik değişimlerle ilgilidir. Kitapta, öncelikle yetkinlik ve benlikte görülen çeşitlilik vurgulanıyor. Ancak daha sonra, kentleşme gibi yaygın özellikleri içeren küresel yaşam tarzı değişimlerini ele aldığımızda, gözle görülen veya öngörülebilen benzeşme ya da odaklanma inceleniyor. Bu nedenle, bu kitap, sürekli değişen dünyamızda bizler için önemli birçok karmaşık ve birbiriyle bağlantılı konuya ışık tutma amacı gütmektedir. Ayrıca bu çokyönlü insan olgularına kültürel ve kültürler arası psikolojik açıdan bakmayı hedeflemektedir.

Bu kitap, gelişim psikolojisi ve insan ilişkilerini kültürel bağlamda incelemektedir. İnsan ilişkilerinin ve benliğin gelişimi, aile ve toplum içinde ele alınmıştır. Küresel insan psikolojisi anlayışında, kişi, aile ve toplum arasındaki bağlantılar önemlidir. Kitap, aynı zamanda kuram ve uygulamanın bütünleşmesini de inceliyor. Öncelikli olarak, "kişi-aile-toplum ilişkisinin kültür bağlamında kavramsallaştırılması, insan refahını sağlamayı, esenliğini geliştirmeyi amaçlayan uygulama ve politikalara bir katkıda bulunabilir mi?" sorusuna cevap vermeye çalıştım.

Yani burada, en başta açıklama gerektiren iki tür ilişki var. İlki analiz düzeylerinin kesişimiyle ilgili: Birey (benlik), grup (aile) ve ikisini de kapsayan daha geniş kültür ve toplum bağlamı. İkincisi ise kuram ve uygulama ilişkisi. Bu kitabın belirleyici ve belki de ayırıcı özelliklerinden biri farklı araştırma geleneklerinden gelen bu tür ilişkileri bir arada inceliyor olması. Bu nedenle genellikle ayrı ayrı ele alınan önemli konuları, özellikle kuram ve uygulamayı bu kitapta birleştirmeye çalıştım.

Başlarken, bu kitabın oldukça kişisel olduğunu da belirtmeliyim. Kitap boyunca çeşitli yerlerde, görüşlerimi açıkça dile getirdim: Bunlar bazen politik görüşlerdi. Bu nedenle, özellikle uygulamalı ya da politikayla ilgili bazı önemli konularda değerler de işin içine girdi. Bu "katılımlı" tutum kitabın belirleyici bir işareti oldu ve hem önsözde hem de ilk baskının önsözünde açıkça ifade edildi. Birinci baskının Sunuş ve Önsöz Bölümleri, bu kitap benim bakış açımla tanıtıldığı ve ana özelliklerine ışık tutulduğu için bu baskıya da değiştirilmeden kondu.

Benlik-Aile-Toplum İlişkisi

Bireyi ve toplumu birbirine nasıl bağlarız? Bu konu sosyal filozofların ve sosyal bilimcilerin eskiden beri kafalarını kurcalar. Bireysel özellikler ve çıkarlar bu kadar çeşitlilik gösterirken "Sosyal düzen nasıl mümkün olur?" sorusu hep sorulmuştur (Allport, 1959). Bu soruya yanıt arayan birçok sosyal kuram ortaya çıkmıştır ama en önemlisi, insan gruplarında var olan çeşitlilikten ortaya çıkan tekbiçimliliği anlamak ve onu bir mantığa oturtmak için oluşturulan kültür kavramıdır.

Birey ve toplum arasındaki bağlantılar genellikle aile ve çocuğun toplumsallaşması bazında, yani orta analiz düzeyinde incelenmiştir. Bu kitapta, değişik sosyokültürel çevrelerde, aile ve ailenin çocuğu sosyalleştirmesi sürecinin, insan gelişimiyle işlevsel ya da nedensel bağlarını açığa çıkarmaya çalıştım. Bu yüzden, kitap aynı zamanda kültürel ve kültürler arası, bağlamsal-gelişimsel-işlevsel bir yaklaşımla yazılmıştır. Bu noktada, görüşlerimi yansıtan bu temel yaklaşımları özetlemek yararlı olabilir. Bu yaklaşımlar aynı zamanda kitabın belirleyici özelliklerini de oluşturmaktadır.

Bağlamsal Yaklaşım. Yaklaşımın bağlamsal olması, kişi ve insan gelişiminin ailenin yapısıyla iç içeliğinden kaynaklanmaktadır. Bu nedenle aile, kavramlaştırmada ön plandadır. Aile ele alındığında, aynı şekilde bunun da sosyokültürel çevreyle iç içe olduğunu görüyoruz. Bu yaklaşım, Bronfenbrenner'in ekolojik yönelimi (1979), Kurt Lewin'in klasik alan kuramı (1951) ve sonraki bağlamsal modellerle (örneğin Featherman ve Lerner, 1985; Hurrelmann, 1988; Lerner, 1998) aynı çizgidedir. Kültürler arası psikolojide de yaklaşımların çoğu bağlamsaldır ve buradaki yaklaşım da kültürler arası gelişim psikolojisindeki yeni kuramlara benzer bir yaklaşımdır (örneğin Berry, Poortinga, Segall ve Dasen, 2002; Eckensberger, 1990; Gardinger ve Kosmitzki, 2005; Greenfield ve Cocking, 1994; Super ve Harkness, 1994 ve 2002; Valsiner, 1989, 1994 ve 2000).

Gelişimsel Yaklaşım. Kitabın yaklaşımı, aynı zamanda gelişimseldir. Bunun nedeni de sadece ortamlar arasındaki farklılıkları belirlemenin yeterli olmamasıdır. Bu farklılıkların *nasıl* ortaya çıktığı da psikolojik araştırmalar için önemlidir. Gelişimsel yaklaşımın önemi gittikçe daha fazla fark ediliyor; gelişimsel bakış açısı kültürler arası yaklaşımı doğal olarak tamamlayan bir öğe olarak görülüyor (Bornstein ve Bradley, 2003; Eckensberger, 1990; Jahoda, 1986; Keller ve Greenfield, 2000; Rogoff ve Morelli, 1989; P.B. Smith, Bond ve Kağıtçıbaşı, 2006; Valsiner, 1989). Bu, bütün kültürler arası çalışmaların gelişimsel süreçleri göz önünde bulundurduğu anlamına gelmiyor, ancak buna duyulan ihtiyacın arttığını gösteriyor. Bu bağlamda, Amerikan Psikoloji Derneğinin yüzüncü yıl kongresinde yaptığı konuşmada Anne Anastasi (1992) kültürler arası psikolojideki ve gelişim psikolojisindeki ilerlemelerin son on yılın psikoloji alanındaki en önemli iki gelişmesi olduğunu belirtmiştir.

İşlevsel Yaklaşım. Bu kitabın yaklaşımı işlevseldir de; çünkü belirli tipte bir gelişmenin *neden* oluştuğunu açıklamak için sosyal ve psikolojik uyum mekanizmaları kullanılmaktadır. Ancak, bu işlevsel yaklaşımın belirlenimci olmadığını, esneklik ve geribildirime açık olduğunu belirtmem gerekir. Uyum mekanizmaları, kişi-aile-kültür bağlantılarının neden belirli şekillerde oluştuğunu ve kültürler arasındaki farklılık ve benzerliklerin nasıl ortaya çıktığını anlamamıza yardımcı ipuçları olarak kullanılmaktadır. Kitap boyunca özellikle şu sorulara cevap aranacaktır: "*Neden* belirli bir aile ortamında belirli bir insan tipi gelişir?" ve "*Neden* bu aile tipi belirli sosyoekonomik ve sosyokültürel ortamlarda ortaya çıkar?" Bu sorular, psikolojik süreçlerin ve davranışların (değişen) çevresel taleplere uyum sağladığına işaret etmektedir. Bağlamsal, gelişimsel ve işlevsel yaklaşımlar, kitap boyunca gereken yerlerde kullanılmıştır.

Kültürel ve Kültürler Arası Yaklaşım. Son olarak kişi, aile ve daha geniş sosyokültürel ortamlar arasında bağlantıları oluştururken, kültürel ve kültürler arası bir yaklaşımla çalıştım. Kültürel bir yaklaşım bağlamsallığı, kültürler arası bir yaklaşım da kültürler arasında gözlenen farklılıkların net bir yorumunu gerektiriyor (Berry vd, 2002; Van de Vijver ve Poortinga, 1990). Toplum, aile ve benliğin gelişimi arasındaki işlevsel ilişkileri anlamak için bunların altında yatan dinamiklerin keşfedilmesi gerekir. Kültürler arası karşılaştırmalı bir yaklaşım, tek bir kültürün incelenmesinde elde edilecek olandan daha fazla çeşitlilik sağlayacağından bu tür bir inceleme için dayanak sağlar (Berry vd, 2002; Rogoff, Gauvain ve Ellis,1984; Segall, Dasen, Berry ve Poortinga, 1999). Bu temel yaklaşımlar kitap boyunca ayrıntılı bir şekilde incelenecektir.

Kuram-Uygulama İlişkisi

Bu kitaptaki ikinci temel hedefim, kuram ve uygulamayı bütünleştirmek. Uygulama ile birey merkezli psikolojik uygulamaları kastetmiyorum; psikolojinin insan refahını, esenliğini geliştirecek ve toplumsal gelişmeye katkıda bulunacak geniş kapsamlı bir uygulamasını kastediyorum. Psikologların gelişim çabalarına olan katkısı insan üzerinde yoğunlaştığı için uygulamalı her çalışma, insan olgu-larını içeren kültürel bağlamda edinilmiş olan bilgilerden yararlanır. Örneğin, Çoğunluk Dünya'daki müdahale çabaları, toplumda süregelmekte olan ilişkisellik kültürüne (Kağıtçıbaşı, 1985), insan ilişkilerine özellikle duyarlı olmalıdır. Eğer müdahaleler, aile, akrabalık ve toplum bağlarının güçlü olduğu toplumlarda bunlara karşı çıkmak ve bireysel bağımsızlık ve rekabet gibi değerler sağlamaya çalışmak yerine, insanlar arasındaki bağlanmışlığı göz önünde bulundurur ve bunun üzerine kurulursa daha iyi sonuçlar elde edilir.

Psikoloji yaklaşımımda uygulamalı araştırmaya verdiğim önem çok büyük bir yer tutmaktadır (Kağıtçıbaşı, 1995 ve 2002b). Uygulama ile sınanmamış kuramın faydası sınırlıdır. Kurama dayanmayan uygulamalar ise, özellikle kısıtlı kaynaklara sahip Çoğunluk Dünya ülkeleri için, savurgan, gelişigüzel ve pahalı tahminlerdir. Bir başka deyişle psikolojinin bir taraftan kuram ve bilimsellik diğer taraftan sorunlara yönelme arasında bir tercih yapması gerekmez. İnsan refahını, esenliğini geliştirmeye çalışmak özellikle de Çoğunluk Dünya psi-kologlarının görevidir. Kültüre duyarlı ve "hem topluma hem de bilime karşı sorumlu" (Drenth, 1991) psikolojik araştırma, sosyal gelişim çabalarına büyük katkıda bulunabilir.

Bu kitapta, meslektaşlarımla birlikte İstanbul'da yaptığım bir araştırmayı anlatıyorum. Bu araştırmanın, hem kuram ve uygulamanın bütünleşmesini hem de psikolojinin insan gelişimine katkıda bulunma potansiyelini gösterdiği için önemli olduğuna inanıyorum. Türkiye Erken Destek Projesi ve bunun de-vamındaki uzun dönemli takip çalışmaları yirmi iki yıllık bir döneme yayıldı. Bu uygulamalı araştırmayı ve buradan çıkan program uygulamalarını kuram ve uygulama arasındaki boşluğu kapatmak amacıyla bir köprü olarak kullanıyo-rum. Göç ve kültürleşme konularını irdelerken de ayrıca uygulamalı konulara derinlemesine bakıyorum.

Son olarak, bu konudaki politikalara ve politik çıkarsamalara önemli ölçü-de eğiliyorum. Bu doğal olarak, psikolojinin sosyal uygulamalarına ilginin bir sonraki aşamasıdır. Geniş çaplı uygulamalara katkıda bulunan psikolojik bilgiler politikalara ışık tutabilir. Bu kitapta, özellikle yetkinliğin gelişimi, erken destek müdahaleleri ve eğitim politikası çıkarsamaları incelenmiştir.

Kültürel ve Kültürler Arası Yaklaşım

Bu kitapta incelenen başlıklar oldukça geniş bir alana yayılıyor; kültürel ve kültürler arası psikoloji, antropoloji ve sosyoloji alanlarına yayılmış araştırma ve kuramları içeriyor. Burada ilgili konuların kısa ve genel bir tanımını yapmak ve kavramları incelemek istiyorum. Uygun olan yerlerde antropolojik ve sosyolojik kavramlaştırmalara başvursam da yaklaşımım temel olarak psikolojiktir.

Kültür Kavramı

Antropologlar, kültürü çok uzun zamandır inceliyorlar. Kültürün yaklaşık olarak 164 farklı tanımı olduğu biliniyor (Kroeber ve Kluckhohn, 1952). Bundan da anlaşılacağı gibi kültürün en iyi nasıl kavramsallaştırılabileceği ve hangi özelliklerin vurgulanması gerektiği konusunda çok farklı görüşler var. Örneğin, 2005'te kültürler arası psikologlar tarafından internet üzerinde kültür en iyi nasıl kavramsallaştırılabilir tartışmaları başlatılmıştır. Tartışmalar hâlâ devam etmektedir. Yine de hepsinin birleştiği ortak bir nokta var: Kültürün her şeyi içeren geniş yapısı. Bu yüzden, kültür için şu tanımlar ileri sürülmüştür: "Geleneksel fikirler ve bunlara bağlı olan değerler", "öğrenilmiş davranışların bir bütün olarak nesilden nesle aktarılması", " paylaşılan öğrenilmiş davranışlar ve yaşam etkinlik alanlarından sosyal olarak aktarılan anlamlar", "paylaşılan semboller ve anlamlar", "bir grubun davranışlarında önceden tahmin edilebilir ve belirli farklılıklara yol açan deneyimler", "davranışları bir sisteme oturtan fikir, uygulama, norm ve anlamlar bütünü", "kendini oluşturan parçaları üzerinde kapsamlı bir etkiye sahip olan bir üst düzen", "birbirleriyle ilişki içinde ve birbirlerine karmaşık bir biçimde bağlı parçalardan oluşmuş sistem" ve "aklın zihinsel açıdan programlanması veya yazılımı."

Psikologların yaygın olarak kabul ettiği tanım ise Herskovits'in (1948) hem "fiziksel kültürü" hem de "öznel kültürü" (insan tarafından yapılmış olana verilen öznel tepkileri) (Triandis, 1980, s. 2) içeren "çevrenin insan yapısı olan parçası" tanımıdır. Son zamanlarda, çeşitli kültür kavramları yoğunlukla tartışılmaktadır (örneğin, Berry vd, 2002; Gardiner ve Kosmitzki, 2005; Matsumoto, 2001; Matsumoto ve Juang, 2004; Segall vd, 1999).

Psikolojik Araştırmada Kültürün Yeri. Burada önemli olan konu, psikolojik olguları, kültürel ortamına yerleştirmektir. Bunun gerekliliği açıkça görülüyor; çünkü biliyoruz ki her insan davranışı, insanın içinde bulunduğu kültürden etkilenmektedir. Bununla beraber, bariz gibi görünen bu konu, kültürü psikolojik analizlerin içine sokmaya çalıştığımızda zorlaşıyor (Van de Vijver ve Hutschemaekers, 1990).

İlk olarak, kültürün dağınık ve her şeyi içeren yapısı araştırmalarda bir sorun oluşturuyor. Kültür, tüm alt öğeleri kapsayan geniş bir kavram olduğu için, bir açıklama olarak veya bir bağımsız değişken olarak kullanılamıyor (Segall, 1983). "Çinliler kültürlerinden ötürü böyledir" gibi açıklamalar totoloji olmaktan öteye gidemez. Bu yüzden, psikologlar kültürü daha az bütünsel, daha moleküler bir bir şekilde tanımlamaya çalışıyorlar (Poortinga, Van de Vijver, Joe ve Van de Koppel, 1987). Bu moleküler kavramlaştırmada, kültür, bir "koşullar kümesi" olarak ele alınıyor (Segall, 1984). Kültürün bir anlamlar sistemi olarak tanımlanmasından (Rohner, 1984) epey farklı bir kavramsallaştırma. Ayrıca, "belirli bir sosyokültürel grubun üyelerinin davranışlarını belirleyen, paylaşılan sınırlamalar" olarak da kavramlaştırılıyor (Poortinga, 1992, s. 10).

Sosyal psikolojideki güncel kültürler arası deneysel yaklaşımlar, kültürü laboratuvarda "yaratmaktadır." Bu, bağımsızlık ve bağımlılık gibi bazı kültürel özelliklere, deneysel manipülasyon yoluyla birincil önem vererek yapılır ve ardından davranıştaki etkileri incelenir (örneğin, Gardner, Gabriel ve Lee, 1999; Kitayama, Markus ve Kurokawa, 2000; Kitayama, Markus ve Matsumoto, 1995; Kitayama, Markus, Matsumoto ve Norasakkunkit, 1997; A.Y. Lee, Aaker ve Gardner, 2000). Böylece, kültür uzun süreli ya da geçici olarak kavramlaştırılabilir ve işlevsel hale getirilebilir.

Metodolojik Konular. İkinci olarak ve yukarıda ele alınan tanım konusuyla ilişkili biçimde süregelen bir metodolojik sorun da davranışın kültür içerisinde *nasıl* araştırılacağıdır. Burada, psikoloji ve sosyolojide emsalleri bulunan temel iki yaklaşım var: Olguların *içeriden* veya *dışarıdan* incelenmesi. Genellikle içeriden yaklaşım, belirli bir olguyu sistemin içinden incelerken, dışarıdan yaklaşım, olguyu sistemin dışından bakarak inceler. İçeriden yaklaşım, olguya tekil bir şey gibi yaklaşır ve onu kendi başına inceler. Buna karşılık dışarıdan yaklaşım, olguyu diğerleriyle karşılaştırabilir şekilde algılar. Bu iki yaklaşım sırasıyla "kültürel" ve "kültürler arası" psikolojinin temellerini oluşturuyor; bunlar daha sonra tartışılacaktır. Bu iki görüş zıt yaklaşımlar olarak tanımlansa da ben aralarındaki benzerlikler yüzünden birlikte gruplanmaları gerektiğine inanıyorum. İçeriden ve dışarıdan görüşlerin benzerleri, psikolojideki *idiografik* ve *nomotetik* yaklaşımlarda görülür. Bunlar, Cronbach'ın "bilimsel psikolojinin iki disiplini" (1957) tanımına ve ondan önce G. Allport'un (1937) Alman filozof Windelband'a atfettiği temel bir ayrıştırmaya dayanıyor. Bu ayrıştırma, sosyolojideki nitel ve nicel araştırma gelenekleriyle, antropolojideki hermenötik ve pozitivist yaklaşım farklarıyla da paraleldir. Kültürler arası psikolojideki emik-etik (içeriden/dışarıdan) çatışması ve yerel (göreci)-evrensel yaklaşım farkları da benzerdir (Berry vd, 2002). Son olarak, kültürel ve kültürler arası psikoloji üzerine yapılan tartışmalar da aynı temel farklılığı yansıtır (bkz. **Tablo 1.1**)

İdiografik, hermenötik, emik, yerel, göreci, kültürel yaklaşımların ortak yönü, kavramların her kültürel bağlamda farklı olacağını vurgulamalarıdır. Çünkü bu görüşlere göre kavramlar anlamını içinde bulundukları ortamda edinir. Ayrıca, her örneğin kendine has olduğu vurgulanmaktadır. Böylece ister insan, ister kültür olsun her örnek, içinde bulunduğu ortamın "içinden" incelenmeli ve başka ortamlardaki olgularla karşılaştırılmamalıdır. Çünkü anlam, ortama (kültüre) göre değişir. Bunun tersine, nomotetik, pozitivist, etik, evrensel, kültürler arası yaklaşımlar tekil olanı değil "tipik" olanı inceler ve bu sayede ortak bir standart veya ölçü yakalayarak karşılaştırma yapabilir. Bu yaklaşım-

TABLO 1.1. Kültür Bağlamında Davranışın İncelenmesinde İki Yaklaşım

"İçeriden"	"Dışarıdan"
Emik	Etik
Göreci (yerel)	Evrensel
"Tekil" örnek	"Tipik" örnek
Kültürel psikoloji	Kültürler arası psikoloji
	BAŞKA ALANLARDAKİ BENZERLERİ
İdiografik	Nomotetik (psikoloji)
Hermenötik	Pozitivist (antropoloji)
Nitel	Nicel (sosyoloji)

ların vurguladıkları temel nokta, karşılaştırmayı olası kılan benzerlikleri ortaya çıkarmaktır. Eğer karşıt yaklaşımlar olarak ele alınırlarsa, emik ve etik arasında temel bir çelişki ortaya çıkar; çünkü birini benimsemek diğerinin tamamen reddedilmesi anlamına gelir (Kağıtçıbaşı, 1992a, 2000b).

İnsan fenomenlerinin incelenmesinde kültürel psikoloji mi kültürler arası psikoloji mi daha iyi bir kavramsal çerçeve sunar sorusu, 1990'lardan itibaren çok tartışıldı (Markus ve Kitayama, 1992; Shweder, 1990, 1991; Shweder ve Sullivan, 1993; Van de Vijver ve Hutschemaekers, 1990). Bu tartışma, insan fenomenlerinin incelenmesinde karşılaştırmalı (bağlamsal olmayan) bir yöntemin mi yoksa bütünsel, bağlamsal bir yöntemin mi kullanılması gerektiği ve psikolojik işlevler incelenirken evrensellik varsayımıyla mı yoksa göreci bir varsayımla mı yola çıkılması gerektiği gibi daha temel yöntemsel konuları da içeriyordu. Bu, daha önceki, evrensel yaklaşıma karşı yerel psikoloji tartışmasının bir devamı olarak da görülebilir (Adair ve Diaz-Loving, 1999; G.E. Enriquez, 1990; Kim ve Berry, 1993; Nsamenang, 1993; D. Sinha, 1992, 1997). Bu tartışma hâlâ sürmektedir (Berry vd, 2002; Kim, Yang ve Hwang, 2006).

Varsayılan Karşıtlıkların Bağdaştırılması

Hem evrenselci hem de göreci yaklaşımın sorunları vardır. Evrenselci yaklaşımın karşılaştığı temel problem, tek kültür araştırması temeline dayanarak kültürler arasında yanlış bir birörneklik sonucu çıkarmaktır. Diğer bir deyişle, tek bir sosyokültürel bağlamda elde edilen bir bulgunun evrensel değeri olduğu varsayılıyorsa, bu yanlış olabilir. Anaakım psikoloji bu sorunla karşı karşıyadır. Yani bir yerde gözlenen bir olgunun her yerde aynı olacağı varsayılır. Aslında, kültürler arası psikoloji, bu bakışa bir tepki olarak doğmuştur. Göreci ya da bağlamsal yaklaşımın da kendine özgü boşlukları vardır. Bunların en yaygını, yanlış bir tekillik ya da özgüllüğün varsayımıdır. Bu, birörnekliliğin olmadığı yerde, olduğunu varsaymanın tam tersidir; birörnekliğin, olabileceği yerde olmadığını iddia eder. Yani bir yerde görülen bir olgunun o kültüre has olduğu, başka bir yerde görülemeyeceği varsayılır. Aşırıya kaçarsa, bu görüş tüm bulguları kültüre bağlı olarak değerlendirir ve karşılaştırmayı reddeder; çünkü her olgunun, spesifik bağlamında, diğerlerinden farklı bir anlamı vardır ve kendine özgüdür.

Psikoloji, bir süredir kültürü analizlerine dahil etme ve bir yandan genele dair iddiasını korurken bir yandan kültürel çeşitliliğe açıklama getirme çabasındadır (Dasen ve Jahoda, 1986, s. 413). Bunu yaparken de bireyden "dışarı çıkıp" onun çevresiyle etkileşimlerine eğilmek zorundadır. Ancak, temel çelişkinin çıkış noktası da burasıdır. Lightfoot ve Valsiner'in (1992, s. 394) belirttiği gibi, çelişki, "psikolojik olguların 'ortama bağımlılık'larının kavramlaştırılması ile 'psikolojinin ortamı göz ardı eden' kuramsal alışkanlıkları" arasındadır. Bunun çözümü için, ortamların göz ardı edilmesinin veya davranışı içinde bulunduğu çevreden soyutlamanın, genellemelere varmanın tek yolu olmadığının anlaşılması gerekir. Bu yol gerçek genellemeye değil de ancak aldatıcı bir genellemeye varan bir yol olabilir. Bu yolla bir genellemeye varıldığı varsayılabilir ancak kanıtlanamaz. Bu varsayım, tamamen kontrollü laboratuvar şartlarında çevreden soyutlanmış olan davranışlarda bulunan nedensel ilişkilerin bütün kültürel ortamlarda geçerli olacağıdır. Yine de her araştırmacı, insanlarla yapılan hiçbir araştırmada çevrenin tamamen soyutlanmasının mümkün olmayacağını bilir; çünkü her insan kendi "kültür"ünü beklentileri, alışkanlıkları, değerleriyle laboratuvara getirir.

Genellemelere ulaşmanın zor olmakla birlikte daha emin olan yolu, ortamı psikolojik çalışmaya dahil etmek ve etkilerini incelemektir. Nedensel ilişkileri açığa çıkaran ortama bağlı bir çalışma yapıldığında, farklı ortamlarda yapılan çalışmalarla arasındaki benzerlik ve farklılıklar incelenerek genellemelere ulaşılabilir. Başka bir deyişle, belirli bir kültürel ortamda yapılmış olan çalışma farklı bir kültürel ortamda tekrarlandığında benzer sonuçlar elde ediliyorsa, bu, olası evrensel kalıplara temel oluşturur.

Bu yüzden, ben bu tartışmanın bir tarafında yer almıyorum; her iki yaklaşımın birbirini tamamladığına inanıyorum (Kağıtçıbaşı, 1992a ve 2000b). Bana göre kültürel psikoloji, kültürel çevre bağlamında psikolojidir ve insan olguları her zaman bir kültür içerisinde oluştuğu için insan psikolojisi de tamamıyla kültürel olmalıdır. Ancak, bu idealden uzak olduğumuza göre, kültürel ortamları dikkate alan psikolojik araştırmalar kültürel psikoloji olarak adlandırılabilir. Eğer bu tür bir araştırmada, karşılaştırmalı bir yaklaşım kullanıldıysa ve en az iki farklı kültür ele alındıysa, kültürler arası psikolojinin alanına girilmiş demektir.

Karşılaştırmalı bir yaklaşımın bağlamsal bir yaklaşıma engel olmadığını da belirtmek gerekir. Daha önce de açıkça belirttiğim gibi, bağlamsal ve karşılaştırmalı bir yaklaşım benim bakış açımın temel öğeleridir (Kağıtçıbaşı, 2000a). Bu konuda, ortamların tamamen kendine has olmadıklarını ve karşılaştırılabilecek-lerini belirten Price-Williams (1980, s. 82) ile aynı görüşteyim. Bu nedenle, bu kitapta hem kültürel hem de kültürler arası psikoloji yaptığımı düşünüyorum. Ancak karışıklığı engellemek ve iki terimi bir arada kullanmamak için, özel-likle kültürler arası karşılaştırmalardan bahsetmediğim sürece daha genel olan "kültürel psikoloji" terimini kullanacağım.

Kültürler Arası Bakış Açısının Gelişimi

İnsan gelişimi her zaman kültürün içinde gerçekleşir; ancak bazı önemli yeni yaklaşımlar dışında, akademik psikoloji, gelişimi nadiren bu şekilde inceler. Bu sorun sadece gelişim psikolojisini değil, inceleme alanı kişi olan bütün psikoloji dallarını ilgilendiriyor. Bu akademik yaklaşım, psikolojinin psikolojik süreçlerde ve davranışlarda evrensele ulaşma amacıyla bağdaşır. Pozitivist bilim felsefesine bağlı kalan fiziksel bilim modeli psikolojide örnek alınmıştır. Bu da beraberinde davranışı doğal ortamından yalıtan ve "istenmeyen" değişkenleri kontrol eden metodolojik bir yaklaşım getirmiştir. Bu nedenle, sosyal ve kültürel faktörler genellikle psikolojik analizlerde yer almamaktadır.

Çevre ve şartlar göz önüne alındığında da, psikologlara yabancı gelen, uzak çevre değil de genellikle yakın çevre olur. Bu durumu gelişim psikolojisi ders kitaplarına şöyle bir bakarak da görebiliriz. Bu kitapların çoğu kültürel farklı-lıkları vurgulamaz ya da onları konudışı değişkenler olarak ele alır ve bireysel eğilimi normal gelişim yolu olarak görür. Bu ders kitapları, gelişimin—Ameri-kan psikolojisinde ve ithal edildiği başka yerlerde—ele alınış biçimini etkiliyor. Diğer bir deyişle kültür, çalışılan konuya merkezi olarak değil "merkezden uzak" bir arka plan olarak inceleniyor. Bu durum son zamanlarda bazı değişimler yaşanmasına ve bazı ders kitaplarında kültüre daha merkezi bir yer verilmesine rağmen devam etmektedir (örneğin, M. Cole ve Cole, 2001).

Bütün bunlar 1980'lerden başlayarak psikolojinin içinden ve dışından gelen eleştirilerde vurgulanmıştır. Örneğin, insan gelişimini inceleyen T. Schwartz (1981) "gelişim psikolojisinin, insan doğasının gelişimini tamamlamasının bir numaralı şartı olan 'kültürel ortamda' çocuğu inceleme şansını büyük ölçüde elinden kaçırdığını" belirtiyor (s. 4). Aynı şekilde, Jahoda ve Dasen de (1986) yalnızca "karşılaştırmalı olmakla kalmayıp, temel olarak kültürü de ön planda tutan bir kültürler arası gelişim psikolojisinin" gerekli olduğuna dikkati çekiyor ve "Birinci Dünya'da ortaya çıkan gelişim psikolojisi kuram ve bulgularının Üçüncü Dünya'da mutlak hakikatler gibi kabul edilmesini" kınıyordu (s. 413).

İnsan gelişiminin ekolojisi üzerine yaptığı çalışmasında Bronfenbrenner (1979), "sadece kişinin özelliklerine yönelik kuram ve araştırmaya çok ağırlık verilmesinden ve kişinin içinde bulunduğu ortam kavramının araştırmalarda eksik ve gelişmemiş olmasından" şikâyet ediyor (s. 16) ve gelişim psikolojisinin "mümkün olan en kısa zaman diliminde, tuhaf durumlarda, tuhaf yetişkinlerle bir arada bulunan çocukların tuhaf davranışlarını inceleyen bir bilim" olduğunu öne sürüyor (s. 19).

Bu görüşler, genel olarak davranışın ve özellikle insan gelişiminin bağlamsal olmayan bir şekilde incelenmesinin yetersiz olacağını düşünenler tarafından bugüne kadar birçok defa tekrar edilmiştir (örneğin Bornstein, 1991; Bornstein ve Bradley, 2003; Bronfenbrenner, 1986; Dasen, 2003; Eckensberger, 2003; Friedlmeier, Chakkarath ve Schwartz, 2005; Kağıtçıbaşı, 2000a; R.M. Lerner, 1998; Rogoff 1990, 2003; Saraswathi, 2003; Shweder vd, 1998). Derin araştırmalarla doğrulanan yaygın eleştiriler, psikolojinin "dar" bakış açısını düzeltmeye çalışmaktadır. Bunlar, bir tarafta kültürler arası ve kültürel psikolojiyi diğer tarafta da sosyal yapılanma ve yerel psikolojinin geliştirilmesini sağlamak için yapılan açık ve yüksek sesli çağrılardır (Kim vd, 2006).

Günümüzde bu durum kesinlikle bir değişim süreci içerisindedir. Son on yılda psikoloji araştırmalarının bakış açısını genişleterek ortamı da içermesi yönünde önemli ilerlemeler kaydedilmiştir. Kültürel ve kültürler arası psikolojideki gelişmeler önemli olup psikoloji araştırmalarının bilimsel geleneğini de sorgulamaktadır. Kültürler arası psikoloji araştırmalarına odaklanan dergilerin sayısı büyük ölçüde artmıştır. Kültürel ve kültürler arası psikoloji araştırmaları *Annual Review of Psychology*'de (Bond ve Smith, 1996; Brislin, 1983; Cooper ve Denner, 1998; Greenfield, Keller, Fuligni ve Maynard, 2003; Kağıtçıbaşı ve Berry, 1989; Shweder ve Sullivan, 1993), elkitapları, ansiklopedi ve diğer yıllık psikoloji yayınlarında (Berman, 1990; Murphy-Berman ve Berman, 2003, Pawlik ve Rosenzweig, 2000; Spielberger, 2004) artarak yer alıyor. Üç ciltlik *Handbook of Cross-Cultural Psychology*'nin ikinci baskısı 1997'de (Berry vd, 1997) çıkmıştır. International Association for Cross-Cultural Psychology konferanslarından seçilen makaleler ise iki yılda bir kez yayımlanmaya devam etmektedir.

Kültürler arası psikoloji veya kültürler arası *sosyal psikoloji* konularında, ikinci ve üçüncü baskılarını yapan ders kitapları da dahil olmak üzere birçok kitap basılmıştır (örneğin Berry vd, 2002; Lonner ve Malpass, 1994; Matsumoto, 2001; Matsumoto ve Juang, 2004; Moghaddam ve Taylor, 1993; Segall vd, 1999; P.B. Smith vd, 2006; Triandis, 1994). Bütün bu yayınlar kültürler arası psikolojinin gelişimine dikkati çekiyor. Bu karşılaştırmalı çalışmaların yanında bir kültüre odaklanan kültürel psikoloji çalışmaları da yapıldı (örneğin, M. Cole, 1996; Nucci, Saxe ve Turiel, 2000; Shweder, 1991; Stigler, Shweder ve Herdt, 1990).

Nihayet, son yıllarda insan gelişiminin kültürel ve kültürler arası incelenmesi, bu konularda yazılan kitapların sayısının artmasıyla da görüldüğü üzere önemli ölçüde gelişme göstermiştir (örneğin Bornstein, 2002; Bornstein ve Cole, 2006; Friedlmeier vd, 2005; Gardiner ve Kosmitzki, 2005; Greenfield ve Cocking, 1994; Keller, Poortinga ve Schölmerich, 2002; Rogoff, 2003; Saraswathi, 2003).

Kültür ve İnsan Gelişimi Araştırmalarındaki Akımlar

Önceleri insan gelişiminin kültürler arası incelenmesinde belirli bir kültürel bağlamı vurgulayan antropolojik bir yaklaşım görülmekteydi. Whiting'lerin ve arkadaşlarının altı farklı kültürde çocuk yetiştirme yaklaşımları üzerine araştırmalarının devamında psikologların ve antropologların birlikte çalıştığı bazı araştırmalar yapıldı (Minturn ve Lambert, 1964; B.B. Whiting, 1963; B.B. Whiting ve Whiting, 1975). 1980'lerde ve 1990'larda kültürler arası çocuk gelişimiyle ilgili yayınlar bu araştırmaları özetliyor (örneğin Bornstein, 1991; Munroe, Munroe ve Whiting, 1981; Stigler vd, 1990; Valsiner, 1989; Wagner, 1983; Wagner ve Stevenson, 1982).

Çağdaş Ülkelere Yöneliş. Daha sonraları genel olarak kültürler arası ve özellikle de kültür ve insan gelişimi araştırmalarında yeni eğilimler ortaya çıktı. Günümüzde kültürler arası psikoloji antropoloji ile daha az bağlantılı bir hale geldi. Kültürler arası psikoloji, daha çok psikologlar tarafından ve büyük ölçüde Batı'da ya da çağdaş ulus-devletlerde veya "çağdaşlaşmış" toplumlarda, çok daha az ölçüde de Afrika ve Okyanusya gibi kültürler arası araştırmaların ilk başladığı sanayi öncesi insan gruplarında uygulanmaktadır (Berry vd, 2002; Segall vd, 1999). Tabii ki sanayi öncesi toplumlarda yapılan araştırmalar da vardır (örneğin Greenfield, 1999, 2000; Keller, 2003; Nsamenang, 1992; Tape, 1994, aktaran Dasen, 2003; Zeitlin, 1996); ancak onları istisna kılan, güncel kültürler arası psikoloji çalışmalarının yanında sayılarının sınırlı oluşudur. İnsan davranışındaki özellikle de insan gelişimindeki kültürel farklılıkların, daha çok anaakım psikoloji araştırmalarının bir parçası olmuştur.

Niye böyle bir değişim gerçekleşmiştir? Bu süreçte birkaç etken etkili olmuştur. Genel olarak küreselleşme, artan uluslararası iletişim, göç ve kültürel temaslar neredeyse bütün Batı toplumlarını çokkültürlü bir hale getirmiştir. Böylece kültürel farklılıkları gözlemlemek isteyen psikologlar önceden uzak toplumlara seyahat ederken şimdi bu farklılıkları kendi yaşadıkları toplumların içinde buluyorlar. Dünyada her zaman çeşitlilik olmasına rağmen, anaakım gelişim psikolojisini kültürü dikkate almaya en çok zorlayan faktör, uluslararası çeşitlilikten çok Batı toplumlarının içindeki giderek artan çeşitlilik olmuştur. Kültürel çeşitlilik insan gelişiminin incelenmesinde artık göz ardı edilemeyecek hale gelmiştir. Böylece Kuzey Amerika, Kuzey Avrupa ve Avustralya-Yeni Zelanda gibi göç alan ülkelerde farklı etnik ve kültürel gruplar üzerindeki araştırmaların sayısında çok büyük bir artış olmuştur (bkz. Bölüm 10). Kültür konusunun anaakım psikoloji dergilerine girmiş olması dikkate değerdir.

Sanayi öncesi ve hatta okuma yazma öncesi toplumlarda daha önceleri yapılan kültürler arası araştırmalar, bilişsel alan dışında, anaakım psikologlar tarafından kolayca konudışı bulunarak göz ardı edilmişti. Bunun sebebi çoğunlukla bu toplumların çağdaş toplumlardan uzak ve çok farklı olmasıdır. Ayrıca Azuma'nın (1986) da belirttiği gibi, "Bu tür çalışmaların temel kısıtlılığı, kültürel değişkenlerin toplumdaki sanayileşme düzeyiyle birlikte değişiyor olmasıdır" (s. 3). Eğitim, yaşam standartları, gayri safi milli hasıla (GSMH) gibi sosyoekonomik yapısal faktörlerin, yani toplumsal gelişimin kültürel inançlar ve değerlerdeki değişimlerle iç içeliği, açıklamaları zorlaştırmaktadır. Son zamanlarda, çağdaş ulus-devletlerde yapılan karşılaştırmalı araştırmaların artmasıyla, sosyoekonomik düzeyi benzer tutarak sadece kültürel farklılıklarda yoğunlaşan kültürler arası karşılaştırmalar yapmak mümkün olmuştur. Bu tür araştırmaların göz ardı edilmesi ise daha zordur. Çünkü genellikle kentli, eğitimli gruplar, üniversite öğrencileri gibi sosyoekonomik düzeyleri benzer ancak farklı kültürel eğilimleri olan örneklemler incelenmektedir. Örneğin Pasifik'teki son ekonomik gelişmelerle birlikte, Japon ve Çinli çocukların hem kendi ülkelerinde hem de Amerika'da matematik ve fen dallarındaki yüksek başarı düzeyleri, Batı'nın özellikle Japon kültürüyle ilgilenmesine sebep oldu (Japon yönetimi, Japon çocuk yetiştirme yöntemleri, Japon eğitimi vs). Bu ilgi, kültürler arası araştırmaların daha çok önemsenmesini sağladı.

Çoğunluk Dünya Araştırmacıları Devreye Giriyor. Kültür ve insan gelişimi konularındaki değişen eğilimlere Çoğunluk Dünya ülkeleri araştırmacılarının yaptığı araştırmalar ve yayınlar da katkıda bulunmuştur. Bu, psikolojinin geleneksel olarak Batı'nın, büyük ölçüde de Amerika'nın bir ürünü olduğu göz önünde bulundurulursa önemli bir olaydır. Dünyanın geri kalan kısmı tipik olarak Batı'yı takip etmiş ve "geleneksel bir boyun eğiş" göstermiştir (Kağıtçıbaşı, 1995, 1996b). Ancak yine 1980'lerden başlayarak, kültürler arası psikoloji ve özellikle de kültürler arası gelişim psikolojisi dünyanın geri kalan yerlerindeki, en çok da Asya'daki çalışmalardan yararlanarak ilerleme kaydetmiştir. Batılı olmayan psikologların kültürler arası psikolojiyle ilgili dergi ve kitaplara yaptıkları artan katkıların yanında, Çoğunluk Dünya'da özellikle psikoloji ve insan gelişimiyle ilgili kitaplar da yayımlandı (örneğin, Curran, 1984; Kağıtçıbaşı, 1996b; Nsamenang, 1992; Pandey, 1988; Saraswathi, 2003; Saraswathi ve Dutta, 1987; Saraswathi ve Kaur, 1993; D. Sinha, 1981; Suvannathat, Bhanthumnavin, Bhuapirom ve Keats, 1985). Günümüzde araştırmalar çoğunlukla dünyanın geri kalan yerlerindeki öğrenciler ve "modern" kentli nüfus üzerinde yapılmaktadır.

Büyük Ölçekli Çokuluslu Karşılaştırmalı Araştırmalar. Büyük ölçekli çokuluslu karşılaştırmalı araştırmalara artan ilgi de etkili olmuştur. Çok sayıda ülkeden toplanan bilgiler genel olarak üniversite öğrencileri örneklemlerini ya da öğretmenler, yöneticiler gibi küresel toplumun diğer "modern" kesimlerini içermiştir (örneğin M.H. Bond vd, 2004; Chinese Culture Connection, 1987; Georgas,

Berry, Van de Vijver, Kağıtçıbaşı ve Poortinga, 2006; Hofstede, 1980; S.H. Schwartz, 1992, 2004; P.B. Smith, Dugan ve Trompenaars, 1996). Çoğunlukla kültürler arası sosyal psikoloji çerçevesinde yapılan özellikle değerlerle ilgili araştırmalar, kültürler arası psikolojideki kuramsal gelişmeler için gitgide önem kazanmaktadır (P.B. Smith vd, 2006).

Uygulamanın Vurgulanması. Uygulamaya verilen önem de kültürler arası araştırmaların insan gelişimiyle olan ilişkisini artırmıştır. Çözüm bekleyen bazı önemli sosyal sorunlar, kültürler arası çalışmalar sayesinde incelenebiliyor. Bunların arasında etnik sorunlar ve küresel gelişim çabaları ön plandadır. Etnik ilişkileri geliştirme ve küresel gelişime katkıda bulunma ihtiyacı nedeniyle, hem Çoğunluk Dünya'da hem de Batı'daki etnik azınlıklarla yapılan uygulamalı müdahale araştırmaları için gittikçe daha çok kaynak sağlanmaktadır. Bu da anaakım psikologların dikkatinin etnik ve kültürler arası araştırmalara yönelmesini sağlamaktadır. Kültürler arası gelişimsel araştırmalar, kuram gelişimine katkıda bulunmalarına rağmen, dünya çocuklarının refahı için yapılmadığından, bu konuda aynı şekilde başarılı değildir (Dasen ve Jahoda, 1986; Kağıtçıbaşı, 1991, 1992b, 1995 ve 2002a). Hem kültür temelli kurama dayanan hem de küresel olarak çocukların refahına odaklanan, sorunlara eğilen daha çok çalışmaya ihtiyaç var. Bu kitabın ana konusu budur.

Yerel Psikoloji. Çoğunlukla Batılı olmayan çevrelerden ortaya çıkan bir diğer akım da yerel psikolojidir (Adair, 1992; M.H. Bond, 1986; G.E. Enriquez, 1990; Heelas ve Lock, 1981; Kağıtçıbaşı ve Berry, 1989; Kim ve Berry, 1993; Kim vd, 2006; D. Sinha, 1986 ve 1992). Bu görüş, psikolojik olayların önemli ortamını oluşturduğu için, her kültürün kendi içinde incelenmesi gerektiğini ileri sürer. Bu "içeriden" yaklaşımla, tarihi-kültürel özellikler, semboller ve insanların yarattığı şeyler, o toplumdaki insanları anlayabilmek için araç olarak kullanılır. "Dışarıdan dayatılmış" kategoriler yerine daha önce de değinildiği üzere antropologların ve kültürel psikolojinin *emik* yaklaşımını anımsatan "doğal" yaklaşımlar burada kullanılıyor. Yerel psikoloji özelikle Latin Amerika'da Diaz-Guerrero'nun (1975) "Meksikalıların Psikolojisi" çalışmasını takiben kendine uygun bir yer bulmuştur (örneğin A.M. Padilla, 1995).

"Yerelleştirme" veya "yerel psikoloji," evrensel yaklaşımın antitezi olarak öne sürüldü (Kim ve Berry, 1993; Kim vd, 2006); aynı şey kültürler arası psikoloji için de geçerlidir. Ancak daha önce de belirttiğim üzere ben bunların birbirine geribildirim sağlayan ve birbirini tamamlayan yaklaşımlar olduğuna inanıyorum (Kağıtçıbaşı, 1992a, 2000b). Eğer yerelleştirme kendi başına bir amaç olarak değil de bir yaklaşım olarak görülüyorsa, o zaman karşılaştırmalı bir yaklaşıma yol açabilir. Böylece farklı yerel gerçeklerin karşılaştırılmasından ortak noktalar ortaya çıktığı zaman, evrenselliğe yaklaşmaya başlarız (Berry, 1989). Bu konu ileride daha ayrıntılı bir şekilde tartışılacak.

Benzerlik-Farklılık

Bu beni kültürler arası karşılaştırmalarda ortaya çıkarılan benzerlik ve farklılıkların anlamının ne olduğu sorusuna getiriyor. Ya evrenselcilik ya görecilik demekte ısrar etmek doğru değildir; çünkü bu, ampirik bir konudur. "Araştırmacı, ne zaman benzerliklerin ne zaman farklılıkların vurgulanması gerektiğini bilmelidir" (Schweder, 1984, s. 60). (Shweder daha sonra bu görüşünden vazgeçmiş ve benzerlikleri reddetmiştir—Shweder, 1990, 1991; Shweder ve Sullivan, 1993). Daha önce de belirttiğim gibi, kültürler arası karşılaştırmalarda daha geniş kapsamlı değişkenlik söz konusu olduğundan, ortak ve farklı özelliklerle biyolojik ve çevresel faktörler daha iyi bir şekilde ayrıştırılabilir.

Bununla birlikte, kültürler arasında saptanan benzerlikler, *zorunlu olarak* genetik faktörlere işaret etmez. Bu benzerlikler, evrensel (veya paylaşılan), psikolojik veya toplumsal yapısal faktörlere de bağlı olabilir. Örneğin, bütün toplumlarda grup içi uyumu, çocukların bakımını ve sosyalleşme düzenini korumak amacıyla oluşturulmuş kurallar, sosyal kontrol mekanizmaları vardır. Yani, kültürler arasında farklılıklar kadar, benzerlikler de vardır. Bu benzerlikler ortak bir biyolojik yapıdan çok, farklı kültürlerdeki davranışların benzer işlevsel bağlarından kaynaklanıyor olabilir.

Halbuki kültürler arası benzerlikler bulunduğu zaman genelde bunlara biyolojik ya da genetik açıklamalar getiriliyor (H. Papoušek ve M. Papoušek, 1991; Sigman ve Wachs, 1991) ve sadece farklılıklar kültüre bağlanıyor. Bunun bir nedeni, her kültürün kendine has olduğu varsayımıdır. Bu, betimleyici antropolojiden alınmış ve kültürler arası karşılaştırma psikologları tarafından kabul edilmiş bir görüştür. Bu görüş, beraberinde kültürler arası karşılaştırmaların davranışlardaki *farklılıkları* ortaya çıkarması beklentisini de getiriyor. Bu yüzden, kültürler arası araştırmaların raporları "Hint benliği", "Japon anne" ya da "Yunan *filotimo*su", "Latin Amerika *sempatia*sı," "Japon *amae*si" veya "Meksika tarihi-sosyokültürel varsayımları" gibi kavramlarla doludur. Ancak, birçok araştırma Hindistan, Kore, Meksika, Yunanistan, Japonya gibi ülkelerdeki davranış şekillerinde *benzer* kalıplar olduğunu ortaya çıkarmıştır. Nitekim Triandis (1989), bazı toplulukçu kültürel gruplarda "Yunan *filotimo*"suna *benzer* özellikler olduğunu belirtmiştir. Bir Türk araştırmacı da (Ayçiçeği, 1993) "Meksika tarihi-sosyokültürel varsayımları" olarak belirlenmiş olan cinsiyet rollerinin (Diaz-Guerrero, 1991) Türkiye için de tipik olarak geçerli olduğunu ortaya çıkarmıştır.

Farklı grupların, ortak davranışlarının altında yatan nedenlerin açıklanması için onların psikolojik betimlemelerinin yapılmasından daha ileri gidilmesi gereklidir. Bu yüzden, farklılıkların kültürel, benzerliklerinse biyolojik nedenlere bağlanması şeklindeki iki yönlü düşünme, en azından üç yönlü olacak şekilde genişletilmelidir. Kültürler arası bir karşılaştırmada bir farklılık bulunduğu zaman, bilinen birkaç ırk farklılığı dışında, bağlamsal (çevresel/kültürel) bir açıklamaya gidilebilir. Bir benzerlik bulunduğu zaman ise buna paylaşılan biyolojik yapının mı yoksa paylaşılan psikolojik, ekolojik veya kültürel yapılanmaların mı neden olduğu bilinemediği için bir karmaşıklık ortaya çıkıyor. Tabii, benzerlik ve farklılığın bileşimiyle ortaya çıkan bir diğer olasılığın varlığı da söz konusu olabilir. Burada esas yapılması gereken bu etkileri birbirlerinden ayırabilmektir. Kültür ve biyoloji incelemelerinde evrimsel yaklaşımı da içine alan son çalışmalar, kültür içerisinde insan gelişimini daha iyi anlamamızı sağlamaktadır.

Eğer olası bir genellemeyle ilgileniyorsak iki veya daha fazla emik çalışmaya ihtiyacımız vardır (Berry, 1969 ve 1989; Triandis, 1978). Bu noktada emik bulguların karşılaştırılabilmesi için etik veya kültürler arası karşılaştırmalı bir yaklaşım gerekir. Bu yaklaşımın amacı, şayet psikoloji evrenselliği hedefliyorsa, farklılıklardan çok paylaşılan özellikleri ortaya çıkarmak olmalıdır. Ama ilginçtir, buna rağmen araştırmalarda yaygın olarak farklılıklar vurgulanmaktadır. Bunun, inanç ve değer modellerini ortaya çıkarmak için birçok ülkeden elde edilen verileri kullanarak gerçekleştirilen araştırmalar gibi istisnaları da vardır (örneğin, Bond vd, 2004; Hofstede, 1980, 2001; S.H. Schwartz, 1992, 1994; S.H. Schwartz ve Bardi, 2001; S.H. Schwartz ve Bilsky, 1990; P.B. Smith vd, 1996). Ancak, bu çalışmalarda yapılanmalar kültürel (emik) araştırmalarla öğrenilmek yerine dışarıdan getirilip empoze ediliyor. Eksik olan, farklı ortamlarda da ortaya çıkabilecek olgular arasındaki işlevsel/uyumsal bağları ve temel nedensel ilişkileri açığa çıkaracak kültürel bağlamda yapılan araştırmalardır.

Kültürler Arası Yaklaşımın Yararları

Kitabın giriş kısmını sonlandırırken, kültürler arası yaklaşımın yararlarına da değinmek isterim. Gittikçe artan kültürler arası araştırmalar, bu yaklaşımın kazandığı değerin açık bir göstergesidir. Yine de kültürel bağlamda insan gelişimini kapsamlı bir şekilde incelemeye başlarken bu avantajları yeniden hatırlamak yararlı olabilir. Aşağıdakiler, gelişimsel perspektifin faydaları konusunda genel olarak verilen birkaç örnektir.

Kültürler arası bir gelişimsel yaklaşım, tek bir kültürün incelenmesinde elde edilenden çok daha geniş bir değişkenlik elde edilmesini sağlar. Değişkenliğin daha geniş bir şekilde ele alınmasıyla da neyin normal, tipik; neyin anormal olduğunun tanımlanmasında kullanılacak daha geniş bir perspektif elde edilir.

Ayrıca elde edilen geniş değişkenlikle, biyolojik ve çevresel etmenleri birbirinden ayırmak daha olası bir hal alır. Yani, farklı kültürel ortamlar incelendiğinde, gelişimsel süreçlerde veya psikolojik işlemlerde bulunan benzerliklerin, her ne kadar sosyal yapılanmadaki benzerliklere dayanıyor olabilse de, biyolojik kökenli olma olasılığı artar. Kültürler arasında artan bir çeşitlilik durumunda ise bu, olayların çevresel etmenlere dayandığını gösterir.

Kültürler arası çalışmalardaki daha geniş bir değişkenliğe dayanan bu iki nokta göz önüne alınarak, tek bir ortamdaki örneklem gruplarıyla yapılan araştırmalara dayanan kuramlar, evrensellik iddialarının geçerli olup olmadığının anlaşılması için yeniden sınanmalıdır. Bu yüzden, kültürler arası araştırmaların kuramların denenmesindeki potansiyeli çok önemlidir. Evrensellik iddia eden her psikolojik kuram (ki hepsi eder), her kültür ortamında geçerli olduğunu kanıtlamak durumundadır. Tabii ki, her zaman kuramı geçersiz kılacak bir olgunun ortaya çıkma olasılığı olduğu için, hiçbir kuram tam anlamıyla ispatlanamaz. Ancak, eğer bir kuram oldukça farklı kültürel ortamlarda destekleyici veriler elde ederse, "harici geçerlik" ve evrensellik iddiaları tek bir kültürde denenmiş olmaktan çok daha güçlü kanıtlara dayanıyor demektir. Bir kuram ne kadar çok kültürler arası destek görürse, evrensel genellemelere o kadar çok yaklaşacaktır. Gerçekten de insan gelişimi üzerine yapılan kültürler arası araştırmaların çoğu bu şekilde kuram sınama amacıyla yürütülmüştür. Bu araştırmalar, kuramlar için oldukça da yararlı olmuştur. Örneğin, Piaget ve Vygotsky kuramları kültürler arası çalışmalarla geliştirilmiştir.

Bu tür araştırmalar, kuramların yeniden düzenlenmesine de yardımcı olmaktadır. Örneğin, kültürler arası araştırmalar Piaget'nin "biçimsel işlemler" evresine eğitimsiz yetişkinlerde ender rastlandığını ortaya koydu. Bunun üzerine Piaget yaklaşımını değiştirdi ve "biçimsel işlemlerin" evrensel bir evre olmayabileceğini ve sadece belirli çevrelerde görülebileceğini kabul etti. Bu değişiklik, sonra Amerika'da yapılan bir araştırmanın verileriyle de desteklendi (Kuhn ve Brannock, 1977; Rogoff vd, 1984 tarafından sözü edilmiştir; ayrıca bkz. Fiati, 1992).

Kültürler arasında karşılaştırmalar yapan araştırmaların sağladığı bir diğer avantaj da, bir kültürel ortamda iç içe olan bazı değişkenlerin, böyle iç içe olmadıkları bir başka toplumda da incelenerek ayrışımın sağlanabilmesidir. Bu, iç içe geçmiş değişkenlerin daha doğru bir şekilde incelenmesini sağlar. Örneğin, Batı'da yaşın (olgunlaşmanın) ve okul deneyiminin etkilerini birbirinden ayrı incelemek zordur. Çünkü bütün çocuklar okulda olduğu için bu iki değişken büyük ölçüde iç içedir. İki değişkenin paralel gitmediği, yani bazı çocukların okulda olmadığı kültürel ortamlarda araştırma yaparak, yaşın etkileri okuldan bağımsız olarak incelenebilir (Kağıtçıbaşı, 2004; Rogoff vd, 1984; Rogoff, Mistry, Göncü ve Mosier, 1991).

Bu örnekte de görüldüğü gibi, kültürler arası araştırmalar, doğal olarak oluşan ve deneysel yollarla değiştirilemeyecek neden-sonuç ilişkilerini doğal yarı deneysel yöntemlerle inceleme olanağına sahiptir. Yaşın bilişsel gelişime olan etkisini okulun etkisinden bağımsız bir şekilde incelemek için bazı çocukları öğrenimden yoksun bırakmak mümkün değildir. Ancak eğer doğal ortamdaki durum bu ise, neden-sonuç ilişkileri buna göre izlenebilir.

Kültürler arası çalışmalar ayrıca psikolojik fenomenlerin kapsamlı betimlemelerini de sağlayabilir. İncelenen daha geniş çeşitlilik sayesinde, örneğin yaşa bağlı insan gelişiminde, gelişimin daha kapsamlı bir spektrumunu elde edebiliriz; bu da açıklama için gereklidir (Bornstein, 1984). Özellikle, insan gelişimi konusundaki kültürler arası çalışmalara büyük katkı yapmış olan antropologların kullanımında zengin betimlemeler; bilgi edinme ve anlama için çok değerli bir kaynak olabilir.

Bu tür karşılaştırmalı betimleme ve kültürler arası çalışmalar, genel olarak, insanın çevreye uyumunun da daha iyi anlaşılmasını sağlar (Keller, 2003; Rogoff vd, 1984, 1991). Bu tür yaklaşımlar, ekolojik ve çevresel faktörlerin nasıl değişiklikler gösterdiğini ve bunun incelenen kişiler tarafından nasıl algılandığını araştırır. Ekolojik, ekonomik ve sosyopolitik bağlamsal değişkenlerle kişilerin psikolojik davranış özellikleri arasındaki işlevsel ilişkiler, biyolojik/kültürel uyumu yansıtır (Berry, 1976; Berry vd, 2002; Keller vd, 2002).

Kültürler arası araştırmalar, araştırmacının olası etnomerkezciliğini ortadan kaldıracak bir kontrol mekanizması görevini de görür. Bunun ana nedeni, kültürler arası bakış açısının, araştırmacının kendi fikirlerinin kültürel temeline daha duyarlı olmasını sağlamasıdır. Örneğin, kültürler arası çalışmalar yapan psikologlar, tarih boyunca psikolojinin Batı'nın yerel psikolojisi olarak geliştiğinin farkına varırlar. Psikolojinin evrensellik iddialarının doğrulanması için, Batı'nın dışında da geçerliliği sınanmalıdır. Birçok psikoloji kuramı aslında kültürel bir inşadır; "gerçekliğe" yönelik özgül bir yönelimi ve yorumu yansıtır.

İnsan olgularının açıklanmasında ve farklı kültürlerdeki uygulamalarda bu durumun önemli etkileri vardır. Örneğin, cinsiyet rollerinin veya insan yetkinliğinin bir toplumda yaygın olarak tanımlanışı, Batı'nın psikolojik kuramlarındakinden çok farklı olabilir. Yorumlardaki farklılıkları anlayabilmek ve davranışları değiştirmeye çalışan uygulamalı çalışmalarda hataları engelleyebilmek için çok duyarlı olmak gerekir. Bu noktada kültürler arası yaklaşımı benimseyen bir psikolog, tek kültüre bağlı kalmış bir psikoloğa göre çok daha avantajlıdır.

Bu yüzden, kültürler arası yaklaşımın genel anlamda psikolojiye sağladığı en önemli yararlardan biri de "kültüre duyarlılık"tır. Başka bir deyişle, kültürel farklılıkların karşılaştırmalı çalışmalarda ortaya çıkması, psikologların kültürü ciddiye almalarını sağlamıştır. Hem kültürler arası hem de etnik psikoloji araştırmaları bu noktada önemli bir role sahiptir. Kültürün psikolojik analizlerle bütünleşmesi, anlayış ufkumuzu genişletme vaadinde bulunur. Bu, psikoloji için çok önemli bir adım olabilir. Bu önemli adımın atılmakta olduğuna dair önemli işaretler mevcuttur.

Özet ve Temel Noktalar

Bu kitap kültürel bağlamda insan gelişimi, benlik, aile ve insan ilişkileriyle ilgilidir.

- İki çeşit bağlantıyla ilgilenir: Birey, grup ve genel bağlam gibi farklı analiz düzeyleri arasındaki bağlantılar ile kuramla uygulama arasındaki bağlantılar.

- Birey ile toplum arasındaki bağları incelemek için bağlamsal-gelişimsel-işlevsel yaklaşım ile kültürel ve kültürler arası yaklaşım benimsenmiştir.

- Hem kuram hem uygulama gereklidir; bu ikisi birbirleriyle ilişkilidir.

- Evrenselci ve göreci/bağlamsal yaklaşımlar kültürde davranışın incelenmesinde temeldir. İkisinin de kendi sorunları vardır. İlki tek bir kültürde yapılan araştırma sonuçlarının genelliğini varsayarak sahte bir birörneklik varsayımı riski taşır. İkincisi ise aslında olabileceği halde birörnekliğin olamayacağını öne sürerek sahte bir tekillik riski taşır. Bu iki yaklaşım birbirini bütünleyici olabilir; sadece biri benimsenecek diye bir zorunluluk yoktur.

- Karşılaştırmalı yaklaşım bağlamsal bir yönelimi engellemez; her iki yaklaşım da bu kitabın temel konularıdır.

- Psikolojide bağlam dendiğinde genellikle yakın bağlam kastedilir. Ancak, daha geniş bir bağlamı içeren, insan gelişiminin kültürel ve kültürler arası araştırılmasında dikkate değer ilerlemeler kaydedilmiştir.

- Kültürler arası psikolojideki bazı yeni akımlar küreselleşme ve Çoğunluk Dünya'dan psikologların daha büyük katılımıyla ortaya çıktı. Çokkültürlü, göç alan Batı toplumu araştırmalarının yanı sıra büyük ölçekli çokuluslu karşılaştırmalı araştırmalara da büyük bir ilgi oluştu. Yerel psikoloji ise çoğunlukla Batılı olmayan bağlamlarda ortaya çıktı.

- Kültürler arası psikolojide çeşitliliğin daha geniş çaplı olması, ortak ve değişken özelliklerle biyolojik ve çevresel faktörlerin ayrıştırılmasına yardımcı oldu. Farklılık, genellikle kültürel; benzerlik ise biyolojik nedenselliği belirtir. Ancak benzerlik, paylaşılan biyolojiye olduğu kadar paylaşılan sosyal yapı ve normlara da bağlı olabilir.

- Çeşitliliğin artmasıyla biyolojik ve çevresel etkilerin ayrıştırılmasının dışında kültürler arası bakış açısının başka yararları da vardır. Kültürler arası psikolojinin kuram sınama potansiyeli önemlidir; evreselliği savunan her psikolojik kuramın kültürler arası geçerliliği olduğu da gösterilmelidir. Kültürler arası araştırmalar bir kültürde büyük ölçüde ilişkili olan değişkenleri, bu ilişkinin daha zayıf olduğu toplumlara giderek çözmeye yardımcı olur. Kültürler arası araştırmalar araştırmacının etnik merkezciliğini de düzeltici bir rol oynar ve böylece "kültüre duyarlılığa" katkıda bulunur.

BENLİK VE İNSAN GELİŞİMİ, AİLE, KÜLTÜR

Bağlamında Gelişim

B ir süre önce, Japon psikolog Azuma (1986), Japon bir annenin, sebze yemeyi reddeden çocuğuna verdiği tipik cevabın anlamını incelediğinde bulduğu sonuç, annenin genel olarak, "Pekâlâ, öyleyse yemek zorunda değilsin" dediğiydi. Bu cevabı nasıl yorumlardınız? Birçok insan bu cevabı, annenin çocuğun o sebzeyi yemek zorunda olmadığını (bunun yerine başka bir şey yiyebileceğini) düşündüğü anlamına geldiği şeklinde yorumlar. Azuma, Amerikalı meslektaşlarının da bu cevabı böyle yorumladıklarını söylüyor. Oysa Azuma'nın belirttiğine göre, bunu söyleyen anneler çocuğun o sebzeyi yemesini en çok isteyen annelermiş. Bu yüzden, anne çocuğu tehdit ederek, "Benim söylediklerimi yapmak zorunda değilsin!" yani "Bir zamanlar birbirimize çok yakındık. Ancak sen şimdi bildiğini yapmak istiyorsun, o zaman ben de aramızdaki bağı koparacağım. Senin ne yaptığınla ilgilenmeyeceğim. Sen artık benim bir parçam değilsin!" mesajını veriyor (Azuma, 1986, s. 4).

Açıkça görülüyor ki aynı sözcükler Japon anneler ve Amerikalı araştırmacılar için çok farklı anlamlar ifade ediyor. Aynı şekilde, bu iki kültürün çocukları için de farklı anlamları var mı? Azuma Japon annelerin, çocuklarının itaat etmesini sağlamakta en başarılı yolun bu mesaj olduğunu söylediklerini belirtiyor. Bunun nedeni, çocuğun erken yaşlardaki sosyalleşmesinde *amae*nin (yani çocuğun anneye olan bağımlılığı ve annenin çocuğa olan koşulsuz düşkünlüğü) Japon aile kültüründe ana kavram olması. Amerikalı çocuklar içinse, aynı sözler sadece çocuğun sebzeyi yememekte serbest olduğu anlamına gelir. Bu basit örnek, sosyal olarak tanımlanmış ve ortama bağlı anlamın önemini göstermekte.

Anlamsal Bağlam

Psikolojik olaylar hiçbir zaman içinde bulundukları bağlamdan bağımsız olarak ortaya çıkmaz, bu yüzden bağlam her zaman psikolojik "gerçekliğin" bir parçasıdır. Bu, tabii ki herkes tarafından bilinir; ancak yine de bağlamsal-etkileşimci bakış açısı, insan psikolojisi incelenirken pek yaygın olarak kullanılmamaktadır. Kitabın giriş bölümünde bu konuya değinmiş ve bağlamsal olmayan yaklaşımlara yönelik eleştirilerin yanı sıra bazı önemli yeni bağlamsal çözümleme girişimlerinden de söz etmiştim. Bu bölümde insan gelişimini ele alan bu yaklaşımları daha derinlemesine incelemek istiyorum.

İnsan gelişimi biyolojik olgunlaşmayla birlikte sosyalleşmedir. Hayat boyu süren sosyalleşme, toplumun bir bireyi olma sürecini içerir. Bunun için insan sosyokültürel çevreyle sürekli etkileşim içindedir. Bu nedenle insan gelişimini ele alan her çalışma bağlamsal ve zamansal boyutlar içermelidir. Bir yanda kültürel ve kültürler arası psikolojinin ortaya çıkışıyla, diğer yanda da tüm hayata yayılan gelişimsel yaklaşımlarla bu boyutları vurgulayan çeşitli eğilimler oluşmaya başladı.

Bağlam farklı düzeylerde (fiziksel, kişiler arası, ailesel vs) kavramlaştırılabilirse de kültürel ve kültürler arası psikolojide kültür, psikolojik işleyişin bağlamı olarak görülür. Bağlamın kültür olarak kavramlaştırılmasının nedenlerinden biri de kültürün anlamın "örgütlenmesinde"ki öncü rolüdür. Bu nedenle bağlamı tartışmaya kültürel düzeyde başlamak istiyorum: Yani anlam olarak bağlamla.

Kültüre yoğunlaşarak kişi-çevre ilişkilerini inceleyen bağlamsal bir yaklaşım, kültürü anlamın kaynağı olarak ele alır. Gerçekten de kültürel bağlam, gözlemlenen davranışlara ve bunların nedensel bağlantılarına, bu davranışların altında yatan dinamikleri ortaya çıkarabilecek değerli anlamlar yükler. Bu sebeple, "aynı" davranış farklı bağlamlarda, farklı anlamlar ifade edebilir. Azuma'nın başlangıçta sunulan örneği bunun nasıl gerçekleştiğini açıklıyor.

Tipik Bir Örnek Olarak Ana Baba Şefkati ve Denetimi

Çocuğun algısında ailesel denetim ve kabulle ilgili araştırmalar da konuya örnek olarak gösterilebilir. Bir süre önce yaptığım karşılaştırmalı bir çalışmada, Türk ve Amerikalı gençlere ergenlik çağlarında ailelerinden ne kadar denetim ve şefkat gördüklerini sordum (Kağıtçıbaşı, 1970). Algılanan şefkatte herhangi bir kültürler arası fark olmadığı halde, Türk gençlerinin Amerikalı gençlere göre daha fazla aile denetimi algıladıkları ortaya çıktı. Başka bir deyişle, Türk gençleri sıkı aile denetimini aile tarafından sevilmemek olarak algılamıyorlar. Bu çalışma çocuk yetiştirmede ailesel şefkat ve denetim boyutlarının birbirinden bağımsız olduğuna delil oluşturdu. Bunun yanı sıra ailesel şefkatin olmasa da ailesel denetimin sosyal-normatif ve kültürel yapısına işaret etti.

1980'li yıllarda Kuzey Amerika ve Almanya'da yapılan araştırmalarda, ana babanın çocuğu sıkı denetiminin, çocuklarca ana baba tarafından sevilmeme, reddedilme olarak algılandığı bulgulanmıştır (R.P. Rohner ve E.C. Rohner, 1978; Saavedra, 1980; Trommsdorff, 1985). Ancak, Japonya (Kornadt, 1987; Trommsdorff, 1985) ve Kore (R.P. Rohner ve Pettengill, 1985) üzerine yapılan araştırmalar, aynı ana baba denetimi davranışının bu ülkelerde, çocuğun gözünde ana babası tarafından sevilme ve kabul edilme olarak görüldüğünü ortaya çıkarmıştır. Başka bir deyişle, Amerikalı ve Alman çocuklarla ergenler ana babalarının kendilerine uyguladığı sıkı disiplini az sevildikleri şeklinde yorumlarken, Koreli ve Japon çocuklarda böyle bir şey söz konusu değil. Alman ve Türk ileri ergenlik çağındaki gençleri karşılaştıran yeni bir araştırmada da benzer bir sonuçla karşılaşıldı. İki grubun ana baba davranışları arasında fark olmadığı, farklı olan şeyin ana baba-çocuk ilişkisi olduğu ortaya çıktı (Hantal, Kağıtçıbaşı ve Ataca, 2006).

Farklı kültürel bağlamlarda çocukların ve ergenlerin aynı davranışa birbirine zıt anlamlar yükleyişi kafa karıştırıcı bir problemdir. Bu ancak, neyin "normal," neyin olmadığını belirleyen bağlamsal anlam sistemleriyle, yani kültürle açıklanabilir. Özellikle, ABD gibi çocuk sosyalleşmesinde "normal"in, kısıtlanmayan serbest disiplin olduğu kültürel ortamlarda, özerklik ön plandadır. Bu tür bir ortamda, sıkı aile disiplini istisnadır, bu yüzden de "normal dışı" olarak algılanması ve ana babanın çocuğu sevmeyişi, reddedişi olarak değerlendirilmesi olasıdır.

Sosyal psikolojide uzun süredir bilinen sosyal karşılaştırma süreci açısından bakıldığında (Festinger, 1954; Gerard ve Rabbie, 1961), başkalarınınkinden farklı olan davranış ya da deneyimler kişilerce "normal dışı" olarak değerlendirilebilir. Bu tür bir karşılaştırma ancak kendi içinde bulundukları durumla başkalarınınkiler arasındaki farkları algılayabilecek yaşa gelmiş olan çocuklar tarafından yapılabilir. Böyle norm dışı çocuk yetiştirme davranışları, bununla karşı karşıya kalan çocuk ya da ergenlerin, kendilerini diğer çocuklarla karşılaştırdıklarında "normal dışı" olarak değerlendirecekleri için patolojik bir şekilde de işleyebilir. Bunu biraz daha ileriye götürürsek, norm dışı olacak ölçüde kısıtlayıcı aile denetimi, serbest çocuk yetiştirmenin yaygın olduğu bir kültürel bağlamda gerçekten de ailenin sevgisizliğini yansıtıyor olabilir.

Japonya ve Kore gibi çocuk yetiştirmede yaygın olarak sıkı denetimin kullanıldığı farklı bir kültürdeyse, "aynı" denetim tamamen farklı bir anlama sahiptir: "Normal"dir, dolayısıyla "iyi"dir. Bunu yaşayan çocuk kendini başkalarıyla karşılaştırdığı zaman onlardan farklı olmadığını, başka bir deyişle ailesi tarafından reddedilmediğini görür. Trommsdorff'un (1985) belirttiği gibi "Japon ergenler zayıf aile denetimi ve daha fazla özerklik gördükleri zaman kendilerini *reddedilmiş* bile hissediyorlar" (s. 238).

Son araştırmalar, özellikle Çinli ana baba-çocuk ilişkileri üzerine yapılanlar, daha önceki araştırmalarla örtüşmektedir. Genelde psikologlar tarafından "yetkeci" olarak yorumlanan ana babalık, çocuğu Konfüçyüsçü bir felsefeyle ahlaki değerlere bağlı olarak "terbiye etmek"tir. (Chao, 2000; Chao ve Tseng, 2002). Aynı şekilde, Kuzey Amerika ve Kuzey Avrupa'daki etnik azınlıklar üzerine yapılan araştırmalar daha kuvvetli bir ana baba denetiminin normal sayıldığını göstermektedir (Deković, Pels ve Model, 2006; Kwak, 2003; Oosterwegel ve Vollebergh, 2002; Rudy ve Grusec, 2001). Yani, ana babalar ve psikologlar, kültürel anlayış farklarına ve gündelik ya da profesyonelce edinilmiş bilgilere göre aynı davranışa farklı anlamlar yükleyebiliyor.

Ana baba denetimine yüklenen *anlam*ın ötesinde ve bununla ilişkili olarak, gerçekte nasıl davranıldığı ve ne tür bir denetim uygulandığı da önemlidir. Çinli ergen ve yetişkinlerle yaptıkları bir çalışmada "baskıcı" ve "düzen koruyucu" aile denetimi arasındaki farkı ortaya koyan Lau ve arkadaşları (Lau ve Cheung, 1987; Lau, Lew, Hau, Cheung ve Berndt, 1990) bu konuyu netleştirmiştir. Bu araştırmacılar, baskıcı (kısıtlayıcı) aile denetimi ile aile şefkati arasında olumsuz bir ilişki, düzen koruyucu (ve ilgili) aile denetimi ile aile şefkati arasındaysa olumlu bir ilişki buldular. Bu, Moos'un işlevsel ve işlevsel olmayan denetim ayrımı (R.H. Moos, 1976; R.H. Moos ve B.S. Moos, 1981) ve Baumrind'in (1971, 1980, 1989) yetkeci [authoritarian] ve yetkeli [authoritative] ana babalık kavramlaştırmasıyla aynı çizgidedir. Yetkeci ana babalıkta itaate dayalı ve çocuğa herhangi bir şekilde özerklik sağlamayan bir yaklaşım söz konusudur. Yetkeli ana babalıkta ise ana baba çocuğun özerkliğine değer verir; denetimin ardında bir akıl yürütme vardır.

Genel olarak, çocuğun kişisel bağımsızlığının vurgulanmadığı durumlarda daha yüksek düzeylerde denetim olduğu görülüyor. Uzun bir süredir yapılan birçok araştırma, sıkı sıkıya örülü ailesel ve kültürel bağlamlarda çocuk yetiştirmenin itaate yönelik olduğunu gösteriyor (Barry, Child ve Bacon, 1959; Berry, 1976, 1979; Bond, 1986; Kağıtçıbaşı, 1982a; D. Sinha, 1981). Bu konuyu daha sonra tekrar ele alacağız.

Yapılan son araştırmalar başka bağlamsal faktörlerin de etkili olduğuna işaret etmektedir. Baskıcı aile denetiminin uzun vadeli etkileri karşılaştırıldığında, bu tip bir yaklaşımın Avrupa kökenli Amerikalı çocuklar ve ergenler üzerinde olumsuz sonuçlara yol açtığı, ancak aynı olumsuz etkinin Afrika kökenli Amerikalı çocuklarda görülmediği ortaya çıkmıştır (Deater-Deckart ve Dodge, 1997; Lansford, Deater-Deckart, Dodge, Bates ve Pettit, 2003). Bu, psikolojideki genel varsayımlara karşı çıkması açısından önemli bir bulgudur ve insan doğası olarak varsaydığımız şeyin aslında kültür olabileceğini göstermektedir.

Bu çalışmalar, ana baba denetiminin nasıl algılandığını ve "normal" ve meşru görülüp görülmediğini inceliyor. Bu da sosyal kurallardan ve normlardan etkilenen bir niteliktir. Sosyalleşmede aile denetimi kültürler arasında ve zaman içinde değişiklikler gösterebilen sosyalleşme değerlerine ve amaçlarına bağlıdır (Peisner, 1989). Öte yandan, aile sevgisi, türlerin devamını sağlamak için çocukların bakım ve korunmasını içeren biyolojik/evrimsel kökeniyle psikolojik evrenselliğe aday olabilir (Batson, 1990). Daha önce de belirtildiği gibi, buradaki ana faktör çocuğun sosyalleşmesinde arzu edilen bağımlılık-bağımsızlık düzeyidir. Bu, kitabımızın ana konularından biridir.

Kültürle belirlenen anlam üzerine verilen bu örnekler, psikolojik analizlerin bağlamla (kültürle) tamamlanmasının önemini gösteriyor. İnsan gelişiminin incelenmesinde temel olan ana baba denetimi ve sevgisi, ancak "kültür" dolayımıyla psikolojik bir anlam kazanır; bu anlam da yakın temas halinde "kültür"ü oluşturur.

Bağlam Üzerine Kuramsal Bakış Açıları

Tarihsel Eğilimler. Gelişim bağlamına olan ilginin felsefe, sosyoloji, eğitim, psikoloji gibi alanlara uzanan John Locke, J.J. Rousseau gibi Aydınlanma dönemi felsefecilerine kadar giden ve John Dewey'nin yazılarıyla tekrar ortaya çıkan uzun bir geçmişi vardır. Bu ilgi, erken dönem gelişimsel ve karşılaştırmalı psikolojide kendini göstermiştir (Baldwin, 1895, 1909; Novikoff, 1945; von Bertalanffy, 1933). Paralel bir vurgu sosyolojinin sembolist-etkileşimci düşünce okulunda da ortaya çıkmıştır (Cooley, 1902; Thomas ve Znaniecki, 1927; G.H. Mead, 1934).

Kültürel bağlamın anlamı oluşturmasının önemini vurgulayan görüşler, psikolojideki ve diğer sosyal bilimlerdeki birçok kuramsal bakış açısıyla iç içedir. Bunlar sosyal inşacı görüşle aynı doğrultudadır. Bu görüş ilk olarak, Bergen ve Luckmann (1967) tarafından ortaya konmuştur ve "temelde insanların içinde yaşadıkları dünyayı nasıl tanımladıklarını, açıkladıklarını veya anlattıklarını" vurgular. 1980'lerde, "semboller ve anlamlar" yaklaşımıyla kültürel analiz yapan yorumsal antropologlar da "gerçeğin" kültür tarafından inşa edildiğini öne sürdüler (Kirkpatrick ve White, 1985; Marsella, De Vos ve Hsu, 1985; Shweder ve LeVine, 1984). Kültürel psikolojideki daha yeni oluşumlar da, "psikolojik süreçleri şekillendiren gizli anlamları" vurguluyor (Shweder ve Sullivan, 1993, s. 507; Shweder, 1990, 1991; Stigler vd, 1990).

Yani kültürel bağlam, sosyal inşacılar, yorumsal antropologlar ve kültürel psikologlar tarafından aynı şekilde ele alınıyor. Araştırmacıların bu konuda hemfikir olduğu ana nokta şu: İnsanlar kendi çevrelerine anlam yüklerler, böylece kültürü yaratırlar. Kültürel semboller, örneğin, dini semboller de insanlara ihtiyaç duydukları anlamı verir. Shweder'in sözlerine göre, "Kültür ve akıl birbirini oluşturur" (1990, s. 27).

Yıllarca diğer kuram ve araştırma akımları da, bağlamın hem kültürel düzeyde hem de başka düzeylerde ön plana çıkmasına katkıda bulundu. Bunlar birçok farklı disiplinin bağımsız akademik geleneğini oluşturuyor. Buna rağmen, bunların arasında çeşitli temas noktaları vardır; hepsi bağlamsal bir düşünce tarzını paylaşır ve ekolojik bir yönelime önem verir (bkz. **TABLO 2.1**).

Gelişim Modelleri. Bu felsefi ve kuramsal altyapıya değindikten sonra, gelişimsel psikoloji, ağırlıklı olarak bağlamsaldır diyebilir miyiz? Cevap, ironik olarak, "Evet" değildir. Bunun nedeni, giriş bölümünde belirtildiği gibi, psikolojide, çeşitli bağlamsal bakış açılarıyla birlikte, "bağlamı ortadan kaldıran" güçlü geleneksel kuramların da söz konusu olmasıdır (Lightfoot ve Valsiner, 1992). Gelişim psikolojisinde mekanik ve organizmaya yönelik modellerin baskınlığı ve analiz birimi olarak bireyin ele alınması, bağlamsal kavramlaştırmaları olumsuz yönde etkilemiştir (bkz. Dasen, 2003; Hurrelmann, 1988; Kağıtçıbaşı, 1990).

TABLO 2.1. İnsan Gelişiminde Bazı Bağlamsal Modeller ve Araştırma Gelenekleri

İnsan-çevre etkileşiminin sistemik modelleri (von Bertalanffy, 1968).
Bronfenbrenner'in Ekolojik ve Biyoekolojik Modeli (1979 ve 1999).
Kültürler arası psikolojide Berry'nin ekokültürel kuramı (Berry, 1976 ve 1980; Berry vd., 2002; Segall vd., 1999).
İlk karşılaştırmalı antropolojik araştırmalar (Barry vd., 1959; LeVine, 1974; B.B. Whiting, 1963; Whiting ve Child, 1953; Whiting ve Whiting, 1975).
Vygotsky'nin sosyotarihsel düşünce ekolü (1962, 1978).
Yaşam boyu gelişim kuramı (Baltes ve Brim, 1979; Baltes, Reese ve Lipsitt, 1980; Elder, 1985 ve 1998; Lerner, 1989).
Gelişimsel bağlamcılık (Featherman ve Lerner, 1985; Lerner, 1989).
Kültürel psikologların ve antropologların "gündelik bilişim ve enformel eğitim" yaklaşımları (Cole, 1992; Greenfield ve Lave, 1982; Nunes, Schliemann ve Carraher, 1993; Rogoff, 1981, 1990 ve 2003; Scribner ve Cole, 1981; Serpell, 1976), Vygotsky'den hareketle.
Ekolojik kuramdan kaynak alan, sorunlara ve politikalara yönelik aile araştırmaları (Bronfenbrenner ve Weiss, 1983; Dym, 1988; Sameroff ve Fiese, 1992; Weiss ve Jacobs, 1988).
Ekolojik bakış açısından etnik azınlık araştırmaları (Coll, 1990; Harrison, Wilson, Pine, Chan ve Buriel, 1990; McLoyd, 1990; Ogbu, 1981; Szapocznik ve Kurtines, 1993).
Super ve Harkness'ın gelişimsel nişi (1986, 1999).
Valsiner'in ortak inşacılık yaklaşımı (1989, 1994).
Kağıtçıbaşı'nın aile değişim modeli (1985b, 1990, 1996a ve b).
Bağlam olarak zaman ve sosyotarihsel değişim (Bronfenbrenner ve Evans, 2000; Crockett ve Silbereisen, 2000; Elder, 1994; Kağıtçıbaşı ve Ataca, 2005; Keller ve Lamm, 2005).

Davranışçıların oluşturduğu mekanik model, en yakın uyaran olarak kısıtlı bir çevre kavramlaştırmasına sahiptir. Bu model büyük ölçüde yerini bilişsel modellere bırakmışsa da bireyi dar bir şekilde ele alışı, bireysel davranışlardan bireysel bilişime geçmek şeklinde korunmuştur. Sosyal öğrenme kuramında bile çevrenin birey tarafından bilişsel olarak yapılanması vurgulanmaktadır (Bandura, 1977 ve 1986).

Organizmik modele, bağlamı neredeyse tamamen dışarıda bırakacak şekilde olgunlaşmayı ve bireysel gelişimi vurgulamıştır. Örneğin Piaget'nin bilişsel gelişim kuramında en yakın çevreyle olan etkileşim, asimilasyon ve uyum sağlama [accomodation] olarak ele alınıyor olsa da kültürel bağlam ikinci planda kalmaktadır. Oysa ki, daha önce de belirttiğim gibi, Piaget kuramının bilişsel gelişimin ileri evrelerinin (formel işlemler gibi) evrenselliği kültürler arası verilerce sorgulanmış, kuramın öne sürdüğü iddiaların bazılarının değiştirilmesi gerekmiştir. (Segall vd, 1999).

İnsan gelişimine biyolojik yönelimlerdeki son gelişmelerle, bağlamsal yaklaşımlara yeni itirazlar gelmiştir. Biyoteknoloji ve bilgisayar teknolojilerindeki gelişmelerin, beyin araştırmaları, nörobilim, insan genomunun tamamlanmasını içeren moleküler biyoloji ve genetik alanlarında kullanılması çok önemlidir. Bu gelişmeler insan gelişiminin ve davranışının biyolojik tabanını anlamak adına önemli katkılarda bulunmaktadır. Bu çeşit bir "biyolojik kayma" karşısında kültürün etkisini incelemeye devam etmek zorlaşmakta ama daha da gerekmektedir. Yeni evrimci görüşler biyolojinin ve kültürün kesişim noktasında adaptiv gelişimi vurgulayarak, bu çatışmaya çözüm getirme konusunda umut vaat eder görünüyor (Keller vd, 2002).

Kuramsal Gelişmeler ve Problem Odaklı Araştırmalar

Psikolojideki bu güçlü bireyci geleneklere rağmen, insan gelişiminin bağlamsal kavramlaştırılması, özellikle son yirmi otuz yıl içinde hız kazandı. İki kuramsal gelişme bu paradigma değişiminde özellikle etkili oldu. Bunlardan biri ekolojik kuram, diğeri ise yaşam boyu gelişim kuramıdır.

Ekolojik kuramın kökenleri Lewin'in (1951) topolojik psikoloji ve alan kuramında, Brunswick'in (1955) "çevre-organizma-çevre döngüsünde" ve Barker'ın (1968) ekolojik psikolojisinde yatmaktadır. Bununla birlikte bağlamsal kavramlaştırmaların doğrudan yolunu açan, daha sonraki kuram ve araştırmalardır. Özellikle, Bronfenbrenner'in (1979, 1986) çevresel sistemler kavramlaştırması insan gelişiminin ve işlevinin çok düzeyli temellerinin anlaşılmasına yardımcı olmuştur. Bu yaklaşım, bir sonraki kısımda ele alınacaktır.

Yaşam boyu gelişim yaklaşımları da (Baltes, 1987; Baltes ve Brim, 1979; Baltes vd, 1980; S.B. Lerner, 1982; R.M. Lerner ve Busch-Rossnagel, 1981; R.M. Lerner, Hultsch ve Dixon, 1983), psikolojik işleyişin çok katmanlı bütünleşmiş yapısını ve bu katmanlar arasındaki bağlantıları vurgular. İnsan gelişiminde değişim ve esneklik, birbirleriyle etkileşim içinde olan ve zamanla değişen çevresel etkilerle ortaya çıkar (Elder, 1985, 1995, 1998). Bu yüzden hem gelişmekte olan insan ve çevre arasında hem de biyolojik, psikolojik, fiziksel ve sosyokültürel düzeylerdeki farklı etkileyici faktörler arasında dinamik bir etkileşim vardır.

İnsan gelişimine zaman içinde bu tür bir bütünsel yaklaşımda, farklı değişkenler arasında etkileşimler ortaya çıkıyor. Bunlar kişisel, kişiler arası, ailesel, sosyal, kültürel ve tarihsel düzeylerde olabilir. Bu yüzden, bağlamsal kuram oldukça karmaşık bir yapıya sahiptir; gelişimsel süreçlerdeki biyolojik, psikolojik ve sosyokültürel değişimleri açıklamak için birbirini tamamlayan yapılar öne sürülmüştür (Featherman ve Lerner, 1985; Lerner, 1989).

Bağlamın önemini vurgulayan bu kuramsal gelişmelerin yanı sıra, sorun odaklı uygulamalı araştırmalar da insan gelişiminde bağlamın öneminin artmasına katkıda bulunmuştur. Sorun çözücü araştırmalarda bağlamsal kuram genel bir çerçeve olarak kullanılıyorsa da, bu araştırmalar, kuram gelişiminden bağımsız olarak ortaya çıktı. Temelde, çocukların sosyokültürel çevrelerini anlamak ve refah düzeylerini yükseltmek için programlar oluşturmak amacıyla yapılan bu araştırmalar bağlam değişkenleri üzerinde yoğunlaşmıştır. Ailenin içindeki ve dışındaki etkileşimler bu araştırmalarda ana bağlamsal etki olarak ele alınıyor (Brooks-Gunn ve Duncan, 1997; Evans, 2004; Huston, 1991; McLoyd, 1990; Mistry, Vandewater, Huston ve McLoyd, 2002; Schorr, 1991; Slaughter,1988; Szapocznik ve Kurtines, 1993). Böylece bağlamsal yaklaşım, özellikle yoksulluk gibi çeşitli çevresel bağlamlarda insan gelişimini inceleyen araştırmalarda kullanılmaktadır. Amerika'da bu konuda yapılan son araştırmalar yoksulluğun uzun dönemli etkileri üzerine odaklanmıştır. Bu konu bölümün sonlarında daha etraflıca ele alınacak.

Buradaki önemli nokta, büyümekte olan çocukla yoksulluk gibi makro düzeydeki değişkenler arasında, ana baba, aile ve yakın çevre gibi ara bağlamsal değişkenlerin olmasıdır. Tam da bu değişkenlerin varlığı, büyümekte olan çocuğa desteği mümkün kılar. Örneğin yoksulluk ortadan kaldırılamasa da ana babaları destekleyici programlar sayesinde aile içindeki stres, çocuk istismarı ve buna benzer sorunlar azaltılabilir. Bu yüzden, uygulamalı araştırmalarda, farklı katmanlarıyla bağlam çok önemli bir rol oynar.

Kültürler Arası Gelişim Psikolojisinde Bağlamsal Kuramlar

Bu kitapta çoğunlukla kültürler arası insan gelişimi üzerine bağlamsal çalışmalara yer verildi. Bu nedenle, benimki de dahil olmak üzere, ekolojik-bağlamsal yaklaşımı paylaşan başlıca kuramsal bakış açıları hakkında genel bir bilgi vermek yerinde olacaktır. Bunlar, kültürler arası araştırmalardan doğmuş olsun olmasın, bu araştırmalara ışık tutmuştur. Bu bakış açılarının bir kısmına daha önceden değindim. Yine de burada tekrar bahsedeceğim; çünkü bunlar özellikle kültürler arası araştırmalar için rehber niteliğinde. Ancak burada genel bir gözden geçirme yapacağım; daha kapsamlı özetler Dasen (2003), Gardiner ve Kosmitzki (2005) ile Mistry ve Saraswathi (2003) tarafından yapılmıştır.

Kültürel Aracılık

Vygotsky. Vygotsky (1978, 1986) tarafından ortaya atılan sosyotarihsel gelişim kuramı, belki de kültür alanındaki en eksiksiz bağlamsal insan gelişimi kuramıdır. Vygotsky'nin çalışmaları Batı'da ancak ölümünden sonra tanınmaya başlasa da, kültürel psikoloji ve bilişsel antropolojide uzun süre etkili olmuştur. Vygotsky, insanın akli işlevlerinin toplumsal kökenlerine vurgu yapmış; bunu çocuğun büyümesi sırasında sosyokültürel bağlamda kazanılanlar, yani kültür dolayımıyla edinilenler açısından ele almıştır. Bu süreç dil kullanımı ve çocuğun "yakın gelişim alanının" genişlemesi yoluyla oluşur. Yakım gelişim alanı, bir erişkin tarafından rehberlik edildiğinde çocuğun mevcut performansındaki gelişme potansiyeli şeklinde açıklanabilir. Bu türden bir usta-çırak ilişkisine, destekleme adı verilir. Yani biliş, köklerini dilden ve kültürel deneyimden alır. Bu bağlamsal kuram Piaget'nin organizmik, olgunlaşma ve bireysel odaklı biliş kuramınına karşı geliştirilmiştir.

Vygotsky'nin bakışı tarihsel bir bakış açısı da içerir; düşüncenin değişmesine doğrudan etki eden zaman içindeki sosyokültürel değişimlere değinir. Vygotsky'nin öğrencisi Luria (1976) okuma yazma bilmeyen Özbek köylüler ve az çok okuma yazması olan çiftçilerle yaptığı çalışmasıyla tasımsal [syllogistic] mantık yürütmedeki tarihsel etkiye işaret etmiştir. Vygotsky'nin etkisi, "gündelik biliş"i araştıran kültürel yaklaşımlarda görülebilir (bkz. 3. Bölüm). Bu yaklaşımlar bir usta-çırak modeliyle çocuğun günlük öğrenme ve sosyalleşmesinde yetişkinlerin destekleyici rolünü vurgular (Childs ve Greenfield, 1980; Nunes, Schliemann ve Carraher, 1993; Rogoff, 1990, 2003; Rogoff ve Lave, 1984).

Ekolojik Kuramlar

Bronfenbrenner. Bronfenbrenner'in ekolojik kuramı hem gelişim psikolojisinde hem de kültür ve insan gelişiminin incelenmesinde ekolojik-ortamsal yaklaşımlara temel olmuştur. Kültür, bu modelde makro düzeyde ortaya çıkmış; ekzo, mezo ve mikrosistemleri içine almıştır. Hem aktif çocuğun mikro ortamla olan etkileşimi, hem de farklı çevresel sistemler arasındaki karşılıklı etkileşimleri içeren dinamik bir modeldir. Öyleyse bir sistemdeki değişim kaçınılmaz olarak diğerlerini de etkiler. Bu, bir sistem modelinin en temel özelliğidir.

Her ne kadar çocuğun doğrudan etkileşimi yakın çevresiyle oluyorsa da, bunu içeren daha geniş sistemlerin ve kültürün de etkileri modelde ele alınır. Örneğin, çalışan annelerin küçük çocuklarına ücretsiz çocuk bakımı sağlayan bir kamu hizmeti, makrosistem sürecidir. Bu ekzo, mezo ve mikrosistemlerde de etkili olur. Örneğin sayıları artan çocuk bakım hizmetleri genç kadınları iş aramaya teşvik eder. Bu da çocuğun daha az ailesel ilişkilere, daha çok yaşıt ilişkilerine girmesine yol açar.

Sonrasında Bronfenbrenner (Bronfenbrenner ve Evans, 2000) "zamanı" da ekolojik sistemin önemli bir parçası olarak görmüştür. Dolayısıyla, "kronosistem" ikinci bir boyut olarak uzamsal ekolojik sisteme dahil olmuştur. Bu, sosyolojideki "yaşam boyu bakış açısı"nın etkisinin bir yansımasıdır (Crockett ve Silbereisen, 2000; Elder, 1995,1998). Bu bakış açısı, ekonomik kriz ya da politik rejimdeki değişiklik gibi makro düzeydeki bağlamsal faktörlerin ergenleri ve gençleri zamanla ve ailesel özellikler ve stratejilerle ilişkisi içinde nasıl etkilediğine eğilmiştir.

Berry. Berry'nin ekokültürel bakış açısı (Berry, 1976, 1980), biliş tarzının ilk örnekleriyle ortaya çıkmış ve kültürler arası psikoloji üzerine yazılmış iki kitaba temel teşkil etmiştir (Berry vd, 2002; Segall vd, 1999). Bu kuramın en önemli özelliği, toplumsal düzeydeki analizle bireysel düzeydeki analizi birbirinden ayırması; psikolojik özelliklerin ve davranışların hem kültürel hem biyolojik adaptasyonunu/ aktarımını kabul etmesidir. Ekokültürel bağlam, hem ekolojik hem sosyopolitik bağlamı içine alır; bu ortamda da bireysel işlev adaptasyon yoluyla sağlanmaktadır. Bu kuram avcı-toplayıcı ve yerleşik tarım toplumları arasındaki temel davranış kalıplarının sistemsel farklarını açıklamada kullanıldı; çocuk büyütmede itaate dayalı bir yaklaşım ya da biliş tarzı gibi daha sonraki kuramlar kültürler arası gelişimle ilgilendi. Son ekokültürel kuramlar ise modern toplumlar ve aileler arasındaki farkları incelemekte (Georgas, Berry, Van de Vijver, Kağıtçıbaşı ve Poortinga, 2006).

Hem Bronfenbrenner'in ekolojik sistemler kuramından hem de Berry'nin ekokültürel çalışmasından yola çıkan Georgas (1988, 1993) ekolojik ve sosyal bir kültürler arası model geliştirdi. Bronfenbrenner'in iç içe geçmiş çemberler modelinden yararlanan bu modelde, birbirinin içine geçen farklı bağlamsal düzeyler arasındaki bağlar, özellikle aile bağlamında incelenmiştir (Georgas vd, 2006).

Gelişim Nişi

Biyolojik ekoloji kuramındaki niş, yani özel bir cinse ait habitat kavramından yola çıkan Super ve Harkness (1986, 1994 ve 1997; Harkness ve Super, 1996), bağlamsal olarak çocuk gelişimini incelemek için gelişim nişi kavramını oluşturdular. Gelişimsel nişi üç kısma ayırdılar. Bunlar a) Çocuğun günlük yaşamında içinde bulunduğu fiziksel ve sosyal çevre; b) Kültürel alışkanlıklar ve çocuk yetiştirmeyle ilgili âdetler; c) Çocuğu büyütenin psikolojik durumu. Her şeyi içine alan bu ekolojik çerçeve, bireysel olarak çocuğu gelişimsel nişin merkezine alarak inceler. Buna göre çevre; fiziksel ortam, iklim, beslenme, ev halkı ve ailenin büyüklüğü, dil(ler) gibi önemli çevresel faktörleri içine alan geniş bir yapıdır. Âdetler ve çocuk yetiştirme, çocuk bakma alışkanlıkları, oyun oynama ve çalışma, büyütenin davranışları, formel ve enformel eğitim gibi konuları içine alır. Büyütenin psikolojisi temel olarak; ana babaların fikir ve inançları (etno ana babalık kuramları), değerleri ve yönelimleri olarak düşünülebilir.

Nişin farklı unsurlarının etkileşim halinde olduğu, hepsinin dinamik bir sistem içinde işlediği düşünülür. Burada da denge ve koordinasyon içinde işleyen sistemler söz konusudur. Buradaki denge, özellikle unsurlardan birinde herhangi bir değişim olduğunda kolaylıkla bozulabilir; özellikle de dışarıdan gelen bir değişimle. Bu kuram, bağlam içinde çocuk gelişimini, özellikle karşılaştırmalı bakış açısıyla anlamamıza da yardımcı oluyor; araştırmacıya neyi arayacağına ve farklı ortamlarda neyi karşılaştıracağına dair sistemli bir yapı sunması açısından da değerlidir.

Aile Değişimi Kuramı

Ailelerin gözünde çocukların değeriyle ilgili yaptığım kültürler arası araştırmaları temel alarak bir aile değişimi kuramı geliştirdim (Kağıtçıbaşı, 1982a, 1985a ve b, 1990 ve 1996a). Kuram zamanla gelişerek bir benlik modeline de olanak sağladı. Bu kuram, bu kitapta yer alan konular için temel oluşturdu, o yüzden burada ayrıntıya girmeyeceğim; kuram 5. ve 6. Bölümlerde işlenecek. Kısaca, bu kuram daha önce anlatılan diğer bağlamsal kuramlarla benzer nitelikte. Özellikle, sosyoekonomik değişkenler ve yaşam tarzları, aile yapısı ve aile sistemleri, aile etkileşimi ve çocuk yetiştirme, benlik gelişimi gibi farklı unsurlar arasındaki bağlantıları inceliyor. Bunun yanı sıra, sosyotarihsel değişimleri ve farklı çevrelerde farklı aile modellerinin gelişimini ele alıyor.

Bağlamsal-İşlevsel Bakış Açısının Değeri

Kültürler arası araştırmalardaki bağlamsal kuramlara baktığımızda genel olarak hepsinin ortak yönleri olduğunu görüyoruz. Bunlar, kültür bağlamında insan gelişimini incelemeye yönelik kuramsal araçlardır. Ancak bazı zorluklarla da karşılaşıyoruz. İlk olarak, insan gelişimini anlamada kültürün *nerede* durduğu hâlâ bir sorun. Özellikle modelleri grafiklerle gösterirken karşımıza çıkan kısıtlamalar yanlış anlamalara neden olabiliyor. Örneğin, ekolojik modellerde kültür makrosistemde ya da uzak çevreye ait bir şey olarak gösterilir. Ancak, Bronfenbrenner'in modelinde olduğu gibi, bu şekilde kültürü makro çevreye dahil ederek, çocuğun çevreyle direkt etkileşimini göz ardı ediyor. Kültürün aile ve okul çevresi gibi mezo sistemdeki kurumlarla insan gelişimine dolaylı katkısı olduğu şüphesizdir. Ancak kültür aynı zamanda en içteki doğrudan etki ortamında da yer alır. Yani kültürün kişiden uzak, "dışarıda" şeklinde kavramlaştırılması psikologların uzak durması gereken bir yanlıştır.

İkincisi, olguyu açıklamada faydalı olması açısından, kuramsal modellerimiz bağlamın tanımlanmasından öteye gitmelidir ve bağlamsal değişkenlerle çocuğun gelişimiyle ilgili sonuçlar arasında neden-sonuç ilişkisi kurabilmelidir. Çok sayıda etki işin içine girdiğinde, bu kolay değildir. İşlevsel bir analiz, davranışların ve ilişkilerin altında yatan nedenleri incelediğinden, gelişimsel bakış açısı için yararlı olabilir. Özellikle, bağlamsal, gelişimsel ve işlevsel bir yaklaşımı içeren kuramsal bir bakış açısı, "Ne?", "Nasıl?", "Neden?" gibi temel soruları cevaplamada yol katedebilir.

Buna örnek olarak günümüzde kültürler arası psikolojide çok kullanılan, benlik veya benlik kurgusu adını verdiğimiz kavramı ele alacağım. Dördüncü ve Altıncı Bölümler'de de anlatılacağı gibi, son araştırmalar ve kuramlar benlik kavramının kültürlere göre gösterdiği çeşitliliğe odaklanmış durumda. Ben burada şimdilik sadece örnek olarak kullanacağım. Özellikle, bağımsız ve karşılıklı bağımlı benlik arasındaki fark vurgulanıyor (örneğin Markus ve Kitayama, 1991).

Bu iki çeşit benlik kurgusunun sırayla bireyci ve toplulukçu kültürlerde daha yaygın olduğu gösterilmiş. Araştırmalarda benlik kurgusu bağımsız değişken olarak çalışılıyor; bunun duygular, biliş, iletişim türleri, bellek, kaynak kullanımı tercihleri gibi çeşitli alanlarda etkileri inceleniyor.

Bu sosyal psikoloji araştırmalarının en önemli kısmı, "Ne?" sorusuyla ilgileniyor. Başka bir deyişle, hangi benlik kurgusu ile hangi davranış biçiminin ilgili olduğunu araştırıyor. Bu önemli bir bilgi, ancak ilişkileri tanımlamaktan öteye gitmiyor. Eğer bu ilişkilerin *nasıl* ortaya çıktığını öğrenmek istiyorsak daha temel nedensel analizlere inmeliyiz. Bilmek istediğimiz şey, herhangi bir çeşit benliğin *nasıl* oluştuğu. Bu, benliği davranışla ilişkilendirmenin ötesine giden bir gelişimsel yaklaşımdır. Gelişim ortamı (aile altyapısı, çocuk yetiştirme tarzı) burada önemli olmaya başlıyor. Bu çeşit bir analiz, belirli bir çeşit benliğin ortaya çıkmasındaki bağlamsal mekanizmalara ışık tutuyor.

Belirli altyapısal faktörlerin *neden* bazı ortamlarda ortaya çıkıp da diğerlerinde çıkmadığı da üçüncü bir soru. Örneğin, neden, belirli çocuk yetiştirme alışkanlıkları belirli tip ailelerde ve toplumlarda görülüyor da diğerlerinde görülmüyor sorusu bu çeşit bir davranışın işlevlerini araştırmaya yöneltiyor. Başka bir deyişle, çocuk yetiştirme yönelimlerinin ve bunların sosyokültürel uyarlamalarının altında yatan nedenleri araştırmamız gerekir.

Buradan yola çıkarak, bağlamsal ve işlevsel bir gelişim yaklaşımının birey (benlik), aile ve toplum/kültür konularını birbirine bağlayan güçlü bir araç olduğu açıkça görülüyor. Bu çeşit bir yaklaşım farklı sosyokültürel ortamlarda insan davranışının çeşitliliğini anlamamızı sağlıyor. Şekİl 2.1 bu akıl yürütme hattının bir gösterimi. Bu yaklaşım kitapta kapsamlı şekilde kullanılacak; özellikle benlik gelişimi 6. Bölümde etraflıca ele alınacak.

Bağlamın Özellikleri

Buraya kadar olan tartışmalar, psikolojideki bağlamsal olmayan güçlü akademik geleneklere rağmen, bağlamın insan gelişimi çalışmalarında ön plana çıkmasına yardımcı olan akademik ve kuramsal gelişmelere eğildi. Şimdi bağlamın psikolojik işlevsellikle ilgisini ele alalım. Bu tartışmada bağlamı neyin oluşturduğu üzerinde yoğunlaşacağım.

İnsan gelişiminin bağlamı, hepsi birbiriyle ilişkili ve iç içe geçmiş çeşitli etki katmanlarından oluşur. Bunların hepsini tek bir çalışmada incelemek olanaksız olabileceğinden, farklı yaklaşımlarda farklı "bileşenler" karşımıza çıkmaktadır. Bir araştırmanın bu ekolojik-çevresel sistemlerden ve bu sistemlerin içindeki değişkenlerden hangi birini ele alacağı ampirik ve yöntemsel bir sorudur. Bunun cevabı, genellikle araştırmacının ilgilerine ve incelenen değişkenin veya ekolojik sistemin bilimsel araştırmaya yatkınlığına bağlıdır. Bu kısımda, önemsediğim

SORGULAMA DÜZEYLERİ	

DÜZEY 1 — *Ne* çeşit benlik ne çeşit davranış sergiliyor?

Benlik ——————→ Psikolojideki bağıntılar
(bağımsız, bağımlı...)   (duygular, algı, sosyal davranış...)

DÜZEY 2 — Benlikte değişimler *nasıl* ortaya çıkıyor?

Sosyalleşme ——————→ Benlik
(çocuk yetiştirme, aile etkileşimi...)

DÜZEY 3 — *Neden* belirli bir çeşit sosyalleşme
belirli bir çeşit bağlamda ortaya çıkıyor?

Bağlam ——————→ Sosyalleşme
(sosyoekonomik,
kültürel, ekolojik)

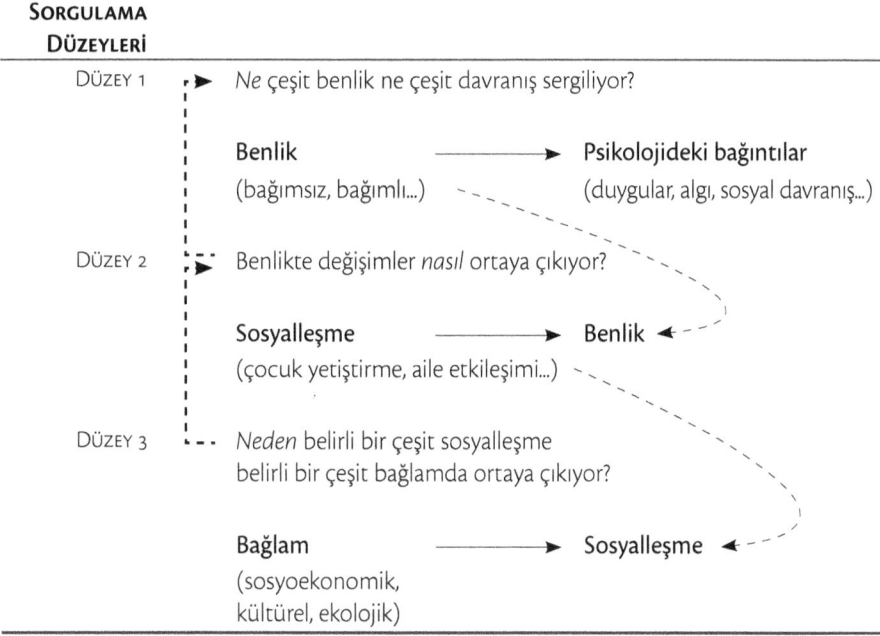

ŞEKİL 2.1. Gelişimsel yaklaşımda kavramsal sorular.
KAYNAK: *Understanding Social Psychology Across Cultures* (s. 81), Smith, Bond ve Kağıtçıbaşı, 2006, Londra: Sage.

ve kapsamlıca çalıştığım farklı sistemsel düzeylerdeki iki bağlamsal özelliği seçip kısaca açıklamak istiyorum. Bunlar toplumsal değerler ve ana babaların inanç ve değerleridir.

Çocuklarla İlgili Toplumsal Değerler

Çocuğun toplumdaki yeri nedir? İnsanın evrimleşmesi ve üremesi düşünüldüğünde çocuklara yönelik toplumsal değerler değişkenlik gösterir mi yoksa evrensel midir? Her iki şık da geçerlidir. Çocukluk, her kavram gibi, toplumsal olarak tanımlanmıştır ve böyle olmakla da kültürler arasında farklılıklar gösteren kültürel bir üründür. Tabii ki, genel olarak biyolojiye dayanan (küçük yaş, kısa boy, yetişkinlere bağımlılık, bakıma ihtiyaç vs gibi) ortak özellikleri de vardır.

Çocukluk, tarihsel olarak ve kültürler arasında incelenmiş ve kavramlaştırılmasında önemli farklılıklar ve değişimler olduğu görülmüştür. Aries'in (1962) çocukluğun keşfi ve dönüşümü üzerine olan tarihsel tezi oldukça ünlüdür. Çocukluğun, kendi içinde özel bir kavramsal varlık olarak Batı Avrupa orta sınıfları arasında, geç modern dönemde ortaya çıktığını gösterir. Ancak, Serpell'in (1993) de belirttiği gibi, Aries çocukluğu oldukça dar bir açıdan, Batı Avrupa orta sınıf toplumlarının temsil ettiği şekilde ele almıştır. Bu görüşe ortaçağ tarihçileri tarafından karşı çıkılmış olsa da (bkz. Hanawalt, 2002) hâlâ etkisini sürdürmektedir. Çocukluğun tanımının zaman içindeki değişimini inceleyen yeni çalışmalar çeşitliliklere işaret etmiştir (James ve Prout, 1990; LeVine ve White, 1986; Woodhead, 1991). Bütün bu çalışmaların ortak olarak savunduğu fikir, toplumsal değerlere de yansıdığı gibi, çocukluğun sosyokültürel kavramlaştırmasının statik olmadığı, zaman ve yere bağlı olarak değiştiğidir. Özellikle Türkiye'de çocukluğun tarihini inceleyen Onur (2007) da benzer bir görüş ileri sürmüştür.

Bunun çocukların eğitimi, onlardan beklenenler ve onlara nasıl davranıldığı, kısaca onların yaşamı üzerinde önemli etkileri vardır. Literatürde çocukluğun kavramlaştırılmasındaki kültürel farklılıkların ve bunlarla bağlantılı toplumsal değerlerin birçok örneği vardır. Ben bir örnek olarak "çocukların çalıştırılmasını" kısaca ele alacağım.

Çocukların Çalıştırılması. Bir süre önce antropologlar (Munroe, Munroe ve Shimmin 1984; Whiting ve Whiting 1975) çocuk çalıştırma konusunu farklı kültürel bağlamlarda incelediler. Elde ettikleri veriler, genelde tarım toplumlarında küçük yaşlardan itibaren çocukların ev işlerine yardım etmelerinin beklendiğini gösteriyor. İşin miktarı ve karmaşıklığı çocuğun yaşıyla birlikte artıyor. Bu yüzden, orta çocuklukta çocukların zamanının büyük bölümü iş yaparak geçiyor. Bu, Batı'da orta sınıf kent ortamındaki çocukların çoğunlukla oyunla dolu yaşamlarından oldukça farklı bir durum. Örneğin B.B. Whiting ve J.W. Whiting'in (1975) araştırması Kenya, Nyansongo'daki çocukların zamanlarının %41'ini iş yaparak geçirirken, Orchard Town'daki Amerikalı çocukların sadece %2'sinin iş yaparak geçirdiğini göstermişti.

Nsamenang da (1992), Batı Afrika'daki çocukların çalışmasından örnekler verir. Yürümeye başladıktan itibaren evde küçük işler yapmaya başlıyorlar. Büyüdükçe de çocukların yaptığı işler ev ekonomisine önemli ölçüde katkıda bulunuyor. Bunun yanı sıra, çocuğun çalışması, "sosyal bütünleşme ve rollerle becerileri öğrenmeleri için de yerel mekanizmalar" olma görevini görüyor (s. 156). Afrika'da yapılan diğer araştırmalar da benzer sonuçlar gösteriyor (Dasen, 1988a; Harkness ve Super, 1992; Super ve Harkness, 2002). Aslında, kırsal toplumların çoğunda ve hatta ekonomik zorlukların yaşandığı ve çocukların ev işlerinde veya ekonomik olarak üretken işlerde maddi katkılarının ailenin refahına katkıda bulunduğu kent ortamlarında da durum böyledir.

Ana babalar için çocuğun değeri üzerine dokuz ülkeyi kapsayan karşılaştırmalı bir araştırma da çocukların çalışmasının tarım ekonomisindeki önemini ortaya koymuştur (Fawcett, 1983; L.W. Hoffman, 1987; Kağıtçıbaşı, 1982a ve b, 1998a). Çocukların maddi katkıları (ev işlerine yardım etmeleri de dahil olmak üzere) azgelişmiş ülkelerde ve kırsal kesimlerde yaşayanlarca önemli bulunurken, gelişmiş ülkelerde ve kent ortamında buna daha az önem verilmiştir. Bu çalışmanın sonuçları

5. Bölümde ayrıntılı olarak tartışılacaktır. Burada dikkat edilmesi gereken nokta çocuğun aileye olan maddi katkısının önemli olduğu sosyoekonomik ortamlarda çocuğa faydacıl bir değer yüklenmesi ve çalışmasının önemli bulunmasıdır.

Değişen yaşam tarzları, özellikle kentleşme ve ana babanın eğitiminin artmasıyla çocuğun çalışması önemini yitirir. Bu hem çocuğun daha az çalışması hem de ailenin buna daha az önem vermesiyle kendini gösterir. Demek ki, çocuğa verilen değer ve çocuğun aile ve toplumdaki yeri çeşitlilik gösteriyor. Bu çeşitlilikteki en önemli boyutlardan biri, kırsal-kentsel kesimde sosyoekonomik düzey (SED) farklılıkları, kısaca toplumsal gelişme düzeyidir.

Çocukluğun kavramlaştırılması, çocukluğun *gerçekten* farklı olduğu ortamlar arasında farklılıklar gösteriyor. Bu yüzden, çocukların da ailenin diğer bireyleri gibi ağır sorumluluklar taşıdığı sosyokültürel ortamlarda çocukluk, özel ve kendi içinde bir varlık olarak görülmüyor. Bunun tersi olarak çocuğun okula gittiği, maddi bir gelir kaynağı olmaktan çok bir gider kaynağı olduğu durumlarda ise çocuğun çalışması, hatta ev işlerine yardım etmesi önemsenmiyor (Rogoff, 2003). Bu ortamlar çocukluğa özel, ayrı bir statü verildiği ve hatta çocukluğun duygusal olarak idealize edildiği ortamlardır (Kessen, 1991; LeVine ve White, 1991, s. 21).

Bu iki sosyoekonomik kültürel bağlam karşılaştırıldığı zaman en önemli farkın, çocuğun *aileye* maddi katkısına verilen *değerden*, çocuğun kendi *ihtiyaçlarına* verilen öneme (yani, aile ve ana baba odaklı bir bakıştan, çocuk odaklı bir bakışa) geçiş olduğu görülüyor (Woodhead, 1991). Bu aynı zamanda, daha sonra da tartışılacak olan, çocuğa atfedilen faydacıl (ekonomik) değerden psikolojik değere bir geçiştir. Toplumsal değerlerdeki bu geçişler modern Batı tarihinde de görüldüğü gibi zaman içinde oluşabilir (Aries, 1962; Hanawalt, 2002; LeVine ve White, 1991); bunun ötesinde sosyoekonomik ve köy-kent farklılıklarıyla mekânlar arasında da oluşabilir.

Çocukların çalıştırılmasıyla ilgili bu örnek, toplumun çocukluğu kavramlaştırması ile çocukların yaşam tarzları arasında genel bir bağlantıya işaret ediyor. Toplumlar belirli tipteki çocuk davranışlarına neden olan çevreler yaratır. Bu çevre, ana baba ve toplumun çocuktan beklentilerini yansıtır ve çocuklar çoğu belirlenmiş olan rollere uygun olarak sosyalleşir. Toplumsal değerlerle çocukların "gelişimsel yönelişleri" arasındaki uyumun çocuklar, aile ve değişmekte olan toplum için optimal olup olmadığı, bu kitapta sorulan önemli sorulardan biridir.

Küresel Toplumsal Değişim

Çocuğun çalıştırılması, değişen sosyoekonomik şartlarla artık uyumlu olmayan geleneksel toplumsal değerlerle yeni yaşam tarzının gerekleri arasındaki kültürel uçurumun yarattığı probleme de bir örnek oluşturuyor. Çocukların çalıştırılması çok tartışılan bir konudur. Bu sorun her yerde vardır ancak Afrika'da ve yoksulluğun yaygın olduğu diğer Çoğunluk Dünya ülkelerinde daha yaygındır.

Genellikle ev işçiliği, tarım işçiliği, sanayide çıraklık ve sokak satıcılığı şekillerinde görülmektedir. Bazı gözlemciler (Nsamenang, 1992) çocuğun çalışmasına aile içinde değer verildiğine ve bu çalışmanın çocuğun gündelik eğitimine ve toplum içindeki sosyalleşmesine yardım ettiğine dikkati çeker. Bazı çalışmalar ise düşük gelirli kesimlerde çocuğun çalıştırılmasının onun eğitimine sekte vurduğunu öne sürer. Örneğin Oloko (1994), "Sokaklarda çalışmak, modernleşen ekonomik-sosyal-politik çevreye ayak uyduramamanın göstergesidir," demiştir (s. 220).

Buradaki temel sorun, örneğin, çocuğun çalıştırılmasının hangi durumlarda Nsamenang'ın da (1992) irdelediği gibi yetişkin rolleri için bir sosyalleşme süreci olduğu, hangi durumlarda ise çocuk istismarına dönüştüğüdür. Önceki sayfalarda çocuğun çalıştırılmasında, bunun ölçülerinin ve kavramlaştırılmasının çeşitli toplumlardaki farklarına ilişkin örnekler verdim. Dünya çapındaki istatistiklere baktığımızda da görüyoruz ki daha yoksul ülkelerde bu sorun daha yaygındır. Uluslararası Çalışma Örgütü (ILO) 2000 yılı itibariyle tüm dünyada 5 ila 14 yaşlarındaki yaklaşık 211 milyon çocuğun (bütün çocukların 1/5'i) ekonomik bir aktivitede çalıştığını, bunların 73 milyonunun 10 yaşın altında olduğunu tespit etmiştir (ILO, 2002). 14 yaş ve altı bütün çocukların (48 milyon) yaklaşık üçte birinin çalıştığı Sahraaltı Afrika en yüksek çalışan çocuk oranına sahiptir. Özellikle Çocuk Hakları Bildirgesi'yle birlikte, çocuk çalıştırmanın tanımı ve çocuk çalıştırma ile istismarı arasındaki sınır, tartışma konusu olmuştur. Bu, değer yargılarını da içeren karmaşık bir konudur. Boyden (1990) çocuk çalıştırma ile çocuk emeği arasında bir ayrım yaparak analiz etmiştir.

Demek ki, bir zamanlar belki işlevsel olan bir şey, daha sonra değişen şartlar nedeniyle işlevsel olmayabilir, hatta zararlı bir hale gelebilir. Bu konunun önemli uygulamalara ve politikalara yönelik etkileri vardır ve bu, elinizdeki kitabın ana konularından biridir. Bütün toplumlar değişime uğrar; özellikle Çoğunluk Dünya ülkelerinde, köylerden kentlere göçle, yaşam tarzındaki değişiklikler çok büyük boyutlara ulaşıyor (bkz. ŞEKİL 2.2). Bu grafikte 1990 yılında Çoğunluk Dünya ülkelerinin kırsal kesimlerinde yaşayan genç nüfusun kenttekinin iki katı olduğunu görüyoruz. 2010'dan hemen sonra bu oranın eşitlenmesi, 2025'ten sonra ise kentteki nüfusun kırsaldaki nüfusu gözle görülür bir şekilde geçmesi bekleniyor.

Küresel kentleşmenin, bağlamsal değişimi anlamada önemi büyüktür; ne yazık ki pek anlaşılamamıştır. Köyden kente geçişin değişen ihtiyaçlara, davranışlara ve yaşam tarzlarına yönelik sonuçları önemlidir. Psikolojik olgular incelenirken, durağan çevre koşulları varsaymak yerine, bu değişim ve olası uçurumlar göz önünde bulundurulmalıdır. Toplumsal değişim bu kitapta anlatılan konuları yakından etkiler.

Dünyada toplumsal değişmeler karşısında kültürel bakımdan geri kalmanın başka örnekleri de görülür. Örneğin Boyden (1990), gelişen ultrason teknolojisinin fetüsün cinsiyeti hakkında bilgi sahibi olabilme imkânı vermesinin

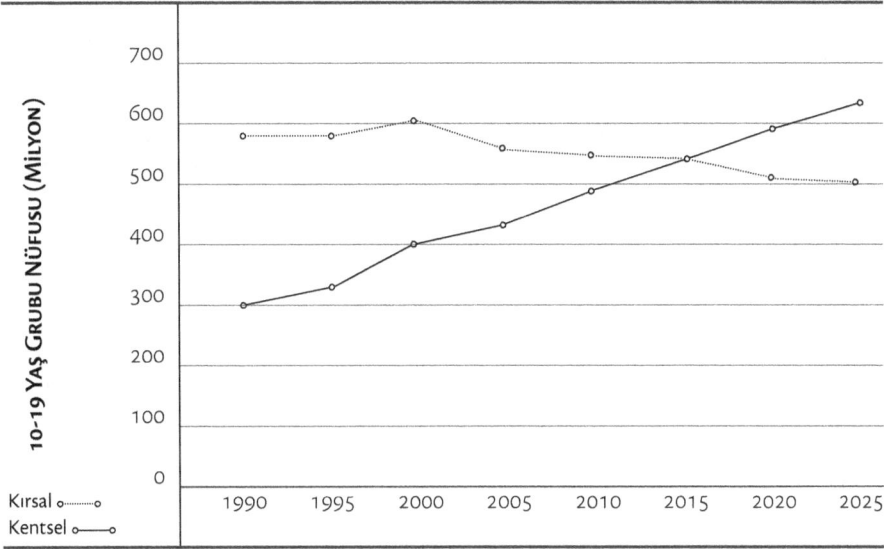

ŞEKİL 2.2. 10-19 yaş arası genç nüfusun gelişen ülkelerdeki kentleşme durumu.
KAYNAK: Dünya Enerji Konseyi (s. 5), 1999.

Hindistan'da dişi fetüslerin kürtajına yol açtığını belirtmiştir (s. 202). Güney Asya'da kız çocukların evlenirken çeyiz götürmesi geleneği kız çocuklarının pahalıya mal olması olarak görülmektedir (Winkvist ve Akhtar, 2000); bu da kız fetüslerin kürtajında esas neden olarak gösterilmektedir. Bu anlayış Güney Asya'da büyüyen bir sosyal problem haline gelmiştir.

Politik ve kurumsal olarak desteklenmiş bir toplumsal değişim de, Çin'deki tek çocuk yasasıdır. Geleneksel Konfüçyüsçü bir ataya tapma ideolojisinin hâkim olduğu, erkek çocuğa önem verilen bir toplumda tek çocuk yasası ciddi sosyal ve ailesel değişimlere yol açmıştır (örneğin Li, 1995; Rosenberg ve Jing, 1996). Devletin aldığı önlemlere rağmen, kız fetüslerin kürtajı da Çin'de sık rastlanan bir durumdur. Bunun gelecekte toplum için çok ciddi sonuçları olacaktır.

Politik olarak desteklenmiş başka bir toplumsal değişim örneği de Berlin Duvarı'nın yıkılmasıyla Almanya'nın birleşmesidir. Crockett ve Silbereisen (2000) bu büyük toplumsal değişimin ergenler üzerindeki etkisini araştırdılar. Bu ve benzeri konular, makrosistemdeki değişimleri incelemenin, insan gelişimini bağlamsal olarak anlamamız açısından önemini yansıtıyor.

Ana Babanın Amaçları, İnançları ve Değerleri

Ana babanın amaçları, inançları ve değerleri gelişim bağlamının önemli bir parçasıdır. Ana babaların amaç, inanç ve değerleri toplum değerlerini yansıtır, ancak ikisi aynı şey değildir. İlk olarak iki değer sistemi arasında, farklı ekolojik düzeylerde, özellikle ana babanın sosyal sınıf statüsüne dayanan farklılıklar olabilir. İkinci olarak, ana babalık değerleri, onların davranışlarına yansıdığından, toplumsal değerlere kıyasla çocuk üzerinde daha etkilidir. Bu nedenle, ana baba yönelimleri çocuğun gelişim ortamının önemli bir bölümünü oluşturur. Ancak ana babanın inançlarının kültürel inşalar olduğu da doğrudur. Örneğin, Goodnow (1988, s. 297) sosyal sınıf, etnik ve kültürel karşılaştırmalar sonucunda ana baba inançları arasında gruplar arası farklılıkların grup içi farklılıklardan daha fazla olduğunu bulguladı. Ana baba değer yargılarındaki kültürler arası farklılıklar, daha genel toplumsal değerlerdeki kültürler arası farklılıkları yansıtır.

Ana babanın çocuk ve çocukluk hakkında birtakım inançları olduğu ve bunların da çocuğu etkilediği çok açık olsa da, bunların gelişim psikolojisinde sistematik bir şekilde incelenmeye başlaması sadece geçen birkaç on yıla dayanır. 1980'lerde ABD'de ana baba yönelimlerini (inançlar, değerler, davranışlar) inceleyen çalışmalarda temel olarak Latino, Afrika kökenli Amerikalı ve Anglo-Amerikalı aileler üzerinde çalışılmıştır. Bu çalışmalarda çocuk gelişimine yönelik karmaşık inanç sistemleri vurgulanmış, hem etnik hem sosyal sınıf farkları ortaya çıkmıştır (Laosa ve Sigel, 1982; Sigel, 1985; Sigel, Mc Gillicuddy-De Lisi ve Goodnow, 1992).

Çocuk gelişimiyle ilgili ana baba inançlarını inceleyen antropolojik çalışmalarda, halk inanışlarının ve kuramlarının önemi belirtilmiştir. Bunlar "yerli kuramlar" (Chamoux, 1986), "naif kuramlar" (Sabatier, 1986) ya da "etno-kuramlar" (Greenfield, Maynard ve Childs, 2003; Keller, 2003; Keller ve Lamm, 2005) olarak adlandırılır. Daha önce tanımlandığı gibi, gelişim nişinin üç bileşeninden biri "çocuğu büyüten kişinin psikolojisi"dir. (Super ve Harkness,1986, 1994; Harkness ve Super, 1993). Çocuğu büyütenin psikolojisindeki önemli unsurlar da ana baba inanç sistemleridir.

Önceden yapılan çalışmalarda, LeVine (1974, 1988, 1989) çevrenin gereklerine uyum sağlamanın ana baba amaç ve davranışlarının temelini oluşturduğuna işaret etmişti. Örneğin, bebek ölüm oranının yüksek olduğu ve çevrede tehlikelerin bulunduğu kırsal toplumlarda, ana babanın çocuğu koruma ve çocuğu hayatta tutma amaçları, çocuğu itaate yönelik sosyalleştirmeye ve yüksek doğurganlığa yol açıyor. Çünkü tehlikeli ortamlarda çocukların güvenliği için itaatkâr olmaları, bağımsız olmalarından daha işlevseldir.

Bütün bu araştırmalarda, ana baba inanç sistemlerinin, hem ana baba davranışı hem de gelişimsel sonuçlar üzerindeki etkisi vurgulanmaktadır. Ana baba inançları ve davranışları arasında bir bağlantı olduğuna dair gittikçe güçlenen bir görüş var (Bornstein, 2002; Bornstein ve Bradley, 2003; D'Andrade ve Strauss, 1992; Harwood, Leyendecker, Carlson, Asencio ve Miller, 2002; Sigel, 1992); bu da inançların daha fazla incelenmesinin itici gücü oluyor. Ayrıca ana baba inanç, değer ve davranışlarının sosyoekonomik, sosyal-yapısal ortamlarına göre konumlandırılmalarının gerekliliği de giderek anlaşılıyor. Bu, özellikle neden bazı inanç sistemlerinin farklı ana baba grupları arasında sistematik bir farklılık gösterdiğinin açıklanmasında önemlidir. Bunun yanıtı genellikle bunların altında yatan işlevsel ilişkilerdedir.

Ana babalarla yapılan birçok araştırma, ana baba inançları/ana babalık özellikleri ile çocuğun özellikle bilişsel ve sosyal yetkinlikleri arasındaki ilişkileri inceliyor. Son zamanlarda yapılan araştırmalar, ana babanın çocuk yetiştirmesinin kültürler arasında farklı gelişimsel sonuçlar üzerinde etkili olduğunu gösteriyor. Ana babalık hakkındaki belirli konuları kitabın daha sonraki kısımlarında özellikle 6. Bölümde açıklayacağım. Ana baba inançlarının bir başka yönü de ana babalığın tanımı ve zaman içinde kavramlaştırılmasıyla ilgilidir. Örneğin, annenin annelik rolünü sadece çocuğunu sevmek ve onunla ilgilenmek olarak mı yoksa aynı zamanda onu okula ve gelecekteki okul başarılarına da hazırlamak olarak mı tanımladığı, hem annenin günlük davranışları hem de çocuğun hayatındaki sonuçları bakımından çok önemlidir (Coll, 1990).

Bu tür benlik rol tanımları üzerine yapılan araştırmalarda sistematik sosyal sınıf, etnik ve kültürler arası farklılıklar ortaya çıkmıştır. Örneğin, eğitimli orta sınıf Anglo-Amerikalı annelerin, hamilelik döneminde bile çocuklara erken uyarımın önemli olduğunu düşündüğü; buna karşılık az eğitim ve düşük gelirli siyah annelerin, çocukların "öğreniminin" okulun işi olduğunu düşündüğü bulgulanmıştır. Benzer bir şekilde Meksika kökenli Amerikalı anneler kendilerini "öğretmen" olarak görmüyorlar, ancak Çinli ve Japon anneler çocuklarına koçluk ediyor ve derslerinde destek veriyorlar (Chao, 1994, 2000; Chao ve Tseng, 2002; Coll, 1990; Jose, Huntsinger, Huntsinger ve Liaw, 2000; LeVine ve White, 1986; Sameroff ve Fiese, 1992). Türkiye'de de eğitimli orta sınıf anneler çocuklarının daha iyi okullara girmesi için sınavlara hazırlanmalarında onlara alıştırmalar yaptırıyorlar, ancak düşük sosyoekonomik düzeyli Türk anneler "çocuklarına yardımcı olacak kadar bilgili olmadıklarını" düşündüklerinden bunu yapmıyorlar. Araştırmalar gösteriyor ki, orta sınıf kalıpları genel olarak çocuğun okul başarısını daha destekleyicidir.

Fakat bu, çocuğa koçluk etmenin iyi olduğu anlamına gelmez. Aşırıya kaçarsa bu durum hem çocuk hem de anne üzerinde çok fazla baskı yaratabilir. Burada sadece sosyal sınıfa bağlı ana babalık rolleri tanımının ve davranışının bir örneği olarak ele alındı. Benzer şekilde, Amerika'da Haight, Parke ve Black (1997) ve Türkiye'de Göncü'nün (1993) yaptıkları araştırmalara göre orta sınıf ana babaların kendi rol tanımları bir yandan "çocuğa öğretirken" diğer yandan onunla "arkadaş olmayı" kapsıyor. Öyleyse sosyal sınıf farklılıkları bütün toplumlarda söz konusudur. Bu da ilerleyen sayfalarda ele alınacak konulardan biridir.

Ana baba rolü ve benlik tanımlarının ana baba-çocuk ilişkisinde yaşam boyu etkileri vardır. Örneğin, Japon ve Amerikalı anneler arasında yapılan bir karşılaştırmada, annelik rolü algılamalarının, sorumluluk tanımlarında ve zamana bakış açısında farklılıklar olduğu görülmüştür (Shand, 1985). Amerikalı annelerin annelik sorumluluklarının tanımı nispeten kısa süreli, çocuklar gençlik çağına ulaşana kadar ve (kocalarının da yardımıyla) fiziksel bakım ve sevgiye yönelik oluyor. Japon annelerin annelik sorumluluklarının tanımı ise yaşam boyu sürüyor ve kocalarının ataerkil çevre yapısı içinde saygılı ve başarıya yönelik çocuk yetiştirmeyi içeriyor. Diğer kültürlerde ("ilişkisellik kültürleri"nde; Kağıtçıbaşı, 1985a) yapılan çalışmalar da Japonya'dakine benzer özellikler ortaya çıkarmıştır. Örneğin, C.F. Yang (1988), ana baba ile çocuklar arasındaki ilişkiyi, Çin'de "[ana baba] ölene dek süren çocukların korunması" olarak tanımlıyor (s. 109).

Genel olarak, yaşam boyu süren ana babalık kavramlaştırmaları, bağımsızlıktan çok karşılıklı bağımlılık değerlerine uygun bir şekilde ortaya çıkıyor. Buna karşılık, bağımsızlık değerleri, çocuk yetiştirmede özerkliği vurgulayarak, çocuğun özellikle gençlik döneminden itibaren kendi kendine yetmesi beklentisini ortaya çıkarıyor. Ana babanın kendi rol tanımlamaları eğitim ve yaşam tarzlarıyla değişse de genelde oldukça durağan görünüyor (Georgas vd, 2006).

Sosyal Sınıf Bağlamı

Bu tartışmalar, çocuğun en yakın çevresi de dahil tüm ekosistemleri içeren sosyal sınıf konusunu önemli bir makrosistem değişkeni olarak tekrar gözden geçirmemiz gerektiğini gösteriyor. Sosyal sınıf kendi kültürünü oluşturur ve her zaman vardır. Bu yüzden insan gelişimi araştırılırken mutlaka incelenmesi gerekir. Ancak, yakın zamana kadar anaakım psikolojideki "kültürü dışlayıcı" organizmik ve mekanik kuramlar (bkz. 1. Bölüm) sosyal sınıfı göz ardı etme eğiliminde olmuştur.

Bağlam konusundaki duyarsızlığa baktığımızda, sosyal sınıfın psikolojik analizlerde kullanılmasından kaçınılmasının arkasında ideolojik bir gerekçe olduğunu görürürüz. Sosyal sınıf konusunu vurgulamak, eşitliğin esas olduğu demokratik bir toplumda siyasal açıdan pek kabul görmez. Bu, Batı dünyasının geneli için geçerli bir durumdu. Bu nedenle de araştırmalarda sosyal sınıftan bahsedilirken sosyoekonomik durum terimi kullanılır (Bornstein ve Bradley, 2003). Bu konudaki hassasiyet, özellikle sosyal sınıfın çağrıştırdığı—kast sistemi kadar katı olmasa da—birtakım kalıplaşmış ve değişmez kalıplar düşünüldüğünde, anlaşılır bir durumdur. Bu aynı zamanda, Batılı bir okuyucuya Marksçı sınıf çatışması kavramını da anımsatabilir. Burada amaç, sosyoekonomik durum yerine sosyal sınıf terimi kullanılsın diye ısrar etmek değildir, her ikisi de kullanılabilir. Amaç sadece bu bağlamın insan gelişimi için ne kadar önemli olduğunu vurgulamaktır. Bu nedenle bu kısım için bu başlığı kullandım.

Sosyal sınıfın genel olarak zamanla değişmezliği, her ne kadar onu esnek ve değişken olarak görmek istesek de önemli bir konudur. Çünkü kuşaktan kuşağa kendini tekrar etme eğilimindedir (Brooks-Gunn, Schley ve Hardy, 2000). Bu, yoksulluk içinde insan gelişimini araştıran çalışmalarda açıkça görülmüştür. Bunları bir sonraki kısımda açıklayacağım.

1980'lerde sosyal sınıfın insan gelişimine etkisini inceleyen çalışmalar, etnik ve kültürel farkları inceleyenlerle başa baş gitmekteydi. Avustralya'daki ana baba inançları ve tutumlarındaki etnik farkları inceleyen Cashmore ve Goodnow (1986) sosyal sınıf konumuna dikkat çekmiştir. Bu değişken kontrol edildiğinde, "etnik" farkların yok olduğu tespit edilmiştir. Benzer sonuçlar Lambert'in (1987) çeşitli ulusları karşılaştırdığı çalışmasında, Podmore ve St. George'un (1986) Yeni Zelanda'daki Maori ve Avrupalı aileleri karşılaştırdığı araştırmasında, Laosa'nın (1978, 1980) Amerika'daki Anglo-Amerikalı ve Latino anneler üzerinde yaptığı araştırmalarda elde edilmiştir. Bu bulgular bundan önceki kısımda sözü edilen çalışmalarda elde edilenlerle de örtüşüyor (Göncü, 1993; Haight vd, 1997). Bu sonuçlar hem sosyal sınıfın etkisini hem de etnik ve sosyal sınıfsal farkların karışmasından dolayı oluşan metodolojik problemleri açığa çıkarması açısından önemli. Çünkü etnik azınlıkların sosyoekonomik düzeyi genelde düşüktür, bu da sonuçların etnik farklardan mı, sosyal sınıf farklarından mı ortaya çıktığı sorusunu beraberinde getiriyor (bkz. 10. Bölüm).

Önceki araştırmalar ana baba yönelimlerini aynı zamanda sosyal sınıf konumunun bir sonucu olarak görmüştür. Nispeten tartışmalı bir analiz Kohn (1969) tarafından yapılmış ve bir klasik haline gelmiştir. İngilizlerin ana babalık değerlerini ve çocuklarına yönelik amaçlarını araştıran Kohn, çalışmasında sosyal sınıf temelli iş rolleri için beklentisel sosyalleşme kavramını kullanmıştır. Buna göre, ana babalar çocuklarının toplumdaki yetişkin rollerine hazırlanacak şekilde sosyalleşmelerini sağlıyorlar. Şöyle ki, orta sınıf bir çocuğun sosyalleşmesinde bireysel özerkliğin üzerinde duruluyor çünkü orta sınıf mesleklerinde bireysel karar alabilme özelliği gerekli. Öte yandan, işçi sınıfı ana babalar çocukta itaate ve uyuma önem veriyorlar çünkü bu özellikler işçi sınıfı mesleklerinde daha işlevsel.

Sonraki birçok ana babalık araştırması bu sonuçlarla örtüşüyor. Özerkliğe önem veren ana baba yaklaşımıyla itaate yönelik ana baba yaklaşımı arasında sosyal sınıfsal ve etnik farklar yaygın olarak görülmektedir. Bunları da bu kitapta inceleyeceğiz. Ancak, genelde sadece grup farklarının üzerinde durulmaktadır. Kohn'un yaptığı gibi işlevsel açıklamalara çok fazla değinilmemiştir. Bunun bir nedeni araştırmacının elindeki verilerin ötesine giderek spekülasyonun alanına girmekten çekinmesi olabilir. Ancak, bu çeşit bir işlevsel açıklama, özgül veri- lerle desteklenirse, gözlemlenen farkların *nasıl* oluştuğunu anlamak açısından önemlidir (bkz. **ŞEKİL 2.1**). Örneğin daha önce belirtildiği gibi, LeVine'nin (1974; 1988) elverişsiz ortamlarda uyuma dayalı yetiştirmeyi konu aldığı analizlerinde bu tür bir işlevsel açıklama görülür. Yine daha önce sözünü ettiğim Çocuğun Değeri Araştırması da buna benzer bir işlevsel yaklaşımla ana baba değerlerini farklı sosyoekonomik düzeyleri içeren farklı bağlamlarda açıklamak için benzer bir işlevsel yaklaşım kullanmıştır.

Yoksul Ortamda Büyümenin Etkisi

Yoksulluk tüm dünyaca bilinen bir gerçektir. Burada sunabileceğim, yoksulluğun aile, yetiştirme tarzı ve çocuk üzerindeki etkisini inceleyen araştırma sonuçlarının sadece küçük bir örneğidir. Bu psikolojik araştırmaların çoğu ABD'den, yani dünyanın en zengin ülkesinden geliyor. İronik gözükse de, şaşırtıcı değildir. Öncelikle, ABD'de her yerden daha fazla araştırmacı ve araştırma fonu bulunmakta. Bu durum böyle bir sosyal olgu üzerinde sonuca bağlayıcı kanıtlar sağlayabilecek veriler kullanılarak yapılan araştırmaların sayısında kendini gösteriyor. İkinci olarak, yüksek gayrisafi milli hasılaya rağmen, ABD'de özellikle kadınlar ve çocuklar arasında geniş çapta yoksulluk söz konusudur. Yoksullukla mücadele eden, sosyal refah amaçlı devlet politikalarının eksikliği ise ABD'yi diğer önemli gelişmiş toplumlardan, sözgelimi Avrupa'dakilerden farklı kılıyor (Dohrn, 1993; Kamerman, 1991; McLoyd, 1997) (bkz. 11. Bölüm).

ABD'de yapılan sayısız araştırma çocuk yoksulluğuyla çocukların çeşitli gelişimsel ölçümleri, fiziksel ve ruhsal sağlıkları arasında ilişki olduğunu göstermiştir (örneğin Brooks-Gunn ve Duncan, 1997; Duncan ve Brooks-Gunn, 1997, 2000; Keating ve Hertzman, 1999; Mayer, 1997; Yeung, Linver ve Brooks-Gunn, 2002). Sonuçlar yoksulluğun zararlı etkileri olduğuna işaret etmektedir. Genellikle, tahmin edileceği gibi kalıcı yoksulluk geçici ya da kesintili olandan daha fazla olumsuz etki yaratmaktadır (Bolger, Patterson, Thompson ve Kupersmidt, 1995; McLoyd, 1998).

Yaş ise daha az net bir faktör olarak karşımıza çıkmaktadır. Küçük çocuklar diğerlerine göre daha fazla risk altındadır (Duncan ve Magnuson, 2003; Hoffman, 2003). Küçük çocuklar yoksullukla birlikte gelen yetersiz beslenme ve kurşun zehirlenmesi gibi elverişsiz çevre koşullarına karşı diğerlerinden daha duyarlıdır. Aynı zamanda küçük çocuklar, yoksullukla birlikte gelen ana babanın stresinden ortaya çıkan sert davranışlardan daha fazla etkilenirler. Dolayısıyla ailenin gelir düzeyi erken çocukluk döneminde daha önemli bir faktör olarak öne çıkmaktadır. Elder'in (1985 ve 1995) ekonomik krizin farklı yaş gruplarındaki çocuklara etkisini araştıran çalışmasında, bu yaş gruplarında zamanla oluşan etkiler saptanmıştır.

Başka bir bariz olmayan bulgu ise ekonomik zorlukların olumsuz etkilerinin erkek çocuklar üzerinde kız çocuklardan daha fazla olduğu şeklindedir (Bolger, Patterson, Thompson ve Kupersmidt, 1995; Huston, Duncan, Granger, Bos, McLoyd, Mistry vd, 2001). Açıklamalara göre erkek çocuklarda yoksulluğun olumsuz etkileri, özellikle ABD'deki bekâr annelerin karşılaştığı davranış bozuklukları ve disiplin problemleri şeklinde ortaya çıkmaktadır.

Öyle görünüyor ki ailenin geliri artırıldığı zaman hızlı bir düzelme söz konusu olabiliyor. Örneğin, Huston vd (2001) Yeni Umut yoksullukla mücadele programının ABD'deki etkilerine dikkat çekiyor. Ailenin gelirinde açlık sınırının üstüne çıkacak kadar bir artış sağlandığında, çocukların bakımı için yapılan yardımların ve tam zamanlı çalışan ana babalara sağlık sigortası yapılmasının erkek çocuklar üzerinde güçlü olumlu etkileri olduğu gözlenmiştir. Bu durum öğretmenlerin rapor ettiği okul başarısında, olumlu sınıf içi davranışta, sosyal davranışlarda ve davranış bozukluklarının azalmasında etkili olmuştur. Aynı zamanda bu çocukların eğitim ve meslek konusundaki beklentileri de yükselmiştir. Ancak bu çeşit bir programın etkisi kız çocuklar üzerinde, erkek çocuklardaki gibi görülmemiştir; zira kızlar daha baştan, erkeklere göre biraz daha iyi durumdalar.

Diğer değerlendirme sonuçları toplumsal refah programlarının çocuklar üzerindeki olumlu etkilerini göstermiştir. Örneğin, Gennetian ve Miller (2002) Minnesota Aile Yatırımı Programı'nın çocuklar üzerindeki belirli etkilerini araştırmışlardır. Bu çalışmada ana babaların işsizlik oranındaki düşmenin ve yoksulluğun azalmasının çocuklarda sorunlu davranışlarda azalma, okul başarısında artış ve okulu daha fazla benimseme gibi olumlu yansımaları olduğu ortaya çıkmıştır.

Bu sonuçlar yoksullukla mücadele politikalarının anlaşılması ve değerlendirilmesi açısından önemlidir. Özellikle bu çalışmalar, Gennetian ve Miller'inki gibi deneysel bir yapı taşıdığında önemli çıkarımlar sağlar. Ayrıca yoksulluk gibi ciddi çevresel problemlerin bile çözümsüz olmadığını gösterir. Bu, kitabın önemli konularından biridir.

Son olarak, ailenin ötesinde yakın çevrenin etkisi de araştırılmıştır. Bu, ekolojik-bağlamsal yaklaşımla paraleldir çünkü komşular aileyle ve çocuklarla iç içedirler. Örneğin, Kohen, Brooks-Gunn, Leventhal ve Hertzman (2002) tarafından yapılan bir çalışmada komşuların özelliklerinin okulöncesi çağdaki çocukların sözel ve davranışsal yetkinlikleri üzerindeki etkisinin ailenin sosyoekonomik durumundan hemen sonra geldiğini göstermiştir. Özellikle, komşu çevredeki varlıklıların oranı, işsizlik oranı ve komşuların birbirine yakınlık derecesi önemli etmenler olarak görülmektedir. Bir başka çalışmada da (Ceballo ve McLoyd, 2002) komşuların, sosyal destek ile ana baba davranışları arasındaki ilişkiyi etkileyici bir rolü olduğuna işaret edilmiştir.

Gelişimi Bağlamla İlişkilendiren Modeller

Yoksulluk içinde gelişimin etkilerini inceleyen yukarıdaki araştırmalar sosyoekonomik ve ekolojik sistemlerin önemini ortaya koymuştur. Bu bölümde gelişim bağlamını, ana baba amaç, inanç ve değerleriyle çocukla ilgili sosyal değerlere örnekler vererek inceledim. Gelişim bağlamının birçok başka yönü de var tabii ki. Bunlara kitapta yeri geldikçe değinilmektedir. Bu bölümde yaptığım gelişim bağlamı tartışmasını, çocukların gelişiminin bağlamla olan bağlantısının nasıl kurulacağı sorusuyla bitireceğim.

Gelişim bağlamı, çok katmanlı, çokyönlü ve karmaşık bir etkileşim sistemi olduğu için, bunun kavramlaştırılmasında da karmaşıklığı vurgulanmıştır (Bornstein ve Bradley, 2003; Bronfenbrenner, 1979 ve 1986; Lerner, 1989; Gupta, 1992; Super ve Harkness, 1997, 1999). Bu karmaşık bütünlüğün kavramsal ve fiili olarak gelişimsel sonuçlarla nasıl bağdaştırılacağı, zor bir sorudur ve bununla ilgili bazı modeller geliştirilmiştir.

Son yıllarda özellikle risk faktörlerini açıklayıcı çeşitli modeller ortaya çıkmıştır. Sameroff'un ortaya koyduğu bir risk faktörü modeli, risklerin *doğası*ndan ziyade *sayıları*nı vurgulamıştır (Sameroff ve Fiese, 1992; Sameroff, Seifer, Barocas, Zax ve Greenspan, 1987). Amerika'da yapılan Dikey Rochester Çalışması'nın verileri kullanılarak, 10 risk faktörü belirlendi. Bunlar arasında annenin (düşük düzeydeki) eğitimi, annenin kaygılı olması, (marjinalleştirilmiş) azınlık statüsü, aile reisinin vasıfsız işi, annenin akıl hastası olması, anne çocuk arasında düşük düzeyde etkileşim olması vb faktörler vardı. Bu faktörlerin sayısı düşük sosyoekonomik düzeyli gruplarda daha fazla olduğu için sosyal sınıfın gelişimsel risklerle ilgili olduğu saptandı. Ancak her sosyal sınıfta, birden fazla risk faktörünün bulunması, çocuğun gelişmesini olumsuz olarak etkiliyor; ne kadar çok risk faktörü olursa etki o kadar kötü oluyor. Örneğin, "hiç çevresel riski olmayan çocuklar, 8 veya 9 risk faktörlü çocuklara göre okulöncesi yaştaki zekâda 30 puan daha yüksek sonuçlar" elde etmişler (Sameroff ve Fiese, 1992, s. 349).

Yani, risk faktörleri üst üste eklenerek değil katlanarak birikiyor. Örneğin, iki veya daha fazla stres birlikte söz konusuysa, zararlı bir sonuç ortaya çıkması olasılığı en az 4 misli artıyor; 4 risk faktörü birden varsa, ileride ortaya çıkacak olan zarar 10 misli artıyor (Sameroff ve Fiese, 1992). Daha yeni çalışmalar da benzer görüşler ortaya koyuyor; örneğin, Conger'in Aile Stresi Modeli'ndeki gibi (Conger, Conger ve Elder, 1997; Conger, Rueter ve Conger, 2000). Evans da (2004) biriken çoklu çevresel risklerin belirli patojenik etkileri olduğunu vurgulamıştır; bu durum özellikle çocuk yoksulluğu bağlamında söz konusudur.

Bu model Çoğunluk Dünya'daki müdahale programlarında sıklıkla kullanılan modellere benziyor. Örneğin, çocukların risk değerlendirmesi ve potansiyel risk durumlarının belirlenmesinde, risk faktörlerinin sayısı sağlık çalışanlarına ve bu programlarda görev alanlara yardımcı olabilir. Bu programlarda, gelişimsel riskin kavramlaştırılması genellikle sağlık ve beslenme statüsü üzerinde yoğunlaşır. Ancak, kapsamı psikolojik faktörleri de içerecek şekilde genişletilmeye çalışılmalıdır (Kağıtçıbaşı, 1991; Landers ve Kağıtçıbaşı, 1990; UNICEF, 2005).

Aracı Faktör Olarak Aile ve Ana Babalık. İnsan gelişimi ile bağlamı birbirine bağlayan modeller genelde makro düzeydeki etkilerle gelişmekte olan bireyin arasında yer alan aracı faktörleri açıklamaktadır (Linver, Brooks-Gunn ve Kohen, 2002; Yeung vd, 2002; Masten ve Coatsworth, 1998). Bu modeller aynı zamanda bu faktörlerin nasıl aracı olduklarını ve nasıl bir sürecin gerçekleştiğini açıklar. Ayrıca bu modeller hangi değişkenlerin önemli olduğunu ve ne tür etkilerin beklenebileceğini anlamaya yardımcı olur. Yani bunlar uygulamalı araştırmalarda hangi müdahalelerin optimal sonuçları verebileceğiyle ilgili rehberlik eder. Örnek olarak gelişim bağlamını gelişimsel sonuçlarla ilişkilendiren bazı modellerden kısaca söz edeceğim. Bunlar temel olarak çocuklardaki düşük düzeydeki bilişsel ve sosyoduygusal yetkinlikle bağlantılı bağlamsal değişkenleri içerir.

Aile, makro ortam faktörleriyle çocuktaki gelişimsel sonuçları ilişkilendiren en temel aracı faktör olarak karşımıza çıkıyor. Bu modellerin ana düşüncesi, yaşam koşullarının, örneğin düşük gelirin, aile aracılığıyla çocuğu dolaylı olarak etkilemesidir. Bunun önemi, özellikle uygulama açısından şudur: Aile çocuk üzerindeki zararlı etkilere aracı olduğundan, aynı zamanda çocuk için koruyucu bir kalkan görevi de görebilir. Ailenin bu koruyucu işlevinden, kitabın müdahale ve uygulamaların tartışıldığı 2. Kısmı'nda daha etraflı olarak söz edeceğiz.

Bu bahsedilen araştırmalarda ana babanın gelir kaybı ya da süreğen yoksulluktan kaynaklanan sıkıntıları ve bunun sonucu olan sorunlu ana babalık önemli noktalardır. Bu araştırmalarda böyle ana babaların çeşitli özellikleri belirtilmiş; örneğin, daha az çocuk odaklı ve şefkatli, daha fazla ana baba merkezli, reddedici ve tutarsız, bazen de çok katı disiplinli gibi (Mistry vd, 2002). Jackson, Brooks-Gunn, Huang ve Glassman'ın (2000) araştırmasına göre annenin eğitimi gelirle aynı yönde ilişkilidir. Annenin sahip olduğu yardım/destekle ekonomik zorluklar ters ilişkilidir. Maddi sıkıntılar ana babada bunalıma yol açar; bu da çocuğun yetiştirilme kalitesini doğrudan ve olumsuz olarak etkiler. Çocuk yetiştirme şeklinin kalitesi çocuğun davranış problemleri ve okulöncesi yetenekleriyle de ilişkilidir. Bundan dolayı, olumsuz etkiler zincirini açıklayan çok tabakalı model kullanılmaktadır. Burada annenin eğitim düzeyi ve geliri gibi bazı demografik faktörler gerçek nedenler olarak karşımıza çıkabilir. Halbuki çocuğu doğrudan etkileyen, bunların sonucu olan ana baba davranışıdır. Bundan dolayı çocuğun yakın çevresinin önemi bu modeller tarafından vurgulanmaktadır. ŞEKİL 2.3, Mistry vd (2002) tarafından yapılan bir araştırma ve diğer ilgili çalışmaları temel alan genel bir aracılı modeli gösteriyor.

Patterson ve Dishion (1998) Amerika'da yapılan araştırmalara dayanarak çocuklarda antisosyal davranış gelişimini klinik bir bakış açısından inceleyen çok katmanlı bir aile süreç modeli geliştirdi. Aile düzeyinde söz konusu olan süreç, mutsuz ana babaların, çocuklarının disiplininde daha sinirli oluşudur. Bu da çocuklarda antisosyal özelliklerin oluşmasına neden olabiliyor. Ana baba

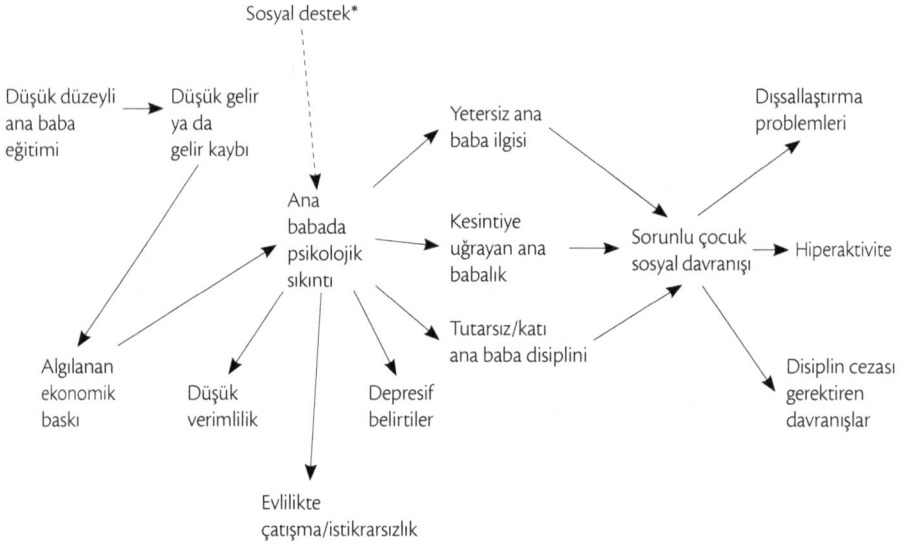

Sosyal destek*

Düşük düzeyli ana baba eğitimi → Düşük gelir ya da gelir kaybı

Ana babada psikolojik sıkıntı

Algılanan ekonomik baskı

Düşük verimlilik

Depresif belirtiler

Evlilikte çatışma/istikrarsızlık

Yetersiz ana baba ilgisi

Kesintiye uğrayan ana babalık

Tutarsız/katı ana baba disiplini

Sorunlu çocuk sosyal davranışı

Dışsallaştırma problemleri

Hiperaktivite

Disiplin cezası gerektiren davranışlar

ŞEKİL 2.3. Sorunlu gelişimi bağlamla ilişkilendiren aracılı model.
KAYNAK: Mistry vd, 2002 araştırma sonuçları.
* Kamu kuruluşları vb tarafından yürütülen eş/akraba/komşu/müdahale programlarından alınan duygusal ve araçsal desteğin olumsuz zincirleme etkilere karşı etkisi vardır.

disiplininin ara değişken olduğu bu sürecin nesiller arasında kendini tekrarladığı görülüyor (Belsky ve Pensky, 1988; Patterson ve Dishion, 1988; Simons, Whitbeck, Conger ve Chyi, 1991). Ayrıca, düşük gelir ve sosyal açıdan dezavantajlı konum, stresi artırarak bu süreci kötüleştiriyor ve ana babanın antisosyal özelliklerini çoğaltıyor. Sosyal dezavantaj (düşük eğitim düzeyi, düşük gelir, düşük gelirli işler veya işsizlik), sosyal uyum becerilerinin ve ana baba becerilerinin gelişimini de engelliyor. Böylece, farklı bağlamsal katmanlar birbirleriyle etkileşim içinde gelişimsel sonuçları ortaya çıkarıyor.

Benzer bir, çok katmanlı karmaşık model de yoksulluğun ve ailenin gelir kaybının Amerika'daki siyah çocukları nasıl etkilediğini açıklamak için McLoyd tarafından kullanıldı (McLoyd ve Wilson, 1990). Bu araştırmanın bir yorumunda yoksulluğun ve ekonomik kayıpların, psikolojik sıkıntılar sebebiyle, destekleyici, tutarlı ve ilgili ana babalık kapasitesini azalttığı ifade edildi. Aile bağlarının kesintiye uğraması, ekonomik zorluklar gibi olumsuz olaylar, ana babanın çocuğa karşı davranışı üzerinde kötü etkiler yaratarak çocuğun sosyoduygusal dünyasını engelliyor. Buna karşılık, ana babanın sahip olduğu sosyal destek ağının, duygusal sıkıntıları ve çocuğu cezalandırma eğilimini azalttığı ve bu yolla çocuklarda olumlu sosyoduygusal gelişimi sağladığı görülmüştür.

Annenin sosyal destek ağının ve ona sağlanan bilgiye dayalı desteğin, daha iyi çocuk yetiştirmedeki olumlu rolü, özellikle babasız, dezavantajlı sosyoekonomik şartlardaki ailelerle yapılan araştırmalar tarafından saptanmıştır (örneğin Coll, 1990; Harrison vd, 1990; Slaughter, 1988; Stevens, 1988: Taylor ve Roberts, 1995). Bu, aile destek programlarının değerine de işaret etmektedir. Son zamanlarda komşuluk özelliklerinin de sosyal destek ve ana baba davranışları arasında aracı bir işlevi olduğu ortaya çıkmıştır. Özellikle, maddi ve manevi sosyal destek ile daha iyi ana baba olmak arasında pozitif bir ilişkinin iyi komşuluk ilişkilerinin olduğu yerlerde daha yüksek olduğu görülmüştür (Ceballo ve McLoyd, 2002).

Bağlamsal faktörlerin gelişimsel sonuçlarla ilişkisini açıklayan bu model örneklerinde, ilk olarak farklı düzeylerdeki bağlamsal değişkenlerin çocuk üzerindeki etkisi üzerinde durulur. İkinci olarak, makro düzeydeki bağlamsal değişkenlerle ve gelişimsel sonuçlar arasında aracı olan süreçlerle ilgili hipotezler ve öngörüler ortaya konur. Bu yaklaşımların uygulamalı çalışmalar ve müdahalelere yönelik doğrudan çıkarımları vardır.

Makrosistem düzeyindeki sosyoekonomik koşullar (sosyal sınıf konumu, yoksulluk vs) ana baba davranışı *aracılığıyla* çocuğu etkilediği için, müdahale etmek mümkündür. Bir ailenin sosyoekonomik durumunu değiştirmek zor olsa da bunun için çaba sarf edilmelidir. Ancak, bu düzeyde bir değişim sınırlı olsa dahi, ana babanın sıkıntısı azaltılabilir. Bu şekilde sosyal destek programlarının da yardımıyla daha olumlu bir ana baba tutumu sağlanabilir. Bu çeşit bir müdahale eğer başarılı olursa, çocuk üzerinde doğrudan olumlu etki yaratacaktır. Ailenin var olan kaynaklarının üzerine inşa edilen destek, ailedeki sosyal iletişimin, duygusal desteğin, çocuk yetiştirme becerilerinin gelişmesine yardımcı olur. Bu, bu kitabın temel bir konusudur. 9. Bölümde ana babaya (anneye) odaklanan bu tür bir müdahale ele alınacak. Ana baba davranışı, makrosistem değişkenleriyle çocuk arasında aracı görevi gördüğünden, çocuğun gelişimine yönelik bu müdahalelerde hedef alınmaktadır.

Bu bölümde gelişim bağlamını inceledim ve bağlamsal faktörlerden örnekler verdim. Burada ailenin, gelişim bağlamının temel mikrosistemi olarak (Bronfenbrenner, 1979) önemli bir yeri vardı. Aile aynı zamanda kitabın tamamında da kilit unsur olarak anlatılan bir konudur. 5. Bölümde aile daha sistemli şekilde açıklanacak; sosyal değişim ve gelişimden dolayı uğradığı değişimden söz edilecek. Bu bölümü izleyen 3 ve 4. Bölümler'de ise gelişim bağlamının iki önemli alanı olan yetkinlik ve benlik etraflıca işlenecek.

Özet ve Temel Noktalar

- Kültür psikolojik işlevlerin bağlamını oluşturur; gözlemlenen davranışın anlamlandırılmasını sağlar. Araştırmalar aynı davranışın (örneğin ana baba kontrolü gibi) farklı kültürel ortamlarda çocuklar ve ergenlerde farklı anlamlara geldiğini göstermiştir. Dolayısıyla bağlam (kültür) psikolojik analizle bütünleşmelidir.

- Sosyal inşacıların, yorumsamacı antropologların ve kültürel psikologların paylaştığı temel görüş, insanların çevrelerine anlam yükledikleri, bu yolla kendi kültürlerini yarattıklarıdır.

- Ekolojik-kuramsal yaklaşımlar, yaşam boyu gelişim bakış açısı ve problem odaklı araştırmalar, bu bağlamsal düşünceyi paylaşırlar ve bu, insan gelişiminde bağlama odaklı yaklaşımı güçlendirmiştir.

- Ayrıca "bağlamı yok sayan" geleneksel kuramlar da vardır. Mekanik ve organizmik modeller bağlamsal kavramlaştırmaya engel teşkil etmiştir. İnsan gelişimiyle ilgili son biyolojik yönelimler de bağlamsal yaklaşıma karşı çıkmaktadır.

- Vygotsky'nin sosyotarihsel kuramı, Bronfenbrenner'in ekolojik sistem kuramı, Berry'nin ekokültürel çerçevesi, Super ve Harkness'in gelişim nişi ve Kağıtçıbaşı'nın aile değişimi kuramı ekolojik/bağlamsal bir bakış açısını paylaşmaktadır. Gelişime bağlamsal ve işlevsel bir yaklaşım, bireyi (benliği), aileyi ve toplumu/kültürü birbirine bağlayan güçlü bir araçtır.

- İnsan gelişiminin bağlamı çok sayıda etki düzeyini içine alır. Bunlar birbiriyle iç içe geçmiş ve etkileşim halindeki etkilerdir. Çocuğa yönelik toplumsal değerler ve ana baba tutum ve değerleri farklı sistemsel düzeylerdeki bağlamsal özelliklerdir.

- Çocukluğun sosyokültürel kavramsallaştırmaları, zamana ve mekâna göre değişim gösterir ve çocuğun yaşamında önemli etkileri vardır.

- Çocuğa atfedilen değerler, sosyoekonomik gelişmişlik düzeyine göre çeşitlilik gösterir. Çocuk çalıştırma konusu, toplumun çocukluk anlayışıyla çocukların gerçek yaşam tarzları arasındaki örtüşmeye bir örnektir.

- Çocuk çalıştırma, değişen yaşam koşullarıyla ve yeni hayat tarzı talepleriyle birlikte işlevselliğini yitirmiş gelenekleri yansıtan toplumsal değerler arasındaki uçurumu ve kültürel geri kalma sorununu ortaya koyar.

- Ana babaların yönelimleri gelişim bağlamının önemli bir parçasıdır. Araştırmalar göstermiştir ki, ana babaların inançları ve çocuk yetiştirme tarzı ile çocuğun bilişsel ve sosyal yetkinliği arasında sıkı bir ilişki vardır.

- Sayısız çalışmada yoksulluğun çocuk üzerindeki zararlı etkileri ortaya çıkmıştır; aile geliri artırılarak bu sorun hafifletilebilir.

Gelişimsel sonuçları gelişim bağlamına bağlamak için bazı modeller geliştirilmiştir. Bunlar tipik olarak makro düzeydeki etkilerle gelişmekte olan birey arasındaki aracı faktörlere yoğunlaşır. Aile, temel aracı faktör olarak karşımıza çıkar. Bu modeller, uygulamalı araştırmalarda hangi müdahalelerin en etkili olabileceği konusunda rehberlik eder.

ÜÇÜNCÜ BÖLÜM

Yeterlik İçin Sosyalleşme

B ir Türk köyünde yapılan eski tarihli antropolojik bir araştırmada, Helling (1966) ana babanın öğretme tarzının sözlü açıklama ve mantık yürütme yerine gösterme, taklit ve motor öğrenmeye dayalı olduğunu belirledi. Karı koca ikili bir ekip olarak gittikleri köyde gündelik enformel öğretme-öğrenme davranışlarını gözlemlediler. Örneğin, oğluna nasıl odun kesildiğini "öğreten" bir baba, bunu sadece odun keserek (ve çocuğun kendisini taklit etmesini bekleyerek) herhangi bir açıklamada bulunmadan yapıyor. Helling'ler, yirmi yıl sonra bu köye yeniden gittiklerinde, bu sözsüz "yaparak öğretme" eğiliminde herhangi bir değişim olmadığını gördüler (Helling, 1986, kişisel iletişim). Yakın bir zamanda bu alanda gözlem yapan bir meslektaşın bulguları bazı şeylerin değişmiş olduğunu, özellikle çocukların artık okula gitmekte olduğunu gösteriyor. Buna rağmen, ana babaların tipik "öğretme" tarzı pek değişmemiş. Ben genel olarak, öğrencilerime bunu anlatıp, böyle bir durumun tanıdık gelip gelmediğini soruyorum. Onlar, bununla ilgili örnekler buluyorlar, bu örnekler genellikle kendi hayatlarından değil, "köylü" ya da artık gecekondularda yaşayan "eski köylüler"de gözlemledikleri örnekler oluyor.

Bu tür gözlem ve bulguların sosyalleşme açısından önemi nedir? Bu bölümde, tüm dünyadan çocukların gelişimsel yörüngelerinin çeşitliliğini inceleyerek bu sorunun cevaplarını arıyorum. Bunun yanı sıra, farklı olan bu gelişim tarzlarının birleştiği ortak noktaların varlığını araştırıyor, gelişim süreçlerindeki bu çeşitlilik ve ortaklıkları anlamlandıracak kuramsal perspektifler sunuyorum. Öncelikle bugünkü düşünme tarzımızı şekillendirmede öncü olmuş araştırma ve gözlemler hakkında bilgi veriyor, ardından günümüze daha yakın çalışmaları inceliyorum.

Sosyalleşme

Sosyalleşme yetkinlik içindir. İnsan yavrusunun sosyal bir varlık haline gelişidir. Çocuk yetiştirme amaca yöneliktir, ancak amaç genellikle belirgin değildir ve bilinçli olarak oluşturulmamış olabilir. Sosyalleşmenin uzun vadede amacı, tanım gereği, çocuğu toplumun etkin bir üyesi haline getirmektir ve sosyalleşme bu amaca ulaşmak için ne gerekiyorsa yapmayı sağlayacak şekilde ortaya çıkar. Böyle bir bakış açısı, çocukları yetiştirenlerin günlük, rastgele gibi görünen çocuk yetiştirme davranışları düşünüldüğünde fazla rasyonel ve amaca yönelik bir perspektif gibi görülebilir. Ancak, bütün ana baba davranışını rasyonel ve amaçlı (ya da teleolojik) bir şekilde açıklamaya çalışmıyor, yalnızca zaman içinde genel bir perspektife oturtmaya çalışıyorum. Bu perspektifte yetkinlik, kültürel değerlere dayanır, dolayısıyla da kültürler arası farklılık gösterir.

Sosyalleşme, başta çok önemsendiği halde, edilgin çocuğu "yapılandıran" tek yönlü bir etki olarak kavramlaştırıldığı için sonraları eleştirildi. Baştan belirtmek isterim ki burada incelendiği şekliyle sosyalleşme, edilgin çocuğu tek yönlü bir etkileme olarak değil, çocuk ve onu yetiştirenler arasında aktif bir etkileşim olarak görülmelidir. Benzer bir bakış açısı daha önce M.B. Smith (1968) tarafından da ortaya konmuştu. Bu etkileşimsel perspektifte, sosyalleşme kavramı, insan gelişiminin kültürel ve kültürler arası incelenmesinde tekrar önemli bir rol aldı.

İnsan gelişiminin psikolojik incelemesinde, bilişsel ve sosyal yetkinlik yaygın olarak birbirinden ayrıştırılmış ve olumlu gelişim amaçları olarak tasarlanmıştır. Burada, temel olarak, bilişsel yeterlik üzerinde yoğunlaşılıyor. Ancak, yetkinliğin anlamı, kültürler ve gelişimsel ortamlar arasında farklılıklar gösterir; bu nedenle, bilişsel yeterliği akademik psikolojideki kavramlaştırılmasının ötesinde ele alıyorum. Ayrıca, yeterlik için sosyalleşmeyi sadece çocuğun bilişsel becerilerinin gelişimi açısından değil, öğretme ve öğrenme ortamında etkileşimci bir süreç bütünü olarak ve bu süreçteki her kişinin buna yüklediği anlamlarla ele alıyorum. Son olarak, birbirinden farklı sosyoekonomik-ekolojik ortamlarda yeterlik için sosyalleşme üzerinde yoğunlaşarak, bunun dünyadaki genel sosyal değişim çerçevesindeki etkilerini inceliyorum.

Özellikle Vygotsky (1978, 1986), Luria (1976) ve onların öğrencilerinin (bkz. 2. Bölüm) sosyotarihsel ekolünün öne sürdüğü sosyokültürel perspektifler, insan gelişiminin bilişsel ve sosyokültürel yönleri arasında ayrım yapmaz. Onlar insan gelişimini oldukça eklektik bir yaklaşımla, kültür ve tarihin dil, alet kullanımı ve ana babanın gündelik eğitimleri yoluyla öğrenme ve bilişsel gelişimi şekillendirdiği bir zemine oturturlar. Günümüzdeki neo-Vygotskyci görüşler bu geleneği ve yetkinlik gelişiminin bütüncül anlayışını (Cole, 2005; Correa-Chavez ve Rogoff, 2005; Karpov, 2005; Miller ve Chen, 2005) devam ettirmekte. Bu bölümde özel olarak bu perspektif kullanılmasa da, onunla birtakım benzerlikler mevcut.

Önce, yeterlik için sosyalleşmenin Batılı orta sınıf ailelerin ya da okul ortamlarının dışından, gözlemlere ve araştırma raporlarına dayanarak bazı örneklerini vermek yararlı olabilir. Bu örnekler, farklı sosyokültürel-ekonomik ortamlarda yeterlik için sosyalleşmenin içerdiği çeşitli süreçler ve buna yüklenen anlamlara ipuçları verebilir.

Günlük "Öğretme ve Öğrenme"

En başta sözünü ettiğim Helling'in bir Türk köyünde gözlemlediğine benzer "öğretme ve öğrenme" tanımlarına, özellikle kırsal toplumlarla ilgili antropolojik raporlarda sıklıkla rastlanır. Örneğin, 1960'lardaki araştırmalar Afrika'da benzer bir örüntü olduğunu gösteriyor (Gay ve Cole, 1967; R.A. LeVine ve B. LeVine, 1966); Meksika'daki Mayalarda da benzer örüntüler var (Greenfield ve Childs, 1977); daha yakın zamanda da Avustralya yerlilerinde aynı durum saptanıyor (G.R. Teasdale ve J.I. Teasdale, 1992). Bu örüntü, açıkça görüldüğü gibi oldukça yaygın ve işe yarıyor. Çocuklar odun kesmeyi, yontmayı ve benzer el becerilerini zamanla geliştirerek ince elişleri yapmayı, çoğunlukla taklit yoluyla ve herhangi bir sözlü eğitim ve olumlu destek olmadan öğreniyorlar (R.A. LeVine, 1989; Morelli, Rogoff ve Angellilo, 2003; Rogoff, 2003). Batı'da kent ortamında da, özellikle azınlıklar ve düşük sosyoekonomik düzeyli kesimlerde benzer sözlü olmayan ve daha az övgüye dayalı ana baba öğretim tarzı olduğu belirtilmiştir. ABD'deki Hispanik azınlıklar (Laosa, 1980) ve Hollanda'daki Türk azınlıklar örnek olarak verilebilir (Leseman, 1993).

Son zamanlarda yapılmış çalışmalar, özellikle Avrupa ve Kuzey Amerika'daki düşük gelirli ve düşük eğitim düzeyli göçmen gruplarında ana babaların eğitimde sözlü ifadeyi hâlâ pek kullanmadıklarını göstermektedir (Duncan ve Magnuson, 2003; Leseman, 1993; van Tuijl ve Leseman, 2004). ABD (Hoff, 2003), Türkiye (Aksu-Koç, 2005) ve Arjantin'de (Peralta de Mendoza ve Irice, 1995) yapılan araştırmalarda anneyle çocuk arasındaki sözlü iletişimin sosyoekonomik duruma göre değişiklik gösteren ve çocuğun gelişimini hayli etkileyen bir faktör olduğu bulgulanmıştır. Bu konuya, farklı gruplar arasında gelişimsel eşitsizlik yaratma yönündeki çıkarımları açısından bölümün ilerleyen kısımlarında değinilecektir.

Çocuklar çoğunlukla yetişkinleri ya da kendilerinden yaşça büyük çocukları gözlemleyerek sosyal beceriler edinirler. Örneğin Nsamenang ve Lamb (1994) ana babaları ekonomik aktivitelerde bulunurken kendilerine yaşça büyük kardeşleri ve arkadaşları bakan çocukların bakıcılarıyla aralarındaki etkileşimlere bakarak "… enformel eğitim, özellikle oyun sırasında, performans becerilerinin yanı sıra (a) işbirliği yapmak ya da aynı fikirde olmamak, (b) liderlik ya da itaatkârlık, (c) toplu sorumluluklar için birlikte çalışma ve (d) farklı görev ve konularda fikir ayrılıkları geliştirmeyi öğrenme gibi sosyal becerilerinin de gelişmesini sağlar." Bu süreçte "çocuk bakımı çocuğun rollerinden sadece biridir" (s. 142-3). Çocuklar aynı zamanda birbirlerinin, özellikle kendilerinden büyük rol modellerinin davranışlarını gözlemleyerek etkili bir şekilde öğrenirler (Azmitia, 1988; Nsamenang, 1994). Aktivitelere katılarak rehberin gözetiminde öğrenirler (Greenfield, 1996; Greenfield, Keller, Fuligni ve Maynard, 2003; Keller, 2003; Rogoff, 1990) ve bütün bu enformel öğretme-öğrenme sürecinde, öğrenen, bir "çırak" rolündedir.

Çocukla yoğun sözlü iletişim kurulup kurulmaması, çocukluğun genel kültürel kavramsallaştırılmasıyla da ilgili olabilir. Burada özellikle, çocuğu büyütenin, kendini bilinçli olarak çocuğun gelişimine yönelik bir "çocuk yetiştirme" rolünde görüp görmediği önemli görünüyor. Bu tür bir benlik-rol tanımı, eğitimli orta sınıf (özellikle Batılı ve Amerikalı) ailelerde yaygındır (Coll, 1990; Goodnow, 1988; Laosa, 1980). Buna karşılık, Kakar (1978) Hindistan'da çocuğa bakan kimselerin, çocukla yetişkinin birbirlerinden hoşnutluğunu vurguladığını ve herhangi bir yönde çocuğu şekillendirmek için baskı uygulamadıklarını belirtiyor. Benzer şekilde, birçok az eğitimli, geleneksel Türk anne de, çocuğun "yetiştirilmesinden" çok "büyümesinden" söz eder. Eğer çocuk büyütmekten söz ederlerse, bu daha çok çocuğun fiziksel gelişimini sağlamak anlamındadır (büyütmenin kökünün de fiziksel anlamda *büyü*-mek olduğunu hatırlatmak istiyorum).

Gözleyerek ve taklit ederek öğrenmek, aslında her ortamda ve yaşam boyu söz konusudur. Modellerden rol öğrenmenin çok önemli bulunduğu "sosyal öğrenme kuramı"nın da temelini "taklit" oluşturuyor (Bandura, 1962; Zimmerman ve Rosenthal, 1974). Çoğunluk Dünya toplumlarının pek çoğunda, Batı toplumlarından farklı olarak, çocukların günlük sosyal ortamlarını kendi yaş gruplarından öte birçok yaş grubundan insan oluşturmaktadır. Bu da çocukların çok küçük yaştan itibaren sürekli yetişkinlerle bir arada oldukları ve onların davranışlarını gözlemleme olanağını elde ettikleri anlamına gelir. Morelli ve meslektaşlarının (2003) Kongo Demokratik Cumhuriyeti'nde ve bir Guatemala kasabasında yaptığı araştırmada görülüyor ki, iki ila üç yaşındaki çocuklar yetişkinleri çalışırken gözlemleme olanağına çok sık sahip oluyor ve bu da erken yaşta kendi oyunlarının da yetişkin aktiviteleri içermesine neden oluyor. Buna karşılık Amerikalı çocukların yetişkinleri çalışırken izleme olanakları pek fazla olmadığından, onlar yetişkinleri oyun ve sohbet arkadaşı olarak görüyorlar. Dolayısıyla, çocukların günlük hayatlarında ne öğrendikleri ve nasıl öğrendikleri kültürel farklılık göstermektedir.

Ancak, gözlem yaparak öğrenmenin sınırları vardır. Örneğin, yeni beceriler edinmek için etkili değildir (Greenfield ve Lave, 1982; Karşılaştırmalı İnsan Bilişimi Laboratuvarı, 1993; Segall vd, 1990). Ayrıca gözlemle öğrenme, öğrenme çeşitlerinden sadece biri, diğer çeşitlerin en az bir kısmı sözlü mantık yürütme içeriyor. Eğer çocukla özellikle yetişkinlere özgü akıl yürütme ve somutlaştırılmamış (soyut) bir dil içeren sözlü iletişim kurulmazsa ya da çok az kurulursa, bunun olumsuz gelişimsel etkileri olabilir. Bu konuya daha sonra ayrıntılı olarak değineceğim.

İkinci Bir Örnek. Yetkinlik ve yetişkin rolleri için sosyalleşmenin bir başka örneğini de Anandalaksmy ve Bajaj (1981) Hindistan, Varanasi'deki dokumacılıkla uğraşan topluluklarda yaptıkları "çocukluk" araştırmasıyla veriyor. Örneğin, tipik bir kız çocuğun yaşamını şöyle anlatıyorlar:

> Kızların çoğu altı yaşından itibaren ortalığı süpürme, temizleme, bulaşıkları yıkama ve kardeşlerine bakma görevini yükleniyor... Bir kız dokuz yaşına basar basmaz, elbisesi ve davranışlarıyla ilgili açıkça belirlenmiş kısıtlamalara tabi tutuluyor ve sokaklarda yanında biri olmadan dolaşması kesinlikle yasaklanıyor... Oldukça kapalı ve kısıtlı bir çevrede yapacak başka hiçbir şeyleri olmadığından, kızlar annelerini çalışırken seyrederek dokumacılık için makara sarma gibi el becerileri geliştiriyorlar... Genç, evlenmemiş kızlar, genellikle, okulla engellenmeyen evcil bir yaşam sürüyorlar... Günlük rutin işlerini ara vermeden görüyor, makara sararken arada ev işlerini görüp, kardeşlerine bakıyorlar. Yapmaları gereken tek şey evi çekip çevirmek olduğu için, kızlar için formel eğitim hiçbir zaman gerekli görülmüyor. Aslında yetişkinler, kızların eğer eğitim alırlarsa akıllanacaklarını ve uyum sağlamayacaklarını düşündüklerini ve onları bu yüzden temel okuma ve yazmayı öğrenmeleri için medreseye bile göndermediklerini söylüyorlar. Onların Kuran yorumlarına göre kızların eğitim alması yasaklanmıştır (s. 34-5, 37-8).

Bu zengin betimlemede daha önceden belirlenmiş olan roller doğrultusunda sosyalleşme olduğu yönünde birçok kanıt var. Hiç şüphesiz, kendi kendine yetiyor gibi görünen bu topluluğun içinde çocuklar yetkin yetişkinler olmaları için gerekli rolleri ve becerileri öğreniyorlar. Tabii ki, bu tür bir sosyalleşmenin kızların bilişsel yeterliği üzerindeki etkileriyle ilgili bazı sorunlar ortaya çıkıyor (erkek çocuklar hareketlerinde ve okul konusunda daha serbest bırakılıyorlar).

Bir başka soru da topluluğun kendi kendine yetmesini tehlikeye atacak kadar kötü ekonomik koşullar gençleri dışarıda iş aramak zorunda bırakırsa ne olacağı. Ekonomik ve sosyal değişimin sonuçları, Greenfield'ın Meksika'da yaşayan bir Maya topluluğunda yirmi yıllık bir süre boyunca yürüttüğü çalışmada gösteriliyor. 1970'lerde Greenfield, bu toplulukta anneyle kız arasında dokuma becerileriyle ilgili günlük öğretme-öğrenme sürecini incelemiştir (Greenfield ve Childs, 1977). Bu toplulukta annenin genel öğretme tarzının ağırlıklı olarak ayrıntılı direktiflere ve taklide yönelik, öğrenene özgürlük olanağı vermeyen bir yöntem olduğunu bulgulayan Greenfield, yirmi yıl sonra aynı grubu gözlemlemeye gittiğinde önemli ilerlemeler kaydedilmiş olduğunu görmüştür (Greenfield, Maynard vd, 2003b). Artık anneler kızlarına daha fazla özgürlük tanıyorlarmış ve bu da eski, tekrar eden, alışılagelmiş desenlerin yerini yaratıcı, yenilikçi desenlerin almasını sağlamıştı.

Nasıl oldu da böyle bir değişim oldu? Yirmi yıllık bir süre içerisinde bu Maya topluluğu geçim ekonomisinden para ekonomisine geçmiştir. Dokuma, turist tüketimine yönelik hale gelmiş, dolayısıyla değişen yaşam koşullarıyla piyasada rekabet edebilmek için değişim ve yeniliğe ihtiyaç duyulmuştur. Benzer bir gelişme, eskiden Yeni Gine'nin izole bir bölgesinde yaşayan yerlilerin parayla ticaret yapmaya başlamalarıyla matematiksel notasyon sistemlerinde meydana gelmiştir (Saxe ve Esmonde, 2005). Sosyoekonomik değişimlerin hayat tarzlarında yarattığı değişim ister istemez bazı davranışsal değişikliklere neden oluyor. Dolayısıyla sosyal değişim, geçen bölümde de belirttiğim üzere, bağlam ve kültürün önemli bir faktörüdür ve bu kitaptaki önemli kavramlardan bir tanesidir.

Çoğunluk Dünya (bkz. **ŞEKİL 2.2**, s 67) ülkelerinde köyden kente doğru hareketlilik çok büyük oranda gerçekleşmekte ve uluslararası göçe de neden olmaktadır. Bu hareketlilik, temel olarak geleneksel kırsal tarım uğraşlarının ve pazar ekonomisine yönelik olmayan uğraşların, nüfusu artmakta olan toplumlarda artık yetersiz kalmasından ötürü ortaya çıkıyor. İnsan olgusunu incelerken, dünyada yer alan küresel, sosyal-yapısal değişim muhakkak göz önüne alınmalı.

Bilişsel Yeterliğin Kuramsal Kavramlaştırılışı

Temel olarak gözlem ve taklit yoluyla gerçekleşen günlük öğrenme ve öğretmeye verdiğim örnekler, sanayileşmemiş toplumlardaki bilişsel yeterlik gelişiminin kültürler arası tanımına büyük oranda benziyor. Kültürler arası psikolojinin başlangıcı, Afrika ve Avustralya'daki henüz sanayileşmemiş ve kimi zaman henüz okuryazar hale gelmemiş toplumların bilişsel becerilerinin karşılaştırıldığı çalışmalara dayanıyordu. Antropologlar da bilişsel becerileri benzer toplumlarda çalışıyordu. Bilişsel antropolojinin, bir başka deyişle etnobilimin gelişimi, dikkatleri yerel bilgi sistemlerine yöneltmiştir. Psikolojideki benzer bir eğilim de bilişsel sistemler üzerinde yoğunlaşmıştır (Berry, Irvine ve Hunt, 1988). Bu konuda bir kısmına daha önce de değindiğim çok başarılı derlemeler var (Berry, 1985; Berry ve Dasen, 1974; Rogoff, 1990; Rogoff vd, 1984). Bu tür formatif araştırmanın önemini vurgulayan daha yakın tarihli yazılar da mevcuttur (Berry vd, 2002; Matsumoto ve Juang, 2004; Rogoff, 2003; Segall vd, 1999).

Kültürler Arası Psikolojinin Geçmişi

Bugünkü kültürler arası yetkinlik çalışmalarındaki tartışmaların bir kısmı bir yandan 19. yüzyılın sonu ve 20. yüzyılın başındaki kültürel evrim görüşleri, diğer yandan da Lévy-Bruhl (1910, 1922) ve Boas'ın (1911) birbiriyle çatışan görüşlerine dayanmaktadır. Lévy-Bruhl'ün "mantıksal" (Batılı) ve "mantıköncesi" (ilkel) düşünce arasında ciddi niteliksel fark olduğunu ileri sürdüğü görüşüne karşı Boas'ın insanlığın psişik birliği ile ilgili iddiaları karşıt fikirler olarak hâlâ sürmekte. Ancak, bu tartışma artık büyük ölçüde önemini yitirdi ve yerini bununla kısmen örtüşen bir başka tartışmaya bıraktı. Bu, yetkinliğin (zekânın) farklı ortamlarda tutarlılık, genelleme ve aktarmaya [transfer] sahip merkezi bir süreç mi olduğu yoksa ortama bağlı öğrenme ve özel çevre gereklerine uyumu mu temsil ettiğine dair tartışmadır. Kültürler arası psikolojide daha fazla kabul gören merkezi süreç modelinde psikolojiden Spearman'ın g'sinin ve antropolojiden Boas'ın psişik birliğinin etkisini görmek mümkündür. Diğer taraftan Lévy-Bruhl'ün etkisi de kültürel psikoloji çerçevesinde, her bilişin (öğrenmenin) bağlamsal özelliklerinin önemli olduğu ve bundan dolayı diğer biliş ve öğrenmelerden farklı ve onlarla karşılaştırılamaz bir konumu olduğu iddiasında görülmektedir (Shweder, 1990).

Merkezi süreç modeli, öğrenme kuramı, fark psikolojisi ve bilişsel psikolojide görüldüğü gibi, akademik psikolojinin geleneksel bakış açısını yansıtır. Bu görüş, bilişsel yeterliği (zekâyı), farklı olaylar (uyarıcılar) karşısında aynı şekilde ortaya çıkan ve bu sayede bir öğrenme durumundan diğerine aktarmayı sağlayan, bireye içkin olan temel bir psikolojik süreç olarak ele alır (J.G. Miller ve Chen, 2005). Kültürler arası psikolojide bu bakış açısı örneğin, Piaget'nin bilişsel gelişime yaklaşımında ve bilişsel stil ve psikolojik ayrıştırmayla ilgili araştırmalarda görülmekte. Bu yüzden Piaget'nin bilişsel gelişim evrelerinin (ve bunların içerdiği süreçlerin) farklı ortamlarda (görevler karşısında) benzer şekillerde ortaya çıkmaları gerekir. Her ne kadar Piaget'nin kuramları bağlamların önemini vurgulayan kültürler arası psikoloji araştırmaları ışığında (Hatano ve Inagaki, 2001) yeniden gözden geçirilmiş olsa da, bireysel bilişsel gelişimin organizmanın olgunlaşmasına dayalı olduğuna dair akademik görüşü içermektedir. Bu nedenle, kültürel ortamlar arasında karşılaştırma mümkündür.

Merkezi süreç modeline, antropolojik bir perspektife sahip olan, bağlamı önemseyen ve öğrenme deneyimi ve bilişsel beceriler arasındaki ilişkiyi inceleyen, antropoloji temelli özgül öğrenme modeli veya "gündelik bilişim" yaklaşımı tarafından karşı çıkıldı (T.N. Carraher, Schliemann ve D.W. Carraher, 1988; Dasen, 1984; Göncü, 1993; Nunes, Schliemann ve D.W. Carraher, 1993; Rogoff, 1990; Rogoff ve Lave, 1984; Scribner ve Cole, 1981; Shweder, 1990). Bu perspektif, davranışın bağlama uyduğunu ve bağlamın davranışı destekleyecek bir şekilde yapılanmış olduğunu, bunun da temelde kültürel tarih boyunca insanlığın çevreye uyum sağlamış olması sonucunda ortaya çıkmış olduğunu vurgulayan sosyotarihsel Vygotsky yaklaşımından (1978) etkilenmiştir. Bu anlayışa göre kültür ve bilişim birbirini oluşturan "monistik" bir bütündür (Cole, 2003; Miller ve Chen, 2003; Rogoff, 2003; Schweder, 1990). Sosyal etkileşim ve kültürel pratikler bilişsel gelişimi destekler (Greenfield vd, 2003b).

Bu gelenekteki araştırmalar, çocuğun gerçek gelişiminin, bir yetişkinin yönlendirmesi ve yardımıyla potansiyelinin limitlerine doğru geliştiği yakın gelişim alanı içinde "yönlendirilmiş katılım" ile gerçekleşen gündelik bilişim üzerinde yoğunlaşmıştır. Bu yüzden çocukların günlük işlere yönelik etkileşimlerinde öğrendikleri dokumacılık, dikiş, pratik kategorizasyon ve sözlü matematik hesaplamaları gibi işler değerli özel öğrenme deneyimleri olarak inceleniyor. Bu aynı zamanda enformel öğretmenin ve öğrenmenin "usta-çırak" ilişkisi şeklinde işlediği "çıraklık" modelidir (Chavajay ve Rogoff, 2002; Greenfield vd, 2003a; Rogoff, 1990). İlkel örneklerinin insan olmayan primatlarda da görüldüğü bu öğrenme biçimi (Greenfield, 2000), yoğun dikkat, gözlem ve taklit gerektirir. Daha ziyade bireyci/bağımsız öğrenme biçimlerinin özelliği olan merak, sorgulama ve şüphecilik gibi yöntemler bu tür öğrenmede teşvik edilmez (Greenfield vd, 2003a).

Bu bakış açısından öğrenmenin tümü ortama bağlı ve ortam içinde pratik problem çözmek için işlevsel olan "amaca yönelik hareket" olarak görülmektedir. Okuldaki öğrenim okul-tipi etkinliklere uyumu da içerdiği için daha genelleştirilebilir bir öğrenme türü olmasına karşın, diğer bütün öğrenme türlerinden daha üstün ve hatta farklı kabul edilmez (Segall vd, 1990, s. 203). Gündelik bilişim paradigmasındaki algılanışıyla "yetkinliğe" eşlik eden aynı zamanda bir de "sosyal" faktör vardır. Buna göre başarı ya da yetkinlik her zaman kişiye ait değildir, başkalarıyla paylaşılır. İnsanları sıkıca bir arada tutan güçlü bağların söz konusu olduğu ortamlarda paylaşma ve sorumluluğun ahlaki yönü aynı zamanda yetkinliğin de önemli bir yönünü oluşturur. Bu tür bir yetkinlik sosyal zekâ olarak adlandırılır. Sosyal zekâ konusunu ileride daha etraflı olarak işleyeceğim.

Bütün bu araştırmalar ve düşünce tarzı, anaakım gelişim psikolojisinin kültüre kayıtsız kalan geleneksel bakış açısına bir düzeltme getirmiştir. Ayrıca, standart psikometrik testlerde, Piaget testlerinde ya da okulla ilgili faaliyetlerde başarılı olmadığı için yetkin olmadığı yönünde kolayca tanı konulan çocukların ve yetişkinlerin "yerel" bilişsel yeterliklerinin tanınmasını sağlamıştır. Son olarak, öğrenme sürecinin etkileşimsel doğasının daha iyi anlaşılmasına katkıda bulunmuştur. Bu da işlevsel, amaca yönelik, "yönlendirilmiş katılım" sayesinde "öğretme" ve "öğrenme" ile kendini ortaya koyan ve analiz birimi birey değil de etkileşimin bütünü olan bir yetkinliktir.

Gündelik Biliş ile İlgili Sorunlar

Bu yaklaşım çok değerli olmasına karşın birtakım sorunları da beraberinde getirir. Özgül öğrenme modelinin temel sorunu, farklı bağlamlarda ortaya çıkan görevlere—benzer özellikler yoksa—aktarımın olmamasıdır (Berry vd, 1992, s. 122; LCHC, 1983). Öğrenme kendi içinde belirli bir ortama yönelik olması dolayısıyla, özellikle farklı bilişsel ortamlara kolayca aktarılamaz (Segall vd, 1999, s. 186). Buna karşın, günlük formel akıl yürütmelerin ve hesaplama becerilerinin aktarıldığını gösteren yeni çalışmalar da var (T.N. Carraher vd, 1988; Nunes vd, 1993). Ancak, bu becerilerin daha yüksek bilişsel düzeylerde olduğunu da dikkate almak gerekir. Rogoff (1990), küçük çocukların öğrenmesinin büyük ölçüde yapılandırılmış özgül durumlar içerdiğini, ancak bunun yaşla değiştiğini, daha büyük çocukların ise öğrenme sürecinin kendisini öğrendiklerini belirtiyor. Yönlendirilmiş katılım, yeni ve farklı görevlere, durumlara genellenmesi beklenen bu öğrenim sürecini oluşturmayı amaçlamaktadır.

Öyle görünüyor ki, bir şeyin *nasıl* yapılacağı gibi özgül yordamsal becerileri öğrenmek yeni problemlere kolaylıkla aktarılmıyor, ancak kavramlaştırmayı da içeren bir öğrenme olursa, aktarma görülüyor (Hatano, 1982). Geleneksel gündelik öğrenimin çoğu yordamsal olduğu için oldukça kısıtlı kalıyor. Ancak Tannon (1994), Fildişi Sahilleri'nde yaptığı bir araştırmada, dokumacılık bağlamında yeniliğin önemsendiği ortamlarda gündelik öğrenmede edinilen planlama becerilerinin, örneğin dokumanın, farklı başka bir duruma aktarılabildiğini bulgulamıştır. Benzer şekilde, Brezilya'da yürütülen bir dizi çalışmada da (Nunes vd, 1993) az eğitimli balıkçı ve inşaat ustabaşılarının gündelik çalışma deneyimlerinden, alışılmadık durumlara orantılı muhakeme becerilerini aktardığı görülmüştür. Genelleme hakkındaki tartışma sürse de bu tarz araştırmaların gösterdiği genel sonuç, gündelik öğrenmeden yeni durumlara beceri aktarımının, işin içine kavramlaştırma girdiğinde mümkün olduğudur (Schliemann, Carraher ve Ceci, 1997). Bu özellikle formel eğitimden yararlanmış kişilerde görülmektedir.

Dolayısıyla öğrenme ve bilişim, değişik sosyokültürel ortamlarda değişik şekillerde gerçekleşebilir ve gerçekleşiyor. Zaten, evrensel insan davranışındaki büyük farklılıkların ve kültürün öneminin farkında olanlar için bu şaşırtıcı olmamalı. Farklı öğrenme türleri birbiriyle çelişebilir. Örneğin, Brezilya'da yürütülen araştırmalar sokak satıcısı çocukların sokakta kullandıkları sözlü aritmetikte oldukça başarılı olduğunu; ancak okuldaki yazılı aritmetikte zorlandıklarını göstermektedir (Carraher vd, 1988; Nunes vd, 1993). Yakın tarihli bir yorumunda Nunes (2005), okul aritmetiğinde daha az başarılı olmalarına rağmen, bu sokak satıcısı bu çocukların okul aritmetiğini, başarısız olma riskini göze alarak tercih ettiklerini göstermiş, bunu da okul aritmetiğinin pozitif bir değerlendirmesi olarak yorumlamıştır. Çünkü okullar bilgiyi öğretmekle kalmayıp, toplumda neyin değerli görüldüğünü belirleyen sosyal etmen görevini de yerine getiriyor (bkz. Hatano ve Inagaki, 1998).

Bu, öğrenmeyi ortamdan ayrı tutarak, kendi özgüllüğü içinde inceleyemeyeceğimizi göstermesi bakımından önemli bir noktadır. Toplumsal değerler önemli bağlamsal değişkenler olarak göz önünde bulundurulmalıdır. Okul dışında da önemli bilgiler öğrenilebileceğini göstermekle birlikte, bu değişik öğrenme ortamları okulun yerini alabilecek geçerli alternatifler olarak sunulursa bir sorun oluşabilir. Bu özellikle köyden kente göç, ekonomik uğraşlardaki farklılaşmalar gibi toplumsal ve ekonomik değişimlerle birlikte oluşan yeni toplumsal değerler, geleneksel yaşam tarzlarının gerektirdiği bilişsel beceri ve yetkinliklerden ziyade, daha farklı beceri ve yetkinlikler gerektirdiği zaman sorun haline gelir. Örneğin, geleneksel dikiş becerileri seri üretime geçişle yerini modern teknolojik olanaklardan yararlanan yeni becerilere bırakarak ekonomik önemini yitirebilir.

Bunun yanı sıra farklı tür "öğrenme" şekilleri arasında uyumsuzluklar ortaya çıkabilir. Bunun çocuk çalıştırma veya çocuk emeği bağlamında doğurduğu sonuçlar vardır. Bir önceki bölümde belirttiğim gibi, Nijerya'da yapılan bir araştırma (Oloko, 1994), sokak satıcılığı yapmanın aritmetik becerileri geliştirdiği inancının tersine, çalışmayan öğrencilerin çalışanlara göre aritmetikte daha başarılı olduğunu gösterdi. Benzer şekilde, okuryazarlık testlerinde de, çalışan çocuklar çalışmayanlara göre hem İngilizcede hem de anadillerinde, daha başarısız oldular. Bu araştırma da gösteriyor ki, ya çocukların okul performansını etkilediğinden ya da okula gitmelerini engellediğinden, "sokak satıcılığı modernleşmekte olan ekonomik, sosyal ve siyasi çevreye uyumsuzluğu temsil ediyor" (s. 220). Ayrıca, okulla ilgili bilişsel beceriler ve yönelimler, okuldışı eğitimin yeterli bilgiyi sağlayamayacağı kentsel uğraşlar için gerekli oluyor.

Son olarak, "Okul, her geçen gün daha çok, özgül bilişsel sonuçları olan pek çok öğrenme ortamından sadece biri olarak görülüyor" (Segall vd, s. 203, "gündelik bilişim" araştırmasına atfen) ya da "Okula bağlı performansın sözde üstünlüğü bir ölçüde kültürler arası deney düzeninin bir ürünüdür" (Cole, Sharp ve Lave'in 1976 tarihli araştırmasına atfen Greenfield ve Lave, 1982, s. 185) gibi yorumların önemli politik yansımaları vardır. Şunu belirtmek gerekir ki, bu görüşler yürütülen araştırma ortamında geçerli olsa da, aynı zamanda sosyoekonomik gelişme sürecindeki toplumlara da değiniyor. Okulun öneminin anlaşılmaya başlandığı bu toplumlarda, ana babayı, çocuklarını özellikle de kızlarını okula gönderme konusunda ikna etme çabaları, çocuklar için evrensel eğitimi tesis etme yolundaki çabaların bir parçasıdır.

Bu bölümü bitirmeden önce, okul eğitiminin ciddi biçimde eleştirildiğini de belirtmeliyim. Okulun kötü yönleri üzerinde duruluyor. Özellikle, hâlâ "kolonyal" öğelerden kurtulamamış olan eğitimin topluma "yabancı" kaldığına işaret ediliyor (bu konunun ayrıntılı bir incelemesi için bkz. Serpell, 1993.) Bu konu, özellikle 7. Bölümde yeniden ele alınacak. Ayrıca okul ve ev kültürleri arasında da anlaşmazlıklar olabilir. Örneğin, toplulukçu "ilişkisellik kültürleri"nde dayanışma önemsenirken, okullarda bireylerden genellikle rekabetçi başarı beklenir (Greenfield vd, 2003a). Böyle sorunlara, daha fazla yardımlaşma ve işbirliğine dayalı grup projeleri gibi yenilikçi çözümler gerekmektedir. Bunun başarılı bir örneği olarak, öğrencilerin rekabet sonucu değil, grup dayanışması sonucu ödüllendirildiği "Yapboz Sınıf" tekniği gösterilebilir (Aronson, Stephan, Sikes, Blaney ve Snapp, 1978).

Bilişsel Yeterliğin Kültürel Kavramlaştırılışı

Bir önceki bölümde, ana baba amaç, inanç ve değerleri gelişimsel ortamın önemli bir parçası olarak ele alındı. Bu kısım ise, bu tartışmanın ve bilişsel yeterliğin kuramsal kavramları üzerine kurulu. Burada bilişsel yeterliğin kültürel çerçevede nasıl anlaşıldığını inceleyeceğim. Birkaç örnekle başlamak yararlı olabilir.

Türkçede "uslu" sözcüğü genellikle çocukların bir özelliği anlamında, yaramaz ve şımarık olmayan, iyi huylu, uysal, sessiz çocuk anlamında kullanılmakta. Araştırmaların da gösterdiği gibi bu, özellikle kız çocuklarda, çok değer verilen bir özellik (Macro, 1993).

Sözcüğün etimolojisi gösteriyor ki, "us" kökünden ve sahip olmak anlamına gelen "–lu" sonekinden oluşan uslu kelimesi aslında "rasyonel" anlamına geliyor, halbuki çocuk yetiştirmedeki günlük kullanımında anlam değiştirmiştir. Büyük ihtimalle başlangıçta sessiz, uysal ve iyi davranışlar; akıllı ve rasyonel olmakla eşleştirilmiş ve uslu kelimesi bu özellikleri anlatmakta da kullanılmış. Ancak, zaman içinde daha somut olan davranışsal anlam ağırlık kazanmış ve akıllı, rasyonel olan gerçek anlam kaybolmuş.

"Akıllı uslu" deyimi de aynı şekilde Türkçede gençler ve belki genç yetişkinler için kullanılan ve çocuklar için kullanılan "uslu" kelimesine benzer davranışsal yananlamlar içeren bir deyim. Bununla birlikte, genç için kullanılan akıllı uslu ifadesi, iyi huylu olmanın yanında mantıklı ve güvenilir olma anlamlarını da içeriyor.

Yeterliğin Sosyal Tanımı

Gençler için zekâ, akıl, mantıklılık ile güvenilirlik, iyi huyluluk (tepkisel, şımarık olmama) mefhumlarının yananlamlarının arasında kurulan bu kuvvetli bağıntı ve çocuklar için uslu kelimesinin anlamının rasyonelden iyi huyluya kayması oldukça ilginçtir. Bu yananlamlar bilişsel yeterliğin sosyal ve kişiler arası davranışsal boyutuyla ilgili. Bunlar yaşamın belirli dönemleri için kullanıldığından (sadece çocukluk ve gençlik çağı için) çocuk yetiştirme ya da sosyalleşme yönelimleri ve değerleriyle ilgilidir.

Dokuz ülkede yapılan Çocuğun Değeri Araştırması'nda, yukarıda anlattıklarıma ışık tutan çocuk yetiştirme değerleri incelendi. Çocukların sahip olması en çok arzu edilen iki özellik arasında, "ana babalarının sözünü dinlemeleri" Türk ailelerin %60'ı tarafından; "bağımsız ve kendine güvenli" olmaları ise sadece %18'i tarafından seçildi (Kağıtçıbaşı, 1982a ve c). Bu araştırmanın yapıldığı diğer ülkelerden Tayland'da elde edilen sonuçlar da bunlara çok benziyordu: Endonezya ve Filipinler'den elde edilen sonuçlar, uysallığın daha da fazla önemsendiğini; Kore ve Singapur gibi hızla sanayileşmekte olan ülkelerden elde edilen sonuçlar ise bağımsızlık ve kendine güvene Amerika'dan bile daha fazla önem verildiğini ortaya koydu (Kağıtçıbaşı, 1982a, 1982b ve 1990).

Daha sonra İstanbul'da gerçekleştirdiğimiz Türkiye Erken Destek Projesi'nde de bunlara benzer sonuçlar elde edildi (Kağıtçıbaşı, 1991b, 1994a; Kağıtçıbaşı, Sunar ve Bekman, 1988). Bu araştırma, kitabın ikinci kısmında anlatılıyor; ancak sonuçlardan bir tanesi konuyla ilgili olduğundan, bu noktada belirtmek istiyorum. İstanbul'daki düşük eğitim ve gelir düzeyli annelerle mülakatlarda, "iyi çocuk"u tanımlarken anneler, nazik olmasına (%37'si kendiliğinden bunu belirtti) ve itaatkâr olmasına (%35), başka özelliklerden daha fazla önem verdi. "Özerk ve kendine yeterli" olması ise önemsiz denilebilecek kadar az verilen bir cevaptı (%3.6). Saygı ve itaatkârlığa verilen öneme uygun bir şekilde, uyumlu ilişkiler de önemsenmektedir. Çocukların annelerin en çok hoşuna giden davranışları arasında, "anneye iyi davranmak" gibi iyi ilişkiye dayanan davranışlar en çok belirtilenlerden biriydi. İtaatkâr olmak, sevgi göstermek ve diğer insanlarla iyi anlaşmak gibi iyi sosyal ilişkileri yansıtan davranışlar, çocuklarda arzulanan davranışlar olarak annelerin %80'i tarafından kendiliğinden belirtildi. Bunlardan anlaşılacağı gibi, genel olarak, olumlu bir sosyal yönelim ve özellikle itaatkâr bir tavra çok önem verilmekte.

Geleneksel toplulukçu "ilişkisellik kültürleri"nden Kuzey Amerika ve Avrupa'ya göç eden etnik azınlıklarla yapılan yeni araştırmalarda da (Kağıtçıbaşı, 2006a) benzer sonuçlar elde edilmektedir. Amerika Birleşik Devletleri'ndeki Porto Rikolu etnik azınlıklarla yaptığı çalışmada Harwood, annelerin "düzgün davranışa" büyük önem verdiklerini görmüştür (Harwood ve Feng, 2006). Kuzey Avrupa'da yaşayan Türk ve Faslı azınlıklarla yapılan araştırmalar da benzer şekilde iyi sosyal ilişkiler, itaatkârlık ve düzgün davranışa değer verildiğini göstermektedir (Dekoviç, Pels ve Model, 2006; Schoelmerich ve Leyendecker, 2006).

Çocuklardan itaatkârlık beklentisi, sistematik bir kültürler arası farklılık gösterir. Daha geleneksel aile ortamlarında, özellikle tarımsal kırsal bölgelerde ve düşük sosyoekonomik şartlarda, çocuk eğitiminde itaatkârlığa çok önem verilmektedir, bu da bilişsel yeterliğin sosyal bir öğe de içeren kültürel kavramlaştırılmasına yansımaktadır. Bir önceki bölümde, çocuklara öğretilen itaat yönelimlerinin yaşamda (R.A. LeVine, 1974, 1988) ya da işteki (Kohn, 1969 işlevsel değerini incelemiştik. Ancak yaşam tarzlarındaki değişimle beraber, bu sosyal öğenin önemi azalıyor ya da sosyal öğe bilişsel öğeden ayrışıyor. Yukarıda sözü edilen Çocuğun Değeri Araştırması'nın Singapur ve Kore'de elde ettiği sonuçlara da yansıyan budur.

Kültürler arası psikoloji dersimi alan öğrencilerime genellikle, tanıdıkları insanlara "akıllı bir çocuğun nasıl olduğu"nu sormalarını söylüyorum. Bunun için farklı (düşük ve yüksek) eğitim ve meslek düzeyindeki insanlarla konuşmalarını istiyorum. Genellikle, düşük eğitim-meslek düzeyindeki kişilerden sosyal becerileri (uslu, itaatkâr vs) içeren cevaplar alırken, yüksek eğitim düzeyindekilerden almıyorlar.

Türkiye'den verdiğim örneklerde de ortaya çıkan zekânın sosyal tanımı, Afrika'da yapılan araştırmalarda da sıkça görülmekte, hatta buna "Afrika sosyal zekâsı" bile denmektedir (Mundy-Castle, 1974). Serpell (1977) tarafından bir Zambiya köyünde yapılan araştırma, halkın zekâ kavrayışıyla zekâ testlerinin ölçtüğü zekâ arasındaki farkı ortaya koyuyor. Serpell, bu köyde beş yetişkine, 10 yaşındaki çocukları arasından önemli bir görevi yerine getirmek için hangisini seçeceklerini sordu. Ayrıca bu çocukları yerel terimleri kullanarak zekâ açısından da değerlendirmelerini istedi. Sonra kendisi çocukları, içlerinde Zambiya'daki okula gitmeyen çocuklar için hazırlanmış olan üç testin de bulunduğu zekâ testleri kullanarak değerlendirdi. Çocukların elde ettiği puanlarla yetişkinlerin yaptığı değerlendirmeler arasında tutarsızlık olduğu görüldü. Bunun sebebi de kullanılan testlerin, istedikleri kadar okul etkisinden bağımsız düzenlenmiş olsunlar, yetişkinlerin çocukları değerlendirirken kıstas olarak aldığı sosyal beceri ve sorumlulukları göz ardı ederek yalnızca bilişsel becerilerini ölçmesidir.

"Zekâ"nın insanlar için gündelik kullanımdaki anlamının önemini ilk olarak vurgulayan Irvine'i (1970) takiben Afrika'da gerçekleştirilen diğer çalışmalar da benzer sonuçlar ortaya çıkarmıştır. Örneğin Dasen (1984) Afrika'daki Baoule kabilesinin zekâyı öncelikli olarak sosyal beceriler ve el becerileriyle bağdaştırdıklarını, dolayısıyla çocuk yetiştirmede bunları önemsediklerini gözlemlemiştir. Sonraki araştırmalar bunun Afrika için genel sayılabileceğini, örneğin Kamerun'da da benzer bir durum olduğunu gösterir (Nsamenang ve Lamb, 1994; Tchombe, 2003, Yovsi, 2001; her ikisi de Keller, 2003'te alıntılanmış).

Daha önce Afrika dışındaki ülkelerden verilen örneklerde de açıkça görüldüğü gibi bu durum sadece Afrika'ya özgü değil; genellikle bilişsel yeterlikte "sosyoduygusal" özelliklerin ön plana çıktığı "geleneksel" toplumlarda sıkça görülmekte. Örneğin, Berry ve Bennett (1992) Kuzey Kanada'da Cree'lerin yetkinliğin bilişsel ve sosyal/ahlaki yönlerini ayrıştırmadığını gösterdi. Daha önce de dile getirdiğim gibi, zekânın veya yetkinliğin bu tip "paylaşılan" kavramlaştırılmasında, başkalarının ihtiyaçlarına yönelik ahlaki bir anlayış, onların iyiliğiyle ilgili bir sorumluluk söz konusudur. Bu, Batı'nın teknolojik toplumlarında görülen zekânın tamamen bilişsel kavramlaştırmasının tam tersi bir yaklaşımdır. Açıkça görülüyor ki zekâ testleri Batı'nın teknolojik toplumlarının ürünü olduğu için, zekânın sadece bilişsel yönünü yansıtmakta.

Yakın tarihli araştırmaların bazıları bireysel bilişsel yeterlik ile çevreyle de ilgili olan, topluma uzanan yetkinlik arasındaki farkı göstermektedir. Örneğin, Kenya'nın kırsal alanlarında yapılan bir araştırmada zekânın kavramlaştırılmasında sosyoduygusal yetkinlik ve bilişsel yeterlik olarak beliren iki yapının varlığı gösterilmiştir (Grigorenko, Geissler, Prince, Okatcha, Nokes, Kenny vd, 2001). Bu iki yapıdan sadece bilişsel yeterlikte elde edilen puanlar Batı'nın bilişsel beceri testlerindeki puanlar ve okul başarılarıyla örtüşüyordu.

Demek ki, son otuz yılda Batı toplumları dışındaki geleneksel toplumlarda yürütülen araştırmalarda benzer sonuçlar ortaya çıkmıştır. Özellikle yetkin kişi kavramının anlaşılmasında sosyal duyarlılığa verilen önemin sürdüğü dikkat çekiyor. Bu araştırmalar yerel değerlerin ve değer verilen şeylerin adaptif doğasını vurguluyor (Grigorenko vd, 2001; Harkness ve Super, 1992; Super ve Harkness, 1986; 1994 ve 1999). Sosyalleşme, değer verilen özelliklerin çocuklarda gelişmesi amacına hizmet ediyor ve bunlar da psikologlar tarafından zekâyla bağdaştırılan soyut akıl yürütme yeteneğinden çok sosyal beceriler ve sosyal sorumluluk oluyor.

Örneğin, Harkness ve Super (1992), Kokwet (Kenya) ve Cambridge, Massachusetts'teki ana babaların farklı bilişsel yeterlik kavramlarının (etno-kuramların) gelişimsel sonuçlarıyla bunların günlük yaşama ve çocuk yetiştirme geleneklerine yansımasını karşılaştırdı. Kokwet'te, beş yaşındaki çocukların bebeklere bakmasının, üç yaşındaki erkek çocukların inekleri bahçeden çıkarmasının ve sekiz yaşındaki kız çocukların ailenin akşam yemeğini pişirmesinin olağan olduğunu gözlemlediler; Cambridge'deki çocuklar bu işleri yapamazlar. Ancak Kokwet'teki çocuklar, dinledikleri bir hikâyeyi tekrar anlatmak gibi basit bilişsel testlerde başarısızken, Cambridge'deki çocuklar bunu yaparken hiç zorlanmıyorlar. Bu betimlemeler Batı Afrika'da Kamerun'daki çocuklarınkiyle birçok benzerlik taşıyor. Bir başka benzerlik de çocukların yetişkinlerden çok birbirleriyle vakit geçirmeleri ve konuşmayı birbirlerinden öğrenmeleri. Bu nedenle Afrikalı çocukların edindikleri sözel yetkinliğin niteliği, yetişkinlerin konuşma tarzına alışmış olan Batılı kentli çocuklarınkine oranla daha sınırlı oluyor (Nsamenang, 1992, s. 143).

Sanayi öncesi toplumlarda benzer betimlemelere sık sık rastlanır. Örneğin Rogoff (2003) Guatemalalı altı yaşındaki Maya kız çocuklarının becerikli bebek bakıcıları olduklarını, Demokratik Kongo Cumhuriyeti'ndeki Efe çocuklarının tek başlarına ustaca pala kullanabildiklerini kaydetmiştir. Daha sonra bunları Batı kültürleriyle karşılaştırdığında Batı'da bu konuların kanunlarla bile yasaklandığını görmüştür. Örneğin İngiltere'de ve başka bazı Avrupa toplumlarında 14 yaşın altındaki bir çocuğu yetişkin denetimi olmadan evde yalnız bırakmak kanunen suç sayılıyor.

Yaşam Tarzlarındaki Değişimler

Açıkça görülüyor ki çocukların kültürel olarak değer verilen alanlardaki yetkinliği önemsenirken, diğer alanlardaki yetkinliği ya çok az önemseniyor ya da dikkate bile alınmıyor. Dolayısıyla öğrenme işlevsel oluyor; çevresel faktörlere göre uyarlanıyor. Ancak bu yerleşmiş, sabit işlevsel ilişkiler ve sistemler yaşam tarzlarındaki ve bunlarla birlikte sosyal ve ekonomik yapılardaki değişimlerle karşılaştığında ciddi sorunlar ortaya çıkıyor.

Batı'da kentsel ortamdaki etnik ve sosyal sınıf farklılıklarını inceleyen çalışmalar, bu sorunlarla ilgileniyor. Avrupa, Kuzey Amerika ve Avustralya kıtalarında gelişmiş ülkelerdeki etnik azınlıklar, azgelişmiş ülkelerden, özellikle bunların kırsal kesimlerinden yeni gelen göçmenlerdir; ABD'deki Afrika kökenli Amerikalılar ve yerliler buna istisna teşkil eder. Bu etnik azınlık gruplarının çoğunun çocuk yetiştirme tarzları, burada anlattığım ana babanın bilişsel yeterlik kavramını yansıtmaktadır. Özellikle, yetkinliğin, bilişsel yönelimliden çok sosyal yönelimli kavranışına değer verilmektedir. Bu da itaat-uysallık amaçlarını vurgulayan ve aile içinde erken yaşta öğrenimin büyük ölçüde gözlem ve taklide dayalı olduğu bir ortamın ürünüdür.

Etnik azınlık aileleriyle yapılan araştırmalar, bu tür ana baba kavramlarını inceleyerek yetkinliğin kültürel kavramlaştırılması ile okul kültürü arasındaki uyumsuzluğa işaret ediyor. Örneğin, Nunes (1993) ABD'deki göçmen Meksikalı ana babaların, çocuklarının sessiz ve itaatkâr olmaları ve öğretmenlerini dinlemeleri durumunda başarılı olacaklarına dair yanlış bir inançları olduğunu belirtiyor. Aynı şekilde Okagaki ve Sternberg de (1993) Anglo-Amerikalı ana babaların tersine, Kamboçya, Meksika, Filipin ve Vietnamlı göçmenlerin "zeki bir birinci sınıf öğrencisi"ni tanımlarken (motivasyon, sosyal beceriler ve pratik okul becerileri gibi) bilişsel olmayan özellikleri, problem çözme becerileri, sözel beceri ve yaratıcı beceriler gibi bilişsel beceriler kadar hatta onlardan daha fazla önemsediklerini bulguladı. Ayrıca ana babaların itaatin önemine olan inançları, çocuğun okul başarısıyla olumsuz korelasyon göstermekteydi. Oysa Anglo-Amerikalı ana babalar itaat yerine özerkliği geliştirmeye çalışıyorlardı. Buna benzer şekilde, Hollanda'daki etnik azınlık anneleriyle yapılan araştırmalar, bu annelerin çocuklarının eğitimleriyle ilgili yüksek emellere sahip olduklarını, ancak birçok durumda başarının nasıl elde edileceğini ve bu yolda çocuklarına nasıl destek olacaklarını bilemediklerini gösteriyor (Dekoviç, Pels ve Model, 2006).

Bu tür araştırmalar, ana babanın bilişsel yeterlik kavramının önemine işaret ediyor ve bir önceki kısımda sözü edilen ana baba inanç ve davranışlarıyla ilgili araştırmalara benziyor (Laosa, 1982; Laosa ve Sigel, 1982; McGillicuddy-DeLisi, 1982; McGillicuddy-DeLisi vd, 1982; Sigel, 1982, 1985). Elbette, okulla ilgili gelişimsel sonuçları etkileyen tek etmen ana babanın bilişsel yeterlik kavramları değil. Erken yaşta ev ortamındaki tipik öğrenme ve öğretme tarzını da içeren birçok etmen rol oynamakta. Bu bağlamda, sosyal sınıf, araştırmalarda giderek daha çok ön plana çıkmakta ve çocuğun bilişsel ve sosyal yetkinliğinin gelişimindeki risk faktörlerinin incelenmesinde daha önemle vurgulanmaktadır (Aksu-Koç, 2005, Evans, 2004; Hoff, 2003; McLoyd, 1990; Sameroff ve Fiese, 1992). Geçen bölümde bu konuyu genel olarak ele aldım; bundan sonra da çocukların bilişsel yeterliğine olan etkisiyle bağlantılı olarak daha ayrıntılı inceleyeceğim.

Bilişsel Yeterlik Bakımından Dezavantaj

Bir önceki bölümde sosyal sınıf, yoksulluk ve çevresel dezavantaj önemli bağlam değişkenleri olarak ele alındı. Bu bağlamın birçok özelliği incelenerek çocuk gelişiminin çeşitli yönleriyle ilişkilendirildi. Bu bölümde ise daha çok çevresel dezavantajın çocuğun bilişsel gelişimi üzerindeki etkisine odaklanıyorum. Daha önce sözü edilen araştırmalar, düşük sosyoekonomik düzeyli ana babaların bilişsel yeterliği tanımladıkları kültürel kavramlarla bu görüşleri doğrultusundaki davranışlarının, baskın orta sınıfın sahip olduğu anaakım (okul) merkezli görüşle çelişebileceğini gösteriyor. Eğer okul başarısı gelişimsel sonuç değişkeni olarak ele alınırsa, evdeki bu tür yönelimler çocuk için "dezavantaj" oluşturabilir. İzlenimlere dayanan basit bir örnek vereyim.

Erken Dönem Etkileşimde Farklılık. Avrupa'nın büyük havaalanlarından birinde bagajlarımın çıkmasını beklerken, anne, baba ve iki küçük erkek çocuktan oluşan genç bir Türk ailesi dikkatimi çekti. Görünüşlerine bakılırsa, aile Batı Avrupa'da sosyoekonomik düzeyi düşük bir etnik azınlık konumundaydı. Bagajların çıkışı uzun sürdüğünden, ben de doğal bir gözlem yapma şansı elde ettim. Büyük çocuk 4-4.5 yaşlarında, küçük ise aşağı yukarı 3 yaşındaydı. Büyük olan, babasının dikkatini çekip onunla konuşabilmek için büyük bir çaba gösteriyor, babasına sürekli bir şeyler anlatarak, "Öyle değil mi baba?" diye hevesle soru soruyordu. Baba cevap vermiyor, hatta çocuğa bakmıyordu bile. Anne de hiçbir şekilde karışmadı ya da cevap vermedi. O da kocası gibi, çocuklar orada değilmişçesine amaçsızca boşluğa bakıyordu. Bu arada, küçük çocuk da ağabeyinin dikkatini çekmeye uğraşıyordu. Büyük çocuk ısrarlı birkaç denemeden sonra babasının dikkatini çekmekten umudunu kesip kardeşine döndü ve ikisi konuşmaya başladı.

Bu davranış Batı (özellikle Amerikan) orta sınıf ana baba davranışının tersidir. Amerikalı orta sınıf ana babaların işçi sınıfı ana babalara göre çocuklarıyla sözel iletişimde daha hevesli olduklarını araştırmalar göstermektedir (Applegate, Burleson ve Delia, 1992; Haight, Parke ve Black, 1997; Hoff, 2003; Laosa, 1982 ve 1984; McLoyd, 1990 ve 1998; Tamis-LeMonda, Bornstein ve Baumwell, 1996). Ben de bunu birkaç kez bizzat yaşadım. Amerikalı bir çalışma arkadaşım ya da dostumla çocukları etraftayken, bir konuşmayı kesilmeden devam ettirememişizdir. Bundan dolayı şaşırdığım ve hatta sıkıldığım zamanlar oldu. Diğer kişi konuşurken çocuk bir şey söylese, ana baba dikkatini konuştuğu kişiden çocuğa çevirir ve önce ona cevap verir.

Bu iki hikâye biraz aşırı görülebilir, ancak arada bir fark olduğu kuşku götürmez. Türkiye'de yapılmış olan bir çalışmada (Makro, 1993),[1] ülke çapında

---

1 Makro, danışmanı olduğum bu geniş araştırmayı yürüten özel bir araştırma merkezidir.

6000'den fazla anneyle görüşmeler yapıldı. Annelerin %73'ü "çocuğun büyükler konuşurken söze karışmasını" "kabul edilemez" bulduklarını belirttiler. Bu çalışmada ulusal bir örneklem grubu kullanılmıştır, dolayısıyla sonuçlar kültürel standartları yansıtmaktadır. Çocuk merkezci olmayan ve çocukluğun özel sayılmadığı kültürel ortamlarda çocuklara karşı olan sözel ilgi daha azdır. Batı'da da geleneksel "çocuk görülmeli ancak duyulmamalıdır" ilkesi yakın zamana kadar oldukça yaygındı ve düşük sosyoekonomik gruplarda hâlâ var, ancak zaman içinde ve farklı kültürler arasında bir değişim gözlenmekte.

Erken Destek Projesi'nde (Kağıtçıbaşı vd, 2001) İstanbul'un düşük gelir bölgelerinde yaşayan annelerle görüştük. Üç yaşından 5 yaşına kadar olan çocuklarıyla ilgi/etkileşim düzeylerini ölçmek için, yemek zamanı dışında bütün dikkatlerini çocuğa ne sıklıkla verdiklerini sorduk. "Hiçbir zaman" ya da "hemen hemen hiçbir zaman" diyenler %22'ye ulaştı. "Nadiren" diyenlerle birlikte, düşük ilgi, annelerin %40'ında ortaya çıktı. Çocuklarıyla birlikte evdeyken genellikle ne yaptıkları sorusuna ise annelerin %90'ı ev işi (ya da örgü, nakış gibi el işleri) yaptıklarını belirtti. Yani çocukla direkt etkileşimleri çok düşük düzeydeydi.

Neden Böyle bir Farklılık Var? Neden düşük sosyoekonomik düzeyli gruplardaki anneler çocuklarıyla sözlü iletişim kurmaya orta sınıf anneler kadar yatkın değiller? Bunun sebebi, Applegate'in modelinde (1992) öne sürdüğü gibi düşük gelirli gruplardaki annelerin, düşük eğitim düzeyleri dolayısıyla gelişmiş sözlü iletişim becerilerine sahip olmamaları olabilir mi? Annenin eğitim düzeyi çok önemli bir faktör. Örneğin, yapılan araştırmalarda, evdeki psikososyal etkileşimi ve çocuğun bilişsel ve okulla ilgili başarısını gelir düzeyinden çok ana babaların eğitim düzeylerinin etkilediği bulgulanmıştır (Duncan ve Magnuson, 2003; Gottfried, Fleming ve Gottfried, 1998).

Ana baba eğitimi önemli bir faktör olmakla birlikte, bunun çocukla olan sözlü iletişimi *nasıl* etkilediği tam olarak anlaşılamamaktadır. Bir çocukla iletişim kurabilmek için çok yüksek düzeyde eğitime gerek yoktur. Ancak öyle görünüyor ki düşük gelir gruplarındaki düşük eğitim düzeyli annelerin, diğer yetişkinlerle yaptıkları gibi, çocuklarıyla oturup yüz yüze konuşma alışkanlıkları yok. Gündelik âdetlerinin arasında bulunmayan bu davranışla ilgili annelere "Neden?" sorusu sorulduğunda, çocuğun "yetişkin" konuşmasını anlayamayacağından, çocukla oturup konuşmanın saçma olduğunu düşünenler bile çıkmaktadır (Kağıtçıbaşı vd, 2001). Burada gördüğümüz, gündelik "öğretme" ve "öğrenme", hatta genel olarak çocuk bakma konularındaki ana baba etno-kuramlarının (bkz. 2. Bölüm) sosyal sınıflara göre farklılık göstermesidir.

Erken Destek Projesi'nde (Kağıtçıbaşı vd, 2001) annelere küçük çocuklarına herhangi bir şey *öğretip öğretmedikleri* sorulduğunda da çoğunlukla "Hayır" cevabıyla karşılaşıyorduk. Buna ek olarak anneler kendilerinin de okula gitmediklerini, dolayısıyla kendilerinin de pek "bir şey" bilmediğini, çocuğun okula gittiğinde nasıl olsa *öğreneceğini* ifade ediyorlardı. Biraz daha zorlayıp, çocuklarına düğme iliklemek ya da ayakkabı giymek gibi şeyler *öğretip öğretmedikleri* sorulduğunda, anneler "tabii" diyor, ancak bunu *gerçek öğretme*den saymıyorlardı. Dolayısıyla, birçok kez düşük sosyoekonomik düzeyli grubun çocuk yetiştirmedeki "çocuk odaklı ve çocuk gelişimine yönelik yaklaşım" eksikliği olarak nitelendirdiğimiz şeyin aslında öğrenme ve öğretmenin nasıl farklı tanımlandığı ve algılandığıyla ilgili olduğunu görüyoruz. Ayrıca ana baba rolünün anlaşılmasındaki farklılık da çok belirgindir; düşük sosyoekonomik düzeyli gruplarda ana babaların rolü, belirli düzeyde eğitim görmüş orta sınıf ana babaların çocuk gelişimi odaklı yaklaşımlarının aksine, çocuğun eğitimiyle değil, beslenmesi ve bakımıyla ilgilenmektedir.

Başka bir örnek bu tür ana baba yaklaşımını biraz daha açıklamaya yardımcı olabilir. Bunu birkaç sene evvel Hollanda'da etnik azınlık olarak yaşayan düşük eğitim düzeyli Türk kadınlara seminer verme şansını yakaladığımda gözlemledim. Seminerin devamındaki tartışmada çocuklarının okullarda karşılaştığı önyargıdan ve öğretmenlerin çocuklarıyla ilgili düşük beklentilerinden şikâyet ettiler. Şikâyetlerine katılmakla birlikte, kendilerine Leseman'ın (1993) daha önce bahsedilen araştırmasını anlattım. Leseman 3-3,5 yaşlarındaki Hollandalı çocuklarla Türk azınlık çocuklarını karşılaştırdığında, Türk çocuklarda dil yeterliğini düşük bulmuştu. Bu konu hakkında düşünüp tartışınca seminerdeki anneler çocuklarıyla Hollandalı annelerden daha az konuştuklarını kabul ederek, bunun okullardaki başarı farklılığı için bir neden olabileceğini anladılar.

Sonuç olarak, benim de sıkça sözünü ettiğim ve bu bölümde de etmeye devam edeceğim sosyal sınıf farklılıkları kaçınılmaz olmayabilir. Eğer doğru anlaşılır ve şartları değiştirmek için gereken çaba gösterilirse bu sosyal sınıf farklılıklarının "kader" haline gelmesi gerekmez; ana babaların çocuklarla iletişimin önemini anlamasını sağlamak mümkün olabilir. Bu konu ve özellikle 8. Bölümde sunulacak olan anne eğitimi müdahalesi, kitabın 2. Kısmı'nın odak noktalarındandır.

Özellikle sözlü iletişim açısından ilgisizlik, çocuk için ne zaman bir yoksunluk haline gelir? Yine araştırmalar buna bazı cevaplar getirmekte. Daha önce de marjinal gruplardaki çocuk yetiştirme amaçları ile okul beklentileri arasındaki uyumsuzluğa değinmiştim. Sözlü akıl yürütme olmadan gözlemle öğrenme alışkanlığı da okulda bir dezavantaj olabilir (Nunes, 1993). Erken yaştaki yetişkinlerle sürekli sözlü iletişimin, erken dil gelişiminde çok önemli olduğu görülüyor (Hoff, 2003). Dil yetenekleri de daha iyi okul performansının belirleyicisidir.

Son Otuz Yılda Dil Gelişimi Hakkında Yapılan Çalışmalar. Erken dil gelişimiyle ilgili çalışmalar çevresel faktörlerin rolüne işaret ediyor. Önce burada kısaca çevresel faktörlerin rolünü gösteren geçmiş çalışmaları anlatacağım; daha sonra ise daha yakın zamanda yapılmış araştırmalardan önceki bulguları doğrulayanları inceleyeceğim. Bazı araştırmaları gözden geçiren Slobin (1972) ABD, Fransa ve Rusya'daki Batılı çocuklarla karşılaştırıldıklarında Batılı olmayan çocukların iki sözcüklü dil gelişim aşamasına ulaşmasının çok daha uzun sürdüğünü belirtti. Bu farkı, Batılı olmayan kültürlerde küçük çocuklarla yapılan konuşmaların düşük yoğunluğuna bağladı. Benzer şekilde, sanayi öncesi toplumlarda yürütülen sonraki antropolojik ve psikolinguistik araştırmalarda da çocuk odaklı iletişim ve çocuklara sözlü olarak cevap verme eksiklikleri görülmüştür (Harkness ve Super, 1986; Ochs ve Schieffelin, 1984; Schieffelin ve Eisenberg, 1984).

1980'lerden itibaren yapılan araştırmalar tekrar tekrar, özellikle anne-çocuk ama aynı zamanda, ana baba-çocuk arası sözlü iletişimin önemini kanıtlamıştır. Meksika kökenli Amerikalı anneler ve çocuklarıyla ABD'de yapılan bir dizi araştırma, düşük anne eğitim düzeyi, düşük sosyal sınıf konumu ve azınlık dilinin çocukların yetersiz bilişsel performansının belirleyicileri olduğuna işaret ediyor (Laosa 1982, 1984). Annenin öğretme stratejileri ve çocukla olan sözlü iletişimi bunda etkili olan faktörler. Özellikle, az eğitimli Latin Amerika kökenli anneler Anglo-Amerikalı annelere göre küçük çocuklarıyla daha az sözlü etkileşime giriyorlar, daha az sorguluyor, daha az övüyor; buna karşılık, daha çok örnek oluyor, daha çok talimat veriyor ve olumsuz fiziksel kontrol uyguluyor. Laosa (1984), iki buçuk yaşındaki çocuklarda bile (McCarthy Çocuk Becerileri Ölçeği'ne göre) Latin Amerika kökenli ve Anglo-Amerikalı çocukların başarıları arasında, erken dil gelişiminin önemini gösteren farklılıklar bulguladı.

Daha sonra yapılan araştırmalarda, Savaşır ve Şahin (1988) ve Savaşır, Sezgin ve Erol (1992) Türkiye'de sözcük dağarcığı ve sözel yetkinlikte sosyal sınıf farklılıklarını ortaya koydu. Aynı şekilde, Slaughter da (1988) ABD'deki Afrika kökenli Amerikalı ailelerde ortamsallaştırılmamış iletişimin ve küçük çocuklarla oyun oynanmasının eksikliğini vurguluyor. Yaşamın ilk yılında erken duyu-motor zekâda beyaz çocuklardan daha başarılı olan siyah çocukların, daha sonraki dile bağlı bilişsel performansının geride kalmasını açıklayan etmenin bu olduğunu belirtiyor. Wachs ve Gruen (1982) bir yaşından sonra sözlü teşviklerin önem kazandığına ve 24 aydan sonraki ana baba - çocuk etkileşiminin miktarının gelişimsel sonuçlar üzerinde etkili olduğuna işaret ediyor. İki yaş, erken sentaktik ve semantik gelişim için çok önemli; iki yaşından itibaren ana babanın çocukla olan sözlü iletişimi, çocuğun ilerideki bilişsel gelişiminin düzeyi ve karmaşıklığı üzerinde etkili.

Laosa'nın Amerika'da yaşayan Latin Amerika kökenli ana baba ve çocuklarıyla başlattığı öncü çalışmadan on yıl sonra Leseman da, daha önce belirttiğim gibi, aynı meseleyi Hollanda'da yaşayan Türk göçmenler arasında incelemiştir (1993). Hollandalı ve farklı göçmen grupların 3-6 yaş arası çocuklarıyla yapılan daha geniş çaplı araştırmalar da benzer sonuçlar ortaya çıkardı. Arjantin'de yürütülen araştırmalar da çocukla iletişimde kullanılan ana baba konuşma tarzlarında sosyoekonomik düzeyler arası farklılıkları göstererek bu sonuçları doğrulamıştır (Peralta de Mendoza ve Irice, 1995).

Amerika'da yaptıkları çalışmalarla Korenman, Miller ve Sjaastad (1995) sözel, okuma ve matematiksel becerileri zayıf olan çocuklarda dezavantajın ⅓ ila ½ oranında evdeki duygusal destek ve bilişsel uyarım miktarına (eksikliğine) bağlı olduğunu bulgulamışlardır. Lee ve Croninger (1994) okuma yazma olanaklarının varlığı, okulla ilgili konuların tartışılması, annenin eğitim konusundaki beklentileri gibi evdeki destekleyici faktörlerin, yoksulluğun okuma başarısı üzerindeki etkisini yarıdan fazla oranda etkilediğini göstermiştir. Eccles ve Harold (1993) ile Epstein (1990) de çocuğun başarısında gelir grupları içindeki ve arasındaki farklılıkların oluşmasında ana babanın çocuğa gösterdiği ilgideki farklılıkların bir faktör olduğunu kanıtlamıştır.

Applegate, Burleson ve Delia (1992) karmaşıklık boyutu üzerinde yoğunlaşan bir iletişim gelişimi modeli hazırladılar. Bu model ana babanın sosyal bilişim düzeyinin, ana babanın iletişim karmaşıklığını etkilediğini ve bunun da çocuğun sosyal bilişinin karmaşıklığını, dolayısıyla da çocuğun iletişim karmaşıklığını etkilediğini öne sürüyor. Bu süreç modelinin temel dayanağı, "düşünümsel desteğe dayalı ana babalık"tır. Bu kavram, çocuğu kendi davranışını düşünmeye yönelten bir yaklaşıma işaret eder ve annenin sosyal sınıfıyla ve sosyal-bilişsel gelişimiyle pozitif bir korelasyon gösterir. Bu, önceleri Bernstein'ın "işlenmiş kod" ve "kısıtlı kod" olarak adlandırdığı, farklı ev iletişim düzeyleriyle paralellik gösteriyor. İşlenmiş kod daha ziyade eğitimi yüksek orta sınıf ailelerde; kısıtlı kod ise eğitimi düşük işçi sınıfı ailelerinde yaygın olarak bulgulanmıştı (Bernstein, 1974).

Applegate (1992) tarafından öne sürülen bu model, ana babanın dili ve disipliniyle ilgili yaklaşımları bir araya getiriyor. Ana baba disiplini açısından iki ana yönelimi birbirinden ayrıştıran birkaç kavramlaştırma geliştirilmiştir. Bunlar, güç kullanımına dayalı/yetkeci [authoritarian] (ya da ana baba merkezli veya cezaya dayalı) ve kanıt göstererek ikna etmeye dayalı/salahiyetli/yetkeli [authoritative] (çocuk merkezli ya da akıl yürütmeye dayalı) yaklaşımlarıdır (Baumrind 1971, 1980, 1989; M.L. Hoffman, 1977). Güç kullanan yetkeci ana babalar, çocuğun davranışını baskıcı bir şekilde ceza yoluyla kontrol etmeye çalışırken kanıt göstererek inandırmaya çalışan yetkeli ana babalar çocuğun davranışını akıl yürüterek, özellikle nedensel ilişkileri kurup çocuğun dikkatini davranışlarının sonuçlarına çekerek kontrol etmeye çalışır. Bu yüzden Applegate'in (1992) çocukla "düşünümsel desteğe dayalı iletişim" hem çocuğa kanıt göstererek ikna eden yetkeli akıl yürütmeyi hem de bu yönelimin gerektirdiği karmaşık (işlenmiş) dili içerir. Araştırmacılar düşünümsel desteğe dayalı iletişimin sosyal sınıfla bağlantılı olduğunu düşünüyorlar.

Başka araştırmalar da ana baba disiplininin birçok yönünü inceliyor ve bunu çocuk ve ergen gelişimi ve okul performansına bağlıyor. Çalışmalar yetkeli ana babalık ile ergenlerin akademik başarısı ve psikososyal yetkinliği arasında tutarlı bir ilişki olduğunu ortaya koyuyor (Dornbusch vd, 1987; Lamborn vd, 1991; Steinberg vd, 1989), özellikle de orta sınıf Amerikalı örneklemlerde. Bu da gösteriyor ki, ana baba disiplininin etkileri çocukluğun ötesinde ergenlik döneminde de devam etmekte. Baskıcı ve kısıtlayıcı ana baba kontrolü ile düzenleyici (işlevsel), adaptif ana baba kontrolü birbirinden ayrıştırılmış ve düzenleyici kontrolün, gelişimsel sonuçları olumlu yönde etkilediği bulunmuştur (Lau ve Cheung, 1987; Lau vd, 1990). Bunun nedeni, düzenleyici, yetkeli kontrolün; yetkeci-kısıtlayıcı kontrolün aksine rasonel ve mesele odaklı, yoğun bir sözlü etkileşim içermesidir (Lau ve Cheung, 1987). Bu bulgular aynı zamanda Goodnow'ın (1988) öne sürdüğü, ana babanın modernite kurgusuyla da tutarlı. Bu, "akademik davranışı teşvik edici", "dilin gelişmesini teşvik edici" ve "sosyal olgunluğu destekleyici" bir ana babalık yaklaşımıdır. Böyle bir yaklaşıma sahip ana babalar küçük çocukları için uyarıcı bir çevre yaratır, onları aktif olarak okula hazırlar.

Bu tür bir ana babalık yaklaşımı, anne eğitiminin yetersiz olduğu düşük sosyal sınıflarda ve marjinalleştirilmiş göçmen ortamlarında pek görülmez. Örneğin Gutierrez, Sameroff ve Karrer (1988) içinde bulundukları Amerikan kültürünü daha az benimsemiş ve düşük sosyoekonomik düzeyden Meksika kökenli Amerikalı anneleri, Amerikan kültürüne daha fazla uyum sağlamış orta sınıf annelerle karşılaştırdığında, ilk grubun çocuk gelişimi hakkındaki düşüncelerinin daha düşük bir karmaşıklık düzeyinde olduğunu görmüş.

Dezavantaja Odaklanan Daha Yeni Tarihli Çalışmalar. Son on yılda, çoğunlukla ABD ve Avrupa'da, büyük örneklem grupları kullanılarak yoksulluğun ve etnik azınlık statüsünün çocuklar üzerindeki zararlı etkilerini inceleyen birçok araştırma yürütülmüştür. Bir önceki bölümde bu araştırmaların bir kısmına değindim. Ancak o bölümde Amerika temelli araştırmaların sonuçlarına dayanarak düşük sosyal sınıf statüsünün ve yoksulluğun çocuk üzerindeki genel zararları üzerinde durdum. Bu bölümde ise bilişsel yeterlik ve özellikle okul başarısı üzerinde duruyorum.

Başlı başına, düşük gelirin, çocuklar üzerinde zararlı etkileri vardır. Örneğin, McLoyd (1998) annenin eğitim düzeyi, IQ'su ve anne davranışlarına bakarak ederek, yoksulluğun çocuğun bilişsel ve sözel becerilerine etkisini ölçen araştırmalar yürütmüştür. Yoksulluğun çocuğun bilişsel yeterliğini etkileyen güçlü bir risk faktörü olduğu görülmüştür. Ancak bu negatif etkinin ev ortamındaki değişkenler aracılığıyla işlediği kabul edilmektedir.

Sözlü dil becerileri ve okuma yazma gelişimi konularındaki son araştırmalar da mantık yürütme, soru sorup cevaplama, hikâye anlatımı, kitap okuma ve süregelen olaylar hakkında tartışmayı da içeren geniş ana baba-çocuk sözlü etkileşiminin önemini göstermektedir. Çocuğun dili ve okul başarısı ile ana babanın sözlü yanıt vermeye hevesli olması, evde kitapların bulunması ve erken yaşta kitap okunmaya başlanması ile evdeki "orta sınıfa özgü konuşma biçimleri" gibi "aile okuryazarlık" göstergeleri arasında güçlü bağlantılar bulunmuştur (Martini, 1995, 1996; Molfese, Molfese ve Modgline, 2000; Sénécal ve LeFevre, 2002; Whitehurst, Arnold, Epstein, Angell, Smith ve Fischel, 1994; Whitehurst ve Fischel, 1999). Sözlü dil becerileri ve basılı medyaya aşinalık ile sözcük dağarcığı gibi faktörleri içeren "okuryazarlık kültürü"nü erken yaşta ev ortamında yaşamanın gelişmiş okuryazarlığa etkisi açıkça görülmektedir (Aksu-Koç, 2005; Hoff, 2003; Snow, 1991, 1993). Bu tür bir deneyimden yoksun büyüyen çocuk, okul hayatında olduğu gibi, okuryazar toplumda bir yetişkin olarak da birtakım dezavantajlarla karşılaşır.

Sosyoekonomik düzey, ana babalık ve çocuk gelişimi gibi konuları ele alan yeni bir yayında (Bornstein ve Bradley, 2003) sosyoekonomik düzeyin, başta çocuğun yakın çevresini nasıl etkilediği olmak üzere, birçok yönünü inceleyen araştırmalara yer verilmiştir. Bunlardan birinde Duncan ve Magnuson (2003) ana baba eğitiminin geri olduğu ailelerde bilişsel anlamda uyarıcı bir ev ortamına rastlamanın güçlüğünü göstermiştir. Bu bulgu, neden daha düşük eğitim düzeyli ana babalı çocukların okulda daha başarısız olduklarını büyük oranda açıklamaktadır (Harris, Terrel ve Allen, 1999). Erken çocuklukta yakın çevreler arasındaki farklılıkları sergileyen bir çalışmada Hart ve Risley (1995), profesyonel ana babaların, işçi sınıfına mensup ana babaların ve devlet yardımıyla geçinen en yoksul ana babaların küçük yaştaki çocuklarının saat başına kullandıkları sözcüklerin sayısını gözlemlemiş, bunların sırasıyla 2000 ila 2500 sözcük, 1000 ila 1500 sözcük ve sadece 500 sözcük olduğunu bulgulamışlardır. Bu veriler "üç yaş itibariyle 30 milyonluk sözcük farkı felaketi"ne işaret ediyor (Hart ve Risley, 2003). Ayrıca, Hoff (2003) yaptığı araştırmalarla iki yaş grubu çocukların on haftalık bir süre içerisinde sözcük dağarcıklarının büyüme oranlarında yüksek sosyoekonomik düzey ve orta sosyoekonomik düzeyin yarattığı farklılıklara dikkat çekmiştir.

Avrupa'da yürütülen araştırmalarda da Hollanda'da yaşayan etnik azınlıklar arasında yetersiz söz dağarcığı gibi yetersiz dil becerilerine rastlanmıştır (Crijnen, Bengi-Arslan ve Verhulst, 2000). Söz dağarcığı, okuma başarısının önemli bir belirleyicisidir. Hollanda'daki Türk azınlık aileleriyle çalışan Van Tuijl ve Leseman (2004) anne-çocuk etkileşiminin önemine dikkat çekerken, Türkiye'deki farklı sosyoekonomik düzeydeki ailelerin okuryazarlık ortamlarını inceleyen bir araştırmada Aksu-Koç (2005), çocuğun sözel gelişiminde erken yaşlarda içinde bulunulan çevrenin önemi üzerinde durmuştur. Bütün bu araştırmalar, sosyoekonomik yoksunluğun zararlı etkilerinin ana baba ve yakın çevrenin aracılığıyla oluştuğunu göstermektedir.

Daha bütünsel bir perspektifle konuya yaklaşan G. W. Evans (2004), bir araya gelince çocukluktaki yoksulluğun patojenik yönünü oluşturabilecek çevresel risk faktörlerine dikkat çekmiştir. Bu bulgu, Sameroff'un çoklu-risk modeliyle paraleldir (Sameroff vd, 1987; Sameroff ve Fiese, 1992). Evans, psikolojik araştırmaların bugüne kadar yalnızca ailedeki psikososyal faktörleri, özellikle ana baba etkisini incelemiş olduğunu belirtmiştir. Ancak, ev değişkenlerine ek olarak, fiziksel çevre (zehirli maddeler, su kirliliği vb) ve mahalle değişkenlerini de (tehlike, suç, yetersiz belediye hizmetleri, düşük kaliteli çocuk bakımı vb) dikkate alan, daha geniş kapsamlı ekolojik bir yaklaşıma ihtiyaç vardır. Okuldaki öğretmenlerin düşük beklentileri olması gibi, etnik azınlık ve düşük gelirli aile ve çocukların toplumda karşılaşabileceği önyargı ve ayırımcılık gibi daha az belirgin olan değişkenler de bu listeye eklenebilir.

Bu zararlı etkilerin hangi faktörler aracılığıyla oluştuğu daha iyi anlaşıldıkça, bunları telafi etmek için birtakım müdahalelere başvurulabilir. Bir önceki bölümde, ABD'de gelir ve istihdamı artıran ve çocukların okul başarısı ve akademik emellerini de içeren davranışları üzerinde güçlü bir pozitif etki yaratan sosyal yardım programlarından bahsetmiştim (Gennetian ve Miller, 2002; Huston vd, 2001). Çocuklarıyla birlikte kitap okurken daha çok yorum yapmak (Hockenberger, 1999) ya da kapsamlı bir anne eğitim programına katılmak gibi (van Tuijl ve Leseman, 2004) anneleri daha fazla sözel uyarıma yönlendiren daha odaklı müdahalelerin pozitif sonuçlar doğurduğu da gözlemlenmiştir. Daha etraflı olarak 8. Bölümde ele alacağım müdahale konusu, önemli bir konudur.

Yukarıda sözü edilen araştırmalar bize önemli bilgiler vermekte, dolayısıyla da çocuklarda yetkinlik eksikliğine neden olan faktörleri daha iyi anlamamızı sağlamaktadır. Özellikle ekolojik faktörler konusundaki kapsamlarının derecesi bakımından birbirinden ayrılan yaklaşımlar görüyoruz. Genellikle merkezden uzak çevreyi, çevredeki kimyasal zehirli maddelerden tutun da mahalledeki suç oranına kadar bütün fiziksel, sosyal ve ekonomik değişkenleriyle birlikte incelemek birden fazla disiplini içeren bir çalışma gerektirir. Psikolojik perspektifler ise daha çok ev ve yakın çevre, özellikle ana babalık odaklıdır. Ancak daha uzak çevre değişkenlerinin yakın çevre değişkenleri üzerindeki etkisi büyüktür ve bunlar devamlı etkileşim halindedir. Bu karmaşıklık içerisinde, yoksulluk büyük bir rol oynar ve birçok durumda, ya kendi başına ya da başka değişkenler üzerindeki etkisinden dolayı en önemli değişkendir.

Bu konudaki araştırmaların birçoğunun ABD'deki düşük sosyoekonomik düzeyli azınlıklarla, onun dışında da Avrupa'daki etnik azınlıklarla yürütüldüğünü not etmekte yarar var. ABD'de sosyal sınıflar arası gelir ve eğitim farklılıkları çok fazla olmasına rağmen, küresel çeşitlilikle karşılaştırıldığında daha sınırlı olarak kabul edilebilir. Yoksulluk ve bunun beraberinde gelen çocuk ölüm ve hastalık oranlarındaki yüksek değerler, en azgelişmiş ülkelerde en sık görülür. Her ne kadar burada bu önemli konularla baş etmek mümkün olmasa da, yukarıda aktardığım araştırmalar, dezavantajın dinamikleri ve bunu farklı düzeylerde çalışmanın gerekliliği hakkında bize ipuçları vermektedir.

Sıkça Rastlanan Örüntüler ve Orantısızlıklar

Bu tartışmalar sonucunda, farklı grupları bir araya topladığım, orta sınıf ve beyaz (okul temelli) Batı kültürünü *ana* kültür olarak ele aldığım düşünülebilir. Bunların ikisi de netleştirilmesi gereken konular. Burada yapmaya çalıştığım, etnik azınlıkları, kırsal kesim nüfuslarını, kentsel merkezlerdeki göçmenleri ve sosyoekonomik açıdan dezavantajlı grupları tek bir örüntü altında toplamak değil. Bu açıkça görüldüğü gibi yanlış bir yaklaşım olurdu. Yapmaya çalıştığım, çocuk için dezavantaj potansiyeli oluşturacak aile kültürünün ortak bazı özelliklerine işaret etmek. Daha güçlü bir baskın kültürle karşı karşıya olan bu gruplar, makrosistem içinde marjinal ve güçsüz bir konumu paylaşmaktalar. Bu konuda görüş birliği olduğunu sanıyorum. Ancak bu grupların, aile ve çocuk yetiştirme mikrosisteminde de bazı ortak özelliklerinin olduğu daha az aşikâr olabilir. Bahsetmekte olduğum özellikler bunlardır.

Ana kültürü neyin oluşturduğuna gelince, bunu sadece Batı'nın orta sınıf (okullu) kültürüyle tanımlamıyorum. Bu şekilde anlaşılmış olması mümkündür; çünkü araştırmaların büyük çoğunluğu Batı'da, özellikle ABD'de yapılmaktadır. Ancak, kırsal-kentsel kesim farklılıkları ve sosyoekonomik düzeye bağlı sosyal tabakalaşma, daha az gelişmiş Batılı olmayan ortamlarda daha da çarpıcıdır. Aynı orantısızlık meselesi, bu ortamlarda da, hatta daha büyük oranlarda görülmektedir. Bu yüzden bu tartışmaya Türkiye'den bazı örneklerle başladım ve çoğunlukla Afrika'da yürütülen "gündelik bilişim" araştırmalarının bazı (politikaya yönelik) etkilerini gözden geçirdim.

Burada tartışmakta olduğum, nedensel açıklamalar, sorgulama, perspektif oluşturma vb akıl yürütme içeren sözlü iletişim, daha önce incelemiş olduğum bilişsel yeterlik için sosyalleşme mefhumuyla ilgilidir. Özellikle sözsüz gözlemle öğrenme ile itaate yönelik çocuk sosyalleşmesine dayalı "eğitim ve öğretim"in çocukta bilişsel/dilsel karmaşıklığın yüksek düzeylere ulaşması için uygun bir yöntem olmadığı görülmekte. Bu yaklaşım çocuk için, sosyal değişim ortamlarında bir dezavantaj oluşturabilir. Özellikle kırdan kente göç, etnik göç vb sosyal değişme sonucu oluşan okul ve kentsel yaşam ortamı, çocuğun yeni beceriler geliştirmesini talep eder. Bunlar girişimcilik, bireysel karar verme, dilsel-bilişsel yeterlik, yaratıcı problem çözme gibi becerilerdir ve itaate ve taklide dayanan öğrenmeyle pek edinilemez.

Ancak, bazı etnik azınlıkların ve düşük sosyoekonomik düzeydeki çocukların düşük okul performansının nedeni sadece aileye ya da kişilere bağlı değildir; toplumdaki çoğunluk-azınlık ya da sosyal sınıf ilişkilerine de bağlıdır. Örneğin, öğretmenlerin ve okul yönetiminin azınlıklara ve düşük sosyoekonomik düzeydeki öğrencilere karşı genelde önyargılı ve düşük düzeydeki beklentileri, "kendi kendilerini doğrulayan beklentiler" olarak ortaya çıkmaktadır. Bu konular özellikle kitabın 10. Bölümü'nde incelenecektir.

Buradaki amacım, söz konusu karmaşık problemlerin hepsini açıklamak değil (bu konudaki makro düzey bir analiz için bkz. Guiraudon, Phalet ve Ter Wal, 2005; Ogbu, 1990). Sadece geleneksel kültürün bilişsel yeterlik ve ana babalık kavramları ile baskın kentsel kültürün ve eğitim kurumlarının beklentileri arasındaki uyumsuzluğun bazı yönlerine işaret ediyorum. Uluslararası göçü, sanayileşmiş ülkelerdeki etnik azınlıkları, kentsel bölgelere taşınan köylüleri ya da kentte yeni ekonomik koşullara uyum sağlamak zorunda kalan düşük sosyoekonomik düzeydeki grupları incelediğimiz zaman bunların hepsinde bu tür uyumsuzluklar buluyoruz.

Ana kültürdeki yetkinlik kıstasları, azınlıklarınkinden, köyden göçenlerinkinden ve düşük sosyoekonomik düzeydeki gruplardan farklıdır. Ana kültürün (okullar, kentsel işler, meslekler vs) değişmesini beklemek pek gerçekçi değil, bu yüzden daha güçsüz olanların değişmesi gerekir. Bu, ana kültürde hiçbir şeyin değişmediği anlamına gelmiyor; tabii ki hiçbir kültür statik değildir ve değişim her zaman vardır. Bunun ötesinde, eşitsizlikler, sömürü gibi sorunlar düzeltilmelidir. Psikologlar, birey ve aile düzeyine ek olarak, makro düzeyde de değişim ve gelişimi sağlamak için diğer sosyal bilimcilerle birlikte çalışmalıdır. Örneğin, eğitim müdahalelerindeki sloganlardan biri şudur: "çocukları okula hazırlamak *ve* okulları çocuklara hazırlamak" (Myers, 1992). Hem gelişmekte olan hem de sanayileşmiş ülkelerin okullarında düzeltilmesi gereken birçok şey var. Ancak, sosyal kurumlardaki değişim yavaş gelişen bir süreçtir. İnsanların (çocuklar ve yetişkinler) kurumlara daha iyi uyum göstermelerini sağlayacak herhangi bir yardımda bulunmadan, kurumların değişmesini beklemek gerçekçi değildir ve birey ve grup düzeyinde ortaya çıkabilecek başarısızlığı ve hayal kırıklığını engelleyemez.

Bu yüzden, her iki tarafta da değişim sağlanmalıdır: Hem bireylerde hem kurumlarda. Ancak okul kültürünün bazı veçheleri değişmeyecektir; çünkü bunlar işlevseldir ve diğer modern sosyal kurumlara ve yaygın kentli okuryazar kültürüne bağlıdır. Okulun sözel ve matematiksel yetenek, soyut akıl yürütme ve problem çözmeyi içeren bilişsel yeterlik kavramı, sanayileşmiş (ve sanayileşmekte olan) ülkelerin genç insanlarında gelişmesi gereken bilişsel becerilerle paralellik gösterir. Bu beceriler, modern toplumda uzmanlaşmış işlevlerin gereklerine uymaktadır. Özellikle ana baba kültürünün geleneksel bilişsel yeterlik kavramlarıyla okulun gerekleri arasında bir uyumsuzluk olduğu bu tür durumlarda, değişmesi gereken, geleneksel kültürün yetkinlik kavramlarıdır.

Birçok toplumda, yükselmenin birincil yolu eğitimdir. Kamusal eğitimin yaygınlaşmış olduğu Çoğunluk Dünya ülkelerinde, çocuğun okulda gösterdiği başarı, daha iyi bir iş bulmada ve modernleşen ekonomilere tam olarak katılımda çok önemli bir faktör haline gelmektedir. Dolayısıyla, değişen bir çevrede sosyal yetkinlik kıstaslarının da değiştiğini görüyoruz. Belirli bir yer ve zamanda işlevsel olan bir şey, başka bir yer ve zamanda artık işlevsel olmayabiliyor. Küresel kentleşme sürecinde çevreler arası benzerliklerin artmasıyla birlikte, değişimin genel örüntülerini daha iyi öngörmek için evrenselci bir perspektif, göreci bir perspektife göre daha etkili gözüküyor.

Küresel Bakış Açılarında İşlevsel Değişimler: Odaklaşmaya Doğru

Yukarıda sunulan son nokta, bizi bu bölümdeki tartışmayı bir sonuca bağlamaya yönlendiriyor. Bu bağlamda, bu konuda tartışılan iki tema, (sözel akıl yürütme yerine) gözlem ve taklide dayalı öğrenme ve "zekânın sosyal tanımları" kısaca yeniden ele alınabilir. Gözlem ve taklide dayalı öğrenme etkili olabilirse de ana babaların sözel akıl yürütme, açıklama, düşünüm gibi diğer öğrenme türlerinin de önemini anlamaları gerekir. Bu, çocuğa yaklaşımda değişim sağlayacaktır. Çünkü çocuk sadece sessiz bir gözlemci ve ana baba modelinin taklitçisi olmaktan çıkıp öğrenme süreci içinde kendini sözle ifade edebilen aktif bir katılımcıya dönüşecektir. Bu tür sözlü ifadeler; nedensel ilişkiler, açıklamalar ve sorgulamalar içerebilir. Çocuğun sosyalleşmesinde dilin etkili ve yoğun kullanımı önemli bir aracı faktördür.

Zekânın (ya da bilişsel yeterliğin) kültürel tanımına gelince, gerekli olan, çocuğun sosyalleşme sürecinde sosyal hedeflerin öneminin azalması değil, bilişsel hedeflerin öneminin artırılmasıdır. Başka bir deyişle, *hem* toplumsal yönelimli yetkinlik *hem* bilişsel yeterlik beslenmelidir. Örneğin, ana baba değerleri ve okul gerekleri arasındaki uyumsuzluğun nedeni, ana babanın okul başarısı için bilişsel becerilerin gerekliliğini önemsememesi ve çocuğun iyi (itaatkâr ve sessiz) olmasının yeterli olduğunu düşünmesidir. Bilişsel becerilerin ve dil becerilerinin de öneminin daha iyi anlaşılması gerekir. Yetkinliğin farklı yönlerinin (sosyal *ve* bilişsel) öneminin anlaşılması, aile ve okul kültürü arasında daha iyi bir uyumun sağlanması için gereklidir (Kağıtçıbaşı, 2002a).

Bu argümanı takip etmek gerekirse, sosyal zekâ ya da sosyal bağlamda anlamlandırılmış yetkinlik kavramları yalnızca geleneksel sanayi öncesi toplumlarda görülmese de daha çok böyle çevrelerde önemsenir. Kentsel yaşam tarzı ve yüksek eğitim düzeyine sahip, sıkıca örülmüş insani bağların bulunduğu ilişkisellik kültürüne sahip "modern" toplumlarda da bu kavramları görüyoruz (Kağıtçıbaşı, 1985a). Gelişmiş ama Batılı olmayan, kolektif ilişkisellik kültürüne sahip topluluklarda ya da göçmen çevrelerde yapılan araştırmalar bunu göstermekte. Örneğin, Çin'de yaşayan Çinliler ve ABD'de yaşayan Çinli göçmenlerle (Lin ve Wang, 2002; Wang ve Conway, 2004), Hintlilerle (Saraswathi ve Ganapathy, 2002) ve Tayvanlılarla (Yang ve Sternberg, 1997) yapılan çalışmalarda bunlara rastlanmıştır. Aynı zamanda Çoğunluk Dünya'da yaşayan eğitimli genç nüfusta ve Avrupa'daki göçmenlerde görülen sosyal başarı kavramında da bunun yansımasını görüyoruz (Phalet ve Claeys, 1993; Yu ve Yang, 1994) (daha detaylı bilgi için bir önceki bölüme bakınız). Burada öne sürülen, insanlar arasındaki ilişkisellik ve bunun sosyal yetkinlikteki yansımasının *yerini* bireyci bilişsel yeterliğin alması gerektiği *değil*; daha ziyade sosyal yetkinliğin bilişsel yeterlik tarafından *tamamlanması* gerektiği düşüncesidir.

Ekonomi ve siyaset bilimlerin terminolojisiyle belirtilirse, dezavantajlı grupların sosyal sermayeden yoksun olduğu söylenebilir (Coleman, 1990). Sorunların psikolojik temelini anlarsak, makro düzeydeki durum fazla değişmese bile, bu sorunların azalmasına yardımcı olabiliriz. Bu bağlamda, dezavantajlılık durumunun içerdiği süreçleri tanımlamak için geliştirilen modellerin belirttiği ara etmenler anahtar rol oynayabilir. Bunlar farklı dezavantajlı ortamlarda ortak olarak görülmekte. Yüksek sayıda risk faktörünün (Evans, 2004; Sameroff ve Fiese, 1992) ve yoksulluk, stres ve sosyal dezavantajın ana baba becerileri ve ilgisi üzerindeki olumsuz etkilerinin bazı örnekleri daha önce tartışılmıştı (Duncan ve Brooks-Gunn, 1997, 2000; Jackson vd, 2000; McLoyd, 1990; Mistry vd, 2002; Patterson ve Dishion, 1988). Bu olumsuz koşulların dışında, kırsal/geleneksel toplumlarda ana babanın modern kavramlarla çelişen bilişsel yeterlik kavramları ve buna bağlı ana baba yönelimleri, özellikle sosyal değişim dönemlerinde bir dezavantaj oluşturabilir.

Tekrar Etmek Gerekirse. Bu bölümde, genel anlamda kültürel bağlama olan duyarlılığın ve özel olarak gündelik biliş perspektifinin sağladığı içgörüleri tartıştık. Yetkinliğe yönelik sosyalleşmeyi belirli bir bağlam içinde incelememiz gerekir. Peki bağlamın önemini vurgulamak kültürel görecilik anlamına mı gelir? Eğer her bağlam farklı olarak algılanırsa ve gözlemlenen psikolojik süreçler bu bağlamın bir parçası olarak ve bu nedenden dolayı diğer bağlamlardakilerden farklı olarak görülürse, başa çıkılamayacak sayıda çeşitli betimleme ortaya çıkmış olur. Bu da, bu süreçlerdeki benzerliklerin ve farklılıkların olası sistematik temellerini kavramamızı zorlaştırır.

Birinci Bölümde de belirttiğim gibi, bağlamlar mutlaka tek ve kendilerine özgü değildir; aşağı yukarı benzer olabilirler ve karşılaştırılabilirler, aynen farklı bağlamlarda davranışların karşılaştırıldığı gibi. Bu, bağlamları tamamen göz ardı edebileceğimiz anlamına gelmez. Bu da benim "göreci olmayan kültürel bağlamcılık" görüşümdür (Kağıtçıbaşı, 2000a). Bu perspektif, kültürler arası karşılaştırmalar aracılığıyla psikolojik süreçlerde sistemli örüntüler keşfetme, hatta olası evrensel düzenlilikler bulma amacıyla aynı doğrultudadır.

Artık açıkça görüldüğü gibi, yukarıdaki düşünceler belirli bir yöne, hatta bir odaklaşmaya işaret etmektedir. Küresel bağlamlarda sosyoekonomik, demog-

TABLO 3.1. Bağlamsal Değişim ve Yeterliğe Yönelik Sosyalleşmede Değişim

BAĞLAM	kırsal →	kentsel
	• daha az uzmanlaşmış iş	• daha fazla uzmanlaşmış iş
	• düşük/sıfır okullaşma	• daha fazla okullaşma
ÖĞRETME VE ÖĞRENME	gösterme ve modelleme →	sözel açıklama
	çıraklık	okul temelli öğrenim
YETERLİK	sosyal zekâ →	sosyal + bilişsel zekâ
	pratik/el becerileri	okul temelli beceriler

rafik, yapısal değişmeler olmaktadır. Bu, dünya çapındaki kentleşme sürecidir (bkz. **ŞEKİL 2.2**, s 67). Bu değişim süreci beraberinde, kamusal eğitimin yaygınlaşması, işyerinde uzmanlaşma, pazar ekonomisine tarımda bile daha fazla katılımı da içeren benzer yaşam tarzı örüntülerini getirmektedir. Bu demektir ki insanlara, özellikle de büyümekte olan çocuğa etki eden çevresel talepler, gittikçe daha fazla benzeşmektedir. Bir başka deyişle, kültürler arasında insan gelişimindeki bağlamların benzerlikleri artmaktadır.

Bu küreselleşme sürecinin etkileri çok boyutludur. Bunlar, benliği, benlik-öteki ilişkilerini ve aileyi etkiledikleri için bu kitabın ana konusunu oluşturmaktadır. Bu bölümde, yeterliğin sosyalleşmesinin etkilerini tartıştım. Hepsini bir araya getiren bir özet **TABLO 3.1**'de verilmektedir.

Burada dikkat edilmesi gereken şudur ki, kent bağlamında artan okullaşmayla sosyal zekânın yerini bilişsel zekâ almamaktadır. Daha çok, bilişsel zekâ sosyal zekâya *eklenmektedir*. Sosyal zekâ kişiyi her bağlama uyarlayabilen bir zekâdır. Bilişsel ve okul temelli beceriler, okulda ve kentsel işlerde var olabilmek ve başarabilmek için işlevseldir. Sosyal beceriler, aynı zamanda okul ortamına uyum sağlayabilmekte işlevseldir (Okagaki ve Sternberg, 1993). Fakat bu becerilere, okula ve daha özelleşmiş modern ekonomilere uyum sağlamayı kolaylaştıracak bilişsel becerilerin eşlik etmesi gerekir.

TABLO 3.1'in gösterdiği, yaşam tarzlarının ve bunların beraberinde oluşan psikolojik perspektiflerin ve davranışların odaklaşmasıdır. Bu, küresel kentleşme sonucu herkesin aynı olacağını öne sürmek değildir. Sosyoekonomik değişimlerin getirdiği yaşam tarzlarında artan benzeşmeler sonucu, benzer çevresel taleplere uyum sağlama söz konusudur. Fakat bu uyum sağlama süreçlerinin sonuçları kendini birçok farklı biçimde gösterebilir. Böylece, altta yatan mekanizmalar aynı olsa da, davranışlarda sayısız tezahür ediş biçimi vardır. Aynı zamanda, "kültürel bir gecikme" yaşanabilir ve kültürün bazı yönleri değişirken, diğer yönleri aynı kalabilir, hatta değişime direnebilir. Açıkça görülüyor ki toplumsal değişimin karmaşıklığını her yönüyle ele almak mümkün değildir. Burada yapılmaya çalışılan, yeterliğin sosyalleşmesini etkileyen bazı ortak hatları anlamaktır.

Özet ve Temel Noktalar

- Sosyalleşmenin amacı, toplumun yetkin bir üyesi olmaktır. Bu yüzden sosyalleşme, bu amaca ulaşmak için ne yapılması gerekiyorsa onu yapmak üzere tasarlanmıştır. Bu perspektifte yetkinlik, kültür tarafından değer verilenleri içerir, bu yüzden de kültürler arası farklılık gösterir.
- Sosyalleşme, çocuğa bakan kişilerle çocuk arasında aktif bir etkileşimdir.
- Yetkinlik, bilişsel ve sosyal yetkinlik olarak ayrıştırılabilir; bu bölümün odağında bilişsel yeterlik vardır.
- Antropoloji literatüründe çok sayıda sözel olmayan "eğitim ve öğretim" betimlemesi bulunmaktadır; özellikle de kırsal kesimlerde. Çocukla büyük oranda sözel ilişkiye girme ya da girmeme, çocukluğun o kültürde nasıl algılandığıyla ilişkili olabilir.
- Merkezi işlemci modeli, akademik psikolojinin bilişsel yeterliği (zekâyı), farklı bağlamlarda aynı şekilde davranabilen, böylece öğrenileni bir durumdan diğerine aktarabilen temel bir psikolojik süreç olarak kabul ettiği geleneksel bir görüştür.
- Özgül öğrenme modeli ise merkezi işlemci modele karşı bir görüş olarak ortaya çıkmıştır; bağlamı gerekli görür ve öğrenme deneyimiyle bilişsel beceriler arasındaki uyarlama ilişkilerini inceler. Özgül öğrenme modelinin temel problemi, öğrenmenin farklı durumlara aktarımının belirli yönlerde benzeşmeler olmadığı sürece gerçekleşmemesidir. Fakat kavramlaştırma olduğu zaman günlük öğrenmeden aktarım gerçekleşebilir.
- Geleneksel Çoğunluk Dünya toplumlarında, etnik azınlıklar arasında ve Batı toplumlarının düşük sosyoekonomik düzeyli gruplarda, yetkinliğin bilişsel odaklı olmaktan çok sosyal odaklı kavranması söz konusudur. İtaat-boyun eğme hedefleri vurgulanır. Çocuklara bakan kişilerin yetkinliği anlayış biçimleri ve bununla ilgili davranışları, baskın toplumun (okul) anlayış biçimiyle çelişebilir.
- Birçok araştırma göstermektedir ki çocukla kurulan sözel ilişkinin düzeyi sosyoekonomik düzeye ve annenin eğitimine bağlı olarak değişebilir. Çocuk odaklı olmayan kültürel bağlamlarda, çocukla sözel ilişki daha düşük düzeydedir. Bu tür ortamlarda çocukluk özel bir şey gibi algılanmaz.

- 1970'lerden bu yana, dil gelişimiyle ilgili çalışmalar, gelişmiş okuryazarlık başarısını öngörmede erken yaşta evde dil ile olan deneyimlerin ve "okuryazarlık kültürünün" rolüne parmak basmaktadır. Sözel uyarımın, özellikle birinci yıldan sonra, çocukların gelişimine çok önemli etkileri olduğu görülmüştür.

- Yoksulluğun ve etnik azınlık statüsünün çocuğun gelişimi üzerinde geri bıraktırıcı etkileri görülmüştür. Yoksulluk kendi başına bir risk faktörüdür, fakat bu faktöre, ev ortamına bağlı değişkenler aracılık etmektedir. Bu aracı değişkenler daha iyi anlaşıldıkça, olumsuz çevresel etkileri ortadan kaldıracak müdahaleler daha etkili olacaktır.

- Artan kentleşme, eğitim ve uzmanlaşmanın eşlik ettiği yaşam tarzlarındaki küresel değişimler, sosyal yetkinlikleri tamamlayan (okul bağlamında gelişen) bilişsel yeterlikleri gerektirmektedir. Sosyalleşmede ikisinin de desteklenmesi gerekir.

DÖRDÜNCÜ BÖLÜM

Kültür, Benlik ve Bireycilik-Toplulukçuluk

Belçikalı psikolog Karen Phalet, Belçikalı ve Türk gençlere gelecekte kendilerini neyin gururlandıracağını sordu. Her iki gruptaki gençler de gelecekte başarılı olmaktan, örneğin doktorluk, avukatlık vb mesleklerde başarılı olmaktan bahsetti. Ancak Belçikalı ergenlerden farklı olarak, Türk ergenler onlara sorulmadan, kendiliğinden "... ve bu ailemi de gururlandırırdı" diye ekleme yaptılar (Phalet ve Claeys, 1993). Buna karşılık Triandis'in bireyciliği ölçen maddelerinden biri şudur: "Eğer bir kişi Nobel Ödülü'nü kazanırsa, ailesi hiçbir şekilde onurlanmamalıdır" (Triandis, Bontempo, Villareal, Asai ve Lucca, 1988). Bu iki örnek, değişik benlik kurgularını yansıtmaktadır. Bu benlik kurgularından birisi, "öteki"ne uzanan, diğeri ise başkalarından "ayrılmış" olan benliktir. Bu bölümün konusu budur.

Bir önceki bölümde yetkinliğe yönelik sosyalleşmenin farklı kültürel ortamlarda farklı şekillerde anlaşıldığı anlatıldı. Aile ve topluluk bağları sıkı olan toplumlarda zekânın sosyal tanımı baskındır. Bu, farklı derecelerde olsa da, bireyci Batı dışındaki tüm toplumlarda geçerlidir. Bu nedenle, birçok kişi için bilişsel yeterlik bile sosyal yetkinliği içermektedir. Sosyal yetkinlik ise toplumdaki yetişkin rollerine uyum sağlayacak şekilde sosyalleşmedir ve sosyal yetkinliğin temeli benlik gelişimidir.

Bu bölüm, oldukça karmaşık bir konu olan kültür ve benlik ilişkisini inceliyor. Seçici bir yaklaşımla ilk olarak benlik kavramının kültürler arasında nasıl farklılık gösterdiğini ve kültürü nasıl yansıttığını ele alacağım. Daha sonra, benliği inceleyen bazı psikolojik ve antropolojik yaklaşımları ve özellikle Amerikan sosyal psikolojisinde benliği ön plana çıkaran eleştirel yaklaşımı inceleyeceğim. Bu yaklaşımlar, bireycilik-toplulukçuluk paradigmasına yönelik yeni kültürel ve kültürler arası araştırmalarla birleştiğinde benlik kurgularının kültürel farklılık gösterdiği temel bir boyuta işaret ediyor. Bu, bağımsızlık-karşılıklı bağımlılık boyutudur ve ayrık veya ilişkisel benlikte kendini gösterir. Bu boyut, insanların iç içe geçmesi ve ayrışmasıyla ilgilidir. Bu boyut ve etkileri, bu kitabın ana konularından biri olduğu için, burada ayrıntılı olarak ele alınıyor. Altıncı Bölümde, kuramsal gelişmeler ve farklı kültürlerde benliğin giderek benzeşmesi arayışı incelenecek ve bir başka boyut olan yetkinlik de anlatılacaktır.

Kültüre Bağlı Olarak Değişen Benlik Kavramı

Bu kitapta benlik kavramını, "kişi" ve bir ölçüde de "kişilik" kavramlarını kapsayacak bir terim olarak kullanıyorum. Benlik, sosyal etkileşimler sonucunda oluştuğu ve sosyal bir konumda yer aldığı için sosyal bir üründür. Benliği kişilikten ayıran da budur. Kişilik oldukça sabit, sürekliliği olan ve sosyal ortamlardan pek etkilenmeyen özellikler içerir. Benlik, kişinin kendini nasıl algıladığı, yani kendisiyle ilgili farkındalığı bağlamında düşünümseldir. Bu belki de benliğin en önemli özelliğidir ve yakın zamanda benlik kurgusu diye adlandırılmıştır (bkz. Smith vd, 2006). Benliğe dair düşünümsel farkındalığın sosyal kaynaklarının vurgulanması yeni değildir; James'e kadar geri gider (1890). Fromm (1941), Murphy (1947) ve Erikson'un (1959) kavramlaştırmalarında da görülür. Halen de sosyal ve kültürler arası psikoloji için önemli bir konudur (bkz. Smith, 2003).

1980'lerde benliğin kültürel kurgulanışı daha belirgin hale gelmiştir. Sosyal bir ürün olan benlik, kültürel açıdan paylaşılan bir insan modelidir (Heelas ve Lock, 1981; Lakoff ve Johnson, 1980). Bu bölüm, son zamanlarda kültürel ve kültürler arası çalışmaların konu aldığı benliğin bu belirgin özelliğine odaklanmıştır. İlk olarak 1980'lerde yapılmış olan çalışmalardan çıkan fikirleri burada ele alacağım. Daha sonra, daha yakın zamandaki çalışmaları inceleyeceğim. Bu yeni çalışmalar benlik yorumunun kültürden kültüre farklı olduğunu göstermenin ötesine gitmiş ve benliğin kuramsal kavramlaştırmalarını oluşturmuştur. Bugün psikoloji alanının bulunduğu yer burasıdır; Smith'in sözleriyle, "Neyin kültürden kültüre değiştiğini, neyin ise değişmez olduğunu ve kültürün etkileme sürecini artık daha iyi anlamaya uğraşmalıyız" (2003, s. 175). Bu bölümde ve bundan sonraki iki bölümde böyle bir uğraş içinde olacağız.

Benlik Nasıl Anlaşılıyor? Son Birkaç On Yıla Ait Görüşler

Benlik kavramı farklı kültürel ortamlarda farklı şekillerde anlaşılır. Benlik temel bir psikolojik kavram olmasına rağmen ve evrensel bir yapısı olduğu varsayılsa da bu böyledir. Çeşitli bilimsel geleneklerden birçok araştırma günümüzde bu çeşitliliği işaret ediyor. Bu çeşitliliğin eski ve çok iyi bilinen bir örneği Geertz'den (1975, s. 48) alıntılanan şu pasajda verilmektedir:

> Belirgin sınırları olan, kendine özgü, az veya çok güdüsel ve bilişsel uyum içinde bir evren olan; belirgin bir bütünlük oluşturmuş olan farkındalık, duygu, yargı ve eylemin dinamik merkezi olan; hem diğerlerine hem de sosyal ve doğal geçmişe karşıt bir şekilde oluşmuş olarak tanımlanan Batılı benlik kavramı, bize çok mantıklı gelse de dünya kültürleri bağlamında çok garip bir fikir olabilir.

Geertz, Bali'de fail olarak bireylerin önemli olmadığını, toplumda üstlendikleri rollerin ve diğer kişilerle nasıl ilişkilerde bulunduklarının önemli olduğunu vurguluyor. Bu nedenle, kişilerin "taktıkları maskeler, içinde bulundukları sahne, oynadıkları roller ve de en önemlisi sergiledikleri oyun, kalıcı bir şekilde görüntüyü değil özü ve benliği oluşturuyor" (Geertz 1975, s. 50). Geertz, Bali'de kişilerin, kendilerinin bile unutabildiği anlamsız bir sözcük olan isimleriyle değil, kimin oğlu olduklarıyla, yani toplumdaki konumlarıyla tanımlandığı, ilişkisel benlik kavramlaştırmasından söz ediyor.

Burada, daha önce belirtilen zekânın sosyal tanımıyla bir paralellik söz konusu (bkz. 3. Bölüm). Şöyle ki, zekânın sosyal olarak tanımlandığı ortamlarda benliğin de ilişkisel bir şekilde kavramlaştırılması beklenebilir. Bunun nedeni, insan ilişkilerinin çok önemli olduğu kültürel ortamlarda çocuk eğitiminde sosyal yetkinliğin gelişiminin, özellikle de diğer insanlara karşı duyarlı olmanın ve sosyal sorumluluk duygusunun vurgulanmasıdır. Bir önceki bölümde bunların bazı örneklerini verdim (Dasen, 1988; Harkness ve Super, 1992; Harwood vd, 2002; Macro, 1993; Morelli vd, 2003; Kağıtçıbaşı, 1982a, 1984; Kağıtçıbaşı, Sunar ve Bekman, 2001).

Bali örneği kadar çarpıcı olmasa da, benliğin ilişkisel kavramlaştırılışının başka ülkelerde de örnekleri var. Örneğin, V.J. Enriquez (1988) Filipinler'de "'benlik ve ötekinin birliği" anlamına gelen *Kapwa* kavramını açıklıyor (s. 139). Bu benlik kavramı, "dışarıdaki" (öteki) ve "bizden biri" kategorilerini içeriyor ve bu nedenle benlikle ötekinin iç içe geçmesine izin veriyor. Bu kavramlaştırma, benliği, başkasına karşıt konuma yerleştiren Batı kavramlaştırmasından çok farklıdır. Aynı şekilde, Japonya'daki, *amae* ilişkisinde anne ve çocuğun iç içe olmasıyla başlayan ve daha sonra da bütün bir yaşam boyunca bağlanmışlık ve bağımlılık duygularıyla devam eden, "grup benliği" hakkında da çok şey yazılmıştır (Caudill ve Frost, 1973; De Vos, 1985; L.A. Doi, 1974; T. Doi, 1973; Hamaguchi, 1985; Lebra, 1976; Morsbach, 1980; Neki, 1976; Stevenson, Azuma ve Hakuta, 1986).

Nsamenang (1992) Batı Afrika'da çocuğa isim konmasından başlayıp ölüme kadar devam eden sosyal benliğikten söz eder. Bağlanmışlık, insan olmanın anlamının kişiler arası ilişkilerde yattığı Çin benlik kavramlaştırmasında da görülmektedir (örneğin Bond, 1986; Hsu, 1985). Sun'a göre (1991),

> Çin'in "iki kişilik matris"inde Çinli bir birey, ayrık bir *birey* değildir; "iki kişi"lik bir devamlılık içindedir... Birey'in tamamlanması Öteki'nin matrisine girerek olur... Bu birliktelik, *yin* ve *yang*'ın birbirini tamamlaması şeklinde Çin kültürünün ana sembolüne de yansımıştır. Konfüçyüs düşüncesi de "İki"nin *en mükemmel* felsefesidir (s. 2-4, vurgu Sun'a ait).

Benliğin bağlanmışlığı sadece ötekilerle değil, sanayi öncesi, hatta okuryazarlık öncesi Afrika ve Okyanusya toplumlarında yapılan antropolojik çalışmaların da gösterdiği gibi, bazen doğa veya doğaüstü dünyayla da olabilir. Bazı antropologların ve kültürel psikologların da belirttiği gibi, benliğin doğal veya doğaüstü güçlerle birliğinin kavramlaştırılmasında, benliğin bireyi aşan zaman ve mekân içinde sürekliliği vardır ve bireyler kendi yaşamları veya hareketlerinde sorumlu ve etkili değildir (örneğin Marsella, De Vos ve Hsu, 1985; Marsella ve White, 1984; Nsamenang, 1992; Shweder ve LeVine, 1984; Teasdale ve Teasdale, 1992; White ve Kirkpatrick, 1985).

Psikanalitik bir bakış açısından, Roland, Japonya ve Hindistan'da "yaşanan benlik duygusunun 'biz-benliği' denebilecek" ailesel benlik olduğuna işaret eder ve bunun Batı'daki bireyselleşmiş benlikten çok farklı olduğunu vurgular (s. 8). Ancak, "Batı" da kendi içinde homojen değildir; örneğin Gaines (1984) Kuzey Avrupa (Protestan) ve Akdeniz'deki (Latin) kişilik kavramlarını sırayla "göndergesel" [referential] ve "endeksli" [indexical] olarak tanımlamıştır. Endeksli benlik, "sosyal ilişkiler ve ortamlardan bağımsız olan bir soyut bütünlük olarak değil, farklı durumlardaki sosyal etkileşime endeksli, ortamsal parçalardan oluşmuş bir bütünlük" olarak algılanır (s. 182). Son zamanlarda, Harkness, Super ve Van Tijen de (2000) "Batı zihninin" varsayılan birörnekliğini sorguluyorlar.

Antropolog ve psikologların yaptığı kültürler arası çalışmalar bu farklılığı çok değişik şekillerde gösteriyor. Aradaki temel ayrım, kendi içinde yeterli, bireyselleşmiş, ayrık, bağımsız benliğin diğer kişilerden kesin sınırlarla ayrılmış olması, buna karşılık ilişkisel, karşılıklı bağımlı benliğin akışkan sınırları olmasıdır. Ayrıca, bu ayrım hem özbenlik algısı hem de sosyal algı için, yani ötekileri algılamakta geçerlidir. Sözü edilen farklılık, keskin bir ikilikten çok bir değişkenlik boyutunu yansıtabilir. Daha önce de belirtildiği gibi, 1980'lerden itibaren bu konudaki farkındalık artmış ve daha çok antropolojik bakış açısıyla incelenmiştir.

Mutlak bir varoluş düzeyinde her toplumdaki her insan ayrı bir varlık olduğunun farkındadır (Sun'a göre Çin'de "beden" olarak, 1991). Başka bir deyişle, neyin içsel olduğu veya benliğe ait olduğu, neyin olmadığı arasında bir sınır var. Ancak, bu en temel varoluş düzeyinin ötesinde, kültüre bağlı olarak yoğun bir farklılık ortaya çıkıyor. Benliğin sınır çizgisinin *nereye* (Heelas ve Lock, 1981) ve ne kadar kesin ve belirgin bir şekilde çizildiği farklılık gösteriyor. Amerikan (ve Batı) psikolojisi, bireyci Batı kültürel ethos'unu yansıttığı ve desteklediği için bu çizgiyi oldukça dar ve kesin bir biçimde çizerek "ben" ve "ben-olmayan" arasında kesin bir sınır oluşmasını sağlar. Diğer kültürel kavramlaştırmalar, benliğin bu kurgusundan farklı derecelerde ayrılmaktadır (ŞEKİL 4.1).

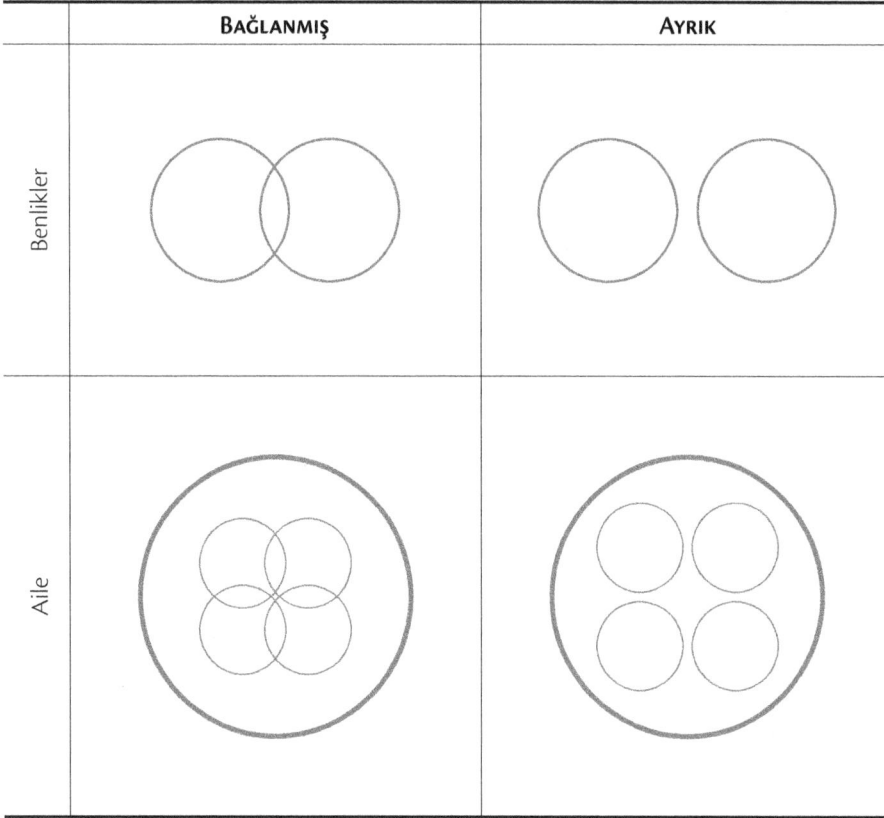

ŞEKİL 4.1. Bağlanmış ve ayrık benlikler/aile.

ŞEKİL 4.1 bağlanmış veya ilişkisel benlikler ile ayrık benliklerin şematik bir temsilidir. Üst bölümdeki daireler, benlik/öteki ilişkilerini temsil etmektedir. Bu ilişkilerde benlikler birbirleriyle kısmen örtüşebilir ve sınırları geçirgen olabilir ya da birbirinden ayrık ve sınırları kesin olabilir. Şeklin sol tarafında örtüşmenin derecesi görülebilir. Bu örtüşme, şeklin tamamen birleşmesi ya da ucu ucuna değmesi şeklinde çok ya da az olabilir. Şeklin sağ tarafında ise ayrık benlikler de aralarındaki uzaklığa göre çok ayrık ya da daha az ayrık olarak tanımlanabilir. Bu nedenle, burada önemli olan, benlik/öteki yakınlığının *derecesidir*. Alt taraftaki şekiller ise aile içinde benzer değişkenliği anlatmaktadır. Bu şematik temsil aynı zamanda bu ve sonraki iki bölümde yer alan tartışmaların daha kolay anlaşılmasını sağlayabilir.

Gittikçe artmakta olan kültürler arası araştırmalar ve kavramlaştırmalar, benlikle ilgili böyle bir temel farklılık olduğu fikrinde birleşiyor. Bu yeni bakış açıları bölümün ilerleyen sayfalarında ele alınacak. Biraz da Amerikan psikolojisinin ayrık benlikle ilgili geleneksel vurgusuna tepki olarak, kültürler arası yaklaşımlar benlik kurgularıyla ilgili kültürel farklılıkları bir boyut üzerinde değişen dereceler olarak ele almak yerine Batı'dakinin tamamen tersi olarak ele almaya yöneliyor. Özellikle antropologlar ve etno-psikologlar tarafından yürütülen araştırmaların çoğu Batı'dakinden çok farklı kültürel ortamlarda yapıldığından, benlikle ilgili söylemde keskin zıtlıklar baskındır. Ancak farklılık, keskin bir ikilikten çok bir değişkenlik boyutunu yansıtabilir. Yine de, benlik kavramlarında kültürler arasındaki farklılıklar, benzerliklerden daha çarpıcıdır.

Aslında, benlik psikolojisi, özellikle yaygın olarak kabul edilen kavramları eleştiren Amerikalı psikologların kültürler arası verileri kullanmaya başladığı bir alan olarak ortaya çıkmıştı (örneğin Pepitone, 1987; Sampson, 1988, 1989; M.B. Smith, 1991, 1993). Tarihsel yaklaşımlar da kullanılmıştır (örneğin Baumeister, 1986; Cushman, 1990; Gergen, 1991; Giddens, 1984; Sampson, 1989; Taylor 1989). Örneğin, Taylor (1989), Geertz'in daha önceki (1975) iddiasını andıran bir şekilde, "içsel" katmanlaşmış benliğin "tuhaf olduğunu ve diğer kültürler ve zamanlarda örneği olmadığını" ileri sürmüştür (s. 114). Ancak, Smith'in de belirttiği gibi "kültürler arası karşılaştırmalar, tarihsel incelemelerden çok daha iyi veriler sağlar, daha iyi kanıtlarla sorularımızı cevaplayabilir" (1991, s. 76). Kültürler arası analizin benlik çalışması için önemi daha da yaygın kabul görmektedir.

Benliğin İncelenmesinde Tarihsel Eğilimler

Bu bölümde, son birkaç on yılda ortaya çıkan ve psikolojik araştırmalarda benliği öne çıkaran bazı eğilimleri kısaca incelemek istiyorum. Birbirinden bağımsız iki düşünce ve araştırma çizgisinin benliğin ve sosyal ilişkilerin bugünkü kavramlaşmasına önemli katkıları olduğunu görüyoruz. Bunlardan biri Amerikan eleştirel kuramı, diğeri ise kültürel ve kültürler arası psikolojik ve antropolojik düşüncedir. Bu ikinci düşünce farklı eğilimler içermektedir.

Amerikan Psikolojisinde Özeleştiri

Amerikan psikolojisinde, özellikle sosyal psikolojide, 1970'ler özbilincin ve özarayışın başlangıcı oldu. Bilişsel psikolojinin güçlenmesiyle, sosyal psikoloji, adına rağmen, kavrayan "birey"i inceleyen bir dal haline gelmiş ve Kurt Lewin ve Muzafer Sherif gibi yaratıcılarının vurguladığı sosyal ve etkileşimci yapısını büyük ölçüde yitirmişti. Hem bu akım hem de sosyal psikolojinin bağlamsal ve tarihsel olmayan, laboratuvara dayalı metodolojisi eleştirilmeye başlandı. Analiz birimi olarak bireyin kullanılması da sorgulandı. Bu özeleştirilerde hem psikolojinin tarihsel (bağlamsal/ideolojik) doğasının tanınmasının, hem de aşırı bireyciliğin sosyal refah toplumu açısından tehlikelerinin fark edilmesi etkili olmuştu (Gergen, 1973; Hogan, 1975; Lasch, 1978; Rotenberg, 1977; Sampson, 1977; Smith, 1978).

1980 ve 1990'larda da Amerikalı psikolog ve sosyologlar, anaakım psikolojiyi ve özellikle bireycilik ideolojisini sorgulamaya devam ettiler. Bellah vd (1985) Amerikan toplumu ve zaman içindeki değişimi üzerine yeni ufuklar açan bir tez yazdı. 1930'larda Amerikan karakterini ve toplumunu incelemiş olan Fransız düşünür Alexis de Tocqueville'den esinlenerek bu çalışmanın adını *Habits of the Heart* [Kalbin Tabiatı] koydular. Temelde bu kitap, "tarih içinde karşı konulmaz bir şekilde süregelen, [...] Tocqueville'in daha yıkıcı olan potansiyelini yumuşattığını düşündüğü sosyal kabukları aslında yok eden ve özgürlüğü tehdit eden" bireyciliğin bir eleştirisiydi (s. vii).

Eleştirel düşünce, Sampson'un (1977, 1988, 1989) (ben-ben olmayan arasında katı sınırlar olan ve kişisel kontrole dayalı) kendine yeten bireycilikle bütünleşmiş bireyciliği ayırt eden çalışmalarında da görüldü. Kendine yeten bireycilik, benliğin Batı'da ve özellikle Amerika'da görülen örneğidir. Bütünleşmiş bireyselcilik ise, bir alternatif olarak öne sürülmüş, geçişken sınırlı ve denetimin muhakkak bireyin içinde olmak yerine kişiler arası *alanda* olduğu bir kavramdır. Diğer eleştirmenler de aile, topluluk ve gelenek kaybından dolayı ortaya çıkan boş benliği (Cushman, 1990); psikanalitik bir yaklaşımla, kendine yönelen fakat parçalanmayı engellemeyen (Lasch, 1978; Kohut, 1977, 1984) asgari benliği (Lasch, 1984) ya da postmodern devirde fazla bilgi yüklenmesinden boğulan doymuş benliği (Gergen, 1991) eleştirdiler.

Smith (1993; bkz. 2003) bu eleştirileri inceleyip kendini gerçekleştirme, kendine bağlılık gibi yaşam amaçları olarak kendinden çok fazla şey beklenen şişkin benliğin zaafından söz etti (s. 7). Dini ve ahlaki değerlerin yok olmaya başlamasıyla, benlik, bu eksilen yaşam amacı kaynaklarını yenileriyle tamamlamak için fazlasıyla yüklenmektedir. Smith'e göre, sırf benliğe yönelik yaşam amaçları, "yaşama yön vermekte yetersiz" kalmaktadır (s. 8). Bu analiz Taylor (1989) ve Baumeister (1986, 1991) tarafından yapılan analizlerle de aynı çizgidedir. Smith'e göre (1993), benliğin tükenmesi ve genişlemesi mecazlarının ikisi de aynı soruna yöneliktir. Bu, insancıl değerleri eksik, davranışları için ahlaksal bir rehberi olmayan buna karşılık her şeye hâkim olduğuna dair özerklik ve kontrolle ilgili "abartılı iddiaları" olan benliğin sorunudur.

Benliğin bu şekilde kavramlaştırılışının olumsuz sosyal çıkarsamaları da başka eleştirmenler tarafından incelendi ve psikoloji bu sorunun bir parçası olarak suçlandı. Örneğin, Wallach'lar (1983, 1990) psikolojinin bencilliği onaylamasını ve pekiştirmesini eleştirerek bunu engellemeye çalıştılar. Daha önceleri de Donald Campbell, Amerikan Psikoloji Derneğinin (APA) başkanlık konuşmasında, "Psikoloji ve psikiyatri bireyi bencil bir biçimde güdülenmiş olarak tanımlamanın ötesinde açık ya da kapalı bir şekilde böyle olması gerektiğini de öğretiyor" (1975, s. 1104) demişti. Gerçekten de Amerika'daki 1980'lerin "ben kuşağı" zamanında hiç kimseye bağlılığın olmaması gerektiği fikrini öne süren, bireyci benliğin ön plana çıkmasını ve yüceltilmesini destekleyen ve meşru kılan birçok "benlik kuramı" gelişti.

Batson tüm bu kuramları inceledikten sonra, "bütün bu kuramların esas amaç olarak kişinin benlik imajını koruması veya geliştirmesi için güdülenmiş olduğuna ve sosyal ilişkilerin bu kendine yarayan amaca ulaşmak için sadece bir araç olduğuna" dikkat çekiyor (1990, s. 337). Ayrıca Batson psikolojinin varsaydığı egoizmi ele alarak bir araştırma projesiyle aslında kişinin empati ve sevgi kapasitesinin yüksek olduğunu göstermeye çalıştı. Etzioni de (1993) toplumsal taahhütleri ve sosyal sorumlulukları, baskı veya püritanizm olmadan yeniden gündeme getiren komüniteryanizm adını verdiği yeni bir yaşam tarzını önerdi. Komüniteryanizm, felsefeciler (Taylor, 1989), sosyologlar (Etzioni, 1993) ve psikologların (Sarason, 1981, 1988) bireycilik ve toplulukçuluğun iyi özelliklerini birleştirmeye çalıştıkları disiplinlerarası bir çaba olmuştur. Politik kuramlarda liberalizmin ve bunun bireyselciliği vurgulamasının eleştirisini içerir (Mulhall ve Swift, 1992). Bireyciliği bir değer olarak kabul edenler bile aşırıya kaçmaması için uyarmışlardır (Spence, 1985). Smith (1978, 1990, 1994, 2003) gibi psikologlar sosyal sorumluluğu olan bir psikoloji yaratmak için çok çaba harcadılar, hâlâ da harcıyorlar. Staub ve Green (1992) tarafından yazılan bir kitap, psikologların küresel konuların çözümüne olan katkılarını içeriyor. Daha yakın zamanlarda Schwartz (2000) "özgürlüğün zorbalığı"ndan yakınıyordu. APA başkanlarından Zimbardo ve Halpern psikolojinin sosyal sorumluluğunu kabul edip, "psikolojiyi halka mal etmek" istediler (*Decade of Behavior*: 2000-2010). Psikolojinin sosyal sorumluluğu bu kitabın ikinci kısmının konularından biridir.

Ancak, ilginçtir ki bireyciliği en çok eleştiren Amerikalı eleştirmenler, seçenek üretirken, bireyciliğin yerine başka bir şey koymak yerine bunu hafifleten yeni kavramlar öne sürdüler. Örneğin, Rotenberg (1977) yabancılaştırıcı bireyciliğe karşı karşılıklı bireyciliği öne sürmüştü; Lykes feminist bir yaklaşımla (1985, s. 373) daha az güçlü olanların bir özelliği olarak "sosyal bireycilik temelli bir benlik mefhumu"ndan bahseder; Chodorow da (1989) psikanalizi feminist kuramlarla bağdaştırmaya çalışarak ilişkisel bireyciliği öne sürer. Bunların içinde en çok bilineni ve kullanılanı Sampson'un (1988) daha önce sözünü ettiğim bütünleşmiş bireycilik kavramıdır. Aslında bu terimlerin hepsinde bir çelişki var, zira bireyselcilik, belirli bir dünya görüşünü hatırlatır; bu nedenle bireycilik yerine benlik gibi bir terim bu kavramlaştırmalar için daha uygun olurdu. Gerçekten de tartışma bireycilik üzerine (Sampson, 1989); Amerikan kültürü ve psikolojisinde bireyciliğin önemi göz önüne alındığında, onu eleştirenlerin öne sunduğu seçenekler bile onu dışlayamıyor. Bununla beraber, hatta bu eleştirilere cevap olarak, son zamanlarda ilişkisellik kavramına daha çok önem veriliyor. Bu konu daha sonra ele alınacaktır.

Böylece Amerikan psikolojisindeki son benlik tartışmaları, bireycilik ve bunun toplum ve psikolojideki yeri üzerine yoğunlaşıyor. Toplumsal eleştiri ve yorumların temelinde de bu var. Hem disiplinin eleştirileri hem de toplumsal eleştiriler, benliğin kültürel açıdan daha duyarlı bir şekilde anlaşılması ve benliğin psikolojideki kavramlaştırılışının sosyal çıkarsamalarının daha iyi kavranması için yararlıdır. İlişkisel (karşılıklı bağımlı) ile ayrık (bağımsız) benlik arasındaki temel farklılıkların hem Amerikan düşüncesinde hem de kültürler arası düşüncede vurgulanıyor olması ise kuşkusuz ilgi çekici. Ancak, bu iki düşünce eğilimi yaklaşık otuz yıldır birbirinin farkına varmadan ilerledi. Amerikalı eleştirmenler sadece Amerika'da yapılan araştırmaları sorgulamaya, nadiren Avrupa'da yapılanlara bakmaya, "kendine yeten Amerikan psikolojisi" ruhuyla devam ettiler. 1990'lardan beri bu durum bir değişim içinde. Bu değişimi yansıtan yakın tarihli çalışmalar ilerleyen sayfalarda incelenecektir.

Kültürel ve Kültürler Arası Araştırmalar

Birçok antropolojik ve psikolojik araştırma, benlik kavramı ve farklı kültürel ortamlardaki gelişimi üzerine yoğunlaşmıştır. Bu araştırmaların, özellikle benliğin toplumdaki ve kültürdeki yeriyle ilgili güncel bakış açısına etkileri var. Öncelikle antropolojik bakış açısını kısaca incelemek istiyorum. Daha sonra da bireycilik, toplulukçuluk ve benlikle ilgili kültürler arası psikolojik çalışmalardan bahsedeceğim.

Antropolojik Arka Plan. "Kültür ve benlik" ilişkisinin antropolojik geçmişi Kültür ve Kişilik Öğretisinde bulunabilir. "Kültür ve kişilik" akımı, Boas'ın, psikolojik temaları antropolojiye geçirmesinin devamıydı ve öğrencilerini de etkilemişti (Kroeber, M. Mead ve Benedict gibi). 1920'lerin sonları ve 1930'larda başlayan otuz yıllık bir süre boyunca, antropologlar kültürle kişilik arasındaki karşılıklı ilişkiyi incelediler. Bu çalışmaların çoğu ilk önce "görüntüsel kişilik" olarak oluşan (Benedict, 1934; Mead, 1928), sonra "temel ve tipik kişilik" halini alan (Dubois, 1944; Kardiner ve Linton, 1945) ve "ulusal karakter" olarak süregelen kavramlarla (Gorer ve Rickman, 1949; Inkeles ve Levinson, 1954; Kluckhohn, 1957), toplumun temel kişilik yapısını ortaya çıkarmaya yönelikti.

Bütün bu çalışmalar tek bir kültürün yoğun ve bütünsel bir biçimde incelenmesine dayanıyordu. 1950'lerde başlayan, kültürler arası karşılaştırmacı araştırmalar ise, Whiting'in öğretileriyle Human Relations Area Files (HRAF) [İnsan İlişkileri Saha Dosyaları] kullanılarak Kültür ve Kişilik yaklaşımını oluşturdu (Whiting ve Child, 1953). Yale Üniversitesinden Murdock tarafından oluşturulan HRAF, karşılaştırma yapılmasını sağlayacak çok sayıda sanayi öncesi toplumun etnografik kayıtlarını içerir.

Daha sonra Psikolojik Antropoloji adı verilen (Hsu, 1961) Kültür ve Kişilik Öğretisi, büyük ölçüde psikolojinin psikanalitik kuramlarından etkilenmişti; ki bu da hem incelenen konulara hem de yönteme kısıtlamalar getiriyordu.

Bir diğer sorun, bireysel ve altgrup farklılıklarını ve zaman içindeki değişimi göz ardı ederek temel kişilikte sabitlik ve sosyal homojenlik olduğunun varsayılmasıydı. Tek bir kabile için bile garanti edilemeyecek olan bu varsayımlar, bugünün karmaşık toplumları için açıkça yanlıştır (Kültür ve Kişiliğin daha ayrıntılı açıklaması için bkz. Berry vd, 1992, 2002; Bock, 1988).

Eksiklikleri olmasına karşın, Kültür ve Kişilik Öğretisi benliğin kültürel bağlamında incelenmesine katkıda bulunmuştur. Bu öğreti bazı kişilik özelliklerinin bir toplumda yaşamaya uygun olmasından dolayı o toplumdaki bireyler tarafından paylaşıldığı fikrini ortaya çıkarmıştır. Bu işlevsel yaklaşım bugünkü kültürel ve kültürler arası düşüncede de kullanılmaktadır ve kültürler arası benzerlik ve farklılıkların altında yatan nedenlerin anlaşılmasında bir içgörü sağlamaktadır.

Whiting ve meslektaşlarının kültürler arası karşılaştırmalı araştırmaları, özellikle, benliğin gelişimiyle ilgili önemli ampirik bulgular ortaya çıkarmış ve kültürler arası psikolojinin bugünkü ekokültürel çerçevesine yol açmıştır (Berry, 1976; Berry vd, 1992; 2000). Burada kullanılan genel model, ekoloji, hayatın idamesi sistemleri (yerleşim kalıpları, ekonomi vb.), çocuk bakımı, çocuk kişiliği, yetişkin kişiliği ve projeksiyon sistemleri (kültürel inanışlar, din, sanat, büyü vb.) gibi unsurlar arasında nedensel bağıntılar kurmuştur. Bu genel çerçeveyi kullanarak, başka çalışmalar, çocukların sosyalleşmesinde cinsiyet farklarını inceledi (Barry, Bacon ve Child, 1957) ve itaat, sorumluluk, beslenme, başarı, yardımseverlik ve özgüven gibi konulara odaklanarak çocuk yetiştirme tarzı ile toplumun ekonomik işlevleri arasında bir bağ kurdu (Barry, Bacon ve Child, 1959). Bu araştırmalar kız çocukların daha çok sorumluluk ve yardımseverliğe, erkek çocukların ise daha çok başarı ve özgüvene yönelik bir biçimde sosyalleştiğini gösterdi. Ayrıca, tarımla ve hayvancılıkla uğraşan "yiyecek depolayan" topluluklarda genel olarak sosyal uyum davranışının ve itaatin vurgulandığı, buna karşılık avcı ve toplayıcı "yiyecek depolamayan" topluluklarda kendine güvenin vurgulandığı görüldü (Barry vd, 1957, 1959).

Bu erken dönem araştırmalar daha sonra yapılan analizlerde eleştirildiyse de (Hendrix, 1985), yerleşik, tarımsal ve insan dokusu sıkı bağlarla örülmüş toplumlarda sosyal uyuma yönelik sosyalleşme yaygındır. Bilişsel tarzla ilgili araştırmalar da bunu gösteriyor (Berry, 1976, 1990; Witkin ve Berry, 1975). Benzer şekilde Altı Kültür çalışması da (Minturn ve Lambert, 1964; B. Whiting, 1963) basit tarım toplumlarında çocuk yetiştirmede benzerlikler olduğunu ortaya çıkardı. Daha sonraki çalışmalar da geniş veya birleşik ailelerden oluşan, yakın insan bağlarının yaygın olduğu geleneksel toplumlarda çocuklardan bağımlılık ve itaat beklendiğini belirtiyor (Bisht ve Sinha, 1981; Kağıtçıbaşı, 1984, bkz. 5. Bölüm). Bu bulgular, daha önce belirtilen, aile ve toplumsal bağların sıkı olduğu geleneksel toplumlarda, çocuğun sosyalleşmesinde sosyal sorumluluğa (ve sosyal zekâya) önem verildiğini gösteren bulgularla benzerlik gösteriyor.

Kültürler Arası Psikolojik Çalışmaların Arka Planı. Kitabın Birinci Bölümü'nde de belirtildiği gibi, benlikle ilgili yeni kültürler arası çalışmalarda bir değişim eğilimi var. Daha önceleri gelişmemiş (okuryazar olmayan, küçük, izole) topluluklarda araştırmalar yapılırken, günümüzde araştırmalar daha ziyade çağdaş (sanayileşmiş veya sanayileşmekte olan) toplumlarda yapılıyor. Bu toplumların içindeki etnik grupları incelemeye yönelik bir eğilim de var. Vurgudaki bu farklılaşmaya rağmen benlik kavramlarında kültürler arası değişkenlik halen görülmektedir. Özellikle 1980'lerde Amerikalı antropologlar tarafından yapılan ve gelecekteki gelişmelere temel oluşturan iki tane karşılaştırmalı araştırma benmerkezci (kendine yeten ve diğerlerinden ayrık) yorumlamaya karşıt olarak benliğin ilişkisel kavramlaştırması üzerinde yoğunlaşmıştır.

Shweder ve Bourne (1984) Amerika ve Hindistan'da kişi kavramlarını incelediler. Amerikalı denekler, bireysel (benmerkezci) yapılar kullanırken, Hintli denekler, "kişilerin içinde bulundukları ilişkiden etkilendikleri," daha ortama-bağlı ve ilişkisel "sosyomerkezci" kişi tanımları kullandılar (Amerikalıların kişi tanımlamalarının %46'sı benmerkezciyken, Hintlilerin %20 'sininki böyleydi) (s. 110). Başka bir deyişle, Batı'nın bireyci benlik anlayışında benlik, farklı zaman ve durumlarda aynıdır, kalıcı ve soyut özelliklere sahiptir ve değişmez çünkü çevreden etkilenmez. Bu nedenle de kişileri tanımlarken ortamdan bağımsız soyut kişilik özellikleri kullanılır. İlişkisel benlik anlayışında ise ortama göre değişebilen bir benlik tanımı vardır. Bu yüzden Amerikalılar, örneğin tanıdıklarını tanımlarken daha soyut kişilik özelliklerine işaret eder ("arkadaş canlısıdır"), Hintliler ise bağlamsallaştırır ("bayram günlerinde aileme pasta getirir") (s. 119).

Miller (1984), yine Amerikalı ve Hintli denekleri karşılaştırdığında benliğin ilişkisel kavramlaştırılışının, başkalarına yapılan atıfları da etkilediğini gördü. Deneklere, hipotetik bazı olaylarda insanların istenmeyen (asosyal) davranışlarının nedenlerini sordu. Sonuçlar, Amerikalıların daha çok kalıcı içsel (kişisel) atıflar yaptığını, Hintlilerin ise duruma bağlı (bağlamsal) atıflar yaptığını gösterdi (Amerikalı katılımcıların %36'sı kişisel özelliklere, %17'si duruma bağlı atıflar yaparken, Hintli katılımcılarda bu oranlar sırasıyla %15 ve %32'ydi). Açıkça görülüyor ki benliğin ortamdan (ve diğer insanların beklentilerinden) daha çok etkilendiği Hindistan'da, kişinin davranışı daha yoğun bir şekilde ortama bağlanıyor. Diğer taraftan, Amerikalıların kişiyi anlayışı da davranışlarını açıklayışı da ortamdan bağımsız, sabit, kalıcı kişilik özelliklerine yönelik oluyor.

Benliğe dair ilişkisel veya ayrıklık kurguları, kişinin kendi benlik algısı üzerinde de etkilidir. Cousins (1989) Amerikalı ve Japon öğrencilere Yirmi Cümle Testi'ni (YCT) uyguladı. Kuhn ve McPartland'ın (1954) hazırladığı bu basit testte sürekli sorulan soru, "Ben kimim?"dir. Amerikalı deneklerin kendilerini tanımlarken psikolojik özellik veya sıfatlar kullandığı, Japonların ise daha somut bağlamsal ve role bağlı tanımlamalar yaptığı ortaya çıktı. Bu bulgu, Shweder ve Bourne'un bulduğu Amerikalı ve Hintlilerin ötekileri tanımlayışları arasındaki farklarla benzerlik gösteriyor.

Ancak, bu testin değiştirilmiş bir versiyonunda, (ötekilerle ilişkileri içinde) kişinin kendini betimlemesi istendiğinde bu bulguların tersi elde edilmiştir. Ötekilerle ilişki durumları Japonlar için daha doğal olduğundan, bu durumlara has, sabit özellik tanımlarını daha kolay yapabilmişlerdir. Amerikalılar ise benlik tanımlarını bağlamsal kısıtlamalardan bağımsız olacak bir biçimde yapmak için daha belirginleştirmek zorunluluğunu hissetmişlerdir (Cousins, 1989). YCT kullanan diğer çalışmalar da Amerikalıların Japonlara göre daha kalıcı kişisel özelliklere dayanan benlik tanımları yaptığını (Bond ve Cheung, 1983), Çinlilerin ise benliklerini daha çok bir grubun üyesi olarak tanımladıklarını göstermiştir (Triandis, McCusker ve Hui, 1990).

Bireycilik-Toplulukçuluk

Bu noktada, son yirmi beş yılda yapılmış kültürler arası psikolojik araştırmalara damgasını vuran en önemli kurgu olan bireycilik-toplulukçuluğu ele almak yararlı olacaktır (Kağıtçıbaşı ve Berry, 1989). Kağıtçıbaşı (1994a) 1980'leri "bireycilik-toplulukçuluğun on yılı" olarak adlandırmıştır. 1990'lar da bu şekilde adlandırılabilir. Hatta her ne kadar eleştiriler ve tartışmalar artsa da araştırmalarda bu paradigmanın kullanımında bir azalma olmamıştır. Her ne kadar, bazıları bu kavramın artık miyadını doldurduğunu (Berry vd, 2002; Bond, 1994) ya da geçerliliğinin şüpheli olduğunu düşünseler de (Matsumoto, 1999; Takano ve Osaka, 1999) diğerleri (Oyserman, Kemmelmeier ve Coon, 2002a, b; Schimmack, Oishi ve Diener, 2005) kusurlarına rağmen, benlik, değerler ve kişinin ötekilere bağlı düşünüş ve ilişkenişiyle ilgili sistematik farklılıkları göstermesi açısından bireycilik-toplulukçuluğun değerli olduğunu kabul eder. Ayrıca bazı araştırmacılar (Allik ve Realo, 2005; Yamagishi, Cook ve Watabe, 1998) bireyciliğin bencil bir yönelim olmadığını, daha ziyade sosyal sermayeyle ilgili olduğunu öne sürmüştür. Burada sözü edilen sosyal sermaye, vatandaşların birbirlerine taahhüdünü ve insanlara güveni gerektirir. Özellikle bu son bakış açısı, daha önce belirtilen Amerikan psikolojisindeki "öz arayışında" aşırı bireyciliğe eleştirel yaklaşan bakış açılarıyla zıtlık içerisindedir.

Şüphesiz, araştırmada çokyönlü kavramlaştırmaları ve açıklamaları içeren karmaşık bir olguyla karşı karşıyayız. Geçen yirmi-yirmi beş yılda, bu kavram kültürler arası psikolojide çok fazla araştırmaya konu olduğu için bununla ilgili incelemeler, hatta tamamı bu kavrama odaklanan kitaplar var (Kağıtçıbaşı, 1997a; Kağıtçıbaşı ve Berry, 1989; Kim vd, 1994; Oyserman vd, 2002a, Triandis 1988, 1990, 1995). Konumuzla ilgili olanların bir kısmından burada söz edeceğim.

Bireyciliğin köklerinin izlerine, Batı düşüncesinde, politik ve ekonomik geçmişte, dinsel tarihte ve psikolojinin tarihçesinde rastlanır. Antik Yunan ve Ortaçağ Avrupasına kadar uzanan bir geçmişi vardır. Hatta bireycilik, Avrupa'nın sosyal ve düşünce tarihine damgasını vurmuştur (bkz. Kağıtçıbaşı, 1990, 1997a). Ayrıca, Kuzey Amerika'da sanayi öncesi döneme kadar gider. Bireyciliğin Batı dünyasındaki bu tarihsel yerinin, Batı dünyasını diğer kültürlerden ayırdığı akılda tutulmalıdır. Bir sonraki bölümde bu tarihin, aile ve ailenin değişimi üzerindeki etkisini inceleyeceğim.

20. yüzyıl ortası sosyoloji ve antropolojisinde bireycilik-toplulukçuluk ayrışması, Parsons'ın (1951) yazılarında geçen "benliğe yönelme" ya da "topluluğa yönelme" kavramlarında ve Kluckhohn ve Strodtbeck'in (1961) "özel çıkarları arayış" ve "topluluğun ortak çıkarlarını arayış" görüşlerinde ifade edilmiştir. Sosyal bilimlerde bireycilik-toplulukçuluğun en bilinen öncülü ise Tönnies'in (1957) *Gesellschaft* ve *Gemeinschaft* [cemaat-cemiyet] ayrımıdır. Bu metinlerden çıkan bireycilik-toplulukçuluk fikri, bundan yirmi yıl kadar sonra Hofstede'in (1980) *Culture's Consequences* [Kültürün Sonuçları] kitabıyla kültürler arası psikolojiye de girdi ve temel olarak kültürlere atfen kullanılır oldu (Hofstede, 2001). "Sosyal davranışlardaki kültürel farklılıkların en önemli nedeni" olarak ele alındı (Triandis, Leung, Villareal ve Clark, 1985). Bireysel analiz düzeyinde "benmerkezci-diğermerkezci" olarak kullanıldı (Triandis vd, 1985). Ancak farklı analiz düzeylerinde kullanımı bazen karışıklığa neden oldu.

Kültürler arası psikologlar için bireycilik-toplulukçuluğun önemi, davranışta gözlenen kültürel farklılıkları kültürel düzeyde açıklamada kullanılmasından kaynaklanıyor. Bireycilik-toplulukçuluk özellikle, kuramsal olarak anlamı olan ve dünyadaki gözlemlenen farklılıklara anlam yükleyen bir kavram olarak işe yarar. Buna ek olarak, tek bir boyutun daha kolay anlaşılması, popülaritesine katkıda bulunmuştur. Tek kavramlı, tek boyutlu açıklamaların doğal bir çekimi vardır. Aslında, bireycilik-toplulukçuluk basit ya da tek boyutlu değildir.

Bireycilik ve toplulukçuluk "cilik"ler olarak temelde ideolojik kavramlardır ve ayrıklık-bağlılık boyutuna ek olarak, sosyal normatif olma özelliği de edinmişlerdir. Örneğin, bireycilik modernitenin koşutu olarak görülmektedir ve cinsiyet rollerinin eşitliği, insan hakları ve özgürlük gibi modern değerlerle bağdaştırılmıştır. Toplulukçuluk ise geleneksel ve tutucu bir ideoloji ile bağdaştırılmıştır (Kağıtçıbaşı, 1994; Yang, 1988). Bu tür normatif atıflar, psikolojik düzeydeki ayrıklık-bağlılık boyutu kavramlaştırmasının zorunlu sonucu değildir. Bu yüzden, bireycilik-toplulukçuluk başka ek anlamlar da taşır.

Bir Ayrım: Normatif ve İlişkisel Bireycilik-Toplulukçuluk

Aslında bireycilik-toplulukçuluk çalışmalarını, değerler odaklı ve benlik odaklı olarak ikiye ayırabiliriz (Kağıtçıbaşı, 1997a). Değer odaklılık daha önceden ortaya çıkmış ve kültürler arası sosyal psikolojide daha baskın olmuştur. Çoğunlukla sosyal normlara, değerlere, konvansiyonlara ve kurallara yansıyan normatif bireycilik-toplulukçuluğa yönelmiştir. Başlıca, kişinin çıkarlarının grup çıkarlarına göre ikincil tutulması (toplulukçuluk) ya da bireyin çıkarlarının desteklenmesi (bireycilik) ile ilgilenir. Bir başka deyişle, hiyerarşik veya eşitlikçi insan ilişkileriyle ilgilidir. Buna karşılık, benlik odaklılık, benlik/öteki ilişkilerine değinen ilişkisel bireycilik-toplulukçuluk ile ilgilidir. Burada, başkalarıyla olan ilişkisellik/ayrıklık derecesinin önemi ortaya çıkmaktadır.

Bu ayrıma dayanarak, iki tür bireycilik-toplulukçuluk önerdim: normatif ve ilişkisel. Normatif toplulukçuluk, kişinin içinde yer aldığı üyelerin ihtiyaçlarının öncelikli olduğu grup ya da kolektivite üzerine yoğunlaşır. Buna karşılık, normatif bireycilik ise kişisel çıkarları, hakları ve ayrıcalıkları destekler. Bunlar genelde karşıt eğilimler olarak görülür. Bireycilik-toplulukçuluğun bu yorumu, 1980'lerde kültürler arası sosyal psikolojideki araştırmalara ve kuramsallaştırmalara yayılmıştır. Bu yorum, öncelikle Hofstede'in (1980, 2001) ve Triandis'in (1988, 1989, 1990, 1995) çalışmalarında ortaya çıkmış ve Schwartz (1992, 1994); Schwartz ve Bilsky (1990); P.B. Smith ve Schwartz (1997), M.H. Bond (1988; 2002), Chinese Culture Connection (1987) ve diğerlerinin değerlere odaklanan araştırmalarıyla güçlendirilmiştir.

Normatif bireycilik-toplulukçuluk modernleşme-gelenekçilik ikilemiyle karıştırılır. Modernleşme kuramına göre, sosyal normlar ve görenekler sosyoekonomik gelişmeyle değişmekte, normatif toplulukçuluk yaşam biçimlerinin değişmesiyle güçsüzleşmekte ve normatif bireycilik normatif toplulukçuluğun yerine geçmektedir. Örneğin, toplumda refahın artmasıyla yaşlılar maddi açıdan yetişkin evlatlarından bağımsız ve kendilerine yeterli olurlar. Bununla birlikte, Georgas vd (2006), Kağıtçıbaşı (1982a ve b, 1990) ve Kağıtçıbaşı ve Ataca, (2005) tarafından da bulgulandığı gibi, ailedeki hiyerarşik roller güçsüzleşir. Bunun nedeni ailenin geçimi için ana babaya saygı ve sadakatin artık gerekli olmamasıdır. Aile hiyerarşisinin azalması, normatif toplulukçuluğun gerilemesi demektir. Ancak, nesiller arası karşılıklı maddi bağımlılık ve hiyerarşi azalsa da yakın duygusal bağlar devam edebilir. Duygusal bağlar, toplulukçuluğun diğer kurgusunu yani ilişkisel toplulukçuluğu yansıtır. Bu süreç bir sonraki bölümde tartışılacaktır.

Normatif toplulukçuluk, gelenekleri ve muhafazakâr ideolojiyi yansıtır (Kağıtçıbaşı, 1997a). Bu yüzden, örneğin cinsiyetle ilgili tutuculuk, moderniteden çok geleneği yansıtır ve bu boyut Hofstede'in (normatif) toplulukçuluğuyla örtüşmektedir. Benzer bir biçimde, Schwartz "uygunluk, gelenek ve güvenlik" değerler etmenini önce "toplulukçuluk" olarak adlandırmış daha sonra "koruma" [conservation] olarak değiştirmiştir (1994). Gelenek ve korumacılığın yanında güç mesafesi ve hiyerarşi vardır. Bu yüzden normatif toplulukçuluk, güç mesafesi (Hofstede,1980, 2001) ve hiyerarşi (Schwartz, 1992, 1994) ile topluluçuluğun birleşmesini yansıtır. Normatif topluluçuluk, aynı zamanda dikey topluluçulukla da ilgilidir (Triandis [1994] ve Singelis, Triandis, Bhawuk ve Gelfand [1995]).

Triandis (1994) ve Singelis vd. (1995) tarafından normatif ve ilişkisel bireycilik-topluluçuluğa benzer bir ayrım yapılmıştır. Bu ayrım yatay ve dikey bireycilik-topluluçuluk arasındadır. Temel olarak, eşitlikçi ya da hiyerarşik ilişkiler karşıtlığıyla ilgilidir ve Hofstede'in güç mesafesi boyutuna da yakındır. Geniş bireycilik-topluluçuluk kavramına yararlı bir ek olarak bu ayrım araştırmalarda kullanılmıştır. Dikey bireycilik-topluluçuluk ve normatif bireycilik-topluluçuluk arasındaki benzerlik oldukça açıktır. Buna paralel olarak, yatay bireycilik-topluluçulukla ilişkisel bireycilik-topluluçuluk da benzerdir (altta). Bu konuya 6. Bölümde tekrar değinilecektir.

İlişkisel bireycilik-topluluçuluk, benlik kurgularına ve benlik/öteki ilişkilerine yöneliktir. Buradaki asıl ayrım, kısmen kendi kendine yeten, başkalarından kesin sınırlarla ayrılmış ayrık benlikle, geçirgen sınırları olan ilişkisel benlik arasındadır. Bu ayrım daha önce yine bu bölümde bahsettiğim kültürler arasındaki farklı benlik anlamlarına, özellikle de Batı (orta sınıf) bağlamındaki benlik kurgularıyla dünyanın diğer yerlerindeki benlik kurgularının farklılıklarına benzer (Kağıtçıbaşı, 1990; Markus ve Kitayama, 1991). Shweder ve Bourne (1984), Miller (1984) ve Cousins'in (1989) bulduğu ve yapılan çok sayıda araştırmanın konusu olan bu farklılık, hem benlik algısında hem de ötekilerin algılanmasında (sosyal algıda) görülür. Bu araştırmalar daha sonra ele alınacaktır.

En baştan beri, normatif bireycilik-topluluçuluk ve değer odaklılık bu alandaki araştırmaların çoğunda baskındır. Bu da daha çok bireyin gruba (aile, topluluk) boyun eğip eğmemesiyle ilgilidir. Ancak daha sonra, birtakım araştırmacı psikolojik olarak daha önemli olan ilişkisel bireycilik-topluluçuluğu tanımıştır (Bond, 1994; Kağıtçıbaşı, 1994, 1997; Schwartz, 1994). Bu, günümüzde bireycilik-topluluçulukta daha önemli bir paradigma olan benlik odaklılığa yol açmıştır. Benlik odaklılık ve bunun bilişsel, duygusal ve güdüsel çıkarımları Markus ve Kitayama (1991) tarafından vurgulanmıştır. Daha sonraki gelişmelere temel oluşturan bu incelemeler, bireycilik-topluluçuluğun sosyal psikologların psikolojik süreçlerde kültürler arası farklılıkları incelediği temel bir boyut haline gelmesine yardımcı olmuştur.

Normatif ve ilişkisel bireycilik-topluluçuluğun birbirlerine benzerlik derecesi ampirik bir meseledir. Tutumları/değerleri (normatif) ve sosyal yönelimleri (ilişkisel) ölçen değişik türdeki ölçümler birbirleriyle bağlantılı olmayabilir. Örneğin, Chan (1994) Schwartz'ın topluluçu (koruma) değer göstergesinin benliğin sosyal içeriğiyle ilişkisinin olmadığını ortaya çıkarmıştır (Kuhn ve Mefartland 1954, "Ben Kimim?" Testi).

Bundan dolayı, iki değişik türdeki bireycilik-toplulukçuluk yani ilişkisel ve normatif bireycilik-toplulukçuluk karıştığında, kavramsal ve metodolojik bir problem ortaya çıkar. Özellikle, bireycilik ve toplulukçuluğu ölçen birçok ölçek hem normatif hem ilişkisel bireycilik-toplulukçuluk içeren maddelerden oluştuğu için, ölçüm konusunda problemler çıkmaktadır. Bu iki bireycilik-toplulukçuluk aynı kültürde hatta aynı bireyde bile değişim gösterebilir. Amerika'da yapılmış çalışmaların bulguları bunu gösteriyor. Hofstede'in özgün karşılaştırmalı araştırmasından beri, Amerika "en bireyci kültür" olarak adlandırılıyor. Bu bakış açısıyla aynı fikirde olan birçok araştırmanın bulguları değerler odaklılığı ve normatif bireycilik-toplulukçuluğu kullanır. Amerika'da kişilik hakları, eşitlik, özgürlük gibi değerleri destekleyen toplum ethos'u ele alındığında elde edilen yüksek puanlar, yüksek bireyciliği gösterir. Ancak, Oyserman vd (2002a) son zamanlardaki araştırmaların kapsamlı meta-analizi sonucunda Amerika'da yüksek düzeyde ilişkisellik bulgulamışlar; bireycilik-toplulukçuluğun sadece bir boyuta indirgenemediğini belirtmişlerdir. Bu çalışmalarda, değişik türde bireycilik-toplulukçuluk yönelimleri kullanılmış olduğu görülüyor. Bunlar arasında iki temel bireycilik-toplulukçuluk, ilişkisel ve normatif olanlardır.

Triandis (1989) bu literatürü incelemiş ve özel, toplulukçu ya da kamusal benliklerin ne zaman ortaya çıktığını üç boyutta ele alan bir açıklama geliştirmiştir. Bu üç boyut, kültürdeki bireycilik-toplulukçuluk, sıkılık-serbestlik ve kültürel karmaşıklıktır. Triandis; Baumeister (1986) Greenwald ve Pratkanis'i (1984) izleyerek, özel benliği, kişinin davranış veya özellikleriyle ilgili bilişleri ("Ben içedönüğüm"); kamusal benliği, diğer insanların kişi hakkındaki bilişleri ("İnsanlar benim içedönük olduğumu düşünüyorlar") ve toplulukçu benliği ise, aile gibi bir toplulukların kişi hakkındaki bilişleri ("Ailem benim içedönük olduğumu düşünüyor") olarak tanımlamıştır (Triandis, 1989, s. 507).[1] Ayrıca Kashima ve Hardie (2000) benliği ilişkisel, bireysel ve toplulukçu olarak kavramlaştırmışlardır.

Bu tartışmanın en önemli çıkarsaması şudur: Kültür ne kadar bireyci olursa (diğer bir deyişle, benlik ne kadar ayrık olarak yapılandırılırsa), o toplumda özerk benlik de o kadar çok olacaktır (bir başka deyişle, özerk benlik kişinin deneyimlerinde en fazla ortaya çıkan benlik olacaktır). Bunun tam tersi olarak da kültür ne kadar toplulukçuysa, toplulukçu benlik de o kadar çok sayıda olacaktır. Ailesel ve toplumsal bağların gücünü yansıtan sosyal sıkılık da toplulukçu benliğin sayısının artmasında etkilidir.

Bireycilik-toplulukçuluk paradigması, boyutluluk, genellik ve ölçüm düzeyleriyle ilgili diğer bazı konuları da içermektedir (özet için bkz. Kağıtçıbaşı,

---

1 Triandis (1989) kültürel karmaşıklığı "özel" benliğin örneklenmesiyle bağdaştırmıştır; bu yaklaşımı sorunlu buluyorum (bu konunun tartışması için bkz. Kağıtçıbaşı, 1994a).

1997a). Örneğin, bireycilik-toplulukçuluğun tek bir boyut olup olmadığı tartışılmıştır. Eğer bireycilik-toplulukçuluk tek bir boyut ise; bu boyutun iki kutbu (bireycilik-toplulukçuluk) birbirleriyle zıt bir ilişkide olur. Çoğunlukla bunun doğru olmadığı bulunmuştur (Kağıtçıbaşı, 1997a).

Hofstede (1980) bireyciliğin kültürel düzeyde tek boyutlu olduğunu bulgulamıştır. Triandis ve Suh (2002) da kültürel düzeyde, bireycilik ile toplulukçuluğun birbirine tümüyle zıt olduğunu savunmuşlardır. Ancak kişisel düzeyde analizlerin yapıldığı araştırmalar, bireycilik-toplulukçuluğun çok boyutlu (en az iki) olduğunu, yani bu iki kavramın birbirlerinden bağımsız (ortogonal) olduğunu göstermektedir (Realo, Koido, Ceulemans ve Allik, 2002; Rhee, Uleman ve Lee, 1996). Böylece, bireycilik-toplulukçuluk eğilimleri bireylerde ya da gruplarda aynı anda ve bir arada görülebilir. Farklı durumlarda, değişik hedef gruplara karşı ya da değişik etkileşim amaçlarında bireycilik ya da toplulukçuluk ön plana çıkabilir (Gudykunst ve Bond, 1997; Ho ve Chiu, 1994; Oyserman vd, 2000; Singelis, 1994; Uleman, Rhee, Bardoliwalla, Semin ve Toyama, 2000). Örneğin, toplulukçu kültürlerde bireyler kendilerinin de yer aldığı iç gruplarındaki kişilerle dış gruplarındaki kişilere farklı davranırlar. Bu davranışlar uyumdan (Bond ve Smith, 1996) ödül paylaşımında denklik-eşitlik yönelimine (Leung ve Bond, 1984) ve güvene (Yamagishi vd, 1998) kadar uzanır. Bu genel bir insan eğilimi olsa da, yapılan araştırmalar bu durumun bireyciden çok toplulukçu toplumlarda söz konusu olduğunu gösterir.

Kesin olmayan ampirik temelinden dolayı bireycilik-toplulukçuluk paradigmasının doğruluğu sorgulanmaktadır. Örneğin, Takano ve Osaka (1999) Amerikalı ve Japon katılımcıların bireycilik-toplulukçuluk üzerine karşılaştırıldığı 15 çalışmayı gözden geçirdiklerinde "genel görüşü" destekleyen bir kanıt bulamadılar. Matsumoto'nun (1999), 18 çalışmayı içeren daha geniş incelemesi de bireycilik-toplulukçuluğun ve bağımsız-karşılıklı bağımlı benlik tanımlarının ampirik desteğinin olmadığını gösterdi. Bu eleştirel bulgular bireycilik-toplulukçuluğun ve bağımsız-karşılıklı bağımlı benliğin kavramlaştırılmasındaki ve ölçülmesindeki problemlere dayanmaktadır. Bu konu daha sonra ele alınacaktır.

Çelişen bulgulara başka metodolojik sorunlar da yol açmış olabilir. Oyserman vd (2002) bireycilik-toplulukçuluğu ölçmeyle ilgili problemlerden söz etmişlerdir. Özellikle de Hofstede'in (1980) kültürel düzeydeki bireycilik puanlarıyla bireyciliği bireysel düzeyde ölçen daha yeni ölçümler arasında korelasyonların olmaması bir sorun olmuştur. Ancak, Schimmack, Oishi ve Diener (2005) bunun nedeninin farklı kültürlerdeki denekler arasındaki yanıt yanlılıkları [response sets] olduğunu savunurlar. Hofstede yanıt yanlılıklarını düzeltmiş olsa da, günümüzde yapılmış daha yeni ve birey düzeyindeki analizleri içeren çalışmalarda yanıt yanlılıkları düzeltilmemiştir. Oyserman vd (2002) yaptıkları meta-analiz çalışmasında bu düzeltilmemiş puanları kullandıklarından, bu çalışmalar arasında bir odaklaşma bulamamışlardır. Schimmack vd (2005) yanıt yanlılıklarını istatistiksel olarak düzelttikleri zaman, odaklaşma geçerliğini ve Hofstede'in de bulmuş olduğu ulusal sosyoekonomik gelişme ile bireycilik arasındaki korelasyonları elde ettiler. Bunun sonucunda, bireycilik-toplulukçuluğun kültürler arası farklılıklarda geçerli ve önemli bir boyut olduğu kanaatine vardılar.

Bu konular hakkında tartışmalar sürmektedir. Sorunlara rağmen, bireycilik-toplulukçuluk çerçevesinde yapılan önemli araştırmalar, benliğin ve insanlar arası ilişkilerin ayrıklık-ilişkisellik boyutuyla ilgili önemli bir anlayış sağlamıştır. Bu iki alandaki düşüncelerde önemli bir örtüşme vardır. Benliğin ayrıklık-bağlanmışlığı, bireycilik-toplulukçuluğun psikolojik temel boyutu olarak yorumlanabilir.

İlişkisel Benlik-Ayrık Benlik

Bu bölümde gözden geçirilen araştırma ve kuramlar birbirine yaklaşmaktadır. Düşünsel kuramlar, sosyal yorum ve eleştiriler, antropolojik incelemeler ve kültürler arası psikolojik araştırmaların tümü, farklı akademik disiplinler ve farklı zaman ve yerlere yayılmış olmalarına rağmen, kişinin başka kişilerden ayrışması ve başkalarıyla ilişki içinde olması olgusunu ve bunun derecelerini inceler. Bireyin psikolojik ve sosyal işleyişinde benliğin belirgin, sınırlı ve ayrık olması veya ilişkili ve akışkan sınırlı olması büyük önem taşır. Bu nedenle, benliğin ilişkisellik-ayrıklık derecesi temel bir boyut halinde ortaya çıkıyor.

Bu boyutu ilk olarak, insan ilişkilerinde genel bir yakınlık-uzaklık açısından kültürel düzeyde, ilişkisellik kültürü ve ayrıklık kültürü (Kağıtçıbaşı, 1985) olarak ele aldım. Benliğin ayrıklığı-ilişkiselliği ve bunu hazırlayan sebepler üzerinde durdum. Bunlarla ilgili olarak en baştaki Giriş Bölümü'nde kendi yaşadıklarımdan da örnekler verdim. Bu kavramsal boyutu, daha fazla gündemde olan bireycilik-toplulukçuluk boyutuna tercih ediyorum; çünkü benliğin ayrıklığı-ilişkiselliği, temelde psikolojik bir boyut, oysa bireycilik-toplulukçuluk öyle değil. Bununla beraber, kültürel ve bireysel düzeydeki analizlerde açık paralellikler var (bkz. Şekİl 4.2)

Bu konuda sözünü ettiğim araştırma ve yaklaşımların birleştiği nokta ilişkisellik psikolojisi olarak adlandırılabilir (Kağıtçıbaşı, 1994). Bu, genel olarak kişiler arası ilişki ile bu ilişkinin benliğin kavramlaştırılışıyla bütünleşmesini inceler. Kültürel düzeyde de daha önce belirttiğim gibi, bireycilik-toplulukçuluğun ilişkisel türüyle yakından ilgilidir. Bu nedenle, bu alan kişilik psikolojisi ve sosyal psikolojiyi birleştirir. Aynı zamanda, hem benlik kurguları hem de kişiler arası ilişkiler kültürler arası farklılıklar gösterdiğinden, kültürler arası psikolojinin de alanıdır. Eğer sistematik kültürler arası farklılıklar ortaya çıkarılabilirse ve bunları ortaya çıkaran farklı nedenler anlaşılabilirse, insan davranışının küresel boyutunu keşfetmekte önemli bir adım atmış olabiliriz.

KÜLTÜR DÜZEYİ	Ayrıklık Kültürü (İlişkisel Bireycilik)	İlişkisellik Kültürü (İlişkisel Toplulukçuluk)
BİREY DÜZEYİ	Ayrık Benlik (Bağımsızlık)	İlişkisel Benlik (Bağımlılık)

ŞEKİL 4.2. Analiz düzeyleri arasındaki bağlantılar.

İlişkisellik psikolojisinde, kültürel, ailesel (grup-kişiler arası) ve bireysel analiz düzeylerinde açık benzerlikler vardır. Dolayısıyla, ayrıklık kültürü, kesin sınırlarla belirlenmiş ayrık benlik ilişkilerinin tanımladığı ortamları, yani kültürel, ailesel ve kişiler arası ilişkiler düzenini içerir. İlişkisellik kültürü ise sınırları kesin olmayan, bağlı, geçişken ve bu yüzden bir ölçüde çakışan benlik ilişkilerinin tanımladığı ortamları ve ilişki düzenlerini içerir. Bunun dışında, bu iki zıt kutup arasında, farklı ayrıklık-ilişkisellik dereceleri vardır. Yani, ayrıklık-ilişkisellik, çeşitlilik gösteren bir boyuttur.

Bağımsızlık-Karşılıklı Bağımlılık

İlişkisellik psikolojisi, bağımsızlık-karşılıklı bağımlılık [independency-interdependency] boyutu olarak da kavramlaştırılabilir. Nitekim daha önceki bir incelemede, ilişkisel benlik ve ayrık benliği tanımlarken, bağımsızlık-karşılıklı bağımlılık temel boyut olarak ele almıştım (Kağıtçıbaşı, 1990, s. 154). Benzer bir şekilde, Markus ve Kitayama da (1991) daha önce tartışmış olduğum farklılığı tanımlamak için bağımsızlık ve karşılıklı bağımlı yapılarını kullandılar. Bunlar temel insan ilişkileri ile benliğin etkileşimine yönelik çok benzer kavramlardır. Karşılıklı bağımlılık-bağımsızlık kavramları yeni değildir; uzun zamandır gelişim araştırmaları, kişilik kuramları ve çocuk yetiştirme ve sosyalleşme çalışmalarında kullanılmaktadır. Bu çocuk yetiştirme ve sosyalleşme çalışmalarının bazılarından bu bölümde söz etmiştim (Barry vd, 1959; Berry, 1976, 1990; Whiting ve Child, 1953; Witkin ve Berry, 1975). Ancak, benlikle ilgili çalışmaların bu boyutunun özellikle üzerinde durulmaya yeni başlandı.

Bağımsızlık-karşılıklı bağımlılık boyutu farklı düzeylerde kavramlaştırılabilir. Bu boyut benlik düzeyinde, ilişkisellik-ayrıklık boyutuna denk gelir. İlişkisellik kültürü, ayrıklık kültürüne benzer bir biçimde ailesel veya kültürel düzeyde de incelenebilir (Kağıtçıbaşı, 1985a). Bu düzeyde, örneğin çocuk yetiştirme ve sosyalleşme yönelimlerinin anlaşılmasında yararlı olabilir. Bağımsızlık-karşılıklı bağımlılık boyutu, özellikle aile düzeyinde, kültürel ve sosyal-yapısal artalan değişkenleri ile benlik arasındaki bağın kurulmasını sağlar. Bu yüzden benliğin gelişiminin incelenmesinde önemlidir.

Kişiliğe Dair "Çatışma Kuramları." Bağımsızlık-karşılıklı bağımlılık boyutu, ilişkisel-ayrık benlik kurguları gibi, insanlar arası yakınlaşma-ayrışma süreciyle ilgilidir. Amerikan psikoloji akımında, ilk olarak, biri diğer kişilerle yakınlaşma, diğeri ise ayrışma olmak üzere iki temel ve çelişik insan ihtiyacı, kişiliğe dair "çatışma kuramları"nda vurgulandı (Angyal, 1951; Bakan, 1966, 1968; Rank, 1945). Bu süreç psikanalitik yaklaşım içinde, "nesne ilişkileri kuramı"nın yeniden yapılandırılmasıyla, bireyleşme-ayrışma sürecinin "çözümlenmesinden" kaynaklanır (Blos, 1979, Chodorow, 1989; Mahler, 1972; Mahler, Pine ve Bergman, 1975; Panel, 1973a ve b). Bu, çevreden özerk olmayı sağlayan bir erken gelişim sürecidir; nesnelerle tutarlı bir ilişki kurmayı, nesnenin yokluğunda da onların zihinsel temsillerini üretmeyi sağlayan temel bilişsel gelişmeye dayanır.

Bu görüş, bu süreci mantıklı ve özerk bir egonun gelişimi olarak yorumlayan ego psikologları tarafından da paylaşılmaktadır (Hartman, 1939 ve 1958). Aile sistemleri kuramı gibi farklı bir yaklaşımdan da aile sistemi içinde benlikleri (alt sistemleri) ayıran kesin sınırlar vurgulanmıştır (Guerin, 1976; Minuchin, 1974). Bütün bu kuramlar da gösteriyor ki, hem benliğin sağlıklı gelişmesi hem de sağlıklı bir aile işleyişi için, bireyleşme-ayrışma ve benliğin sınırlarının iyi tanımlanması kişilik kuramları ve klinik psikolojide çok önemli addedilmektedir.

Aslında, her birey diğerlerinden farklı bir varlık olduğunun farkında olduğu için, erken bir bilişsel ayrışma süreci gereklidir. Ancak, "bireyleşme-ayrışma hipotezi" sadece bu temel varoluş düzeyinde geçerli olmakla kalmayıp sağlıklı ve sağlıksız insan gelişimi ve aile işleyişini tanımlamada da kullanılır. Psikolojik düzeyde, "sembiyotik" (çakışan benlikler için bkz. ŞEKİL 4.1, s. 115) benlik ilişkileri sağlıksız olarak, ayrık benlik ise sağlıklı olarak yorumlanmıştır. Freud, Erickson ve diğer anaakım kişilik psikolojisi kuramsal yaklaşımları da aynı görüşü paylaşır.

Bu yüzden Batı psikolojisi *sağlıklı* örnek olarak tek bir benlik türünü kabul eder: ayrık benlik. Bu bakış açısını psikolojinin kural koyucu yapısı daha da güçlendirmektedir. Bu yaklaşım yararlı olabilir, ancak eğer yanlış yönlendirilir ve aşırıya götürülürse zararları yararlarından daha fazla olabilir. Amerikan psikoloji akımını eleştirenlerin temel şikâyeti de budur: Psikoloji, sosyal taahhüt eksikliği ve bencillik probleminin çözümü olmaktan çok sebeplerinden biri olarak görülmüştür.

Bir Uyarı Notu. Bu bölüm boyunca ilişkisellik-ayrıklığı, benliğin ve kişiler arası ilişkilerin temel bir boyutu olarak inceledim. Bunu ilişkisellik psikolojisi olarak adlandırdım (Kağıtçıbaşı, 1994). Daha önce de tartışıldığı gibi bu, bireycilik-top-lulukçuluğun ilişkisel kurgusunun temelidir. Ancak, duygusal bağları *kapsamaz*. Başka bir deyişle, ilişkisel benliklerin ayrık benliklere göre ille de birbirlerinden daha çok hoşlanmaları ya da birbirlerini daha çok sevmeleri gerekmez. Burada önemli olan benlik/öteki ilişkilerinin *yapısıdır*. Bu yapı, bir benliğin bittiği yerde ötekinin başlaması ya da benlik sınırlarının açık bir şekilde tanımlanıp tanımlanmamasıyla ilgilidir. Bu, Şekil 4.1'de tanımlandığı gibi, benliklerin "kimliğinin" ayrı ya da bağlı/örtüşen olması olarak düşünülebilir.

İkincisi, son on yılda karşılıklı ilişkisellik-ayrıklık boyutuyla ilgili yorumlarım ve buna ilişkin olarak karşılıklı bağımlı-bağımsız benlik hakkındaki görüşlerim, bu konudaki bazı etkili bakış açılarından farklı şekilde gelişmiştir (Kağıtçıbaşı, 1996b, 2005a). Özellikle, özerkliğin gelişmesi için kişinin kendisini başkaların-dan ayırması gerektiği iddiasını, yani ayrıklıkla özerkliğin örtüşmesi varsayımını sorguluyorum. Alandaki bazı araştırmacılar tarafından yapılmış bu varsayım psikanalitik ayrışma-bireyleşme hipotezinin bir kalıntısı gibi görünüyor (Mahler, 1972; Mahler vd, 1975). Bireycilik/bağımsızlığın kurgulanması ve ölçülmesin-de ayrıklık ve özerkliğin (yetkinliğin) içerilmesinin kavramsal ve metodolojik bir sorun yarattığını düşünüyorum. Aynı zamanda, toplulukçuluk/karşılıklı bağımlılığın kurgulanması ve ölçülmesinde ilişkisellik ve yetkinlik eksikliğinin içerilmesinin de kavramsal ve metodolojik bir sorun olduğunu düşünüyorum. Alanda yapılan çalışmaların çelişen sonuçlarının sorumlusu, kısmen bu sorun-dur. Benliğe gelişimsel bir bakış açısıyla yaklaşan 6. Bölümde bu konu daha da derinlemesine incelenecek.

Bundan sonra, bireycilik-toplulukçuluk ya da bağımsız-karşılıklı bağımlı benliğin davranışsal bağıntılarını inceleyen araştırmaları ele alacağız. Bu, benlik üzerine yapılan kültürler arası çalışmalarda en çok araştırılan konu olmuştur. Bu çalışmaların birçoğu sosyal psikolojik bakış açısıyla yürütülmüştür. Bu du-rum, bireycilik-toplulukçuluk paradigmasının anaakım sosyal psikolojiye dahil olduğunun bir göstergesidir.

Bireycilik-Toplulukçuluk ya da
İlişkisel-Ayrık Benliğin Psikolojik İşlevlerle Bağıntıları

1980'lerden itibaren, benliğin bağlanmışlık ya da ayrıklığının etkileri araştı-rılmıştır. Birçok araştırma, bireycilik-toplulukçuluğun ve benlik kurgularının psikolojik süreçler ve davranışlar üzerindeki etkisini araştırmak üzere yapılmıştır. Örneğin, benliğin ilişkisel kurgusunda; sosyal durumlarda rekabetten çok kişiler arası uyumu algılama eğilimi vardır (Forgas ve Bond, 1985); ilişkisel benlik daha az sosyal tembellik gösterir (Earley, 1989, 1993; Gabrenyna, Wang ve Latane, 1985), rekabetten çok işbirliği eğilimi vardır (Eliram ve Schwarzwald, 1987) ve Markus ve Kitayama'nın belirttiği gibi (1991) bilişsel, duygusal ve güdüsel bağlamda farklı eğilimleri vardır. Bu araştırmaların çoğu "bireycilik-topluluk-çuluk" çerçevesinde yürütülmüştür. Ancak, incelenen davranışların yapısına bakıldığında, buradaki belirleyici temel etmenin benliğin bağlanmışlık-ayrıklık derecesi olduğu görülüyor.

Bu bölümde, kuramsal ve ampirik araştırmalarla incelenmekte olan başka psikolojik işlevleri inceleyeceğim. Bu paradigmada yer alan çok sayıda ampirik araştırma var. Burada ancak bazıları ele alınacak. Bunlar özellikle bu alandaki araştırmalara ve düşüncelere örnek olarak seçildi.

Ahlaki Düşünme ve Sosyal Adalet

Shweder ve Bourne (1984) ve J.G. Miller (1984) tarafından araştırılmış olan, kültürün özbenlik algısı ve kişi algılamaları üzerindeki etkilerine daha önce değindim. Benliğin nasıl algılandığı ahlaki düşünme üzerinde de etkilidir. J.G. Miller, Bersoff, ve Harwood (1990) Amerikalı ve Hintli deneklere yine hipotetik bazı olaylarda insanların başkalarına yardım etmemeleriyle ilgili yargılarını sordular. Hintlilerin sosyal sorumluluğu ahlaki bir konu olarak gördüğünü, Amerikalıların ise, yaşamsal tehlike olan acil durumlar ve ana baba çocuk ilişkisi dışında, bunu kişisel bir tercih veya karar olarak gördüğünü bulguladılar. Yani, Hintli ilişkisel benlik açısından diğer insanların refahı, (yardımseverlik) sosyal sorumluluk gerektiren önemli bir ahlaki değer. Amerikan ayrık benliğine göreyse, ahlaki değerler adalet ve bireysel özgürlükle sınırlı; Kohlberg'in kuramında da görüldüğü gibi yardımseverliği içermiyor (1969, daha sonra tartışılacak). Hatta yardımseverlik, bireyin seçme özgürlüğüyle çelişebilir. Bu bulgunun egoizm-diğerkâmlık açısından açık çıkarsamaları vardır. Bu konular daha önce sözü edilen Amerikan psikolojisine yöneltilen eleştiriler ve sosyal yorumlarda da ortaya çıkıyor.

J.G. Miller (1994), benlik kurgularındaki bu farklılıkları, Hint kültüründeki görev merkezli ahlak kurallarıyla Amerikan kültüründeki birey merkezli ahlak kuralları arasındaki kültürel farklılıklara bağlamıştır. Buna ek olarak, farklı türde ahlaklar olduğunu savunur. Örneğin, göreve dayalı iyilik "topluluk ahlakı"nı, öte yandan bireysel bir seçimle yapılan iyilik "gönüllü ahlakı"nı oluşturur. Niteliksel olarak farklı olan üçüncü tür ahlak ise Japonya'da vurgulanan "diğerlerine karşı empatiye dayalı ahlak"ı içerir (Miller, 2001, 2002).

Bu bakış açıları, psikolojinin ahlak gelişimiyle ilgili temel kuramsal bakış açısından, yani Kohlberg'in modelinden farklıdır. Kohlberg (1969, 1984), Piaget'nin (1948) "özerk olmayan"dan "özerk olan" ahlaka uzanan iki basamaklı ahlak gelişimini kullanarak, ahlak gelişiminin üç dereceli, altı basamaklı sıralamasını oluşturmuştur. Bu model de Piaget'nin modeli gibi bilişselliği temel alır ve evrensellik iddiasında bulunur. Bu model, cezalandırmadan kaçınan hedonistik geleneksel öncesi düzeyden, sosyal yükümlülüklere, başkalarının ihtiyaçlarına ve kurallara yönelen geleneksel düzeye ve bu düzeyden de giderek insan hakları ve adalet ilkelerini destekleyen gelenek sonrası düzeye kadar uzanan bir gelişimi ele alır. Kohlberg'in doktora öğrencilerinden Carol Gilligan'ın (1982) eleştirel feminist bakış açısı ile sorgulanana kadar, Kohlberg'in ahlak muhakemesiyle ilgili modeli çok etkiliydi. Bu sorgulama, ahlak düzeyi gelişimindeki cinsiyet farklılıklarını ortaya çıkaran araştırmalardan ortaya çıkmıştır. Yüksek ahlak düzeyindeki yanıtların çoğu Batı'da yaşayan, orta sınıf, şehirli gruplarda, özellikle de erkeklerde ortaya çıkmıştır. Kadınlar, genellikle bireyci dünya bakış açısını yansıtan ve "adalet ahlakı"nı içeren yüksek düzey yerine "sosyal" düzeyde "başkalarının ihtiyaçlarına odaklaşan ilişkisel" ahlakı yansıtan daha düşük puanlar almışlardı. Gilligan'ın bireyci erkek önyargısının eleştirisi, Kohlberg kuramının geçerliliğini sorguladı ve bu alandaki görüşleri etkiledi.

Kültürler arası araştırmalar ahlak gelişiminde cinsiyet farklılıklarının yanında kültürler arası farklılıklar da bulmuştur. Örneğin, Lübnan, Meksika, Çin ve Türkiye'de şehirli gruplar ve kırsal alanda yaşayan köylüler (Kohlberg, 1969; Obermeyer, 1973) üzerine yapılmış araştırmalar ve sonrasında Kenya'daki Kipsikisler (Harkness, Edwards ve Super, 1981) üzerinde yapılan araştırmalarda sosyal geleneksel türde ahlak (ikinci düzey) yaygın şekilde görülmüştür. Ancak hiçbir grubun üçüncü düzeyde bulunmaması, kurama gölge düşüren bir bulgu gibi görülmemiştir. Diğer bir deyişle, Amerikalı kadınlar, Amerikalı erkeklerden daha düşük ahlak gelişimi puanı aldıklarında bu kuram sorgulanmıştır. Ancak Batı'da yaşamayan geleneksel gruplar, Batı'da yaşayan gruplardan daha düşük puanlar aldığında, kuramın evrenselliği ve geçerliği sorgulanmamıştır (bkz. Miller, 2001). O insanların sadece "daha az gelişmiş olduğu" farz edilmiştir.[2]

Günümüzde, genelde ahlakın farklı temelleri olduğu kabul edilir. Özellikle ilişkisellik kültürünün ahlak anlayışı ve ahlak sorumluluğu üzerinde derin bir etkisi olduğu düşünülüyor. Çinli Ma'nın (1997) ortaya koyduğu gibi, ahlakın temeli başkalarına yönelik sorumluluk duygusu içerebilir. Bununla ilişkili olan "sosyal yönelimli" ahlak, başkalarına karşı sorumluluk yargılarını temel alır ve bu, Amerika'ya kıyasla Japonya'da (Hagiwara, 1992), Hindistan'da (J.G. Miller, 2003) ve diğer toplulukçu kültürlerde daha çok göze çarpar.

Görev duygusu temelli sosyal yönelimli ahlakın, yetkinlikten yoksun olmadığı da vurgulanmalıdır. J.G. Miller (2003) toplulukçu kültürde yaşayan bir

---

2   Gilligan da bunu önemsememiştir. 1984'te Harvard Üniversitesinde yaptığı bir konuşmasından sonra cinsiyetler arasındaki farklılıklarla paralellik gösteren kültürler arası farklılıklara değindiğim zaman, bu konunun üstünde durmadı.

bireyin toplumsal beklentileri karşılamasının benlik için yetkin ve bütünleşmiş bir deneyim olduğunu; bu tip davranışların zorlama olarak algılanmaktansa güdüsel olarak tatmin edici olduğunu gösterir. Örneğin, J.G. Miller bir araştırmada, Amerikalı ve Hintli yetişkinleri bir arkadaşa, karşı taraftan çok veya çok az yardım beklentisi olan durumlarda yardım etme durumuna soktu. Yardım beklentisi "çok", "çok az" ya da "hiç" olarak belirlendi. Büyük sosyal beklenti olan durumlarda (örneğin karşıdaki kişi doğrudan yardım istediğinde) Amerikalılar yardımdan daha az tatmin aldıklarını ifade ettiler, çünkü yardım etmeme tercihleri kısıtlanmıştı. Hintliler için ise yardım beklentisinin çok ya da az olması arasında tatmin olma veya tercihin kısıtlanması bakımından fark bulunmadı (J.G. Miller, Schaberg, Bachman ve Conner, 2006). Benzer bir biçimde, Menon ve Shweder (1998) Hindistan'da yaptıkları etnografik araştırmalarında, toplumsal yükümlülükleri içeren davranışların kişisel yetkinlik ve ahlaki seçimi içerdiğini ama "körü körüne itaati" içermediğini gözlemlediler.

Sosyal adalet ahlakla ilgilidir, hatta kaynakların dağıtımında adillik ahlakının ifadesidir. Toplulukçu kültürlerde sosyal adaleti inceleyen ilk kültürler arası araştırma, kaynakların dağıtımında her kişinin hak ettiğini alması gereken dağıtım şeklinden çok kaynakların herkese eşit bir şeklide dağıtıldığını bulgulamıştır (Kashima, Siegel, Tanaka ve Isaka, 1988; Leung, 1987; Marin, 1985; Triandis vd, 1985). Bunun nedeni, toplulukçu kültürlerdeki toplumsal uyumun ve ahengin önemidir. Kişi, kendinin de üyesi olduğu ve benimsediği iç grupla dayanışma içinde olmak için eşitlikçi paylaşımı tercih eder. Toplulukçu kültürlerde, bireyci kültürlere benzer şekilde, kişinin içinde yer almadığı dış gruplar için ise eşitlikçi değil de her kişinin hak ettiğini aldığı dağıtım tercih edilir (Leung, 1997; Leung ve Bond, 1984). Böylece, bireycilik-toplulukçuluk tercihlerinin hedefe bağlı bir durum olduğu görülmektedir.

Adaleti sağlama ya da ilişkileri devam ettirme amaçları, anlaşmazlıkların çözümü sırasında da farklı tercihlere yol açar. Bu nedenle, anlaşmazlıkların çözümünde ilişkilerin sürdürülmesi amacını ön planda tutan Japonlarla kıyaslandıklarında, Amerikalıların adalete uygun amaca (adaleti sağlamak) daha önem verdikleri gözlenmiştir (Ohbuchi, Fukushima ve Tedeschi, 1999).

Kendini Yükseltme

Bireycilik-toplulukçuluk ya da bağımsız-karşılıklı bağımlı benlik kurgularının bir başka sonucu kendini yükseltme [self-enhancement] ya da "benliğe hizmet eden yanlılık"taki [self-serving bias] değişkenliktir (Kashima ve Triandis, 1986). Yapılan birçok araştırma, bireyci toplumlarda toplulukçu toplumlara göre kendini yükseltmeye daha fazla eğilim olduğunu gösterir. Özellikle Amerikalıların kendini yükseltme eğilimleri dikkat çekicidir; değişik özelliklerde kendilerini birçok insandan daha iyi görmeleri bunun bir örneğidir (Kitayama, Markus,

Matsumoto ve Narasakkunkit, 1997; Markus ve Kitayama, 1991; Matsumoto, 2001). Ayrıca Amerikalılar ve Japonları karşılaştıran birçok araştırmanın sonuçlarına göre Japonlarda tamamen zıt bir durum ortaya çıkmaktadır. Kültürel değerler ve inançlar, halk bilgeliğinin tezahürleridir ve sık sık kendini yükseltme eğilimlerini güçlendiren pratiklerde kendilerini gösterirler. Örneğin Amerika'daki okullar, ana babalar, öğretmenler, işyerleri vb kişinin özgüvenini ve özsaygısını pekiştirirler ve kişinin özyeterliliğinin başarıya giden emin bir yol olduğuna dair iyimser bir inanca sahiptirler. Ancak, diğer sosyokültürel ortamlarda, "özgelişim" yönelimi tercih edilebilir. Bu yönelim, başarısızlık üzerine odaklanmayı ve bir sonraki denemede daha çok çalışmayı içerir. Yönelimlerdeki bu tip farklılıklar Japonlarla Amerikalıları karşılaştıran araştırmalar sonucunda bulunmuştur (Heine vd, 2001).

Alçakgönüllülük de bir sosyal norm olarak bu konuyla ilgilidir. Övünmenin hoş karşılanmadığı birçok geleneksel toplulukçu toplumlarda, alçakgönüllülük başkalarının önünde nasıl davranılacağını belirleyebilir, izlenimlerin idare edilmesinde temel bir rol üstlenebilir. Ancak eğer içselleştirilirse, etkileri derinlere inebilir ve kişi yalnız olduğunda bile etkili olur (Heine, Lehman, Markus ve Kitayama, 1999). Örneğin, Çinli ve Japon çocuklar ve ergenlerle yapılan araştırmalar (Bond, Leung ve Wan, 1982; Yoshida, Kojo ve Kaku, 1982) alçakgönüllülük normunun erken yaşlarda içselleştirildiği, alçakgönüllü kişilerin daha çok sevildiği ve bu kişilere daha çok değer verildiği bulunmuştur. Bu durum, çocukluktaki erken dönem anılarının nasıl hatırlandığını da etkileyebilir. Q. Wang (2004) anaokulundan ikinci sınıfa kadar çocukların otobiyografik bellekleri üzerine yaptığı araştırmada, Amerikalı çocukların hatırladıkları olaylarda kendi rollerini, seçimlerini ve olumlu duygularını anlattıklarını, öte yandan Çinli çocukların kendilerini sosyal etkileşim ve sosyal roller açısından hatırladıklarını ve çevreye özgü özellikleri tarafsız ve alçakgönüllü bir şekilde anlattıklarını bulgulamıştır.

Kitayama vd (1997) Amerikalı ve Japon öğrencileri, özsaygıyı artırması veya azaltması beklenen kurgulanmış olumlu ve olumsuz durumlara soktukları bir araştırmada Amerikalı öğrencilerde kendini yükseltme, Japon öğrencilerde de özeleştiri bulguladılar. Araştırmacılar alçakgönüllülük faktörünün farkına varınca, ikinci bir çalışmada yönlendirmelerini değiştirerek "kişinin kendisi" yerine "tipik" bir öğrenci hakkında sorular sormuşlardır. İki araştırma arasındaki sonuçlar farklı çıkmadığı için, araştırmacılar sonuçların benlik sunumunda alçakgönüllülük etkisinden ziyade, kendini yükseltmede gerçek farklılıklara işaret ettiği sonucuna varmışlardır. Bu bulgular, Heine vd'nin (2001) araştırmasının bulgularıyla paralellik göstermektedir. Bu durum, özgüvenden ziyade Konfüçyüs ahlakında da yer alan çok çalışma ve özdisipline verilen önemle ilgilidir.

Bunun yanında diğer araştırmalar, kendini yükseltmenin evrensel bir güdü olduğunu, ancak sosyal açıdan kabul edilebilir, farklı yollardan elde edildiğini bulgulamışlardır. Örneğin Sedidikes, Gaertner ve Toguchi'nin (2003) yaptığı iki farklı araştırma Amerikalıların ve bağımsız benlik kurgusuna sahip deneklerin bireyci niteliklerde kendini yükseltme olgusunun arttığını, bunun yanında Japonların ve karşılıklı bağımlı benliğe sahip deneklerin toplulukçu niteliklerde kendini yükseltme olgusunun arttığını bulgulamışlardır. Kurman (2001) Singapur'da yaşayan Çinliler ve İsrail'de yaşayan Yahudiler ve Dürziler üzerinde yaptığı araştırmada benzer bulgulara ulaşmıştır. Bu araştırmanın sonuçlarına göre alçakgönüllülüğün fail bireysel özelliklerde kendini yükseltmeyi engelleyici etkisi vardır. Muramato ve Yamaguchi (1997) ve Yamaguchi (2001) Japonların kendi performanslarını değerlendirdiklerinde benliklerini eleştiren atıflarda bulunduğunu, gruplarının performansını değerlendirirken grubu yücelten atıflarda bulunduklarını bulgulamışlardır. Bu yolla, gruplarını yücelterek şahsen övünmeden ve grup üyelerinin arasındaki uyumu bozmadan, dolaylı biçimde özdeğerlendirme (veya kendini yükseltme) yapmış olurlar. Bu durum, benliğe hizmet eden yanlılıktan çok kişinin içinde yer aldığı grubu yükselten bir yanlılıktır. "Toplulukçu özsaygı" kavramına benzer (Crocker ve Luhtanen, 1990) ve bireysel özsaygıdan farklıdır. Tipik olarak bireysel özsaygı ölçümlerinde Japonlar düşük puanlar alır.

Bu konudaki tartışmalar sürmektedir. *Journal of Cross-Cultural Psychology* dergisinin bir sayısının tamamı (2003, sayı 5) bu konuya ayrılmıştır. Bu sayıda yer alan araştırmaların bulguları, isimleri saklandığında ya da rekabetçi bir ortamda alçakgönüllü kişilerin bile kendilerini yükselttiklerini gösterir. Ayrıca, kendini yükseltmenin veya önemsemenin, kişinin kendisini iyi hissetmesiyle ilişkili olduğu görülmüştür. Yapılan saptamalar, kişinin kendine bakış açısında evrensel olarak, olumlu bir tavrın gerekliliğine ağırlık vermektedir. Ancak bu; kendini yükseltmenin dışında, değerlerdeki kültürel farklılıkları, kuralları ve tavırları göz önüne alarak farklı şekillerde ifade edilebilir.

Bilişler ve Duygular

Anaakım sosyal psikologların kültüre ilgi göstermeleri, sosyal biliş ve duygularda kültürel farklılıkların bulunmasıyla başlamıştır. Bu nedenle, Markus ve Kitayama'nın (1991) etkili makalesi Amerikalılar ile Japonların bilişlerinin, duygularının ve güdülerinin karşılaştırılmasını içerir. Tüm bu araştırmalar, kültürün sadece çok farklı insanlarda var olan egzotik bir şey olmadığını, herkesin içine işlemiş bir olgu olduğunu gösterir. Bilişsel süreçlerde, özellikle nitelemelerde, ahlaksal düşüncede, ötekini algılamada ve özalgıdaki kültürel farklılıklardan daha önce bahsetmiştim. Toplulukçu kültürdeki kişilerin, niteleme ve hükümlerde bulunduklarında ve kendilerini ya da ötekileri tarif ettiklerinde daha çok ilişkisel-bağlamsal etmenlere dikkat ettikleri genel bir bulgudur (Cousins, 1989; Miller, 1984; Shweder ve Bourne, 1984).

Günümüzde laboratuvarda yapılan deneysel araştırmalar, hazırlama ve benzeri deneysel düzenlemelerle, kültürün ya da bağımsızlık-karşılıklı bağımlılığın denek için önemini artırmaya çalışır. Deneysel olarak oluşturulmuş kültürel etmenlerin veya deneklerin kültürel arka planlarının bellek ya da yargılar gibi bilişsel süreçlerinde önemli bir yeri olduğu bulunmuştur. Örneğin, Q. Wang'ın (2004) ve Wang ve Conway'in (2004) yetişkinlerin belleği üzerine yaptığı araştırmada, Amerikalıların bireysel deneyimleri hakkında daha çok anıları olduğunu ve daha çok kendi rolleri ve duyguları üzerine odaklandıklarını, Çinlilerin ise sosyal ve tarihsel olayları daha çok hatırladıklarını ve sosyal etkileşimler ve kendileri için önemli olan diğer kişiler üzerine yoğunlaştıklarını bulgulamıştır. Bu araştırmaların önemi, bellek-benlik arasındaki karşılıklı etkileşimi göstermesidir (bkz. Wagar ve Cohen, 2003).

Gardner vd (1999) karşılıklı bağımlılık yönünde hazırlanan deneklerin kendi benlik kurgularında değişimler yaşadığını ve daha toplulukçu toplumsal değerler ve yargılara yöneldiklerini gözlemlediler. Benzer bir biçimde, Cross, Morris ve Gore (2003) bağımsız benlik kurgusularına sahip deneklerle karşılaştırıldıklarında bağımlı benlik kurguları olan deneklerin ilişkisel terimlerle ilgili daha çok bilişsel şemaları olduğunu, bunları daha olumlu değerlendirdiklerini ve ilişkisel olgularla ilgili daha iyi bellekleri olduğunu bulgulamışlardır. Ayrıca, kendilerini ve arkadaşlarını birbirlerine benzer olarak tanımlamışlardır.

Bilişin bir başka temel konusu olan esneklik ve bilişsel çelişki [cognitive dissonance] bireycilik-toplulukçuluk/bağımsızlık-karşılıklı bağımlılık çerçevesinde incelenmiştir. Doğu Asyalıların çelişkileri daha fazla hoş gördüğünü ve karşıt eğilimlerin bir arada var olması açısından daha rahat olduklarını gösteren bulgular vardır. Batılılarda ise karşıt fikirlerin bir arada var olması zihinsel mirasları olan kartezyen ikiciliğe ters düşer (Sinha ve Tripathi, 1994). Bu durum, toplulukçu kültürdeki bireylerin, kişinin davranışını etkileyen ötekilerin beklentilerini de kapsayan durumsal isteklere daha çok dikkat etmeleri ve davranışlarının etkilenmesiyle açıklanabilir. Bu yüzden, toplulukçu Doğu Asyalıların davranışlarındaki çelişkiler çevredeki farklı isteklerden kaynaklanabilir. Toplulukçu kültürlerdeki bireylerin, davranışlar hakkında hükümlerde bulunurken daha fazla duruma bağlı (dış) nitelemelerde bulunmaları da bununla ilgilidir (Miller, 1984). Durumsal esnekliğe olan bu yatkınlık, özalgılara da yansımıştır. Örneğin, I. Choi ve Choi (2002) Amerikalılardan farklı olarak, Korelilerin benlikleri hakkında tutarsız inançları olduğunu bulgulamıştır.

Bilişsel çelişkinin kişinin davranışını temellendirmek ve olumlu bir benlik duygusuyla uyumlu olmasını sağlamak için bir güdü olduğunu düşündüğümüzde (Aronson, 1968; Stone ve Cooper, 2001), toplulukçu kültürlerde daha esnek bir benliğe sahip bireylerin bilişsel çelişkiyi daha az yaşayacağını söyleyebiliriz. Bunun nedeni, çevresel etmenlere bağlı olarak (yani durumsal olarak belirlenmiş) davranışların tutarsız olabileceği beklentisidir. Örneğin, Heine ve Lehman (1997) bilişsel çelişki yaşamayan Japonlarda bu tür bir beklenti gözlemlemiştir. Diğer taraftan, bireyci kültürlerde kişiler davranışlara içsel nitelemelerde bulunurlar, yani davranışlarının duruma bağlı olmaktan ziyade kişisel tavırların bir ürünü olduğunu düşünürler ve kişilerin farklı durumlarda benzer davranışlar göstermelerini beklerler.

Kitayama, Snibbe, Markus ve Suzuki (2004) kültürler arasındaki farklılıkların benlik kurgularındaki çeşitliliklerden kaynaklandığını savunmuşlardır. Örneğin, Avupa kökenli Amerikalılar, deney düzeneğinde hazırlama sürecinde ötekilerin beklentileri ön plana çıkarılsın veya çıkarılmasın, her durumda bilişsel çelişki yaşama ve kendi tercihlerini haklı çıkarma eğiliminde oluyorlardı. Japonlar ise, ancak ötekilerin beklentileri hatırlatılınca tercihlerini haklı çıkarmak ihtiyacı duyuyorlardı. Bu bulgular, bilişsel çelişkiyi yaşamanın ve kişinin kendi tercihlerini haklı çıkarma ihtiyacının büyük olasılıkla evrensel olduğunu ancak bunun ortaya konmasının benliğin kültürel açıdan desteklenen özelliklerine bağlı olduğunu gösterir. Bağımsız Avrupa kökenli Amerikalılar için bu özellikler daha çok bireysel yetkinlik ya da etkinlik olabilir; karşılıklı bağımlı Japonlar içinse diğer kişiler tarafından takdir edilmedir. Evrensellik ya da kültürel görelilik konusu duygular üzerine yapılan araştırmalarda da ele alınmıştır.

Kültürler arası bireycilik-toplulukçuluk araştırmalarında, duygular benliğin bağımsızlığını ya da karşılıklı bağımlılığını özendirmesi açısından sınıflandırılmıştır (Kitayama vd, 1995). Gurur gibi bazı olumlu duygular ve öfke gibi bazı olumsuz duygular kişinin içinden yaptığı nitelemeleri daha belirgin kılar ve aynı zamanda ilintili sosyal ortamla tezatlıklar gösterebilir. Bu yüzden bu tip duygular *sosyal katılımlı olmayan duygular* olarak adlandırılır. Saygı ve suçluluk gibi diğer duygular ise kişiler arası bağı belirgin hale getirir, bu yüzden *sosyal katılımlı duygular* olarak adlandırılır. Daha önce bu duygular Markus ve Kitayama (1991) tarafından sırasıyla *ego odaklı* ve *öteki odaklı* olarak adlandırılmıştır. Markus ve Kitayama ego odaklı duyguların bağımsız benliklerde, öteki odaklı duyguların ise daha çok karşılıklı bağımlı benliklerde yaygın olduğunu belirtmişlerdir. Yakın tarihli bir araştırmanın (Kitayama vd, 2000) sonuçlarına göre, Japonlar sosyal katılımlı duyguları, sosyal katılımlı olmayan duygulardan daha fazla yaşıyorlarmış, Amerikalılar ise olumlu duyguları olumsuz duygulardan daha fazla yaşadıklarını belirtmişlerdir. Ayrıca, Japonlar "iyi hisleri" sosyal katılımlı duygularla ilintilemişler, Amerikalılar ise "iyi hisleri" sosyal katılımlı olmayan duygularla bağdaştırmışlardır. Bu yüzden, Amerikalı benliklerden farklı olarak Japon benlikler için kendini iyi hissetmek ya da mutlu olmak, sosyal olarak paylaşılan duygularla ilgilidir.

Duygular üzerine yapılan kültürler arası araştırmaların yaygınlığı ilgi çekicidir. Bu araştırmalar, duyguların tanınmasından, duygular hakkında yargılara ve duygulara bağlı nitelemelere kadar uzanır (Markus ve Kitayama, 1994; Matsumoto, 2001). Daha önce de belirtildiği gibi, bu konuda temel tartışma, duyguların evrenselliği ya da kültürel inşası üzerinedir. Bulgulara genel olarak bakıldığında terazinin kefeni duyguların evrenselliğinden yana ağır basıyor gibi görünüyor (Berry vd, 2002). Bununla beraber, biyolojik kökenleri olsa da, duygular içinde bulundukları ortamda kendilerini gösterir, dolayısıyla ortamdan etkilenir. Duyguların ifadesinin kuralları ve normları olması, bu duruma bir örnektir. Bu yüzden, duygular üzerine yapılan bireycilik-toplulukçuluk araştırmaları, duyguların ortaya çıkmasında kültürün yarattığı farklılıkları anlamamızı sağlar.

Duyguların düzenlenmesi üzerine yapılan kültürler arası araştırmalar da vardır. Ortak olarak kabul edilen bir görüşe göre, bireyci toplumlarda duyguların düzenlenmesi, denetimi ya da ifade edilmesi bireyin iyiliğine bir katkıda bulunmasına ve bireyin kendi amacına ulaşmasına yardımcı olması temeline dayanır. Toplulukçu kültürlerdeyse, duyguların düzenlenmesinde sosyal normların ve diğer bireylerin beklentilerinin rolü vardır (Eisenberg ve Zhou, 2001). Bu yüzden öfke ve hayal kırıklığı gibi, ego odaklı duyguların ifadesi toplulukçu kültürlerde daha çok bastırılır, çünkü bu tür duygular eşgüdümlü uyum içindeki sosyal etkileşime zıt düşer. Amerikalı çocuklar ile Nepalli ve Japon çocukları karşılaştıran araştırmalarda (Cole ve Tamang, 2001; Zahn-Waxler, Friedman, Cole, Mizuta ve Hiruma, 1996) Amerikalı çocukların olumsuz duyguları daha az düzenledikleri görülmüştür. Bu, aşağıda incelenen denetim konusuyla doğrudan ilişkilidir.

Denetim

Denetim özellikle Japonlar ve Amerikalıları karşılaştıran araştırmalara konu olmuştur. Weisz, Rothbaum ve Blackburn (1984) Amerika'da, mevcut gerçeklikleri etkilemek anlamı taşıyan "birincil denetim"e değer verilirken, Japonya'da mevcut gerçekliklere uyum sağlamayı yansıtan "ikincil denetim"e önem verildiğini ortaya koymuştur. Bu farklılık, daha önceleri vurgulanan, içsel ve dışsal denetime inanç arasındaki farklılığı hatırlatıyor (Rotter, 1966). Bireysel bir bakış açısından, içsel denetime inanmanın her zaman "daha iyi" olduğu, bunun daha fazla özerkliğe işaret ettiği düşünülür. Buna uygun bir şekilde, kadınlar, düşük sosyoekonomik düzeyli gruplar, geleneksel toplumlardaki insanlar, etnik azınlıklar gibi daha az güçlü olan grupların içsel denetime daha az, dışsal denetime daha çok inandıkları bulgulanmıştır. Bu gruplar sıklıkla yetersiz, geleneksel, zayıf, kaderci vb görülmüştür (örneğin bkz. Kağıtçıbaşı, 1973). Ancak, duruma bağlı olarak bu açıklamada doğruluk payı olabilirse de, daha az güçlü olanlar için gerçekten de çoğunlukla daha az denetim imkânı söz konusudur. Dolayısıyla bu görüş, "mağduru suçlayan" bir bakış açısı oluşturur.

Japonya örneğinde, birincil denetimin eksikliği Amerikalı araştırmacılar tarafından aşırı uyum davranışına kadar varabilecek, denetimden vazgeçme durumu olarak açıklanmıştı (Weisz vd, 1984). Ancak, Azuma (1984) ikincil denetimin farklı denetim kategorileri içerdiğini gösterdi. Kojima da (1984) Japonya'daki denetim kullanımının ortamsal özelliklerine ve kişiler arası sınırlarla olan bağlarına işaret etti. Azuma'nın da belirttiği gibi (1984), "Japonya gibi başkasının fikrini kabul etme nezaketine değer verilen bir kültürde, çok farklı algıların ortaya çıkması olasıdır" (s. 970). Bireylerin kendilerini ortaya koymasından çok kişiler arası (grup) uyumunun ön plana çıktığı kültürlerde, doğrudan kontrol yerine gerekli olduğunda kabul etmek gibi psikolojik uyum süreçleri görülebilir.

Yakın zamanda ise Yamaguçi (2001) bu konu hakkındaki düşünceleri tekrar ele almış ve *dolaylı*, *vekâleten* ve *toplulukçu denetim* gibi diğer tür denetimleri, bireysel ve doğrudan denetime alternatif yöntemler olarak tanımlamıştır. Ancak bu yöntemler ikincil denetim değildir ve denetimden vazgeçmez; çünkü bu yöntemler çevreyi değiştirmek yerine çevreye uyum sağlaması için benliği değiştirmek üzere tasarlanmış ve istenilen sonuçlara ulaşmak için üretilmiştir. Bunlar kişilerin "aslen fail oldukları halde öyle değilmiş gibi davranarak saklanmak ya da yetkinliklerini olduğundan az göstermek" gibi (s. 227) ya da denetimi bir başka kişinin ya da dahil olduğu grubun denetimi olarak göstermek gibi stratejiler içerir. Özellikle, grup içi uyumu artırmak için bireyler bu dolaylı denetim yollarına baş vurabilirler. Bunlar bireyin kendini ortaya koyduğu veya yükselttiği denetim yolları değil, yetkinliğe dayalı yollardır. Birey odaklı yöntemler kişiler arası ilişkilerin uyumuna tehdit oluşturduğundan kullanılmaz.

Alternatif güdüler de olabilir. Örneğin, denetime bir alternatif, Naidu'nun sözünü ettiği (1983), Hindistan yerlilerinde görülen "isteyerek denetimden vazgeçme" olabilir. Bu, Batı kuramlarının varsaydığı "isteyip de denetleyememek"ten farklıdır. Sampson da (1988), psikolojinin kendine yeten bireycilik yapısına yönelttiği eleştiride, denetimin bireye bağlı olduğu fikrini sorguluyor ve denetimin kişiler arası alanda bütünsel bireycilikte olması gerektiğini iddia ediyor. Daha önce Miller'ın (Miller, 2003; Miller, Schaberg, Bachman ve Conner, 2006) ve Shweder'in (Menon ve Shweder, 1998) sosyal yönelimli ahlakı tartışan araştırmalarını inceledim. Bu araştırmalar toplulukçu kültürlerdeki kişilerin toplumsal yükümlülüklere karşı gelmeden özerk ya da fail olabileceklerini gösterir. Burada da bu durum geçerlidir. Yetkinlik ve denetim kültürden kültüre farklılıklar gösterebilir ve bunun çocuğun sosyalleşmesi ve benliğinin gelişmesi üzerinde etkisi vardır. Bu konu 5. ve 6. Bölümler'de tekrar ele alınacaktır.

Başarı Güdüsü

Özerklik ve denetimin bireysel ya da daha kişiler arası (sosyal) bir biçimde kurgulanması, başarı güdüsünün kavramlaştırılmasında da etkilidir. McClelland, Atkinson, Clark ve Lowell'ın (1953) klasik çalışmasından giderek, Amerikan psikoloji öğretisinde başarı güdüsü, *bireysel* çaba, faallik ve ötekilerle rekabet olarak belirlenmiştir. Bu, bireyci ethos'la uyum içindedir, ancak, kişiler arası uyum ve grup sadakatinin önemli olduğu ilişkisellik kültürleriyle çelişebilir. Örneğin, Hindistan gibi toplulukçu bir ortama rekabete dayalı bireysel başarı güdüsü aşılama deneyimleri başarılı olmamıştır (McClelland ve Winters, 1969, 1971; Sinha, 1985). Bu yüzden toplulukçu kültürlerdeki bireylerin başarı güdüsünden yoksun olduğu sonucuna mı varmalıyız? Tam tersine, toplumsal düzeyde en büyük ekonomik başarı Pasifik'teki toplulukçu toplumlarda görülmektedir. Japon ve Çinli öğrencilerin çalışkanlığı ve yüksek başarıları da bilinmektedir.

Toplulukçu kültürlerde başarı güdüsü farklı bir anlam içerir; benliğin ötesine geçer ve ötekilerle kaynaşır; tıpkı ilişkisel benliğin, belirgin olmayan sınırlardan geçerek ötekilere doğru genişlemesi gibi. Bu bölümün başında verdiğim örnekte de belirttiğim gibi Phalet ve Claeys Türk öğrencilerde bu olguya rastlamıştır (1993). Bu yüzden, karşılıklı bağımlı insan ilişkilerinin baskın olduğu toplumlarda "sosyal yönelimli başarı güdüsü" olduğu öne sürülmektedir (Agarwal ve Misra, 1986; Bond, 1986; De Vos, 1968; Misra ve Agarwal, 1985; Yang, 1986; Yu ve Yang, 1994). Başarı güdüsü bireysel bir temelde oluşturulup ölçüldüğü zaman, ilişkisellik kültüründeki kişiler buna sahip değilmiş gibi gözükür (Bradburn, 1963; Rosen, 1962). Bunun nedeni, bireysel olarak oluşturulmuş başarı güdülenme ölçümlerinin, topluma yönelik farklı başarı güdüsü ölçememesindendir (Yu ve Yang, 1994).

Büyük bir olasılıkla başarı güdüsü, farklı başarı ihtiyaçları içeren, tek başına veya çeşitli bileşenlerle işleyen, karmaşık bir yapıdır. Sosyal yönelimli başarı güdüsü, benliği aşarak, sadece bireyi değil, onu çevreleyen sosyal varlığı *da* yüceltecek şekilde bütünsel bir güdüdür. Ancak bu, benliği önemsiz kılmak ya da kişisel çıkarları grup için feda etmek anlamına gelmez, benliği grupla bir kılarak başarının her *ikisini de* yüceltmesini sağlar. Buna karşılık; Amerikan bireyci toplumunun ve psikolojisinin eleştirmenleri, bireyci benlik yönelimli amaçlara karşıdır. Onlar benliğe değil, "benliği aşan değerler"e yönelmeyi önerir (Smith, 1993, s. 7).

Hem benliğe hem ötekine yönelik başarı güdüsünü destekleyen çocuk sosyalleşmesi, farklı amaçları birleştiren karmaşık bir yapıya sahiptir. Örneğin Lin ve Fu (1990), Çinli, göçmen Çinli ve Anglo-Amerikalı ana babaları karşılaştırdıkları bir araştırmada, Çinli grupların Amerikalı gruba göre *hem* ana baba denetimi *hem de* bağımsızlığı vurgulayarak başarıyı yüksek düzeyde desteklediğini bulguladı. Bireysel bir bakış açısıyla incelendiğinde, bu karmaşık sosyalleşme eğilimleri birbirine tersmiş ve çelişen öğeler içeriyormuş gibi gözükebilir. Ancak bu, grubu bireyle zıt düşer şekilde ele almanın sonucudur. İlişkisel benliğin oluştuğu ailesel-kültürel ortamda "benliğe sadakat" ve "kendini gerçekleştirme"nin, "gruba sadakat" ile çelişmesi gerekmez (Kağıtçıbaşı, 1987b).

Bu tip gelişimsel sorular, bizi benliğin içinde geliştiği çevreye yöneltiyor. Bu çevre daha çok gelecek bölümün de konusu olan aileyi kapsıyor. Bu bölüm, benliğin kültürel farklılıkları ve bunun davranışsal sonuçları üzerine odaklandı. Bir sonraki bölümde ele alınan makro-sistemdeki değişkenler ve bunların aileyle kesişimleri, kültürel bakımdan farklı benliklerin nasıl oluştuğunu anlamamızı sağlıyor.

Özet ve Temel Noktalar

- Benlik kavramı kişi kavramını içerir ve bir bakıma kişiliğin bir uzantısıdır. Ancak benliğin en önemli işareti, özalgı ve özfarkındalık bakımından düşünümsel olmasıdır.
- 1980'lerden başlayarak, sosyal ve kültürel benlik kurguları, sosyal ve kültürler arası psikoloji açısından önemli bir konu olmuştur. Kültürler arası çalışmalar çocuk yetiştirme ve sosyalleşmeyi inceleyerek farklı kültürel çevrelerde benlik gelişimini araştırmışlardır.
- Amerikan (ve Batı) bireyci kültürü benlik ile öteki arasında dar ve keskin bir çizgi çizer ve benlik ile ötekinin belirgin bir sınırını oluşturur. Diğer kültürel kavramlar bu benlik kurgusundan değişik derecelerde farklılık gösterir.
- Benliğin ayrıklık-bağlanmışlığı bireycilik-toplulukçuluğun temel bir psikolojik boyutu olarak yorumlanabilir.
- İki tür bireycilik-toplulukçuluk tanımlanmıştır. Bunlar; sosyal normlar, değerler, konvansiyonlar ve kurallara yansıyan *normatif* bireycilik-toplulukçuluk ve benlik-öteki ilişkilerine odaklanan *ilişkisel* bireycilik-toplulukçuluktur. İlişkisellik-ayrıklık kültürü, kültürel düzeyde ilişkisel bireycilik-toplulukçulukla ilgilidir.
- İlişkisellik kültürü, bireyden başkalarına yayılan ve bu yüzden örtüşen benliklerden oluşan kültürel ve ailesel çevreleri tanımlar. Ayrıklık kültürü ise sınırları açık şekilde belli olan ayrık (kendine yeten) benlikler ile tanımlanan bağlamlar ve kişiler arası ilişkilerle ilgilidir.
- Bağımsızlık-karşılıklı bağımlılık boyutu, ilişkisel-ayrık benlik kurguları gibi kişilerin birleşmesi ve ayrışmasıyla ilgilidir.
- Birçok araştırma bireycilik-toplulukçuluğun ve benlik kurgularının nasıl farklı psikolojik sonuçlara yol açtığını incelemiştir.
- İlişkisellik-ayrıklık kültürünün ahlaksal anlayış ve ahlaksal sorumluluk üzerinde etkisi olduğu görülmektedir.
- Birçok araştırma bireyci topluluklarda, toplulukçu topluluklarla karşılaştırıldığında kendini yükseltmenin daha çok olduğunu bulgulamıştır. Bunun yanında başka araştırmalar ise kendini yükseltmenin sosyal olarak kabul edilebilir farklı yollarla ifade bulan evrensel bir güdü olduğunu gösterir.

- Toplulukçu kültürdeki kişiler kendilerini ve ötekileri tanımlarken, duygulara ve duyguları düzenlemeye bağlı nitelemelerinde ilişkisel-bağlamsal etmenlere daha fazla dikkat ederler.
- Duygular üzerine yapılan kültürler arası araştırmalar duyguların tanınması, yargılanması ve duygulara ve duyguların düzenlenmesine bağlı nitelemeleri içerir. Bu araştırmalar duyguların evrensel mi, yoksal kültüre bağlı mı olduğu sorunsalına ışık tutmaktadır.
- Özerklik ve denetim kavramları kültürler arası farklılıklar gösterir ve bu durum çocukların sosyalleşmesi ve benliğin gelişimini doğrudan etkiler.
- Amerikan psikolojisindeki başarı güdüsü, kişisel çaba, yetkinlik ve ötekilerle rekabet üzerine tasarlanmıştır. Öte yandan, sosyal yönelimli başarı güdüsü, karşılıklı bağımlı ilişkilerin olduğu topluluklarda yaygın olarak görülür.

Çocuğun Değeri ve Aile[1]

"Tanrı sadece zengin ailelere kız çocuk vermeli." Bu cümle, Winkvist ve Akhtar'ın (2000) Pakistan, Pencap'taki araştırmalarını anlatan makalenin başlığı. Çalışma, düşük gelir düzeyindeki kadınların çocuk yetiştirme tutumları üzerine yapılmış. Bu cümle ne anlama geliyor? Bu, kadınların aşağı konumda olduğu ve yaptıklarına değer verilmediği ataerkil toplumlarda, erkek çocuk tercihini yansıtan bir ifade. Özellikle ileri yaşlarda, erkek çocukların aileye yapacağı katkıya muhtaç olma durumunun bir göstergesi (Kağıtçıbaşı, 1982a, 1998a). Bu tür değerler ailenin çocuğa ve aileye yaklaşımını nasıl etkiliyor? Bu durum nasıl değişiyor? Bu bölümde bu sorular üzerinde durulacak.

Kitabımın giriş bölümünde, amaçlarımdan birinin, benliği, aileyi ve toplumu ilişkilendirmek olduğunu söylemiştim. Şimdiye kadar, insan gelişimini bağlamı içinde ve kültür-benlik çerçevesinde inceleyerek birtakım bağlar kurmaya çalıştım. Çocukluk döneminin, yetkinliğin ve benliğin toplumca nasıl kavramlaştırıldığı, önemli bir nokta olarak karşımıza çıktı. Bunun yanı sıra ana babanın, yetkinliği ve benliği nasıl yorumladığı da toplumsal kavramlaştırmalarla çocuk yetiştirme biçimleri arasında bir köprü olarak belirdi. Bu tartışmalarda aile kavramına sıkça başvurmama rağmen aileyi yeterince inceleyemedim. Bu bölüm, aileyi benlik-aile-toplum ilişkilerinin odak noktasına koyuyor. Bu bölümde sosyoekonomik gelişim çerçevesinde bir aile ve aile değişimi kuramı önereceğim. Bu kuram, benlik gelişiminin nedensel/işlevsel analizini de içermektedir ve ayrık ve ilişkisel benliklerin öncellerine de ışık tutacaktır.

Ana babalığa dair etno-kuramlar, değerler ve davranışlar toplumsal değerlerin gelişimsel sonuçlarla nasıl bağlantılı olduğunu anlama yolunda önemli bir yere sahiptir. Ancak, bunlar ailenin sadece bir yüzünü oluşturur. Resmi tamamlayabilmek için ailenin diğer yüzlerinin de incelenmesi gerekir. Önemli olan, aileyi sosyal, yapısal ve ekonomik faktörlerle bağlarını inceleyerek ekolojik makrosistem bağlamına oturtmaktır. Aileyi bulunduğu ortamla birlikte içeren böyle bir analiz, daha önce sözünü ettiğim orta sınıf/kentli/eğitimli gruplarla ve

---

1 Bu bölümün bazı kısımları Kağıtçıbaşı'dan (1990, 2005a) temel almaktadır.

düşük sosyoekonomik düzeyli kırsal/marjinal göçmen gruplar arasındaki çocuk yetiştirme farklılıklarını açıklamaya yardımcı olur (bkz. 2. Bölüm).

Buradaki aileye yaklaşımım birden çok disiplini içeriyor. Psikolojik kavramlar ve bulguların yanında sosyolojik ve demografik kavram ve bulgulardan da yararlandım. Bunun nedeni, özellikle aile-toplum ilişkisinin psikoloji tarafından pek incelenmemiş olmasıdır. Sosyolojik bakış açıları, aileyi sosyoekonomik konum, kültür ve tarih bağlamına oturtmuş olmaları açısından önem taşır. Birey-aile-toplum ilişkilerini incelerken farklı analiz düzeylerinde çalışmak zor bir iştir. Ailenin nesiller arası bir sistem olarak karmaşıklığı ve zaman içinde değişmesi, psikolojik analize bir engel oluşturmuştur (McGoldrick ve Carter, 1982). Dikkatlerini birey üzerinde yoğunlaştırmış psikologlar için aileyi bir analiz birimi olarak görmek oldukça zor olmuştur. Bu yüzden geniş veriler ve gelişmiş çok değişkenli modellerin kullanıldığı, yakın tarihli politika yönelimli çalışmaların ortaya çıkmasına kadar, az sayıda psikolog, toplum, aile ve bireysel sistemleri birbirine bağlayan yaklaşımlara yönelmiştir. Bu çalışmaları 2. Bölümün sonunda inceledim (örneğin, Bolger vd, 1995; Brooks-Gunn ve Duncan, 1997; Ceballo ve McLoyd, 2002; Duncan ve Brooks-Gunn, 1997, 2000; Gennetian ve Miller, 2002; Huston vd, 2001; Kohen vd, 2002). Georgas vd'nin (2006) çalışması da bu alanda yeni bir gelişmedir.

Benlik, aile ve toplumun temelinde yatan nedensel bağları ve ilişkileri anlamaya çalışmak önemlidir. Bunu anlamak, belli toplumsallaşma değerlerinin neden belli bazı toplumlarda görülürken diğerlerinde görülmediği ve değişimin neden ve nasıl meydana geldiği sorularını cevaplayabilir. Psikoloji alanında, uygulamalı alanları (sosyal çalışmalar, politik araştırmalar, klinik psikoloji ve aile terapisi gibi) hariç tutarsak aile üzerine yapılmış çalışma ve kuram açısından eksiklik olduğu söylenebilir. Aile terapisi alanındaki aile sistemleri kuramı (örneğin Fişek 1991; Minuchin, 1974), özellikle aileye bütünsel bir yaklaşım getirerek, bu konudaki düşünce ve uygulamayı etkilemiştir. Akademik psikolojide ailenin işleyişini ve aile değişimini aydınlatacak bir kuramın yokluğunda, prototipik (orta sınıf, çekirdek) Batı ailesi, "aile" olarak benimsenmiştir.

Modernleşme Kuramının Aileyi Ele Alışı

Aile, toplumun ayrılmaz bir parçasıdır ve doğal olarak toplumun sosyal yapısına, değerlerine ve normlarına bağlıdır. Bu sosyal ve kültürel özellikler, zaman içinde ve toplumdan topluma değiştiği için ailede de değişiklikler göze çarpar. Ailede çeşitlilikle karşılaşan psikologlar, bu çeşitliliği ya sosyolojik ve antropolojik çalışmaların bir konusu olarak değerlendirip göz ardı etmişler ya da geçici bir durum olarak algılamışlardır. Geçici durum algısı, modernleşme kuramının temel varsayımına bağlıdır. Buna göre, dünyadaki çeşitliliğin prototipik Batı modelinde odaklaşacağı, dolayısıyla Batı modelinden farklı olan her modelin zamanla bu modele benzeyecek şekilde değişeceği savunulur. Yani, kültürler arası bir aile kuramının yokluğunda, ilk olarak modernleşme kuramının ortaya koyduğu (Dawson, 1967; Doob, 1967; Inkeles, 1969, 1977; Inkeles ve D.H. Smith, 1974; Kahl, 1968) sosyal gelişimle Batı modeline doğru tek yönlü bir değişim olacağı varsayımı, halen de varlığını sürdürmektedir. Modernleşme kuramı, sosyolojide popülerliğini yitirmesine ve ciddi eleştirilere maruz kalmasına rağmen (Bendix, 1967; Gusfield, 1967), bu kuramda sosyal değişim ve aileyle ilgili düşünceler geniş bir yer tutmaktadır. Batı modeline doğru tek yönlü bir değişim beklentisi psikologlar ve sosyal bilimciler arasında sürmektedir (Georgas, 1989; bu konu hakkındaki tartışmalar için bkz. Kağıtçıbaşı, 1994a, 1998b, 2005b). Bundan dolayı örneğin, gelişmekte olan ülkeler genelde "geçiş toplumları" olarak tanımlanır ki bu geçiş de Batı toplumuna yönelmeyi ifade eder.

"Prototipik" Batı ailesinin temel özelliklerini tekrar etmek gerekirse, bu bir "bağımsız" ilişkiler sistemidir. Aile, akrabalardan bağımsızdır ve kendi başına, ayrı, çekirdek bir birim teşkil eder. Ayrıca, ailenin kendi alt sistemleri de (kişiler) birbirlerinden iyi belirlenmiş sınırlarla ayrılmıştır. Bütün Batı ailelerinin bu modele uymadığı iddia edilebilir. Bu iddia doğrudur. Yine de bu model, özellikle psikolojide tutulan bir prototiptir ve Batılı (özellikle orta sınıf Amerikan) dünya görüşünü yansıtır. Psikologlar ve diğer sosyal bilimciler tarafından öne sürülen eleştirilere karşın bu prototip varlığını sürdürmüş; aile ve aile değişimi konularındaki fikirleri etkilemeye devam etmiştir (bkz. Georgas vd, 2006).

Modernleşme kuramının değişime bakışı durağandır. Bu bakış, sosyal Darwinizm geleneğinde ilerlemenin evrimsel modeline bağlıdır (Mazrui, 1968). Burada söz konusu olan ilerleme, er geç belirlenmiş olan amaca ulaşmaktır, bu amaç ise Batı prototipidir. Modernleşme varsayımında Batı prototipinden farklı olanlar "yetersiz" kabul edilmekte, dolayısıyla gelişmeyle birlikte bunların değişeceği öngörülmektedir. Bu görüş özellikle ekonomik gelişmeyle ilgili tartışmalarda etkili olmuştur. Örneğin, Weberci sav uyarınca, toplulukçu sıkı insan ilişkileri, ekonomik gelişmeyle uyumlu bulunmadıkları için yetersiz görülmüştür (örneğin, Weber, 1958; Hoselitz, 1965; D. Sinha, 1988). Nitekim Hofstede (1980) sosyal düzlemde bireycilikle ekonomik refah arasında yakın bir ilişki saptamıştır.

Modernleşme Varsayımlarının Sorgulanması

Bu varsayım, yaygınlığına karşın, günümüzde, Japonya, Kore, Tayvan, Hong Kong, Singapur, Tayland ve Malezya gibi toplulukçu Doğu Asya kültürlerindeki hızlı ekonomik gelişme örnekleriyle sorgulanmaktadır. Bu toplumlardaki karşılıklı bağımlı aile/insan ilişkileri "yetersiz" değildir ve gelişmeye de engel oluşturmamıştır. Ayrıca, Batı'nın bireyci-ayrık aile modeline doğru da bir değişim görülmemektedir. Örneğin, 1980'lerde yapılmış bazı çalışmalar insan ilişkilerinde ve aile kalıplarında devamlılık olduğunu gösteren bulgular ortaya koymuştur (Bond, 1986; Hayashi ve Suzuki, 1984; Iwawaki, 1986; Roland, 1988; D. Sinha ve Kao, 1988; Sun, 1991; Suzuki, 1984; C.F. Yang, 1988). Ayrıca, karşılıklı bağımlılık ve sıkı ilişkiler içeren bu aile modelinin ekonomik başarıya katkıda bulunduğu saptanmıştır; örneğin, bu model Japonya'da işyerlerinde başarıyla uygulanmış ve Çin'de aile şirketleri başarı kazanmıştır. Daha yeni araştırmalar da aile kalıpları ve değerlerindeki devamlılıklara işaret etmektedir (Georgas vd, 2006; Kim vd, 2006; Kim, Park, Kwon ve Koo, 2005; Stewart, Bond, Deeds ve Chung, 1999).

Modernleşme kuramının ve onun tek yönlü değişim hipotezinin altında yatan ikinci bir varsayım da, Batı ailesinin sanayileşmenin zorunlu bir sonucu olarak çekirdekleşmeye ve bireyci ayrışmaya doğru bir değişim geçirmiş olduğudur. Bu yüzden sanayileşmenin, Batılı olmayan toplumlardaki ailede de aynı tür bir değişikliğe sebep olacağı iddia edilmektedir. Oysa ki bu varsayım, çekirdek ailenin ve bireyciliğin Batı Avrupa'da, özellikle İngiltere'de sanayi devrimi öncesinde de var olduğunu gösteren tarihsel kanıtlar tarafından sorgulanmaktadır.

Tarihsel belgeler, nüfus kayıtları ve mahkeme tutanakları; ailenin, etkileşimi, anlaşmazlıkları, ilişkileri, evlilik yapısı, yerleşim modelleri ve çeşitli işlevleri bakımından incelenmesine önemli kaynaklar oluşturmaktadır (Razi, 1993). Bu tür incelemeler, tipik İngiliz ailesinin sanayileşme öncesinde de geniş değil çekirdek bir yapıya sahip olduğunu, ailenin toprağa bağlı olmadığını, akraba bağlarının zayıf olduğunu ve bu yüzden köylülerin akraba yardımına değil, kurumsal desteğe yöneldiğini göstermiştir. İngiltere'de kırsal toplum oldukça hareketliydi; çocuklar 10'lu yaşlarında evde yalnız bırakılıyor ve kendi ailelerini kurmadan önce birkaç yıl başka ailelerin yanında yatılı hizmetkâr olarak çalışıyorlardı; kadınlar geç evleniyor ya da bazıları hiç evlenmiyordu (bkz. Razi, 1993).

Bütün bu demografik-yapısal özellikler; çekirdek, ayrık, bireyci insan modelini yansıtır. Ayrıca laik bireycilikle ve on sekizinci yüzyılda doğurganlığın azalmasına neden olan cinselliğin ve evlilik yaşının birey tarafından kontrol edilmesiyle ilgili bulgular da vardır. Genel olarak bu bulgular İngiltere'dendir. Ancak, tarihsel araştırmalarda ve gezginlerin notlarında Batı Avrupa ve Amerika'da da sanayileşme öncesinde bireyciliğin var olduğu saptanmıştır (Aries, 1980; Furstenberg, 1966; Lesthaeghe, 1980; Thorton ve Fricke, 1987). Ortaçağ Batı Avrupa'sındaki çocukluk dönemiyle ilgili bazı yeni tanımlamalar da bunlarla benzerlik gösteriyor (Hanawalt, 2002; Orme, 2001).

Bu ayrıntılı tarihsel araştırmalara dayanarak, bazı tarihçiler çekirdek ailenin ve bireyci modelin İngiltere'de ortaçağdan beri (on üçüncü yüzyıl) var olduğunu iddia ediyor (Bennett, 1984; Hanawalt, 1986; Laslett, 1977; Macfarlane, 1978, 1987). Bireyci aile sisteminin başlangıcını bu kadar eskiye dayandırmayan başka tarihçiler bile bu sistemin erken modern devirden itibaren (on altıncı yüzyılın başları) varlığını kabul ediyorlar (Lesthaeghe, 1983; Lesthaeghe ve Surkyn, 1988;

Razi, 1993; Thadani, 1978; Thorton, 1984). Bu tarihsel bulgular ışığında, Batı bireyciliğinin sanayileşmeden önce var olduğu, yani sanayileşmenin bir sonucu olmadığı açıklığa kavuşmuştur. Bu nedenle, Batılı olmayan toplumlarda da sanayileşme sonucunda bireyciliğin yaygınlaşacağı varsayımı geçerliğini yitirmektedir.

Bu demek değildir ki Batılı olmayan toplumların bağımlı aile kalıplarında bir değişim gözlenmeyecek. Değişim bütün toplumlarda insanla ilgili her konuda sürmektedir. Ancak bu değişim, modernleşme kuramında varsayıldığı gibi "Batı modeli"ne doğru olmayıp farklı şekillerde gerçekleşebilir. Ailede ne tip bir değişimin daha olası olduğunu saptayabilmek için, değişimin neden ve nasıl gerçekleştiğini anlamamız gerekir.

Çocuğun Değeri Araştırması I (1970'ler)

Aile dinamikleri ve zaman içindeki değişimi ile toplumsal sosyoekonomik gelişimi anlamayı kolaylaştıran en önemli araştırmalardan biri Çocuğun Değeri Araştırması'dır (ÇDA). Bu çalışma, bu bölümde anlatılacak aile değişimi kuramımın temelini oluşturdu. Bu nedenle bu bölümde etraflıca anlatılmaktadır.

Kore, Filipinler, Singapur, Tayvan, Tayland, Türkiye, Endonezya (Java ve Sudan), ABD ve Almanya'da gerçekleştirilen ÇDA, 1970'lerde, büyük bölümü doğurgan yaşlarda kadından oluşan 20,000'den fazla evli kişiyle yürütülmüştür. Bu araştırmada, ana babaların çocuk sahibi olma konusundaki istekleri, çocuklarına atfettikleri değerler, doğurganlık tercihleri gibi konular incelenmiştir (Bulatao, 1979; Darroch, Meyer ve Singarimbum, 1981; Fawcett, 1983; L.W. Hoffman, 1987, 1988; Kağıtçıbaşı, 1982a ve b, 1998a). Yakın zamanda, bu ülkelerin çoğunda, Trommsdorff ve Nauck tarafından başlatılan yeni bir ÇDA ile kısmi bir tekrar yapılmıştır (Kağıtçıbaşı ve Ataca, 2005; Kağıtçıbaşı, Ataca ve Diri, 2005; Trommsdorff, Kim ve Nauck, 2005).

Bu kısımda, aile değişimi kuramımı geliştirmeme yol açan orijinal çalışmanın bazı temel bulgularını sunacağım; bir sonraki kısımda ise kuramı daha geniş olarak ele alacağım. Ardından kuramı test etmek için yeni ÇDA'ya, özellikle Türkiye'deki kısmi tekrara baş vuracağım.

Orijinal ÇDA, psikolog, nüfusbilimci, ekonomist ve araştırmacılardan oluşan bir takım tarafından yürütüldü. Hem açık hem de kapalı uçlu sorular içeren etraflı yüz yüze mülakatlardan oluşan araştırma araçları hazırlandı. Bu mülakatlar, eğitimli yerel mülakatçılar tarafından yerel dillerde gerçekleştirildi ve 1 ila 3 saat arasında sürdü. Tüm nüfusları temsil eden örneklemler seçildiği için, bölgesel gelişim düzeyleri, kentleşme, sanayileşme gibi göstergeler açısından ve eğitim, iş ve gelir düzeyi gibi kişisel özellikler açısından büyük bir çeşitlilik yakalandı. Çoğu örneklem, evli kadınlardan ve eşlerinin dörtte birinden oluşturuldu. Türkiye'de örneklem yaklaşık 2300 kişiden oluşturuldu.

Çocuklara Atfedilen Değerler

Çocuklara ana babalar tarafından atfedilen çeşitli değerler, faktör analizine tabi tutuldu ve L.W. Hoffman ve Hoffman'ın (1973) kavramsal şemasına dayanan üç adet ana değer tipi bulundu: faydacıl, psikolojik ve sosyal. Faydacıl değerler temelde çocukların, hem küçükken hem de yetişkin olduklarında sağladığı ekonomik/maddi yararlara dayanır. Burada en önemli faktör yetişkin evladın yaşlı ana babaya sağladığı yaşlılık güvencesidir. Psikolojik değerler çocuğun ana babasına verdiği mutluluk, gurur, sevgi ve birliktelik gibi doyumlarla ilgilidir. Çocukların sosyal değerleri ise evli yetişkinlerin çocuk sahibi olduklarında kazandıkları genel sosyal kabul ile alakalıdır, özellikle geleneksel toplumlarda kişiler evlendiklerinde değil, çocuk sahibi oldukları zaman yetişkin kabul edilir. Aile isminin ya da sülalenin devamı da özellikle erkek çocuk sahibi olmanın getirdiği bir sosyal değerdir.

Bu üç ana değer türünden, ekonomik/faydacıl, psikolojik değerler ve özellikle erkek çocuk tercihi, makrosistem ve sonuç değişkenleriyle farklı ilişkiler gösteriyordu. Özellikle, ekonomik/faydacıl çocuk değeri (ÇD) ve özellikle yaşlılık güvencesi ÇD, daha azgelişmiş ülkelerde ve ülkelerin kırsal, daha azgelişmiş bölgelerinde daha önemli bulundu. Bunun nedeni, fakirliğin yoğun olduğu ve sosyal güvenlik sistemlerinin olmadığı ortamlarda, çocukların aileye ekonomik katkısının çok önemli olmasıdır. Çocuklar gençken aile ekonomisine katkıda bulunur ve yaşlılıkta ana babalar yaşamlarını sürdürebilmek için çocuklarına bağımlı hale gelirler. Ayrıca, ekonomik/faydacıl ÇD'nin daha belirgin olması daha fazla erkek çocuk tercihiyle ilintilidir, çünkü ataerkil aile sistemlerinde, yaşlılıkta aileye ekonomik destek sağlayan, esas olarak erkek çocuktur (Kağıtçıbaşı, 1982a, 1982b; Kağıtçıbaşı ve Ataca, 2005).

Bu nedenle, kadınlar arasında çocuğun yaşlılık güvencesi olarak görülmesi, Endonezya'daki iki alt örneklemde %93 ve %98, Filipinler'de %89, Tayland ve Tayvan'da %79 ve Türkiye'de %77 oranında çocuk doğurma nedeni olarak belirtilmiştir. Bu değer, Almanya ve ABD'de sadece %8 oranla diğer ülkelerinkine bir tezat oluşturmuştur. Kore (%54) ve Singapur (%51) gibi hızlı ekonomik gelişme süreci yaşayan ülkelerde görülen oranlar ise bu iki uç nokta arasında yer alıyordu (Kağıtçıbaşı, 1982b).

Ülke içi farklılıklar da, sosyoekonomik gelişme düzeyleri bakımından benzer kalıplar sergiledi. Bunu açıklamak için Türkiye'deki ÇDA bulgularını örnek olarak kullanıyorum. Türkiye'de oturulan bölgenin gelişmişlik düzeyi arttıkça, kadınlar için çocuğun yaşlılık güvencesi değeri azalmaktadır (en az gelişmiş yerlerde %100, orta derecede gelişmiş yerlerde %73, gelişmiş bölgelerde %61 ve büyük kent merkezlerinde %40). Aynı şekilde, bu oran kadının çalıştığı işe ve eğitim düzeyine göre değişim göstermektedir (kırsal kesimde tarımla uğraşan ücretsiz çok az eğitimli ya da tamamen eğitimsiz aile işçisi kadınlar %100; küçük esnaf ve zanaatkârlar gibi tipik "geleneksel" gruplar %91; ücretliler %50 ve beyaz yakalı çalışanlar—eğitim düzeylerine bağlı olmak üzere—%19 ila 37 oranında yaşlılık güvencesi değerinden söz etmişlerdir). Erkeklerden de aynı doğrultuda cevaplar alınmıştır (Kağıtçıbaşı, 1982a).

Diğer bir faydacıl değer olan çocukların "ev işlerine yardımı," ana babanın eğitimi arttıkça önemini kaybediyordu (hiç eğitimi olmayanlar için %28, ilkokul düzeyinde %22, lise düzeyinde %11, üniversite düzeyinde %0). Benzer şekilde, çocukların "ekonomik yardımı" da (örneğin, genç yaşta, aile işinde/marjinal ekonomide vb çalışarak aile ekonomisine katkıda bulunmak) ana baba eğitimiyle önemini kaybediyordu (hiç eğitimi olmayanlar için %56, ilkokul düzeyinde %54, lise düzeyinde %15, üniversite düzeyinde %20) (Kağıtçıbaşı, 1982b).

Buna tezat oluşturan biçimde, çocukların psikolojik değerinin, refah düzeyi yüksek olan yerlerde ve kentsel yaşam koşullarında daha belirgin olduğu görülmüştür. Bunun nedeni, çocukların artık aileye ekonomik katkısının olmamasıdır; tam tersine oldukça masraflıdırlar. Göreli olarak, çocukların psikolojik değeri, çocuk sahibi olmakta önemli bir neden olarak ortaya çıkar, çünkü çocuk sahibi olmanın ekonomik olarak bir anlamı yoktur, ama çoğu kişi yine de çocuk sahibi olmak ister. Bu nedenle, çocuklara atfedilen değerler ile aile ve toplumdaki yerleri farklılıklar göstermektedir. Bu farklılığın önemli bir boyutu kırsal-kentsel ve sosyoekonomik farklardır; kısaca, toplumsal ve sosyoekonomik anlamda gelişim düzeyidir.

Çocuğun ekonomik/faydacıl değeri, doğurganlıkla (çocuk sayısıyla) da ilgilidir, ancak psikolojik değeri için aynı şeyi söyleyemeyiz. Türkiye'de ailedeki çocuk sayısının, çocuğun psikolojik değeriyle ters ($r=-0.26$), ekonomik değeriyle doğru orantılı ($r=0.24$) olduğu saptanmıştır (Kağıtçıbaşı, 1982a, s.77). Çünkü, çocukların maddi katkıları birbirine eklenebilir, fakat çocuğun ana babaya sevgi vermek vb psikolojik değeri aynı şekilde çocuk sayısıyla biriken bir değer değildir. Örneğin, her bir çocuğun aileye sağladığı maddi yardım birbirine eklenerek sonunda (yaşlı) ana babaya daha büyük bir maddi yardım sağlanabilir, ancak çocuktan sevgi görme gereksinimi bir ya da iki çocukla da tamamen giderilebilir. Nitekim Türkiye'deki ÇDA'da iki çocuk sahibi olan kadınlardan, çocuğun ekonomik değerini vurgulayanlar daha fazla çocuk isterlerken, psikolojik değerini vurgulayanlar başka çocuk sahibi olmak istemediklerini söylemişlerdir (Kağıtçıbaşı, 1982b, s. 72-3). Aynı şekilde, 8 ülkeden elde edilen ÇDA bulgularının karşılaştırmalı analizi sonucunda Bulatao (1979) şunu bulmuştur: 5 ya da daha fazla çocuğa sahip ve doğum kontrolü kullanmayan kadınlar, 2 ya da daha az çocuğa sahip ve doğum kontrolü kullanan kadınlara göre çocuğun ekonomik değerini daha çok vurgulamışlardır; ikisi arasındaki fark oldukça büyük çıkmıştır (bazı ülkelerde %30'u aşmıştır).

Öyleyse; kırsal, düşük refah ve düşük sosyoekonomik düzeydeki toplumlarda, yetişkin evlada maddi bağımlılık ve buna bağlı olarak yüksek doğum oranına; çocuğun ekonomik/faydacıl değerini ve yaşlılık güvencesi değerini ön planda tutan sosyalleşme değerlerine ve erkek evlat tercihine çokça rastlanmaktadır. Erkek çocuk tercihi çocuğun ekonomik değeriyle yakından ilgilidir. Özellikle ataerkil toplumlarda erkek evlatlar daha güvenilir bir yaşlılık güvencesi ve ekonomik yarar kaynağıdır (Caldwell, 1977; Fawcett, 1983; Kağıtçıbaşı, 1982a ve b, 1998a). Erkek çocuk tercihi doğurganlıkla da bağlantılıdır; yüksek doğurganlık en azından birkaç erkek evladın hayatta kalmasının garantisi olabilir (Darroch vd, 1981).

Bu bulgular, yüksek doğurganlığın altında yatan dinamiklere işaret etmektedir. Bu çerçevede, sosyalleşme değerleri aile/grup sadakatini, ana babaya maddi katkıyı desteklemektedir. Bu değerler nesiller arası bağımlılık sistemi içinde ailenin devamlılığı açısından işlevseldir. Bunlarla bağlantılı olarak, bu tip aile etkileşimi, kendisini çocuk yetiştirme biçimlerinde de gösterir. Çocuk yetiştirmede özerklikten çok denetim içeren itaat ve bağımlılık yaklaşımı burada önemlidir.

Bu nedenle, Türkiye'deki ÇDA'da, çocuklarda en çok istenilen nitelik olarak çocuğun "ana babasının sözünü dinlemesi" vurgulanmıştır (kadınların %59'u, erkeklerin %61'i tarafından seçilmiştir). Buna karşılık çocuğun "bağımsız ve kendine güvenli" olması, erkeklerin sadece %17'si, kadınların da %19'u tarafından tercih edilmiştir (Kağıtçıbaşı, 1982b). Endonezya, Filipinler ve Tayland'da da benzer tezat sonuçlar elde edilmiştir. Bu sonuçlar, kitabın daha önceki bölümlerinde de belirtildiği gibi, itaat ve sosyal uyumun önemsendiği toplumlarda ve Batı toplumlarındaki etnik azınlık gruplarında, bu değerlerin çocuk yetiştirme tarzlarına yansıdığını gösteriyor (örneğin, Greenfield, Keller vd, 2003; Keller, 2003; Kohn, 1969; LeVine, 1974, 1988; Nauck ve Kohlman, 1999; Serpell, 1977).

Aile Değişimi Kuramı

ÇDA, bana bir aile değişimi kuramı geliştirmenin ve içerdiği üç farklı aile modelini oluşturmanın yolunu açtı (Kağıtçıbaşı, 1985b, 1990). Özellikle, hem farklı uluslardaki hem de Türkiye'deki değişik sosyal katmanlarda, çocuklarla ilgili değerlerde ve beklentilerde görülen dikkate değer farklılıklar, aile ve aile değişimine dair bir anlayış sağladı. Değişkenliğin ana boyutu sosyoekonomik gelişme olarak ortaya çıktı. ÇDA'nın bulguları bu nedenle, psikoloji, demografi ve sosyolojideki diğer araştırmaların da katkısıyla bu kuramın temelini oluşturdu.

Genel Kuramsal Çerçeve

Burada önerdiğim, aile değişiminin üç farklı aile ilişki kalıbını bağlamlarında ele alan genel bir aile kuramı ve bu modellerden birine doğru olan sistematik değişimlerdir. Üç değişik veçhesiyle bu kavramsal çerçeve, toplum/kültür, aile ve (sonuçta ortaya çıkan) benlik arasındaki işlevsel/nedensel bağları anlamakta kullanılacak bir araçtır. Bu kuram, benliği ailenin içine, aileyi de kültürel ve sosyoekonomik çevrenin içine oturtan, bağlamsal bir kuramdır. Aile hem sosyal

KÜLTÜR YAŞAM KOŞULLARI Kırsal / kentsel Sosyoekonomik düzey Refah düzeyi	AİLE DEĞERLERİ Bağlılıklar Duygusal-maddi yatırımlar Bağımsızlık-bağımlılık değerleri Çocukların değeri Erkek çocuk tercih derecesi
AİLE YAPISI Aile türü Maddi kaynak aktarımı Aile bağları Doğurganlık Kadının statüsü	AİLE ETKİLEŞİMİ VE SOSYALLEŞME Ana babalık tarzı Çocuk yetiştirme yönelimi BENLİK-ÖTEKİ İLİŞKİLERİ Nesiller arası/ailesel Bağımlılık/bağımsızlık Kişiler arası bağımlılık/bağımsızlık Benlik gelişimi

⟶ Nedensel ilişki/ etki ⟷ karşılıklı nedensellik/ etkileşim ⋯⋯⋯▸ geribildirim

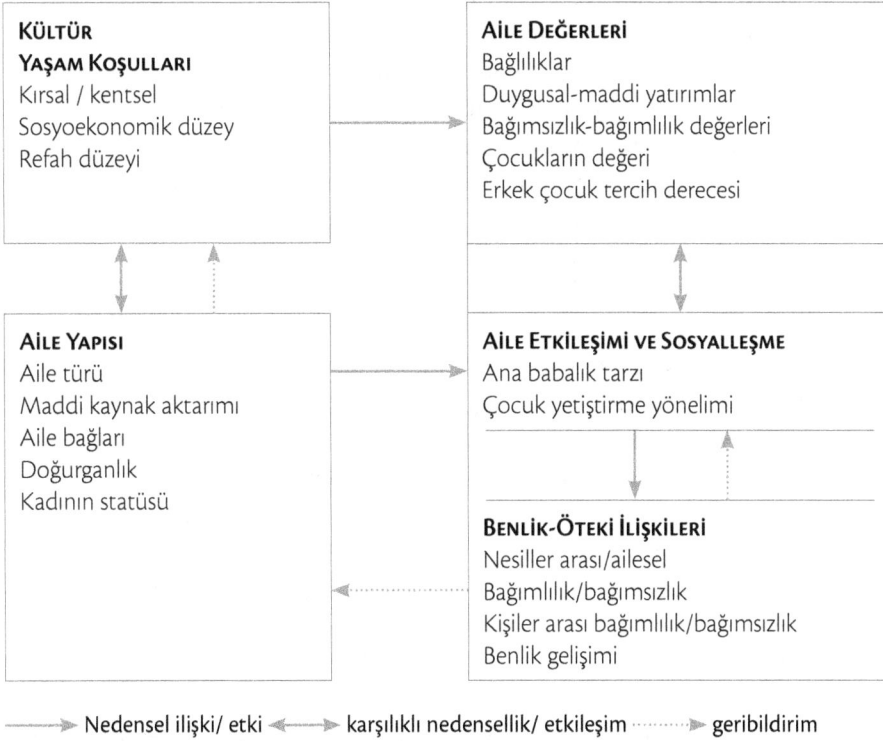

ŞEKİL 5.1. Bağlamsal çerçevede Genel Aile Modeli (Kağıtçıbaşı, 1996a).
NOT: Bu şekil, *Family and Human Development Across Cultures: A View from the Other Side*'dan alındı (Kağıtçıbaşı, 1996a, Hillsdale, NJ: Lawrence Erlbaum, s. 77).

hem psikolojik özellikleriyle incelenmektedir. Ailenin sosyal özellikleri aile yapısı açısından, psikolojik özellikleri ise etkileşim ve sosyalleşmeyi de içeren aile sistemi açısından ele alınmaktadır. Bu aynı zamanda işlevsel bir kuramdır, çünkü hem aile etkileşim biçimlerine hem de benliğin sosyalleşmesi ve gelişiminin altında yatan dinamiklere eğilir.

Üç belirgin aile modeli, aile sisteminin ve işleyişinin farklı sosyoekonomik bağlamlardaki prototipleri olarak oluşturulmuştur. Ancak, farklı aile modellerini anlamak için, onların temel ortak biçimlerine bakmamız gerekir. Bu biçim sosyokültürel koşullardaki aile, aile etkileşimi ve sosyalleşmesini içeren genel bir iskelet oluşturur, bu şekilde benliği ve aileyi ortama bağlar. Üç farklı modele girmeden önce bu genel çerçeveyi anlatacağım.

Bu genel kuramsal çerçevede (bkz. **ŞEKİL 5.1**), diğer üç modelde de olduğu gibi, ailenin yer aldığı bağlama öncelik tanınıyor. Bağlam denince, esas olarak ailenin içinde bulunduğu koşullar ve ailenin kültürü anlaşılıyor; bağlam, etkileyici bir unsur olarak görülüyor. Kültür, esas itibariyle, önceki bölümlerde açıkladığım gibi bireyci (ayrıklık kültürü) veya toplulukçu (ilişkisellik kültürü) olarak ele alınmıştır. Bu, sosyoekonomik-yapısal faktörlere ve aile sisteminin altında yatan kültür temeline dayanır. Kentsel-kırsal yerleşim, sosyoekonomik gelişmişlik düzeyi, yaşam koşullarının refah düzeyi, bağlamın önemli göstergeleridir. Ancak bu unsurların tüm resmi kapsadığını öne sürmüyorum.

Bu bağlamsal çerçevede aileye sistematik bir şekilde yaklaşılmıştır. Ailenin alt sistemleri, çocuk yetiştirmede ve benlik/öteki ilişkilerindeki sosyalleşme değerleri ve etkileşim biçimleridir. Aile yapısı, hem aile işleyişinin bağlamı hem de genel olarak aile sisteminin bir parçası olarak görülebilir. Sosyal değişim ve toplumsal gelişim, aileyi, yapısında ve sisteminde değişikliklere yol açarak etkiler. Bu tür değişimler ise yaşam koşullarını değiştirerek bağlamı etkileyebilir. Bu tür bir geribildirim, esas olarak aile yapısındaki değişikliklerle oluşur. Öyleyse, bağlam ve aile yapısı arasında zaman içinde oluşan, dinamik bir etkileşim söz konusudur.

Aile yapısı, sosyolojik ve demografik araştırmalarda incelenen önemli yapısal-demografik değişkenleri kapsar. Bu yapısal değişkenlerin sosyoekonomik gelişimle sistematik olarak değiştiği ve ailenin işleyişini etkilediği bulgulanmıştır. Örneğin, ailenin geniş ya da çekirdek oluşu, düşük veya yüksek doğurganlık, kadının aile içinde düşük ya da yüksek bir statüye sahip oluşu, sosyoekonomik bağlamsal faktörlerle (yaşam koşullarıyla) ilgilidir.

Aile sistemi, birbiriyle etkileşim halindeki iki alt sistemi içerir: sosyalleşme değerleri ve aile etkileşimi. Araştırmalar sonucunda önemli bulunmuş sosyalleşme değerlerinden bazılarına burada değinilmiştir, bütün değerleri kapsıyor olmak gibi bir iddia yoktur. Bu sosyalleşme değerleri bağımsızlık-karşılıklı bağımlılık boyutunda olup, bireye veya gruba, çocuğun ekonomik veya psikolojik değerine verilen önem açısından değişkenlik gösterir.

Aile etkileşimi, ana babalık yönelimleri ve bunun sonucunda oluşan benlik/öteki ilişkileri ve benlik gelişimi olarak belirlenmiştir. Ana babalık yönelimleri, Baumrind'in (1971, 1980, 1989) yetkeci, yetkeli ve serbest tutum olarak belirlediğine yakın kullanılmıştır. Sonuçta oluşan ailesel/kişiler arası; bağımsızlık/(karşılıklı) bağımlılık ve ilişkisel/ayrık benlik, bu bütünsel sistemin çıktısı olarak değerlendirilebilir.

Bu genel kuram doğrusal değil, dinamik ve etkileşimseldir; karşılıklı nedensel ilişkileri ve doğrudan nedensel ilişkilerin yanında geribildirim döngülerini de içerir. Kuramın içeriği, dolayısıyla nasıl işlediği, ardından inceleyeceğim üç ayrı tezahür kalıbında açıklığa kavuşacaktır. Bu genel kuramsal çerçeve, sosyokültürel bağlamdaki makro sosyal-yapısal faktörlerle bireysel benlik arasındaki aile işlevlerini çözümleyen bir araçtır.

Üç belirgin aile modeli ise aile sisteminin ve işleyişinin farklı sosyoekonomik-kültürel bağlamlardaki prototipleri olarak oluşturulmuştur. Bu modeller, var olan ailelerin tam bir tanımı/nitelendirmesi olarak değil, farklı kuramsal yapılandırmaların birer taslağı olarak görülmelidir. Üç model, aile özelliklerinin farklı kombinasyonlarını içermektedir. Bazı özellikler örtüşebilir, ancak her bir model diğer ikisinden farklıdır. Bu fark niteliksel değil, dereceyle ilgili farktır. Bu modeller, özellikle benlik gelişimi üzerinde durulduğunda, birer insan modeli olarak da görülebilir. Ayrıca bu modeller, temel insan ilişki kalıplarıyla ve bunların aile ve kültürle olan bağlantılarıyla ilgilidir. Bu nedenle, gerektiği yerlerde, bu modellere aile/insan modeli diyeceğim.

Önce, ideal-tipik bir karşılıklı bağımlı aile modelini tanımlayacağım. Bundan önceki kısımda ÇDA bulgularının sunumunda bundan biraz söz edilmişti. Bu, "geleneksel aile" prototipini yansıtır ve ÇDA bulgularının temelini oluşturur. Daha sonra, karşıt bağımsızlık modelini inceleyeceğim. Bu iki prototip tanıdık gelecektir, çünkü literatürde çokça karşımıza çıkar. Bu aile kalıplarının bazı özelliklerini daha önceki bölümlerde de incelemiştim.

Üçüncü model, psikolojik/duygusal bağlılık modelidir ve ilişkisellik kültürüne sahip Çoğunluk Dünya'daki toplulukçu toplumlarda sosyoekonomik gelişme geçiren ailelerin bir prototip değişim modelidir. Ancak bunun sadece çevreye bağlı olmadığını düşünüyorum. Aslında yakın tarihli araştırmalar ışığında, bu modele doğru genel bir gidiş olduğuna inanıyorum. Bu modeli, iki karşıt modeli anlattıktan ve geleneksel bağımlılık modelinde gerçekleşen değişimi tartıştıktan sonra inceleyeceğim. Bu üç farklı aile/insan modelinden söz ederken, neden belli özelliklere sahip olduklarını açıklamaya çalışacağım. Yani dinamiklere bağlamsal/işlevsel bir bakış açısından değineceğim.

Bağımlılık Modeli

Karşılıklı bağımlılığa dayalı aile/insan modelinin ideal-tipik örneklerine özellikle ataerkil aile yapısına sahip, sıkı bağlarla dokunmuş insan ve aile ilişkilerinin görüldüğü geleneksel, kırsal toplumlarda rastlanır (bkz. ŞEKİL 5.2). Bu model, toplumsal ve ailesel düzeyde tipik bir ilişkisellik kültürü (toplulukçuluk) örneğidir ve çeşitlilik göstermekle birlikte Çoğunluk Dünya'nın birçok yerinde yaygın olarak görülür. Burada, farklı akrabalık sistemleri, anaerkil yapılar ve çokeşli evlilikler vb aile yapıları, akrabalık ve soy sistemleri üzerinde durmayacağım.

Bu tip aileler çoğunlukla ya yapısal ya da işlevsel bakımdan geniş aile özelliği göstermektedir (Kağıtçıbaşı, 1985b, 1996a). İşlevsel bakımdan geniş aileler, hane halkı yapısı bakımından çekirdek yapıya sahip olsalar da, tarımsal üretim ve tüketim, çocuk bakımı, evde yiyecek üretme gibi aile işlevlerini paylaştıkları için geniş aile gibidirler. Bu, farklı kuşakları birbirine bağlayan yakın akraba ilişkileriyle mümkündür. Düşük refah düzeyi ve tarımsal yaşam biçimi göz önünde bulundurulduğunda, işlerin paylaşılması yaşamı sürdürmek bakımından hayli önemlidir. Sonuç olarak, aile diğer akrabalarla (başka ailelerle) karşılıklı bir bağımlılık içindedir.

BAĞLAM

AİLE SİSTEMLERİ

KÜLTÜR
İlişkisellik kültürü
(toplulukçu)

YAŞAM KOŞULLARI
Kırsal / tarımsal
Asgari/ düşük refah düzeyi

AİLE DEĞERLERİ
• Aile/grup bağlılıkları
• Ana babaya duygusal/maddi yatırım
• Bağımlılık değerleri
• Çocuğun faydacıl değeri
  ekonomik değeri
  yaşlılık güvencesi değeri
  çocuktan maddi beklentiler
• Erkek çocuk tercihi

AİLE YAPISI
• İşlevsel geniş aile yapısı
• Ana babaya maddi
  kaynak aktarımı
• Atasoylu bağlar
• Yüksek doğurganlık
• Düşük kadın statüsü

AİLE ETKİLEŞİMİ VE SOSYALLEŞME
• Yetkeci ana babalık
• Çocuk yetiştirmede itaat/bağımlılık
  yönelimi

BENLİK-ÖTEKİ İLİŞKİLERİ
• Nesiller arası/ailesel bağımlılık
• Kişiler arası bağımlılık
• İlişkisel benliğin gelişimi

———▶ Nedensel ilişki/ etki ◀——▶ karşılıklı nedensellik/ etkileşim ┈┈┈▶ geribildirim

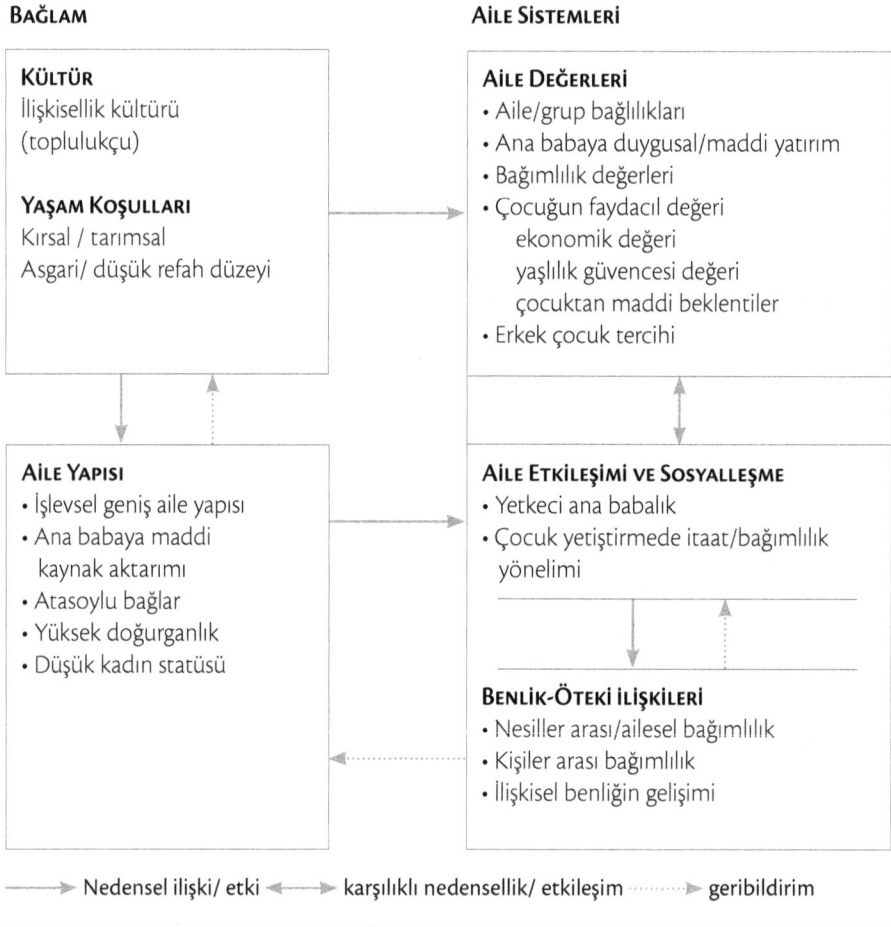

ŞEKİL 5.2. Bağımlı Aile Modeli (Kağıtçıbaşı, 1996a).
NOT: Bu şekil, *Family and Human Development Across Cultures: A View from the Other Side*'dan alındı (Kağıtçıbaşı, 1996a, Hillsdale, NJ: Lawrence Erlbaum, s. 79).

Yaşlılık sigortası ve benzer sosyal güvence sistemlerinin bulunmadığı durumlarda, yaşlılar için en büyük güvence kendi evlatlarıdır. Nesiller arası bağımlılık en çok bu noktada dikkat çeker. Genç yetişkinler, yaşlı ana babalarına maddi destek sağlar. Demografik anlamda, maddi kaynaklar genç yetişkinlerden yaşlı ana babaya doğru akar. Bu durum erkek çocuğun tercih edilmesine neden olur çünkü erkek evlat yaşlılık güvencesi için daha güvenilir bir kaynaktır. Yüksek çocuk ölümleri karşısında yeterli sayıda çocuğun ve özellikle erkek evlatların hayatta kalmasının sağlanması bakımından böyle bir aile yapısında yüksek doğurganlık önem taşır. Erkek evlat sahibi olmak, ataerkil aileye dışarıdan gelmiş ve bu yüzden en başta değeri düşük olan kadının aile içi statüsünü de yükseltir. Son kısımda, bu bulguyla ÇDA'nın önemli sonuçlarından biri olarak karşılaştık.

Bağımlılık modelinde nesiller arası bağımlılık aile yaşamı boyunca yön değiştirir. Şöyle ki; önce, çocuk ana babaya bağımlıdır. Bu bağımlılık daha sonra yaşlanmış ana babanın büyüyen çocuklarına bağımlı olması şeklinde yön değiştirir. Çocuğun ana babaya bağımlılığı, ÇDA'da ortaya çıktığı gibi itaate yönelik sosyalleştirme ve yetkeci yetiştirmeyle sağlanır. Bu tip ana baba-çocuk etkileşimi ve sosyalleştirmesi ailenin zaman içinde hayatta kalması için işlevseldir. Çünkü aileye bağlılık, çocuğun bağımlılık/itaatini vurgulayan ana baba kontrolü ve sosyalleştirmesi çocuğun aileyle tamamen bütünleşmesini sağlar. Bu şekilde sosyalleştirildiğinde çocuk, aile ihtiyaçlarını karşılayan ve yaşlı ana babasına yatırım yapan bağlı bir evlada dönüşür; oysa ki "bağımsız" bir çocuk kendi ilgilerine yönelip ailesini göz ardı edebilir. Bu sebeple, bağımsız çocuk yetiştirmek bağımlı aile modelinde makul değildir.

Sonuçta ortaya çıkan aile ve kişiler arası ilişkilerde, hem duygusal hem maddi boyutta bağımlılık görülür. Geçen bölümde söz ettiğim ilişkisel benlik bu tür aile sistemlerinde gelişir. Yani, ilişkisel benliğin gelişimine yol açan sosyalleşmenin nedeni, ailenin devamlılığının nesiller arası bağımlılığı gerektirmesidir.

Bu modelde öngörülen sosyalleşme değerleri ve aile etkileşimi, işlevsel-geniş aile yapısını destekler. Ortaya çıkan, yaşam koşulları değişmedikçe kendi kendini ikame eden bir genel durumdur. Tabii ki aile sisteminin (sosyalleşme değerleri ve aile etkileşiminin), müdahale, göç durumunda olduğu gibi kültür teması ya da kültürel yayılma gibi başka etkiler sonucunda da değişime uğraması mümkündür.

Prototipik bir aile modelinin bu kısa açıklaması, karmaşık bir yapının kısacık bir özetidir ve bazı önemli noktaları kapsamamaktadır. Aile dinamiklerinin ve etkileşiminin özelliklerine—sosyal değişme ve sosyoekonomik gelişme sonucu kuramsal olarak oluşması beklenen aile sistemine—işaret etmektedir.

Bu önemli özelliklerden biri, çocukların ana baba için, nesiller arası duygusal bağımlılıklarla birlikte maddi bağımlılıklar anlamına gelen yaşlılık sigortası değeridir. Maddi ve duygusal bağımlılıklar arasındaki fark önemlidir çünkü bu bağımlılıklar sosyal değişim, gelişim ve hayat tarzlarındaki değişikliklerden farklı farklı etkilenmektedir. Nesiller arası maddi bağımlılıklar, yükselen refah, şehirleşme, eğitim vb ile azalır. Duygusal bağımlılıklar ise ilişkisellik kültürünün yaygın olduğu Çoğunluk Dünya'da sosyoekonomik gelişmeyle değişmemektedir. Daha önce bahsedildiği gibi ÇDA bulguları bu seyirle ilgili doğrudan kanıt sağlamaktadır.

Bağımsızlık Modeli

Şimdi, sanayileşmiş, kentli, orta sınıf Batı toplumunun ideal-tipik aile/insan modeli olan bağımsızlık modelini incelemek istiyorum (bkz. ŞEKİL 5.3). Bu toplumda ayrıklık kültürü (bireycilik) egemendir. Bu aile modeli de bize tanıdik gelecektir çünkü Batı'nın bireyci, çekirdek ailesinin prototipik modelidir ve eleştirmenler tarafından zaman zaman yerilmiş, zaman zaman övülmüştür.

Bu model, hem ailenin diğer ailelerden hem de aile bireylerinin birbirinden bağımsız ve ayrık olması üzerine kuruludur. Bu model, gerçek durumdan çok, ideal ya da bir soyutlamayı yansıtmaktadır, çünkü bugünkü bulgular Batı (Amerikan) ailesinde de bir miktar karşılıklı bağımlılığın var olduğunu göstermektedir (bkz. s. 174, "Farklı Bir Odaklaşma,"). Bununla beraber, bu model genel görünüşüyle bağımlılık modelinden çok farklıdır. O kadar ki, bu iki prototipik model, ortak özellikler açısından örtüşme göstermez. Bu farklılık, modellerin oluştuğu bağlamlar arasındaki farkı yansıtır. Bağımsız aile modeli, yüksek refah düzeyli, kentleşmiş, sanayileşmiş teknoloji toplumunda; bağımlılığa dayalı aile modeli de düşük refah düzeyli, kırsal, tarımla uğraşan sanayi öncesi toplumda görülür. Yine, modeller arasındaki fark ayrıklık kültürü (bireycilik) ile ilişkisellik kültürü (toplulukçuluk) arasındaki farkı da yansıtmaktadır.

Bağımsız aile/insan modelinde nesiller birbirinden ayrışmıştır ve hem duygusal hem maddi kaynak yatırımı yaşlı nesile değil, çocuğa yönelmiştir. Buradaki birim, bireyselleşmiş çekirdek aile yapısıdır. Atasoyluluğun öneminin azalması ve refahın artmasıyla, kadının aile içindeki statüsü yükselmiş, erkek çocuk tercihi azalmış ve doğurganlık düşmüştür. Çocuğun ekonomik değerinin azaldığı bir ortamda, çocuğa atfedilen psikolojik değer ön plana çıkar. Ancak, çocuğun psikolojik değeri çocuk sayısıyla ilintili olmadığından, yüksek doğurganlığa yol açmaz. Çocuğun maliyetinin artması da düşük doğurganlığa neden olur. Bu durum, özellikle çocuk sahibi olmanın "fırsat maliyeti"nin hatırı sayılır biçimde yüksek olduğu eğitimli, iyi iş sahibi eşler arasında geçerlidir.

Buradaki sosyalleşme değerleri ve aile etkileşimi, bağımsız, ayrık, belirgin sınırları olan bir benlik gelişimini doğurur. Birey ve aile düzeyindeki etkileşimler, birbirinden ayrı, birbiriyle örtüşmeyen kişiler arasında cereyan eder. Çocuk yetiştirmede denetime daha az yer verilir ve bağımlılık modelindeki yetkeci ana baba davranışı, yerini serbestliğe yönelik ana baba davranışına bırakır. Bireyci ideolojiyle bağlantılı olarak özerklik önem kazanmıştır. Nesiller arası maddi bağımlılığın en aza indiği sosyokültürel ve ekonomik bir bağlamda, bağımsızlığa ve kendine güvene değer verilir; çünkü artık yaşlılık güvencesi için çocuğun ana babaya sadakat duyması ve bağımlı olması gerekmemektedir. Yaşlı ana babalar yetişkin evlatlarına yaşam ihtiyaçları için bağımlı değillerdir; yaşlılıkta gelir ve hizmet için daha farklı kaynaklara sahiptirler. Bu nedenle, çocukların ana babaya olan sadakat ve minnettarlığı, yaşlılık güvencesi için gerekli değildir. Bu tür bir sosyalleşme hem nesiller arası hem kişiler arası bağımsızlığı doğurur. Yani bu model, bağımsız, ayrık benliğin işlevsel/nedensel ön koşullarını ortaya koymaktadır.

Bu modelin özellikleri, örneğin kadının yüksek statüsü, serbest disiplinli ana babalık, ailenin ve benliğin bağımsızlığı, göreli olarak, özellikle bağımlılığa

BAĞLAM	AİLE SİSTEMLERİ
KÜLTÜR Ayrıklık kültürü (bireyci) **YAŞAM KOŞULLARI** Kentsel/sanayileşmiş refah toplumu	**AİLE DEĞERLERİ** • Bireysel bağlılıklar • Çocuğa duygusal ve maddi yatırım • Bağımsızlık değerleri • Çocuğun psikolojik değeri • Düşük erkek çocuk tercihi

AİLE YAPISI
• Çekirdek aile yapısı
• Çocuğa maddi
  kaynak aktarımı
• Çekirdek aile bağları
• Düşük doğurganlık
• Yüksek kadın statüsü
	AİLE ETKİLEŞİMİ VE SOSYALLEŞME
	• Göreli serbest ana babalık
	• Çocuk yetiştirmede özerklik/kendine
	  güven yönelimi
	
	BENLİK-ÖTEKİ İLİŞKİLERİ
	• Nesiller arası/ailesel bağımsızlık
	• Kişiler arası bağımsızlık
	• Ayrık benliğin gelişimi

──▶ Nedensel ilişki/ etki ◀──▶ karşılıklı nedensellik/ etkileşim ┈┈┈▶ geribildirim

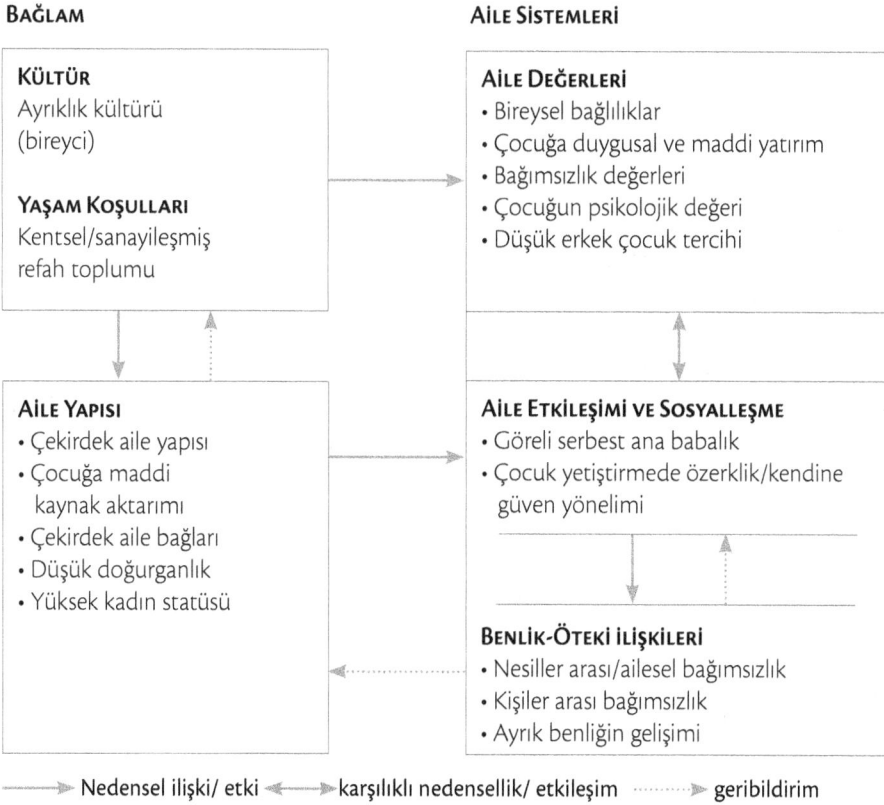

ŞEKİL 5.3. Bağımsız Aile Modeli (Kağıtçıbaşı, 1996a).
NOT: Bu şekil, *Family and Human Development Across Cultures: A View from the Other Side*'dan alındı (Kağıtçıbaşı, 1996a, Hillsdale, NJ: Lawrence Erlbaum, s. 83)

dayalı aile modeliyle karşılaştırılarak ele alınmalıdır. Bu özellikler mutlak olarak değerlendirilmemelidir. Bütün Batı orta sınıf ailelerinin aynı niteliklere sahip olduğunu da iddia etmiyoruz; ancak yukarıda sözü edilen özellikler, Batı ve özellikle Amerikan orta sınıf ailesini büyük ölçüde yansıtır. Bu durum, aile ve benliğin içinde bulunduğu kültürel bağlamı oluşturan bireyci dünya görüşüyle bağdaşmaktadır.

Ayrıca, bu model, Batı'da ve özellikle ABD'de etnik ve sosyal sınıf farklılıklarına bağlı olarak görülen büyük çeşitliliği yansıtmaz. Aynı şey daha önce tartışılan bağımlılık modeli için de geçerlidir. Bu modeller, değişen bağlamlarda görülen aile işlerliğinin işlevsel bağlarını ve aileler arasındaki farklılıkları anlamayı kolaylaştıran özet araçlardır. Örneğin, yapılan araştırmalar Amerikan ailesinde, özellikle işçi sınıfı ve kadınlar arasında bir miktar karşılıklı bağımlılık olduğunu göstermiştir (Cohler ve Grunebaum, 1981; Keniston, 1985). Bununla beraber, yaygın normatif bireycilik sebebiyle (bkz. 4. Bölüm), bağımsızlık ve kendine yeterlik çok önemsenir (Bellah vd, 1985; Kagan, 1984); bu da bazen bir başkasının desteğine gerek duyulduğunda çelişkili duygulara ve başarısızlık hissine yol açabilir (bkz. 2. Bölüm).

Nasıl Bir Aile Değişimi?

Bir önceki altbaşlıkta birbirine zıt iki modelden söz ettim: Bağımsızlık ve bağımlılık modelleri. Birbirinden tamamen ayrı özelliklerine ve oluştukları bağlamların önemli farklılıklarına rağmen bunların, birinden diğerine doğru bir geçiş olduğu öne sürülür. Daha önce de belirttiğim gibi, modernleşme kuramı, değişimin Batı modeline doğru gerçekleşeceğini öngörür. Bağımlılık modeline daha çok kırsal, tarımla uğraşan ve düşük refah toplumlarında; bağımsızlık modeline ise kentleşmiş, sanayileşmiş, yüksek refah toplumlarında rastlandığından söz etmiştik. Bu nedenle, sosyoekonomik gelişmeyle beraber bağımlılık modelinden bağımsızlık modeline doğru bir değişim görüleceği varsayılır.

Bu varsayım, kültürü hesaba katmaz. Daha önce de açıklamaya çalıştığım gibi, hem tarihsel hem de güncel bulgular bize sosyal ve ekonomik yapı değişikliklerine karşın, kültürlerde belli bir devamlılığın var olduğunu gösteriyor. Örneğin, Batı Avrupa'da görülen bireyci aile ve insan ilişki biçimi Sanayi Devrimi'nden önce, devrim sırasında ve devrimden sonra da vardır. Aynı şekilde toplulukçu kültürler, Doğu Asya Pasifik ülkelerinde hızlı ekonomik büyüme ve gelişme içinde var olmaya devam etmiştir. Kao ve Hong, Çin, Tayvan ve Hong Kong'da yapılmış araştırmaları incelemiş ve şu sonuca varmışlardır: "Modern, sanayileşmiş yaşamın etkilerine rağmen kültür ve *sosyalleşme* biçimlerinde genel bir devamlılık göze çarpmaktadır" (1988, s. 262, vurgu bana ait). Kore'de daha yakın zamanda yapılan bir araştırma, hayattaki en önemli amaç olarak "uyumlu aile"yi bulmuş (Kim, Park, Kim, Lee ve Yu, 2000; Kim vd, 2005'te belirtilmiş) ve "Sosyal yapılar modernleşse de duygusal ilişkisellik ve aile uyumu güçlü kalmaktadır" şeklinde yorumlanmıştır (s. 351).

Kültürdeki bu devamlılığa ilişkin bulgular elimizdeyken, sorulması gereken, "Aile kalıplarında nasıl bir değişim oluyor ve neden?" sorusudur. Değişim her an mevcuttur ve aile/insan ilişkilerinin tüm biçim ve yönlerinin değişmeden kalacağını savunmak gerçeği reddetmek olacaktır. ÇDA'da gösterdiğim gibi, ülkeler arası ve ülke içi karşılaştırmalarda sosyoekonomik değişimle birlikte çocuğa atfedilen değerlerde sistematik değişiklikler gözlenmiştir. Örneğin, sosyoekonomik gelişmeyle beraber, çocuğun yaşlılık güvencesi değeri ve ekonomik değeri azalmıştır. Ana babanın, yaşlılıklarında çocuklarından maddi destek beklentisi de paralel bir azalma göstermiştir (Kağıtçıbaşı, 1982a ve b).

İlk bakışta, modernleşme kuramının iddia ettiği gibi, sosyoekonomik gelişimle beraber ortaya çıkan, çocuğun ekonomik değerindeki ve çocuktan maddi destek beklentilerindeki sistematik azalma, ailede bir çekirdekleşme ve ayrışma olacağı izlenimini verebilir.[2] Ancak bulguların daha yakından incelenmesi, bize değişimin, çocuklar tarafından karşılanan belli bazı ihtiyaçlarla ilişkili olarak meydana geldiğini gösteriyor. Çünkü sosyoekonomik gelişmeyle maddi bağımlılığın azaldığını fakat duygusal bağımlılıkta bir değişim olmadığını görüyoruz. Bu ayrımı fark etmem, ailedeki maddi ve duygusal (psikolojik) bağımlılıkları kavramsal olarak ayrıştırmama yol açtı (Kağıtçıbaşı, 1990). Bunların birincisi çocuğun ekonomik değeri, diğeriyse psikolojik değeri olarak yansıdı.

ÇDA'nın bulguları esas olarak duygusal bağımlılıktan çok maddi bağımlılık konusunda bilgi veriyor. Bu bulgular, sosyoekonomik gelişmeyle çocuğun ekonomik değerinin azaldığının açık kanıtı niteliğindedir. Bu sonuç, çocuğun ekonomik değerinin farklı göstergeleri için geçerlidir (çocuğun ileride yaşlılık güvencesi sağlaması, yaşlılıkta parasal destek, ev işinde yardım, maddi yardım vb) (Kağıtçıbaşı, 1982a, 1982b).

Yine de sosyoekonomik gelişmeyle maddi bağımlılıklarda azalma görülmesi, ailede çekirdekleşme-ayrışmanın kaçınılmaz olduğu sonucunu doğurmaz. Çocuk sahibi olmanın artan maliyeti ve mevcut olan alternatif yaşlılık güvencesi olanaklarıyla birlikte zayıflayan maddi bağımlılıklara karşın, psikolojik/duygusal bağlılıklar devam edebilir. Nitekim ÇDA bulguları çocuğun psikolojik değerinin sosyoekonomik gelişmeyle değişmediğini (Fawcett, 1983), hatta arttığını (Kağıtçıbaşı, 1982a, 1982b) ortaya koymuştur. Örneğin, Türkiye'de çocuğun anneye "arkadaş olma" değeri, yaşanılan yörenin gelişmişlik düzeyi ve eğitim yükseldikçe artmaktadır (azgelişmiş bölgelerde %20, orta derecede gelişmiş bölgelerde %26, gelişmiş bölgelerde %32 ve büyük kentlerde %51; lise tahsillilerde %33, üniversite mezunlarında %43 oranında bu değer vurgulanmıştır).

Başka bir araştırmada, yine maddi bakımdan (karşılıklı) bağımlılıkların azalmasının duygusal bakımdan (karşılıklı) bağımlılıklara yansımadığı gösterilmiştir. Türkiye'de Erelçin (1988) modern (genç ve kentsel) ve geleneksel (yaşlı ve kırsal) grupları, yakınlara maddi ve duygusal yardımda bulunma istekliliği konusunda karşılaştırmıştır. Modern grubun geleneksel gruba kıyasla, maddi yardım (örn. para vermek) konusunda daha az istekli olmasına karşılık, duygusal yardım konusunda (örneğin, bir kişiyi hastanede ziyaret etmek) iki grup arasında bir fark bulunmamıştır.

Çoğunluk Dünya'nın ilişkisellik kültürüne sahip gelişmiş/kentsel bölgelerinde nesiller arası ilişkiler ve akraba ilişkileri önemini korumaya devam

---

2   Bu benim ÇDA bulguları üzerine yaptığım ilk yorumdu (Kağıtçıbaşı, 1982b). Daha sonra bu yorumun fazla indirgemeci olduğunu fark ettim ve maddi/duygusal bağlılıkları ayrıştırarak detaylandırmaya çalıştım.

etmektedir. Bu durum, maddi bağımlılığın azalmasına rağmen görülmektedir. Örneğin, yaşlılık sigortası vb gelirleri olan kentli yaşlılar, yetişkin evlatlarından destek istemiyorlar, hatta genç-yetişkin evlatlarına kendileri maddi destek sağlıyorlar (Georgas, 1993; Georgas vd, 2006; C.F. Yang, 1988). Duben de, daha önce Türkiye'de gerçekleştirdiği bir araştırmadan, "akraba ilişkilerinin önemi, artan kentleşme ve sanayileşmeyle azalmamaktadır" sonucunu çıkarmıştı (1982, s.94). Daha yeni araştırmalar da ortaya benzer bir portre çıkarmıştır. Örneğin, Georgas vd tarafından (2006) otuz ülkenin karşılaştırıldığı bir araştırmada, ailedeki karşılıklı maddi bağımlılıklar (araçsal roller) ve hiyerarşinin artan refahla azalmakta olduğu ama duygusal bağların güçlü kaldığı bulgulanmıştır. Benzer şekilde, Koutrelakos (2004), Yunan kökenli Amerikalılar Amerikan toplumuna uyum sağladıkça maddi bağımlılıkların azaldığını fakat karşılıklı duygusal bağlılıkların devam ettiğini bulgulamıştır.

Maddi bağımlılık azalırken duygusal bağımlılığın devam etmesinin aile sistemi açısından anlamı nedir? Bunun yansıması olarak çocuğun ekonomik değerinin azalması, buna karşılık psikolojik değerinin artması aileyi nasıl etkiler? Ailenin bazı özelliklerinde değişim görülürken, diğer özelliklerinin devam etmesi beklenir. Dolayısıyla, bağımlılık ve bağımsızlık aile modellerinde görülmeyen bazı özelliklerin bir araya geldiği yeni bir model ortaya çıkmaktadır.

Duygusal ya da Psikolojik Bağlılık Modeli[3]

Çoğunluk Dünya'daki ilişkisellik kültürüne sahip toplumlarda sosyoekonomik gelişmeyle ortaya çıkan bağlamsal ve ailesel değişimler üçüncü bir aile/insan modelini gerekli kılıyor: Psikolojik/duygusal bağlılık modeli. Bu yeni model, diğer iki prototipik modelden farklı olmakla beraber bazı özellikleri itibariyle bunlarla örtüşür. Diğer iki modelin ana özelliklerini tekrarlamak gerekirse; bağımlılık modelinin belirleyici niteliği, hem maddi hem de duygusal alanda ailesel ve bireysel bağımlılıktır. Bağımsızlık modelinin temel özelliği ise hem maddi hem duygusal bakımdan ailesel ve bireysel bağımsızlığın hâkim olmasıdır. Üçüncü modelde ise duygusal alanda karşılıklı bağlılık görülürken, maddi alanda hem birey hem aile düzeyinde bağımsızlık söz konusudur (bkz. ŞEKİL 5.4).

Psikolojik/duygusal bağlılık modeli, Çoğunluk Dünya'nın ilişkisellik kültürüne (toplulukçuluk) sahip gelişmiş ve kentleşmiş bölgelerinde daha yaygındır. Bu bölgelerde görülen, daha önce tartışıldığı gibi kültürel devamlılıkla beraber sosyal yapısal ve ekonomik değişimdir. İlişkisel kültür süregeldiği için, aile diğer ailelere (akrabalara) doğru, karmaşık bir biçimde genişlemiş durumdadır. Aile ilişkileri, ataerkilliğin önemini yitirmesi, kadının aile içinde yükselen konumu

---

3 Burada duygusal ve psikolojik terimlerini birbirinin yerine kullanıyorum; bu iki terim de aile ilişkilerinin ve karşılıklı bağlılıkların maddi olmayan yönüne işaret ediyor.

BAĞLAM	AİLE SİSTEMLERİ
KÜLTÜR İlişkisellik kültürü (toplulukçu) **YAŞAM KOŞULLARI** Kentleşme/ sanayileşme Artan refah düzeyi	**AİLE DEĞERLERİ** • Aile/grup bağlılıkları + bireysel bağlılıklar • Ana babaya duygusal yatırım • Çocuğa duygusal/maddi yatırım • Duygusal bağlılık değerleri • Çocuğun psikolojik değeri • Azalan erkek çocuk tercihi
AİLE YAPISI • İşlev bakımından karmaşık aile yapısı • Çocuğa maddi kaynak aktarımı • Çekirdek aile + akrabalık bağları • Azalan doğurganlık • Artan kadın statüsü	**AİLE ETKİLEŞİMİ VE SOSYALLEŞME** • Yetkeli ana babalık • Çocuk yetiştirmede kontrol + özerklik yönelimi **BENLİK-ÖTEKİ İLİŞKİLERİ** • Nesiller arası/ailesel duygusal bağlılık • Kişiler arası bağlılık • Özerk ilişkisel benliğin gelişimi

──────▶ Nedensel ilişki/ etki ◀──────▶ karşılıklı nedensellik/ etkileşim ┈┈┈┈▶ geribildirim

ŞEKİL 5.4. Psikolojik/Duygusal Bağlı Aile Modeli.

NOT: Bu şekil *Family and Human Development Across Cultures: A View from the Other Side*'dan alındı (Kağıtçıbaşı, 1996a, Hillsdale, NJ: Lawrence Erlbaum, s. 88).

ve azalan erkek çocuk tercihiyle (eşlerden birinin akrabalarına doğru) genişleyebilir. Ancak paylaşılan etkinlikler, geleneksel bağımlılık modelinde görülen ortak tarımsal üretim ve tüketimden farklıdır.

Devam eden nesiller arası psikolojik/duygusal bağlılık, genç yetişkinlerin duygusal/psikolojik yatırımlarını hem ana babaya hem çocuklarına yöneltmelerine neden olur. Ancak, yaşlı ana babaya maddi destek gerekmediğinden, maddi kaynak akışı sadece çocuklara yöneliktir. Gelişmiş/kentleşmiş bağlamda çocukların artan masrafıyla ve azalan ekonomik değeriyle birlikte, psikolojik değerleri ön plana çıkar; çünkü ekonomik yarar sağlamak bakımından çocuk sahibi olmanın bir anlamı kalmamıştır. Böylece çocuk yapma nedeni olarak sadece çocuğun sağladığı psikolojik doyum söz konusudur.

Burada, *duygusal* bağlılık, sevgi demek değildir; yani, psikolojik/duygusal bağlılık modelinde aile üyeleri birbirlerini diğer aile modellerindekinden daha fazla sever iddiası yoktur. Modeller arasındaki farklılıklar, duygular yerine benlik/öteki ilişkileri, benlik sınırları ya da kimliklerle ilgilidir. Bu sebeple "duygusal"a "psikolojik" eklenmiştir; maddi olana karşıt anlamda kullanılmamaktadır. (Tam) bağımlılık modelinde olduğu gibi benliklerin birbirine bağlılığı söz konusudur; fakat bağımlılık modelinde bu bağlılık karşılıklı maddi bağımlılığa dayanmaktadır; bu modelde ise maddi olmayan (psikolojik/duygusal) bağlılığa dayanır.

Nesiller arası psikolojik/duygusal bağlılık devam ettiği için sosyalleşme değerlerinde aileye/gruba bağlılık vurgulanır. Bununla beraber bu modelde bireyin de önemi vardır. Bu durum aile etkileşim biçiminde önemli bir değişikliğe yol açmaktadır, o da çocuk yetiştirmede özerkliğe yer verilmesidir. Yakın aile ilişkilerinin önemi devam ettiğinden, sosyalleşmede ana baba denetimi ve duygusal bağlılık da vurgulanır. Ancak, bu aile sisteminde bireyleşmeye ve özerkliğe de yer vardır. Çünkü azalan maddi bağımlılıklarla beraber, çocuğun aileye tamamen bağımlı olması gerekmez. İleride hayırlı evlat olarak ana babaya yaşlılık güvencesi sağlaması söz konusu değildir.

Özerkliğin psikolojik/duygusal bağlılık modelinde ortaya çıkışının nedenini anlamak önemlidir. Bunun en az iki sebebi vardır. Birincisi, yaşlı ana babanın yetişkin evlada olan maddi bağımlılığının azalması nedeniyle, artık çocuğun özerkliğinin aile ihtiyaçları için bir tehdit olarak görülmemesidir. Yaşlı ana babanın ihtiyaçları, emekli maaşları ve benzeri yollardan karşılandığı için yetişkin evladın kendi (maddi) ihtiyaçlarıyla ilgilenmesi normal kabul edilebilir. İkincisi, değişen yaşam tarzlarıyla birlikte büyüyen evladın özerkliği işlevsel olmaktadır. Yani özerklik, aktif karar verme, yetkinlik ve yaratıcılık gerektiren okul başarısı ve kentsel iş hayatı için itaatten daha önemli bir değer haline gelmektedir.

Yine de çocuğun ve yetişkin evladın yakınlığı hâlâ fazlasıyla değerlidir; bu sebeple benliğin ilişkiselliği psikolojik/duygusal bağlı aile modelinin temel bir özelliğidir. Dolayısıyla, bu model özerk-ilişkisel benliğin sosyal ve aile değişimi nedeniyle gelişiminin nedenlerini ortaya çıkarmaktadır. Bu tür benlik, içinde hem özerkliği hem de ilişkiselliği barındırmaktadır. Temel insan ihtiyaçları olan yetkinlik ve bir aradalık (ilişkisellik), (Bakan, 1966, 1968) psikolojik/duygusal bağlı aile modelindeki benlikte ortaya çıkmaktadır.

Bu aile modelinde büyüyen çocuğun bireysel ihtiyaçları, grup-aile ihtiyaçlarıyla ters düşmez. Çocuğun özerkliği aile için bir tehdit olmaktan çıkmıştır. Farklı sosyoekonomik statüdeki grupların çocuktan beklentilerini karşılaştırmak, bu konuda bizi aydınlatacaktır. İmamoğlu (1987), yaptığı bir araştırmada Türkiye'deki kentli, yüksek sosyoekonomik düzeydeki annelerin çocukta özerkliğe ve kendine yeterliliğe önem verirken, orta ve düşük sosyoekonomik düzeyli annelerin itaat ve sadakati ön plana çıkardıklarını bulgulamıştır. Buna paralel olarak, düşük sosyoekonomik düzeyli ana babalar çocuklarının ileride kendilerine minnettarlık duymalarını isterlerken, yüksek sosyoekonomik düzeyli ana babalar böyle bir istek belirtmemişlerdir. Çocuğun yaşlılık güvencesi ve ekonomik değerinin önemli olduğu ortamlarda "çocukların ana babalarına minnettarlık duymaları aile ilişkilerinin devamı açısından işlevseldir" (s. 143).

Psikolojik/duygusal bağlılık modelinde aile/insan çıkarlarının bağımsızlık modelinde olduğu gibi önemsiz olduğu veya ikinci planda yer aldığı söylenemez. Burada, bireysel ve grup (aile) bağlılığının bir arada var olduğunu görüyoruz (Kağıtçıbaşı, 1987a, 1990). Ailesel ve kişiler arası ilişkiler, duygusal alanda, birbirine bağlı olarak devam eder. Bunun sonucunda oluşan benlik, özerklik de içeren ilişkisel bir benliktir. Örneğin, İmamoğlu'nun (1987) araştırmasında, çocuklarının kendilerine minnettarlık duymalarını istemeyen yüksek sosyoekonomik statüdeki ana babalar da dahil olmak üzere bütün ana babalar, çocuklarının onları sevmelerini ve onlara yakın olmalarını istediklerini belirtmişlerdir. Ana babalar aynı zamanda çocukların büyüdükçe ana babalarına karşı daha saygılı olmalarını da istemişlerdir; bu da psikolojik/duygusal bağlılığın ve ilişkiselliğin devam ettiğine işaret eder.

Bu modeldeki çocuk yetiştirme eğilimleri ve sosyalleşme değerleri, ilk bakışta çelişkili ve hatta birbirini dışlar gibi görünebilir. Özellikle ana babalıkta kontrol ve özerklik yönelimleri birbirini dışlar gibi görülebilir. Bağımlılık aile modelinde, bağlılık sadece psikolojik olsa bile özerkliğin ortaya çıkması pek mümkün görülmeyebilir. Bu gibi yorumlar ilişkiselliği özerkliğin zıddı gibi gören bakış açılarını yansıtıyor olabilir. Bir sonraki bölümde bu konulardan biraz söz edeceğim. Burada sadece psikolojik/duygusal bağlı aile/insan modelinin, kişilik psikolojisi, benlik ve benlik/öteki ilişkilerinde uzun süredir baskın olan bazı bakış açılarından farklı bir duruş gösterdiğini söylemek yeterlidir. Bu tür bakış açıları bireysel bir dünya görüşüne dayanmaktadır.

Çocuğun Değeri Araştırması II (2000'ler)

Aile değişimi kuramımı sunduktan sonra, yeni Çocuğun Değeri Araştırması'ndan bahsedebilirim. Orijinal ÇDA ülkelerinin bazılarında araştırmanın kısmi bir tekrarı Trommsdorff ve Nauck tarafından başlatılan bir projeyle gerçekleşti (Kağıtçıbaşı ve Ataca, 2005; Kağıtçıbaşı vd, 2005; Trommsdorff vd, 2005). Özellikle Türkiye'deki kısmi tekrar, aile değişimi kuramının bazı özellikleri için bir test olanağı sağlamaktadır.

İkinci Türkiye ÇDA 2003'te, orijinal ÇDA'dan yaklaşık otuz yıl sonra yapılmıştır (Kağıtçıbaşı ve Ataca, 2005; Kağıtçıbaşı vd, 2005). Tam bir tekrar

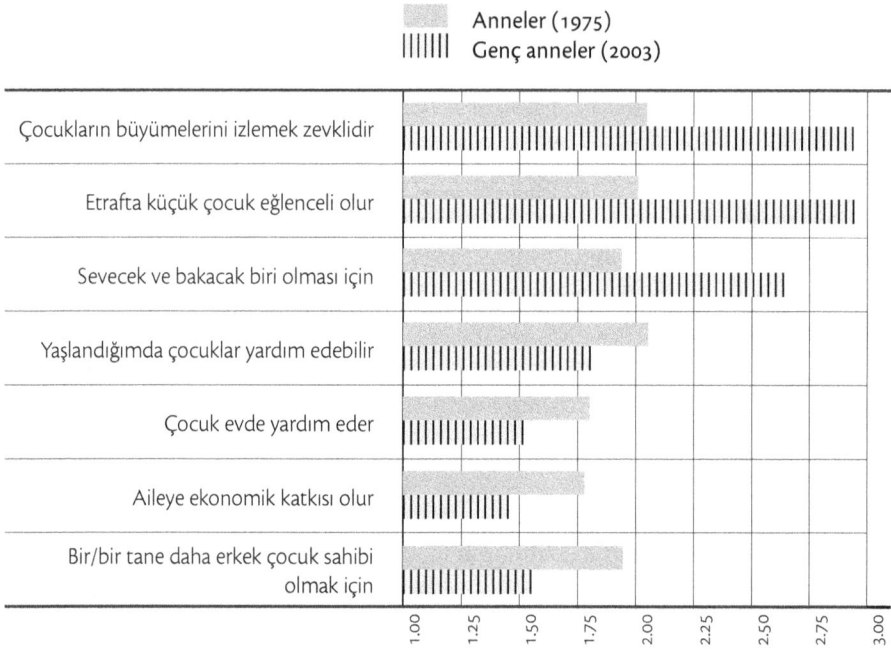

ŞEKİL 5.5. Çocuk isteme nedenleri. Türkiye'de 1975 Çocuğun Değeri Çalışması'ndaki anneler ile 2003 Çocuğun Değeri Araştırması'ndaki genç annelerin karşılaştırması.

araştırması olmadığı için iki çalışma arasında bazı yöntemsel farklılıklar bulunmaktadır. Asıl araştırma tüm ulusu temsil eden bir örneklem kullanırken, bu çalışmada, kentsel orta/üst sosyoekonomik statü, kentsel düşük sosyoekonomik statü ve kırsal kesimi içeren bir örneklem kullanılmıştır. Yine de farklı bölge ve sosyoekonomik statü gruplarından elde edilen sonuçlardaki farklılıklar ve zaman içindeki karşıtlıklar şu anki durumu ve zaman içindeki değişimin dinamiklerini anlamakta bize oldukça çok bilgi ve içgörü sağlamaktadır.

Her tabakada, okulöncesi çocukların genç anneleri, ergenlerin orta yaşlı anneleri ve onların anneleri (ergenlerin büyükanneleri) yer almıştır. Daha yaşlı annelerin ergen çocuklarıyla da mülakat yapılmıştır. Toplam örneklem sayısı 1025 katılımcıyı içermektedir. 2003 araştırmasındaki daha genç anneler, ortalama yaşlarındaki benzerlikler nedeniyle 1975'teki araştırmadaki genç anne örneklemiyle karşılaştırılmıştır (sırasıyla 31 ve 28). Burada sunduğum aslen bu karşılaştırmadır.

2003 ÇDA'daki en dikkate değer bulgu, çocukların ekonomik/faydacıl değerindeki düşüş ve psikolojik değerindeki keskin yükseliştir. ŞEKİL 5.5 katılımcıların 1975'te ve 2003'teki çocuk sahibi olma isteklerinin sebeplerini karşılaştırmaktadır. Açıkça, çocuk sahibi olma nedenleri olarak öne sürülen neşe, zevk, sevgi gibi

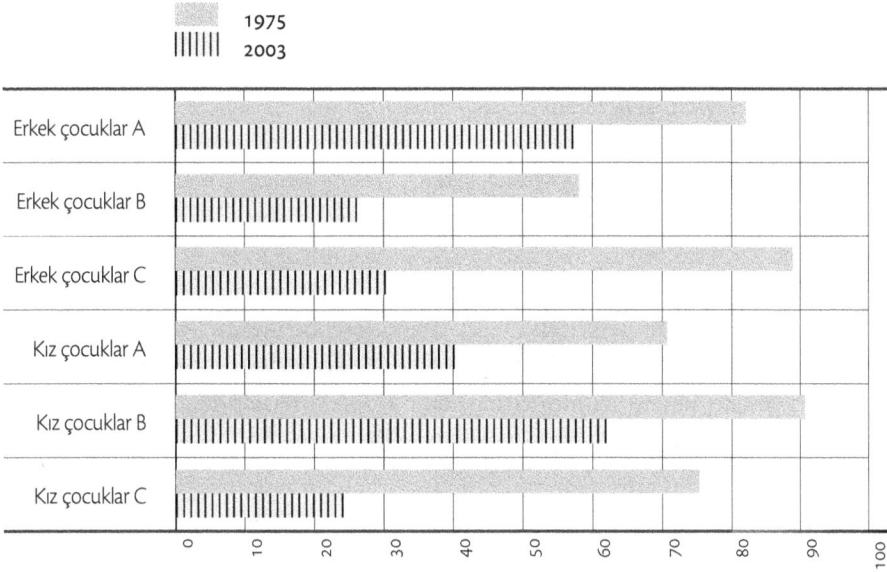

A: Kardeşlere maddi yardım • B: Ev işlerine yardım • C: Anneye maddi yardım

ŞEKİL 5.6. Erkek ve kız çocuklardan parasal/maddi yardım beklentileri.
Türkiye'de 1975 Çocuğun Değeri Çalışması'ndaki annelerle 2003 Çocuğun Değeri
Araştırması'ndaki genç annelerin karşılaştırması.

psikolojik değerler ikinci araştırmada daha ön plana çıkmıştır. Buna karşılık, çocuğun yaşlılık güvencesi yararı ve diğer maddi yararları ve bir erkek çocuk sahibi olma isteği çocuk sahibi olmada daha önemsizleşmiştir.

Nesiller arası maddi bağımlılıkları anlamak için, her iki çalışmada da kız veya erkek çocuklardan belirgin ekonomik/maddi yardım beklentileri incelenmiştir (bkz. **ŞEKİL 5.6**). Bu sorulara verilen cevaplardaki değişiklikler daha önce bahsedilen çocukların değerleriyle ilgili genel cevapları tamamlamakta, 2003'te çocuklardan daha az ekonomik/maddi yardım beklenmektedir. Özellikle, maddi yardım beklentisindeki tersine dönüş dikkate değerdir.

Son otuz yılda Türkiye'de ekonomik büyüme ve şehirleşmeyle ilgili önemli sosyal değişiklikler yaşanmıştır. İki çalışmanın örneklemlerindeki farklılıklar da bu değişiklikleri yansıtmaktadır; 2003 katılımcılarının üçte ikisinden fazlası, kırsaldan kentsele dönüşmüş yaşam tarzlarını yansıtmaktadır (düşük gelirli olanlar dahil). Aslında, ÇDA II katılımcıları, tüm ulusu temsil etmemelerine karşın genel nüfusla orantısız bir örneklem değildir; şu an genel nüfusun üçte ikisi kentlidir. Kentli yaşam tarzları, yetişkin evlat desteğine alternatif sosyal güvenlik gibi yaşlılık güvencesi kaynaklarını içermektedir. Aynı zamanda çocuklar çalışmak yerine okulda daha fazla kalmaktadır; böylece "bağımlılık yaşları" uzamakta ve ana babaları için masraf yaratmaktadırlar. Bu durumlar çocukların maddi katkılarını daha önemsiz yapmaktadır. ÇDA II'deki katılımcıların eğitim düzeyleri ilkine göre daha yüksektir. 1975 annelerinin ortalama eğitimi 3 yılken, genç 2003 annelerinin ortalaması 9,5 yıldır.

Bu bulgular aile değişimi kuramımı, özellikle psikolojik/duygusal bağlılık modelini desteklemekte; sosyoekonomik gelişim ile azalanın maddi nesiller arası bağımlılıklar olduğunu göstermektedir. Psikolojik bağımlılıklarda ise azalma yoktur. Bu, 2003'te ortaya çıkan daha güçlü psikolojik değerle ortaya çıkmaktadır.

Zaman içindeki değişiklikler dışında, ÇDA II'de farklı tabakalar arasındaki değişikenlikler, model için daha fazla destek sağlamaktadır (bkz. Kağıtçıbaşı ve Ataca, 2005; Kağıtçıbaşı vd, 2005). Özellikle çocukların ekonomik/faydacıl değeri en çok kırsal kesim katılımcıları tarafından vurgulanmıştır; kırsal kesimden gelen kentli düşük gelir grubu onları takip etmektedir. Kentli orta/yüksek sosyoekonomik düzey grubu ise çocuğun ekonomik değerini en az önemseyen gruptur. Bu, psikolojik değerin gruplar arası az farklılıkla herkes için önemli olmasıyla tezat oluşturmaktadır. Bu bulgu, ailede duygusal bağların çok önemli olduğunu göstermede önemlidir. Yani, kentli orta/yüksek sosyoekonomik düzey grubunda, bağımlı aile modelinin değil, psikolojik/duygusal olarak bağlı aile modelinin ortaya çıktığını göstermekte, aile değişimi kuramımı desteklemektedir. Yetişkin çocuklardan yardım beklentisi de buna uymaktadır. Kentli orta/yüksek sosyoekonomik düzeyli anneler çocuklarından en az yardımı beklemekte; onları kentli düşük gelir grubu ve kırsal kesim grubu izlemektedir.

Çocuklardan beklenen özellikler de incelenmiştir. 1975'te "ana babayı dinlemek" (itaat) "iyi bir insan olmak" ile birlikte en önemli özellikken, 2003'te (büyükanneler hariç) en az önem verilen özelliklerden biri haline gelmiştir. Bağımsızlık/kendine güven 1975'te hiç vurgulanmamışken 2003'te özellikle kentli orta/yüksek sosyoekonomik düzey grubunda arzu edilen bir özellik olarak ortaya çıkmıştır. Bu değişim psikolojik/duygusal bağlı aile modelinde çocuk yetiştirmede özerkliğin ortaya çıkışını yansıtmaktadır ve yine kuramı desteklemektedir. Çocuk yetiştirme yönelimlerindeki değişimler 2003 katmanlarının karşılaştırılmasında ortaya çıkmaktadır. Kırsal ve kentli düşük gelir grubu, orta/yüksek gelir gruplarına göre "ana babaya itaat"i "popülerliği" ve "okul başarısı"nı daha fazla, "bağımsızlık/kendine güven"i daha az önemsemiştir.

Nesil farkları da sosyal tabakalarla uyum içindedir. Büyükanneler çocuğun ekonomik/faydacıl değerini anne ve ergenlerden daha fazla vurgularken çocuğun psikolojik değeri tüm nesiller tarafından önemsenmektedir. Bağımsızlık/kendine güven anneler tarafından daha çok beklenen bir özellik iken, büyükanneler "ana babaya itaat"i daha fazla vurgulamıştır. Nesil farklılıkları zaman içindeki sistematik değişiklikleri de göstermekte ve aile değişimi kuramını desteklemektedir.

Farklılıklara rağmen tüm olumlu çocuk özellikleri katılımcılar tarafından benimsenmiştir. Bunların arasında "ana babaya itaat" ve "bağımsızlık/kendine güven" gibi karşıt görünenler de vardır. Bunların birleşimi çocuk yetiştirmede "kontrol" ve "özerk"liğin bir arada bulunduğunu göstermekte, bu da psikolojik/ duygusal bağlılık modelini desteklemektedir.

Çocuğun cinsiyeti tercihine bakarsak, ÇDA II oldukça farklıdır. ÇDA I'deki zorunlu seçimli maddede, %84 erkek çocuk tercihi ve %16 kız çocuk tercihi görülmüştü; kadınlar arasında bu oran %75 ve %25'ti (Kağıtçıbaşı, 1982a, 1998b). İkinci araştırmada, zorunlu seçimli madde sadece kentli örnekleme uygulandı. 2003'teki genç kentli anneler arasında, %41.1 erkek ve %58.9 kız çocuk tercihi görülmüştür. Cinsiyet tercihi kentli-orta/yüksek sosyoekonomik düzey grubunda kentli-düşük gelir grubuna göre daha fazla tersine dönmektedir. Bu dikkat çekici farklılık önemli zamansal ve sosyal-kültürel değişiklikleri yansıtmakta, aile değişimi kuramımın varsayımlarını desteklemektedir.

Son olarak, doğurganlık tutumları ve davranışlarını yansıtan gerçek, istenen ve ideal çocuk sayıları, önceki bulgular ve aile değişimi kuramımın tahminleriyle uyumludur. ÇDA II'de genç anneler, ÇDA I'e kıyasla ciddi ölçüde daha az gerçek, istenen ve ideal çocuk sayısına sahipti. 2003'teki değişik tabakalara bakılırsa, kentli-düşük sosyoekonomik düzey anneleri kırsal gruplara göre daha yüksek sayılara sahipti; kentli-yüksek/orta sosyoekonomik düzey grubu ise en düşük sayıya sahipti. Düşük sosyoekonomik düzey grubundaki daha yüksek sayılar, kentteki daha iyi kamu sağlık hizmetleri ve daha düşük bebek ölümü sonucu olabilir. Çünkü bu kırsal kökenli anneler de üst düzey kentli annelerden daha doğurgandırlar.

Sonuç olarak, ÇDA I ve II'nin aile değişimi kuramım için birçok açıdan destek sağladığını söyleyebiliriz. Özellikle, ÇDA II'de ortaya çıkan değişiklikler, kuramın içerdiği her açıdan, yani yaşam şartları (kent, kırsal, sosyoekonomik düzey), aile yapısı (doğurganlık, refah akışı), sosyalleşme değerleri (çocuğun değeri, erkek çocuk tercihi, bağımsızlık değerleri) ve ana babalık ve aile etkileşimi (itaatten özerklik/kendine güvene doğru yönlendirmeleri) açısından öngörülen gelişmeyi kanıtlamıştır. Bu, kuram ve daha belirgin olarak psikolojik/duygusal bağlılık modeli için güçlü bir destek sağlamaktadır.

Aile Değişimi Kuramı ve Psikolojik/Duygusal Bağlılık Modeline Daha Fazla Ampirik Destek

Başka birçok araştırma da Psikolojik/Duygusal Bağlılık Modeli ve aile değişimi kuramına destek sağlamaktadır. Bunların bir kısmı doğrudan diğer ülkelerdeki yeni ÇDA'lardan gelmektedir. Diğer ilgili çalışmalara değinmeden önce bunlardan söz edeceğim.

Kim vd (2005) ÇDA'yı Kore'de gerçekleştirdiler. Türkiye ÇDA'ya benzer olarak, Kore'deki bulgular çocuğun sosyal ve ekonomik yararından psikolojik ve ilişkisel yararına doğru olan değişime işaret etmektedir. Kore'de 1970'lerde gerçekleştirilen ÇDA ile karşılaştırıldığında çocuk sahibi olmanın psikolojik yönleri, Korelilerin çocuk sahibi olma nedenlerine ve sayısına karar vermelerinde daha önemli hale gelmiştir (s. 351-2).

Sam, Peltzer ve Mayer (2005) ÇDA'yı Güney Afrika'da gerçekleştirdiler. Çocuğun geleneksel/faydacıl değeriyle doğurganlık arasında olumlu bir ilişki; çocuğun psikolojik (sosyal/duygusal) değeriyle doğurganlık arasında ise olumsuz ilişki buldular; bu da ÇDA'nın kuramsal perspektifiyle ve aile değişimi kuramıyla uyumludur (Kağıtçıbaşı, 1982a ve b). Bu durum, Güney Afrika'daki araştırmadan, kavramsal açıdan farklı üç çocuk değeri çıkmamış olsa da geçerlidir.

Sabatier ve Lannegrand-Willems (2005) Fransa'da yapılan ÇDA'nın bazı bulgularını bildirmişlerdir. Ailede özerklik değerleri ile dayanışmanın kombinasyonu ortaya çıkmıştır. Benzer olarak, ergenlerde yüksek oranda hem bireycilik hem de aile değerlerini onaylama görülmektedir. Aynı zamanda aile değerlerinde daha duygusal bağlara doğru bir yönelme görülmüştür (s. 383). Bu bulgular psikolojik/duygusal bağlılık modeli ve ortaya çıkan özerk-ilişkisel benlikle uyumludur. Benzer olarak, Alman ÇDA (D. Klaus, Nauck, Klein, 2005; Schwartz, Trommsdorff, Albert, Mayer, 2005) daha eğitimli kadınlar arasında daha düşük düzeyde araçsal değerler olduğunu gösterdi. Büyükannelerin daha geleneksel değerlerinden, daha genç nesillerin daha duygusal değerlerine doğru bir değişim buldu. Bu nedenle, psikolojik/duygusal bağlılık modeli sadece toplulukçu kültürlerden oluşan Çoğunluk Dünya'da değil, Batı dünyasında da görülebilir. Bu konu tekrar ele alınacaktır. Bundan sonraki bölümde özerk-ilişkisel benlik de daha etraflıca incelenecektir.

İsrail'de kırsal kesimde düşük eğitimli Müslümanlarla kentsel yüksek eğitim düzeyli Yahudiler karşılaştırılmıştır (Suckow, 2005). Beklendiği gibi; çocukların maddi ve sosyal işlevleri ("rahat ettirmek" ve "güven vermek" gibi) Müslüman örneklemde daha çok vurgulanırken psikolojik değerinde ("şefkat") iki grup arasında fark bulunmamıştır.

Hindistan ÇDA, kentsel (Varanasi) ve birkaç köyü içeren kırsal kesimden iki farklı örneklem kullanmıştır (Mishra, Mayer, Trommsdorff, Albert ve Schwartz, 2005). Örneklemler arasındaki temel farklılık kentte daha açık görülen duygusal ÇD'yken, geleneksel ÇD'de (ekonomik ÇD, yaşlılık güvencesi ve sosyal-normatif ÇD'nin bir kombinasyonu) gruplar arası fark bulunmadı. Daha az doğurganlığa doğru demografik bir geçişin yaşanmadığı Hindistan'da bile kentleşmeyle birlikte gelen duygusal ÇD artışı önemlidir. Bu, aile değişimi kuramını desteklemektedir. Kentli ergenler arasında, sadece geleneksel ÇD düşüktür. Bu, ilerideki olası bir değişikliğe işaret edebilir; öte yandan yatanlara göre, henüz çocuk deneyimi yaşamamış gençlerin hayatlarının erken bir dönemine has bir bulgu olabilir.

Endonezya'daki ÇDA da (Albert, Trommsdorff, Mayer ve Schwartz, 2005) çocuk sahibi olma sebeplerinin gelenekselden daha duygusal sebeplere doğru kaydığını bulgulamıştır. Bu değişim hem kırsal-kentsel hem de nesiller arası karşılaştırmalarda açıktır; yine de çocukların yaşlılık güvencesi olarak değerinin öneminin devam etmesi, ana babanın yaşlılık güvencesi sağlamak için daha fazla çocuk ihtiyacını anlatan "İki Tane Yetmez" başlıklı ve 1970'lerde Endonezya'da gerçekleştirilen orijinal ÇDA'yı hatırlatmaktadır (Darroch vd, 1981).

Çin'de bir tarafta kırsal-kentsel ve "göçebe" nüfus karşılaştırmaları, diğer yanda nesiller arası karşılaştırmalar, ÇD'de diğer ÇDA ülkeleriyle benzer değişiklikler göstermektedir (Zheng, Shi ve Tang, 2005). Hem kırsal hem de düşük sosyoekonomik düzey "göçebe" örneklemler ve büyükanneler, kentli, yüksek sosyoekonomik düzey ve daha genç nesil örneklemlerine kıyasla daha çok maddi ÇD'yi vurgulamıştır. Kentli yüksek sosyoekonomik düzeyli gruplar için, "duygusal" ÇD daha önemlidir. Araştırmacılar, "erkek çocuk sahibi olmak", "aile adının devamı" ve "aile büyükleri daha çok çocuk sahibi olmak gerektiğini düşünür" gibi daha Konfüçyüsçü değerlerin önemini kaybettiğini vurgulamıştır. Sosyoekonomik gelişmeyle birlikte "tek çocuk politikası" Çin'de değer değişimini etkileyen önemli bir dış etmendir. Özetle, değişik ülkelerdeki ÇDA'lar, ÇD'de ve bazı arka plan ve sonuç değişkenleri arasında benzer sistematik bağlantılara işaret etmektedir. Bu bulgular psikolojik/duygusal bağlılık modelini desteklemektedir.

Bu modeli ve genel anlamda aile değişimi kuramını destekleyen diğer bulgular Georgas vd (2006) tarafından yapılan geniş bir araştırmadan gelmektedir. Bu araştırmada 30 ülkeden üniversite öğrencilerinden bir örneklem oluşturulmuş; 27 ülkeden üniversite öğrencilerinin verileri ekolojik, sosyopolitik, aile ve psikolojik değişkenler arasındaki ilişkiler bakımından karşılaştırılmıştır. Buna ek olarak, 30 ülkeden katılımcılar, ülkelerine dair bir betimleme ve kültürel özelliklerine dair niteliksel bir analiz sunmuşlardır. Çalışma, duygusal yakınlık, benlik, kişilik, aile değerleri ve toplumların ekolojik ve sosyopolitik özelliklerini ele alarak psikolojik değişkenleri ve aile bağlantılarını vurgulamıştır.

Sosyoekonomik gelişmişlik düzeyi, aile ve psikolojik değişkenlerde en güçlü değişkenlik kaynağı olarak bulunmuştur. Bu düzey refah, tarımla ilgilenen nüfus yüzdesi ve eğitimden oluşmaktadır. Araştırmaya dahil edilen ülkelerin sosyoekonomik gelişmişlik düzeyiyle en güçlü ilişki aile hiyerarşisi ile bulunmuştur; yani daha az gelişmiş, temelde tarım ülkeleri, daha gelişmiş ülkelere oranla daha yüksek hiyerarşik aile değerlerine sahiptir. Aile ve akrabalık ilişkileriyle de benzer olarak aynı yönde ama daha düşük ilişki bulunmuştur. Nihayet, Schwartz değerler sistemindeki (S.H. Schwartz, 1994; P.B. Smith ve Schwartz, 1997) bağlantılılık, hiyerarşi ve harmoni ile de sosyoekonomik düzey, yanı sıra ifadesel/duygusal roller ve bazı araçsal/ifadesel roller arasında ilişkiler vardır.

Sosyoekonomik gelişmişliğin aile hiyerarşisi üzerindeki güçlü negatif etkisi, ailede artan özerkliğe işaret eder. Aslında, çoğu ülkede üniversite öğrencileri aile hiyerarşisini reddetmiştir. Yine de "duygusal bağlar" en sağlam evrensel değerlerdir. Duygusal ve araçsal aile rolleri her ülkede ayrışmıştır. Refah toplumlarında bile azalan/reddedilen aile hiyerarşisiyle birlikte yakın aile ilişkilerinin var olduğu görülmüştür. Sosyoekonomik gelişim düzeyleri, dinleri, iklimleri vb oldukça farklılık gösteren birçok ülkeden elde edilen bu bulgular, aile değişimi kuramımı desteklemektedir. İyi eğitimli çoğu kentli örneklem temelde psikolojik/duygusal bağlı aile modeline dahil görünmektedir. Bu model, sosyoekonomik gelişimde farklı aile kalıplarından küresel bir ortak noktadır. Bu husus bir sonraki bölümde ele alınmaktadır.

Psikolojik/duygusal bağlılık modelinde kontrol ve özerkliğin bir arada var olması Lin ve Fu'nun (1990) araştırmasında da göze çarpmaktadır. Araştırmada Çinli, Çinli-Amerikalı ve Anglo-Amerikalı ana babalar arasında yapılan bir karşılaştırmada, her iki Çinli grubun hem ana baba denetimi hem de çocuklarını özerk olmaya özendirmede Anglo-Amerikalı ailelerden daha üst düzeyde oldukları görülmüştür. Benzer şekilde Jose vd (2000), yine Çinli, Çinli-Amerikalı ve Anglo-Amerikalı ana babalar arasında Çinli grubun daha fazla özerklik ve ilişkisellik gösterdiğini gözlemişlerdir. Yetkeli ana babalık da (Baumrind, 1980, 1989), düzen sağlayıcı denetimi ve sevgiyle beraber özerkliği de içermesiyle, iki tezat yönelim olduğu varsayılan denetim ve sevgiyi bir arada barındırmaktadır. Baumrind (1989) şöyle demiştir: "Yetkeli ana babalar, yetkinlik ve bir aradalık arasında bir denge oluşturur, aynı kendine yeten, başarılı bir çocukta olduğu gibi" (s. 370).

Başka araştırmalar da, çocuğun bilişsel gelişimi, akademik başarısı ve psikososyal yetkinliği açısından yetkeli ana baba tutumunun, yetkeci ve serbest bırakan ana baba tutumlarından daha olumlu olduğunu göstermiştir (Dornbusch vd, 1987; Lamborn vd, 1991; Lau ve Cheung, 1987; Lau vd, 1990; Steinberg vd, 1989). Amerika'da daha yakın tarihli araştırmalar da aile kontrolü ve özerkliğin birlikte ve ayrı oluşuna dair bulgular sunmaktadır (örneğin Silk, Morris, Kanaya ve Steinberg, 2003). Bu gibi bulgular psikolojik/duygusal bağlı aile modelini desteklemekte ve bunun sadece ilişkisellik kültürüne sahip Çoğunluk Dünya ülkelerine özgü olmadığını göstermektedir. Bu konu 6. Bölümde etraflıca incelenmektedir.

Bu tip ana babalığın, psikolojik/duygusal bağlılık modelinde, kısıtlayıcı, itaat odaklı, yetkeci ana babalığın yerini alacağı öngörülmektedir. Daha önce de belirttiğim gibi, bu modelde, azalan maddi bağımlılıkla beraber, çocuğun itaati ve sadakati ailenin devamlılığı için gerekli olmaktan çıkmış, çocuk yetiştirmede özerklik işin içine girmiştir. Bununla beraber, duygusal bağlılık modelinde (bağımsız aile modelinde olduğu gibi çocuğu tamamen serbest bırakan anlayışın aksine) denetimin de elden bırakılmadığını görüyoruz; çünkü duygusal bağımlılığın devam etmesi amaçlandığı için çocuğun tamamen bağımsız olması ve ayrışması istenmez. Bu sebeple, Stewart vd (1999) orta-üst sınıf Hong Kong ailelerinde özerkliğin, ilişkiselliğin ve kontrolün birleşimini gözlemlemiştir.

ABD'de yapılan tamamen farklı bir araştırma ve uygulama olan aile psikolojisi ve klinik çalışmalar, benzer formülasyonlar geliştirilerek, bağımsızlığı ve karşılıklı bağımlılığı bir araya getirmiştir. Örneğin; Vannoy (1991), güçlü evliliklerin ancak hem özerklik hem de yakın olabilme özelliklerine sahip insanlar tarafından gerçekleştirilebileceğini ortaya koymuştur. Selman (1989), çocuklarla yapılan psikoterapide özerkliğin ve birine kendini yakın hissedebilme duygusunun geliştirilmesi üzerinde durmuştur. Aynı şekilde M.L. Hoffman (1989) özerklik ve kendine güvenle, ilişkisellik ve karşılıklı bağımlılığı aynı anda amaçlayan bir ergenlik gelişimi kavramı ortaya atmıştır. Barciauskas ve Hull (1989), cinsiyet rolleri perspektifinden, bireycilik ve ilişkiselliğin, bağımsızlığın ve karşılıklı bağımlılığın, işyerinde ve evde yeni bir entegrasyonuna doğru gidilmesi gerektiğini öne sürmüştür. Fu, Hinkle ve Hanna (1986), yetişkinlikte bağımlılığı değerli bir kişilik özelliği olarak görmüşlerdir; çünkü bu özelliğin sıkı aile bağlarının devamına yardımcı olduğunu savunmuşlardır.

Yukarıdaki görüşler farklı bir akademik gelenekten (uygulama alanından) gelmekle beraber, bir önceki bölümde sözünü ettiğim Amerikan psikolojisine yöneltilen eleştirilerle benzerlikler göstermektedir. Bu görüşler benlik üzerindeki aşırı yoğunlaşmayı eleştirmiş ve daha çok sosyal sorumluluk ve karşılıklı bağımlılığın önemini dile getirmişlerdir; Sampson'ın "bütünleşmiş bireyselliğinde" veya Etzioni'nin "cemaatçiliğinde" olduğu gibi.

Kültürleşmeyle ilgili araştırmalar da bu konuyu daha iyi anlamamızı sağlıyor. Dünyanın pek çok yerinde artan kentleşme ve sosyoekonomik gelişmeyle ortaya çıkan aile ilişkilerindeki değişimler, göçmen grupların Batı hayat tarzıyla etkileşmesiyle benzer özellikler göstermektedir. Örneğin, daha önce belirtildiği gibi, Koutrelakos (2004) Yunan kökenli Amerikalıların başkalarına içini dökme davranışını araştırdı ve kültürleşmeyle birlikte maddi karşılıklı bağımlılıkların azaldığını, ancak duygusal bağlılıkların devam ettiğini bulguladı. Benzer olarak, Hispanik Amerikalılar arasındaki "familizm" araştırması nesilden nesile ve kültürleşmeyle maddi bağımlılıklardan duygusal bağımlılıklara doğru benzer değişimler buldu (Perez ve Padilla, 2000; Sabogal, Marin, Otero-Sabogal, Marin ve Perez-Stable, 1987). Bu çalışmalar psikolojik/duygusal bağlılık modeli ve genel aile değişimi kuramının bazı yönleri için destekleyici kanıt sağlamıştır. Değişimin yaygın yönlerini ortaya çıkaran kültürleşme hakkındaki diğer çalışmalar 10. Bölümde etraflıca incelenmektedir.

Nihayet, genel olarak ana babalık ve özellikle ana baba kontrolü ve sıcaklığıyla ilgili yakın zamanda yapılan araştırmalar bu bölümde bahsettiğim aile modellerinin dinamiklerine değinmektedir. Özellikle, farklı kültürlerde çocuk yetiştirmede ana baba kontrolü ve özerklik yönelimlerinin ilişkisellikle bir arada olduğu görülmüştür (Cha, 1994; Dekoviç vd, 2006; Jose vd, 2000; Kwak, 2003; Lansford vd, 2003; C.-Y.C. Lin ve Fu, 1990; Yau, ve Smetana, 1996). Bu çalışmalar ilişkisellik kültürüne sahip farklı toplumlarda ve Batı Avrupa ve Kuzey Amerika'daki azınlık gruplarla yapılmıştır. Bunların ortak özelliği, özerklik, ana baba kontrolü ve ilişkiselliği bir arada içeren, yani psikolojik/duygusal bağlı aile modelidir. Bu modelin ana babalığa ve benliğe yansımaları bundan sonraki bölümde incelenmektedir.

Farklı Bir Odaklaşma

Bu bölümde bahsedilen araştırma ve fikirler, özellikle de bir önceki kısımda yer verilen örnekler, Amerikan psikolojisiyle sosyal bilimlerde ve kültürler arası psikolojide paralel gelişmelere işaret ediyor. Kültürler arası alanda yapılan araştırmalar, sosyoekonomik değişimlere rağmen, aile ve insan ilişkilerinde görülen devamlılığa dikkat çekiyor. Değişen yaşam biçimleriyle özellikle de kentleşmeyle artık maddi bağımlılıklar gerekli olmaktan çıkarak azalıyor. Bununla beraber, psikolojik/duygusal bağlılıklar bu değişimlerden etkilenmiyor; çünkü bunlar, ekonomik gelişme ortamında işlevsel psikososyal bir mekanizma olmaya devam ediyor. Bu nedenle aile ve insan ilişkilerindeki değişme, özerk-ilişkisel benliği ortaya çıkaran psikolojik/duygusal bağlılığa doğrudur. Amerika'da da, baskın bağımsızlık modeline tepki olarak, psikolojik/duygusal bağlılık modelinin değeri kabul edilmiş ve bu modele doğru bir arayış başlamıştır.

Bağımsızlık aile modeli, aslında Amerikan dünya görüşünün bir parçasıdır ve psikoloji tarafından da desteklenmekte ve beslenmektedir. Gerçekten de bağımsızlık modeli geleneksel olarak normatif bireycilik (bkz. 4. Bölüm) tarafından; yani Batı'da ve özellikle de ABD'de yaygın olan bireyci ideoloji tarafından savunulmuştur. Yine de bunun gerçekten yaygın olup olmadığı sorgulanmaktadır. Daha önce de belirttiğim gibi, bağımsızlık aile modeli gerçek olan durumdan çok orta sınıf dünya görüşünü yansıtıyor olabilir.

Bellah vd (1985, s.144), Amerikan ailesini inceleyen klasik çalışmalarında, bu ideolojiyle gerçek davranış arasında bir uyuşmazlık saptamıştır. Bir yandan bireycilik, kendine yeterlik ve bağımsızlığa büyük ölçüde değer verilirken, diğer yandan birçok Amerikan ailesinde nesiller ve akrabalar arası bağlılığın süregeldiği gözlemlenmiştir (örneğin Cohler ve Geyer, 1982; Fu vd, 1986). Öyle ki Keniston (1985) bir "aile bağımsızlığı miti"nden söz etmiştir. Bu durum, Batı toplumunda, daha ziyade karşılıklı bağımlılığa ve ilişkiselliğe yönelik sosyalleşen kadınlarda (Chodorow, 1978; Gilligan, 1982), özellikle de diğer destek kaynaklarından yoksun olan düşük gelirli ailelerde gözlemlenmiştir. Aile desteği ve özellikle de kadınlardan oluşan üç nesil barındıran geniş aileler ABD'de düşük gelirli siyahlar arasında özellikle göze çarpar (Slaughter, 1988; Washington, 1988). Bunları izleyen araştırmalar da sosyal destek ağlarının önemine dikkat çekmektedir (örneğin R.D. Taylor ve Roberts, 1995; bkz. 2. Bölüm).

Sosyal sınıf ve etnik köken önemli bir faktördür. Bireyciliğin baskın olan normatif değerleri ve kişinin kendine yeterli olması, Amerikan orta sınıfında düşük gelirlilerden ve etnik azınlıklardan daha çok içselleştirilip, tasdik edilmektedir (L.W. Hoffman ve Youngblade, 1998; Solomon, 1993). Nitekim Blair, Blair ve Madamba (1999) siyah Amerikalı ailelerde, evde akrabaların bulunması çocuğun daha iyi okul başarısıyla bağlantılıyken, orta sınıf Anglo-Amerikalı ailelerde bunun tam tersinin söz konusu olduğunu göstermişlerdir. Ancak normatif bireyciliği yansıtan bağımsızlık ve kendine yeterlik gibi kültürel ideallerin etkisiyle bu karşılıklı bağımlılık, psikolojik olarak sorun yaratabilir. Şöyle ki, birine bağımlı olmak, yetersizlik, özgüven kaybı, kızgınlık, gücenme gibi duygulara neden olabilmektedir. Bu durumun içerdiği çelişkinin farklı nesillerdeki aile fertlerinde huzursuzluğa yol açtığı bulgulanmıştır (Cohler ve Geyer, 1982).

Bu durum, ilişkisellik kültüründe yaygın olan durumdan ve özellikle karşılıklı tam bağımlı aile modelinden çok farklıdır. Orada, nesiller arası karşılıklı bağlılık, maddi bağımlılıklar göz önüne alındığında ailenin devamı için gerekli görülmekte, ayrıca bu aile mutluluğu ve şerefi açısından da önemsenen bir değer olmaktadır. Bundandır ki, ilk Çocuğun Değeri Araştırması'nda, geleneksel, kırsal kesim Türk ana babalara yaşlılıklarında çocuklarından kendilerine bakmalarını bekleyip beklemedikleri sorulduğunda alınan cevap çoğunlukla, "Elbette, eğer oğlum ailesinin adına layıksa bize bakacaktır" olmuştur. Cevaplarda herhangi bir müphemlik veya gücenme duygusuna rastlanmamıştır, tam tersine çocuklarının kendilerine bağlılıklarını sorgulamamızdan dolayı rahatsızlık duymuşlardır (Kağıtçıbaşı, 1982a, 1982b). Aynı soru, ABD'deki ve Almanya'daki ana babaları da rahatsız etmiştir. Çoğunlukla alınan cevap, "Çocuklarımdan hiçbir şey beklemiyorum, onlar kendilerine bakabilsinler yeter!" şeklinde olmuştur (L.W. Hoffman, 1987). Ayrıklık kültüründe insanın birine bağımlı olması, özellikle çocuklarına bağımlı olması, bir başarısızlık veya zaaf olarak algılanmaktadır. Bu durum bazı gruplar arasında yaşamın bir gerçeği olsa da bu böyledir.

İlişkisellik kültürüne sahip ve ekonomik gelişme sürecini yaşayan bazı toplumlarda psikolojik/duygusal bağlılık modeline doğru geçiş yaşandığını gösteren araştırmaları bundan önceki kısımda inceledim. Bu durum, insan ve aile ilişkilerinde birbirine zıt gibi görünen özelliklerin bir arada var olmasıyla ve özerklik de içeren ilişkisel bir benliğin oluşmasıyla ortaya çıkmaktadır. Böylece psikolojik/duygusal bağlılık modelinde, denetim ve özerkliğin bileşimleri çocuk yetiştirmede yer almaktadır. Bu, ABD'de gerçekleştirilen araştırmalarda görülen yetkeli ana babalığın da bir özelliğidir. Benzer şekilde, Amerikan araştırmalarında da insan/aile karşılıklı bağımlılığına dair bulgular görülmektedir ve Amerikan psikolojisinin eleştirilerinde ilişkisel bir benlik kavramı çağrısı söz konusudur.

Bütün bunlar ne anlama geliyor? Nasıl ekonomik gelişmeyle beraber Çoğunluk Dünya'da bağımlılık modelinden psikolojik/duygusal bağlılık modeline doğru bir geçiş varsa; acaba sanayileşmiş toplumlarda da bağımsızlık aile modelinden psikolojik/duygusal bağlılık modeline doğru bir geçiş mi vardır? Psikolojik/duygusal bağlılık modeli, insanın iki temel gereksinimi olan birleşme ve ayrılmanın (ilişkisellik ve özerklik) diyalektik bir sentezini yansıttığı için de böyle bir geçiş gerçekten var olabilir.

Ayrıca, işlevsel bir bakış açısından bakıldığında, psikolojik/duygusal bağlılık modeli ekonomik gelişme ve kentsel yaşam tarzıyla zıt değildir. Çağdaş kentli yaşam şekilleriyle psikolojik/duygusal bağlılık modeli arasında uyumsuz hiçbir şey yoktur. Bu yüzden de psikolojik/duygusal bağlılık modelinin sosyoekonomik gelişmeden dolayı yok olması için bir sebep yoktur. Bu durum maddi bağımlılıktan farklıdır çünkü maddi bağımlılık kentsel ortamda özerkliğin gelişmesine yardımcı olmadığı için işlevsel değildir.

Öyleyse yeni bir tür küresel odaklaşma ortaya çıkıyor olabilir. Bu odaklaşmada, Çoğunluk Dünya'daki bağımlılık modelinden psikolojik/duygusal bağlılık modeline geçiş ve bununla beraber Azınlık Dünya'da bağımsızlık modelinden yine psikolojik/duygusal bağlılık modeline doğru bir geçiş söz konusudur. Bağımsızlıktan psikolojik/duygusal bağlılığa doğru gerçekleşen bu ikinci değişim, varsayımlarımıza aykırı gibi görünse bile oldukça olasıdır. Bundan önce incelemiş olduğum bazı bulgular gerçekten de bu görüşü desteklemektedir.

Avrupa'da 1980'lerdeki araştırmalar ilişkisel ihtiyaçlara dikkat çekmiştir. Örneğin, Saal (1987) ve Jansen (1987) Hollanda'da bazı alternatif toplu yaşam düzenlemelerinin topluluğu yeniden yaratma ihtiyacını yansıttığını belirtmişlerdir. Ekstrand ve Ekstrand (1987) İsveçli ana babaların, Hintli ana babalara kıyasla grup ilişkilerinin daha çok eksikliğini hissedip değerini daha çok vurguladığını göstermiştir. İsrail'de de Weil (1987), Hindistan'dan göçmüş olan gruplarda yakın hanelerin Hindistan'daki geniş (birleşik) aileye benzer bir rol oynadığını bulgulamıştır.

Bağımsızlık aile modelinden daha da bireysel olan ailesiz yaşam düzenlemelerine geçiş de (Liljestrom ve Özdalga, 2002a ve b) geri teperek psikolojik/duygusal bağlılığa yaklaşan bir şekilde daha karşılıklı bağımlılık kalıplarına yol açabiliyor. Teknoloji toplumlarında postmodern değerleri inceleyen yeni araştırmalar (Inglehart, 2003) bireyci ve rekabete dayalı değerler yerine insan ilişkilerine verilen önemde bir artış olduğunu gösteriyor. Örneğin N. Young (1992) benliğin yeniden inşasının "başkalarıyla derin, şefkatli ve sürekli ilişkiler kurmakla" mümkün olabileceğini savunan postmodern yaklaşımı betimlemiştir (s. 144). Görülen odur ki özellikle Avrupa'da modern çağın sert Protestan iş ahlakı "daha yumuşak" postmodern değerlere doğru değişmektedir. Günümüz teknoloji toplumunun tanımlayıcı özellikleri arasında, çevreye verilen önemin artması, işe verilen önemin azalması, daha az iş saati, daha fazla boş vakit ve genel olarak "topluluk arayışı" öne çıkıyor. Eğer, bağımsızlık ve psikolojik/duygusal bağlılık modellerinin özelliklerini gözden geçirirsek, ikincisinin postmodern çağın bu özelliklerine daha çok uyduğu görülür.

Bağımsızlık modelinden psikolojik/duygusal bağlılık modeline doğru böyle bir geçişin gerçekleşeceğini tahmin etmekle birlikte Batı dünyasının hâlâ yaygın bireyci bir dünya görüşünün olduğu da ortadadır. Bununla beraber değişim işaretleri bize bir şeyler söylüyor. Hem özerklik hem ilişkisellik temel insan gereksinimi olduğuna göre, bu ikisini bütünleştiren modellerin önümüzdeki yıllarda hâkim olması beklenir. Bu noktayı bir sonraki bölümde irdeleyeceğim. Her koşulda, Batı dünyasında bağımsızlık modelinden psikolojik/duygusal bağlılığa doğru bir geçiş olsun veya olmasın, Çoğunluk Dünya'nın psikolojik/duygusal bağlılık modelindekine benzer bir sentez arayışı içinde olduğu kesindir. C.F. Yang bunu şöyle tanımlamıştır: "Eski aile geleneklerine sadık kalırken bireyciliği de işin içine katan yaratıcı bir şey" (1988, s. 117).

Özerklik ve karşılıklı bağımlılığın (yetkinlik ve birleşmenin) bu tür bir sentezi veya aradalığı başka araştırmacılar tarafından da benimsenmiştir (Mascolo ve Li, 2004; J.B.P. Sinha, 1985; Wiggins ve Trapnell, 1996; K.-S. Yang, 1986). Böyle bir sentez zaman zaman ütopik olarak görülmüştür. Örneğin, Westen (1985) benlik ve toplum hakkında yazdığı sosyotarihsel tezinde toplumsal gelişimi dört ana evreye ayırmıştır: a) İlkel toplumun birincil cemaatçi topluluçuluğu; b) İkincil cemaatçi topluluçuluğu (Durkheim'ın, klasik tarihsel dinlere inanan kırsal toplumlarda görülen mekanik dayanışma kavramına benzer); c) Bireyselleşmiş topluluçuluk (Durkheim'ın kişisel çıkar ve moderniteyle tanımlanan organik dayanışma kavramına benzer) ve d) Kollektiviteyle bireyin, toplumsallıkla bireysel çıkarın ve bireysel çıkarla grup duygularının meşru olduğu sentetik topluluçuluk (s. 280-1). En son evre, Westen tarafından mantıksal bir olasılık olarak, ancak muhtemelen gerçek olmaktan çok ütopik olarak görülmektedir. Ben, son yıllardaki araştırma ve düşüncelerin böyle bir sentezin gerçek olabileceğini gösterdiğini düşünüyorum. Psikolojik/duygusal bağlılık insan/aile modelinin içerdiği de budur.

Bu noktada bir ikaz gerektiğine inanıyorum. Bu bölümde önerilen aile değişim modeli işlevsel bir analiz içermekte ve araştırmalardan elde edilen bulgulara dayanarak, sosyoekonomik değişimler sonucunda neler beklenebileceğini incelemektedir. Bununla beraber, modelde ele alınmamış başka faktörler bu "doğal süreci" etkileyebilir. Bu faktörlerden bir tanesi kültürün değişime karşı gösterdiği direnme veya "kültürün geri kalması" olabilir.

Örneğin, Çoğunluk Dünya'da toplulukçu kültürünün görüldüğü kentsel gelişmiş bağlamda, yetkeci, itaate dayalı çocuk yetiştirme biçimleri artık gerekli olmasa bile devam edebilir. Sosyoekonomik gelişim yetişkin evlada maddi bağımlılığı azalttığı için ailenin devamlılığı açısından bu yaklaşımın hiçbir yararı yoktur. Hatta gelişmiş kentsel şartlarda, itaate dayalı çocuk yetiştirme biçimi, çocuk için işlevsel olmayacaktır. Çünkü çocuğun ileriki yaşamında özerkliğe ve bireysel karar verme yetisine ihtiyacı olacaktır. Bu, yeni yaşam biçiminin getirdikleriyle geleneksel çocuk yetiştirme biçiminin uyuşmazlığına bir örnektir.

Değişimin işlevsel dinamiklere dayanan "doğal" sürecini etkileyebilecek bir başka faktör de, "kültürel yayılma"dır. Küresel medya, belli bir bakış açısına sahip Batılı ve özellikle Amerikalı kaynaklar tarafından idare edilmektedir. Bireyci Batı modelinin yayılması o kadar etkili olabilir ki, Batı'nın bağımsız aile/insan modeli, Çoğunluk Dünya'da, yaşam biçimleri açısından gerekli, hatta işlevsel olmamasına rağmen yayılabilir.

Burada önerdiğim aile değişim modeli bu tür dış etkileri içermemektedir. Ancak bu tür faktörlerin varlığını unutmamakta da yarar var. Yine de benlik-aile-toplum içsel dinamiklerinin altında yatan işlevsel ilişkiler, buraya kadar incelenen değişimlere neden olabilecek güce sahip gözükmekte. Destekleyici bulgular da buna işaret ediyor.

Özet ve Temel Noktalar

- Benlik-aile-toplum dinamiklerinin temel öğesi ailedir; sosyal-yapısal-ekonomik bağlamda incelenmelidir.
- Modernleşme kuramı, insan/aile özelliklerinin bireyci Batı modeline doğru odaklaştığı tek yönlü bir değişim önermektedir. Bu görüş, Batı'daki bireyci-ayrık ailenin sanayileşmenin zorunlu sonucu olduğu varsayımına dayanır. Dolayısıyla, dünyanın geri kalanı da sanayileştikçe, oralarda bireycilik görüleceği öngörülür. Bu görüş tarihsel olarak ve en yeni bulgularla sorgulanmaktadır.
- Dokuz ülkedeki Çocuğun Değeri Araştırması (ÇDA, 1970'ler) çocuklara atfedilen üç tip değer tespit etmiştir: faydacıl/ekonomik, psikolojik ve sosyal. Faydacıl/ekonomik ÇD, yaşlılık güvencesi olarak ÇD ve erkek çocuk tercihi kırsal/tarımsal/düşük sosyoekonomik statü gruplarında yaygındı. Tersine, psikolojik ÇD yüksek refah ve kent yaşamında daha fazla görülmekteydi.
- Kağıtçıbaşı'nın aile değişimi kuramı, bağlamsal bir modeldir; benliği aile içine, aileyi de kültürel ve sosyoekonomik çevre içine yerleştirir. Yaşam tarzları arasındaki sebep-sonuç bağlantılarını, aile etkileşim kalıplarının dinamiklerini ve benliğin gelişimini vurgulayan işlevsel bir modeldir.
- Bağımsız aile/insan modeli, bağımlılık modeli ve psikolojik/duygusal bağlılık modelleri aile sistem prototipleri olarak önerilmektedir ve farklı sosyoekonomik-kültürel bağlamlarda işlerlik göstermektedir.
- Bağımlı aile/insan modeli çoğunlukla kırsal/tarımsal geleneksel toplumlarda yakın insan/aile ilişkileri ve ilişkisellik kültürüyle (toplulukçuluk) ilgilidir. Nesiller arası maddi bağımlılıklar ekonomik ve yaşlılık güvencesi ÇD ile erkek çocuk tercihi, yüksek doğurganlık, kadınların aile içindeki düşük

statüsü, çocuk yetiştirmede itaat yönelimleri ve yetkeci ana babalığı ortaya çıkarmaktadır.

- Sonuç olarak, ilişkisel benlik (4. Bölümde bahsedildiği gibi) bağımlı aile/insan modelinde ortaya çıkar.

- Bağımsız aile/insan modeli çoğunlukla refah düzeyi yüksek, kentsel/sanayileşmiş teknolojik toplumlarda görülür ve ayrıklık (bireyci) kültürünün etkisindedir. Nesiller arası ve kişiler arası bağımsızlık, düşük erkek çocuk tercihi, psikolojik ÇD'ye vurgu, düşük doğurganlık, kadının aile içindeki yüksek statüsü, çocuk yetiştirmede bağımsızlık ve kendine güven yönelimleri ve görece serbest bırakan ana babalığı ortaya çıkarmaktadır.

- Sonuç olarak, açıkça belirlenmiş sınırlar ile bağımsız/ayrık benlik (4. Bölümde bahsedildiği gibi) bağımsız aile/insan modelinde ortaya çıkar.

- Psikolojik/duygusal bağlı aile modeli, bu iki prototipik modelin sentezidir. Nesiller arası duygusal bağlılıklar, düşük ekonomik ÇD, artan psikolojik ÇD, kadınların artan statüsü, düşük doğurganlık, düşük erkek çocuk tercihi hem aile/grup bağlılıklarını, hem de bireysel değerler ve özerkliği vurgulayan ve ana baba kontrolünü içeren çocuk yetiştirme yaklaşımıyla belirlenir. Sonuçta, ortaya çıkan benlik özerk-ilişkisel benliktir.

- Türkiye'de son yıllarda ortaya çıkan ekonomik gelişim ve kentleşme çerçevesinde, 2003 ÇDA orijinal ÇDA'ya göre önemli farklılıklar göstermiş ve Kağıtçıbaşı'nın aile değişimi kuramını desteklemiştir.

- Değişik ülkelerde gerçekleşen ÇDA'lar ve sosyoekonomik gelişimle kültürleşme, aile ve psikolojik değişkenlerin arasındaki ilişkiyi inceleyen çalışmalar psikolojik/duygusal bağlılık modeline doğru genel bir gidişi desteklemektedir.

- Bu sebeplerle, Çoğunluk Dünya'da bağımlılık modelinden psikolojik/duygusal bağlılık modeline doğru genel bir küresel odaklaşma gözlenebilir; tıpkı, Azınlık Dünya'da bağımsızlık modelinden psikolojik/duygusal bağımlılık modeline olan geçiş gibi.

- Her ne kadar kültürel direnme ve kültürel yayılma gibi dış etmenler bu "doğal" geçişi etkileyebilirse de, benlik-aile-toplum dinamiklerinin temelindeki işlevsel ilişkiler, bu geçişe yol açabilecek güçtedir.

Ana Babalık ve Özerk-İlişkisel Benliğin Gelişimi

Amerika Birleşik Devletleri'ndeki ana babalık kurslarında genç annelere çoğunlukla yeni yürümeye başlayan çocuklarını "serbest bırakmaları" öğretilir. Bunu Azuma'nın annenin zorluk çıkaran çocuğa verdiği, "Ben seninle birim; seninle aynı fikirde olabiliriz ve olacağız" mesajıyla karşılaştıralım. Azuma'nın Japonya'daki anne-çocuk etkileşimi tanımlamasındaki (aktaran Kornadt, 1987, s.133) bu mesajın o kurslarda öğütlenenden farkı nedir? Amerikalı annelere yeni yürümeye başlayan çocuklarını kendilerinden ayırmaları öğretiliyor. Bu erken ayrılış, annelerin küçük çocuklarıyla "kaynaşmak" gibi bazı (doğal?) eğilimlerine karşıt olmalıdır çünkü kendilerinden büyük bir çabayla bu eğilimleri kontrol etmeleri ve çocuklarını "serbest bırakmaları" istenir. Bunun yapılmasının nedeni psikanalitik kurama dayanan psikolojik öğretinin, eğer erken ayrılma/bireyleşme olmazsa, anne ve çocuk arasında patolojik, yani sağlıksız bir "sembiyotik" ilişki geliştiğini öne sürmesidir. Öte yandan, Japon annenin çocuğuna söylediği, tamamen örtüşen benliklerin "birliğinin" sembiyotik ilişkisini yansıtır (bkz. 4. Bölüm, ŞEKİL 4.1, s. 115). Bazen öğrencilerimden, kendilerini bir Amerikan üniversitesinden doktora derecesiyle yeni mezun olmuş ve geleneksel bir Türk köyünde gözlem yapan bir klinik psikolog olarak hayal etmelerini isterim. Ne görürlerdi? Birçok örtüşen bağlanmış benlik.

Ne yapılması gerekir? Japon ya da Türk toplumunun patolojik olduğunu mu ilan etmeliyiz? Ya da ayrılma/bireyleşme hipotezinin yanlış olduğunu mu? Yanlış olan muhtemelen bu hipotezin kültür körü uygulanmasıdır. Bu da ayrıklık-ilişkisellik temel insan boyutunun bir başka örneğidir. Bu bölümde, bu boyutun altında yatan gelişimsel süreçleri inceleyeceğiz.

Gelişimsel Bir Kavramlaştırma Gerekliliği

Benliğin kültürel bağlamda nasıl kurulduğunun sosyalleşme üzerinde doğrudan etkileri vardır. Bunun nedeni, çocuk eğitimi ile sosyalleşmenin amaç odaklı olmasıdır ve amaçlanan da kültürel olarak değer verilen yetişkin özellikleri ve işlevlerinin en iyi biçimde yerine getirilmesidir. Bunun birçok örneği, ana baba değerleri ve yetkinliğin kültürel bakımdan kavramsallaştırılması konulu önceki bölümlerde işlenmiştir. Gerçekten de kültürel değerler ile çocuk yetiştirme arasındaki bağlantıları görmek mümkündür. Örneğin, bağımsız benliğin Amerikan kültüründeki önemine uygun olarak, özellikle orta sınıf Anglo-Amerikalı çocuk yetiştirmede özerklik yönelimi araştırmalarla kanıtlanmıştır. Batı televizyonu ve filmlerinde yansıtılan Batılı bireysel değerler dünyayı da etkilemektedir. Ayrıca, Batılı, özellikle Amerikan gelişim psikolojisi de dünyaya "gerçeğin kutsal kitabı" olarak ihraç edilmektedir (Dasen ve Jahoda, 1986). Konu, *neyin* değişeceği, *neyin* aynı kalacağı ve bunun *kim tarafından* nasıl belirleneceğidir.

Büyüten-çocuk etkileşimi, ilişkiselliğin psikolojisini yansıtarak, benliğin gelişimini anlamak için ipuçları ortaya koyar. Bu etkileşimin kültürler arası sistematik çalışmaları gitgide artmaktadır ama ilişkisel ve ayrık benliğin öncüllerini çözmek için daha çok iş yapılması gerekiyor. Bu benlik türlerinin davranışsal öncülleri bir yanda ana baba tarafından kabul edilen insan gelişiminin kültürel amaç ve kavramları, diğer yanda da benliğin gelişimi arasında aracılık eder. S.H. Choi'nin (1992) iletişimle sosyalleşme üzerine küçük ölçekli psikolinguistik araştırması bu öncüller hakkında bize bilgi sağlıyor. Koreli ve Kanadalı orta sınıf annelerin küçük çocuklarıyla etkileşimlerini inceleyen Choi, temel bir fark gözlemlemiştir. Koreli anne-çocuk etkileşiminde, annelerin çocuklarının gerçekliğine serbestçe girdikleri ve onların adına konuştukları, diğer bir deyişle "çocuklarıyla kaynaştıkları", "birleşmiş durumda birbirlerine ilişki-ayarlı iletişimsel modele" uydukları gözlemlenmiştir. Diğer taraftan Kanadalı anneler "kendilerini çocuklarından ayırma çabalarıyla farklılaşırlar... kendilerini çocuklarının gerçekliğinden tamamen çekerler ki bu gerçeklik özerk kalabilsin" (s. 119-20).

Bu sonuçlar, daha önce sözünü ettiğim, Azuma'nın Japon annenin çocuğuna mesajını çağrıştırmakta ve Caudill ve Schooler'ın (1973) önceki bulgularına benzemektedir. Bu bulgularda, Amerikalı annelerin kültürlerinden ötürü çocuklarını "potansiyel özerk" olarak gören bir bakış açısına sahip oldukları ve çocuklarının kendi ihtiyaç ve isteklerini ifade etmelerini teşvik ettikleri gözlemlenmiştir. Tam tersine, Japon anneler ise çocuklarını "kendilerinin bir uzantısı" olarak görmekte ve fiziksel temasa önem vermektedirler. Benzer olarak Coll (1990), yakın hatta iç içe ilişkilerin olgun ilişki ideali olarak görüldüğü azınlık gruplarında bağlanma ve ayrılma süreçlerinin (özerklik yerine) kişiler arası bağımlılığı beslediğini öne sürmüştür.

Görünen odur ki, "annenin çocukla kaynaştığı" çocuk yetiştirme yöntemi ilişkisel benliğin gelişmesine yol açarken; çocuğun "özerk gerçekliğini" görmesine izin veren, annenin "aradan çekildiği" yetiştirme yöntemi, özerk benliğin oluşmasına yardımcı olmaktadır (bkz. 4. Bölüm). Sıkı sıkıya bağlı aile ve toplum ilişkilerinin önemli olduğu ve sosyal sorumluluk eğitiminin sosyalleşmede özellikle vurgulandığı sosyokültürel-ekonomik ortamlarda birinci tür büyüten-çocuk ilişkisinin ortaya çıkması beklenebilir (Greenfield, Keller vd, 2003; Keller, 2003).

Anahtar Sorular

Buraya kadarki tartışma, sıkı sıkıya bağlı insan bağlarının önemli olduğu kültürel bağlamlar ile ilişkisel benliğin ortaya çıkmasına neden olan çocuk yetiştirme tarzı arasındaki bazı nedensel ilişkilere dikkat çekmektedir. Bu durum, bireycilikle tanımlanan kültürel bağlamlarda ayrık benliğin gelişmesinin zıddıdır. Genel olarak çocuk yetiştirme ve sosyalleştirme, bir yandan kültürel ve sosyal, yapısal ekonomik koşullar arasında, bir yandan da ortaya çıkan benliğe aracılık eder.

Bununla birlikte, bunlar arasındaki açık nedensel bağlantılar görülmeyebilir. Genelde betimleyici yaklaşımlar, bireyci kültürlerde bireyci (ayrık) benliğin, toplulukçu kültürlerde ise toplulukçu (ilişkisel) benliğin baskın olduğunu gösterir. Bu ayrımın *nasıl* ortaya çıktığı sorusuna ise değinmez. Bu tarz bir soruyu yanıtlamak için, gelişimsel bir perspektife ihtiyaç vardır. Choi'ninkine (1992) benzer iletişimsel sosyalleşme sürecinde çocuk yetiştirme konulu çalışmalar, ana baba ve çocuk etkileşimini anlamamıza yardımcı olur. Bu etkileşim, belirli bir benlik tipinin gelişmesinin temelini oluşturur. Bununla birlikte, çocuk yetiştirme *neden* sorusunu kendi başına cevaplayamaz. Niçin farklı sosyokültürel bağlamlarda birbirinden farklı çocuk yetiştirme türlerinin ortaya çıktığını anlamak için, işlevsel bir analize ihtiyaç vardır.

Demek ki farklı kavramlaştırma türleri mümkündür. Örneğin, gördüğümüz gibi, derece derece bağımsız-karşılıklı bağımlı ya da ayrık-ilişkisel gibi çeşitli benlik türlerinin var olduğu gösterilebilir. Bu benlik türlerinin, algılamadan duyulara kadar çeşitli psikolojik işlevlerde birbirlerinden farklılıklar gösterdiği ortaya konabilir (örneğin Markus ve Kitayama, 1991). İkinci bir kavramlaştırma türü, farklı benliklere neden olan sosyalleşme çeşitlerine ışık tutabilir. Üçüncü bir kavramlaştırma türü ise; neden belirli sosyokültürel bağlamlarda belirli bir tür sosyalleşmenin oluştuğunu ve ne zaman bu süreçte değişikliklerin beklenebileceğini ortaya çıkarabilir. Bu soruları 2. Bölümde bağlamsal-işlevsel perspektifin değerini tartışırken inceledim (bkz. **ŞEKİL 2.1**, s 63).

Güncel kültürler arası benlik kavramlaştırmalarının çoğu, bu üçüncü tür çözümlemeyle uğraşmaktadır. Bağımsız ve karşılıklı bağımlı benliğin nedenleri ya da öncülleri yeterince incelenmemiştir. Genellikle, yalnızca bireycilik ve toplulukçuluğa başvurulmakta ve yalnızca farklı benlik türlerinin davranışsal sonuçları incelenmektedir. Ancak işlevsel ilişkilerin, özellikle bunlardaki değişikliklerin nasıl meydana geldiğinin temelini oluşturan öncül koşullarla ilgili fazla çözümleme yapılmamıştır.

Böyle bir çözümleme, toplum-aile-sosyalleşme ilişkilerinin dayanaklarının işlevsel bakımdan incelemesini gerektirir. Örneğin, aile etkileşim kalıpları ve sosyalleşme değerlerinin sosyoekonomik-kültürel bağlamdan nasıl etkilendiğini ve çocuk yetiştirmeyi nasıl etkilediğini anlamak gerekir. Bağlamdaki herhangi bir değişim, bu nedensel ilişkiler zincirinde değişimlere neden olacaktır. Bu tür bir kavramlaştırma yalnızca benliği ve aileyi psikolojik düzeyde ele almamalı, bunları daha geniş bir bağlama yerleştirmelidir. Çünkü aile, benlik ve toplum arasındaki işlevsel / nedensel ilişkilerde önemli bir arabulucu rolü oynamaktadır.

Bir önceki bölümde incelediğimiz aile değişimi kuramı, ayrık ve ilişkisel benliğin sosyal ve ailesel öncüllerini anlamak için böyle bir bakış açısı sağlamayı amaçlamıştır. Ayrıca bu kuramın sosyoekonomik gelişim yoluyla oluşan ve benliğin gelişimini etkileyen sistematik değişimler olduğunu da ileri sürmüştür.

Ana Babalık

Ana baba yönelimleri gelişimsel bağlamın ve özellikle ailenin önemli bir özelliğini oluşturur. Ana babalık makrosistem faktörlerinden etkilenir ve karşılığında toplumsal değerler, inançlar, gelenekler ve normlarla gelişimsel sonuçlar arasında aracılık ederek gelişmekte olan çocuğu etkiler. Araştırmalar ana babalığın kültürler arası birçok gelişimsel sonuç üzerinde kanıtlanabilir bir etkisi olduğunu göstermiştir. Son zamanlarda yapılan çok sayıda araştırma, hangi tür ana babalığın ve sosyalleşmenin benliğin gelişiminin temelini oluşturduğunu ortaya çıkarmayı amaçlamıştır.

Gelişimsel niş bakış açısından (bkz. 2. Bölüm) Harkness vd (2000) bireycilik ve toplulukçuluğu sosyo-merkezcilik bir kültürel *meta-model* olarak kabul etmişlerdir. Meta-modeli de "geniş bağlamda kültürleri tanımlayan ve mantıken insan gelişimi ve toplumsal ilişkilerin düzenlemesinde geniş kapsamlı işlevlere sahip olması gereken fikirler bütünü" olarak tanımlamışlardır (s. 23-4). Ana babalığa ait etno-kuramları kültürel meta-modeller ve davranış arasında aracı olarak görürler. Etno-kuramlar, ana babaların çocuklarının doğasıyla, onların gelişimiyle, ana babalık ve aileyle ilgili sahip oldukları kültürel inançlardır. Bu nedenle ana babalık daha önce belirttiğim *nasıl* ve *neden* sorularını belirtmekte çok önemli bir rol oynar.

Önceki bölümlerde, özellikle 2 ve 4. Bölümler'de incelenen antropolojik çalışmalar, çocuk bakımının ve sosyalleşmesinin benlik gelişimi üzerindeki ve değerlerle inançların kültürel aktarımındaki rolüne ışık tutmuştur. Bu çalışmalardan elde edilen bilgiler ışığında, yakın tarihli kültürler arası ve kültürel psikolojik araştırmalar, ana babalık ve benlik gelişimi arasındaki ilişkilerin daha sistematik bir biçimde anlaşılmasında ilerleme kaydetmiştir.

Bebeklik ve Bağlanma

Bebek Yetiştirme. Bebek yetiştirmeye odaklanan birçok araştırma anne-bebek etkileşimine odaklıdır. Bu etkileşim, bakım, beslenme ve korunma gibi biyolojik temelli ihtiyaçlar göz önüne alındığında çoğunlukla evrenseldir. Bebek bakımının büyük bir kısmı *sezgisel ana babalık* (Papoušek ve Papoušek, 2002) olarak ifade edilen biyolojik/evrimsel yanları içerir. Bunların arasında taşıma, emzirme, sıkıntı sinyallerine cevap verme, uyarma, gülümseme ve yüksek tonlamalı "bebek konuşması"nı sayabiliriz (Keller, 1997; Keller, Schölmerich ve Eibl Eibesfeldt, 1988). Bu devrede dört temel sistem vardır: Birincil bakım (özellikle emzirme), vücut teması sistemi (özellikle taşıma), vücut motor uyarım sistemi ve yüz yüze etkileşim sistemi (Keller, Lohaus, Völker, Cappenberg ve Chasiotis, 1999).

Her ne kadar böyle temel bir benzerlik olsa da, erken gelişim devresinde dahi kültürel farklılıklar görülür. Örneğin Bornstein ve meslektaşları, ana baba-çocuk etkileşimi tarzlarında, bebeklikte bile kültürler arası belirgin farklar bulmuşlardır. Ana baba yönelimlerindeki bu değişikliklerin çocuğun bilişsel gelişimini (Bornstein, 1989; Bornstein, Tal ve Tamis-LeMonda, 1991; Bornstein vd, 1992) ve hatta fiziksel/motor gelişimini (Bornstein, 1984, s. 245) etkilediği bulgulanmıştır. Benzer şekilde Roopnarine ve Talukder (1990), Hindistan'daki araştırmalarında belirli ana baba-bebek etkinliklerinin kültürel özgüllüğüne işaret etmiştir. Pomerlau, Malcuit ve Sabatier (1991), Montreal, Kanada'daki Quebec Vietnam ve Haiti kökenli kültürel gruplarla araştırmalarında, sosyoekonomik düzeyleri kontrol ederek, bu gruplar arasında bebekler hakkında inanç farklılıkları olduğunu gözlemlemişlerdir. Ev sahibi toplum ile göçmenleri birbirinden ayıran sosyal ve fiziksel çevre farklılıklarını da kaydetmişlerdir. Bu da gösteriyor ki önemli benzerliklere rağmen, çok erken yaşlardan itibaren çocuk yetiştirme ortamlarında kültürel farklılıklar görülüyor.

Çok kapsamlı bir araştırma programıyla Keller vd (1999), vücut teması ve vücut uyarımının toplulukçu tarımsal Afrika kültürlerinde, yüz yüze sistemin ise orta sınıf kentli Batılı bağlamlarda daha yaygın görüldüğünü gösterdi. Vücut temasının diğerleriyle sıkı bağların ve ilişkiselliğin oluşmasında yardımcı olduğunu, konuşarak yüz yüze etkileşimin ise bağımsız benlik ve yetkinliğin oluşmasında yardımcı olduğunu ileri sürdüler.

Daha benzer sosyokültürel bağlamlardan alınan anne-bebek örneklemleriyle yapılan araştırmalar bize daha çok bilgi sağlıyor. Keller vd (2003) Yunanlı ve Alman orta sınıf anneleri karşılaştırdıklarında iki grubun da çocuklarıyla yüz yüze iletişim kurduklarını, çocuklarıyla daha çok nesnelere dayalı oyunlar oynadıklarını ve daha az vücut teması ve vücut uyarımında bulunduklarını bulguladılar. Bütün bu erken ana babalık stratejilerinin çocuklarda bağımsız yetkinliğin gelişimine yol açtığını ileri sürüyorlar. Bu benzerliklerin yanı sıra iki grup arasında önemli bir fark da gözlendi: Yunanlı anneler, Alman annelerle karşılaştırıldıklarında, yüz yüze etkileşim sırasında gülümseyerek çocuklarına daha çok şefkat gösteriyordu. Böylece, iki grup da çocuklarında yetkinliğe yol açması beklenen ana baba davranışları gösterdikleri halde, Yunanlı anneler şefkat yoluyla ilişkisellik oluşumunu sağlıyorlardı. Bu tür ana babalığın çocukta özerk-ilişkisel benlik gelişimine katkısı olduğunu görüyoruz.

Zaman içinde değişimler de olabilir. Örneğin Keller ve Lamm (2005), 25 yıllık bir süre içinde benzer orta sınıf Alman anneleri karşılaştırdılar. Bu araştırma, zaman içinde yetkinliği geliştirmeye yönelik ana babalığın arttığını, buna karşılık vücut temasının ve ilişkideki sıcaklığın azaldığını ortaya koydu. Bu bulgu, Alman orta sınıfında zamanla ilişkiselliğin öneminin azaldığını gösteriyor.

Keller'in araştırması, bebeğin yakın çevresindeki etkileşimsel sistemlerin kavramlaştırılması ve deneysel bir biçimde ortaya çıkarılabilmesi için önemlidir. Keller (2003) bağımsızlığa ve karşılıklı bağımlılığa yol açan iki farklı yol olduğunu belirtmiştir. Ancak, Yunan annelerde de gözlemlendiği gibi farklı kombinasyonlar da mümkün olabilmektedir; özerk-ilişkisellik gibi. Ayrıca, Keller'in bakış açısının eleştirisi de yapılmıştır. Neff (2003), Keller'in "eşitlik" ve "çıraklığa dayalı" ana baba-bebek etkileşimi modellerini, bağımsızlık ya da karşılıklı bağımlılık gibi toplumsal amaçlara bağlamasını sorgulamaktadır. Böylece, erken dönem anne-bebek ilişkisi örüntüsüne çok fazla anlam yüklenmesini eleştirmektedir. Başka bir deyişle, erken dönemde anne-bebek ilişkisinin ileride farklı sosyal etkileri olan farklı iki gelişimsel yolu oluşturması varsayımı sorgulanmıştır.

Bağlanma. Farklı bir bakış açısı olan Bağlanma Kuramı da anne-bebek arasındaki etkileşimi inceler. Bağlanma kuramcıları bebeğin ve küçük çocuğun kendine bakan kişiyle yakınlığının ve çocuğa bakan kişinin çocuğa karşı duyarlığının, çocuğun çevresini keşfetmesi için güvenli bir temel oluşturduğunu belirtmişlerdir (Ainsworth, 1963, 1976; Bowlby, 1969/1982, 1973). Ainsworth'un ilk araştırması Uganda'da yapılmış olsa da, bu kuram üzerine daha sonradan yapılmış olan bütün araştırmalar kültürü dikkate almayan Batılı araştırmacılar tarafından yapılmıştır (LeVine ve Norman, 2001).

Çocuğun çevreyi keşfetmesi, bağlanma kuramında özerkliğin erken dönem biçimlerinden biri olarak görülür ve ancak çocuğa bakan kişiyle çocuk arasında güvenli bir bağlanma varsa ortaya çıkar. Bağlanma kuramını kullanarak farklı toplumlarda birçok çalışma yürütülmüştür. Bu araştırmalar genel olarak *güvenli* bağlanmanın *güvensiz* biçimlere göre daha çok görüldüğünü ve güvenli bağlanmanın özerkliği geliştirdiğini göstermektedir (Van Ijzendoorn ve Sagi, 1999). Duyarlı ve hassas bakımın önemi (Posada vd, 2005) ve "yabancı ortamlarda" sistematik gelişimsel etkileri de vurgulanmıştır (Grossmann, Grossmann ve Keppler, 2005). Bağlanmanın ergenliğe ve yetişkinliğe kadar uzandığı da bilinmektedir.

Ancak bağlanma paradigması daha çok Batılı değerler ve varsayımları kullandığı ve kültüre dikkat etmediği için etno-merkezcilikle eleştirilmiştir (örneğin, LeVine ve Norman, 2001; Rothbaum ve Morelli, 2005; Rothman, Pott, Azuma, Miyake ve Weisz, 2000). Van Ijzendoorn ve Sagi (1999) kültürler arası konulara, özellikle kuramın evrensellik varsayımına, üç boyutlu sınıflandırma sistemine ve annenin duyarlığının davranışsal göstergelerine dikkat çekmişlerdir. Örneğin anne-bebek çifti etkileşiminde, Batılı kültürlerle kıyaslandığında Japon ve Latin kökenli annelerin daha az tepkisel duyarlık gösterdikleri gözlemlenmiş ancak bunun yanında beklentisel duyarlık gösterdikleri bulgulanmıştır. Genel olarak Batılı olmayan annelerin Batılılara kıyasla daha çok kontrol uyguladığı ve daha az özerklik geliştirici davrandığı gözlemlenmiştir (Harwood, Miller ve Lucca Irızarry, 1995; Harwood vd, 2002; Rothbaum, Weisz, Pott, Miyake ve Morelli, 2002). Bununla beraber, LeVine (2004) Kenya'daki Gusii anneler ile yaptığı araştırmada, bu annelerin Amerikalı annelere göre bebeklerinin tehlikeli bir duruma karşı verdikleri işaretlere çok daha duyarlı olduklarını ortaya çıkarmıştır. Benzer bir farklılık Völker, Yovsi ve Keller'in (1998) Kamerunlu ve Alman anneleri karşılaştıran araştırmasında da görülmüştür. Ancak bu araştırmanın sonuçlarına göre, Alman anneler bebeklerinden gelen olumlu işaretlere çok daha duyarlıdır.

Bağlanmanın ölçülmesinde de sorunlar vardır çünkü bu araştırmalarda kullanılan yabancı ortam durumu farklı kültürlerde farklı anlamlara gelebilir. Örneğin, geleneksel Japon ailelerindeki gibi çocukların nadiren yalnız bırakıldığı ortamlarda ya da İsrail'deki *kibbutz*lar gibi farklı kişilerin çocuğun bakımıyla ilgilendiği ortamlarda bu yöntem kullanıldığında kaygılı ikircikli bağlanma biçimi yüksek oranlarda gözlemlenmiştir (Miyake, 1993; Miyake, Chen ve Campos, 1985; Sagi vd, 1985).

Diğer araştırmacılar, Amerika'da, bağlanmada sosyoekonomik düzeyin etkisini araştırmıştır. İkinci Bölümde değinilen birçok araştırmadaki gibi, yoksulluk özellikle daha az güvenli anne-çocuk bağlanma ilişkileri için bir risk faktörü olarak ortaya çıkmıştır. Anne duyarlığı ile bağlanma güvenliği arasındaki ilişkinin de sosyoekonomik durum tarafından modere edildiği ve bu ilişkinin düşük sosyoekonomik düzeyde daha zayıf olduğu bulgulanmıştır (De Wolff ve Van Ijzendoorn, 1997). Bununla beraber anne depresyonu ve annenin sahip olduğu yardım/destek gibi yakın çevre faktörleri aynı sosyoekonomik düzey içinde büyük bir çeşitlilik sağlayabilmektedir (Diener, Nievar ve Wright, 2003).

Bu konuda tartışmalar devam etse de, çocuklar ve onları büyütenler arasındaki bağlanmada, evrim temelli bir evrensellik olduğu konusunda genel bir uzlaşma vardır. Ancak bunun ötesinde, bu ilişkinin belirli davranışsal belirtilerine yüklenen anlamlar, hem neden hem de sonuçlar bakımından bağlamsal çeşitlilik gösterebilir. Crittenden (2000) *güvenli* ve *güvensiz* gibi değer yüklü terimleri *uyumsal* ve *uyumsal olmayan* terimleriyle değiştirmeyi ve bunları belirli bağlamlara göre tanımlamayı öneriyor. Böylece, uyumsal bağlanma, çocuğa en uygun güvenliği sağlayan ilişki olarak tanımlanabilir ve bu, bağlamdan bağlama değişiklik gösterebilir.

Bebeklik ve erken bağlanmaya odaklanılmasının bir nedeni, bunun daha sonraki benlik ve yetkinlik gelişimine dair öngörüler sunmasıdır. Erken güvenli bağlanmanın daha sonraki sosyal yetkinliğe ve güvenli yetişkin bağlanmasına yol açtığına dair kanıtlar vardır (Waters, Merrick, Treboux, Crowell ve Albersheim, 2000); ancak bunun tersi bulgular da vardır. Örneğin boşanma, ailede ciddi hastalık, çocuk istismarı ya da kötüleşen maddi durum gibi yaşam koşullarının güvenli bağlanma üzerinde yıkıcı etkileri vardır (Hamilton, 2000; Weinfeld, Sroufe ve Egeland, 2000). Son zamanlarda yapılan bir boylamsal araştırma (Lewis, Feiring ve Rosenthal, 2000) bebeklikteki güvensiz bağlanma ile ergenlikte uyumsuzluk arasında bir ilişki bulamamıştır.

Bağlamsal bir odaklanma, bağlanma bakış açısından farklı olmaya eğilimlidir. İkinci Bölümde gelişimsel psikolojide kullanılan bağlamsal kuramları ele aldık. Özellikle Bronfenbrenner'in biyoekolojik kuramının yeniden düzenlenmiş hali gibi süreç-insan-bağlam-zaman modeli (Bronfenbrenner ve Morris, 1998) türü modeller, zaman içinde değişen dinamiklere daha çok dikkat eder. Bu yeni formülasyon da biyo-psiko-sosyal insanı merkeze koyar, halbuki Bronfenbrenner'in ilk ekolojik modeli (1979) insanın (çocuğun) önemini bir şekilde azımsamıştır. Böylece aktif insan-çevre dinamikleri zaman içinde ilerler ve değişir. Bu bakış açısı, ana babalıkta gelişimsel sistemler bakış açısı tarafından da kabul görür (Lerner, Rothbaum, Boulos ve Castellino, 2002). Bu yaklaşım, bağlanma kuramının erken belirlenim ve istikrar varsayımları ile uyumlu değildir. Örneğin gelişimsel sistemler bakış açısını destekleyen çalışmalar, bağlanmanın ana baba davranışı nedenlerinin (örneğin duyarlık) ve duyarlığın uzun vadeli sonuçlarının (örneğin sosyal yetkinlik) Japonya'da ve Amerika'da birbirinden farklı olduğunu ortaya koymuştur (Rothbaum, Pott vd, 2000; Rothbaum, Weisz vd, 2000).

Bu çatışmaya olası bir çözüm, bütünleştirici bir sentez de bulunabilir (Kağıtçıbaşı, 1990). Böyle bir bütünleştirici sentez, uyumsal ve optimal bağlanma kavramlarını, erken mikrosistemdeki insan-çevre etkileşimi değişkeni olarak ele alır. Bu değişken de bir yandan sürekli değişen bağlamdan etkilenebilirken diğer yandan daha sonraki gelişimi de etkileyebilir.

Çocuk Yetiştirme

Bebek yetiştirmeden çocuk yetiştirmeye geçtiğimizde, çeşitlilikler daha belirgin hale gelmektedir. Bunlar, sağlık/refaha yönelik farklı uyumsal mekanizmalar gerektiren kültürel değerler, inançlar ve hayat tarzlarıyla iç içedir. Önceki bölümlerde, özellikle 2. ve 5. Bölümler'de, bu çeşitliliğin örneklerini çocuğun çalıştırılması ve çocuğun aile nezdinde değeri açısından incelemiştik. Ana baba, yönelimleriyle; gelişim *bağlam*ının sosyal değerler ve inançlarla, bunların çocuktaki sonuçları arasında arabuluculuk eder, aynı zamanda bu değer ve inançları bir sonraki kuşağa geçirir. Çalışmamızın önemli bir unsuru olduğundan, bu yönelimlerle ilgilenmiştik. Bu bölümde, ana babalığı, doğrudan çocukla ilgili sonuçları etkilemesi açısından daha özgül nitelikleriyle ele alıyoruz.

Ana babalığın çocukluktaki önemi, birçok kültürel ve kültürler arası çalışmada incelenmiştir. Genel olarak, bulgular ve yorumları, bebek yetiştirme araştırmalarına ayna tutmaktadır. Greenfield (Greenfield vd, 2003; Greenfield ve Suzuki, 1998), Keller'ın farklı gelişim yollarına öncülük eden bebek-ana baba etkileşimi hakkındaki çalışmalarını genişletmiştir. Bu, genel olarak çocuk yetiştirmeye uygulandığında, bağımsızlığa ve karşılıklı bağımlılığa götüren kültürel yollar arasındaki farkın evrensel olduğu görüşüdür. Bu araştırmacılar, "kültürel değerler yaklaşımı", "ekokültürel yaklaşım" ve "sosyotarihsel yaklaşım" perspektiflerini incelemiş ve her birinde farklı gelişim yollarını destekleyen kanıtlar bulmuşlardır. Örneğin, Amerikalı anne-çocuk etkileşimini Porto Rikolu (Harwood ve Feng, 2006; Harwood vd, 2002; A.M. Miller ve Harwood, 2002) ve Japon anne-çocuk etkileşimiyle karşılaştıran araştırmalar (Dennis, Cole, Zahn-Waxler ve Mizuta, 2002), Amerikalı annelerde daha fazla anne-çocuk fiziksel uzaklığı ve çocuğun özerkliği ile tercihlerine vurgu bulmuştur. Buna karşılık, Porto Rikolu ve Japon annelerde daha fazla fiziksel yakınlık ve ilişkisellik vurgusu gözlemlenmiştir.

Bağımsızlık ve özerklik kavramlarının kendileri de kültürden etkilenebilir. Örneğin, Osterweil, Nagano (1991) ve Fujinaga (1991) Japon annelerin, Amerikalı ve İsrailli anneler gibi, çocuklarında bağımsızlığa değer verdiklerini bulgulamışlardır. Ancak Japon anneler için "bağımsızlık," çocukların başka çocuklarla etkileşime ya da "karşılıklı sempati, güven ve ilgi" ilişkilerine girebilmeleri anlamına gelmektedir. Böylece, bağımsızlık bir bakıma Japon benliğinin gelişiminde karşılıklı bağımlılık anlamına gelmektedir. Befu (1986) Japon "kişiliğini" aynı zamanda "kişiler-arasıcılık" terimleriyle ("benliğin kişinin başkalarıyla olan ilişkisi içinde tanımlanması" s. 22), özdisiplin ve "rol mükemmeliyetçiliği" olarak tanımlamaktadır (benliğin diğer ilişkisel kurguları için bkz. 4. Bölüm).

İkili Kavramlaştırmaya İtirazlar. Buna rağmen, Weisner'ın da (2002) belirttiği gibi, bebek ve çocuk yetiştirme araştırmaları aynı zamanda, Kağıtçıbaşı'nın (1996b, 2005a) bir önceki bölümde tartıştığımız ve bu bölümde detaylı olarak incelediğimiz özerk-ilişkisel benlik kavramıyla uyumlu olarak özerklik ile ilişkiselliğin bir arada bulunduğuna dikkat çekmektedir. Örneğin, Q. Wang ve Tamis-LeMonda (2003) Amerikalı ve Tayvanlı annelerin çocuk yetiştirme değerlerini karşılaştırdıklarında, "bağımsızlık ve karşılıklı bağımlılığın karşıt olmadığını ya da birbirini dışlamadığını" görmüşlerdir. "Bunun yerine, iki toplumdaki anneler hem bireyci hem de toplulukçu değerleri benimsemişlerdi" (s. 640). Bu tür karışık örnekler bireycilik-toplulukçuluğun kültürler arası bir karşılaştırma boyutu olarak varsayılan homojenliğini sorgulamaktadır. Daha önce de işaret ettiğim gibi Harkness vd (2000) de bu ikililiği sorguluyor. Özellikle "Batılı düşünce"nin kendi içinde tekdüze olmayıp çeşitlilik gösterdiğini öne sürüyorlar. Örneğin, Hollandalı annelerin, çocukların dikkat çekme isteği gibi bağımlılık davranışlarına oldukça toleranslı olduklarını, buna karşılık Amerikalı ailelerin bu toleransı göstermediklerini bulgulamışlardır. Başka araştırmalar da Batılı gruplar içindeki farklılıklara dikkat çekmektedir (Sabatier ve Lannegrand-Willems, 2005; Suizzo, 2002).

Keller, Greenfield, Rothbaum vd tarafından ortaya koyulan bağımsız ve karşılıklı bağımlı iki farklı gelişim yörüngesi kavramı (Greenfield, 1999, 2000; Greenfield vd, 2003; Keller 1999 ve 2003; Keller vd, 2003; Rothbaum, Pott vd, 2000; Rothbaum, Weisz vd, 2000) sorgulanmıştır. Bu sorgulama aynı zamanda Markus ve Kitayama'nın (1991) bireycilik-toplulukçuluğu içeren bağımsız-karşılıklı bağımlı benlik ayrımına da yöneliktir. Örneğin Raeff (1997), sosyal bilimlerde aynı konuya değinen çeşitli geleneklere dayanarak, "benliğin hem *özerk* yetkinlikten hem de başkalarıyla ilişkilerden oluştuğunu" vurgulamaktadır (s. 205, vurgu bana ait). Bununla birlikte, bağımsızlık ve karşılıklı bağımlılığın kültürden kültüre farklı tezahürleri olabileceğini belirtmektedir. Ayrıca, "özerklik ve bağlanmışlığın benliğin çokyönlü boyutları olarak kavramlaştırılabileceğini" savunmaktadır (Raeff, 2004, s. 66). Killen (1997) benzer olarak ikili kültürel kalıpları—bağımsız ve karşılıklı bağımlı—eleştiriyor. Nihayet, Neff (2003) Keller'ın anne-bebek etkileşiminden toplumsal bağımsızlık-karşılıklı bağımlılık amaçlarına yaptığı genellemeyi eleştirmektedir.

İkiliklere karşı tüm eleştirilere rağmen farklılıklar herkes tarafından kabul edilmektedir. Orta sınıf Amerikan örüntüleri "Batılı" normatif bireyciliği yansıtır, bu da psikolojik öğreti ile pratiğe hâkimdir. Çocuğun özerkliğinin gelişimi, kendine güveni, kendini ifade etmesi, kendine inancı ve kendini savunmasına yapılan vurgu bunu gösteriyor (Dennis vd, 2002; Friedlmeier, 2005; Kağıtçıbaşı, 2005a; Rothbaum ve Morelli, 2005; Rothbaum ve Trommsdorff, basında). Aynı vurgular, Batılı olmayan bağlamlarda ya da Batılı toplumlardaki çalışan sınıflar ve etnik azınlıklarda görülmüyor.

Yetkeci ve Yetkeli Ana Babalık. Gelişimsel sonuçlar açısından önemli kabul edilen ve sosyal sınıf ve kültürle değiştiği gösterilen bir yetiştirme öğesi de ana baba denetimi ve buna bağlı olan yetiştirme tarzlarıdır: yetkeci, yetkeli ve serbest [autoritarian, authoritative, permissive] (Baumrind, 1971, 1980, 1989; Maccoby ve Martin, 1983). İkinci Bölümde, ana baba sevgisi ve denetimini gelişim bağlamının önemli bir unsuru olarak ele almıştık. Oradaki en önemli noktalardan biri, genelde yüksek düzey ana baba denetiminin, çocuğun bağımsızlığına değer verilmeyen sosyokültürel bağlamlarda görüldüğüydü.

Ana baba denetiminin anlamı hem çocuk hem de ana baba için, kültür tarafından belirlenir. Bu nedenle, ana baba denetiminin yaygın ve kabul edilir olduğu sosyokültürel bağlamlarda, çocuğun bunu normal olarak algıladığı ve ana baba sevgisizliği ya da reddetme olarak görmediğini biliyoruz (Kağıtçıbaşı, 1970; Rohner ve Pettengil, 1985; Trommsdorff, 1985; bkz. 2. Bölüm). Buna rağmen ana-akım çocuk gelişim literatürü geniş ölçüde kültürün rolünü dikkate almamıştır. Güçlü ana baba disiplinini yetkeci bir yetiştirme şeklini yansıtır olarak görme eğilimindedir, aynı zamanda, bunu sağlıklı gelişime zarar verici bir sevgi eksikliği olarak görür. Siyah Amerikalı aileler (Deater-Deckart ve Dodge, 1997; Lansford vd, 2003) ve ABD ile Avrupa'daki etnik azınlıklarla (Chao, 1994; Decoviç, Pels ve Model, 2006; Harwood, Handwerker, Schoelmerich ve Leyendecker, 2001) daha yakın zamanda yapılan araştırmalar ise bu varsayımları sorgulamıştır. Bu çalışmalar, aile denetiminin, hatta fiziksel disiplin ve bağlanmışlık ile sevginin ailede birlikte var olabileceğini göstermektedir.

Normatif bağlam, denetimin "doğa"sını ve ana baba için anlamını bile etkileyebilir ki bu, çocuğu çok erken yaşta etkiler. Örneğin, Carlson ve Harwood (2003) "en yüksek fiziksel denetim oranlarının," bir yaşındaki Porto Rikolu bebekler için güvenli bağlanmayla, Anglo-Amerikalı bebekler içinse güvensiz bağlanmayla bağlantılı olduğunu bulgulamışlardır. Başka bir deyişle, fiziksel kontrolün normal olarak kabul edildiği yerlerde, annenin bu davranışı sevgi eksikliği ya da reddetme anlamını taşımayabilir. Bununla birlikte, fiziksel denetimin kabul edilmediği ortamlarda, bu tarz bir davranış gerçekten negatif bir duyguyu, hatta patolojiyi yansıtabilir. Bununla bağlantılı olarak çocuktaki etkiler de farklı olacaktır.

Birçok sosyokültürel bağlamda, dışarıdan yetkeci "görünen" ana baba davranışı aslında, denetimi sevgiyle birleştiren yetkeli ana babalığa daha uygun olabilir. Bu nedenle Gonzales, Cauce ve Mason (1996) etnik azınlık ana babalık tarzının genellikle yetkeci olarak tanımlanmasının sebebinin fazla denetleyici görülmesi olduğunu belirtmektedir. Benzer olarak, Mısır kökenli Kanadalı ve Anglo-Kanadalı ana babaları karşılaştıran Rudy ve Grusec (2001), tüm gruplarda toplulukçuluğun yetkeci ana babalığı öngördüğünü; ancak bunun Anglo-Kanadalılarda sevgi eksikliğine işaret ettiğini, Mısır kökenli Kanadalılarda ise bunun söz konusu olmadığını görmüşlerdir. Böylece, "yüksek yetkeciliğe mutlaka düşük sevgi düzeyinin eşlik etmediği" sonucuna varmışlardır. Gerçekten de eskiden yaptığım bir çalışmada göstermiş olduğum gibi (Kağıtçıbaşı, 1970), ana baba denetimi ana baba sevgisinden bağımsızdır; bu nedenle ikisi birlikte var olabilir (bkz. 2. Bölüm). Bu birlikte varoluşun birçok örneğini bundan önceki bölümde psikolojik-duygusal bağlı aile modeline destek oluşturan araştırmalarda gördük.

Bir çocuk yetiştirme değeri olarak yaşa (ve ana babaya) saygının da genellikle hükmedici bir hiyerarşiyi yansıttığını varsayar. Oysa ki bu, aile bütünlüğü ve sadakati ile başkalarının ihtiyaçlarına duyarlı farklı bir terbiye ve ahlak anlayışını da yansıtabilir (Kağıtçıbaşı, 2006a ve b).

Ergen-Ana Baba İlişkisi

Ergenlik, gelişime bağlamdan bağımsız bakış açılarıyla bağlamsal bakış açılarını bağdaştırma çabaları açısından daha da zorlu bir dönemdir. Bu dönemde sorulan temel soru, ergenliğin insan gelişiminde evrensel bir aşama olup olmadığı ya da evrenselliğin ergenlerin hayatında giderek artan kültürel çeşitliliğin karşısında azalıp azalmadığıdır. Margaret Mead'in (1928) ergenliğin farklı bir yönünü öne çıkararak o dönemi kargaşa dönemi olarak değil de mutluluk dönemi olarak nitelendiren Samoa'daki klasik çalışmasından beri, bu soru tam olarak cevaplanamamıştır. Genel olarak kabul edilen görüş, ergenliğin ergenin ana babadan bağımsız hale geldiği ve referans grubunun ana babadan arkadaşlara kaydığı dönem olduğudur. Fakat, bu durumun her yerde görülmediğini ortaya koyan araştırmalar vardır (örneğin Kapadia ve Miller, 2005; Kwak, 2003; Larson, Verma ve Dworkin, 2003; Schlegel, 2003). Bu dönem ana babadan ayrılma ve uzaklaşma sürecinden daha karışıktır ve kültüre göre çok değişiklik gösterir.

Kültürü bir kenara bıraktığımızda bile süregelen kuramsal bir tartışma da ana baba ile ergen ilişkisinde özerklik ve ilişkisellik dinamiğine yöneliktir. Buradaki iki karşıt görüş, özerklik ve ilişkiselliğin nasıl etkileşimde olduğuyla ilgilidir. *Duygusal uzaklaşma modeli* diye adlandırılan görüş, psikanalitik bir bakış açısından türer ve Douvan ve Adelson'la (1966) Blos'un (1979) çalışmalarına dayanır. Ergenliği, çocuğun ana babadan uzaklaştığı ikinci bir ayrılma-bireyleşme (bebeklik sonrası) dönemi olarak görür (A. Freud, 1958; J.A. Hoffman, 1984; Kroger, 1998). Bu görüş, "nesne ilişkileri" kuramcıları tarafından da desteklenir (Kegan, 1994; Mahler, 1972) ve Erikson'un (1979) kimlik oluşumu kuramında da kendini gösterir. Uygulamalı psikolojide, özellikle de klinik ve danışmanlık alanlarında önemlidir. Ayrıca genel Batılı bireyci dünya görüşüyle de uyumludur. Bu nedenle, bu görüş bir yandan Batı'nın bireyciliğinin bir ürünü olabilir, diğer yandan onu besler (bkz. 4. Bölüm). Bu bakış açısına göre, ana babadan uzaklaşma ve ayrılma, özerkliğin gelişmesinde "sağlıklı yol"u oluşturur. Bu nedenle, Steinberg ve Silverberg (1986) ergen bireyleşmesine bir anahtar olarak duygusal özerklik kavramını ortaya koydular. Başkaları da (Hoffman, 1984; Kroger, 1998) aynı fikirdeydi. Yakınlarda ise, yöntemsel ve kavramsal düzlemlerde duygusal mesafe modeli sorgulanarak Steinberg ve Silverberg'in Duygusal Özerklik Ölçeği'nin zayıf yapısal geçerliğinin olduğu gösterildi (Schmitz ve Baer, 2001). Yine de bu model, popülerliğini sürdürmektedir.

TABLO 6.1. İlişkisellik Özerklikle Uyuşabilir

HEM "TOPLULUKÇU" HEM "BİREYCİ" KÜLTÜRLERDE İLİŞKİSELLİĞİN ÖZERKLİKLE BAĞLANTILI OLDUĞUNU ORTAYA KOYAN BAZI ARAŞTIRMALAR	
RYAN VE LYNCH (1989); RYAN, DECİ VE GROLNİCK (1995)	Amerika'da ergenler arasında ana babayla ilişkisellik ve özerklik arasında pozitif ilişki bulguladılar.
HODGINS, KOETTNER VE DUNCAN (1996)	Amerika'da üniversite öğrencilerinde özerklikle ana baba ve başkalarıyla ilişkisellik arasında pozitif ilişki bulguladılar.
KİM, BUTZEL VE RYAN (1998)	Koreli ve Amerikalı örneklemlerde özerklik ve ayrıklığa kıyasla, özerklik ve ilişkisellik arasında daha fazla pozitif ilişki gösterdiler.
BEYERS VE GOOSSENS (1999); CHEN VE DORNBUSH (1998); GARBER VE LITTLE (2001)	Ana babadan ayrıklığın gelişimsel problemlerle bağlantılı olduğunu gösterdiler.
CHOU (2000)	Hong Kong'da bireyleşmenin ergenlerde depresyonla bağlantılı olduğunu buldu.
AYDIN VE ÖZTÜTÜNCÜ (2001)	Türk ergenlerde, depresyonun ayrıklıkla bağlantılı, yüksek düzey ana baba kontrolüyle bağlantısız olduğunu bulguladılar.
MEEUS, OOSTERWEGEL VE VOLLEBERGH (2002)	Hollandalı, Türk ve Faslı ergenler arasında güvenli bağlanmanın yetkinliği beslediğini bulguladılar.
KWAK (2003)	Birçok araştırmanın sonuçlarını incelediğinde, ergenlerin hem özerklik hem de aile ilişkiselliğini tercih ettiğini gördü.

Özellikle bağlanma ve özbelirleme kuramları tarafından desteklenen fakat bu popüler psikanalitik kuramlarla çelişen bir görüş daha önerilmiştir. Bu görüşe göre özerklik, güvenli bağlılıklarla ve ana babayla yakın ilişkilerle gelişiyor (örneğin Allen, McElhaney, Land, Kuperminc, Moore, O'Beirne-Kelly ve Kilmer, 2003; Bretherton, 1987; Chirkov, Kim, Ryan ve Kaplan, 2003; Grossman, Grossman ve Keppler, 2005; Grotevant ve Cooper, 1986; Ryan ve Deci, 2000; Ryan ve Lynch, 1989). Bu bakış açısı özerklik için ergen ayrılmasının gerekliliği varsayımına bir meydan okumadır. Kültürler arası araştırmalar da bu bakış açısını desteklemiştir. Örneğin, çeşitli kültürlerdeki birçok yakın tarihli çalışma ergen özerkliği ve mutluluğunun, yakın bağlarla ve ana babadan ayrılma yerine onlara bağlılıkla oluştuğunu göstermektedir (bkz. **TABLO 6.1**). Bu durum ergenlerin ana babadan ayrılmasının normal, hatta arzulanan bir davranış olarak karşılandığı Amerika'da bile ortaya çıkmıştır.

Kavramsal Sorunlar. Yine de bireyci görüş kuvvetlidir. Bazen, ayrılmanın vurgulanmasını eleştiren araştırmacılar bile ergenliğin ana gelişimsel sürecini ayrılma-bireyleşme olarak görmektedirler (Kroger, 1998; Noom, 1999). Olası bir çözüm olarak Daniels (1990), sağlıklı ve sağlıksız ayrılma-bireyleşmeyi birbirinden ayırmıştır. Bunlardan ilki bağlanmışlık içermektedir. Ancak bu noktada bazı anlamsal ve kavramsal sorunlar ortaya çıkmaktadır. Eğer bağlanmışlıklık varsa, neden bu süreç ayrılma adını almaktadır? Örneğin, Daniels, "Özerk bir birey haline gelmek ve ana babayla karşılıklı bağımlı bir ilişki içinde olmak birbirini dışlamaz" demektedir (s. 107). Yine de bu süreç hâlâ ayrılma-bireyleşme olarak adlandırılmaktadır.

Ayrılma-bireyleşme, bireyci bir dünya görüşüyle uyum içinde olduğundan genellikle fazla sorgulanmadan kabul edilmektedir. Ergen büyüme sürecinin tamamını tanımlamadığı bilinse bile terim muhafaza edilmekte, bağlanmışlık da buna eklenmektedir. Bu da ayrılma ve bağlanmışlığın bir arada olmasıyla sonuçlanmaktadır. Oysa ki bu kavramsal bir çelişkidir çünkü bu iki terim aynı boyutun karşıt kutuplarını oluşturmaktadır. Bu boyuta kişiler arası mesafe boyutu diyebiliriz. Benzer bir sorun, bireyleşme kurgusunda da ortaya çıkıyor. Burada da bireyin, ötekilerden ayrı ama onlara bağlı olmayı başarması anlayışı vardır (Bartle ve Anderson, 1991). Bu da sorun teşkil eden bir durumdur çünkü Frank, Avery ve Laman (1988) tarafından deneysel olarak da gösterildiği gibi, ayrılma ve bağlanmışlık, kişiler arası mesafe boyutunun karşıt uçlarındadır.

O halde neden buna sadece bireyleşme adı veriliyor? Ayrıca, daha az bireyleşmiş olma durumu nasıl tanımlanıyor? Daha az ayrıklık açısından mı yoksa daha az bağlanmışlık açısından mı? Burada kavramsal bir karışıklık söz konusudur. Bu karışıklık da birey olmanın bazen bağlanmışlık içerip (Grotevant ve Cooper, 1986), bazen içermediği şeklinde tanımlanmasıyla ilgilidir. Kişiler arası mesafenin (ayrıklık-ilişkisellik) ve yetkinliğin (özerklik-bağımlılık) iki ayrı boyut olduğunu kabul etmek, konuya açıklık getirecektir.

Temel İhtiyaçlar Olarak Özerklik ve İlişkisellik

Benliğin gelişimini ve bu konudaki çelişkili bulgularla bakış açılarını anlamada özerklik ve ilişkis'elliğin nasıl yorumlandığı çok önemlidir. Dördüncü Bölümde ilişkisel ve ayrık benlikleri ve bağımsızlık-karşılıklı bağımlılığı görmüştük. İlişkisellik psikolojisi o tartışmanın çatısını oluşturmuştu. Burada resmin içine "özerkliği" de katıyorum. Şimdi benlik/öteki ilişkileri hakkında sistematik bir bakış açısı geliştirme çabasıyla özerklik ve ilişkisellik etkileşimine odaklanıyorum. Bu tartışma bir önceki bölümde sözünü ettiğim aile değişimi kuramından (Kağıtçıbaşı, 1990, 1996a, 2005a) yola çıkarak oluşturulmuş bir benlik kuramına hazırlık olarak görülebilir (Kağıtçıbaşı, 1990, 1996a, 2005a). Yani, bu tartışma Beşinci Bölümle de doğal bir bağ oluşturmaktadır.

Özerklik ve ilişkisellik uzun zamandır temel insan ihtiyaçları olarak görülmektedir. Psikanalitik düşünce ve kişiliğin çatışma kuramlarından evrimsel psikolojiye kadar psikolojinin çeşitli alanları buna örnektir (Assor, Kaplan ve Roth, 2002; Baumeister ve Leary, 1995; Chirkov, Ryan, Kim ve Kaplan, 2003; Erikson, 1968; Franz ve White, 1985; Guisinger ve Blatt, 1994; Ryan ve Deci, 2000). Dördüncü Bölümde de bahsedildiği gibi, ilk defa Rank (1929, 1945), daha sonra da Angyal (1951) ve Bakan (1966, 1968) tarafından benimsenen "kişilik çatışma kuramları"nda bu temel ihtiyaçlar vurgulanmaktadır. Bu kuramlar başkalarından bağımsızlık ve başkalarıyla karşılıklı bağımlılığı ihtiyaç olarak varsaymıştır. Bağımsızlık yerine "özerklik", "yetkinlik" ya da "ayrışma-bireyleşme"; karşılıklı bağımlılık yerine de "teslim olma", "bir arada olma", "birleşim", "kaynaşma" ya da "bağlı olma" da denmiştir. Bu birleşme ve ayrılma eğilimlerinin diyalektik bir sentezinin sağlıklı bir kişilik oluşturduğu, fakat bu ihtiyaçlardan birinin üzerine diğerinden daha fazla düşmenin sorun oluşturduğu düşünülmektedir. Ancak, Angyal ve özellikle Bakan (1966, 1968) bu ihtiyaçlardan sadece *birini* reddetmenin tehlikeleri üzerinde durmuştur; bu da bir arada olma ihtiyacıdır. Bu vurgunun muhtemel nedeni baskın Amerikan bireyciliğine tepkidir.

Önceki başka kuramsal görüşler de benzer konulara eğiliyordu; örneğin Deutsch'un (1962) destekleyici karşılıklı bağımlılık (işbirliğine dayalı) ile çarpışan karşılıklı bağımlılık (rekabete dayalı) ayrımı, Benedict'in (1970) yüksek veya düşük sinerji toplulukları ve cinsiyet kuramlarında duygusal ifadecilikle araçsallık karşıtlığı gibi (Chodorow, 1974, 1978; Gilligan, 1982). Dördüncü Bölümde, Amerikan psikolojisinin bireyci duruşuna karşı yapılan eleştirilere işaret etmiştim. 1970'lerden itibaren, iki temel ihtiyaç olan ilişkisellik ve özerkliği bağdaştırmaya çalışan eleştirmenler, psikolojik/duygusal bağlılık modelini (bkz. 5. Bölüm) anımsatan formüller önerdiler. Örneğin, "gruplaşmış bireycilik" (Sampson, 1988), "karşılıklı bireycilik" (Rotenberg, 1977), "sosyal bireylik" (Lykes, 1994) ve "ilişkisel bireycilik" (Chodorow, 1989) kavramları önerildi. Daha sonra da evrimsel bir bakış açısı kullanan Guisinger ve Blatt (1994), doğal seçilimle meydana gelen iki temel gelişimsel çizgi önerdi: Diyalektik bir şekilde etkileşen "kişiler arası ilişkisellik" ve "özbelirleme." Bu son yaklaşım, burada önerilen tezle çok uyuşmaktadır.

Bu görüşlerin her birinde, benliğe dair "ilişkisel" bir kavramlaştırma öneriliyor. Bu da psikolojik/duygusal bağlılık aile modelindeki "ilişkisel benlik"le benzerlik gösteriyor (bkz. 5. Bölüm). Ayrıca bu formüllerin bazılarında ve psikolojik/duygusal bağlılık modelinde özerklik de ilişkisel benliğe atfediliyor. Aşırı bireycilik (ve bağımsızlık) bu eleştirmenler ve daha önce de bahsettiğim Amerikan psikolojisi ve sosyal bilimlerindeki eleştirmenler tarafından onaylanmıyor (Batson,

1990; Baumeister, 1986 ve 1991; Bellah vd, 1985; Campbell, 1975; Cushman, 1990; Etzioni, 1993; Hogan, 1975; Lasch, 1978 ve 1984; Sampson, 1977, 1988 ve 1989; Smith, 1993; Taylor, 1989; Wallach ve Wallach, 1983 ve 1990) (bkz. 4. Bölüm).

Özerklikle ilgili olarak, yetkinlik de çok önemlidir, özellikle de Bandura'nın (1989) sosyal-bilişsel kuramında. Aslında, yetkinlik kimi zaman ilişkisellik pahasına sosyal psikolojide daha çok vurgulanmıştır. Avrupa dahil hemen hemen bütün Batı psikolojisinde bu böyle olagelmiştir (örneğin Crockett ve Silbereisen, 2000; Eckensberger, 1995; Neubauer ve Hurrelmann, 1995). O kadar ki, buna tepki olarak, örneğin Baumeister ve Leary (1995) "ait olma ihtiyacı" ya da ilişkisellik güdüsünün temel doğasını öne sürmeye gerek gördüler. Benzer şekilde, Quintana ve Kerr (1993), geç ergenlikte ana babayla bağlılığı devam ettirme ihtiyacının üzerinde durdular.

Ben özerkliği, iradeye dayalı yetkinlik olarak tanımlıyorum. Bu, başkası tarafından yönetilmek değil de "kendi kendini yönetmek" anlamına gelir ve sözlükte de böyle tanımlanmaktadır. Başka bir deyişle, özerklik yetkinliği isteyerek, hiçbir zorlama olmadan sürdürmektir. Özbelirleme kuramının tanımlaması da çok benzerdir. Bu kuramda da "gerçek yetkinlik özerklik gerektirir" denmektedir (Ryan, Deci ve Grolnick, 1995, s. 624). Böylece, özerklik ve yetkinlik o derece örtüşür ki, birbirlerinin yerine de kullanılabilir. Zaman zaman bu şekilde kullanılmıştır da.

Temel ve evrensel olmalarının ötesinde, özerklik ve ilişkiselliğin birbirleriyle uyumluluğu da vurgulanmıştır (örneğin Blatt ve Blass, 1996; Cross ve Madsen, 1997; Guisinger ve Blatt, 1994; Hodgins, Koeatner ve Duncan, 1996; Kağıtçıbaşı, 1996b, 2005a; Markus ve Kitayama, 2003; Miller, 2003; Raeff, 1997; Wiggins ve Trapnell, 1996). Oyserman vd (2002b) son zamanlardaki meta-analizlerinde Amerikalılarda hem bireycilik/kişisel yetkinlik hem de ilişkiselliğin bazı yönlerine sıkça rastlandığını göstererek özerklik ve ilişkiselliğin bağımsızlığına ve birbirleriyle uyumluluğuna kanıt bulmuşlardır. Bu noktada hem özbelirleme kuramı hem de bağlanma kuramı etkili olmuştur. Daha önce ergen-ana baba ilişkisi bölümünde bundan söz etmiştim. Eğer özerklik ve ilişkisellik temel ihtiyaçlarsa, bir arada var olabilmelidirler. Öyleyse bu uyumluluğu vurgulamaya neden gerek olsun? Çünkü temel ihtiyaçlar olarak kabul edilseler dahi, özerklik ve ilişkisellik aynı zamanda çelişkili olarak da görülmüştür. Daha önce de söz edildiği gibi, kişilik çatışma kuramlarından beri (Angyal, 1951; Bakan, 1966) bu böyledir. Bu nedenle, özerklik ve ilişkiselliğin varsayılan çelişkisi göz önünde bulundurularak, bir arada var olmaları yeterince anlaşılamamıştır.

Oysa ki bazı kuramsal bakış açıları temel alınarak, özerklik ve ilişkiselliğin bir arada var olabileceklerini biliyoruz; bunlar birbirini dışlamıyor. Bu kuramsal bakış açıları bağlanma kuramından, 5. Bölümde anlatılan psikolojik/duygusal bağlı aile modeline kadar uzanıyor. Ancak, özerklik ve ilişkiselliğin karşıt olarak kurgulanmaları birbirleriyle uyumluluklarının kabul edilmesini engellemiştir. Bu nedenle, özerkliğin gelişmesi için ayrılmanın gerekliliği varsayımı buradaki ana sorundur. Daha önce de bahsedildiği gibi, bu varsayım büyük ölçüde psikanalitik kuramdan türemiştir ve insanın ayrık bireyliğini vurgulayan bireyci bir bakış açısını temsil eder.

İki Temel Boyut

Böyle bir bireyci görüş açısından, özerkliğin genelde iki farklı anlam içerdiği görülüyor. Bunlardan biri, daha önce de söz edildiği gibi, yetkinliği üstlenerek kendiliğinden hareket edebilmekle ilgilidir. Diğeri, ötekilerden ayrık, tek olmakla ilgilidir. Birleştirildiği zaman, ortaya çıkan özerklik portresi bağımsız benliğe ya da 4. Bölümde üzerinde durduğumuz bireyciliğe çok benzer. Özellikle kültürler arası benlik kavramlaştırmaları, bu iki anlamın tek bir prototip oluşturmak için bir arada kullanıldığını göstermektedir. Böylelikle özerklik ve ayrıklık birbirinin içine geçmiş olarak görülmektedir.

TABLO 6.2. Yetkinlik ve Kişiler Arası Mesafe Boyutları

YETKİNLİK	Özerklik ←——————————→ Bağımlılık
KİŞİLER ARASI MESAFE	Ayrıklık ←——————————→ İlişkisellik

Oysa ki daha dikkatli baktığımızda, kendi başına davranabilir bir fail olmanın ve ötekilerden ayrık olmanın anlamlarının altında iki farklı boyut yattığını görürüz. Bunlar yetkinlik ve kişiler arası mesafe boyutları olarak adlandırılabilir (Kağıtçıbaşı, 1996b, 2005a) (**TABLO 6.2**). Yetkinlik, bir uçta özerklikten diğer uçta bağımlılığa kadar uzanır. Bu terimleri Piaget'nin (1948) özerk ve bağımlı ahlak şeklindeki klasik kullanımına benzer bir anlamda kullanıyorum. Özerk ahlak, kişinin kendi kuralına bağlı olması ya da kendi kendini yönetmesi anlamına gelmektedir. Bağımlı ahlak ise başka bir kişinin kuralına bağlı olmak ya da dışarıdan yönetilmek anlamına gelmektedir.

Kişiler arası mesafe boyutu benlik/öteki ilişkileriyle, özellikle de ötekilere bağlanmışlığın derecesiyle ilgilidir. İlişkisellik kutbundan ayrıklık kutbuna kadar uzanır (bkz. **TABLO 6.2**). Bu boyutlar, hem mantıksal hem psikolojik olarak ayrıdır; büyük ihtimalle birbirlerinden bağımsızlardır. Ancak, hem özerk hem de ayrık olmaya önem verilen orta sınıf Kuzey Amerika ya da Batı Avrupa gibi sosyokültürel ortamlarda aralarında korelasyon olabilir (Beyers, Goosens, Vansant ve Moors, 2003). Bağlanmışlığa önem verilen sosyokültürel ortamlarda ise bu boyutlar arasında ilişki kurulmayacaktır. Bu da, ilişkiselliğin özerklik eksikliği demek olmadığını gösterir (Kağıtçıbaşı, 2005a).

Bu noktada, 4. Bölümde söz ettiğim özerklik-bağımlılık, ilişkisellik-ayrıklık ile normatif ve ilişkisel bireycilik-toplulukçuluk arasında benzerlikler bulabiliriz. Kısaca özetlemek gerekirse, normatif bireycilik-toplulukçuluk, ya bireysel ya da grubun menfaatini destekleyen değerler yönlendirmesiyle ilgilidir. Örneğin, normatif toplulukçuluk bağımlı olmaya yakınken, normatif bireycilik özerkliğe paralel olarak ortaya çıkmaktadır. Başka bir paralellik de dikey-yatay bireycilik-toplulukçuluk boyutlarıyla görülebilir (Singelis vd, 1995; bkz. 4. Bölüm). Normatif bireycilik-toplulukçuluk, dikey bireycilik-toplulukçuluğa benzer. Dolayısıyla dikey bireycilik özerkliğe, dikey toplulukçuluk ise bağımlılığa benzeyecektir.

Diğer yandan, ilişkisel bireycilik-toplulukçuluk benlik/öteki ilişkilerine odaklanan bir *kendini yönlendirme*yle ilgilidir. Örneğin, ilişkisel toplulukçuluk ilişkiselliğe benzerken, ilişkisel bireycilik ayrıklığa benzer görünmektedir. Burada da dikey-yatay bireycilik-toplulukçuluk paralelliği belirgindir. İlişkisel bireycilik-toplulukçuluk yatay bireycilik-toplulukçuluğa benzemektedir. Dolayısıyla yatay bireycilik ayrıklıkla; yatay toplulukçuluk ise ilişkisellikle benzerdir (bkz. TABLO 6.3). Bu paralellikler yetkinlik ve kişiler arası mesafe boyutlarını ve onların birbirine karşıt kutuplarını daha iyi anlamaya yardımcı olabilir. Normatif ve ilişkisel bireycilik-toplulukçuluk ve yatay-dikey bireycilik-toplulukçuluk farklı araştırmacılar tarafından kavramlaştırılmıştır ama benzer olgulara işaret etmektedir. Bu kavramlar arasındaki benzerlikleri görmek, alandaki karmaşıklığın içinde temeli oluşturan ortak yapıları daha iyi anlamamızı sağlar.

Yetkinlik ve kişiler arası mesafe boyutlarına geri dönecek olursak, eğer bunlar birbirlerinden bağımsızsa, o zaman her ikisinin iki kutbunun da diğerinin her bir kutbuyla beraber var olmasının mümkün olduğunu söyleyebiliriz. Bu şekilde ortaya dört kombinasyon çıkacaktır. Başka bir deyişle, kişinin bu boyutların herhangi birinin üzerinde nerede durduğu, diğerinin de nerede durduğunu etkilemeyecektir. Buna göre, yetkinlik ve kişiler arası mesafe arasındaki ilişki, mantıksal ya da zorunlu olmaktan çok ampirik bir konudur. Bunun benlik kurgularındaki önemi büyüktür çünkü bu, kişinin hem özerklik (yetkinlik boyutunun bir kutbu) hem de ilişkisellikte (kişiler arası mesafe boyutunun bir kutbu) yüksek olabileceği anlamına gelir. Böylece, özerk-ilişkisel benliğin de geçerliliği mümkün olmuş olur (v, 1996b, 2005a).

Özerk-İlişkisel Benlik ve Bir Benlik Gelişimi Modeli

Beşinci Bölümde, özerk-ilişkisel benliği psikolojik/duygusal bağlı aile modelinde ortaya çıktığı şekliyle incelemiştik. Bunun ana sebebi, bu aile modelindeki değişen yaşam tarzlarına uyarlanabilir olmasıydı. Bu aile modeli Çoğunluk Dünya'daki kentleşme ve sosyoekonomik gelişmenin küresel modelini yansıtıyordu. Daha önce de belirtildiği gibi, bu aile bağlamında, ana baba ile

TABLO 6.3. Kavramlar Arasında Paralellik

NORMATİF BİREYCİLİK-TOPLULUKÇULUK // YETKİNLİK (ÖZERKLİK–BAĞIMLILIK) İLİŞKİSEL BİREYCİLİK-TOPLULUKÇULUK // KİŞİLER ARASI MESAFE (AYRIKLIK–İLİŞKİSELLİK)		
	Daha Derinlemesine	
DİKEY/YATAY BİREYCİLİK-TOPLULUKÇULUK	NORMATİF/İLİŞKİSEL BİREYCİLİK-TOPLULUKÇULUK	YETKİNLİK/KİŞİLER ARASI MESAFE BOYUTU
Dikey bireycilik //	Normatif bireycilik //	Özerklik
Dikey toplulukçuluk //	Normatif toplulukçuluk //	Bağımlılık
Yatay bireycilik //	İlişkisel bireycilik //	Ayrıklık
Yatay toplulukçuluk //	İlişkisel toplulukçuluk //	İlişkisellik

// Paralelliği gösterir

çocuk arasındaki yakınlık ve sıcaklığı temsil eden çocuğun psikolojik değeri yaygındır. Çocuk yetiştirmede özerkliğe de ihtiyaç vardır. Fakat baskıcı olmak yerine ailede "düzen koruma" anlamında güçlü ana baba kontrolü de vardır. Bu özellikler, eğitim ve uzmanlaşmış iş dünyasını içeren kentli yaşam tarzının yaygın olduğu, aynı zamanda ilişkisel kültürün (ilişkisel toplulukçuluğun) da söz konusu olduğu sosyokültürel ortamlarda işlevsel ve geçerlidir. Bunun sebebi de kent yaşam tarzının bireysel karar verme ve inisiyatif kullanma, yani özerklik gerektirmesidir. Ancak, benlik/öteki ilişkilerinin sıkı sıkıya bağlı olduğu ilişkisellik kültürü de güçlüdür. Bu nedenle çocuk yetiştirmede çocuğun ayrık bağımsızlığını amaçlayan hoşgörülü bir serbestlikten ziyade ana baba kontrolü söz konusudur. Böylece, itaat etmeye yönelik olmayan ve özerkliğe izin veren ana baba kontrolü çocuğu (genci) aileden ayrılmaya yönelten bir merkezkaç etkisi değil, onu aileye bağlayan merkezcil bir güç olarak işler. Bu tür bir ailede yetişen kişinin benliği özerk-ilişkisel benliktir.

Bu bölümde, farklı bir kavramsal yoldan özerk-ilişkisel benliğe ulaştık. Bu kavramsal yol, yetkinlik ve kişiler arası mesafe boyutları ile iki temel ihtiyaç olan özerklik ve ilişkisellikten geçiyor. Sosyoekonomik değişimin makrosistemlerinden (aile değişimi modelinden) de yola çıksak, izlesek, benliğin mikrosisteminden de yola çıksak, özerk-ilişkisel benliğe ulaşıyoruz (ŞEKİL 6.1).

ŞEKİL 6.1'in sol ve sağ tarafları bu ve bir önceki bölümde sunduğum bu iki kuramsal yaklaşımı özetlemektedir. Bu yaklaşımlar farklı araştırma zeminlerinden türemiştir. Sol taraftaki aile değişimi modeli 1970'lerin Çocuğun Değeri Araştırması'ndan türemiştir. O çalışmanın orijinal bulguları, yeni yapılan tekrar

AİLE DEĞİŞİMİ KURAMI			BENLİK MODELİ	
BAĞLAM ↓	İlişkisellik kültürü Kentsel yaşama biçimleri	ÖZERK-İLİŞKİSEL BENLİK	İNSANIN İKİ TEMEL İHTİYACI Özerklik İlişkisellik	
AİLE ↓	Psikolojik/duygusal bağlılık modeli		İKİ TEMEL BOYUT Yetkinlik Kişiler arası mesafe ↓ ↓	
ANA BABALIK	Kontrol, ilişkisellik, özerklik yönelimi		Özerklik/ bağımlılık Ayrıklık/ ilişkisellik	

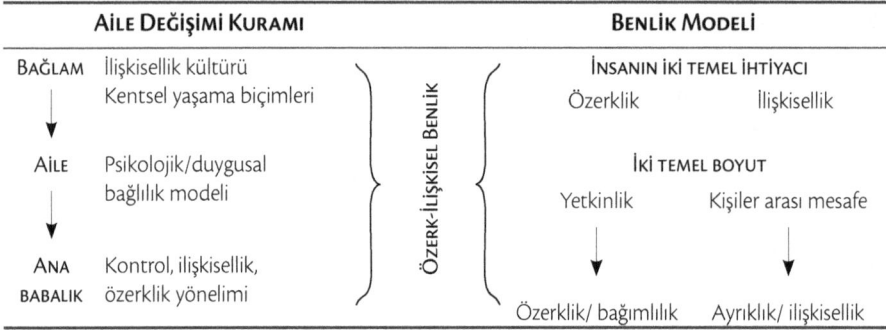

ŞEKİL 6.1. Özerk-ilişkisel benliğe doğru iki değişik kuramsal yol.

araştırmasının sonuçları tarafından bir kez daha onaylanmıştır. Ayrıca kültürler arası yapılan birçok çalışma da bulunan sonuçları desteklemiştir. Sağ taraf, iki temel insan ihtiyacı ve onların altında yatan psikolojik boyutların mantıksal ve psikolojik kavramlaştırılmalarına dayanan benlik modelini göstermektedir. Bu iki kuramsal yol da özerk-ilişkisel benliğin geçerliliğine işaret etmektedir.

Şimdi bu iki kuramsal bakış açısını birleştirmemiz gerekiyor. Yetkinlik ve kişiler arası mesafe temel boyutları bu tür bir birleşmenin yapısını oluşturur. Aile modelleri, ana babalık tarzı, çocuk yetiştirme yönelimi ve sonuç olarak ortaya çıkan benlik göz önünde bulundurulduğunda ve yetkinlik ve kişiler arası mesafenin iki temel boyutunu sıraladığımızda, ortaya dörtlü bir model çıkmaktadır (Kağıtçıbaşı, 1996b, 2005a). Bu, bir önceki bölümde gördüğümüz farklı aile modellerini, farklı ebeveynlik yönelimlerini ve ortaya çıkan benlikleri birleştiren genel bir kuramsal kavramlaştırmadır (bkz. **ŞEKİL 6.2**).

İki boyutun (bu şekildeki) dikey sunumu kuramsal amaçla yapılmıştır. Daha önce de belirttiğim gibi, bunların birbirinden farklılığı buradaki esas noktadır. Farklı olmalarına rağmen bu iki boyut bazı sosyokültürel ortamlarda ilişkili (Beyers vd, 2003), başka ortamlarda ise ilişkisiz olabilir. Bu tamamen ampirik bir konudur. Birçok davranış alanında birbirlerinden bağımsız oldukları düşünülmektedir (Wiggins ve Trapnell, 1996). Örneğin Huiberts, Oosterwegel, Valk, Vollebergh ve Meeus (2006), Faslı ve Hollandalı ergenlerle yaptıkları bir araştırmada özerklik ve bağlanmışlığın birbirinden bağımsız olduğunu bulguladılar. **ŞEKİL 6.2**'de görüleceği gibi dört farklı prototipik benlik gelişimi mümkündür. Bunlar özerklik ve ilişkisellik düzeylerinde değişiklik gösterir ve sistematik olarak belirgin aile ve çocuk yetiştirme ortamlarıyla ilişkilidir. Yine, kuramsal sunum amacıyla bu prototipler, kategorik olarak farklı görünmektedir. Fakat onları kategorik türler olarak düşünmektense, yetkinlik ve kişiler arası mesafe boyutlarında birbirlerinden derece olarak farklı örüntüler olarak düşünmek daha doğru olur.

YETKİNLİK
ÖZERKLİK

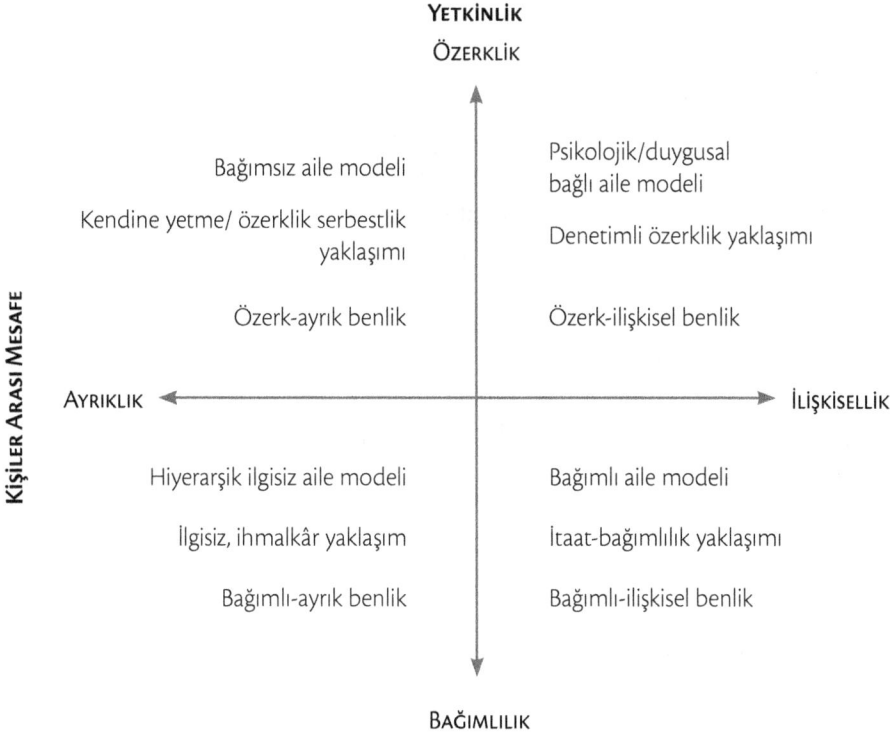

Bağımsız aile modeli

Kendine yetme/ özerklik serbestlik
yaklaşımı

Özerk-ayrık benlik

Psikolojik/duygusal
bağlı aile modeli

Denetimli özerklik yaklaşımı

Özerk-ilişkisel benlik

KİŞİLER ARASI MESAFE

AYRIKLIK ←————————————————→ İLİŞKİSELLİK

Hiyerarşik ilgisiz aile modeli

İlgisiz, ihmalkâr yaklaşım

Bağımlı-ayrık benlik

Bağımlı aile modeli

İtaat-bağımlılık yaklaşımı

Bağımlı-ilişkisel benlik

BAĞIMLILIK

ŞEKİL 6.2. Yetkinlik, kişiler arası mesafe ve bağlamında benlikler.
NOT: Kağıtçıbaşı, Ç. (2005a), "Autonomy and relatedness in cultural context:
Implications for self and familiy," s. 412.

ŞEKİL 6.2'deki dördüncü örüntü, yani bağımlı-ayrık benlik modeli patolojik bir durumu ifade edebilir. Bu model, ana baba kayıtsızlığı ya da ihmalkârlığı nedeniyle ortaya çıkabilir (Baumrind, 1980; Maccoby ve Martin, 1983). Hiyerarşi, reddetme (sevgi eksikliği) ve itaat yönelimleri olan ailelerde gözlemlenmiştir (Fişek, 1991). Bu tip bir aile ortamı ilişkiselliğin de özerkliğin de gelişimini engeller.

Bu bölümde, bir kez daha özerk-ilişkisel benlik gelişiminin, Çoğunluk Dünya'nın kentleşmiş ve gelişmiş ortamıyla sınırlandırılamayacağı netleşmiştir. Gerçekten, eğer özerklik ve ilişkisellik temel ihtiyaçlarsa, bu iki temel ihtiyacı karşılayan herhangi bir aile ortamının bu tür bir benlik gelişimiyle sonuçlanması beklenebilir. Bu yönde birçok görüş vardır. Örneğin 5. Bölümde postmodern toplumların ortak ilişkisellik ya da yumuşak insan değerleri (Inglehart, 2003; Young, 1992) aradığını görmüştük. Bu da bağımsız aile modelinden, psikolojik/duygusal bağlı aile modeline muhtemel bir değişim göstermektedir. Benzer şekilde, 4. Bölümde Amerikan psikolojisinin ilişkisellik ve toplum ihtiyaçlarını daha fazla dikkate alması gerektiği yönünde sosyal bir eleştiri görmüştük. Özbelirleme kuramı, bağlanma kuramı ve benlik gelişimine kültürler arası yaklaşımlar gibi son zamanlarda ortaya çıkan bakış açıları da özerk-ilişkisel benliği ima etmekte ve desteklemektedir.

Bu dört benlik-gelişimi modelinden, özerk-ilişkisel benlik psikolojik olarak en sağlıklısı gibi görünmektedir. Çünkü iki temel insan ihtiyacı olan özerklik ve ilişkiselliğin tatmin edilmesini içermektedir. Daha önce gözden geçirdiğim araştırmalar bu iddiayı desteklemektedir (Blatt ve Blass, 1996; Chirkov vd, 2003; Chou, 2000; Grotevant ve Cooper, 1986; Ryan ve Deci, 2000; Weisner, 2002). Diğer iki model—özerk-ayrık benlik ve bağımlı-ilişkisel benlik—iki temel ihtiyaçtan biri ya da ötekini karşılamamaktadır. Toplumsal değerler makrosistemine kadar giden bir benlik analizinden yola çıkarak, hem bireyci hem topluluçu toplumların bu iki ihtiyaçtan birine önem verip diğerini önemsemeyerek hata yaptıkları söylenebilir. Bu ihtiyaçların dengeli birlikteliği, insanların refahını daha iyi sağlayacaktır. Gerçekten de burada sunduğum görüşlere benzer dengeli bakış açıları da ortaya konmuştur (İmamoğlu, 1998, 2003; Raeff, 2004, Ryan ve Deci, 2000; Ryan ve Lynch, 1989).

Kuramsal Tartışma ve Netleştirme

Yinelemek gerekirse, burada benlik ve benlik/öteki ilişkilerinin altında yatan iki boyutla ilgili kuramsal bir bakış açısı ortaya koyduk. Bunlar, özerklik ve ilişkisellik temel ihtiyaçlarından türeyen yetkinlik ve kişiler arası mesafeydi. Bu iki boyut, özerklikten bağımlılığa ve ayrıklıktan ilişkiselliğe doğru değişmektedir (Tablo 6.2). Özerklik de esas olarak *iradeye dayalı yetkinlik* olarak tanımlanmıştı ve ötekilerden ayrık olmayı ima etmiyordu. Ancak, özerkliğin bazı araştırmacılar tarafından böyle anlaşılmadığını da örneklendirmiştim. Özellikle, genel eğilim, özerkliği, yetkinlikle *birlikte* ayrıklık olarak da tanımlamaya yöneliktir. Bu eğilimin özerklik ve ilişkiselliği birbirine karşıt düşünen iki temel kuramsal zeminden türediğini belirtmiştim. Biri, nesne ilişkileri kuramı ve ergenlerle yapılan araştırmalarda karşımıza çıkan bireyci psikanalitik bakış açısı, diğeri ise kişilik çatışma kuramlarının erken kavramlaştırmalarıdır. Özellikle bireycilik-topluluçuluk / bağımsızlık-karşılıklı bağımlılıktaki kavramlaştırmalar başta olmak üzere, kültürler arası araştırma ve kuramların da bu görüş açılarından etkilendiği görülmektedir (bkz. 4. Bölüm). Burada öne sürdüğüm kuramsal model bu görüşleri sorgulamaktadır.

İki Çeşit İlişkisellik

Son zamanlarda, Rothbaum ve Trommsdorff (2006) bu sorunları gözden geçirmiş ve bu çekişmeli bakış açılarını uzlaştırmak için kavramsal bir yaklaşım oluşturmuşlardır. Batı (temelde Amerikan) araştırmaları ve yönelimleriyle kültürler arası araştırmaların sonuçlarının çeliştiğini kaydetmişlerdir. Batı araştırmaları, bağlanma ve özbelirleme kuramlarının savunduğu gibi, özerklik ve ilişkiselliğin uyumlu olduğunu göstermektedir. Hatta özerkliğin ortaya çıkabilmesi için ilişkiselliğin gerekliği olduğunu bile iddia etmişlerdir. Kültürler arası araştırmalar ise (Markus ve Kitayama, 1991; Triandis, 1995), kültürler arası farklara bakarak, *"özerklik ve ilişkiselliği birbirine karşıt olarak kavramlaştırmışlardır"* (Rothbaum ve Trommsdorff, 2006, vurgu orjinalinden). Üstelik, çelişen araştırma sonuçları bu çelişen bakış açıları için kanıt oluşturmuştur.

Yamagishi'nin (2002) *güven* ve *güvence* [trust, assurance] arasında yaptığı ayrımdan yola çıkarak, Rothbaum ve Trommsdorff (2007), ilişkiselliğin güven ya da güvenceye dayalı olmasına göre farklı türleri olduğunu söyleyerek bu çelişkiyi çözmeye çalıştılar. Genelleştirilmiş güvenin Batı'da, güvencenin ise Batılı olmayan (toplulukçu) toplumlarda yaygın olduğunu iddia ettiler. Buna göre, bireyci ve toplulukçu toplumların *niteliksel* olarak farklı olduğunu söylediler. Daha sonra güvencenin özerklikle ters ilişkili, güvenin ise özerklikle uyumlu olduğunu kuramlaştırdılar. Böylelikle, Batı araştırmalarının ilişkisellik ve özerklik arasında bir ilişki bulduğunu çünkü Batı kuramlarının ilişkiselliği genel güven çerçevesi içinde tanımladığını belirttiler. Buna karşılık, kültürler arası çalışmalarda ilişkisellik ve özerklik arasında negatif bir ilişki bulunduğunu; çünkü kültürel psikologların ilişkiselliği güvenceyle eşitlediğini öne sürdüler.

Düşünce ilginç olsa da bu tezde bazı sorunlar vardır. Öncelikle, her Batı kuramı ve araştırması ilişkisellik ve özerklik arasında pozitif bir bağlantı varsaymamakta ve bulgulamamaktadır. Tersine, daha önce de tartıştığım ve 4. Bölümde de belirttiğim gibi, daha başlangıçta kişilik çatışma kuramları (Angyal, 1951, Bakan, 1966, 1968; Rank, 1945) ile psikanaliz ve nesne ilişkileri kuramsal bakış açıları ayrılma-bireyleşme üzerinde durarak özerkliği ilişkiselliğe karşıt olarak kavramlaştırmışlardır (A. Freud, 1958; Blos, 1979; Hoffman, 1984; Kroger, 1998; Mahler, 1972; Mahler vd, 1975; Panel, 1973 a, 1973b; Steinberg ve Silverberg, 1986). Bu görüşün Batı'nın normatif bireyciliğini de yansıttığını vurgulamıştım. Bu baskın görüş, özellikle de ergen araştırmalarını, *bireyleşme* kuramını (Crockett ve Silbereisen, 2000; Neubauer ve Hurrelmann, 1995) ve feminist yaklaşımları (Chodorow, 1989; Gilligan, 1982; bkz. Kegan, 1994) çok etkilemiştir. Bu görüş, klinik uygulamalarda hâlâ belirgin bir kuramsal bir bakış açısı olmayı sürdürmektedir.

Rothbaum ve Trommsdorff (2006), haklı olarak, özerklik ve ilişkisellik arasında yakın bir bağ ve hatta karşılıklı güçlendirme gösteren bağlanma ve özbelirleme kuramları ve araştırmalarına işaret etmektedirler. Ancak daha önce de tartıştığım gibi, bu kuram ve araştırmalar aslında Amerikan psikolojik düşünce ve öğretisindeki ayrılma ve bağımsızlık üzerindeki yaygın vurgulara tepkidir. Özellikle özbelirleme kuramı Steinberg ve Silverberg'in (1986) sağlıklı gelişim için ergenin ana babadan *ayrıklığının* gerekli olması (Ryan ve Lynch, 1989) şeklinde tanımlanan *duygusal özerklik* kavramına tepki olarak ortaya çıkmıştır. Karşıt bakış açıları **Tablo 6.4**'te sunulmaktadır (ayrıca bkz. **Tablo 6.1**).

İkinci bir sorun, *güven* ve *güvence*nin kavramlaştırılmasıyla ilgilidir. Güvenin olması için güvence algısının önkoşul olduğu iddia edilebilir. Örneğin, birisinin sizi destekleyeceğine güvenmeniz için en azından bunu yapacağına dair ufak bir varsayımınız olması gerekir. Diğer kişinin size destek olmaya hazır olduğuna dair içten gelen bir güvence hissiniz yoksa, o insana güvenmezsiniz. O halde, bana göre güven ve (varsayılan) güvence kişiler arası ilişkilerde birbirini oluşturur.

Burada daha önemli bir faktör iç grup-dış grup farklılığı olabilir. Aslında Yamagishi'nin belirtmek istediği esas nokta, güçlü iç grupların (güçlü grup bağlarının) iç grubun dışındakilere güven geliştirilmesini engellediğidir (Yamagishi vd, 1998). Güçlü iç grup bağları olan insanlar kendi gruplarına tamamen güvendikleri için, yardıma ihtiyaçları olduğunda grup dışı insanların yardımını aramaktansa kendi gruplarından destek almaktadırlar. İç grup-dış grup ayrımı daha geleneksel ve toplulukçu toplumlarda daha fazla göze çarpmaktadır. İç ve dış gruplara çok farklı davranılmaktadır. İç gruplara hem güvenilir hem de bu gruplar destek güvencesi algısı uyandırır. Bunların hiçbiri dış gruplar için geçerli değildir. Diğer taraftan, bireyci ortamlarda iç grup-dış grup ayrımı daha az belirgindir. Bu da Batı'da daha fazla gözlemlenen genişletilmiş güvene, risk almaya ve dış gruplara güvenmeye; fakat destek vermedikleri takdirde onlardan vazgeçmeye sebep olabilir.

Ancak bu, bireyciler ve toplulukçuların niteliksel anlamda farklı ilişkiler yaşadığını mı göstermektedir? Yamagishi'nin kuramını bireyci ortamlarda güven vardır (toplulukçularda yoktur); toplulukçu ortamlarda ise güvence vardır (bireycilerde yoktur) diye yorumlamak çok da doğru olmayabilir. İkisi de her ortamda birlikte olabilir; fakat *kiminle* ve *ne derecede* olduğu esas sorundur. Bu yeni araştırmalarla aydınlatılması gereken ampirik bir konudur.

Güveni inceleyen kültür düzeyindeki çalışmalardan türeyen bulguların psikolojik yorumlarıyla ilgili bir sorun da vardır (Inglehart, 2003). Bu çalışmalar bireycilik ve güven arasında pozitif bir ilişki bulmaktadır. Çoğu zaman bu, ulusal anketlere giren bireyci ulusların fazlalığıyla açıklanabilmektedir (bkz. Allik ve Realo, 2004; Gheorghiu ve Vignoles, 2005). Aslında ekonomik gelişim boyutu, bireyciliğin sonuçlarını inceleyen çalışmalarda bir etmen olabilmektedir (Georgas vd, 2006). Güven de gayet tabii bu durumlardan biri olabilir. Varlıklı insanların başkalarına güvenmeyi daha rahat göze alabilecekleri çünkü kaybedecek daha az şeyleri olduğu öne sürülebilir. Varlıklı insanlar için aynı boyutta bir risk daha az varlıklılara kıyasla daha önemsizdir.

Son olarak, güven-güvence dışında başka faktörlere dayanarak farklı ilişkisellik türleri de önerilebilir. Örneğin Raeff (1997), Latin Amerika ve Afrika kökenli Amerikalılarla Avrupa kökenli Amerikalıların hepsinin karşılıklı ba-

TABLO 6.4. Özerklik-İlişkisellik Dinamiklerine Bakış Açıları

ÖZERKLİĞE *KARŞI* İLİŞKİSELLİK	ÖZERKLİK VE İLİŞKİSELLİK
Psikanalitik Kuram	Bağlanma Kuramı
Kişilik Çatışma Kuramları	Özbelirleme Kuramı
Feminist Kuram	Aile Değişimi Kuramı ve Özerk-İlişkisel Benlik Modeli
Kültürler Arası Kuram/ Araştırma	
Bireycilik-Toplulukçuluğa değerler bakış açısı; bağımsız-karşılıklı bağımlı benlik	

ğımlılığı önemsediğini fakat bu grupların farklı tür bağımlılıklardan söz ettiğini ileri sürmüştür. Durum gerçekten böyle olsa dahi, bu ilişkisellik tipolojileri daha çok sorun yaratabilir. Öncelikle, farklı ilişkisellik türleri olduğunu ileri sürmek, bir karmaşıklığa yol açabilir. Ayrıca, farklı türler varsaymak, kuramsal açıdan önemli olan ortak sistematik unsurların ortaya çıkmasını engelleyebilir.

İki Çeşit Yetkinlik. Farklı bir tipoloji de Markus ve Kitayama (2003) tarafından ortaya atılmıştır. Bu araştırmacıların etkili makalesi (Markus ve Kitayama, 1991) kültürler arası psikolojideki bağımsız-karşılıklı bağımlı benlik kavramlarının popülerleşmesine ve anaakım sosyal psikolojide kültürel farkındalığın gelişmesine çok büyük katkıda bulundu. Ancak, görüşlerine itirazlar da ortaya çıktı (bkz. Kağıtçıbaşı, 2005a; Killen, 1997; Mascolo ve Li, 2004; Matsumoto, 1999; Miller, 2003; Raeff, 2004). Bu itirazların iki sebebi vardı. Birincisi, Doğu Asyalı "karşılıklı bağımlı benlikler" kendiliksiz ve özerk olmayan benlikler olarak gösteriliyordu. İkincisi de, ikili düşünce yapısının genel olarak pek tatminkâr olmamasıydı. Adil olmak gerekirse, Markus ve Kitayama (1991) karşılıklı bağımlılığın, yetkinlik eksikliği demek olmadığını ifade etmişlerdir (s. 228); yine de kuramsal modellerini güçlendirmek için karşıtlıkları vurguladılar ve karşılıklı bağımlı benlik için "özerklik ikincildir ve birincil olan karşılıklı bağımlılıkla sınırlandırılmıştır" (s. 227) dediler. Böylelikle özerkliği ilişkiselliğe karşıt olarak tanımlamış oldular.

Son zamanlarda da *ayrık* ve *birleşik* yetkinlik olmak üzere iki çeşit yetkinlik olduğunu öne sürdüler (Markus ve Kitayama, 2003). Ayrık yetkinlik "baskın Amerikalı orta sınıf modeli... bireyin içiyle sınırlandırılmış ve kişisel olan" (s. 7) yetkinlikken, birleşik yetkinlik gruba dayalı olup Bandura'nın (1989) ortak verimliliğine benzer ve başkalarıyla paylaşılır. Ayrıca, Sampson'ın (1988) "birleşmiş bireycilik"ini hatırlatır. Bu ayrım fail olmanın iki farklı yolu olduğunu ima etmektedir. Bağımsız benliklerde ayrık yetkinlik, karşılıklı bağımlı benliklerde ise birleşmiş yetkinlik görülür. Markus ve Kitayama özerkliğin, örneğin özbelirleme kuramında (Deci ve Ryan, 1995; Ryan ve Deci, 2000) vurgulandığı gibi ayrık yetkinlik olduğunu düşünmektedirler.

Alandaki bazı sorunları aydınlatmayı vaat eden bu düşünce de ilginç bir görüştür. Ancak, bu yine ikili bir kavramlaştırmadır ve ek varsayımlar içerir. Rothbaum ve Trommsdorff'un (2006) güven ve güvenceye dayalı iki ilişkisellik önerdiği gibi, burada da iki yetkinlik öneriliyor. Farklı tür yetkinlik ve ilişkisellikler varsaymak yerine, yetkinlik ve kişiler arası mesafeyi benlik/öteki dinamiklerinin iki boyutu olarak görüp her birinde farklı noktalarda olunabileceğini kabul etmek daha kolay olur. Böylelikle hem yetkinlik (özerklik) hem de kişiler arası mesafede (ayrıklık) yüksek düzeyde olmak ayrık yetkinliğe işaret eder; yetkinlikte yüksek, kişiler arası mesafede (ilişkisellik) düşük olmak ise birleşik yetkinliğe işaret eder. Başka bir deyişle, özerklik ilişkisellikle bir arada olduğu zaman birleşik yetkinlik vardır; öyle olmadığında ise ayrık yetkinlik vardır. Benim kuramımda, yetkinlik ve kişiler arası mesafe, *boyutlar* olarak yer aldığından, kişi bu boyutların her birinde farklı derecelerde olabilir. Burada değişkenliğe imkân tanınmakta ve ikili düşünceden veya kategorileştirmeden uzak durulmaktadır.

Son olarak, daha önce de belirttiğim gibi, kuramsal bakış açımda, özerklik ille de ayrık ve yalnız bir bireyin meselesi değildir, çünkü başkalarından ayrılmak anlamına *gelmez*. Özerklik, kişinin zorlamayla değil kendi iradesiyle istediği ve hissettiği yetkinliktir. Bu anlamda, hem ayrık hem de ilişkisel bağlamlarda geçerliliği vardır—örneğin, kişi bağımsız bir karar aldığında *ya da* başkalarına isteyerek danışıp bu danışmaya dayanarak bir karar aldığında. Benzer şekilde, kişi kendi seçimiyle yardımsever olduğunda da, yardımseverliği destekleyen toplumsal normları içselleştirdiği için yardımsever olduğunda da özerktir. Son zamanlarda bu görüş, yetkinlik ile ayrıklık arasında varsayılan bağlantıyı sorgulayan değişik bakış açılarıyla daha çok kabul görmektedir (Markus ve Kitayama, 2003; J.G. Miller, 2003).

Karşıt Bakış Açılarının Çözümlenmesi

O halde daha önce sözü edilen karşıt bakış açıları ve bulguları nasıl açıklayabiliriz? Sözü geçen bazı problemlerin en azından bir kısmının karışık kavramlaştırmalar ve alanda kullanılan ölçümlerden kaynaklandığına inanıyorum (genel bir değerlendirme için bkz. Kağıtçıbaşı, 2005a).[1] Özellikle, özerklik ve ilişkiselliğin kültürler arası araştırmalarda karşıt bulunmasının nedenini nasıl açıklayabiliriz?

Anaakım (Amerikan) psikolojisinin bireyci varsayımları kültürler arası araştırmaları da etkilemiştir, özellikle de bireycilik-toplulukçuluk/bağımsızkarşılıklı bağımlı benliğin nasıl kurgulandığı konusunda. Bu sorunu 4. Bölüm

---

1 Bu kısım ve gelecek kısımlar Kağıtçıbaşı'na (2005a) dayanarak yazılmıştır.

ve bu bölümde tartışmıştım ama burada, özellikle araştırmalarda kavramların nasıl işler hale geldiği konusunun üzerinde durarak bu tartışmayı bir ileri noktaya taşıyacağım. Kültürler arası araştırmalarda, bireycilik/bağımsız benlik tanımının *hem* ayrıklığı *hem* özerkliği barındırdığını yaygın olarak görüyoruz. Bu, ayrık olmanın özerkliğin gereği olduğunu varsayan ayrışma-bireyleşme hipotezi ve psikanalitik görüşlere dayanan bireyci bir tutumdan etkilenmiştir. Buna göre, Rothbaum ve Trommsdorff'un da belirttiği gibi, birçok kültürler arası kuramda, bireysel ayrıklık özerklik olarak anlaşılmaktadır (Hofstede, 1980, 1991; Rothbaum vd, 2000; Smith ve Schwartz, 1997; Triandis, 1995). Örneğin, S.H. Schwartz (2004) bireycilik-toplulukçuluğu özerklik-birliktelik karşıtlığı olarak yorumlamıştır ve böyle yaparak özerklikle birlikteliği birbirine karşıt düşürmüştür.

Bu, özellikle normatif bireycilik-toplulukçuluk bakış açıları için söz konusudur. Daha önce de tartıştığım gibi, normatif bireycilik-toplulukçuluk yatay-dikey (Y-D) bireycilik-toplulukçuluk (Y-D bireycilik-toplulukçuluk) paraleldir (bkz. **Tablo 6.3**). Bu da bireyin gruba tabi olup olmadığına ve bunun gerekliliğine dikkat çeker. Ancak, Y-D bireycilik-toplulukçuluğun hem kavramlaştırılması hem de ölçümü ilişkisel bireycilik-toplulukçuluğu da içermiştir (benliğin ilişkisel olup olmaması bağlamında). Normatif ve ilişkisel bireycilik-toplulukçuluk birlikte düşünülmekte ve bu kavramsal bir karışıklığa yol açmaktadır. Örneğin, Singelis vd (1995) şöyle diyorlar:

> Dikey ya da yatay toplulukçuluk, sırasıyla ya eşitsizliği kabul ederek ya da eşitliği vurgulayarak kendini bir topluluğun parçası olarak algılamaktır. Dikey ya da yatay bireycilik, sırasıyla, *özerk* birey anlayışı ve eşitsizliği kabullenme ya da eşitliği vurgulamaktır (s. 240, vurgu bana ait).

Burada bireycilikte ilişkiselliğe, toplulukçulukta ise özerkliğe yer yoktur. Benzer olarak, Hofstede (1991) toplulukçuluğu "insanı hayat boyu *sorgusuz* sadakat karşılığı koruyan" (s. 260, vurgu bana ait) iç gruplar olarak tanımlamıştır. Bu tanımlama "geleneksel" köylü toplumunu yansıtıyor gibi görünmektedir. Bu da bağımlılık aile modelinin (bkz. 5. Bölüm) tipik örneğidir. Daha önce de gördüğümüz gibi gelişmiş, kentleşmiş sosyoekonomik ortamlardaki ilişkisel toplulukçuluğa (ilişkisellik kültürü) o kadar uymamaktadır.

İlişkisel bireycilik-toplulukçuluk kavramlaştırmalarında bile bağımsız-karşılıklı bağımlı benlik, yetkinlik ve kişiler arası mesafe boyutlarını birleştirerek içerir. Örneğin, Markus ve Kitayama özerklik ve karşılıklı bağımlılığın birbirini dışladığını iddia etmeseler dahi, yine de bunları zıt terimlerle ifade etmişlerdir. Böylece, "bağımsız benlik" tanımları benliği *özerk* ve bağımsız bir insan olarak görmeyi içermektedir (1991, s. 228) ve "bağımlılık model"indeki kültürel baskı, başkalarından *ayrı* ve *özerk* olmayı değil, onlarla uyumlu olmayı gerektirecektir (1994, s. 97, vurgular bana ait).

Bağımsızlık ve karşılıklı bağımlılığı ölçmek için geliştirilen ölçekler de Markus ve Kitayama'nın kavramlaştırmasını ampirik olarak takip etti. Bu nedenle, aynı ölçekteki maddelerin hem kişiler arası ilişkisellik hem de yetkinlik boyutlarını ölçtüklerini görmekteyiz. Karşılıklı bağımlı benlik ölçekleri ilişkisellikle yetkinlik (bağımsızlık) eksikliğini, bağımsız benlik ölçekleri ise hem ayrıklık hem de yetkinliği (özerklik) içerir (Kitayama, Markus, Kurokawa, Tummala ve Kato, 1991; Singelis, 1994). Bağımsız benlik ölçekleriyle ilgili olarak, Gudykunst, Matsumoto, Ting-Toomey ve Nishida (1996), "Bağımsız benlik kurgusu ölçeğindeki bütün maddeler bireylerin özerk ve tekil insanlar olduğunu yansıtmaktadır" (s. 527) diye belirtmişlerdir. Aynı durum bireycilik-toplulukçuluk ölçeklerinde de ortaya çıkmıştır (Hui ve Yee, 1994; Matsumoto, Weissman, Preston, Brown Kupperbusch, 1997; Triandis, Bontempo, Villareal, Asai ve Lucca, 1988; Yamaguchi, 1994).

Bu durum, en azından kısmi olarak, alandaki çelişen bulguların nedenidir (bkz. Kağıtçıbaşı, 2005a). Örneğin, Üskül, Hynie ve LaLonde (2004), Singelis'in (1994) ölçeğini kullanarak Türk ve Kanadalı üniversite öğrencilerini karşılaştırdıkları bir araştırmada, iki grup arasında karşılıklı bağımlılıkta bir fark buldular (Türkler daha yüksek puan elde etti), fakat bağımsızlıkta bir fark bulamadılar. Bunu, kısmi olarak, ölçeğin karşılıklı bağımlı benlik kurgusu yerine özerklik ve iddialılığı ölçmesiyle açıkladılar.

Yetkinlik ve kişiler arası mesafe boyutları hem özerk hem de ayrık olmaya önem verilen kültürel ortamlarda korelasyon gösterip ilintili olabilirler. İlişkisel olmanın özerklikten yoksun olmak anlamına gelmediği kültürel ortamlarda ise birbirlerinden bağımsız olabilirler. Başka bir deyişle, bu iki boyut ve onların kutupları arasındaki ilişki ampiriktir, mantıksal ya da zorunlu değildir. Yani birbirleriyle kaçınılmaz bir ilişki içinde değil de olasılığa dayalı bir ilişki içinde olduklarını söyleyebiliriz.

Özerk-İlişkisel Benliği Ölçmek

O halde kişiler arası mesafe (ilişkisellik-ayrıklık) ve yetkinliği (özerklik-bağımlılık) ölçmek için farklı ölçekler oluşturmak gerekir. **Tablo 6.5** bu amaçla geliştirilen bazı ölçekleri göstermektedir: İlişkisellik (ilişkisel benlik), özerklik (özerk benlik) ve özerk-ilişkisel benlik ölçekleri.

Yalnızca ilişkisellik ve özerklik ölçeklerini kullanarak kişinin bu ölçeklerdeki durumuna da bakılabilir. Örneğin, kişi her iki ölçekte de ortalama değerin üzerinde bir puan alıyorsa, bu özerk-ilişkisel benliği gösterir. Eğer kişi iki ölçekte de ortalamadan düşük bir puan alıyorsa bağımlı-ayrık benliktir. İlişkisellikte

Tablo 6.5. Özerklik-İlişkisellik Ölçekleri (Kağıtçıbaşı ve Baydar)

Özerk Benlik Ölçeği

1	Kararlarımda yakınlarımın etkisi çok azdır.	+
2	Bana çok yakın olsa bile bir kişinin hayatıma karışmasından hoşlanmam.	+
3	Kendimi yakınlarımdan bağımsız hissederim.	+
4	Hayatımı, kendimi çok yakın hissettiğim kişilerin düşüncelerine göre yönlendiririm.	−
5	Kendimle ilgili bir konuda bana çok yakın olan kişilerin fikirleri beni etkiler.	−
6	Kararlarımı alırken yakınlarıma danışırım.	−
7	Kişisel konularda, çok yakın hissettiğim kişilerin aldığı kararları kabul ederim.	−
8	Genellikle kendime çok yakın hissettiğim kişilerin isteklerine uymaya çalışırım.	−
9	Kararlarımı yakınlarımın isteklerine göre kolayca değiştirebilirim.	−
	Alfa = 0.74	

İlişkisel Benlik Ölçeği

1	Kendimi çok yakın hissettiğim insanların desteğine ihtiyaç duyarım.	+
2	Yakın ilişkilerimde belirli bir mesafeyi korumak isterim.	−
3	Genelde kişisel şeyleri kendime saklarım.	−
4	Kişiliğimin oluşmasında bana yakın olan insanların etkisi büyüktür.	+
5	Kendime çok yakın hissettiğim kimseler sık sık aklıma gelir.	+
6	Bana yakın olsalar bile, insanların benim hakkımda ne düşündüğünü önemsemem.	−
7	Yakınlarım hayatımda ilk önceliğimdir.	+
8	Yakınlarımla aramdaki bağ, kendimi huzur ve güven içinde hissetmemi sağlıyor.	+
9	Özel hayatımı çok yakınım olan birisiyle bile paylaşmam.	−
	Alfa = 0.78	

Özerk-İlişkisel Benlik Ölçeği

1	Hem yakın ilişkileri olmak hem de özerk olmak önemlidir.	+
2	Planlar yaparken yakınların önerileri dikkate alınsa bile, son karar kişiye ait olmalıdır.	+
3	Çok yakın ilişkiler içindeki kişi, kendi kararlarını veremez.	−
4	İnsan çok yakınlarının fikirlerine karşı çıkabilmelidir.	+
5	Yakınlarımın düşüncelerine önem vermem, kendi düşüncelerimi göz ardı etmem anlamına gelir.	−
6	Bir kişiye çok yakın olmak, bağımsız olmayı engeller.	−
7	Bir kimse kendini hem yakınlarına bağlı, hem de bağımsız hissedebilir.	+
8	Özerk olabilmek için yakın ilişki kurmamak gerekir.	−
9	Bir kimse hem yakınlarına bağlı olabilir, hem de fikirleri ayrı olduğunda fikrine saygı duyulmasını isteyebilir.	+
	Alfa = 0.84	

(+) pozitif, (−) negatif korelasyon anlamında kullanılmıştır.

medyan değerden yüksek, özerklikte medyan değerden düşük puan alıyorsa bağımlı-ilişkisel benlik, tam tersi olduğundaysa özerk-ayrık benlik olacaktır. Burada kişiler arası mesafe ve yetkinlik boyutlarının aynı ölçeğe dahil edilmemiş olması önemlidir. O halde, her ölçek tek bir faktörle tek boyutlu olacak şekilde tasarlanmıştır. Faktör analizleri bunu doğrulamaktadır; bu ölçekler Türk üniversite öğrencilerinde kullanılmıştır (Kağıtçıbaşı, Baydar ve Cemalcılar, 2006).

Aile bağlamında özerk, ilişkisel ve özerk-ilişkisel benliklerin paralel ölçeklerini de tasarladık. Bu, benlik oluşumunu gelişimsel bir bakış açısından değerlendirmek için yapıldı. Özellikle aile dinamiklerinin biçimlendiriciliği ve ergenlik sırasındaki ilişkiler göz önünde bulundurulduğunda, bu ölçekler cevap verenin "büyüdüğü" dönemi işaret eden maddeler içerir (Tablo 6.6).

Bu ölçek, Türkiye'de sosyoekonomik açıdan çeşitlilik gösteren üniversite öğrencileri ve yöneticilerde kullanıldı (Tuncer, 2006). Her iki örneklemde de, aile içi benlik oluşumundaki farkların babacan bir liderlik tarzına (Aycan, 2006) karşı tutuma işaret ettiği bulundu. İlişkisel benlikte yüksek puan alan kimseler babacan liderlik tarzına karşı olumlu bir tutum gösteriyordu; özerk benlikliler ise olumsuz bir tutum gösteriyordu. Özerk-ilişkisel benlik ikisinin ortasındaydı. Geleneksel Aile İdeoloji Ölçeği'nin de (Georgas, 1993) bu ilişkileri etkilediği bulgulandı. Bu ölçekler halen başka kültürler arası araştırmalarda da kullanılmaktadır (Güngör ve Phalet, 2006; Otyakmaz ve Kağıtçıbaşı, 2006).

Odaklaşmaya Doğru Ampirik Kanıtlar

Bu bölümde, benlik ve benlik gelişimi üzerine bütünleşik bir bakış açısı ortaya koydum. Bu bakış açısı son iki bölümde de sözünü ettiğim konuların üzerinde şekilleniyordu. Benlikğe ayırdığım bu kısımda, ortaya koyduğum kuramsal bakış açılarını doğrulayan daha fazla ampirik kanıt sunuyorum. Bu kanıtlardan bazılarını daha önce de dile getirdim ama hepsini tekrar daha uyumlu bir şekilde bir arada görmek faydalı olacaktır.

Yakın tarihli birçok araştırma, yetkinlik ve kişiler arası mesafe boyutlarının farklılığına ve özerklikle ilişkiselliğin uyumuna işaret etmektedir. Özerkliğin yapısal bir modellemesine göre (Beyers vd, 2003), ayrıklık ve yetkinlik iki bağımsız boyut olarak ortaya çıkmıştır. Başka çalışmalar da ilişkisellik ve özerkliğin birbirinden bağımsız olduğunu ortaya koymaktadır (Huiberts vd, 2006; Wiggins ve Trapnell, 1996). "Ergen/Ana Baba İlişkisi" başlıklı bölümde de daha önce tartışmış olduğum gibi, özellikle özbelirleme kuramı, bağlanma kuramı ve bu kuramlardan yola çıkılarak ergenler üzerinde yapılan araştırmalar, özerklik ve ilişkiselliğin uyumluluğunu vurgulamıştır (örneğin Allen, McElhaney, Land, Kuperminc, Moore, O'Beirne-Kelly ve Kilmer, 2003; Bretherton, 1987; Chirkov, Kim, Ryan ve Kaplan, 2003; Grossman, Grossman ve Keppler, 2005; Grotevant ve Cooper, 1986; Ryan ve Deci, 2000).

TABLO 6.6. Aile İçinde Özerk-İlişkisel Benlik Ölçekleri (Kağıtçıbaşı ve Baydar)

AİLE İÇİNDE ÖZERK BENLİK ÖLÇEĞİ

1	Kendimi ailemden bağımsız hissediyorum	+
2	Genellikle ailemin isteklerini kabul etmeye çalışırım.	−
3	Ailemin düşündüğü şekilde düşünmek zorunda değilim.	+
4	İnsanlar gelecek planları için ailelerinden onay almalıdırlar.	−
5	Ailemin katılmayacağı kararlar almaktan kaçınırım.	−
6	Kişisel sorunlarda, ailemin kararlarını kabul ederim.	−
7	Ailemin kabul etmediği biriyle yakın olmam.	−
8	Kararlarımı ailemden bağımsız olarak kolayca veremem.	−
9	Ailemin isteklerine göre kararlarımı kolayca değiştirebilirim.	−

Alfa = 0.84
9 madde, en düşük faktör yüklemesi: Madde 1: 0.53

AİLE İÇİNDE İLİŞKİSEL BENLİK ÖLÇEĞİ

1	Ailemle ilişkimde belli bir mesafeyi korumayı tercih ederim.	−
2	Zor zamanlarda, ailemin benimle birlikte olacağını bilmek isterim.	+
3	Ailemle geçirdiğim zaman benim için önemli değildir.	−
4	Kendini aileye yakın hissetmek iyi bir şeydir.	+
5	Ailem benim ilk önceliğimdir.	+
6	Kendimi aileme çok bağlı hissediyorum.	+
7	Ailemle ilişkim, kendimi huzurlu ve güvende hissetmemi sağlıyor.	+
8	Aileme çok yakınım.	+
9	Ailemle çok zaman geçirmekten hoşlanmıyorum.	−

Alfa = 0.84
8 madde, en düşük faktör yüklemesi: Madde 1: 0.49

AİLE İÇİNDE ÖZERK-İLİŞKİSEL BENLİK ÖLÇEĞİ

1	Kişi ailesine değer verse dahi kendi fikirlerini belirtmekten çekinmemelidir.	+
2	Kişi ailesine çok yakın olup aynı zamanda kendi kararlarını verebilir.	+
3	Kişi kendini hem ailesinden bağımsız hem de ailesine duygusal olarak bağlanmış hissedebilir.	+
4	Kişi ailesine bağlı olup aynı zamanda fikir ayrılıkları için saygı bekleyebilir.	+

Alfa = 0.77
4 madde, en düşük faktör yüklemesi: Madde 1: 0.59
(+) pozitif, (−) negatif korelasyon anlamında kullanılmıştır.

Örneğin, ana babadan ayrıklık ile özerklik arasındaki ilişkiye kıyasla ana babaya yakınlık ve özerklik arasında daha kuvvetli bir ilişki bulunmuştur. Bu, ana babadan ayrıklığın kültürel olarak desteklendiği Amerika'da dahi geçerlidir (Ryan vd, 1995; Ryan ve Lynch, 1989). Hollanda'daki Hollandalı, Türk ve Faslı ergenler arasında yapılan bir çalışmada da ilişkiselliğin ruh sağlığıyla ilişkili olduğu görülmüştür (Meeus, Oosterwegel ve Vollebergh, 2002). Buna karşılık, Chou (2000) "duygusal özerkliğin" (Steinberg ve Silverberg, 1986) iki öğesinin Çinli ergenlerde depresyonla ilişkili olduğunu bulgulamıştır. Bu öğeler, ana babadan ayrıklık ve ana babanın idealleştirilmemesidir. Aydın ve Öztütüncü (2001) ise Türk ergenlerde depresyon ve negatifliğin ayrıklıkla ilişkili, fakat ana baba kontrolüyle ilişkisiz olduğunu bulgulamışlardır. Ana babadan ayrıklığın başka gruplarda da gelişimsel sorunlara yol açtığı görülmüştür (Beyers ve Goosens, 1999; Chen ve Dornbush, 1998; Garber ve Little, 2001). Son olarak Kwak (2003) Amerika'daki göçmen gruplar hakkında birçok araştırmayı inceledikten sonra ergenlerin hem özerkliği hem de ilişkiselliği tercih ettiğini belirtmiştir. Bütün bu çalışmalar, Amerika'daki bireyci kültür de dahil olmak üzere, özerk-ilişkisel benliğin farklı kültürlerde geçerliliğini ve optimal doğasını göstermektedir.

Başka bir görüş açısından, aileyi inceleyen araştırmalar da özerk-ilişkisel benliği destekleyen kanıtlar sunmaktadır. Kontrol, sevgi ve özerkliği birleştiren ana babalık, psikolojik/duygusal bağlı aile ortamında görülmektedir ve özerk-ilişkisel benliği ortaya çıkarmaktadır. Beşinci Bölümde de tartışıldığı gibi, ana baba kontrolü ve özerklik yönelimlerinin çocuk yetiştirmede ilişkisellikle bir arada var olduğu da farklı kültürlerde bulgulanmıştır (Cha, 1994; Dekoviç, Pels ve Model, 2006; Jose, Huntsinger, Huntsinger ve Liaw, 2000; Kwak, 2003; Lansford, Deater-Deckard, Dodge, Bates ve Pettit, 2003; Lin ve Fu, 1990; Phalet ve Schonpflug, 2001; Smetana ve Gaines, 1999; Stewart, Bond, Deeds ve Chung, 1999; Yau ve Smetana, 1996). Bu çalışmalar, ilişkiselliğin yaygın olduğu birçok topluluçu kültürde ve Batı Avrupa ve Kuzey Amerika'daki etnik azınlık gruplarda yapılmıştır. Hepsinde geçerli olan ortak tema, psikolojik/duygusal bağlı aile modelidir.

Ayrıca, bir önceki bölümde de gördüğümüz gibi, Amerika ve Kuzey Avrupa'da yapılan araştırmalar da ana baba kontrolü ve sevgisinin, özerklikle birlikte var olmasının geçerliğini göstermektedir. Örneğin Silk vd (2003), Amerikalı ergenlerle yaptıkları çalışmada, ana baba kontrolü ve ana baba özerkliğinin bağımsız ana babalık kavramları olduğunu, bir boyutun iki ucu olmadığını göstermiştir. Böylece, görüşlerde bir odaklaşma gözlemliyor olabiliriz. Bu odaklaşma, modernleşme bakış açısının aksine, bağımsızlık aile modeline doğru değil de psikolojik/duygusal bağlı aile modeline doğrudur. Ayrıca, özerk-ayrık benliği değil, özerk-ilişkisel benliği beraberinde getirmektedir. Georgas vd (2006) tarafından 27 ülkede eğitimli, kentli, genç yetişkinlerle yapılan karşılaştırmalı araştırma da bu tür bir odaklaşmaya yönelik kanıtlar sunmaktadır.

Son zamanlarda Amerika, Hong Kong, İsveç ve Türkiye'deki üniversite öğrencileriyle yapılan başka bir araştırmada (Kağıtçıbaşı, Baydar vd, 2007), katılımcıların hepsi "kişi hem özerk hem de birine yakından bağlı olabilir" ifadesinde hemfikir olmuş, dolayısıyla özerk-ilişkisel benliği vurgulamıştır. Türkiye'de yetişkinler de bu ifadeye katılmışlardır. Katılma düzeyi, daha genç ve daha modern kentli gruplar arasında daha yüksek olmuştur. Bu durum psikolojik/duygusal bağlı aile modelindeki sosyoekonomik gelişmeyle ortaya çıkan özerk-ilişkisel benlik için kanıt olarak görülebilir. Bu çalışma, daha önce bahsedilen, Türkiye'de otuz yıllık bir ara ile yapılan Çocuğun Değeri (ÇD) Araştırması sonuçlarıyla (Kağıtçıbaşı ve Ataca, 2005; Kağıtçıbaşı vd, 2005) ve başka ÇD araştırmalarıyla da uyumludur (bkz. 5. Bölüm). Özellikle, çocuklara atfedilen değerlerde ve çocuklardan beklentilerde nesiller arası, kırsal/kentsel ve zamansal farklılıklar/ değişiklikler vardır. Bütün bunlar, sosyoekonomik gelişim gösteren, eğitimli, kentte yaşayan ve genç ailelerde, karşılıklı maddi bağımlılıkların azaldığını fakat psikolojik/duygusal bağlılıkların devam ettiğini ya da arttığını göstermektedir. Psikolojik/duygusal bağlı aile modeli, sosyoekonomik gelişmeyle yaygınlaşan ve özerk-ilişkisel benliği meydana getiren modeldir.

Çeşitlilikten Odaklaşmaya

Başından beri, kültürler arasındaki çeşitliliğe işaret ettim. Kültürler arası geçerliliği olan her psikoloji için, bu çeşitliliğin farkında olmak ve onu anlamaya çalışmak önemlidir. Özellikle benlikle ilgili olan son üç bölümde ben de bunu yaptım. Fakat aynı zamanda da çeşitlilikten bir anlam çıkarma sürecinde benliğin ve insan ilişkilerinin altında yatan boyutları belirledim. Hem aile hem de benlik düzeyinde, bu boyutlar kültürler arasındaki benzerlik ve farkları oluşturan yapıları göstermektedir.

Burada önemli olan ana nokta uyum kavramıdır. Bir davranışı zaman boyunca sürdüren, o davranış kalıbının çevreye optimal düzeyde uyum sağlamaktaki işlevselliğidir. Yani, bağımlı-ilişkisel benlik çevreye uyum için işlevsel olduğu sürece korunur. Örneğin, görece durağan olan geleneksel tarım ekonomisinde bu durum görülecektir. Ayrıca, (tamamen) bağımlı aile modeli de bu tür bir sosyokültürel ekonomik ortamda sürdürülecektir.

Fakat çevresel şartlar değiştiğinde, aile ve benlikte de değişiklikler meydana gelir. Bu değişiklikler bire bir olmayabilir. Gecikmeler ya da çelişkiler de söz konusu olabilir. Yine de genel olarak değişen şartlara uyum gerekir. Bu nedenle dünyada odaklaşmaya doğru genel bir eğilim vardır. Bunun nedeni, küresel yaşam tarzlarının birçok yönden benzer hale gelmesidir. Böylece, daha benzer çevresel talepler ortaya çıkar ve onlara uyum sağlayabilmek için, aile/insan modellerinde benzerliklerin ortaya çıktığı görülür. Burada ve son iki bölümde de incelediğim farklı ülkelerden birçok araştırma, bu odaklaşmanın psikolojik/duygusal bağlı aile modeline ve özerk-ilişkisel benliğe doğru olduğunu göstermektedir. Böyle bir odaklaşmanın temelinde birkaç önemli etmen yatmaktadır.

Bu etmenlerden biri, tanındığı ve tatmin edildiği zaman özerk-ilişkisel benlik haline gelen, iki temel ihtiyaç olan özerklik ve ilişkiselliktir. Bu karşıt gibi görünen iki ihtiyacın uyumluluğu ve bir arada var olabilmesi, özerk-ilişkisel benliğe doğru bir odaklaşma olmasının ana nedenidir. Aksi halde, bu ihtiyaçlardan en az bir tanesi yerine getirilmemektedir. Diğer önemli etmen ise küresel sosyal değişimdir. Özellikle, kırsal yaşamdan kent yaşamına doğru nüfus kayması, bazı aile ve insan modellerini daha uyumlu kılmaktadır. Özellikle, nesiller arasındaki karşılıklı maddi bağımlılıkların azalması, daha az aile hiyerarşisi ve çocuk yetiştirmede daha az itaat yönelimini beraberinde getirmektedir ve böylelikle özerklik ortaya çıkabilmektedir. Özerklik, daha fazla bireysel verimlilik gerektiren çevre şartları ve işyerinde uzmanlaşmayla birlikte daha fazla eğitim ve karar verebilme talebini karşılayabilmek için de ortaya çıkmaktadır.

Farklı bakış açılarından türeseler de bir tarafta temel ihtiyaçlar diğer tarafta küresel olarak benzeşmekte olan çevresel talepler, aynı odaklaşma noktasına işaret etmektedir. Bu da psikolojik/duygusal bağlı aile modeli ve özerk-ilişkisel benliktir. Bu model, sağlıklı bir insan modeli olarak ortaya çıkmaktadır.

Burada söz edilmesi gereken iki önemli nokta vardır. Birincisi, bu *kuramsal* bir öngörüdür; olması gerekenin ifadesidir. Gerçek hayatta bu durumu daha karmaşık hale getirebilecek sayısız etmen vardır. Hepsini önceden öngörebilmek imkânsızdır. İkincisi, bu kuramsal öngörü diğer öngörüleri dışlamaz ve hepsini de içermez. Başka bir deyişle, başka türlü kuramsal bakışlar da ortaya atılabilir ve onlara göre öngörüler yapılabilir. Önerdiğim, *bir* sağlıklı insan modelidir; başka modeller de olabilir.

Birinci noktayla ilgili, burada bir hatırlatma yapayım. Beşinci Bölümün sonunda da belirttiğim gibi, odaklaşmaya doğru bu "doğal" eğilim, farklı tür bir yöne götüren dış faktörler tarafından etkisiz hale getirilebilir. Özellikle, Amerika'nın hâkim olduğu kitle iletişim araçları, bağımsızlık aile modeli ve özerk-ayrık benliğe yol açacak bir etki yapabilir. Bu bir kültürel yayılmaya da en "modern" veya "gelişmiş" olduğu varsayılan Amerikalı ya da Batılı modeli dünyanın geri kalanının taklit etmesiyle olabilir. Bu durum, ruh sağlığı için ideal olandan daha yetersiz şartlar yaratacaktır, çünkü iki temel insan ihtiyacından biri, ilişkisellik ihtiyacı yeterince ifade edilememiş olacaktır. Daha önce gördüğümüz gibi, bu ihtiyacın önemini gösteren Amerika ya da Batı kaynaklı bolca kanıt vardır. Yine de medyada sık sık yansıtılan, normatif bireycilik ya da bireyci ideolojidir ki bu Batı için dahi "gerçeği" yansıtmamaktadır.

Bu risk göz önünde bulundurularak, psikologlar, gelişimbilimciler ve diğer sosyal bilimciler bilgilerini yaymak ve "psikolojiyi toplum hizmetine sunmak" için çaba sarf etmelidirler. Kitabın ikinci kısmında, birinci kısımda sunulan kuramsal bakış açılarını uygulamalara yönelik olarak değerlendireceğim.

Özet ve Temel Noktalar

- Kültürel değerler ve çocuk yetiştirme yaklaşımları arasındaki bağlantılar benliğin gelişimini anlamak için ipuçları olarak kullanılabilir. Ana babalık buradaki anahtardır.

- Her ne kadar ana babalıkta ortak özellikler olsa ve bu durum sezgisel ana babalık olarak yorumlansa da, bebeklikte bile (örneğin vücut teması ya da yüz yüze ilişki) ana baba-çocuk etkileşiminde kültürel farklılıklar görülmektedir. Bu da benliğin gelişimini etkileyebilmektedir.

- Benzer şekilde, bağlanma kuramının bakış açısından, bebekler ve onlarla ilgilenen kişi arasındaki evrim temelli bağlanma, evrenseldir. Fakat bu bağlanmanın davranışlardaki tezahürleri bir ortamdan diğerine değişiklik gösterebilir.

- Bebeklere ve çocuklara ana babalık yapma konusundaki kültürel ve kültürler arası araştırmalar, iki gelişim yolu göstermiştir. Bu yollar özerklik ve ilişkiselliğe doğru gider.

- Son zamanlarda, bu ikili kavramlaştırma sorgulanmıştır. Ana babalık konusundaki bulgular, Kağıtçıbaşı'nın özerk-ilişkisel benlik kurgusuyla uyumlu şekilde, özerklik ve ilişkiselliğin birlikte var olabildiğini kanıtlamıştır.

- Ana babalık tarzları (yetkeci, yetkeli, serbest) ana babalığın önemli bir boyutudur ve sosyokültürel bağlamlar göz önünde bulundurularak incelenmelidir.

- İki karşıt bakış açısı ergenlerle ilgili araştırmalara yön vermektedir. Biri, psikanalitik kuramı temel alır ve özerklik için ergenin ana babadan ayrılmasını vurgular. Diğeri ise bağlanma ve özbelirleme kuramlarını temel alır ve özerkliğin, güvenli bağlanma ve ana babayla yakın ilişki içinde geliştiğini iddia eder.

- Birbirine karşıt oldukları varsayılsa da özerklik ve ilişkisellik temel ihtiyaçlardır.

- Bireyci bir bakış açısından özerklik, hem yetkinlik hem de başkalarından ayrık olmak anlamına gelmiştir. Fakat yetkinlik ve kişiler arası mesafe benliğin ve benlik/öteki ilişkilerinin temelindeki iki farklı boyuttur. Yetkinlik boyutu bir kutuptan (özerklikten) diğer kutba (bağımlılığa) uzanır. Kişiler arası mesafe boyutu ise ilişkisellikten ayrıklığa uzanır. Özerklik yalnızca yetkinlik boyutuyla ilgilidir.

- Karmaşık kavramlaştırma ve ölçümler, özerklik ve ilişkiselliğin karşıt olarak yorumlanmasının sebebi olabilir. Özerklik ve ilişkiselliği belirlemek için farklı ölçümler gereklidir.

- Benlik gelişiminin dört türü arasında, temel insan ihtiyacı olan özerklik ve ilişkisellik ihtiyaçlarının her ikisini de karşıladığı için özerk-ilişkisel benlik psikolojik olarak idealdir. Özerk-ayrık benlik ve bağımlı-ayrık benlik iki ihtiyaçtan birini karşılamakta, diğeri eksik kalmaktadır. Dördüncü tür, bağımlı-ayrık benlik iki temel ihtiyacı da karşılamadığı için patolojik bir durumu yansıtabilmektedir.

• Güven ve güvenceye dayalı iki tür ilişkisellik önerilmiştir (Rothbaum ve Trommsdorff). Yetkinliğin iki türü ise ayrık ve birleşik (Markus ve Kitayama) olarak önerilmiştir. Ancak, farklı türler oluşturmak yerine, yetkinlik ve kişiler arası mesafe boyutlarını bu çeşitliliği açıklamak için kullanmak daha basit ve uygundur.

• Son zamanlarda yapılan kültürler arası araştırmalar özerklik ve ilişkiselliğin uyumluluğuyla psikolojik/duygusal bağlı aile modeline ve özerk-ilişkisel benliğe doğru bir odaklaşmaya işaret etmektedir.

SOSYAL SORUNLAR VE UYGULAMALAR

Değiştirme: Psikolojinin Rolü

İkinci Kısım Hakkında: Kuram ve Uygulama

"Eğer zaman sana uymuyorsa, sen zamana uy" sözü Muhammed peygambere atfedilir ve eğer doğru anlaşılırsa değişim ve ilerlemenin altın bir kuralı olarak alınabilir. Bu söz, bu kitabın ana temalarından biri olan, değişen ortamlara uyumun değerine işaret etmektedir. Özellikle sosyal değişim bağlamındaki uyum süreçlerini kavrayabilmek için birey-toplum bağları açığa çıkarılmalıdır. Kitabın ilk kısmında bunu yapmaya çalıştım. Kitabın ikinci kısmı, uyum ve değişimin nasıl meydana gelebildiğine ve nasıl kolaylaştırılıp geliştirilebileceğine ilişkin uygulamalar üzerinde yoğunlaşacaktır. Ancak uygulamalar üzerinde yoğun-laşmak, kuramın ikinci bir role indirgenmesi anlamına gelmez. Gerçekten K. Lewin'in şu klasikleşmiş ifadesinde bilgelik vardır: "İyi bir kuram kadar pratik bir şey yoktur" (1951, s.169). Kurama önem vermek, uygulamaya yönelmeye karşı değil, aksine ona paraleldir; çünkü uygulamalar sağlam, geçerli kuram ve araştırmalar üzerine temellendirilmek zorundadır. Eğer uygulamalı çalışmalar kuramdan temel almazsa, kör ampirizm ya da "karanlıkta atış denemeleri"ne dönüşme riski taşır ki bu da özellikle Çoğunluk Dünya'da göze alınamaz.

Kitabın birinci kısmında, benlik, aile ve toplum arasındaki bağlantılar kül-türel bağlamda insan gelişimi üzerine yoğunlaşarak incelendi. Tartışmalar genelde kuramsal oldu ama akademik görüşlerin uygulamalara ve politikalara yönelik çıkarsamalarına da bakıldı. Bu bölümde bu fikirler geliştiriliyor ve kitabın Birinci Kısmı İkinci Kısmı'na bağlanıyor. İkinci Kısım'da, kuram ve uygulamalar arasındaki bağlantılar öne çıkıyor ancak vurgu, uygulamalar üzerindedir. Bu bölümde, insanlığın yararına olan uygulamalar ve politikalarla ilgili olarak psikolojinin rolü inceleniyor. Bu tartışma temel perspektifler sağlayarak bizi, bundan sonraki bölümlerde bazı sosyal problemlerin ve müdahale çalışmalarının incelenmesine götürecektir.

En başından beri bu kitabın bir diğer ana teması da bilimcinin incelediği konulara yakın ilgisini öngören sosyal sorumluluk ya da sosyal anlamlılıktır. Burada, bu temayı daha ileri taşıyor ve bilimcinin sosyal sorunlara yakın ilgisi-nin politik çıkarsamalarını da uzun uzadıya tartışıyorum. Bundan sonraki iki bölümde iki farklı uygulamalı konu sunulacak. Bunlar, buradaki tartışma açısından önemli örnekler teşkil etmektedir. Sekizinci Bölüm çocukların çokyönlü sağlıklı psikososyal gelişimi ve iyiliği için erken yaşlarda desteklenmesiyle ilgili müdahale çalışmalarına değinmektedir. İkinci ve Üçüncü Bölümde üzerinde durulan bazı noktalar bu bölümde sunulan görüşlerle bütünleştirilmektedir. Dokuzuncu Bölüm, özgün bir uzun dönemli müdahale araştırmasını ve onun 22 yıllık bir süreyi kapsayan takip araştırmasını sunmaktadır. Meslektaşlarımla gerçekleştirdiğim bu araştırma, erken müdahalenin uzun süre devam eden olumlu etkileri olabileceğini göstermektedir. Onuncu Bölüm ise günümüzde büyük önem taşıyan göç ve kültürleşme konusuna değinmektedir. Bunlara yaklaşımım 4, 5 ve 6. Bölümler'de ortaya koyulan kavramlaştırmalar doğrultusunda olacaktır. Son bölümde de kuram ve politikayla ilintili uygulamanın kapsamlı olarak bütünleştirilmesine çalışılacaktır. Bu kitapta vurgulanan uygulama, araştırma ve kuram sentezlenerek bir kapanış yapılacaktır.

Psikoloji ve Gelişim

Birçok psikolog için gelişim, çocuk gelişimi ya da yaşam boyu insan gelişimi demektir. Her ne kadar artık insan gelişiminin bağlamı daha çok dikkate alınıyorsa da analiz birimi bireydir. Bu konular önceki bölümlerde ayrıntılı bir şekilde incelenmişti. Burada, günümüzde tüm dünyadan sosyal bilimcilerin, plancıların, politika yapanların kullandıkları değişik bir gelişim anlayışına eğilmek istiyorum. Bu, toplumsal düzeyde insani gelişimdir.

Uzun bir süredir toplumsal gelişim, ekonomik büyüme ile eş değer tutuldu ve gayri safi milli hasıla gibi ekonomik göstergelerle belirlendi. Bugün ekonomik büyümenin toplumsal gelişimin temel göstergesi olup olmadığı sorgulanıyor ve artık insan gelişimiyle toplumun gelişimi arasındaki dinamik bağ daha iyi anlaşılıyor. Örneğin Dünya Bankası, eğitimin bir taraftan işgücünün verimliliğini ve motivasyonunu geliştirmedeki rolü, diğer taraftan da kadını güçlendirici, çocuk bakımını iyileştirici ve doğum oranlarını azaltıcı rolü üzerinde daha fazla durmaya başladı. Sosyal gelişimin ekonomik büyümeyle aynı şey olmadığının geç de olsa anlaşılması, Birleşmiş Milletler Gelişim Programı (UNDP: United Nations Development Program) tarafından da yeni bir "İnsani Gelişim" nosyonunun oluşturulmasına yol açtı.

UNDP, 1990'dan beri, her yıl, küresel durumu saptamak ve bazı insani gelişim göstergeleriyle ülkeleri sıralamak amacıyla bir İnsani Gelişim Raporu (İGR) yayımlıyor. Bu sıralamada 177 ülke bulunuyor. İnsani gelişimi belirleyen bazı göstergeler şunlar: Doğumda yaşam beklentisi, sağlık hizmetlerine erişim, temiz suya erişim, çevre sağlığı, yetişkinlerin okuma yazma oranları, ilk ve ortaokullarda okullaşma oranları, günlük gazete tirajları, televizyonlar ve kişi başına GSMH.

Bu göstergeler İnsani Gelişme Endeksi'nin (İGE) üç temel unsuru olan sağlık, eğitim ve geliri oluşturmak için kullanılıyor. Genel gösterge olarak kullanılan İGE, cinsiyet farklılıklarına daha duyarlı hale de getirilebiliyor.

Tüm bunlar psikolojinin ilgi alanının dışında mı? İlk bakışta öyle gözüküyor. Ancak, işin içine giren göstergelere ve onların geniş kapsamlı etkilerine yönelik daha dikkatli bir inceleme, aslında psikolojinin, diğer sosyal bilim alanları gibi konuya hiç de uzak olmadığını gösteriyor. Böyle de olması gerekir; çünkü kavramlaştırılması ve ölçülmesi makro düzeyde de olsa, vurgulanan, *insan* gelişimidir. Buna bazen sosyal gelişim de denir. Oysa ki psikologlar, küresel insan gelişimi ile psikoloji bilimi arasındaki ilişkiyi pek de anlayabilmiş değiller.

Bu durumu açıklamak için birçok neden düşünülebilir. Bu bölümde, bu nedenleri psikolojinin küresel uygulamalarındaki bazı sorunlar çerçevesinde inceleyeceğiz:

- Psikolojinin saf bir bilim olarak tanımlanması ve uygulamalı araştırmaları küçümsemesi, gerçek sorunlardan uzaklaşmasına neden oldu. Bu durum aynı zamanda bilim ve toplumsal yarar arasında zaman zaman var olduğu düşünülen, zaman zaman da gerçekten var olan bir çelişkiye neden oldu. Psikolojinin, davranışın evrensel kurallarını keşfetmek amacıyla fiziki bilim modelini kullanması, davranışın doğal çevresinden koparılıp, laboratuvarda saf olarak yeniden üretilmesi anlamına geliyordu. Bu bilimsel bakış, özellikle psikolojinin bazı uzmanlaşma alanlarında uzun yıllar yararlı olmuştur ama "gerçek yaşamdaki" farklılıkların ve laboratuvarda deneysel olarak yakın incelemeye alınamayacak olayların ihmal edilmesine de neden olmuştur.
- Psikolojinin bu temel özellikleri ilk olarak Avrupa'da gelişti, daha sonra Kuzey Amerika'ya ve oradan da tüm dünyaya yayıldı. Çoğunluğu Batılı eğitim almış olan Çoğunluk Dünya'dan psikologlar, psikolojinin bu özelliklerini hiç sorgulamadan kabul etmişlerdir. Çoğunluk Dünya'nın bazı yerlerinde önemli istisnalar ortaya çıksa da genel durum aşağı yukarı böyle devam etmektedir.
- Psikolojide genelde uygulamaya yönelik olan klinik psikoloji de kişinin üzerinde yoğunlaşması ve psikopatolojiyle ilgili olması nedeniyle gelişime yönelik çabalara cevap verememiştir.
- Psikoloji, ithal edilmiş bir bilim dalı olduğu için, Çoğunluk Dünya'daki önemli sosyal olaylara "yabancı" kalmıştır. Bilgi "üretmek" yerine, Batı psikolojisinin kuram ve problemlerini "transfer" etmiştir. Transfer edilen bu bilgi, başka bir kültürün ürünü olduğu için pek kullanılamamıştır.
- Batılı eğitim almış olan Çoğunluk Dünya psikologları, ülkelerine döndükleri zaman benzer konularda çalışmaya devam ediyorlar; çünkü Batı psikoloji çevresini ana referans grubu olarak kabul etmeye devam ediyorlar ve yayın hedefleri Amerikan dergileri oluyor.

- Psikologlar, önemli sosyal konularla ilgilendikleri zaman bile, bireysel düzeyde analiz yaptıkları için, "problem"i kişide arıyor ve çevresel faktörlerle yeteri kadar ilgilenmiyorlar. Örneğin Nunes (1993), Brezilya'daki okul psikologlarının işçi ailelerinin çocuklarının okul başarısızlıklarını (bu çocuklar ithal zekâ testlerinde düşük puan alıyorlar), içinde büyüdükleri sosyal bağlamla ev ve okul arasındaki kültürel farkı göz ardı ederek, çocukların kapasite düşüklüğü olarak açıklamalarından şikâyetçi. Avrupa'da da etnik azınlık öğrencileriyle ilgili benzer şikâyetler bulunmakta. Sosyal çevreyi, aile ve okul kültürü arasındaki kopuklukları dikkate almadan böyle "kurbanı suçlamak" gibi bir yaklaşımda bulunmak, okulda veya evdeki kötü ortamı değiştirmeye yardımcı olamaz.
- Batı psikolojisinin bu bireyci yaklaşımı, kurbanı suçlayarak, "bu adaletli dünyada insanlar hak ettiklerini bulur" yaklaşımıyla, var olan sosyal haksızlıkları haklı göstermede kullanılabilir (veya kötüye kullanılabilir). İnsanlar başlarına gelenlerden tamamıyla kendileri sorumludur düşüncesi kapsamında, psikolojik sağlıktan ekonomik başarısızlığa kadar birçok sorun, bu şekilde açıklanabiliyor (Leahy, 1990). Bu görüş, en baştan itibaren insanlar için olanak ve fırsat eşitliğinin olduğunu varsayıyor ki bu varsayım çoğu zaman geçerli değildir.
- Psikoloji araştırmalarının özelliklerini göz önünde bulundurduğumuzda, psikologların nüfus, eğitim, sağlık, göç vb gelişmeyle ilgili sorunlardan uzak durduğunu görüyoruz. Bu tip sorunların geniş çaplı olması ve birey düzeyinde analize indirgenememesi, psikologların bu konulara eğilmekten kaçınmalarına sebep olmuştur. Halbuki tüm bu sorunlar insanlarla ilgili sorunlardır. Bu sorunları daha iyi anlayabilmemiz için her birinin, psikolojik olarak, bilişsel, güdüsel ve davranışsal açılardan incelenmesi gerekir
- Son olarak, psikologların bu tip insanlık sorunlarıyla ilgilenmemelerinin bir başka nedeni de sahip oldukları bilgilerin bu sorunlarla doğrudan ilgili olmadığını düşünmeleri, bu nedenle de bu konulara müdahale etmekten çekinmeleridir (Suedfeld ve Tetlock, 1992). Oysa biraz düşünürsek, psikolojinin aslında insan sorunlarıyla çok yakından ilgili olduğunu görürüz. Bazı açılardan yeterli olmasa da sahip olduğumuz psikoloji bilgileri bu sorunları çözmekte kullanılabilir.

Bütün bu iç içe girmiş faktörlerin etkisiyle psikologlar, Çoğunluk Dünya'daki gelişime yönelik çabalara pek katkıda bulunamamışlardır. Bunun anlamı, psikologların, insan gelişimiyle ilgili sorunların çözümünde, gerektiği ve de yapabilecekleri kadar çözüm üretmedikleridir. Bu durum aynı zamanda psikolojiyi bir disiplin olarak da etkilemektedir; çünkü gelişmekte olan ülkelerin gündemlerindeki en önemli konu toplumsal gelişmedir. Bu ülkelerde, bu amaca katkısı olduğuna inanılan bilim dallarındaki araştırmalara öncelik tanınmakta, bu tip araştırmalara daha çok fon ayrılmakta, daha çok istihdam sağlanmakta ve daha çok saygı gösterilmektedir. J.B.P. Sinha (1993) bu konuda, "Psikoloji daha bir politika bilimi olamadı... Makro veri tabanı üzerine kurulu değil, ulusal bakış açısı yok ve böyle amaçları olduğunu gösteren bir modeli yok" diyor (s. 146). Psikoloji sosyal gelişim konularıyla ilişkili görülmediği için geride kalıyor.

Çoğunluk Dünya'daki sosyal politikalara psikolojinin katkıda bulunmamasının başka bazı ciddi sonuçları da var. Sosyal politikalar psikolojinin bilgilerinden ve uzmanlığından *yararlanmıyor*. Genel olarak, Çoğunluk Dünya'daki devlet kuruluşları ve bakanlıklarda uzman bilimcilerin pek olmadığı görülüyor. İlgili bulunmadığı için üniversitelerdeki az sayıda uzmandan da yararlanılmazsa, ekonomik kaynakların ve insan kaynaklarının boşa harcandığı kötü politikalar ortaya çıkabiliyor. Çoğunluk Dünya'da, nüfus, sağlık ve eğitim alanlarında iyi tasarlanmamış politikalara pek çok örnek verilebilir.

Bu sorunların genel sonucu ekonomik gelişmenin gerisinde kalan sosyal gelişim oluyor (Moghaddam, 1990; UNESCO, 1982). İnsan bilimleri, özellikle psikoloji, sosyal gelişmeye, fiziksel bilim ve mühendisliğin ekonomik ve teknolojik gelişmeye olan katkılarına oranla çok daha az katkıda bulunuyor. Psikoloji sosyal değişime "itici bir güç" olmak yerine sosyal değişimi "izlemekle" yetinmiş (Moghaddam, 1990) ve bu çekingenlik pahalıya patlamıştır. Bu durumu değiştirmek için Çoğunluk Dünya'daki psikologlar davet beklemeden harekete geçmeli, sosyal politikalarla ilgili projelere katılmalı ve bilgilerini kullanıma sunmalıdırlar.

Kuram ve Uygulama

Yukarıdaki tartışmanın ana mesajı Çoğunluk Dünya'daki psikologları sadece uygulamalı araştırmalara katılmaya çağırmak değildir. Aslında, gelişmekte olan ülkelerde salt problemlere yönelik araştırma yapılması, kuramla uğraşılmaması yönünde bir çağrı vardır (Connoly, 1985; Moghaddam ve Taylor, 1986). Ancak bu, kuramı sadece "Batı" biliminde arayan, "Doğu"dan da sadece veri isteyen modası geçmiş bir yaklaşımdır (Kağıtçıbaşı, 1995). Daha da önemlisi, sosyal politikalara yönelik araştırmalarda, kuramsal çalışmaların aydınlatıcı önemi vardır. Bunun için de kuramın kültürel olarak geçerli olması gerekir. Çoğunluk Dünya'daki psikolojinin çoğunluğunun ithal edildiğini düşünürsek, bu çok önemli bir noktadır.

Kültürel geçerliliği olan bir kuram üretmek için bilgi üretmek gerekir. Hem kuramın farklı kültürde sınanması hem de yerel kuram oluşturmak, bu sürece katkıda bulunur. Aslında, kültürel geçerliği olan psikolojik bilgi ile kültüre duyarlı kuram geliştirmeyi içeren bir yaklaşım, gelişmekte olan ülkelerdeki sosyal sorunlarla ilgilenen bazı psikologların da önemsediği bir konudur (örneğin Kağıtçıbaşı, 1995; Nsamenang, 1992; D. Sinha,1989; D. Sinha ve Kao,

1988 ve 1993; J.B.P. Sinha 1993; Wang, 1993). İlk defa UNESCO (Huynh, 1979) tarafından önerilmiş olan iç kaynaklı gelişim fikri artık kabul görüyor; insanı merkez alıyor, toplumların özelliklerini ve güçlerini göz önünde bulunduruyor.

Buna rağmen, gelişim planlarında insanlarla ilgili kuram ve modeller kullanıldığı zaman, bunlar çoğunlukla dışarıdan, genelde Batı'dan transfer edilmiş oluyor. Sonuç olarak toplumsal gelişim "reçetelerinde," insan faktörleri hakkında Batı kuramlarına dayanan bazı varsayımlar yer alıyor. Bunlar bir yerde gelişim için bir insan modeli niteliğindedir. Bu model de genelde Batı deneyimlerine dayanarak oluşturulmuş ve Batı psikolojisinden etkilenmiş oluyor. Her ne kadar modelin evrensel olduğu varsayılsa da aslında farklı yerel gerçeklere pek uymayabilir. Bu gibi uyuşmazlık içeren bir yaklaşıma örnek olarak Hindistan gibi toplulukçu bir kültürde, ekonomik büyümeyi teşvik için bireysel rekabete dayalı başarı modelinin kullanılmaya çalışılması gösterilebilir (J.B.P. Sinha, 1985). Oysa ki Hindistan'da "sosyal başarı güdüsü" yaygın olduğu için (Agarwal ve Misra, 1986; Misra ve Agarwal, 1985) başarı güdüsü ile başkalarına bağlanma güdüsünü birleştiren bir insan modeli gerekmektedir. Başkalarına bağlanma ihtiyacı başarıya olan ihtiyaçla birleştiği zaman "gelişimde kolektif çabaları kolaylaştırdığı görülen" *sosyal* başarı güdüsü oluşuyor (J.B.P. Sinha, 1993, s. 145).

Bu örnek 4. Bölümde sunulan başarı ile 5 ve 6. Bölümlerde sunulan aile/benlik modelleri tartışmalarına uymaktadır. Özellikle, bireysel başarı güdüsü modeli, bağımsız aile/benlik modeliyle; sosyal başarı güdüsü ise psikolojik/duygusal bağlılık modeliyle uyuşmaktadır. Beşinci Bölümde de tartışıldığı gibi modernleşme kuramı Batı modeline doğru tek yönlü değişimi öngörür. Gelişim modellerindeki insan faktörleri hakkında birçok varsayım da bağımsız aile/benlik modeline dayanır. Oysa daha önce de gösterdiğim gibi, sosyoekonomik gelişim sonucu genel değişim, bağımsızlık modeline doğru değil, psikolojik/duygusal bağlılık modeline doğru oluyor. Gelişim modellerinde yapılması gereken, ithal bilgilere dayanan varsayımlar yerine kültürel açıdan geçerli kuramların geliştirilmesidir.

Buraya kadar, psikologların gelişim çabalarına pek katkılarının bulunmadığından ve Çoğunluk Dünya'daki uygulamalı araştırmalarda kültürel geçerliği olan kuram geliştirilmesi gereğinden söz ettim. Pek belirgin olmasa da burada bir başka sorun daha var. Bu da Moghaddam'ın (1990) sözünü ettiği, psikolojinin sosyal değişimin itici gücü olmayıp izleyicisi olmasıyla ilgili. Bu, "öğrenci" bilimci-psikolog rolünün tarifidir; bu rolde psikolog fenomenleri anlamaya ve açıklamaya çalışır, nihai hedefi tahminlerde bulunmaktır. Halbuki buna karşıt alternatif bir tarif de olabilir; bu rolde yukarıda söylenen hedeflerin yanı sıra psikolog "değişimin faili" de olur (Suedfeld ve Tetlock, 1992). Burada yine "salt bilim" ile "uygulamalı bilim" yönelimlerinin farklılığı ortaya çıkıyor. Buradan giderek araştırma sonuçlarının yorumlanmasında, değerler, standartlar ve görecilik konusu da ön plana çıkacaktır.

Bu bölümde özellikle Çoğunluk Dünya'daki duruma yoğunlaşmaktaydım. Batı psikolojisi hakkında da benzer şikâyetlerde bulunulabilir; psikolojinin sosyal konularda, sosyal politika kararlarının alınmasında fazla bir rolünün olmaması ve kişi düzeyine fazla odaklanması gibi. Ama Batı'da, sosyal konulara eğilen, halk sağlığı, aile planlaması, eğitim, savaş ve çatışma sonrası rehabilitasyon gibi konularda yapılan araştırmalarda yer almış psikologların olduğu da bir gerçektir. Örneğin *American Psychologist* dergisinin bir sayısında (Şubat 1994) Amerika'da psikolojinin, çocuğun erken eğitimiyle ilgili müdahale programlarına olan katkıları özetlenmiş ve yorumlanmıştır. Yakın bir zamanda çıkan Amerikan Psikoloji Derneği'nin Davranışın On Yılı girişimi de psikolojinin insanların refahına önemli derecede katkısı olduğunu vurgulamaktadır. Ancak, özellikle bu tip katkılara en çok ihtiyaç duyulan Çoğunluk Dünya'da sosyal konulara eğilen psikologların sayısı çok azdır.

Değerler, Standartlar ve Görecilik

Bu tartışma iki karşıt yaklaşımın örnekleriyle başlıyor. Birinci örnek, beslenme alanından. Gelişmekte olan ülkelerdeki yoksul köy çocuklarının beslenme düzeylerini araştıran beslenme araştırmacıları buralarda beslenme bozukluklarıyla karşılaşabilirler. Durumu tanımlarlar, problemin ciddiyetini ortaya koyarlar, beslenme bozukluğunun tipini analiz ederler vb. Bu tip bir analizle beraber, büyük ihtimalle beslenme bozukluğunu giderecek, beslenmeyi destekleyecek bazı tedbirleri de önereceklerdir. Beslenme bozukluğunun derecesi, yaş normlarına dayalı büyüme izleme teknikleriyle ortaya çıkarılır. Söz konusu nüfus için uygun norm hazırlanmasında sorunlar olsa da, beslenme uzmanları bazı standartları kullanarak tedbir alma kararı verirler ve genelde sağlıksız durumu düzeltmek için değişiklik yapmaya çalışırlar. Doğrusu, son zamanlarda yapılan beslenme çalışmalarının çoğu, çocukların beslenme düzeyine yapılan farklı müdahale yöntemlerini uzun dönemdeki göreli etkilerine göre karşılaştırmaktadır (örneğin, Behrman, Cheng ve Todd, 2004; Behrman ve Hoddinott, 2005). Yani beslenme bozukluğu durumunu göreci bir şekilde ele almazlar. Örneğin çocukların beslenme bozukluklarını, onların çömlek yapımında gösterdikleri el becerilerindeki normal gelişmişlik düzeyleriyle karşılaştırmazlar.

Bu yaklaşımla yapılan, araştırmacıların sorunun çözümüne katkıda bulundukları bir klasik araştırma örneği, Kuzey Tayland'ın birkaç köyünde gerçekleştirilen geniş tabanlı beslenme araştırmasıdır (Kotchabhakdi, Winichagoon, Smitasiri, Dhanamitta ve Valya-Sevi, 1987). Bu çalışmada bebeklerde ve çocuklarda geniş kapsamlı beslenme bozuklukları olduğu saptanmıştı. Araştırmacılar, çocuklara beslenme desteği sağlamanın yanında, annelere, bebek ve çocukları için erken yaştaki psikososyal uyarımın önemini anlattılar ve beslenme bozukluklarını azaltmak için etkili beslenme tekniklerini gösterdiler. Çoğunluk Dünya ülkelerinde son zamanlarda yapılan bu tür birçok çalışma bulunmaktadır (örneğin, Armecin, Behrman, Duazo, Ghuman, Gultiano, King vd, 2005; Behrman vd, 2004).

Diğer örnek ise, çocuk gelişimini araştıran kültürel psikolog/antropoloğun farklı yaklaşımını gösteriyor. Üçüncü Bölümde de anlattığım gibi, Harkness ve Super (1992), Kokwet (Kenya) çocuklarının bir yetişkinden dinledikleri bir hikâyeyi yeniden anlatamamaları veya basit bilişsel işlemleri yapamamalarına dikkat çekiyorlar. Ancak, Kokwet çocuklarının bu düşük düzeydeki sözel/bilişsel becerilerine göreli bir açıdan bakıyorlar; çünkü bunu, aynı çocukların ev işleri ya da çocuk bakımı gibi günlük gelişmiş becerileriyle karşılaştırıyorlar. Bu durumun açıklamasını (doğru bir şekilde) ana babalığa dair etno-kuramlar kullanarak, bunların, gündelik hayat düzenlemeleri ve çocuk bakımı geleneklerindeki ifadelerine dayanarak yapıyorlar; çocukların bilişsel işlemlerdeki düşük performanslarını "düzeltme"ye yönelik herhangi bir girişimde bulunmuyorlar.

Müdahaleci olmayan yaklaşıma bir başka örnek de, Üçüncü Bölümde ele aldığım, Anandalaksmy ve Bajaj (1981) tarafından Hindistan'daki bir dokumacılar köyünde çocuklarla yapılan çalışmadır. Burada araştırmacılar, okula gönderilmeyen kız çocuklarının kısıtlayıcı ve bilişsel açıdan hiç de uyarıcı olmayan ortamlarına dikkat çekmişler, ancak ortamın değiştirilmesi için bir çaba göstermemişlerdir.[1]

Bu iki yaklaşım arasındaki fark çok açıktır. Birinci yaklaşımda, *standartlar* temel alınarak, normal (kabul edilebilir) ve normalin altında (kabul edilemez) gelişim konusunda bir *yargıya* varılıyor ve bu yargılar ışığında aradaki durum *değiştirilmeye*, fark giderilmeye çalışılıyor. İkinci yaklaşımda ise bu son aşama gerçekleşmiyor. Peki, bu farklılık nereden kaynaklanıyor? Yoksa ilgilenilen konular böyle bir karşılaştırma yapılamayacak kadar mı farklı? Hayır, değil. Bu bölümde tartışılan bazı konular işte burada karşımıza çıkıyor: Özellikle, uzaktan olayları gözleyen (anlayan, açıklayan), ancak değişiklik yapmaya çalışmayan bilimci-psikoloğun (ve antropoloğun) rolü. Bunun ötesinde, değişiklik önermek ve yapmak için, incelenen olgunun karşılaştırılabileceği bir standart gereklidir. Örneğin, bir beslenme uzmanının kullanabileceği normal gelişim standartları vardır. Peki, psikologlar (ya da antropologlar) bu tür standartlar geliştirmeye yetkin ve istekli midirler? Bu, kitabımın farklı bölümlerinde, özellikle yeterlik için sosyalleşmenin görecilik-evrensellik bazında incelenmesinde (bkz. 3. Bölüm) ve giriş bölümünde kültürel yaklaşımın kültürler arası yaklaşımla karşılaştırılmasında vurguladığım temel konudur.

---

1 Anandalaksmy (1994) daha sonra kız çocuklarının ailedeki durumunu iyileştirmek için yapılan eylem içeren bir araştırmaya da katılmıştır.

Görecilik Etnik Merkezciliğin Tek Alternatifi midir?

Üçüncü Bölümde, kültürel bağlamda insan gelişimiyle ilgilenen psikologların ve özellikle antropologların, bu tür yargılarda bulunma ve standartlar oluşturma konusunda isteksiz oldukları belirtilmişti. Bu isteksizlikte birkaç faktörün rolü olduğu görülüyor. Bunlardan birisi etnik merkezci (ya da Avrupa-Amerika merkezci) olma endişesidir. Kültürel/kültürler arası psikoloji/antropoloji alanlarında çalışan; çocuk gelişimi konusunda araştırma yapan bilimcilerin çoğunun Avrupalı ve Amerikalı olduğu düşünülürse bu endişe anlaşılabilir. (Batılı olmayan az sayıda araştırmacı da Batılı psikoloji/antropoloji ortamıyla öyle bütünleşmişlerdir ki onlar için de durum pek farklı değildir.)

Sömürgeci anlayış ve sosyal evrimciliğin uzun bir süre Batı toplumlarından farklı olan grupları "ilkel", "çocuksu", "mantıköncesi" ve "azgelişmiş" olarak değerlendirdiği göz önünde bulundurulunca, bu saygı duyulacak bir duyarlıktır. Gerçekten de Batılı olmayan sanayileşmemiş toplulukların, Batılı testlerdeki (ya da kendilerine kültürel açıdan anlamlı gelmeyen herhangi bir konudaki) düşük performanslarından dolayı düşük kapasiteli olarak değerlendirilmeleri yanlıştır. Bu, günümüzde kültürel ve kültürler arası araştırma yapanların haklı olarak ortadan kaldırmayı istedikleri bir yaklaşımdır; çünkü önyargılı anlayışın izlerini taşır. Ancak, bu kabul edilemez yaklaşıma tek alternatif, karşılaştırma yapmaktan kaçınan yaygın bir görecilik midir?

Üçüncü Bölümde de tartışıldığı gibi, bazı kültürel psikologlar ve bilişsel antropologlar böyle bir bakış açısına sahiptir. Bu görüş, özellikle, öznelliğe ve göreciliğe çok bağlı, bu nedenle de herhangi bir "olguların" veya "bilginin" varlığını reddeden yorumsayıcı antropolojide ve postmodernizmde güçlüdür. Gellner (1992), postmodernizmi "kısa süreli bir kültürel moda" olarak ciddi bir biçimde eleştiriyor ve ancak göreciliğe bir örnek olarak görülebileceğini öne sürüyor. Göreciliği ise "sürekli ve bir nebze önemli" olarak görüyor (s. 24). M.B. Smith de (2003) beşeri bilimlerden sosyal bilimlere yayılan, giderek bilimsellik karşıtı bir yön alan ve psikolojiyi de vuran "postmodernizmin tehlikeleri"nden söz ediyor (s. 151).

Görecilik, elbette sadece postmodernizmle sınırlandırılamaz. Vygotsky'nin sosyotarihsel düşünce okulu tarafından ortaya konulan özgül öğrenme modeli ve gündelik biliş geleneğinde de etkisi epey hissedilir. Bu yaklaşımda öğrenme "amaca yönelmiş davranış"tır. Bu tür öğrenme, ortama uyumda ve ortamdaki sorunlara pratik çözümler bulmada işlevseldir. Bu nedenle, çocuğun yakın gelişim alanı içinde "yönlendirilmiş katılım" yoluyla gerçekleşen gündelik öğrenmeleri, *bağlamında* incelenir ve bağlama özgü gereklilerin özel bilişsel becerilerin gelişmesindeki etkisi vurgulanır (bkz. 3. Bölüm).

Bu araştırmalar bize bilişin çevreye uyum sağlayabilen yönüne dair zengin tanımlamalar ve içgörü sunar. Bununla beraber, eğer bu tip bağlama özel öğrenme, tüm öğrenmeleri tanımlamak için kullanılırsa (Shweder, 1990), genel standartlar oluşturma ve buna bağlı olarak da karşılaştırma yapma yetisinden yoksun kalırız; yani tümden göreci oluruz.

Örneğin, bazı kültürler arası araştırmacılara göre okulun, diğer özgül öğrenme ortamlarından hiçbir üstünlüğü yoktur (Greenfield ve Lave, 1982, s. 185). Bu göreci yaklaşım, basit bilişsel işlemleri yapamayan ama ev işlerinde çeşitli beceriler geliştirmiş çocukta sorun görmez ya da ip eğiren ve ev işleri yapan ama okuma yazma bilmeyen kız çocuklarının durumunu kabullenir. Bu tip göreci anlayış genellikle sanayileşmiş toplumlardaki değil Çoğunluk Dünya'daki azgelişmiş sanayi öncesi ortamlardaki çocuklara yöneltiliyor. Sanayileşmiş çevreler içinse bilişsel beceriler ve okul başarısı gibi karşılaştırmalı standartlar kullanılıyor. Örneğin bir köyde, bilişsel başarı standartlarına göre çocuklarda düşük performans ya da başarısızlık saptanırsa, bu önemsenmeyebiliyor; çünkü onların bilişsel olmayan okuldışı becerileri dikkate alınıyor.

Çifte Standartlar Konusu. Bunun böyle olması gerektiği iddia edilebilir; çünkü bilişsel olmayan beceriler sanayi öncesi geleneksel toplumlarda daha geçerli ve değerlidir; buna karşılık okulla ilgili beceriler kentsel sanayi toplumunda daha geçerlidir. Bu doğru olmakla birlikte, sorunun da ta kendisidir. Çünkü sanayi öncesi toplumlardaki çocuklar hakkında karşılaştırmalı evrensel/objektif standartlar *kullanmayarak* ve eğer standartların gerisinde kalmışlarsa bununla ilgili değer yargıları ve telafi edici yaptırımlar *oluşturmayarak*, aslında bir değer yargısı *fiilen* uygulanmaktadır. Bu değer yargısı kabaca, okullaşmanın yaygın olduğu sanayi toplumlarında başarıda bilişsel standartların geçerli olduğu ama sanayi öncesi toplumlarda olmadığıdır. Burada *çifte standartlara* dönüşen bir görecilikle karşı karşıyayız.

Bu tür bir yaklaşımda birçok problem bulunmaktadır. Temel sorunlardan biri sosyal değişimdir. Daha önce de belirtildiği gibi sanayi öncesi, hatta yazı öncesi dahil tüm toplumlar devamlı olarak değişir. Kırsaldan kentsel yaşam tarzlarına değişimler bütün dünyada gerçekleşmektedir (bkz. 2. Bölüm, **Şekil 2.3**). Değişim, genelde geleneksel ekonomilerin pazar ekonomisine dönüşmesi, ulusal ve uluslararası pazarlarla bütünleşme, kırdan kente göç, yaygın okullaşma olgularını kapsar. Değişim sürecinde birçok geleneksel yöntem ve becerilerse geçerliliğini yitiriyor. Geleneksel becerilerin önemini vurgulayan göreci yaklaşım, toplumların durağanlığını varsayıyor. Oysa ki tüm dünya için söz konusu olan sosyoekonomik değişim ve küreselleşme sonucunda artık bugün durağan toplum yoktur. Dahası, salt geleneksel beceri ve yöntemleri vurgulamak, statükocu bir yaklaşımdır.

Bu bir ikilem olabilir, özellikle insanların yaşam tarzlarını değiştirmek istedikleri yerlerde, örneğin kırsal alanda yaşayan kişilerin şehre göç etmeyi istemeleri gibi durumlarda araştırmacılar vardıkları sonuçlarda ve yorumlarda dikkatli olmalıdırlar. İnsanlar, yaşam tarzlarını değiştirmek isterken, geleneksel yöntemlerin değerli olduğunu ve değişmemesi gerektiğini savunmak, insanların değişmek istemedikleri durumlarda değişmelerinde ısrar etmek kadar dayatmacı olabilir. Eğer araştırmacı tümüyle kuramlara dayalı yorumlar yapmak yerine insanların tercihlerini öğrenmeye çalışırsa bu tip bir sorun çözülebilir.

Buna benzer başka bir sorun, orta sınıf olmayan topluluklara, "orta sınıf değerlerini" uygulamadaki tereddüttür. Burada ilginç olan nokta, orta sınıf değer ve davranışlarından kastedilenin, araştırmalarda genel olarak çocuk gelişiminde yararlı bulunan, özellikle de çocuğun okul başarısını ve bilişsel yeterliğini destekleyen yaklaşımlar olmasıdır (Aksu-Koç, 2005; Duncan ve Magnuson, 2003; Evans, 2003; Goodnow, 1988; Gottfried vd, 1998; Miller, 1988). İkinci ve Üçüncü Bölümler'de gözden geçirdiği özellikle dezavantajlılık kavramını kullanan birçok araştırmada bu konuya değindim (ayrıca bkz. Martini ve Mistry, 1993 ve Sénécal ve LeFevre, 2002). Burada sorulması gereken soru, böylesine olumlu aile değer ve davranışlarının neden sadece orta sınıfın tekelinde olması gerektiğidir. Eğer çocuklar için yararlı ise neden her kesimden aileleri de kapsayacak biçimde yaygınlaştırılmasın? Bunu *yapmamak*, var olan eşitsizlikleri onaylamaktır. Bu da marjinal grupların çocuklarına haksızlık olur. Sosyoekonomik bakımdan dezavantajlı çocukların çevresini geliştirme çabalarına, görecilik ve çeşitliliği muhafaza etme uğruna sekte vurulmamalıdır.

Bir İkilem. Bu konu bir ikilem olarak görülebilir. Birçok aydın sosyal bilimci sosyoekonomik bakımdan dezavantajlı çocukları "geri" diye etiketlemek istemediklerinden bu çocukların düşük performanslarına odaklanmaktan kaçınıyor. Bu takdire değer bir yaklaşım. Ancak, çocukların bu yetersiz performansını dikkate almak onları geri diye etiketlemeyi gerektirmez. Aslında böyle yapmak "temel yükleme hatası"nı (uyuşma önyargısı) yapmaktır (Rotter, 1997). Bu tip bir niteleme, dezavantajlı olma durumunun yanlış yorumlanmasıdır. Burada durumsal bir niteleme tercih edilmelidir. Başka bir deyişle, burada çocukların yetersiz performansına yol açan çevresel faktörlere dikkat edilmelidir; çünkü bunlar, genetik olarak var olan potansiyelin gerçekleşmesine engel olmaktadır. Bu, "kurbanı suçlamak" değil, aksine çocuklara zarar verenin çevreleri olduğu ve bu konu hakkında bir şeyler yapılması gerektiği gerçeğini kabul etmektir.

Bu tip kaygılı bir tereddüdün doğal sonucu, bu çocukların ev işleri, çocuk bakımı, el işleri ve buna benzer diğer şeylerde iyi oldukları için aslında yetkin olduklarını iddia eden göreci bir yoruma sığınmaktır. Dahası, bu pratik becerileri bilişsel beceriler kadar değerli görmek gibi bir eğilim de vardır. İşte bu tip bir yorum, aslında çocukları değerli okul becerilerinden yoksun bırakan statükoyu meşrulaştırmaya ve devam ettirmeye yol açabilir. Bu, araştırmacıların düşebileceği bir tuzak gibidir ve söz konusu çocuklar için çok ciddi olumsuz sonuçları olabilir.

Bununla ilgili, geleneksel becerilerle örgün okulun gerektirdikleri arasında, yaygın olarak bir uyuşmazlık olduğu görülür. Buna bir örnek, geleneksel açıdan değerli bir sosyal beceri olan itaatkârlık ve usluluktur. Bunlar okulda başarıyı sağlamadığı gibi ona engel de olabilir. Tam tersi, bilişsel becerilere geleneksel çocuk yetiştirmede pek değer verilmez. Halbuki sözel muhakeme ve sözcük dağarcığını kapsayan okuma öncesi beceriler gibi bilişsel beceriler, okul başarısına katkıda bulunur. Örneğin, Nijerya'da (Haglund,1982), Türkiye'de (Aksu-Koç, 2005) ve Amerika'da (Hart ve Risley, 2003; Hoff, 2003; Martini, 1995 ve 1996; Sénécal ve LeFevre, 2002; Tamis-LeMonda vd, 1996) yapılan araştırmalar, sosyoekonomik açıdan dezavantajlı evlerde geçerli olan somut dil ve gruplama becerileri ile okulda geçerli olan soyut dil ve gruplama becerilerinin çelişkili olduğunu gösteriyor (bkz. 2. ve 3. Bölümler).

Okuldaki öğrenmenin günlük pratik öğrenmelerden üstün olmayan bir öğrenme türü olduğunu iddia etmek bize yardımcı olmaz. Öncelikle, okuldaki öğrenme, genellemeye ve yeni öğrenme durumlarına aktarıma daha çok olanak tanır (Scribner ve Cole, 1981; Segall vd, 1999). Daha üst düzey bilişsel beceriler gerektiren günlük öğrenmelerin de aktarıldığı bulgulanmışsa da (T.N. Carraher vd, 1988; Nunes vd, 1993, bkz. 3. Bölüm), okuldaki öğrenme için bu çok daha fazla söz konusudur. Daha da önemlisi, kentleşen toplumlarda kişilerin başarılı olmasında okul (okuldaki başarı ve performans), geleneksel becerilerden daha önemli oluyor. Kültürel psikologlar ve antropologlar, geleneksel ortamlarda yaptıkları araştırmalarda Batı tipi standartları kullanmazken, gelişmiş toplumlarda bu standartlar sosyal statü ve ekonomik yükselme için kıstas olarak kullanılıyor.

Buradaki önemli nokta şudur: Araştırmalar sadece akademik amaçlarla yapılsa da, gerçek dünyada yapıldıkları için sosyal değerlerden ve politikalardan uzak kalamazlar. Gerçekten de sosyal bilim "değer yargısız" olamaz. Bellah ve arkadaşlarının bir süre önce belirttiği gibi (1985) "Toplumun olanaklarını ve sınırlarını, sanki bir başka gezegendeymiş gibi, tarafsız bir şekilde çalışma çabası, daralmış profesyonel sosyal bilim ethos'unu kırılma noktasına itmektir" (s. 302). Tam tarafsızlık zaten mümkün değildir, araştırmacılar hiçbir şeyi değiştirmeseler dahi yine de politik sonuçları olan bir taraf seçerler. Örneğin, daha önceki örnekte olduğu gibi, geleneksel değer ve yöntemlerin önemini vurgulamak, değişmeyi engelleyebilir ki bu da bir değer yargısı, hatta bir politik yaklaşımdır.

Sosyal Bilim Araştırmalarının Rolü. Sosyal bilim araştırmalarının benim varsaydığım kadar güçlü olmadığı ileri sürülebilir. Bu tip bir güç hemen gözükmeyebilir ama potansiyel olarak vardır. Hatta bilimin yüksek prestijini göz önüne alırsak, araştırmacı tarafından yapılan herhangi bir yorum, medyaya yansıdığı takdirde çok güçlü olabilir. Örneğin politikacılar tarafından politikalarının doğruluğunu ve gerekliliğini kanıtlamak için kullanılabilir. Sonuçta, sosyal bilim araştırmalarının ister istemez sosyal bir sorumluluğu vardır.

Aslında, sosyal bilimden sosyal sorumluluk gerektiren bir rol beklenmektedir de. Bu özellikle, insan modellerini de kapsayan etkili toplumsal gelişim modelleri arayan Çoğunluk Dünya'da geçerlidir. Örneğin, çocuk gelişimindeki kültürler arası araştırmaların çoğu, "evrensel" çocuk gelişimi kuramlarını sınama ve yeni kuramlar geliştirme çalışmalarında olduğu gibi bilgiye yönelik oluyor. Akademik gelişme için çok yararlı olsa da, bu tür araştırmalar çocukların refahına veya Çoğunluk Dünya'daki sosyal gelişime katkıda bulunmamıştır (Dasen, 1988b; Kağıtçıbaşı, 1995; Wagner, 1986).

Çoğunluk Dünya'da yabancı araştırmacılara (özellikle antropologlara) karşı bir kırgınlık oluşmuştur; çünkü araştırmacılar bu bölgelere gelmiş, yerel kaynaklardan yararlanmış ve sadece bilgi toplayıp karşılığında hiçbir şey vermeden gitmişlerdir. Oysa ki ihtiyaç duyulan, insanların yaşam şartlarını ve insan potansiyelini geliştirmektir. Çünkü bu toplumlarda, toplumsal (ulusal) gelişim en önemli amaçtır ve insan kaynakları da gelişim için genelde en önemli kaynaktır. Ama birçok kültürel psikolog ve antropolog, bunu sağlamaya ne isteklidir ne de sağlayacak donanıma sahiptir. Çünkü bir taraftan göreci bakış açıları nedeniyle karşılaştırmalı standartlara dayalı saptamalar yapmazlar; diğer taraftan da katılımcı olmayan saf bilimci rol tanımları nedeniyle, yetersizlikleri gidermeye çalışmazlar.

Eğitim Politikaları

Toplumların özlemleri ciddiye alınmalıdır. Çoğunluk Dünya'da, ülke çapında okuma yazma ve okullaşma yaygın özlemlerdir. 1990 yılında Jomtien, Tayland'da "Herkes için Eğitim" başlıklı bir dünya konferansı düzenlendi. 1993'te Yeni Delhi'de düzenlenen ikinci bir toplantıda "herkes için kaliteli eğitim" üzerine yoğunlaşıldı. 1994'ün başlarında yapılan çok nüfuslu ülkelerin katıldığı (Çin, Hindistan, Endonezya, Bangladeş, Pakistan, Brezilya, Meksika ve Mısır) "Herkese Eğitim Zirve Toplantısı"nda hükümetler, tüm çocukların okullaşması için gerekeni yapmayı vaat ettiler. 1996'da 73 ülkeden temsilciler bir yarı-onyıl değerlendirmesi yapmak için Amman, Ürdün'de buluştular ve 2000 yılında "Dünya Eğitim Forumu" Dakar'da gerçekleştirildi. İkinci milenyumun başlangıcında, tüm ülkede temel eğitim genel hedefine ulaşılamamış olunduğu itiraf edildi ve 1990-2000'e "kayıp onyıl" adı verildi (UNESCO, 2005; UNICEF, 2000). Birleşmiş Milletler Okuma Yazma Onyılı 2003'te yoğunlaştırılan çabalarla yeniden başlatıldı. Tüm bunlar, dünyada eğitim olanaklarındaki büyük eşitsizliklere, acısı Çoğunluk Dünya'nın pek çok yerinde fazlasıyla hissedilen durumlara tepkidir. Örneğin temel eğitimi bitirme oranları Kuzey Amerika'da %99'a yaklaşırken, bu oran Güney Asya'da sadece %60 ve Sahraaltı Afrika'da %63'ü bulmaktadır. Amerika'da orta öğrenim okullaşma oranları erkeklerde %94 ve kızlarda %92'dir. Bu oranlar Güney Asya'da %51 ve %39'ken Sahraaltı Afrika'da sadece %29 ve %23'ü bulmaktadır (UNESCO, 2005).

Eğitim aynı zamanda temel bir insan hakkıdır. İnsan Hakları Evrensel Beyannamesi'nin 26. maddesi, "Herkes eğitim hakkına sahiptir. Eğitim, en azından ilk ve temel öğrenim aşamalarında parasızdır. İlköğretim zorunludur," der. Buna göre, okuma yazma düzeyini ve okullaşmayı artırmak için yapılan her çaba desteklenmeli ve hükümetler eğitime daha çok yatırım yapmalıdır. Böylece bugün temel eğitimden yararlanamayan ve üçte ikisinden fazlası kız olan 150 milyon çocuğa eğitim olanakları sağlanabilir (Bennett, 1993, s. 12). Problemin bu boyutlarda olmasının yanında, kaygılanmak için daha başka nedenler de var. Örneğin 1980'lerde özellikle Afrika ve Latin Amerika'da, sağlık ve eğitime yapılan yatırımlarda bir düşüş gözlendi ve bu nedenle 1980'ler bazılarınca "gelişimde kayıp dönem" olarak adlandırıldı (Jolly, 1988). Bu çerçevede, Uluslararası Para Fonu ve Dünya Bankası'nın yapısal ayarlama ve eğitimin özelleştirilmesi konusundaki politikalarının zararlı etkilerinden de söz edilmeli. Afrika'daki durum o zamandan beri pek fazla gelişme göstermedi. Son olarak, sanayileşmiş ülkelerin Çoğunluk Dünya'ya yaptıkları yardımların çoğu eğitime *yapılmıyor*; sadece İsveç, yardımlarının %5'ten fazlasını eğitime veriyor.

Dünyadaki acil çözüm bekleyen eğitim sorunlarının ciddiyetinin yanı sıra bu konuda anlaşmazlıklar ve politik tartışmalar da söz konusu. Örneğin, hükümetler örgün eğitime yetersiz yatırım yapabilir; çünkü eğitime yatırım, uzun vadeli bir yatırımdır; bunun yerine kaynakları, daha hızlı getirisi olan başka alanlara kaydırabilirler. Sonuçta, eğitime yatırım yapmayıp sorumluluklarını toplumsal örgütlere, dini gruplara ve benzerlerine bırakabilirler. Psikologlar da diğer sosyal bilimcilerle beraber, hükümetleri sorumluluklarını yüklenmeleri için her yola başvurarak zorlamalıdır. Diğer taraftan hükümetlerin herkese eğitim sağlama çabaları, modernleşmeye ve özellikle kadın eğitimine karşı olan tutucu ve gerici çevreler tarafından engellenebilir.

Din Eğitimi Örneği. Buna bir örnek, özellikle Müslüman toplumlarda köktendinciliğin politik güç kazanmasıdır (Gellner, 1992). 80'lerin başında Fas'ta araştırmalar yapan Wagner (1983) "Birçok Müslüman toplumda Kuran eğitiminin modern laik okul sistemiyle yarış halinde" olduğu saptamasını yapıyor (1983, s. 80). Normal eğitimin yerine Kuran eğitimini yerleştirme çabaları, Müslüman toplumlarda laikliği ortadan kaldırmak amacıyla İran, Libya ve Suudi Arabistan gibi teokratik yönetimli hükümetlerce de destekleniyor. Bu tür hareketler, UNDP'nin insani gelişim göstergeleriyle ölçülen sosyal gelişime ket vurur. Ayrıca yaygın dini eğitim yalnızca Müslüman toplumlar için önerilmektedir ki bu da bazı politik amaçlara işaret eder.

Müslüman toplumlardaki bazı hükümetler, özellikle laik ve eğitimli sektörler, köktendinciliğin yükselmesini önlemek için uğraşıyor. Köktendinci terörün de ortaya çıkmasıyla riskler artıyor.[2] Yine de bazı Batılı kültürler arası psikologlar ve antropologlar Kuran eğitimini meşrulaştıran ve destekleyen saptamalar yapmışlardır (Wagner, 1983, 1988).

Tamamlayıcı eğitim olarak (örgün eğitimin yerini almamak kaydıyla), Kuran eğitimi Arap ülkelerinde okuma yazma eğitimine katkıda bulunabilir (Wagner, 1988). Fakat başka dillerin konuşulduğu Müslüman ülkelerde bu işlevi yerine getiremez. Arapça konuşulan ülkelerde bile amaç, "herkese eğitim" çerçevesinde örgün eğitim veren çağdaş okullaşma olmalıdır. Aslında dünyanın en düşük okuma yazma oranına sahip ülkelerinden bazıları Arap ülkeleridir; buralarda oranlar %40'ı bulmaktadır (UNESCO, 2002; Verhoeven, Rood ve Laan, 1991). Özellikle kadınlar arasında bu durum daha yaygındır. Bu oranlar daha fakir ve daha kalabalık olan Arap ülkelerinde daha da yüksektir. Örneğin Yemen'de 9 milyon kişinin %54'ünün okuma yazması yoktur ve bu oran kadınlarda %90'a, kırsal kesimde yaşayan erkeklerde ise %76'ya kadar yükselmektedir (UNESCO, 2002). Kuran eğitiminin okuma yazmayı yaygınlaştırmaya yardımcı olmadığı açıkça görülmektedir.

Aslında, araştırmalarda Kuran eğitiminin (okulöncesi eğitim düzeyinde) olumlu etkilerinin çok az ve çok sınırlı olduğu; sadece sayıları kullanan seri hafıza işleminde olumlu bir etkisi olduğu görülmüştür. Bu sınırlı etki bile "sayılar yerine Kuran isimleri kullanıldığında ya da rastgele uzun gruplamalar yerine düzenli artan maddeler kullanıldığında" yok oluyor (Wagner ve Spratt, 1987, s. 1217). Yetişkinler arasında Kuran eğitimi genel belleği hiç geliştirmiyor, sadece belirgin artan çağrışımı geliştiriyor (Scribner ve Cole, 1981). Dili Arapça olmayan Müslüman toplumlarda ise böyle sınırlı bir etki bile olmayacaktır; çünkü bu ortamda Kuran eğitimi, anlaşılamayan bir dilde metin ezberleme niteliğindedir. Buna karşılık örgün eğitimin, bilişsel ve bellek işlemleri üzerinde geniş çaplı ve sürekli olumlu etkileri saptanmıştır (Ceci, 1991, 1999; Ceci ve Williams, 1997; Oloko, 1994; Scribner ve Cole, 1981; Segall vd, 1999; Serpell, 1993).

Olumlu bilişsel etkilerin azlığı temel alınırsa, "Üçüncü Dünya ülkelerinin gereksinimleri göz önünde bulundurulduğunda" geleneksel eğitimin önemli katkısı olduğu, dolayısıyla "uygun eğitim" olduğu değerlendirmesi yersizdir (Wagner, 1988, s. 106). Yine, göreli çifte standartlarla karşı karşıyayız. Dinsel eğitim, özellikle sanayileşmiş Batı toplumlarında azalmıştır ve kimse bu eğitime

---

2   Bu bölümün çoğunluğu bu kitabın bir önceki (1996) baskısından alınmıştır. O zamandan beri dünyada yaşadıklarımızı, 9/11 ve diğer terörist saldırılarını göz önünde bulundurduğumuzda, bu bölümde yazdıklarımın artık çok daha önemli ve acil olduğunu söyleyebiliriz.

geri dönmeyi önermemektedir; ancak bu tür eğitim, Üçüncü Dünya (Müslüman toplumlar) açısından "uygun" bulunmaktadır. Dinsel eğitim, toplumsal gelişimi teşvik etmede, devlet okullarının işlevlerini göremez; bu nedenle bir alternatif olarak değil, ancak ülke çapında örgün eğitime ilave bir eğitim biçimi olarak görülmelidir.

Eğitim konusunu, Çoğunluk Dünya perspektifi içinde ayrıntılarıyla tartıştım, bunun iki nedeni vardı: Konunun çok önemli olması ve araştırmaların politik sonuçlarına çarpıcı bir örnek oluşturması. Okullar, eksikliklerine rağmen, toplumsal gelişimin en önemli kurumlarındandır. Okullar, sadece bilişsel beceriler ya da belirli bir eğitim vermekle kalmaz. Örneğin okul eğitiminin, özellikle kızlar açısından, uzun süreli etkileri vardır; ileride evlilik yaşının artması, daha düşük doğurganlık oranı, çocuk ölümlerinin azalması ve çocuklar için daha iyi beslenme ve sağlık düzeyi gibi (Caldwell, 1979, 1980; Cochrane, 1979; LeVine, 1983; UNESCO, 2002). Bu kazanımlar daha gelişmiş okuryazarlık becerileri ve daha yüksek düzeylerde iş bulma oranı gibi "bilinen" faydalara ek olarak ortaya çıkmaktadır. Dahası, bu tür uzun vadeli faydaların, özellikle azgelişmiş ülkelerde, sadece ilkokul, hatta birkaç yıllık okul eğitimiyle bile elde edildiğini görüyoruz (Cochrane ve Mehra, 1983). Örneğin Min (1994), devlet okullarının kız çocuklar/kadınlar açısından güçlendirici etkilerine dikkat çeken çok sayıda araştırma incelemiştir.

Görülen odur ki, okul eğitiminin başka herhangi bir günlük eğitimden üstün olmadığını savunan küçümseyici yorumlar, "herkese eğitim" sağlamaya uğraşan çabalara destek olmamaktadır. Tersine psikologlar, insan başarısının okul eğitimiyle geliştiğini gösteren bilimsel bulguları duyurarak okullaşmanın artması çabalarına katkıda bulunabilir (örneğin Ceci, 1991, 1999; Ceci ve Williams, 1997).

Ayrıca dinsel eğitim, sadece sınırlı ezber yeteneklerini içermez. Çoğu zaman bilimsel dünya görüşüne ters düşen dinsel bir dünya görüşünü de aşılar. Bu durum özellikle İslami eğitimin bir sonucu olarak ortaya çıkmaktadır, çünkü İslam, sadece "inancı" değil, cinsiyet, ekonomi, devlet yönetimi gibi konular da dahil olmak üzere gündelik yaşamı düzene sokan "hukuku" da kapsamaktadır. Türkiye, Mısır, Tunus gibi laik olmayı seçmiş ülkelerde, dinsel eğitimin gerici bir muhafazakârlık yarattığını görmekteyiz. Örneğin eski bir tarihte Türkiye'de ergen gençlerle gerçekleştirdiğim bir araştırmada (Kağıtçıbaşı, 1973), "dindarlığın" yetkeciliğe ve dışsal kontrole inanç ile bağlantılı olduğunu, iyimserlik ve başarı güdüsüyle ters orantılı olduğunu saptadım.

Müslüman toplumlardan gelen etnik azınlığın sayıca çok olduğu Batı Avrupa ülkeleri gibi göç alan ülkelerde de problemler bulunmaktadır. Hoşgörülü eğitim politikaları ve sosyal politikalar, bu etnik azınlıkların çocuklarına dinsel eğitim veren kurumlara izin vermekte ve hatta bu kurumları desteklemektedir. Oysa ki bu durum, bu çocukların ve ergenlerin ev sahibi toplumdan çok daha fazla uzaklaşmalarına ve bu toplumun çocuklarının entelektüel başarı düzeylerine benzer düzeylere ulaşamamalarına yol açmakta. Bu konu 10. Bölümde daha ayrıntılı olarak tartışılmaktadır.

Konunun ciddiyeti göz önüne alındığında, kültürler arası psikologların dünyadaki eğitim politikaları ve kendi çalışmalarının çıkarsamaları üzerine düşünmeleri zorunluluğu ortaya çıkıyor. Daha önce de belirttiğim gibi, okullaşmanın kendi sorunları vardır ve bu yüzden eleştirilmektedir. Gerçekten de Çoğunluk Dünya'daki birçok okul yetersizdir (Myers, 1992; Serpell, 1993). Okul eğitimi edinebilmedeki eşitsizlikler, derslerin düşük kalitesi, ezber ve mekanik öğrenmenin yaygınlığı, kalabalık sınıflar, eğitim malzemelerinin azlığı ve ders programlarının yerel/ulusal gerçeklerle bağlantılı olmaması Çoğunluk Dünya'da karşılaşılan önemli sorunlardır. Ancak bu tür sorunlar, okullardan vazgeçmenin değil, onları geliştirmek için çalışmanın ve daha fazla yatırım yapmanın gereğini vurgulamaktadır.

Okullarla ilgili bu sorunlar, bazen düşünüldüğü gibi toplumsal sorunlara neden olmaz; var olan toplumsal sorunları yansıtır. Örneğin, kırdan kente göçün nedeni okul eğitimi değil, temel sosyal-yapısal ve ekonomik değişimlerdir: İnsan gücünün yerini alan makineleşmiş tarım ve ekilebilir tarım alanlarına artan nüfusun baskısı gibi. Bu tür değişimler, kırdaki insanları kentlerde iş aramaya yöneltmiştir. Yani, işsizliği yaratan eğitim değil, bir toplumdaki ekonomik ve nüfusla ilgili sorunlardır. Bununla beraber, okul eğitimi, sorunları çözmede yetersiz kalabilir. Örneğin, işsizlik, okulların kalitesini artırmak için daha fazla yatırım ve iyi bir planlamayı ve bu okulların toplumdaki iş talepleri doğrultusunda insan yetiştirmelerinin sağlanmasını gerektirmektedir.

Okul eğitiminin bireyci yönelimlere neden olduğu bulgulanmıştır; bu durum toplulukçu kültüre sahip toplumlarda bağımlı aile bağlarının zayıflamasına neden olabilir (Greenfield, 1994; Oloko, 1994; Serpell, 1993). Yine de bu durum kaçınılmaz değildir; Doğu Asya kültürlerinde (Greenfield, 1994) ve örneğin Pueblo yerlilerinin sınıflarında olduğu gibi (Suina ve Smolkin, 1994) bağımlılık değerleri okul eğitimine dahil edilebilir. Amerika gibi bireyci toplumlarda bile "yapboz sınıfları" [jigsaw classrooms] gibi deneysel okul programlarının bireyci rekabet yaratmaktansa işbirliği ve eşgüdüm yaratmaya yardımcı olduğu gözlenmiştir (Aronson, Stephan, Sikes, Blaney ve Snapp, 1978). Bu tür müdahalelerde, başarının grup üyeleri arasında karşılıklı işbirliğine bağlı olduğu grup projeleri kullanılır. Bu, işbirliği ve rekabetin durumsal unsurlara bağlı olarak gelişebileceğini gösteren, Sherif'in ünlü "Hırsızlar Mağarası" deneyini hatırlatmaktadır (Sherif, Harvey, White, Hood ve Sherif, 1961).

Okul eğitimi, sosyal ve kültürel uygunluk ve duyarlıkla verildiği zaman, toplumsal gelişimin güçlü bir destekçisi olabilir. Aslında, ulusal eğitim politika ve planlarının uygulandığı Çoğunluk Dünya'da, *Batılı okullar* terimi kullanılmamalıdır. Çünkü bugüne kadar Batılı olagelen (veya Batı'nın malı sayılan) eğitim, bugün küresel olarak paylaşılıyor. Bu eğitim, *hem* kültüre uygundur *hem de* küresel olarak paylaşılmıştır ve "içsel gelişim"in doğal bir parçasıdır (Huynh, 1979; Tripathy, 1988).

Psikoloji İşe Yarayacak mı?

Buraya kadar, kuram ve uygulamayı bağdaştırmayla ilgili konuları inceledim, özellikle de kültürler arası araştırmacının rolüne odaklandım. Aynı zamanda, politikaları ve uygulamaları şekillendirebilecek araştırmaların değer ve yargıları ile ilgili sorunlara değindim. Araştırma bulgularının insan refahını ilerletecek amaçlar için kullanılacağının bir garantisi elbette yoktur. Çünkü bilim herkese aittir; iyiye veya kötüye kullanılabilir ve bu konuda bilim insanının yapacağı çok fazla bir şey yoktur.

Kültürler arası psikolojiyle ilgilenen sosyal bilimciler veya psikologların bir başka sorunu da, araştırma bulgularını, içinde çalıştıkları toplumların kültürel ve politik bağlamında değerlendirmek ve yorumlamak zorunda olmalarıdır. Burada önerdiğim "müdahaleci" yaklaşım, aslında yabancı ziyaretçilere, rahatsız edici buldukları konulara müdahale etme izni vermez. Yanlış anlamaları engelleyecek iyi bir yol, yerel araştırmacılarla ortak çalışmaktır. Greenfield'ın belirttiği gibi (1994) "içeriden birinin perspektifi, sosyalleşmenin ve gelişimin geçerli bir tanımı için temel olabilir" (s. 23). Bu, yerel araştırmacının bakışının mükemmel olacağı anlamına gelmez; onun da kendine has zaafları vardır. Yine de dışarıdan gelenin olası etno-merkezciliğini ya da olayları yanlış yorumlama olasılığını azaltabilir; özellikle de politika oluşturucu sonuçları olan araştırma ve müdahale çalışmalarında işe yarayabilir.

Kişinin kendi bakışını konuya yansıtmasını engellemenin ikinci bir yolu da araştırmanın "denek"lerine, değerlendirme ve yorumlamada "katılımcı" olarak yer vermek ve araştırmayla ilgili konularda onların fikir ve isteklerini sormaktır. Bu tür yaklaşımlar özellikle uygulamalı araştırmalarda karşılaşılan bazı zor kararların alınmasında yardımcı olabilir. Örneğin, insanların sorunlarına çözümler sağlamak için tasarlanmış uygulamalı araştırmalarda veya müdahale çalışmalarında, değişimi kapsayan kararlar almak gerekir. "Neler değiştirilmelidir? Neler korunmalıdır? Bu, kim tarafından ve nasıl kararlaştırılacaktır?" gibi zor sorular, o toplumun içinden insanların fikir ve anlayışlarından yararlanılarak daha iyi cevaplanabilir.

Müdahale araştırmaları tedbirli olmayı gerektirir. Sosyal politikalara katkıda bulunan iyi sosyal bilim ile psikolojik emperyalizm ve istenmeyen paternalizm arasındaki ayrımı yapabilmek gerekir. Bunu başarmak her zaman kolay değildir; bu, daha önce önerilen tedbirlerle içeriden insanların perspektifini kullanarak kolaylaştırılabilir.

İçsel gelişim, geleneksel yaklaşımların devam ettirilmesi veya güçlendirilmesi anlamına *gelmez*. Bu tür bir yerelleşme, köktendincilik örneğinde olduğu gibi, tepkisel bir harekete dönüşme tehlikesi taşıyabilir (Dalal, 1990, s. 116). Oysa içsel gelişim, bir taraftan gelişimi toplumsal değerlerle bir arada götürür, diğer taraftan da küresel değişimlerle başa çıkabilecek etkili sistemlerin oluşumunu içerir. Sosyal değişimi "gelişim" olarak değerlendirebilmek için "dışa açıklığın," "yerel geçerlilikle" birlikte var olması gerekir (Tripathi, 1988).

Bu tür gelişimin bazı örnekleri "bütünleyici sentez" olarak görülebilecek bazı psikolojik kurgularda görülebilir. Bu tür kurgular, genel olarak anaakım psikolojide bir arada düşünülmeyen bazı kavramları bir araya getirir ve bütünleştirir. Batı'da birbiriyle ilişkilendirilmeyen bu tip kavramlar farklı bir kültürel bağlamda bir arada bulunabilir. Bunlardan bazılarını daha önce tartıştım ve önerdim. Bunlar, sevecen iş liderliği (J.B.P. Sinha, 1980); sosyal başarı güdüsü (Agarwal ve Misra, 1986; Misra ve Agarwal, 1985; Phalet ve Claeys, 1993; Yu ve K.S. Yang, 1994); özerk-ilişkisel benlik; karşılıklı bağımlılığı ve özerkliği içeren psikolojik-duygusal bağlı aile modeli (bkz. 5. ve 6. Bölümler) ve çocuk yetiştirmede sosyal zekânın yanında dil-bilişsel gelişime de önem vermek, yani bilişsel-sosyal zekâdır (bkz. 3. Bölüm).

Bu tür konular, örneğin, optimal insan gelişimini desteklemek ve erken gelişimin içinde gerçekleştiği çevreyi iyileştirmek için tasarlanmış bir müdahale projesinde önem kazanabilir. Kitabın Üçüncü Bölümü'nde "dezavantajı" inceledim; İkinci Bölümde de insan gelişimini bağlamla ilişkilendiren bazı modelleri tartıştım. Üzerinde durduğum önemli bir nokta, makro düzeydeki olumsuz sosyoekonomik koşulların, büyüyen çocuğu, ana baba ve aile davranışları aracılığıyla etkilediği ve bu yüzden de psikolojik müdahalenin mümkün olduğuydu. Aile düzeyindeki ve çevredeki gruplara da yayılan müdahalelerin etkililiği, toplulukçu kültürlerde bireyci kültürlere oranla daha da kolaydır (Sinha ve Kao, 1988, s.25).

Okula Hazırlık ve Erken Gelişim Göstergeleri

Çoğunluk Dünya'nın birçok ülkesinde karşılaşılan ciddi bir insan gelişimi sorunu, okul başarısızlığı ve okul terkidir. Bu durum okulun ilk yıllarında yüksek oranlarda sınıfta kalmalara ve temel eğitim sürecinin sonuna doğru düşük okullaşma oranlarına yol açmaktadır (UNESCO, 2005; UNICEF, 2000) (örneğin, Bangladeş'te okula başlayan öğrencilerin sadece %20'si okulu bitirebilmektedir; Bennett, 1993; s.12). Özellikle tüm ülke çapında ilköğretim hedefine ulaşılamamış azgelişmiş yerlerde bu sorun büyük ekonomik kaynak ve insan kaybına neden olmaktadır. Dünya Bankası (1988, s. 50), Sahraaltı Afrika'da her ilkokulu bitiren çocuğun maliyetinin, sınıfta kalma ve okulu bırakmalardan ötürü ortalama %50 daha pahalıya geldiğini saptamıştır. Bu bölgedeki ülkelerin bazılarında bu durum bugünlerde bile halen aynı şekildedir (UNESCO, 2005).

Bu sorunda birden çok faktör rol oynamaktadır: Kalabalık sınıflı düşük kaliteli okullar, okulların eşitsiz dağılımı, okulun çok uzakta olması vb. Bu faktörler arasında çocuğun okula hazırlık düzeyinin ve ailenin çocuğun "öğrenci rolü"ne ve okul başarısına desteğinin de yetersiz olması vardır. Bu noktaları kitabın 2. ve 3. Bölümleri'nde ele almıştım. Burada, psikolojik araştırmaların insan gelişimiyle ilgili diğer konularla birlikte bu konuya nasıl yaklaşabileceği üzerinde durmak istiyorum. Myers'ın dediği gibi (1992), "Çocukların okula hazırlığını iyileştirmek, okulların kalitesi ve etkisini artırabilir ... çünkü çocuklar belki de okulun en önemli 'girdi'leri ve yine en önemli 'çıktı'larıdır" (s. 221).

Okula hazırlık eksikliği, oluşturulabilecek ölçülebilir bir yeterlik standardı varsayımından hareketle, gelişimsel bir problem sayılabilir. "Okula hazır olma" günümüzde, çocuğun, a) Aktivite düzeyi (hem okula devamını hem de sınıfta konsantrasyonunu etkileyen sağlık ve beslenme durumu); b) Sosyal yetkinlik ve psikolojik hazırlık (okulun beklentilerine ayak uydurma ve onlarla başa çıkabilme) ve c) Okuryazarlık öncesi ve aritmetik öncesi becerileri içeren bilişsel yetenekler olarak tanımlanmaktadır. Bu hazırlık aynı zamanda, ailenin desteği ve olumlu yaklaşım ve beklentilerini de yansıtmaktadır (Myers, 1992, s.216).

Yukarıdaki kavramlar için farklı terimler ve daha ayrıntılı kategoriler kullanılabilirse de, bu kavramlar genelde çocuğun okula hazırlığının özelliklerini oluşturmaktadır. Bunların bileşimi çocuğun bu tip bir standarda göre ne durumda olduğuna dair bir endeks ya da ölçü oluşturabilir. Böylece, yeterli ya da yetersiz okula hazırlıktan söz edebiliriz. Gelişim psikolojisinde, insan gelişiminin özelliklerinin kavramlaştırılması ve ölçümüyle ilgili oldukça çok bilgi birikimi vardır. Çok sayıda araştırma, okulöncesi yıllarda dil/iletişim, problem çözme, kavram oluşturma ve diğer bilişsel süreçler, sosyal yetkinlik/olgunlaşma, duygusal gelişim, yaşam becerilerinin gelişimi gibi konularda bizi bilgilendirmektedir. Bunların hepsi okula hazırlığa katkıda bulunur.

Ölçüm ve Gelişim Göstergeleri. Bütün bu bilgi ve uzmanlığın farklı sosyokültürel bağlamlardaki müdahale çalışmalarında optimal bir biçimde kullanıldığı söylenemez. Çocukların gelişimindeki geri kalmaların saptanması ve okula hazırlığın desteklenmesi için farklı alanlarda, yaşa uygun, kültüre duyarlı ve uygun ölçümlerin geliştirilmesi gerekir. Bu ölçümler, insan gelişiminin kültürel olarak geçerli bir kavramlaştırmasına dayanmalıdır, bu da bu konuda yapılan uluslararası düzeyde ve farklı sosyokültürel bağlamlarda gerçekleştirilecek araştırmalarla mümkün olacaktır.

Sadece Batı kavramlaştırmasına ve özellikle de Batı'nın ölçümlerine bağlı kalmak bu alandaki gelişmeler için bir engeldir. Çok sayıda çocuğa uygulanabilir, fazla zaman almayan ve uzmanlık gerektirmeyen ölçümlerin eksikliği de bu konuyla ilgili bir sorundur. Gelişmekte olan ülkelerde sorunlar çok sayıda çocuğu ilgilendirmektedir. Yetersiz gelişim riski altındaki çocukların saptanabilmesi ve ihtiyaçlarının karşılanabilmesi için tarama yöntemlerine gereksinim vardır. Çoğu zaman özel uzmanlık gerektiren bireysel zekâ testleri ve diğer karmaşık ölçüm teknikleri bu amaçlar için uygun değildir. Bunlar, psikologların geleneksel olarak kullandıkları ölçüm türüdür. Bu yüzden, gerçek durumlara cevap verebilecek farklı yaklaşımlar gerekmektedir.

Örneğin UNICEF'in bir süre önce Brezilya'da gerçekleştirdiği bir çalıştay sonucu yapılan öneri şöyledir: "Çocukların psikososyal gelişimini ölçen basit bir tekniğin oluşturulması ve bölgedeki değişik ülkelerde uygulanması gerekir. Günümüzün yöntemleri büyük ölçüde yetersiz bulunmuştur" (Danışma Grubu, 1986, s. 2). Bu öneri alanda çalışanlar tarafından hissedilen bir gereksinimi dile getirmesi açısından halen önemlidir. Özellikle psikometri ve kültürler arası gelişim psikolojisindeki uzmanlık, geçerli ve kültüre duyarlı ölçümlerin oluşturulabilmesine büyük katkıda bulunabilir; örneğin okula hazırlığın saptanması konusunda. Bu, psikologların önünde duran, henüz üzerine hiç eğilinmemiş bir iştir (Kağıtçıbaşı, 1991; Landers ve Kağıtçıbaşı, 1990). Aslında yakın tarihli bir UNICEF girişimiyle (2005), farklı kültürlerde kullanılabilecek çocuk gelişimi göstergeleri tasarlandı. Yaş gruplarına göre, çocuğun durumunun saptanabileceği genel (minimal) standartlar sunan bir tasarıydı bu. Çocuğun durumu standardın altında bulunursa gereken tedbir alınıyor; örneğin bakımı üstlenen kişiye destek vermek, profesyonel yardıma yönlendirmek vb. gibi. Buradaki güçlük, çok çeşitli sosyokültürel ekonomik bağlamlarda kullanılabilecek (minimal) bütünsel çocuk gelişimi göstergelerini oluşturabilmektir.

Genelde, sağlık uzmanları, beslenme uzmanları ve çocuk hekimleri çocukları tarama amaçlı büyük çaplı ölçümlere gitmişlerdir. Fiziksel gelişimi ölçen bu tekniklere paralel olarak, psikolojik gelişimi ölçen yöntemlere de büyük ihtiyaç vardır. Aynı şekilde, fiziksel büyüme normlarına paralel, psikososyal gelişimin kültürel olarak geçerli normlarının da oluşturulması gerekir. Böyle normlar, aynı fiziksel büyümenin izlenmesi gibi, çocuk gelişimini izleyebilmek ve gelişimde ortaya çıkabilecek sorunları fark edebilmek için gereklidir.

Bugüne kadar psikologlar büyük çaplı sağlık projelerinde yer almamışlar ve dünyada sağlık ve eğitimi iyileştirmek için yapılan disiplinler arası çalışmalarda kendilerine bir görev biçmemişlerdir. Bununla birlikte, örneğin Latin Amerika, Hindistan ve Türkiye'deki bazı araştırmalarda kültürel olarak geçerli, yaşa özel gelişim normlarının oluşturulması için bazı önemli adımlar atılmıştır (Dasen, Berry ve Sartorious, 1988; Landers ve Kağıtçıbaşı, 1990; Myers, 1992; Pandey, 1988; Saraswathi ve Kaur, 1993; Savaşır vd, 1992; UNICEF, 2005). Tablo 7.1'de 5 yaşında bir çocuk için bazı gelişim göstergeleri verilmiştir.

Gelişmekte olan, ülkelerini içeren bazı büyük çaplı araştırmalarda sağlık uzmanları, sağlık veya ruh sağlığı bağlamlarında gelişimin bazı psikososyal gös-

Tablo 7.1. Beş Yaşında Bir Çocuk İçin Önerilen Gelişim Göstergeleri

Beş Yaş İçin Çocuk Göstergeleri (Kağıtçıbaşı)	
Fiziksel Sağlık	Aşılar; parazitlerin olmaması; iyi beslenme; yeterli fiziksel büyüme; yeterli enerji/ aktivite düzeyi; kaba ve ince motor becerilerin gelişimi; duyusal gelişim
Dil Gelişimi	Kelime dağarcığı; anlaşılabilir anlatı dili
Bilişsel Gelişim	Kavram oluşumu, sıralama/sınıflandırma; *eğer-o zaman* ifadelerinin kullanılması; okuryazarlık ve aritmetik öncesi beceriler, sosyal zekâ*
Duygusal Güvenlik	Sevildiğini hissetmek; ait olduğunu hissetmek; düşük saldırganlık düzeyi
Özerklik/ Yetkinlik	Bir şeyleri kendi kendine yapabilmek, diğer çocuklarla ve yetişkinlerle olumlu ilişkiler kurabilmek—oynamak, paylaşmak; kendini gerçekçi şekilde değerlendirmek

* Sosyal zekâ sosyal normları ve kuralları bilmeyi ve onlara uyum göstermeyi kapsamaktadır; ayrıca başkalarının ihtiyaçlarına duyarlı olmak anlamına da gelir.

tergelerini oluşturmuşlardır. Bunlardan biri, Arjantin, Çin, Hindistan, Pakistan, Senegal ve Tayland'da 1983'te başlatılan ve psikososyal göstergelerin oluşturulması ve kullanılması konularıyla ilgili olan bir Dünya Sağlık Örgütü projesiydi. 1990'da 31.000'den fazla çocuk hem büyüme hem de psikososyal gelişim ölçümlerinden geçirildi. (Dünya Sağlık Örgütü, 1986, 1990). Bu büyük çaplı projede, test geliştirme, güvenilirlik kontrolleri, testi yapan kişilerin eğitimi, testlerin tekrar tekrar uygulanması ve bunların sonucunda yapılan düzeltmelerle, kültüre ait belirli maddelerin eklenmesi gibi konular üstünde duruldu. Bu proje, 0-6 yaşı kapsayan erken gelişimin kültürler arası kavramlaştırması ve ölçümü konusunda iddialıydı. Ancak akademik psikoloji çevreleri bu projenin içinde yer almadı.

Çevreyle İlgili Göstergeler. Psikolojik gelişim göstergelerine ek olarak, çevreyle ilgili göstergelere de ihtiyaç vardır. Bu göstergeler arasında fiziksel çevrenin ölçümü, çevreden gelen uyarımlar, çocuğa bakan kişilerin tutum ve davranışları, çocuk ve ona bakan (çoğunlukla anne) arasındaki ilişkiler bulunmaktadır. Çevreyle ilgili göstergeler de yine sağlık uzmanlarınca gerçekleştirilen bazı büyük çaplı sağlık projelerinde ele alınmıştır (De Silva, Nikapota ve Vidyasagara, 1988; Nikapota, 1990; Sockalingam, Zeitlin ve Satato, 1990; Dünya Sağlık Örgütü, 1986, 1990). Müdahale çalışmalarının önemli bir unsuru, ana baba eğitimi ve halka yönelik programlar yoluyla sağlıklı insan gelişimini desteklemektedir. Müdahale çalışmalarının etkili olabilmesi için çevreyle ilgili göstergelerin bilinmesi ve müdahale çalışmalarının en gerekli olduğu yüksek risk ortamlarını saptamakta kullanılması çok önemlidir. Sosyoekonomik statü gibi genel göstergeler yeterli değildir; daha

Tablo 7.2. Önerilen Çevresel Göstergeler

Çevresel Göstergeler (Kağıtçıbaşı)	
Fiziksel Çevre	Temiz, düzenli, güvenli ortam, çocuğa ait bazı eşyaların olması
Çevresel (Bilişsel) Uyarım	Kitap/dergilerin bulunması; oyuncaklar ve/veya oyun malzemeleri; radyo, televizyon; çocuğa öykülerin anlatılması/okunması, yetişkinin çocuğa sözlü ifadesinin düzeyi ve kapsamı
Çocuğa Olumlu Yaklaşım	Ana babanın çocuğun eğitimi konusunda istekli olması; ana babanın çocuğun kapasitesini gerçekçi/olumlu değerlendirmesi, ana babanın çocuğu benimsemesi; çocuktan memnunluk; çocuğa karşı dikkatlilik/ duyarlık
Annenin/ Çocuğa Bakanın Bilişsel/Dil Kapasitesi	Annenin konuşmasının anlaşılabilir olması; annenin eğitimi
Az Çatışmalı Ortam	Madde bağımlılığı/alkolizm/suç olmaması; eşler arasında anlaşmazlığın az olması; kadının hırpalanmaması/dövülmemesi; çocuk istismarı olmaması; annenin sosyal destek ağının olması

ayrıntılı göstergelere ihtiyaç vardır; çünkü örneğin aynı sosyoekonomik statüdeki ana babaların davranış ve tutumları arasında çok çeşitlilik olabilir.

Daha önce sözünü ettiğim, UNICEF'in (2005) çocuk gelişim göstergeleri tasarlama girişimi, çevresel göstergeler düzenlemeyi de kapsıyor. Çevresel göstergeler, birçok Çoğunluk Dünya ülkesinde geçerliliği gösterilmiş HOME ölçeğinin (Bradley vd, 1998) yeni uyarlamasına dayanıyor. Ancak, HOME ölçeğinin uygulanması çok zaman ve uzmanlık gerektiriyor. UNICEF'in çabası, büyük çaplı uygulamalarda böyle bir sakıncası olmayan basit bir ölçek oluşturmaktır. Bu doğru yönde atılan bir adımdır.

Çevresel göstergelerin oluşturulmasında psikolojik uzmanlık da gerekir. Çevresel risk kavramının kendisinin de daha iyi bir kavramlaştırmaya ve işler hale getirilmeye ihtiyacı vardır. Kültürler arası bağlamda bu zor bir iştir. Kültüre has özelliklerin dikkate alınması gerekir. Ancak çocuğa bakan kişinin etkileşim tarzları, beklentileri ve inançları; çevreden gelen bilişsel uyarım ve sözel uyarım; çevrenin fiziksel özellikleri; çocuk yetiştirmede özerklik tanıma ve şefkat gösterme gibi konularda bazı kültürler arası ortak kategorilerin oluşturulması da mümkün olabilir. **Tablo 7.2** çevresel göstergelerin bir örneğini vermektedir.

İnsan gelişimini kavramlaştırmak; fiziksel büyüme ve tüm psikolojik gelişimi (sosyoduygusal, dilsel ve bilişsel gelişim de dahil olmak üzere) zaman ve mekân *içinde*, başlangıçtan itibaren bütünleştirmek karmaşık bir iştir. Çoğunluk Dünya'da ciddi bir sorun olan çocuk ölümleri karşısında, birkaç on yıldan beri özellikle 0-3 yaş arası çocukların sağlık ve beslenmeyle ilgili ihtiyaçları üzerinde öncelikle durulmuştur. Günümüzde tıbbi sağlık modellerinden sosyal sağlık modellerine doğru bir geçişle, sağlıklı olmanın ve refahın sosyal-davranışsal yanları da tanınmaya başlanmıştır. Nitekim Dünya Sağlık Örgütü, sağlığı kabaca şöyle tanımlıyor: "Fiziksel, ruhsal ve sosyal olarak tamamen iyi durumda olma durumu, sadece hasta olmama, şekil bozukluğu olmama durumu değil." Sağlıklı olmanın daha geniş bir şekilde kavramlaştırılması, beslenme, sağlık ve psikososyal gelişim arasındaki sinerjik ilişki açısından ve aynı zamanda insan gelişiminin bağlamsal-etkileşimsel yönleri açısından yapılmaktadır (Myers, 1992). Demek ki psikolojik gelişim ve yakın çevredeki aracı faktörlerin önemi anlaşılmıştır. Dünyanın çeşitli yerlerinde gerçekleştirilmiş araştırmaların bu geçikmiş tanınmaya katkısı olmuştur.

Beslenme, sağlık ve psikososyal gelişim arasındaki etkileşimsel ilişki ve çevresel faktörlerin doğrudan etkisi, doğuştan itibaren önem taşır ve çocuğun okula hazırlığına etki eder. Örneğin, yetersiz beslenme, çocuğa bakan kişinin duyarlılığı ve davranışlarıyla telafi edilmediği takdirde, yine yetersiz beslenmeyi doğurur. Çünkü yetersiz beslenen bebek ve çocuklar daha az aktif olurlar ve daha az talepte bulunurlar, dolayısıyla onlara daha az yiyecek verilir; bu da daha fazla yetersiz beslenmeye neden olarak bir kısırdöngü oluşturur. Öte yandan, aktif ve sağlıklı bebekler ise daha çok yiyecek talep ettikleri için onlara daha çok yiyecek verilir. Çocuğun yakın çevresi bu sinerjinin bir parçasıdır. Örneğin küçük bir bebek, annesinden süt emerken yorulup uyuyakalabilir. Eğer annesi doydu zannedip bebeği yatırırsa, bebek yetersiz beslenmiş olur. Halbuki anne bebeği uyandırıp uyarırsa ve tekrar emzirirse, bebek yeterli beslenir. Daha az uyarıcı olan bir çevre ise; çocuğun başlangıçtan itibaren beslenme, sağlık ve psikososyal gelişimine daha az destek olur (Brazelton, 1982; Myers, 1992; M.E. Young, 2002).

Yakın Çevre. 1980'lerden itibaren yakın çevre üzerine giderek daha fazla odaklanma olmuştur. Örneğin, Carvioto (1981) tarafından yapılan bir çalışma, yakın çevrenin büyümekte olan çocuğu yoksun ortamların olumsuz etkilerinden korumaktaki kritik rolünü göstermesi açısından son derece ufuk açıcıydı. Meksika'nın uzak bir dağ köyünde gerçekleştirilen bu çalışma, "çocuğu yetiştirenin radyo dinleme alışkanlığı"nın çocuğun beslenme durumunu etkileyen faktörlerden biri olduğuna dikkat çekti. Ciddi ölçüde yoksulluğun ve çocuklarda yetersiz beslenmenin görüldüğü bu köyde, bazı çocuklarda yetersiz beslenme probleminin olmadığı ve normal hızda büyüdükleri bulgulandı. Bu çocukları yetersiz beslenme görülen çocuklardan ayıran tek çevresel özellik, annelerinin radyoyu daha fazla dinlemeseydi. Bu beklenmeyen sonuç nasıl açıklanabilir?

Burada birçok faktör rol oynamış olabilir. Bu anneler radyo programlarından çocuk yetiştirme ve çocukların gelişimsel ihtiyaçları üzerine bilgi edinmiş olabilirler. Ya da radyo genel bir uyarıcı olarak etki ederek bu anneleri daha uyanık ve dikkatli tutmuş olabilir. Ya da bu anneler daha zeki veya yeni tecrübelere daha açık anneler olabilirler ki bu özellikleri onları hem radyo dinlemeye hem de çocuklarının ihtiyaçlarını karşılamaya yatkın hale getirmiş olabilir. Ya da bütün bu faktörlerin birleşimi etki göstermiş olabilir. Sebep her ne ise, bu annelerin, evde çocuklarına daha kaliteli uyarım sağladığı ve çocuklarına karşı, yetersiz beslenen çocukların annelerinden daha duyarlı oldukları saptandı.

Benzer şekilde, Ford Vakfı tarafından Merkez Java'da gerçekleştirilen Çocuğun Uyarımı projesinde, zor ekonomik koşullara rağmen, çocuğun daha iyi beslenmesinin, daha iyi fiziksel ve bilişsel gelişiminin, anne-çocuk etkileşimine bağlı olduğu ortaya çıkmıştır (Landers ve Kağıtçıbaşı, 1990). Annelerin çocuklarının gelişimsel ihtiyaçlarını anlamaları ve bunları karşılamaları bu noktada önem kazanmaktadır. Daha önce sözünü ettiğim, Tayland'da yapılan büyük çaplı bir beslenme projesinde de anneler, erken uyarımın ve çocukla etkileşimin, beslenme, sağlık ve gelişime yararlı etkileri hakkında bilgilendirilmiştir (Kotchabhakdi vd, 1987). Sağlık ve beslenmenin yanında bu psikososyal süreçlerin de vurgulanması, çocukların gelişiminde büyük yarar sağlamıştır.

Zeitlin, Ghassemi ve Mansour (1990) tarafından önerilen olumlu sapma kavramı, yetersiz koşullarda bile hayatta kalabilen ve hatta gelişebilen çocuklara işaret eder. On altı çalışmanın bulgularını tarayarak, yetiştiren-çocuk arasındaki olumlu etkileşimin "çocuğun gelişen organ sistemini çalıştırma eğilimini artırdığı ve bunun sonucunda büyüme ve gelişim için besinlerin daha iyi kullanılabildiği" sonucuna vardılar (s. 33). Psikolojik stres besinlerin kullanımını olumsuz etkilerken, psikolojik sağlık, büyüme ve gelişme hormonlarını harekete geçiriyor. "Anne-çocuk arasındaki sevgi gibi bazı psikososyal faktörler, sağlıklı büyüme ve gelişimle bağlantılıdır" (s. 34). Bütün bu bulgular, yakın çevrenin (yetiştiren-çocuk etkileşimi) önemini ve büyümekte olan çocuğu yoksulluk gibi makro düzeydeki olumsuz etkilerden korumadaki aracı rolünü gösteriyor.

Beslenme, sağlık ve psikososyal gelişim arasındaki bu sinerjik ilişki, okul ve okulöncesi yaştaki çocuklarla okula hazırlık ve okul başarısı konularında yapılan araştırmalarda da ortaya çıkmıştır (E. Pollitt ve Metallinos-Katsaras, 1990; Seshadri ve Gopaldas, 1989). Beslenme, sağlık, psikososyal uyarım ve gelişim üstünde son zamanlarda yapılan çalışmalar da önceki bulguları doğrulamakta ve yetişkinliğe uzanan uzun vadeli etkileri göstermektedir (Armecin vd, 2005; Behrman vd, 2004; Behrman ve Hoddinott, 2005).

Bütün bu çalışmalar, insan gelişimini kavramlaştırmada ve ölçmede bütünsel ve etkileşimsel-bağlamsal bir yaklaşım gerektiğini ortaya koymaktadır. Bu tür bir yaklaşım, hem önemli etmenleri daha iyi anlamaya hem de daha sağlıklı bir insan gelişimini ve okula hazırlığı destekleyebilmek için gerekli daha etkili müdahalelerin ipuçlarını sağlamaya yardımcı olacaktır.

Erken Yaşlarda Çevrenin Etkileri Üzerine Araştırmalar

Yeni araştırmalar erken yaştaki çevresel sorunların ve erken psikososyal uyarımın çocukların sağlığı ve genel gelişimi açısından önemine işaret ediyor. Özellikle en erken ortam olarak kabul edilen doğum öncesi ve doğum sonrasının önemi vurgulanıyor. Gelişimde biyolojik faktörlerin rolü nörobilim, beyin araştırmaları ve biyoteknolojideki gelişmeler sayesinde artık daha iyi anlaşılıyor.

Doğumda insan yavrusunun sinir sisteminin oluşumu kısmen tamamlanmıştır. "İnce ayar" diye adlandırabileceğimiz, sinir sisteminin daha sonra devam eden bütün gelişimi, çevreyle etkileşimlerden meydana gelir. Çevresel faktörlerin etkileri stresten dil gelişimine, bağışıklık sisteminden bellek ve bilişe kadar uzanır. Özellikle, erken yaşta alınan uyarımlar hipotalamik-pitüiter adrenalin bezi (HPA) eksenini etkileyerek onu harekete geçirir; o da biliş, bellek, davranış, bağışıklık sistemi ve diğer sinirsel yolları etkiler (Mustard, 2002). Deneyime dayalı beyin gelişimi üzerine hayvanlar ve insanlarla yapılan nörobilim araştırmaları giderek artıyor. Burada sadece, çevrenin önemini, özellikle erken yaştaki çevrenin olduğu kadar çevre-genetik etkileşiminin de önemini yinelemek için birkaç örnek sunacağım. Bu defa organizma üzerindeki çevresel etkilerin biyolojik temellerine odaklanıyorum.

Hayvanlarla Yapılan Çalışmalar. Böyle etkileşimlerden biri, strese tepki olarak, yüksek kortizol düzeyleri içeren erken anormalliklere yol açan bir oluşumdur. Rhesus maymunlarıyla ve sıçanlarla yapılan araştırmalar, erken dönemde kötü (uyarıcı olmayan) anneliğe maruz kalan yeni doğmuş maymun ve sıçanlarda yüksek düzeylerde korkaklık, strese karşı yüksek tepkisellik ve yüksek kortizol düzeyleri yanında, strese bağlı bağışıklık sistemi zayıflıkları da görüldüğünü ortaya koymuştur (Black, Jones, Nelson ve Greenough, 1998; Coe, 1999). Dolayısıyla, erken dönemdeki deneyimlerin, bağışıklık sistemi ve strese karşı davranışsal tepkiler üzerindeki etkileri çok güçlüdür. Özellikle, strese maruz kalınan süre uzadığında beynin stres hormonlarına olan duyarlığı artar. Maymunlarda yapılan araştırmalarda, yaşamın ilk altı ayında kötü anneliğe maruz kalınması, yüksek saldırganlık dürtüsü ve vahşi davranış, alkol tüketimi (kendini tedavi etme) ve sonra da dişi yavrunun yetişkinliğinde kötü annelik davranışlarıyla ilişkilendirilmiştir.

Öte yandan esneklik de söz konusudur. Örneğin, erken dönemde kötü anneliğe maruz kalmış, savunmasız yavru sıçan ve maymunlar, onları uyaran ve besleyen "iyi" koruyucu annelerin yanına verilirlerse gelişip iyileşir ve normale dönerler. Genetik açıdan zayıf olanlar bile iyi annelikten faydalanarak normal olarak gelişirlerken, kötü anneliğe maruz kalanlar sağlıksız tepkiler gösterirler (Suomi, 2000). Esnekliğin etkileri, müdahale açısından son derece önemlidir.

İnsanlarla Yapılan Çalışmalar. Erken yaşlardaki aşırı yoksun çevrenin endişe verici etkisine işaret eden benzer sonuçlar insanlarla yapılan çalışmalarda da görülmüştür. Phillips (2004), yaşamlarının ilk yıllarında istismara uğramış çocuklarda yüksek düzeylerde kortizol bulunduğunu bildiriyor. Aynı bulgu Romanya yetimhanelerinde ciddi şekilde ihmal edilmiş çocuklarda evlat edinildikten altı buçuk yıl, Rusya ve Doğu Avrupa yetimhanelerindeki çocuklarda evlat edinildikten iki üç yıl sonra yapılan çalışmalarda da ortaya çıkıyor (Phillips, 2004). Önceden yapılan araştırmaların tarandığı diğer kapsamlı çalışmalar, buradaki söz konusu süreçlerin anlaşılmasını sağlıyor (Gunnar, 2000; Thompson ve Nelson, 2001). Yetimhanelerdeki aşırı yoksunluktan ya da diğer şiddetli derecedeki zorluklardan "kurtarılmış" çocukların durumu, erken gelişimin her boyutunda ortaya çıkan zararlı çevresel etkinin ciddiyetine işaret eder. Genelde, bu tür zararlı bir deneyim ne kadar uzun sürerse olumsuz etkisi de o kadar fazla, çabuk toparlanarak normale dönülme olasılığı da o kadar az olur (Clarke ve Clarke, 1999). Örneğin İngiliz ailelerce evlat edinilen Romen yetimlerle çalışan Rutter ve araştırma ekibi, yaşları 6 aylığı geçmeden evlat edinilen çocukların normal olarak geliştiğini bulguladılar (1999). Daha sonra, özellikle yaşı 12 ayı geçtikten sonra evlat edinilenlerinse, 4 yaşında yapılan ölçümlerde bilişsel gelişim açısından normalden bir standart sapma geride kalmış oldukları görüldü.

Yukarıda sözünü ettiğim kadar aşırı olmayan şartlarda bile olumsuz çevre koşullarına maruz kalan çocuklarda yine yüksek kortizol düzeyleri bulunuyor. Örneğin Dawson vd (2000), bebekliklerinin ilk yılı boyunca anneleri klinik depresyonda olan 3 yaşında çocuklarda aynı durumun bulunduğunu ortaya koydu. Anne/bakıcı ile çocuk arasındaki güvenli bağlanma ilişkisinin, alışılmamış olaylarla karşılaşma durumunda çocuklarda ortaya çıkabilecek kortizol yükselmelerine karşı bir tampon rolü oynadığını gösteren bulgular da vardır.

Sonuç olarak, bugüne kadar birikmiş bulgular, erken yaştaki yakın çevrenin kritik rolüne ve gelişmekte olan insan üzerindeki olumlu ve olumsuz etkilerine işaret eder. Bu tür süreçlerin nasıl işlediğine dair biyolojik temellerin daha iyi anlaşılması, ne zaman bir problem olduğunu ve bu problemle başa çıkmak için ne tür bir müdahale gerektiğini belirlemek açısından bize ipuçları sağlar.

Doğa-Çevre Dinamikleri

Bu bölümdeki tartışmaların altındaki temel fikir, insan doğasının çevresel etkilerle şekillendirilebilmesidir. Bu, aslında, her müdahale araştırmasının varsayımıdır. Bağlamsal-etkileşimsel bir bakış açısıyla incelendiğinde, makro düzeyde sosyal yapısal faktörlerle çocuk arasında aracılık eden, anne-çocuk etkileşimi gibi ailesel faktörler, psikolojik müdahaleler için en iyi hedef nokta olarak belirmektedir. İncelemiş olduğum araştırma bulguları da bunu gösteriyor.

Bu bakış, sınırsız çevrecilik ya da genetik faktörler gibi doğal etmenleri reddetmek anlamına gelmez. Bir süredir, çevrenin ve genetiğin psikolojik sonuçlara olan etkileriyle ilgili yapılan çalışmalar "organizmik ve çevresel değişkenlerin, belirli davranışlara ve gelişimsel sonuçlara yol açan çokyönlü katkıları" (Horowitz, 1993, s. 350) ve "genetik-çevre etkileşiminde sinerjik etkiler" (Bronfenbrenner ve Ceci, 1993, s. 314) üzerinde duruyor. Genetik, biyomedikal, beslenme, çevresel ve kişisel belirleyiciler arasındaki kovaryansı ve etkileşimleri daha iyi anlamak için "çok belirleyenli araştırma" gerekiyor (Thompson ve Nelson 2001; Wachs, 1993).

Uzun zamandır süregelen, "doğa mı, çevre mi?" tartışması yanlış bir yaklaşımdır. Anastasi'nin (1958) yarım yüzyıl önce söylediği gibi, farklılıkların ne kadarının kalıtsal ne kadarının çevresel olduğunu belirlemeye çalışmak yerine, "Nasıl?" sorusu sorulmalıdır. Hyman'ın deyişiyle (1999):

> Hayat dansında genler ve çevre kesinlikle birbirinden ayrılamaz eşlerdir. Bir taraftan genler beynin kabaca detaylı tasarımını sağlar. Sonra, çevreden gelen uyarım da, ister retinaya vuran ışık şeklinde olsun, ister bir annenin işitme sinirine gelen sesi şeklinde olsun, hem doğumdan önce hem de sonra, beyin yapılarının ayarını yaparak genleri açar ve kapar.

Davranış genetiğindeki son gelişmeler ve psikolojide organizmik yaklaşıma doğru genel kayma, çevrenin rolünün azımsanmasına yol açtı. Bu durumun sosyal ve politik bazı çıkarsamaları da var. "Eğer çevre etkisizse müdahalelere ne gerek var?" Hatta "çevreyi desteklemek için yapılan yatırımlar yersiz harcamalardır" gibi görüşler ileri sürülebiliyor. Bu noktadan, "gruplar arası farklılıklarla ilgili hiçbir şey yapılamaz" tavrına geçiş küçük bir adımdır. Bu görüşe göre, örneğin zekâ veya başarı farklılıkları konusunda bir şey yapılamaz; çünkü bu farklılıklar, değişik genetik havuzların "doğal" sonucunu yansıtır (Herrnstein ve Murray, 1994); bu nedenle de genetik potansiyelleri daha az olan grupların daha başarısız ve düşük konumda olmaları "dünyanın adil" olduğunu gösteriyor. Sorumluluk sahibi davranış genetikçileri (örneğin Plomin, 1989), davranışın genetik kontrolüyle ilgili bu tür iddiaların sınırları konusunda dikkatli olsalar da, kolayca popüler hale gelen böyle iddialar kötüye kullanılarak, toplumdaki marjinal gruplara önemli zararlar verebilir. Her ne kadar bu tartışma bugün Amerikan psikolojisinde ve bir ölçüde de Amerika halkının söylemlerinde sürmekteyse de, aslında küresel sonuçları da vardır. Örneğin son zamanlarda Avrupa medyasında etnik azınlık çocuklarının "biyolojik" olarak aşağı olduklarına ilişkin birtakım ifadeler dile getirilmiştir!

Oldukça kabul gören genotip → çevre kuramından burada söz edilmelidir (Scarr, 1992). Bu kuramsal bakış açısı, çevrenin, gelişimi sadece aşırı durumlarda etkilediğini iddia ediyor. Buna göre, "normal aileler"de çevresel farklılıkların etkisinin önemsiz olduğu varsayılıyor. Buradaki sorun, "normal" ve "normal dışı" kavramlarının nasıl tanımlanacağıdır. Scarr, normal aileleri "Batı Avrupa ve Kuzey Amerika toplumlarının temelini oluşturan aile" olarak tanımlamıştır (s. 10). Dünya nüfusunun neredeyse %80'ini oluşturan Çoğunluk Dünya yanında, Azınlık Dünya'da "ortalama" olarak rastlananın dışındaki aileler de bu tanımın açıkça dışında kalıyor. Yine de bu "genel" bir gelişim kuramı olarak öneriliyor. Bu kuramın temel bir iddiası da insanların çevrelerini kendilerinin "seçtiği" yolundadır. Bu düşünceye göre, insanların kendileri için seçtikleri çevreyi belirleyen de kendi genetik yapılarıdır. Gerçi Scarr, bir dipnotunda, kuramının, insanların çevrelerini kendi tercihleri doğrultusunda değiştirebildikleri varsayımına dayandığını kabul ediyor; ancak görülüyor ki dünyadaki çoğu insanın çevrelerini değiştirme gücüne sahip olmayışının, kuramının geçerliliğini tehlikeye düşürdüğünü göz ardı ediyor..

Scarr'ın görüşü, Amerikan psikolojisinin bireyci yaklaşımını yansıtmaktadır. Bu görüşte, ortaya çıkan sonuçlar kişinin bireysel (hatta doğuştan gelen) özellikleriyle açıklanmakta ve bireyler bu sonuçlar için sorumlu tutulmaktadır. Burada gördüğümüz, çevresel ve durumsal faktörleri hesaba katmayan bir "kişiye yükleme" ya da "uyuşma önyargısı"dır (Jones, 1990; Rotter, 1966). Oysa ki bu durumsal faktörler, insanların yaşamlarının başından itibaren büyük farklar yaratan kuvvetli etkiler olabilir. Bu tür bir görüş, baştan eşit olanakların ve seçim şansının var olduğunu varsayıyor. Oysa çocukların içinde doğdukları ortamların çeşitliliği dikkate alınırsa (bazıları çok geniş olanak ve seçeneklerle dolu, bazıları çok kısıtlayıcı), kuramın eksikliği açıkça görülür. Nitekim kitabın 2. ve 3. Bölümleri'nde ve bu bölümde de özellikle erken yaşlarda maruz kalınan yoksulluğun yıkıcı etkilerini gördük.

Aslında çalışmalar, aşırı kötü koşullarda olmayan ailelerde bile belirli çevre faktörlerinin, gelişimin değişik yönlerine etkisi olduğunu göstermiştir (Bornstein ve Tamis-Le Monda, 1990; Gottfried vd, 1998; Wachs, 1987, 1993). Bu bölüm ile kitabın İkinci ve Üçüncü Bölümleri'nde yer alan örnekler de buna işaret ediyor. Bütün bu araştırmalar bize gösteriyor ki, yakın çevredeki aracı değişkenler doğru bir şekilde kavramlaştırılır ve ölçülebilir hale getirilirse, gelişimsel sonuçlara olan etkileri ortaya çıkar. Genetik belirlenimci açıklamaların sorunlarından biri, çevrenin küresel olarak değerlendirilmesi ve çevrenin yetersiz değerlendirilmesidir. *Belirli* çevre bileşenlerinin daha iyi ve standartlaştırılmış bir şekilde ölçümü bu yüzden son derece gereklidir. Bu, kültürler arası bağlamda gerçekleştirildiği takdirde, kolay saptanamayan "gizli" etkilere ışık tutacaktır (Horowitz, 1993). Bu iş kültürler arası bir yaklaşımla yapılmak zorundadır. Daha önce anlattığım çevresel göstergeler yaklaşımı bunu yapmayı hedefliyor (bkz. **TABLO 7.2**).

Davranış genetiğinin bazı yorumlarıyla ilgili bir diğer problem de kalıtımsallık kavramıyla ilgilidir. İleri düzey kalıtımsallık, genellikle ileri düzey genetik nedensellik olarak anlaşılır, dolayısıyla çevrenin rolü kayda değer görülmez. Oysa son derece ileri düzey kalıtımsallık söz konusu olduğunda bile çevrenin hâlâ güçlü bir etkisi olabilir. Örneğin, bir süre önce Greulich (1957) Amerika'da yetişen ikinci kuşak Japon çocuklarının boy uzunluklarında büyük bir artış bildirmiştir. Boyun kalıtımsallığı 0.90'nın üstündedir, ancak Amerika'da büyütülen Japon erkek çocuklarının boyları Japonya'da büyütülselerdi olacağından çok daha uzundu. Benzer şekilde, Japonya'daki genç yetişkin erkeklerin boylarının İkinci Dünya Savaşı'ndan itibaren 10 cm civarında uzadığı bildiriliyor. Eğer boy kadar yüksek düzeyde kalıtımsal bir özellik bile, toplumdan topluma ve görece kısa zaman içinde böyle dalgalanmalar gösterebiliyorsa, zekâ ve kişilik gibi daha az kalıtımsallığı olan özellikler daha da fazla değişebilir (Ceci ve Williams, 1999; Neisser vd, 1996).

Burada asıl sorun, dünyada çok sayıda çocuğun doğuştan sahip olduğu potansiyel kapasitesini tam olarak gerçekleştiremediği ortamlarda büyüyor olmasıdır. Bundan dolayı, çevresel müdahalenin etkisi önemlidir. On yıldan uzun bir zaman önce Bronfenbrenner ve Ceci (1993) bunu kısaca şöyle açıklamıştı:

> İnsanların, şu anda gerçekleştirdiklerinden daha büyük bir genetik potansiyeli vardır. Gerçekleştirilebilecek optimal gelişme, insanın genetik potansiyelinin üst sınırıyla belirlenmiş olsa da, kapasitenin elverdiğince gelişebilmesi, çevrenin desteğiyle mümkündür (s.315).

Çevresel zorluklar, genetik potansiyelin gerçekleşmesi, böylelikle ortaya çıkan fenotipte kendini göstermesine engel olabilir. Olumsuz genetik etkilerle ilgili olarak çok fazla bir şey yapmak bugün için mümkün değildir; ancak olumsuz çevre etkileri ciddi ölçüde düzeltilebilir. Erken yaşta başlayan ve uzun süre devam eden müdahalelerle, olumsuz çevrenin çocukların potansiyellerini aşağı çeken etkilerini önleme konusunda çok yol alınabilir. Hatta daha geç yaşlarda yapılan müdahaleler dahi, hiç müdahale yapılmamasından daha iyidir. Bunun nedeni, insanın sahip olduğu ileri düzey esnekliği ve öğrenme potansiyeli sayesinde ömür boyu gelişim ve değişimin mümkün olmasıdır (Thompson ve Nelson, 2001). Psikolojinin burada üstlenebileceği olumlu ve yapıcı rol, bunun etkili bir şekilde nasıl yapılacağını göstermektir. Böylece psikoloji, insan refahı ve yetkinliğinin küresel insan gelişiminin daha iyiye gitmesine yardımcı olabilir.

Özet ve Temel Noktalar

- Kitabın bu bölümü, dünyada insan refahını geliştirmek üzere tasarlanmış uygulamalar/müdahaleler/ politikalar bağlamında psikolojinin rolünü inceliyor.

- Yeni bir kavram olarak makro düzeyde "insan gelişimi" Birleşmiş Milletler Gelişim Programı'ndan (UNDP) ortaya çıkmıştır. Sağlık, eğitim ve gelir göstergeleri "İnsani Gelişim Endeksi"ni (İGE) oluşturur. 1990'dan beri İGE insan gelişimine ilişkin küresel durumu saptamak ve dünya ülkelerini sıralamak için kullanılmaktadır.
- Psikoloji, insan gelişimi sorunlarıyla ilgili olduğu halde psikologlar genellikle kendi bilim dallarının küresel insan gelişimiyle olan bağlantısını görmezler. Psikologların küresel gelişim çabalarına ilgisiz kalmalarının nedenlerinden bazıları; sosyal sorunlara karşı "mesafeli" durmaları, Batı'dan öğrenilmiş ve transfer edilmiş psikoloji bilgisinin başka yerlerde sınırlı şekilde uygulanabilir olması ve Batı psikolojisinin bireyci yaklaşımıdır.
- Kuram son derece önemlidir. Ne var ki bir kuram, değerli olması için kültürel olarak geçerli olmalıdır.
- Değişiklik yaratmak üzere "müdahale"de bulunup bulunulmaması, iki temel araştırma yaklaşımı arasındaki farkı oluşturur. Bu yaklaşımlardan biri, sosyal sorumluluk sahibi olup, incelenen konuyla yakından ilgilenen ve toplumsal sorunlara eğilen; diğeri, incelenen konuya bu şekilde eğilmeyen ve toplumsal sorunlara mesafeli duran bir yaklaşımdır.
- Araştırmacıların, standartlar geliştirmek ve sosyal sorumluluk sahibi olup incele-dikleri konularla yakından ilgilenerek toplumsal sorunlara eğilmek konusundaki isteksizliklerinin nedenlerinden biri etno-merkezci olmaktan korkmalarıdır. Etno-merkezciliği engellemek için genellikle göreci bir yaklaşıma sahip olma eğilimi vardır. Oysa bu, çifte standartların ortaya çıkmasına yol açabilir.
- Çoğunluk Dünya'da eğitim, araştırmaların politik çıkarsamalarını gözlem-leyebileceğimiz bir alandır. Kültürler arası araştırmacılar, olumsuz sonuçları engellemek için eğitim politikalarından haberdar olmalıdırlar.
- Çoğunluk Dünya'da birçok ülkede rastlanılan ciddi bir "insan gelişimi" problemi de uzun vadede ekonomik ve insani kayıplara yol açan, okulda başarısızlık ve okul terkidir. Bu problemin çok sayıda nedeni arasında çocuk-ların okula hazırlık düzeyinin yetersiz olması ve çocuğun "öğrenci rolü"nün aile tarafından yeteri kadar desteklenmemesi sayılabilir.
- "Okula hazırlık" kavramı, çocuğun aktivite düzeyini, sosyal yetkinliğini, psikolojik hazırlığını ve bilişsel yeteneklerini içeren bir kavramdır.
- Her yaşa özgü gelişimin farklı alanlarının, kültürel farklılıklara duyarlı ve kültürel özelliklere uygun ölçümlerine ihtiyaç duyulmaktadır. Özellikle psikometri ve kültürler arası gelişim psikolojisindeki uzmanlık, okula hazırlığın saptanması için kültüre duyarlı değerlendirme araçlarının oluşturulmasına katkıda bulunabilir.
- Hayvanlar ve insanlar üstünde yapılan birçok çalışma, erken yaştaki yakın çevrenin kritik rolüne ve gelişmekte olan insan üzerindeki olumlu ve olumsuz etkilerine işaret eder.

- Genetik-belirlenimci bir yaklaşım doğru değildir; çünkü insanın, ileri düzey esnekliği ve öğrenme potansiyeli sayesinde ömür boyu gelişimi ve değişimi mümkündür.

Müdahale: Erken Destek

Bugün dünyaya baktığımızda "Eşitsizliğin giderek artan bir problem olduğunu görüyoruz... Nobel ödüllü Amartya Sen'in (1999) belirttiği gibi, insan gelişiminin özünde, dünyada milyonlarca çocuğun hâlâ sahip olmadığı seçim ve özgürlük sorunu vardır" (Iglesias ve Shalala, 2002, s. 363). Bu küresel bir kriz olmasına rağmen, krizin boyutu krize yol açan koşulları iyileştirme çabasında olanların gözünü korkutmamalıdır. Bir önceki bölümde de bahsettiğimiz gibi, burada psikolojinin bireyi ve onun yakın çevresini ele alan bir rolü olmalıdır.

Gelişimi doğal ortamı içinde değerlendirmeyi 2. Bölümde, yeterlik için sosyalleşmeyi 3. Bölümde inceledik; 7. Bölümde ise psikolojinin değişimi teşvik etmedeki rolü üzerinde durduk. Öyleyse şimdi hangi aşamadayız? Erken çocukluk döneminin olumsuz etkilerinin iyileştirilmesine yönelik geliştirilmiş uygulamaları araştırmaya ve insan gelişimini daha iyi bir noktaya getirmeye hazırız. Bu bölümün konusu bu olacaktır. Diğer bölümlerde değinildiği gibi, araştırmacının "duruma müdahaleci duruşu"unu savunacağız.

Uygulamalı araştırma ve müdahaleler, idare ve uygulama doğrultusunda iki temel yol izler. Bir yol, daha iyi eğitim olanakları, daha fazla uyaranı olan bir ev ortamı ve daha olumlu ana baba tutumları sağlamak gibi çevresel kaynakları artırmaya ve çevresel kısıtlılıkları azaltmaya yöneliktir. Diğer yol ise çocuk ve gençlerin bilişsel beceri ve performanslarını geliştirmek üzere bireysel kaynaklar oluşturmaktır. Bu iki yol birbiriyle kesişir ve birbirini tamamlar; zira çevrenin iyileştirilmesi, en erken aşamalardan itibaren bireysel kaynakların inşa edilmesini destekler.

Bu bölümde erken müdahaleyle ilgilenecek ve bu iki yolun, 22 yılı aşkın bir süredir meslektaşlarımla birlikte bir müdahale projesi oluşturduğum özel bir alanda nasıl bir rota izlediğini göreceğiz. Bu, çocuk gelişim ve yetkinliğinin iyileştirilmesi için yapılan erken müdahale alanıdır. Bu bölümde, bu alanın arka planını oluşturan kuram ve araştırma birikiminin yanı sıra en yeni uygulamaları anlatmayı hedefliyorum. Dokuzuncu Bölümdeyse bizim müdahale araştırmamızı bir örnek olarak sunacağım. Burada ele alınanlar ise, 1, 2, 3 ve 7. Bölümlerde tartışılan insan gelişimi konularıyla ilgilidir. Büyük bir parçası bu bölümlerden türetilmiş olup, yetkinlik gelişimi ve müdahalenin gündeme getirilmesine odaklanmıştır. Şu ana kadar tartışılanların ışığında, bu bölümün temel amacı; çocuğun çevresinin erken yaştan itibaren iyileştirilmesi ve onun genel gelişimine katkısı için müdahaleyi savunmaktadır.

Erken Çocukluk Gelişimi (EÇG) Programları

Erken Çocukluk Gelişimi, eğitim ve bakımı da içine alan genel bir terimdir. Önceleri Erken Çocukluk Bakımı ve Eğitimi ifadesi (van Oudenhoven, 1989), çocuğun eğitimiyle ilgili hizmetlerin tanımlanmasında kullanılıyordu. Şu anda daha genel olarak, insan gelişiminin erken evrelerini ve onu destekleyen programları tanımlamada daha geniş kapsamlı EÇG ifadesi kullanılıyor (Young, 2002). Sağlık, beslenme, sosyoduygusal ve bilişsel gelişim gibi birçok alandaki temel ihtiyaçların karşılanmasını içerir. EÇG, hem araştırma ve uygulamanın önemli bir alanı hem de kuram, pratik ve program geliştirmeyi birleştiren disiplinlerarası bir alan olarak giderek daha fazla dikkat çekmektedir. Bu alanda, ilk olarak Amerika'da başlayan ve sayıca artarak diğer ülkelere de yayılan araştırmalar vardır. Burada bazı temel araştırma konuları ve en yeni EÇG programlarının durumu hakkında genel bir gözden geçirme yapılmaktadır.

EÇG programları erken çevresel destek ve çocuğun kendi kaynaklarının geliştirilmesi açısından önemlidir. Özellikle düşük sosyoekonomik düzeyli bölgelerin olumsuz etkilerini önlemeye önem verir. EÇG programları, erken beslenme desteği ve sağlık müdahalelerinden, okula hazırlık amacıyla okulöncesi eğitimin zenginleştirilmesine kadar birçok müdahaleyi içerir. Çocuğu bir bütün olarak ele alan bir yaklaşım içinde beslenme, sağlık ve psikososyal gelişim öğelerini içeren birçok müdahale programı oluşturulmuştur. Bunlardan bazılarına bir önceki bölümde yer verdik (Armecin vd, 2005; Behrman vd, 2004; Behrman ve Haddinott, 2005). Bunlara ek olarak, gerek çocuk gerekse ana baba merkezli yaklaşımlar kullanılabilir. Müdahalenin zaman ve süresi, bebeğin ya da çocuğun yaş dönemi özelliklerine göre değişir. Öyle ki bebeklikte başlayan erken müdahaleler olabileceği gibi, ilkokula hazırlık amacıyla da programlar yapılabilir.

Bu bölümde, temel olarak 3-5 yaş grubu çocuklarına yönelik eğitimsel müdahale programlarına odaklandım; bazıları 3 yaş altına da yönelik. Bu programların temel amacı, çocukların sosyal uyumlarını sağlamak, okul başarılarını artırmak ve genel olarak olumlu bir birey olmaları için bilişsel ve sosyoduygusal gelişimlerini ilerletmektir. Bu programları müdahale olarak ele almamızın nedeni, sağlıksız koşullarda yaşayıp potansiyelleri tam olarak geliştirememe riski olan çocuklara yönelik olmalarıdır.

Büyük bir bölümü ABD'de ve daha küçük bir bölümü Çoğunluk Dünya'da olmak üzere çeşitli müdahale proje ve programlarına dair çalışmalar incelendi

(Blok, Fukkink, Gebhardt ve Leseman, 2005; Bridges, Fuller, Rumberger ve Tran, 2004; Meisels ve Shonkoff, 1990; Reynolds, 2004; Sweet ve Appelbaum, 2004; Young, 1997, 2002). Burada kapsamlı bir tarama yapmak yerine, alandaki kimi temel gelişmeler ve önemli konulara odaklanacağım.

EÇG'nin Günümüzdeki Durumu

Erken müdahalenin inceleme ve değerlendirmelerinin büyük bir bölümü ABD'de yapılmış olsa da bu, en kapsamlı EÇG programlarının ABD'de yapıldığı anlamına gelmez (Kamerman, 1991). Amerika'ya oranla Avrupa'da "ilkokul öncesi eğitim" daha kapsamlıdır (sırasıyla %80 ve %70, UNESCO, 2005). Erken çocukluk eğitimi özellikle daha küçük çocuklar için olan resmi okulöncesi merkezler kadar resmi olmayan çocuk bakım merkezleri ve evde bakımla da sağlanabilir. Genellikle istatistikler bu resmi olmayan bakımı içermez. Pek çok Avrupa ülkesinde, özellikle Fransa, İsviçre ve bazı Doğu Avrupa ülkelerinde, örgün EÇG hizmeti ülkenin tamamını ya da tamamına yakınını kapsar.

Yine de bu programların sistematik değerlendirmesine pek kolay erişilemiyor. Bunun nedeni, bu ülkelerde okulöncesi eğitimin, normal (devlet temelli) eğitimin temel bir parçası olarak görülmesi nedeniyle verimliliğinin test edilmesine ihtiyaç duyulmaması olabilir. Yine de Avrupa'da erken yaşta günlük bakım (Andersson, 1992) ve etnik azınlıklar için iyileştirme programlarının uzun süreli etkileri üzerine yapılmış çalışmalar vardır (Eldering ve Leseman, 1993; Van Tuijl ve Leseman, 2004; Blok vd, 2005).

Avrupa'da 3-5 yaş arası çocukların hemen hepsine sağlanan kurum bazlı EÇG programları ile kıyaslandığında, 0-3 yaş arası çocuklar için sağlanan hizmetler büyük farklar göstermektedir. Daha küçük çocuklar için aile tarafından evde üstlenilen bakım, yaygınlık göstermektedir. Aynı durum ABD'de de söz konusudur.

Çoğunluk Dünya'da EÇG programları geri kalmıştır. Ulaşılan çocukların yüzdesi Latin Amerika ve Karayipler'de %54 ve Doğu Asya'da ve Okyanusya'nın gelişmekte olan ülkelerinin büyük bölümünde %29 iken, Arap ülkelerinde %15, Güney Asya'da %11 ve Sahraaltı Afrika'da ta %9'lara kadar iner (UNESCO, 2005). Tabii bu istatistikler yine resmi olmayan bakımı içermez. Yine de özellikle Afrika ve Güney Asya'da EÇG programlarının dar kapsamı dikkat çekicidir. Okula hazırlık bakımından EÇG'nin önemli olduğunu bildiğimiz için Çoğunluk Dünya'daki durum endişe vericidir. ŞEKİL 8.1 tüm dünyadan okulöncesi okullaşmaya dair istatistikler vermektedir. Burada, toplumun refah düzeyi ile EÇG hizmetlerine ulaşım arasında doğrusal bir ilişki görülebilir. Bu da bize, ilköğretim ve daha yüksek eğitimlerde olduğu gibi, okulöncesi eğitimde de toplumların genel makroekonomik özellikleri ve gelişmişlik düzeylerinin rolü olduğunu gösterir.

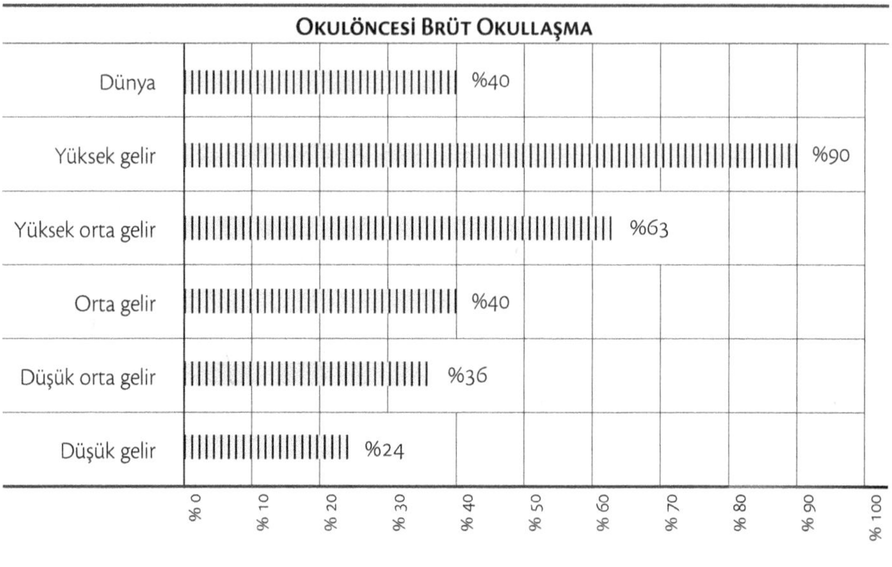

OKULÖNCESİ BRÜT OKULLAŞMA										
Dünya	%40									
Yüksek gelir	%90									
Yüksek orta gelir	%63									
Orta gelir	%40									
Düşük orta gelir	%36									
Düşük gelir	%24									
	%0	%10	%20	%30	%40	%50	%60	%70	%80	%90	%100

ŞEKİL 8.1. Küresel okul öncesi okullaşma istatistikleri.
KAYNAK: *A Cost Benefit Analysis of Preschool Education in Turkey,* M. Kaytaz, 2005. İstanbul: AÇEV.

1980'lerden başlayarak, birçok gelişmekte olan ülkede EÇG hizmetlerinin ikiye, üçe (örn. Brezilya ve Tayland), beşe altıya (örn. Burkina Faso, Umman ve Dominik Cumhuriyeti) katlanmasıyla büyük adımlar atılmaya başlandı (Myers, 1992, s. 24). Bununla birlikte birçok ülkede sayılar çok düşük olduğu için, bu hizmetlerin günümüzdeki yaygınlığı hâlâ çok yetersizdir. Bu durum ve kaynakların yetersizliği karşısında, resmi olmayan alternatif EÇG programları çoğunlukla annelerle yürütülen, kurum merkezli olmayan hizmetler ve yerel toplum merkezli, genelde profesyonel olmayan bakıcıların çalıştığı yaratıcı programlardır. Bunlar, dünyanın birçok ülkesinde denenmeye başladı. Bu bağlamda, ABD'deki müdahale programları ve bunların değerlendirmeleri model işlevi gördü. Bu programlar çoğunlukla sosyoekonomik yetersizlik gösteren ortamlarda erken destek müdahalelerini içerir.

Amerikan Deneyimi: Head Start ve Diğer EÇG Projeleri

ABD'de uygulanan EÇG programlarının kökleri 1960'lardaki Johnson döneminin "Yoksulluğa Karşı Savaş" girişiminde yatmaktadır. Bu girişim, özellikle Afrika kökenli yoksul aileler için fırsatlar yaratılmasını ve bu ailelerin çocuklarının bu fırsatlardan yararlanmasını amaç edinmişti. Ekonomik Fırsatlar Kurumu tarafından yönetilen Head Start, bu büyük girişimin okulöncesi eğitim, beslenme, aileler için hizmetler ve ana baba katılımı (ana baba eğitimi değil) gibi bölümlerinin bir sentezinden oluşuyordu. Head Start programının geniş kapsamlı rapor ve değerlendirmeleri bulunmaktadır (Halpern, 1990; McKey, Condelli, Ganson, Barrett, McConkey ve Plantz, 1985; M. Woodhead, 1988; Zigler ve Berman, 1983; Zigler ve Weiss, 1985).

İlk Değerlendirmeler. İlk uygulamaları izleyen Westinghouse raporu (Cicirelli, Evans ve Schiller, 1969) erken bir değerlendirmeyle Head Start projesinin başarısız olduğu sonucuna varmıştı. Bunu, Bronfenbrenner'in (1974) yazdığı ve aynı hayal kırıklığını içeren bir başka rapor izlemişti. Bu yorum, elde edilen IQ puanı kazanımlarının birkaç yıl içinde siliniyor olmasına dayanıyordu. Dünya Bankası için hazırlanan bir başka rapor (Smilansky, 1979) daha önce yayımlanan raporlara dayanarak erken destek programları hakkında öyle eleştirel bir tavır içeriyordu ki, bunun etkisiyle Dünya Bankası erken destek programlarına kaynak ayırmamaya karar verdi. Bu, sosyal bilimcilerin taşıdığı büyük sorumluluğa bir örnektir. Raporun temel problemi, esas olarak 1960'larda yapılan çalışmalara dayanarak yazılmış olumsuz eleştirileri kaynak edinmiş olmasıydı. Daha sonraki yıllarda çıkan ve programın olumlu uzun vadeli etkilerini gösteren bilgiler göz önüne alınmamıştı. Bu eksikliklere rağmen bu rapor, Dünya Bankasının EÇG'ye karşı olumsuz bir tavır almasına neden oldu.[1]

Head Start ve ABD'deki diğer EÇG programları hakkında ilk etapta yapılmış olumsuz değerlendirmelerin temelinde bazı metodolojik ve kavramsal sorunlar yatmaktadır. Bunlar arasında, başarı kıstaslarının belirsizliği, değerlendirme ölçütü olarak sadece IQ puanlarına bağlı kalmak, çocuk gelişimini (psikometrik terimlerle dar anlamıyla tanımlanan, bilişsel yeterlik açısından tanımlamak, çocuğu doğal sosyal çevresinden soyutlayarak sadece onun bireysel başarısına odaklanmak ve değerlendirmelerin çok kısa bir zaman dilimiyle sınırlandırılması sayılabilir. Bu problemlerin bir kısmı ileride daha ayrıntılı olarak tartışılacaktır. Head Start'ın odağında, program için belirlenmiş gerçekçi olmayan ve gereksiz bir amaç vardı, o da çocukların IQ'larını yükseltmekti. Bu konu, o günkü popüler medya tarafından da büyük ölçüde ön plana çıkarılıyordu (Woodhead, 1988). IQ puanı "sihirli" ve de somut bir hedef olarak seçilmiş ve diğer yararlı sonuçların göz ardı edilmesi pahasına vurgulanmıştı.

Değerlendirmelerin İkinci Aşaması. Daha sonraki değerlendirmeler ise daha değişik ve olumlu bir tablo çizmiştir. 1600'ün üstündeki Head Start dökümanı, Head Start Sentez Projesi'nin temelini oluşturdu. Bu projede 250 araştırma raporunun meta analizi kullanıldı. 72 çalışmanın sonuçları bu programın bilişsel ye-

---

1 Daha sonra durum değişti. Dünya Bankası şu anda aktif bir şekilde EÇG ile ilgileniyor (bkz. Young, 1997, 2002).

terlik, okula hazırlık ve okul başarısı konularında olumlu sonuçlar doğurduğunu ve Head Start programının bitiminden sonra daha iki yıl bu olumlu sonuçların etkisini sürdürdüğünü göstermiştir. Ayrıca, programın çocukların sosyoduygusal gelişimleri ve sağlık durumları üzerinde de olumlu etkileri olduğu saptanmıştır (McKey vd, 1985). Bununla beraber, program grubu ve kontrol grubu arasındaki IQ puanı ve başarı farklılıkları zamanla silinmeye yüz tutmuştur.

Head Start programlarının çeşitliliği ve bazı çalışmaların metodolojik eksiklikleri—özellikle grupların birbiriyle karşılaştırılmasının zorluğu (Woodhead, 1988)—metaanalizin bütünsel değerini biraz düşürmektedir. Bununla birlikte, bulguların hepsi olumlu etkilere işaret etmektedir. Bu durum özellikle geniş çaplı araştırmalarda göze çarpmaktadır. Örneğin bir çalışma, Philadelphia'da Head Start programına katılmış olan binlerce altı, yedi ve sekizinci sınıf öğrencisinin okul uyumlarının böyle bir deneyimden geçmemiş öğrencilere göre daha iyi olduğunu saptamıştır (Copple, Cline ve A. Smith, 1987). Toplam 1900'den fazla çocuktan oluşan üç Head Start neslini kapsayan bir başka çalışma, lisenin sonunda en büyük grubun kontrol grubuna oranla daha başarılı olduğunu bulgulamıştır (Hebbeler, 1985). Bir diğer çalışma Head Start'ı yoğun bir okuma yazma unsuru ile destekleyerek yararlı sonuçlara ulaşmıştır (Whitehurst, Zevenbergen, Crone, Schultz ve Velting, 1999).

Deneysel yöntem kullanılarak dikkatlice planlanmış bazı erken destek projelerinin, 1990'larda devam eden etkileri olduğu bulgulanmıştır. Bu tür çalışmalar Head Start programlarından önce başlamış, onlara zemin hazırlamış ve daha sonra da devam etmiştir; hâlâ da devam etmektedir. Bunlardan bazıları çocuğu bebekliğinden itibaren ele alan masraflı programlardı. Bu çalışmaların uzun vadeli etkileri olduğu görülmüştür. Bu çalışmalara bazı örnekler şöyle sıralanabilir: Erken Eğitim Projesi (Gray, Ramey ve Klaus, 1983; Klaus ve Gray, 1968), Abecedarian Projesi (Wasik, Ramey, Bryant ve Sparling, 1990), Ypsilanti Perry Okulöncesi Projesi (Berrueta-Clement, Schweinhart, Barnett, Epstein ve Weikart, 1984; Schweinhart, Barnes, Weikart, Barnett ve Epstein, 1994), Herkes için Başarı Programı (Madden, Slavin, Karweit, Dolan ve Wasik, 1991), Anne-Çocuk Ev Programı (Levenstein, O'Hara ve Madden, 1983; Scarr ve McCartney, 1988).

Bu çalışmaların uzun süreli takip araştırmaları, deney grubundaki çocukların okul başarılarının ve sosyal uyumlarının kontrol grubundaki çocuklara nazaran daha iyi olduğunu göstermektedir (örneğin, özel sınıflara yerleştirmenin ve sınıfta kalmanın daha az olması, daha yüksek notlarla liseyi bitirme, daha yüksek iş bulma oranı, suç ve evlilik dışı erken hamilelik oranının daha az olması). Ayrıca, eğitimden geçen çocukların psikolojik durumlarında ve güdülenmelerinde de kazanımların var olduğu ortaya çıkarılmıştır; örneğin, daha yüksek başarı güdüsü, daha yüksek mesleksel istek ve beklentiler, daha olumlu bir benlik algısı gibi. Bu etkiler ayrıca ana babaların istek ve beklentilerine de yansıyarak onların, çocuklarının okuldaki ilerlemelerine yönelik tatminlerini artırmıştır. Bu sonuçlar esas olarak Perry Okulöncesi Projesi'nin değerlendirmeleri sonucudur (Berrueta-Clement vd, 1984; Schweinhart vd, 1994, 2005) . Bunlar ayrıca Uzun Süreli Takip Çalışmaları Konsorsiyumu tarafından yapılan meta analizde de (Lazar, Darlington, Murray ve Snipper, 1982) ortaya çıkmıştır. Bronfenbrenner de (1979) daha önceki raporunda belirttiği bu müdahalelerin uzun süreli etkilerinin olmadığı görüşünü değiştirmiştir (s. 169).

Bu uzun vadeli olumlu etkilerin nedeni olarak, destek programlarının kazandırdığı bilişsel gelişmelerle, öğretmen ve velilerin beklentileri ve okul ihtiyaçları gibi çevresel etmenlerin etkileşimi gösterilmiştir (Lazar vd, 1982; Woodhead, 1985). Özellikle okulöncesi destek programlarına devam eden çocukların, bilişsel becerilerinde daha en başta hızlı bir artışla beraber, öğretmenlere daha fazla ilgi ve dikkat gösterme, söylenenleri izleyebilme, ödevlere daha azimle ve dikkatle yaklaşım, grup içinde daha uyumlu çalışabilme yeteneklerinde de gelişmeler görülmüştür. Okul sistemiyle uyumlu olan kazanılmış tüm bu beceriler, bu çocukların, dezavantajlı sosyal ortamda büyüyen çocuklara oranla, sınıf ve okul sistemlerinin gereklerine daha iyi uyum sağlayabilmelerine yardımcı olmuştur. Bu olumlu tutum ve davranışlar öğretmenler tarafından görülmüş ve pekiştirilmiş, bunlar da çocukta yetkinlik ve başarıya karşı daha büyük bir istek oluşturmuş, ana babaların ve öğretmenlerin beklentilerini artırarak "olumlu" bir Pygmalion etkisi (Rosenthal ve Jacobson, 1968) yaratmış ve tatmin edici bir okul başarısına zemin hazırlamıştır.

Bu uzun vadeli etkiler çok önemlidir çünkü sürdürülebilirlik, bir programın gelecekteki gerçek başarısının ölçüsüdür. Bu etkiler çocukların IQ'larını yükseltmemesine rağmen, sosyal uyumun artışı, daha az suçluluk ve antisosyal davranış, daha uzun süre okula devam, yüksek kazanç gibi uzun süreli olumlu sonuçlar doğurur ve gerçek yaşam koşullarına uyumu kolaylaştırır (Kassebaum, 1994; Reynolds, Chang ve Temple, 1998; Schweinhart vd, 1994; Yoshikawa, 1994; Zigler ve Styfco, 1994; Zigler, Taussig ve Black, 1992).

Değerlendirmelerin Üçüncü Aşaması. Değerlendirmelerin üçüncü aşaması son dönemde oluşmaya başlamıştır. Blok, Fukkink, Gebhardt ve Leseman (2005) tarafından yakın zamanda yapılan meta analiz 1985'ten bu yana yapılmış 19 çalışmadan bilişsel ve sosyoduygusal alanda toplam 85 farklı sonuç çıkarmıştır. Bu programlar, kurum bazlı, ev bazlı ve bu ikisinin birleşimi olarak üçe ayrılmıştır. Bilişsel çıktılarda, ev bazlı programlara oranla kurum bazlı programlar ile kurum ve ev bazlı programların birleşiminde daha fazla etki görülmüştür. Ancak, üç ayrı grup arasında sosyoduygusal alanda fark bulunamamış, etkiler daha zayıf kalmış, ayrıca ana baba becerilerinin geliştirilmesinin çocuğun bilişsel gelişimine olumlu yönde katkısı olduğu görülmüştür.

Sweet ve Appelbaum (2004) tarafından Amerika'da yapılan ev temelli müdahale çalışmalarının bir başka meta analizinde farklı bir portre ortaya çıkıyor. Bu çalışmada Amerika'da 60 ev ziyareti yapılmıştır. Müdahale ve kontrol grupları için 10 standardize edilmiş etki ölçümü yapılmış ve bu olumlu etkilerin altısının dikkat çekici olduğu görülmüştür. Etkili müdahale çalışmalarının uzun süreli izleme çalışmaları da kuvvetli kazanımlara işaret ediyor. Örneğin, Büyük Hedef (Schweinhart, Montie, Xiang, Barnett, Belfield ve Nores, 2005), Abecederian (Campbell, Ramey, Pungello, Sparling ve Miller-Johnson, 2002; Ramey ve Ramey, 1998), Kapsamlı Çocuk Gelişimi Programı (Goodson, Layer, St.Pierre, Bernstein ve Lopez, 2000) ve Chicago Uzun Süreli Takip Çalışması (Reynolds ve Ou, 2004) programlarının uzun süreli takipleri daha uzun süreyle okula devam, daha az sınıfta kalma ve özel sınıflara yönlendirilme ve yetişkinliğe kadar uzanan daha iyi uyum gibi kazanımlar sağlamıştır. Örneğin, Abecederian Projesi çocukların ilkokulda sınıf tekrarlama oranını %50 azaltmıştır (Ramey vd, 2000).

Öte yandan, Avrupa'da etnik azınlık mensubu anne ve çocuklarla yapılan bazı erken müdahale programları daha farklı sonuçlar üretmiştir (van Tuijl ve Leseman, 2004; van Tuijl, Leseman ve Rispens, 2001). Çıktı değişkenlerinin seçimi ve uygulanması gibi konular elde edilen zayıf etkilerden sorumlu olabilir. Bu konulara daha sonra değinilecektir.

Müdahale programlarının çeşitli sonuçları göz önüne alındığında, daha önceki denemelerde ters giden bir şeyler olduğu düşünülebilir; sınırlı kısa vadeli yatırımlardan, yaşam boyu sürecek gerçekçi olmayan çıktılar beklemek bu sonuçlara neden olmuş olabilir (Brooks-Gunn, 2003; Zigler, 2003). Başka araştırmacılar da, "kaliteli" müdahalelerde etki yaratan önemli faktörleri incelemiştir (Ramey ve Ramey, 1998). Metaanalizler ve karşılaştırmalar genel sonuçlara ulaşmak için ortak noktaları ve farklı yönleri bulmaya yardımcı olmaktadır (Layzer, Goodson, Bernstein ve Price, 2001; Love, Schothet ve Meckstroth, 2002). TABLO 8.1'de EÇG programlarının başarısına katkıda bulunacağı düşünülen bazı özellikler belirtilmiştir.

Çoğunluk Dünya'daki Deneyimler

Daha önce de belirttiğim gibi, EÇG Çoğunluk Dünya'da geridir ve bu ülkelerde verilen hizmetlerde büyük çeşitlilik göze çarpmaktadır. Bununla beraber, son yıllarda bu konudaki artış dikkat çekicidir ve programlarda yer alan çocukların sayılarında çarpıcı bir yükselme söz konusudur. Örneğin Brezilya ve Endonezya'da hizmet verilen çocukların sayısı milyonlarla ifade edilmektedir. 1990'ların başında Çin'de 16.3 milyon çocuğa okulöncesi eğitim verilmekteydi. (Bu sayı Avrupa'da birçok ülkenin tüm nüfusundan daha fazladır; ancak yine de ihtiyacın görece küçük bir bölümü karşılanmaktadır.) (Myers, 1992). Dünyadaki en büyük EÇG programı Endonezya'daki Bütünleşik Çocuk Gelişimi Hizmeti'dir (ICDS) ve 32 milyon çocuğa hizmet vermektedir (Young, 2002, s. 6).

TABLO 8.1. Başarılı bir EÇG Programının Özellikleri

ÇOCUK MERKEZLİ YAKLAŞIM
Ana baba katılımı ve aile desteği
Yerel toplum sahiplenmesi
Kültürel ve finansal sürdürülebilirlik
Eğitim ve kapasite geliştirme
Daha kapsamlı bir gelişim çerçevesiyle bütünleşme
Devlet-özel ortaklığı

KAYNAK: "Communities can make a difference: Five cases across continents" (s. 298) S. Kirpal, 2002, M.E. Young (der.), *From Early Childhood Development to Human Development* içinde (s. 293-360). Washington, D.C.: The World Bank.

Daha önce de belirttiğim gibi programlarda büyük çeşitlilik görülmektedir. Bazı programlarda (örneğin Endonezya'daki ICDS programı) sağlık, beslenme ve erken eğitim gibi hizmetlerin bir arada yürütülmesi amaçlanmaktadır. Diğer bazı programlar küçük ölçekli deneysel çalışmalardır; bir kısmı okulöncesi etkinliklerini, birçokları da ev ve yerel toplum katılımını içermektedir. Bu programlarda bakımın kalitesi ve sağlanan erken eğitimin içeriği büyük ölçüde farklılıklar göstermektedir.

1980'lerden başlayarak göze çarpan önemli bir eğilim küçük çocuklara, kadınlara ve aileye yönelik hizmetlerle ilgili farklı yaklaşımları ve değişik yönelimleri birleştirme yaklaşımıdır. Bunun bir örneği bir önceki bölümde bahsedilen Thai Beslenme Projesi'dir (Kotchabhakdi vd, 1987). Tayland Sağlık Bakanlığı tarafından yürütülen bu büyük ölçekli projede, sağlık programının çocuğun gelişiminin gözlenmesi, beslenme programı, beslenme eğitimi ve psikososyal eğitim programıyla bir arada yürütülmesi amaçlanmıştı. Annelerin, çocuğun duyumsama ve algılamadaki erken gelişiminin, çocuğun erken uyarımının ve anne-çocuk etkileşiminin önemine duyarlı kılınması vurgulanıyordu. Başka benzer bütünleştirici girişimlerde de çalışan kadınların ve çocukların kesişen ihtiyaçlarını karşılamanın yolları aranmıştır (Engle, 1986; Evans ve Myers, 1985).

Genel olarak, erken çocukluk programları, geleneksel Batı deneyiminden etkilenerek kurumsal okulöncesi EÇG olarak kavramlaştırılmıştır. Fakat kurumsal okulöncesi eğitim, pahalı materyaller, çalışan maaşları, bina giderleri ve temel harcamalar yüzünden oldukça masraflı olmaktadır. Bu nedenle, azgelişmiş ülkelerde bu tür kurumlar sayı olarak azdır ve var olanlar da maddi katkıda bulunabilen kentli orta sınıf ailelerin çocuklarına hizmet vermektedir.

Daha fazla sayıda çocuğa ve bu tür hizmetlere asıl gereksinim duyan yoksul çocuklara ulaşmak için Çoğunluk Dünya'daki EÇG programlarında yenilikçi ve çok masraflı olmayan yaklaşımlara ihtiyaç vardır. Bu durumun farkına varılmış ve bazıları geniş ölçekli olmak üzere alternatif EÇG programları denenmiştir.

Myers (1992) yaklaşım ve program/politika seçeneklerini beşe ayırmıştır: Kurum merkezli programlar; ana baba destek ve eğitimi; yerel toplumun kalkındırılması; kurumların güçlendirilmesi; EÇG'ye yönelik bilinç ve talep yaratma. Bu yaklaşımlar günümüzde de geçerliliğini sürdürmektedir. Myers'in gruplandırmasını izleyerek, Çoğunluk Dünya'da görülen farklı EÇG programlarının kısa bir özetini sunacağım.

Kurum merkezli programlar çocuklara kurumsal bir çerçevede hizmet verir ve EÇG programlarının geleneksel bir örneğini oluşturur. Yine de resmilik dereceleri bakımından farklılık göstermektedirler, örgün anaokullarından bakıcının kendi çocuğu dahil birkaç çocuğa baktığı resmi olmayan ev bakımına kadar sıralanan örnekler bulmak mümkündür. Anaokulları eğitime önem verirken, ev bakımında salt bakım ön plana çıkar. Bu iki uç arasında farklı türde kurumlar yer almaktadır. Bu kurumlardan bazıları çocukların sağlık ve beslenme ihtiyaçlarını karşılamaya, bazıları da erken eğitimi ve okula hazırlığı beslenme ve sağlık bakımıyla birlikte vermeye çalışır. Bazı merkezler özellikle çalışan annelere yardım amacıyla işyerlerinde bulunurken, bazıları da bir yerden bir yere hareket halinde olan mevsimlik işçilerin çocuklarına hizmet veren "mobil kreşler" olarak kurulmuştur.

Kurumların yanında, ana babanın ve çocuğu büyüten diğer kişilerin desteklenmesi ve eğitimi, EÇG'ye önemli bir yaklaşım olarak ortaya çıkmaktadır. Burada hedeflenen, çocuğun bakımını üstlenen kişidir ve amaç daha iyi bir çocuk bakımı sağlamak için o kişiye destek vermektir. Bu yaklaşımın altında bütünsel bir yönelim yatmaktadır. Bu, çocuğa bakan kişileri eğiterek/destekleyerek, ev ziyaretleri ve gruplarda yetişkin eğitimi yaparak, iletişim araçları kullanarak veya "çocuktan çocuğa" programlarıyla gerçekleştirilebilir. Bu son seçenek, yaşı daha büyük olan çocukların yaşı daha küçük olanlarla ilgilenmesi ve küçüklerin okula hazırlanmasını sağlamak için büyüklerin eğitilmesi ve desteklenmesi için oluşturulmuş Batılı olmayan bir modeldir.

EÇG hizmetlerine bir başka yaklaşım da bu programları yerel toplumun kalkındırılması programlarının kapsamına almaktır. Bu programlar, yerel toplumun maddi şartlarını iyileştirmek ve kendi işlerini yapma kapasitelerini geliştirmek amacıyla oluşturulmuştur. Böylece, kaynak artırımı ve var olan kaynakların daha iyi kullanılması mümkün olmakta, bundan da yerel toplum, çocuklarla birlikte yararlanmaktadır. Burada, erken çocuk gelişiminin daha geniş bir programın sadece küçük bir parçası olarak görülmesi ve konuya gereken önemin verilmemesi tehlikesi vardır.

Kurumları güçlendirmek ve EÇG için bilinç ve ihtiyaç yaratmak diğer tamamlayıcı yaklaşımlardır. Bu tür yaklaşımlara genel bir örnek, çocuğun psikososyal gelişiminin; hekimlerin, beslenme uzmanlarının ve çocuklarla ilgilenen diğer meslek gruplarının örgün eğitiminin kapsamına alınması çabalarıdır. Bir diğer örnek de pahalı olmayan eğitim materyalleri hazırlamak ve kaliteli EÇG hizmetleri sağlamak için çocuğa bakan kişilere daha iyi bakım/eğitim becerileri verme girişimleridir. Bu tür çalışmalar, EÇG hizmetlerinin kalitesini yükseltir. Son olarak, ana babalar ve kamuoyu nezdinde EÇG'nin önemi ve gerekliliği konusunda daha yüksek düzeyde bir bilinç oluşturmak çok önemlidir.

Erken Değerlendirmeler. Erken müdahale programlarının değerlendirilmesindeki önemli bir konu, bu programların Çoğunluk Dünya ülkelerinde ne kadar işlediği ve "Batı deneyiminin" Batılı olmayan dünyada ne kadar genelleştirilebileceğidir (Woodhead, 1985). Gerçekten de, bu iki dünyanın farklılığı göz önüne alındığında, genelleştirme bir sorun olarak karşımıza çıkmaktadır. Bununla beraber, Çoğunluk Dünya ülkelerinde ortaya çıkan ve gittikçe artan program değerlendirme araştırmalarına dikkat etmek gerekmektedir.

Myers (1992), gelişmekte olan ülkelerde, erken eğitim müdahalelerinin çocuğun gelişimindeki ve okul başarısındaki etkilerini gösteren bulguları incelemiştir. On üç araştırmanın altısı sınıf geçme oranlarında ciddi farklılıklar olduğunu göstermiştir. Örneğin Brezilya'da, beslenme ve eğitim desteği almış çocukların birinci sınıfta kalma oranı %9'ken, kontrol grubundaki çocuklarınki %33'tür. Brezilya'dan bir başka araştırmada, kreş deneyimi olan çocuklar arasında ilk sınıfta kalanlar %36'yken, böyle bir deneyimi olmayan çocuklarda bu oran %66'ya çıkmaktadır. Kolombiya'da yapılmış araştırmalar, en yoksun çocuklar arasında erken müdahalenin daha yüksek kazanımlara yol açtığını göstermektedir; şöyle ki, programa katılmış çocukların %60'ı, 4. sınıfa kadar okula devam edebilirken, katılmayanların ancak %30'u bu başarıyı gösterebilmiştir. Aynı şekilde, Hindistan'da ve Arjantin'de en yoksun grup bu programlardan en fazla yararı sağlamıştır. Arjantin'de yoksul kırsal kesim çocuklarından okul öncesi eğitim alanların %36'sı birinci sınıfı tekrar ederken, aynı kesimden programa katılmayan çocukların %77'si bu durumdadır. Endonezya'da ICDS'ye katılan çocuklarda daha yüksek test sonuçları, okul performansında ve okula devam oranlarında artış ve genel uyumlarının artması söz konusudur (Chaturvedi, Srivastava, Singh ve Prasad, 1987). Son olarak, akademik başarı hakkında bilgi veren on çalışmanın altısı okulöncesi eğitim desteği almış çocukların almamış çocuklara oranla daha yüksek bir başarı sağladıklarını göstermiştir.

Çoğunluk Dünya'dan bu EÇG müdahalelerinden gelen sonuçlar erken desteğin, çocukların okul başarısını artırdığını göstermektedir. Uzun vadeli sonuçlar hakkında fazla bilgiye sahip olmamamıza rağmen kısa vadeli sonuçlar cesaret vericidir. Bu sonuçlar özellikle dezavantajlı çocuklarda göze çarpmaktadır ve ilkokullardaki olumsuz şartlara rağmen elde edilmektedir. Erken eğitimi, beslenme ve sağlık desteğiyle birleştiren çokyönlü programların özellikle geri kalmış bölgelerde daha büyük bir etkisi olduğu saptanmıştır. Bu bulgular Çoğunluk Dünya'da insan gelişiminin desteklenmesi açısından uygulamaya ışık tutan önemli sonuçlar içermektedir.

Yakın Dönem Değerlendirmeleri. Latin Amerika'da daha yakın zamanda yapılan EÇG programlarının değerlendirmeleri de erken müdahalelerin yararlarını göstermeye devam etmektedir. Sınıf tekrarındaki düşüş EÇG müdahalelerinin büyük bir kazanımıdır. İlköğretimde sınıf tekrarı yüksek bireysel ve sosyal maliyetleri olan, dünya çapında önemli bir problemdir. Örneğin, UNESCO İstatistik Enstitüsü'nün Latin Amerika'da yaptığı bir çalışmada, Brezilya'da ilkokul öğrencilerinin dörtte birinin 2001 öğretim yılını tekrar ettiği, bu oranın Guatemala'da %14, Peru'da %11 olduğu gözlenmiştir. Bölgede sınıf tekrarı, ilköğretimi tamamlamayan öğrencilerin tahmini olarak %18'inde ortaya çıkan bir faktördür. Bölgede sınıf tekrarının maliyetinin 11.1 milyar dolar olduğu tahmin edilmektedir. Brezilya, 8.3 milyar dolarla en kötü durumdadır. Bu miktar Brezilya'daki yaklaşık 10 milyon ortaöğretim öğrencisinin veya 2 milyon üniversite öğrencisinin bir yıllık okul masraflarına eşittir (UNESCO, 2004, s. 15).

Brezilya'daki EÇG değerlendirmeleri (Barros ve Mendonca, 1999) 1 yıl okulöncesi eğitim gören maddi durumu kötü olan çocukların, aynı durumda olup okulöncesi eğitim almayan çocuklara oranla 0.4 yıl daha fazla eğitim aldığını göstermektedir. Ek olarak, yetişkinlikte okulöncesi eğitimin her bir yılı için, %7 ila 12 arasında kazanç artışı sağlamışlardır. Bu kazanımlar ana babası en düşük düzeyde eğitim almış olan çocuklarda daha da fazladır. Bu, müdahale programlarının faydalarının düşük eğitim düzeyinden gelen ailelerin çocukları için daha fazla olduğunu gösterir.

On üç Latin Amerika şehrinde yapılan karşılaştırmalı analizlerde (Willms, 2002), Küba'nın aile ve okul değişkenlerinde tüm ölçümlerde en yüksek standartlara ulaştığı ortaya çıkmıştır. Bunda Küba'daki neredeyse bütün çocukların (%94) okulöncesi eğitimden geçmiş olmasının payı küçümsenemeyecek kadar fazladır. Bu başarıda, çocukların EÇG desteğinden yararlanmalarının ana baba eğitimi, ana babaların çocuklarının eğitimine katılımı ve etkili sınıf ortamı gibi etmenlerin payı büyüktür.

EÇG hizmetleri, ana babalara, ailelere ve yerel topluma verilen hizmetlerle birleştirilebilir. Bu hizmetler, gelir sağlayan etkinliklerden sağlık hizmetlerine kadar çeşitlilik gösterebilir. Kirpal (2002) büyük ölçüde farklılık gösteren ülkelerde gerçekleştirilen beş değişik programı incelemiştir. Bu programlar; Haiti'deki Montessori Okulöncesi Projesi; Uganda'daki Anne-Çocuk Bakım Merkezi

Hizmetleri; Trinidad ve Tobago'daki Servol; Kenya, Uganda ve Zanzibar'daki Medrese Kaynak Merkezleri; Orta ve Doğu Avrupa ve eski Sovyetler Birliği ülkeleriyle, Haiti, Mongolia ve Güney Afrika'daki Adım Adım programlarıdır.

Montessori programı Haiti'deki burslu öğrencileri Montessori okulöncesi öğretmenleri olmaları için eğitir ve okulöncesi kurumlar kurmalarına yardım eder. Uganda'daki program, küçük çocuklara güvenli ve uyaranları olan bir çevre sağlayarak maddi durumu iyi olmayan ana babaların çalışmasına olanak tanır ve ana babalara çocuk sağlığı konusunda danışma veren, olumlu ana baba tutumları ve okuma yazma öğreten hizmetler sağlar. Servol, küçük çocuklara EÇG sağladığı gibi, ana babalara ve ergenlik çağındaki gençlere ve genç yetişkinlere de eğitim hizmetleri sunar. Aga Khan Kuruluşu Afrika'daki Medrese Kaynak Merkezlerini destekler ve Güney Asya'daki okulöncesi ve ilköğretim eğitimini iyileştirmeye çalışır. Burada amaçlanan, toplumun bilinçlenmesi ve seferber olmasıdır. Adım Adım Programı, Açık Toplum Enstitüsü tarafından başlatılmış ve desteklenmiştir ve özellikle komünizmin çöküşü sonrası küçük çocuklara yönelik hizmetlerin azalması problemini çözmeye yönelmiştir. Eğitim sistemini yenileme çabasıyla eğitimin her aşamasında—okulöncesi eğitim ve öğretmen eğitimi dahil olmak üzere—müdahaleler yapar.

Çeşitliliklerine rağmen tüm bu programların ortak noktaları vardır. Bu programların hepsi, küçük çocuklara doğrudan merkez bazlı EÇG hizmetleri sunar, öğretmen ve çocuğun bakımıyla ilgilenen kişilerin eğitimini içerir ve yerel toplum desteğine önem verir. Böylece hem bireysel hem çevresel kaynaklar oluştururlar. Bütün bu programların yararlı olduğu görülmesine rağmen (Kirpal, 2002), uzun süreli etkilerine yönelik değerlendirmeler henüz yapılmamıştır.

Bütün bunları bir araya getirerek EÇG'nin çocuklara büyük yararlar sağladığını söyleyebiliriz. Farklı yerlerde yapılan değerlendirme araştırmaları eğitim, sağlık, sosyal sermaye gibi alanlarda kazanımlara, eşitliğin arttığına işaret ediyor. Hem kısa hem uzun vadeli kazanımlar, bu müdahaleleri çok değerli ve yatırıma değer kılmaktadır. Van der Graag (2002) genel resmi TABLO 8.2'de özetliyor.

EÇG Araştırmalarındaki Sorunlar

Amerika Birleşik Devletleri ve Çoğunluk Dünya'da yapılan EÇG araştırmalarının gözden geçirilmesi esas tartışmanın okulöncesi müdahalenin işe yarayıp yaramadığı olduğunu gösteriyor. Müdahalede temel konu tabii ki budur. Müdahaleler belli bir amacı başarmaya yöneliktir. Her müdahale, gelişimi optimal düzeye çıkarmak üzere tasarlanır; ancak bunu başarıp başaramadığı ampirik bir konudur. Eğer programlar amaçlarına ulaşamazsa değiştirilmeli, iyileştirilmeli veya iptal edilmelidir. Böylece değerlendirme, müdahalelerin işe yarayıp yaramadığına karar vermek adına büyük önem taşır.

TABLO 8.2. EÇG'nin Çocuklar Yetişkinler ve Toplum için Yararlarına Dair Bir Özet

EÇG'Yİ İNSANİ GELİŞİME BAĞLAYAN YOLLAR			
EÇG'NİN YARARLARI	**ÇOCUKLAR İÇİN (KISA VADELİ)**	**YETİŞKİNLER İÇİN (UZUN VADELİ)**	**TOPLUM İÇİN**
EĞİTİM	Daha yüksek zekâ, gelişmiş muhakeme, göz-el koordinasyonu, işitme ve konuşma, okumaya hazırlık, daha iyi okul başarısı, daha az sınıf tekrarı ve okul terk; okullaşmanın artışı	Üretimin artması, başarının artması (daha iyi işler, yüksek gelir), çocuk bakımı ve aile sağlığının gelişmesi, ekonomik durumun iyileşmesi	Sosyal ahengin artması, yoksulluk ve suç oranlarının azalması, doğurganlık oranlarının azalması, yeni teknolojilerin kullanımının artması, demokrasinin gelişmesi, ekonomik büyümenin artması
SAĞLIK	Daha az ölüm, kötü beslenme ve çocuk istismarı; daha iyi hijyen ve bakım	Boyun ve kilonun artması, bilişsel gelişimin iyileştirilmesi, daha az enfeksiyon ve kronik hastalık	Yüksek üretim, daha az devamsızlık, yüksek gelir
SOSYAL SERMAYE	Benlik kavramının gelişimi, sosyal uyumun artması, saldırganlığın azalması, grup içindeki işbirliği ve davranışların iyileşmesi, kurallara uymanın artması	Kendine güvenin artması, sosyal yetkinliğin artması, motivasyon, kural ve değerlerin kabulü, suç ve yıkıcı davranışların azalması	Sosyal birikimlerin kullanımının artması, sosyal değerlerin iyileşmesi
EŞİTLİK	Yoksulluğun dezavantajlarının azaltılması, beslenme koşullarının iyileştirilmesi, bilişsel ve sosyal gelişim ve sağlık	Fırsat, eğitim, sağlık ve gelir eşitliği	Yoksulluğun ve suç oranının azalması, toplum sağlığının iyileşmesi, sosyal adaletin artması, artan sürdürülebilir ekonomik büyüme

KAYNAK: "Child Development to Human Development" (s. 73), J. van der Gaag, 2002, *From Early Childhood Development to Human Development* içinde, der. M.E. Young (s. 63-78). Washington D.C.; The World Bank.

Daha önce de belirtildiği gibi EÇG müdahalelerinin amacı çevresel faktörleri iyileştirmek ve bireysel kaynaklar oluşturmaktır. Değerlendirme araştırmalarında önemli kavramsal ve yöntemsel noktalar içeren konular vardır. Bunlardan bazılarından Head Start'ın erken değerlendirmesi konusunu incelerken söz etmiştim. Bu bölümde bunların üzerinde biraz daha yoğunlaşmak ve diğer sorunlara da eğilmek istiyorum.

Çocuk Merkezli/Ana Baba Merkezli Yaklaşımlar. Uzun süredir var olan ve şimdilerde tekrar önem kazanan bir konu, asıl odağın ana baba mı çocuk mu olacağıdır. Bu, erken müdahalede çocuk/ana baba odaklı ya da kurum/ev odaklı yaklaşımlar olarak bilinir. Örneğin daha evvel de bahsettiğimiz, yakın zamanda yapılan Blok vd'nin (2005) meta analiz sonuçları, bu yaklaşımları karşılaştırmaya odaklanmanın yanı sıra, bu yaklaşımların birleşimini içeren üçüncü bir kategori de eklemiştir. Sonuçta, kurum bazlı ve kurum bazlı ile ev bazlı yaklaşımları birleştiren yaklaşımların, sadece ev bazlı yaklaşımlara göre daha üstün olduğunu bulgulamışlardır. Ayrıca ana baba becerilerini geliştirmenin çocuğun bilişsel becerilerini geliştirmeyle doğru orantılı olduğunu da göstermişlerdir.

Benzer şekilde, ev ziyareti programlarının incelenmesinde zayıf sonuçlar bulunmuştur (Home Visiting, 1999). Peki bu, ev bazlı müdahalelerin işe yaramadığı ve bırakılması gerektiği anlamına mı gelir? Daha önce de bahsedildiği gibi, Sweet ve Appelbaum (2004) tarafından yapılan meta analizlerde farklı ve daha olumlu sonuçlar elde edilmişti. Varılan sonuç, "ev ziyaretlerinin küçük çocukları olan ailelere yardım ettiği yönündedir" (s. 1448). Başka yeni değerlendirmeler de bu görüşe katılıyor (Layzer vd, 2001; Reynolds, Wang ve Walberg, 2003). Bundan sonraki bölümde göreceğimiz gibi, Türkiye Erken Destek Projesi'nde (TEDP) ev bazlı müdahalelerin çok önemli uzun süreli etkilerini gördük (Kağıtçıbaşı, Sunar ve Bekman, 2001; Kağıtçıbaşı, Sunar, Bekman ve Cemalcılar, 2006). Öyleyse farklı bulguları nasıl açıklayabiliriz?

Genel olarak, çocuğa doğrudan erken destek vermeyen, onun yerine ana babalık becerileri inşa etmeye çalışan ev ziyareti programları ana baba odaklı ya da ev merkezli olarak sınıflandırılır ve çocuk veya kurum odaklı programlarla çocuğun bilişsel becerileri açısından olumsuz anlamda karşılaştırılır (Farran, 1990; Ramey ve Ramey, 1998; Blok vd, 2005). Halbuki, çocuk odaklı yaklaşım ile ana baba odaklı yaklaşımlar birleştirilebilir. Aslında çocuğun eğitiminin ana babanın eğitimiyle birleştirilmesinin özellikle yoksulluğun olumsuz etkilerini karşılamada çok yararlı olduğu bulgulanmıştır (Behrman vd, 2004; Hadeed, 2005; Kağıtçıbaşı vd, 2001; Yoshikawa, 1994). Yerel toplum temelli erken müdahalenin daha önce yapılan bir incelemesi (Halpern, 1990) daha bütünsel bağlamsal yaklaşımların önemini vurgular ve bu programlardaki başarıya dikkat çeker. Yakın zamanlı araştırmalar çocukların bilişsel gelişimleri için hazırlanmış müdahale programlarının hem anneyi hem de çocuğu içine aldığı durumlarda ikiye katlandığını göstermiştir (Layzer vd, 2001; Dearing, McCartney ve Taylor, 2001).

Ev ziyareti programları küçük yaşlar için—özellikle 0-3 yaş grubunda—daha sık görülür. Ayrıca bu yaşlara yönelik ev programları daha bütünsel bir yaklaşım içerir ve erken uyaranları, oyun içeren aktiviteleri, ana babalara eğitim ve desteği ve yerel toplum katılımını içinde barındırır. Örneğin Scott-McDonald (2002) Jamaika'da yürütülen üç ev ziyareti programını incelemiştir. Bu programlar çocuklara ve ailelere, özellikle de bekâr ergen, yoksul annelere hizmet ediyor. Bu programların kalitesine katkıda bulunan birçok unsur bulunmuştur. Bunlar arasında çocuk bakım desteğiyle aile desteğinin birbirine bağlanması; kadınların anne, ev kadını ve çalışan gibi değişik rollerinin tanınması ve devamlılık ve kurumsallaşmayı sağlamak için önlemlerin alınması vardır.

Demek ki ev ziyareti programları çokyönlüdür ve karmaşık hizmet koşulları söz konusudur. Ancak bu programların araştırma ve değerlendirme unsurları çoğunlukla gelişmemiştir. Bu nedenle Sweet ve Appelbaum (2004) yaptıkları metaanalizde, programların ve amaçlanan sonuçların karmaşıklığı ve programların değerlendirme unsurlarının olmaması nedeniyle kesin genellemelere ulaşmanın zorluğundan söz ediyorlar. Diğer taraftan, ana baba desteklenirken çocuğa sunulan eğitimin yoğunluğunu ve kalitesini artırmak, araştırma ve değerlendirme unsurlarını oluşturmak mümkündür.

Bağlamsal Yaklaşımın Değeri. Genelde ev ziyaretlerinde çocuğa odaklanma geri planda kalmaktadır, halbuki böyle olması gerekmez. Ayrıca ana baba ve çocuğa birlikte yaklaşımın sadece ev ortamında olması da gerekmez. Önemli olan, *hem* çocuğun *hem de* çocuğun yakın çevresinin (ana baba) hedef alınmasıdır. Bu yapılmazsa çocuğa çevresinden soyutlanarak odaklanılacaktır ki bu, çevreyi tamamen göz ardı etmektir. Ayrıca çocuğun yakın çevresinin desteklenmesinin önemine yönelik birçok kanıt vardır. 2, 3 ve 7. Bölümler'de bunun örneklerini gördük. Öyleyse, çocuğu hedef alan bilişsel iyileştirme programlarında anneye çocuğuyla onun bilişsel yönünü geliştiren bir iletişim kurmasında ve kendine güven ve yetkinlik kazanmasında destek olmak gereklidir. Bu müdahalelerden hem anne (çocuğa bakan kişi) hem de çocuk yarar sağladığında, etki karşılıklı pekiştirme yoluyla zamana yayılacaktır.

Özellikle Çoğunluk Dünya ülkelerinin birçoğundaki gibi aile bağlarının sıkı olduğu aile, akraba ve komşuluk ilişkilerinin güçlü olduğu sosyokültürel çevrelerde, bir erken destek programının bu bağlardan destek mekanizmaları olarak yararlanması mantıklıdır. Bu tür bir yaklaşım, çocuğu çevresinden ayırarak tek başına ele alan ve var olan aile bağlarını göz ardı eden bireyci bir yaklaşımla karşılaştırıldığında, daha başarılı olmaya adaydır. Çocuğun yakın çevresinin desteklenmesini içeren bütünsel, bağlamsal bir yaklaşım başka avantajlar da sağlar. Örneğin çocuk için, okulöncesi eğitim kurumu ve ev/yerel toplum gibi birbirine zıt iki çevrenin oluşmasını engeller. Bir başka avantaj ise; kazanımların ailedeki diğer bireylere, özellikle kardeşlere ve muhtemelen başka akrabalara, komşulara da uzanması olasılığıdır.

Erken müdahale çalışmalarının bütünsel modelinin sağladığı avantajlara rağmen çocuk odaklı yaklaşımlarla çocuğun bakımını üstlenmiş kişilere odaklanan yaklaşımlar arasındaki etki farkı üzerinde tartışmalar sürmektedir. Bunun nedeni, çocuk odaklı yaklaşımların da birtakım avantajlarının olmasıdır; yüksek bir kaliteye sahip Perry Okulöncesi Programı'nda görülen çocuğa doğrudan etki ederek onun özerkliğinin ve içgörülü düşünce yeteneğinin artırılması kazanımı gibi (Schweinhart vd, 1994, 2005). Çocuk bakımının çok yüksek bir düzeyde olduğu İsveç'te de, çocuğun kurumsal gündüz bakımı ne kadar erken başlarsa (ilk yaştan itibaren), uzun vadeli yararlarının o kadar fazla olduğu görülmüştür (8 ve/veya 13 yaşında) (Andersson, 1992). Yani çocuk odaklı kurum merkezli bakımın *kalitesi* çok önemli bir rol oynamaktadır. Son olarak, ev odaklı yaklaşımın sorunu olarak işaret edilen bir nokta, ana babanın yetkin birer eğitici olamayacağı konusudur ki bu, ana baba odaklı müdahalenin etkisini azaltabilir (Eldering ve Vedder, 1993).

Seitz ve Provence (1990) bu tartışmayı uzun süreli bir araştırma olmaksızın çözmenin imkânsızlığına işaret etmişlerdi. Bununla beraber, var olan bulgulara dayanarak çıkardıkları sonuç, çocuğa bakan kişiye odaklı yaklaşımların, özellikle yoksulluk şartlarında, ailenin içinde bulunduğu çevreyi değiştirdiği ve bu yüzden çocuklar açısından daha geniş kapsamlı yararlar sağladığı için daha etkili olduğudur.

Çocuk odaklı olduğu söylenen yaklaşımlar bile ana babayı, en azından onları haberdar etmek ve onaylarını almak için programın içine katmaktadır. Birçok durumda, ana baba katılımı daha yüksek düzeydedir. Çoğunlukla programlar ana babayı da programa katmak ve onları bilgilendirmek için ev ziyaretleri içerir. Buradan yola çıkarak çocuk odaklı ve çocuğa bakan kişi odaklı programlardan hangisinin daha etkili olduğu sorusunun pek bir anlam ifade etmediğini, incelenmesi gerekenin daha çok ana babanın ve çocuğun ihtiyaçlarının nasıl daha iyi karşılanabileceği konusu olduğu sonucunu çıkarabiliriz. Bir sonraki bölümde inceleyeceğimiz TEDP bu önemli sorulara cevap verecektir.

Tek Boyutlu Kavramlaştırma/Çocuğa Bütünsel Yaklaşım. EÇG araştırmalarında süregelen bir problem çocuk gelişiminin sadece bilişsel gelişim olarak tek boyutlu bir şekilde kavramlaştırılmasıdır. Zekâ testlerine ve diğer bilişsel ölçümlere kolay erişilebilirlik ve daha az yaygın olan sosyoduygusal gelişim ölçümlerine göre daha çok tercih edilir olmaları, bilişsel gelişime orantısız bir önem vermiştir.

Tek kıstas ölçümleri yöntem bakımından zayıftır. Ayrıca tavan etkisi ve tekrar edilen ölçümlerde ortalamaya doğru regresyon gibi istatistiksel sorunlara açıktırlar. Bunların ötesinde, tek boyutlu bir kavramlaştırma, kuramsal olarak da fazla basite indirgeyicidir. Bilişsel gelişim, insan gelişiminin sadece bir yönüdür. Gelişimin farklı yönleri arasında doğal bir karşılıklı bağ vardır. Demek ki çocuğa bütünsel bir yaklaşıma (Zigler ve Berman, 1983) ihtiyaç vardır. Dikkati yalnızca IQ puanı kazanımlarına yöneltmek, okulöncesi programların başka gelişimsel yararlarını gözden kaçırmamıza neden olabilir. Çocuğun bilişsel gelişimine zarar verebilecek yetersiz bir çevre, çocuğun sosyoduygusal gelişimine de zarar verir. Örneğin çocuğun kendine olan güven eksikliği, entelektüel konularda ilerleme konusunda motivasyon eksikliğine yol açabilir, bu da sonuçta düşük zekâ puanı ve düşük okul başarısına yol açabilir. Özgüven eksikliği de çocuğun çevresindeki "önemli kişiler"in onu nasıl gördüklerinin bir yansımasıdır.

Destek programlarından bir süre sonra IQ puanlarındaki kazanımların silinmesi, ironik olarak, bu programlarda sadece IQ puanı kazanımına odaklanılmış olunmasının bir sonucu olabilir. Şöyle ki, salt bilişsel yaklaşımda çocuğun bilişsel gelişimi hedef alınmakta, çocuğun ona uygun özgüven geliştirmesi, motivasyonu, inisiyatif alması ve özerklik geliştirmesi desteklenmemektedir; böylece, program bittikten sonra bilişsel kazanımlar sürdürülemez. Oysa ki çocuğun bir *bütün* olarak gelişimini desteklemek gerekir. Çocuğa sürekli bir destek sağlayabilecek olan yakın sosyal çevresi de müdahale çalışmalarıyla desteklenmediği takdirde, bilişsel kazanımların kısa süreli olması kaçınılmazdır.

Erken müdahale araştırmalarında bu büyük bir problem olagelmiştir. Her ne kadar genellikle insan gelişimi çokyönlü ele alınsa ve çalışılsa da, bazı ölçülebilir sonuçlara değerlendirme çalışmalarında orantısız bir ağırlık verilmiştir. Örneğin Hollanda'daki etnik azınlıklara yönelik ev merkezli ana baba-çocuk eğitim programları bu programları değerlendiren araştırmacılar tarafından 5. sınıf standardize edilmiş test sonuçlarını etkilemediği için yararsız bulunmuştur (Blok vd, 2005). Bu değerlendirme, bu programa katılan çocukların kontrol grubu çocuklarına göre daha az sınıfta kalmalarına rağmen yapılmıştır. Çünkü test sonuçları sınıf tekrarından daha önemli bir sonuç sayılmıştır. Oysa ki daha önce belirtildiği gibi sınıfta kalma ve sınıf tekrarı, yüksek bireysel ve ekonomik maliyetleri olan bir problemdir (UNESCO, 2004). Yani bu sorgulanabilir bir yargıdır. Ancak bu değerlendirme, Hollanda Hükümeti'nin politikasını etkileyerek etnik azınlık anne ve çocukları destekleyen ev merkezli programlara verilen fonları kesmeyi düşünmesine neden olmuştur (C. van Tuijl ile kişisel iletişim, Şubat 2006).

Etkilerin Zamanlaması. Müdahale çalışmaları değerlendirmelerinin üçüncü bir sorunu, zamanlamadır. İnsan gelişiminin devam eden bir süreç olması, bizi bir etkinin ölçümünün ne zaman yapılması gerektiği sorusuyla karşı karşıya bırakmaktadır. Müdahale programlarının doğrudan etkileri ölçülmüştür; ancak bu tür ölçme, etkilerin sürdürülebilirliğiyle ilgili soruları cevaplayamaz. Bu, IQ puanlarındaki çabuk kazanımların bir süre sonra silinmesi durumunda daha büyük bir sorun haline gelmektedir. İdeal olarak, gelişimin farklı alanlarındaki uzun vadeli etkiler ölçülmelidir. Bu çok az çalışmada görülmektedir. Oysa ki bu tür bulgular, örneğin motivasyon ve daha iyi uyum mekanizmaları veya daha yüksek bilişsel beceriler gibi uzun süreli etkilerin var olup olmadığını ve nasıl meydana geldiğini daha iyi anlamamıza yardımcı olabilir. O halde erken destekle birlikte, çocuğun okula olumlu yönelimi, başlangıçtaki iyi performansı (bilişsel beceriler) ve ana babaların yüksek beklentileri, olumlu bir gelişim döngüsünün başlamasına yol açan etmenler olarak ortaya çıkmaktadır.

Özellikle Amerika Birleşik Devletleri'nde bazı önemli EÇG müdahalelerinin başlamasından bu yana oldukça uzun zaman geçmiştir. Böylece, değerlendirme çalışmalarında uzun vadeli etkilere daha çok yer verilebiliyor. Bu çalışmalar bizim yetişkinliğe kadar giden etkileri incelememizi sağlıyor. Bunlar, erken müdahalenin uzun vadeli etkileri üzerine gerçek bir kanıt oluşturuyor. Bu uzun vadeli etkiler kısa vadeli zekâ kazanımlarından ve diğer bilişsel ölçümlerden daha anlamlıdır, zira her şey bir yana müdahalenin amacı hayat boyu sürecek "yetkinlik" ve refah inşa etmektir.

Uzun vadeli etkilerin ölçülmesi bir "uyku etkisi" de gösterebilir (baştan ortaya çıkmayan sonuçların daha sonra belirmesi). Örneğin özellikle çocuğa bakan kişiye odaklı yoğun bir program olan Yale Çocuk Refahı Programı, kısa vadeli etkilerden ziyade güçlü uzun vadeli etkiler elde etmiştir (Seitz ve Provence, 1990; Seitz, Rosenbaum ve Apfel, 1985). Büyük Hedef (Schweinhart vd, 2005), Abecederian (Campbell vd, 2002; Ramey vd, 2000) ve Chicago Uzun Süreli Takip Çalışması'nın (Reynolds ve Ou, 2004) zamana yayılan incelemeleri, daha uzun süreli okula devam ve okulda daha az sınıfta kalma veya özel sınıflara yönlendirilme ile yetişkinliğe kadar uzanan daha iyi uyum gibi başka yararlar da bulgulamıştır.

Çıktı Değişkenlerinin Tanımı. Yukarıdaki noktalarla ilgili bir başka sorun, müdahale araştırmalarındaki çıktı değişkenlerinin (bağımlı değişkenler) tanımlanması konusudur. Daha önce de belirttiğim gibi bu değişkenler, genel olarak çocuğun bilişsel gelişimi çerçevesinde tanımlanmıştır. En dar tanım, IQ puanı olarak ortaya çıkmıştır. Biraz daha geniş kavramlaştırmalarda bilişsel gelişimin daha başka göstergeleri de ele alınmıştır: Piaget'nin problem çözme süreçleri gibi. Tanım biraz daha genişletildiğinde, okulla ilgili konularda gösterilen performansın da bağımsız değişkenler arasına alındığını görüyoruz (okul başarısı ve okula devam). Bilişsel olmayan psikolojik gelişimin bir çıktı değişkeni olarak ele alındığı çok enderdir; ancak bu, uzun vadeli değerlendirmelerde önem kazanmaktadır. Örneğin Perry Okulöncesi Programı'nın boylamsal sonuçlarından bir kısmı, deneysel gruptaki çocukların kontrol grubuna nazaran daha başarılı bir sosyal uyum gösterdiklerini ortaya çıkarmıştır (Schweinhart vd, 1994, 2005).

Yukarıda söz edilen genişletilmiş tanımlarda bile bağımlı değişkenin sadece çocuk açısından bakılarak oluşturulduğu açıkça görülüyor. Bu durum, müdahale çalışmalarının çocuğa ilaveten gittikçe artan bir oranda aileye ve ana babaya yönelmesine rağmen sürmektedir. Daha önce belirttiğim gibi, aslında birçok çalışmada ana babalar bir şekilde programa dahil ediliyor veya müdahaleden etkileniyorlar. Ancak bu etki, genelde bir çıktı değişkeni gibi düşünülüp değerlendirilmiyor. Bu, özellikle ev ve yerel toplum merkezli programlarda kavramsal ve yöntemsel bir zayıflıktır.

Örneğin, Head Start Programları'nın olumlu bir sonucu, ailelerin ve ana babanın istihdamı üzerinde görülmüştür. Her yıl az gelirli ana babaların binlercesi Head Start yoluyla iş sahibi olmaktadır ve bu programda çalışanların %35'i Head Start Programı'na devam eden veya bitirmiş çocukların ana babalarından oluşmaktadır (Collins, 1990). Head Start Programları'nın bir başka yararı da bir yerdeki yerel toplumların yöresel sorunlarını çözmedeki yeteneklerini artırmasıdır (McKey vd, 1985). Bu sonuçlar çocuğa, farklı bağımsız değişken türleri barındıran, bütünsel ve bağlamsal bir yaklaşımın gerekliliğini gösteriyor. Bu tür yaklaşımlar, değişik düzey ve alanlardaki değişkenlerde oluşan değişimleri dinamiklerine ışık tutabilir.

Bu genellikle Çoğunluk Dünya ülkelerinde geçerlidir. Aslında programlar çocuk ve aileyi, özellikle de anneyi hedef alan çokyönlü programlardır. Genellikle yerel toplum seferberliği ve kapasitenin artırılması (örneğin gelir oluşturma aktiviteleri) hedeflenir. Dahası, bu değişik sonuçlar sinerjik bir ilişki içinde olup birbirini karşılıklı pekiştirir. Öyleyse farklı alanlardaki çıktı değişkenleri, işler hale gelmeleri için daha en baştan planlanmalıdır.

Programların Yürütülmesi. Müdahale araştırmalarındaki bir başka konu, programların yürütülmesiyle ilgilidir. Müdahale çalışmalarının farklı *türlerinin* (çocuğa ya da çocuğa bakan kişiye odaklı) etkilerine dair sonuçlar, bir programdan elde edilen verilere dayanmaktadır. Ancak bir programın başarısı o programda kullanılan yaklaşımdan veya ne tür hizmet götürüldüğünden çok programın nasıl yürütüldüğüyle ilgili olabilir. Müdahalenin yoğunluğu, alanda çalışanların eğitimi ve denetlenmesi, iyi materyallerin varlığı, hedef grupları ve müdahale çalışmasını yürütenler (aileler, çocuğa bakan kişiler) arasındaki uyum, çocuğa bakan kişilerin programa katılım düzeyleri (yıpranma payı) gibi etmenler, sonucu etkilemede önem taşımaktadır.

Zaman zaman yaklaşımı ve içeriği aynı iki program, sadece uygulama farklılıklarına bağlı olarak farklı sonuçlar doğurabilmektedir. Örneğin, Okulöncesi Çocuklar için Ev Eğitimi Programı (HIPPY) (Lombard, 1981) İsrail'de ve Türkiye'de iyi sonuçlar doğurmuştur (bu, bir sonraki bölümde sunulacak TEDP'nin bir parçasıdır). Buna karşılık, HIPPY'nin Hollanda'da Türk, Faslı, Surinamlı ve Hollandalı gruplarda uygulandığı bir başka programda, önemsenmeye değer sonuç alınamamıştır (Eldering ve Vedder, 1993). Bu tür farklı sonuçların elde edilmesine, programın Hollanda'daki uygulamasında yaşanan sorunlar yol açmıştır (yüksek devamsızlık oranları, programın uygulanışındaki lisan sorunları vb).

Her ne kadar uygulamaların kalitesinin önemi bilinse de, program değerlendirmelerinde müdahale türü ön plana çıkmaktadır. Bu, özellikle metaanalizde karşılaşılan bir problemdir. Metaanalizde incelenen programların çokluğundan, araştırmacılar programların uygulanışlarını detaylı bir şekilde inceleyememektedir. Bunun yerine, programlar bazı genel özelliklerine göre sınıflandırılmakta ve asıl odaklanılan, programların sonuçları olmaktadır.

Programların Fayda-Maliyet Analizleri ve Yaygınlaştırılma Potansiyelleri

Müdahale araştırmalarıyla ilgili son bir konu, programların uygun maliyetli olması gereği ve buna bağlı olarak programın yaygınlaştırılma potansiyelidir. Müdahale araştırmalarının ve genel olarak EÇG programlarının amacı, bu tür hizmetlere en çok ihtiyacı olan ve bunlardan en çok yararlanabilecek aile ve çocuklara ulaşabilmektir. Yani potansiyel olarak çok büyük sayılarda insan bu işin içinde yer almalıdır, bu yüzden de programın uygun maliyetli olması büyük önem taşımaktadır. Örneğin Smilansky (1979), okulöncesi müdahale programlarını incelediği eleştirel raporunda bazı iyi programların uzun vadeli etkiler üretebileceğini söylemiş, ancak bunları çok pahalı bularak bir kenara bırakmıştır. Sonuç olarak EÇG programlarına verilen fonların kesilmesi politikası, bu yargıyı yansıtır.

Fayda-maliyet analizlerinin EÇG kapsamında küçük çocuklara yapılan müdahalelerde ve verilen hizmetlerde önemi büyüktür. Bütün politik kararlarda olduğu gibi, müdahalelerin işe yaraması ve maliyetini çıkarması EÇG'de de çok önemlidir. Dolayısıyla politikaya yönelik araştırmalar EÇG programlarının fayda-maliyetlerine her geçen gün daha çok odaklanıyor.

Müdahale programları için fayda-maliyet hesabının yapıldığı çok sık görülmemekle birlikte örnekler artmaktadır. Buna, önemli bir örnek Perry Okulöncesi Programı'dır. Bu programa ilk katılan çocukların yaşı 19'a vardığında, takip değerlendirmesinin bir parçası olarak bir fayda-maliyet çalışması yapıldı (Berrueta-Clement vd, 1984). Faydalar, yaşam boyu maliyet tasarrufu açısından ekonomik üretimin artırılması ve harcamalardan tasarruf edilmesi olarak saptandı. Maliyetten tasarruf şunları içermekteydi: Çocuk bakımı tasarrufları, telafi edici eğitim gerekmemesi sayesinde okul harcamalarının azalması, refah harcamalarından yapılan tasarruflar ve suç oranındaki düşüşten kaynaklanan tasarruflar. Fayda ise; programa katılmış çocukların hem 16-19 yaş arasındaki gerçek kazançlarından hem de 19 yaşından sonra projeksiyonu yapılan kazançlarından oluşuyordu. Böyle bir hesaplamayla genel fayda-maliyet oranının çok yüksek olduğu görüldü (1'e 7). Bu oran, bu yoğun ve üstün kalitedeki programın yüksek maliyetine rağmen elde edilmiştir.

Perry Okulöncesi Programı'nın aynı çocuklar 27 yaşına geldiklerinde yapılan fayda-maliyet analizi daha önceki oranları doğrulamıştır (Barnett, 1995; Schweinhart vd, 1994). Aynı şekilde fayda-maliyet analizi çocuklar 27 yaşına geldiklerinde Abecedarian Projesi için de yapılmıştır. Her iki analiz de sağlık, istihdam statüsü, suçluluk oranlarının düşmesi ve eğitim alanlarında gözle görülür faydalara işaret ediyor. Abecedarian Projesi'nin fayda-maliyet oranı 4'e 1 olarak bulunmuştur (Masse ve Barnett, 2002). Bu yüksek oran, çocukluklarında okulöncesi eğitim almış yetişkinlerdeki suç oranının düşüklüğünden kaynaklanmaktadır.

Myers (1992), Çoğunluk Dünya'da olduğu gibi Hindistan (ICDS), Peru (PRONOEI) ve Şili'den (Ana Baba ve Çocuklar Projesi-PPH) maliyet hesaplamaları ve Brezilya'dan (PROAPE) fayda-maliyet analizlerine ait örnekler sunmuştur. Uzun süreli çalışmalardan elde edilmiş veriler olmadığından, son yıllarda bazı senaryolara dayanarak fayda-maliyet analizleri yapılmıştır. Van der Gaag ve Tan (1998) Bolivya'daki PIDI Programı için fayda-maliyet oranlarını hesapladı. Bu, şehrin varoşlarında yaşayan çocuklara yönelik, beslenme, sağlık ve eğitimi içeren bir EÇG programıdır. Beş yaş altı ölüm oranlarının azalması, ilkokula gidiş oranlarının artması ve sınıf tekrarı ve okulu bırakmaların azalması gibi farklı verilere dayanarak, fayda-maliyet oranının 1.38:1 ila 2.26:1 arasında olduğunu bulgulamışlardır. Mısır'daki Dünya Bankası'nın bölgesel farklara odaklanan bir çalışmasında, okullaşmanın artışı ve sınıf tekrarının azalmasına bağlı olarak bu oranlar, 1.20 ile 5.81 olarak bulgulanmıştır (World Bank, 2001). Young ve Van der Gaag (2002) Ürdün'de çocuk ölümlerinin azalması ve ilk ve ikinci öğretimde okullaşmanın artmasıyla oranları 1.49 ile 3.06 arasında bulgulamıştır. Son olarak, Kaytaz (2005) Türkiye Erken Destek Projesi'nin fayda-maliyet oranlarını hesaplamıştır. Bu oranlar bir sonraki bölümde sunulacaktır.

Bu fayda-maliyet oranları neyi gösterir? EÇG programlarına yatırım yapmanın insan gelişimine olduğu kadar ekonomiye de faydası olduğunu. Kaytaz (2005) bunu, EÇG programlarından elde edilen faydaların bazı ekonomik yatırımlardan elde edilenlerden daha fazla olduğunu göstererek açıklar. Karşılaştırılan bu diğer yatırımlar, fabrikalar, ağaçlandırma, hayvancılık ve tarım projeleridir. Buradaki önemli nokta, programın fayda-maliyet oranlarının bulunmasının mutlak maliyet analizlerinden daha önemli olduğudur. Etki yaratmayan ucuz programlarla kıyaslandığında (ki bunlar aslında daha "maliyetli"dir), yüksek oranda yararları olan pahalı programlar daha iyi yatırımlar olarak görülür.

Yine de özellikle kaynakları sınırlı olan Çoğunluk Dünya'daki programların mutlak maliyetleri göz ardı edilemez. Genel olarak, yarı profesyonelleri, profesyonel olmayanları (aynı şekilde gönüllüleri, ana babaları) kullanarak yürütülen ev merkezli yerel toplum programları, resmi kurum merkezli profesyonel çalıştıran okulöncesi programlardan daha az masraflı olmaktadır. Erken müdahalelerden anlaşılan genellikle örgün okulöncesi kurumlar olduğundan, devlet bu eğitimi "lüks" olarak görmektedir. Bu görüş bugün giderek azalmakta ve tüm dünyada daha az masraflı ama örgün okulöncesi eğitime alternatif olabilecek programlar geliştirilmektedir.

Birden çok yarar sağlayan (çocuğun bilişsel, sosyoduygusal ve fiziksel gelişimi, okula uyumu ve okul başarısı ve ileride yaşam başarısının iyileşmesi) ve birden çok hedefe ulaşan (çocuklar, onların ana babaları, kardeşler, bütün aile, yerel toplum) programlar, verimli yatırım olarak görünmektedir. Özellikle Çoğunluk Dünya'da, bu tür çokyönlü yaklaşımların sosyal açıdan "insan gelişimi"ne ve EÇG'ye katacağı çok şey vardır. Bir sonraki bölümde böyle çok amaçlı bir müdahale çalışmasına örnek olarak Türkiye Erken Destek Projesi tartışılacaktır.

Bu tartışmanın ışığında, tek bir en iyi erken müdahalenin değil, güçlü yönleri olan birçok farklı yaklaşımın olduğu ortaya çıkmaktadır. Burada durumun özellikleri ve müdahalenin amaçları iyi bir şekilde belirlenmelidir. Çocuk gelişiminin çokyönlü olarak kavramlaştırılması ve bu gelişimin bağlamsal olarak algılanması çok önemlidir.

Türkiye'de EÇG

Daha önce belirttiğim gibi, bir sonraki bölümde bir EÇG müdahale programı uygulaması olan Türkiye Erken Destek Projesi'ni sunacağım. Buradaysa, TEDP'ye bir arka plan oluşturması açısından Türkiye'deki EÇG hizmetlerine kısaca değineceğim. Bu, ayrıca Çoğunluk Dünya'da EÇG programlarının oluşturulmasına yönelik çabalara da bir örnek teşkil edecek.

Türkiye'de bir okulöncesi kurumdan yararlanan çocuk oranı yaklaşık olarak %16'dır. Bu kurumların azlığı, çoğunun özel ve ücretli olması nedeniyle yoksun sosyoekonomik düzeyden gelen çocuklar için kritik bir durum oluşturmaktadır. Ulusal kaynaklar ilköğretime yönelmiştir ve devlet, okulöncesi hizmetlerine yok denecek kadar az bir destek sağlamaktadır. Türkiye'de son yıllarda kırdan kente yoğun bir göçü kapsayan hızlı bir sosyal değişim yaşanmaktadır. Bu durum çocuk bakımına yönelik talebi artırmış ve bu talep çocuk bakım merkezlerinin sayısının artmasına yol açmıştır. Ancak, düşük gelirle çalışan ana babalara sağlanan EÇG programları genellikle çocuğun bakımıyla sınırlı kalırken, eğitim veren okulöncesi kurumlar orta gelir düzeyindeki ailelere hizmet vermektedir. Bu düşük gelirli ailelere sağlanan çocuk bakımı, çalışan annelerin çocuğuna iş saatleri içinde bakım sağlayan işyerlerindeki kreşlerdir.

1978-1980 yılları arasında Eğitim Bakanlığı için hazırlanmış Türkiye Okulöncesi Projesi'nde (Kağıtçıbaşı, 1981) çocuk gelişim uzmanları ve erken çocukluk dönemi eğitimcilerinden oluşan bir takımı yönettim. Bu takım EÇG'nin Türkiye'deki durumuyla ilgili çalışmalar yaptı, okulöncesi merkezler için farklı çalışma modelleri geliştirdi ve okulöncesi kurumlarda kullanılmak üzere kaynaklar hazırladı, ana baba ve öğretmenleri eğitti. Bu materyaller, *Çocuk Gelişimi, Anaokullarında Yıllık Program, Anaokulu Faaliyetleri, Bilişsel Aktiviteler* ve *Çocu-*

ğunuz ve Siz başlıklı metinlerdir. Milli Eğitim Bakanlığı tarafından basılan bu kitaplar, ana babalara ve anaokul öğretmenlerine yönelik değerli yayınlar oldu, ancak geniş bir kitleye ulaşamadı. Ayrıca bu projeyle bakanlığa, okulöncesi hizmetlerin iyileştirilmesi ve bu hizmetlerin ilkokul eğitimi ve öğretmenlerin eğitimi ile uygun bir şekilde tasarlanması konularında ayrıntılı önerilerde bulunuldu. Bu proje bizim boylamsal çalışmamızın—yani TEDP'nin—önünü açtı ve politikayla ilgili gelişmelerin ortaya çıkmasını sağladı.

Türkiye'deki EÇG hizmetleri, ülkenin gelişmişlik düzeyiyle karşılaştırıldığında çok geridir. Bu durum, tutucu aile değerleri, kentli kadınların çalışma oranlarının düşük olması–ki son yıllarda bu oran yükseliyor–ve çocuğun okul başarısı için erken uyarımın/eğitimin önemi konusunda bilgi eksikliği ile bağlantılıdır. Bu konuda söylenebilecek olan, psikologların, çocuk gelişimi uzmanlarının ve eğitimcilerin ana babaları, büyüyen çocuğun, özellikle yetersiz koşullarda büyüyen çocuğun ihtiyaçlarına duyarlı hale getirememiş olduklarıdır.

Son dönemde, Türkiye'deki alternatif EÇG hizmetlerinin yaygınlaştırılmasını savunanlarda artış görülmektedir. Bu önemli bir gelişmedir; çünkü masraflı ve yaygınlık açısından yetersiz geleneksel kurum merkezli okulöncesi modelden öteye gider. Bu değişim, anne ve çocuk eğitimi aracılığıyla, ev ve yerel toplum merkezli desteği içermektedir. Bu bir sonraki bölümde sunulacak Türkiye Erken Destek Projesi'nin bir uzantısı olarak görülebilir.

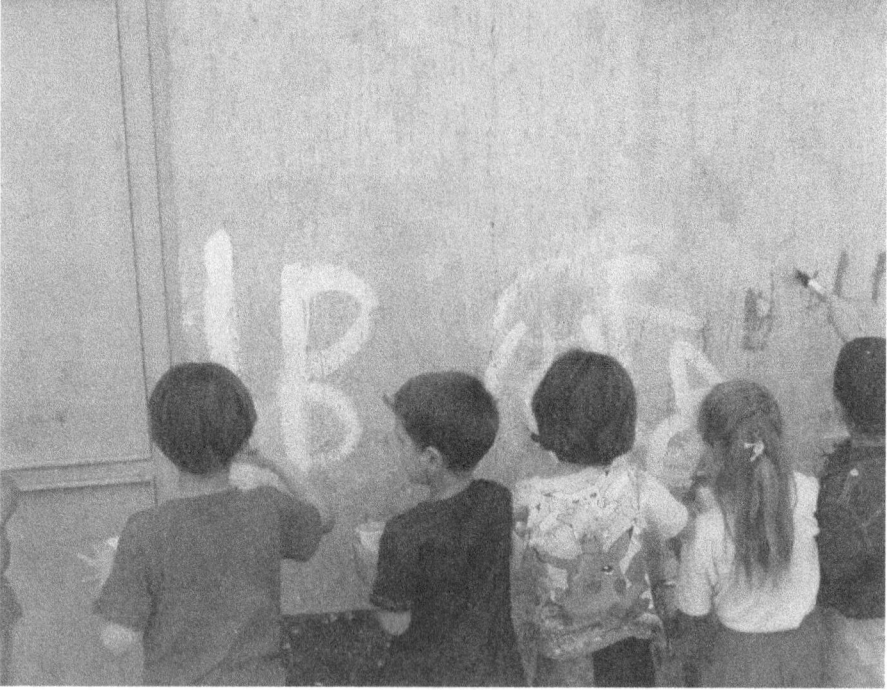

Özet ve Temel Noktalar

- EÇG programları erken çevresel destek ve çocuk için kaynak oluşturma konularına önemli bir örnek teşkil eder; çok çeşitli müdahaleleri içerir.

- Head Start'ın önceki değerlendirmeleri başarısız olduğu sonucuna varmıştı. Bu değerlendirmeler kavramsal ve yöntemsel problemler içeriyordu. Sonraki değerlendirmeler, bilişsel becerilerdeki, okula hazırlık ve okul başarısındaki kazanımlara dikkat çeker.

- Bu erken dönem destek projelerinin deneysel yöntem içeren boylamsal sonuçları, deneysel gruptaki çocukların okul başarısı ve uyumunun arttığını, suç oranları ve ergenlik dönemi hamileliklerinin azaldığını gösterir.

- Değerlendirmelerin üçüncü aşaması, bu faydaların uzun zaman içinde daha da güçlendiğine işaret eder. EÇG programlarının hizmet sunumu çeşitleri kurum temelli, ev temelli ve bu iki türün birleşiminden oluşan yaklaşımlardır. Verimlilikleri göreli bir kavram olup, tartışmaya değerdir.

- Çoğunluk Dünya'da EÇG programları geri kalmıştır. Yenilikçi ve uygun maliyetli yaklaşımlar ile çok sayıda çocuğa ulaşma ihtiyacı vardır. Bu ihtiyacın farkına yavaş yavaş varılmaya başlanıyor ve bazı alternatif EÇG programları deneniyor.

- Myers (1992) beş değişik yaklaşım ve program seçeneğinden bahsetmiştir: Bunlar; kurum temelli programlar, ana baba destek/eğitimi, yerel toplum gelişimi, kurumların güçlendirilmesi ve EÇG programları için bilinç ve talep uyandırmadır.

- Çoğunluk Dünya'da, kontrol grubuyla karşılaştırıldığında erken eğitimsel müdahaleleri almış çocukların sınıf tekrarlarının az olduğunu ve daha yüksek okul başarısı gösterdiklerini görüyoruz.
- EÇG programlarındaki bazı kavramsal ve yöntemsel noktalar, hizmetlerin nasıl dağıtıldığı, çocuk gelişiminin kavramsallaştırılması, etkilerin zamanlaması, çıktı değişkenlerinin tanımlanması, programların uygulanması ve fayda-maliyet hesaplarının yapılmasıdır.
- Değerlendirme araştırmalarında çok tartışılan bir konu esas odak noktasının çocuk mu ana baba mı olacağıdır. Hem çocuğu hem de çocuğun yakın çevresini (ana baba) hedef almak çok önemlidir. Ayrıca çocuğu bütün olarak ele alan bir yaklaşım gereklidir.
- Gelişimin değişik evrelerindeki uzun süreli etkileri, kısa süreli IQ kazanımlarından daha önemlidir.
- Bazı zamanlarda uygulamanın kalitesi, hangi yaklaşım ya da programın uygulandığından daha önemli olabilmektedir.
- Programın, uygun maliyetli olması veya fayda-maliyet oranı, mutlak maliyetinden daha önemlidir.

DOKUZUNCU BÖLÜM

Türkiye Erken Destek Projesi

B ir önceki bölüm, psikolojinin insan gelişimini destekleyici bir uygulama olarak katkıda bulunduğu erken çocukluk gelişimi ve eğitimi (EÇG) araş-tırmalarının bir özetini sunmuştu. Bu bölüm, bu konuya açıklık kazandıracak bir örnek olarak, Türkiye Erken Destek Projesi'ni sunmakta. Bu proje aynı zamanda bir müdahale programıdır ve bu kitabın temel konusu olan "katılımlı sosyal bilim" görüşüne örnektir. İkinci ve Üçüncü Bölümler'de sunulan kuramsal perspektifler bu bölümde sunulan destek programının kuramsal temellerini oluşturmuştur.

Türkiye Erken Destek Projesi, [1] daha önceki EÇG araştırmaları geleneğine dayanır ve 22 yıllık (1982-2004) bir süreyi kapsar. İlk araştırma, saha çalışması-na dayanan 4 yıllık bir müdahale projesiydi. Birinci takip araştırması, orijinal araştırmanın tamamlanmasından 6 yıl sonra, (destek programından 7 yıl sonra), ikinci takip araştırması ise 12 yıl sonra gerçekleştirilmiştir. Her üç çalışmayı da meslektaşlarım Sevda Bekman ve Diane Sunar ile birlikte yönettik. (Bekman, 1998a ve b; Kağıtçıbaşı, 1997a ve b; Kağıtçıbaşı vd, 1998 ve 2001). Bu bölüm, orijinal çalışmayı ve takip araştırmalarını sunmaktadır.

---

1   Bu proje, Kanada Uluslararası Kalkınma Araştırmaları Merkezi (IDRC) tarafından desteklenmiştir. Proje Yöneticisi: Çiğdem Kağıtçıbaşı. Yardımcı Yöneticiler: Diane Sunar ve Sevda Bekman (bkz. Kağıtçıbaşı, Sunar ve Bekman, [1988]. *Comprehensive preschool education project: Final report*, Manuscript Report 209e, IDRC, P.O. Box 8500, Ottawa, Canada KIG 3H9.)

Takip araştırması, Nüfus Araştırmaları Konseyinin Ortadoğu Araştırmaları Ödülü tarafından desteklenmiştir (Grant No. MEA 272). Aynı araştırma grubu tarafından yönetilmiştir.

Proje'nin değişik aşamalarında Sheldon Shaeffer, Anne Bernard (IDRC) ve Frederic Shorter'ın (Population Council) verdiği kişisel desteklere teşekkür ederim.

Dört Yıllık İlk Çalışma

Orijinal araştırma 4 yıllık boylamsal bir araştırma olup İstanbul'daki düşük gelir düzeyli bölgelerde erken çocukluk desteği ve anne eğitimini içermiştir. Erken çocuk eğitiminde kurum temelli ve ev merkezli yaklaşımların etkileri hem ayrı ayrı hem de birlikte incelenmiştir. Kurum temelli çocuk bakımı, proje tarafından oluşturulmamış, mevcut çocuk bakım kurumlarının eğilimlerine göre seçilmiştir (bakım veya eğitim kurumu). Her iki tip merkezden birer grup çocuk ve ev bakımında olan üçüncü bir grup çocuk incelenmiştir. Çocuklar bu üç ortama tesadüfi dağıtım ile ayrılmadıklarından, araştırmanın bu yönü deneysel bir yöntemden çok yarı-deneysel bir yöntemle incelenmiştir. Her grupta 3 ve 5 yaşındaki çocuklar bulunmaktadır.

Projenin destek programı, araştırmanın ikinci ve üçüncü yıllarında, her üç gruptaki (eğitim grubu, bakım grubu, ev grubu) çocukların annelerinin, tesadüfi örneklemeyle seçilen bir kısmına uygulanan anne eğitimi olmuştur. Böylelikle kullanılan araştırma düzeni, üç (ortam: bakım kurumu, eğitim kurumu ve ev ortamı) çarpı iki (yaş: 3 veya 5) çarpı iki (anne eğitim aldı/almadı) faktörlü bir deney düzeni olmuştur (bkz. TABLO 9.1). Araştırmanın ilk yılında, temel veriler olarak çocuklar, anneler ve anne-çocuk etkileşimi incelenmiş ve sosyoekonomik/ demografik veriler toplanmıştır. İkinci ve üçüncü yıllarda tesadüfi örneklemeyle seçilen deneysel gruptaki annelere anne eğitimi destek programı uygulanmıştır. Dördüncü yılda ise yeniden ölçümler yapılmıştır.

Örneklem, İstanbul'un, çoğunlukla kadınların çalıştıkları ve çocuk bakım merkezleri bulunan beş fabrika bölgesinden alınmıştır. Düşük gelir düzeyi olan bu beş bölgenin çoğu, şehrin kenar semtlerindeydi. Başlangıçta 3 ve 5 yaşındaki çocuklar rastlantısal olarak çocuk bakım merkezlerinden seçilmiş ve yeteri sayıda olmayan merkezlerde tüm 3 ve 5 yaşındakiler projeye dahil edilmiştir. Çocukların anneleri ise anneler örneklemini oluşturmuştur. Evde bakılan çocukların aileleri de anneleri fabrikada çalışan çocukların aileleriyle komşuydular. Evde bakılan çocukların annelerinin çoğu ev dışında başka bir yerde çalışmıyordu. Annelerin ortalama yaşı (ilk yıl için) 29'du (babalarınkiyse 32,8). Annelerin okula devam süresi ortalama 5,4 yıldı (babalarınki de 5,8). Bütün aileler düşük gelirli olup benzer koşullarda, çoğunlukla gecekondularda yaşamaktaydı.

Bu beş bölgede nüfusun çoğu mavi yakalı işçi olarak, bazıları da küçük işletmelerde ve kayıtdışı ekonomide çalışıyordu. Aile örneklem grubunun çoğunluğu daha önceden köyden kente göç etmişti. Annelerin sadece %27'si, babaların ise %26'sı kentte doğmuştu. Ancak örneklem grubunun çoğu çok genç yaşlarda göç etmiş olup uzun süredir İstanbul'da yaşamaktaydı. Türkiye'de daha önce yapılan bir araştırmanın da gösterdiği gibi, kişinin yaşadığı yer ile ailesinin nereden geldiği (büyük kent, kasaba veya köy) modernleşme düzeyinde önemli bir etmen olmaktadır (Kağıtçıbaşı, 1982a, 1982b). Böylelikle örneklem grubu,

TABLO 9.1. İlk Dört Yıllık Araştırma Düzeni

	HER GRUPTAKİ KATILIMCI SAYISI						
	EĞİTİM VEREN KURUM		BAKIM KURUMU		EV ORTAMI		TOPLAM
ÇOCUĞUN YAŞI	3	5	3	5	3	5	
ANNEYE EĞİTİM VERİLDİ	11	16	23	17	16	7	90
ANNEYE EĞİTİM VERİLMEDİ	18	19	30	35	34	29	165
TOPLAM	29	35	53	52	50	36	255

NOT: $F = 3.55$; $p = .03$; sd. 2,244

"yarı kentli" olarak tanımlanabilir. Anne örneklem grubunun çoğunluğu (üçte ikisi) ya vasıfsız işçi ya da yarı kalifiye fabrika işçileriydi; üçte biri ise çalışmayan kadınlardı (bir kısmı eviçi üretim ya da küçük işletmelerde çalışmaktaydı).

Yöntem ve Ölçümler

Anne eğitimi, araştırmanın müdahale programını oluşturmuştur. Birinci yıldaki değerlendirmelerle temel veriler elde edildikten sonra, eğitim kurumunda, bakım kurumunda ve evde büyüyen çocukların anneleri arasından tesadüfi olarak seçilen bir gruba, projenin ikinci ve üçüncü yıllarında anne eğitimi destek programı uygulanmıştır. Bunlar projenin deney grubunu oluşturmuştur. Anne eğitimi destek programına seçilmeyen anneler ve çocukları kontrol (karşılaştırma) grubunu oluşturmuştur. Anne eğitimi, temel bağımsız değişken olurken, diğer bağımsız değişken de okulöncesi ortam olmuştur (bakım kurumu, eğitim kurumu, ev ortamı).

Orijinal araştırmanın dördüncü ve son yılında önce/sonra ve deney (anne eğitilmiş)/kontrol (eğitilmemiş) grubu farklarını saptamak için yeniden ölçümler yapılmıştır. Hemen hemen tüm birinci yıl ölçümleri tekrar edilmiş; ancak dördüncü yılda 7 ve 9 yaşına gelmiş olan çocuklara artık uygun olmayan ölçümler yapılmamıştır. Ek olarak okul ile ilgili değerlendirmeler de dahil olmak üzere, birkaç başka ölçüm de uygulanmıştır. Çocuğu bütüncül olarak inceleme ve bağlamsal yaklaşımımız doğrultusunda, çocuklar, anneler ve aileler hakkında ayrıntılı ve kapsamlı bilgiler alabilmek için çok sayıda ve çeşitli türde ölçümler uygulanmıştır. Çeşitli ölçümlerin uygulanmasının bir başka nedeni de herhangi bir ölçüme bağlı kalmayıp değişik ölçümlerden alınan bilgilerin birbirini doğrulayıcı ve denetleyici değeri olmasıdır. Böylelikle çeşitli testlerle çocuklar ölçülmüş, gözlemlerle hem çocuklar hem de anne-çocuk etkileşimi incelenmiş, derinlemesine mülakatlar yoluyla da annelerden bilgi alınmıştır.

Çocukların ve ailelerinin ölçümleri dört ana alanda gerçekleştirilmiştir: Bilişsel gelişim, sosyoduygusal gelişim, aile ortamı ve çocuk bakım merkezi ortamı. Bilişsel ölçümler: a) (Stanford-Binet Zekâ Testi'nin Türkçe adaptasyonu ile) IQ puanları; b) Piaget'nin Sıralama ve Sınıflandırma İşlemleri (ayrıca dördüncü yılda çoklu sınıflandırma); c) Birinci yılda, bilişsel analitik düşünce (Wechsler Okulöncesi ve İlkokul Zekâ Ölçeği'nin [WPPSI] "Küp Deseni," WISC-R testinden "Parça Birleştirme" ve "Resim Düzenleme" üç alt testinden oluşan analitik üçlü"); bilişsel stili ölçen Çocuklar için Gizlenmiş Şekiller Testi (CEFT) ve tesadüfi seçilmiş saat-örneklemli, çocuk bakım merkezi gözlemleri ile ölçülen davranış karmaşıklığı; d) Okul başarısını ölçmek için uygulanan matematik ve Türkçe standart başarı testleri ve dördüncü yıl uygulanan genel yetenek testi; e) Okul notları: Proje'nin dördüncü yılında küçük grubun (birinci yıl 3 yaş grubu) bir yıllık ilkokul notları ile daha büyük yaş grubunun (5 yaş grubu) üç yıllık notları.

Sosyoduygusal gelişim ölçümleri: a) Özerklik/bağımlılık (gündüz bakımevlerinden belirli zamanlarda alınan gözlemlere ve annelerin beyanlarına dayanarak değerlendirildi); b) Saldırganlık (anne mülakatları ve gözlemler yoluyla); c) Sosyal katılım düzeyi (R. Rohner 1980, Ailenin çocuğu kabul etme-reddetme enstrümanı, PARI'den saldırganlık alt ölçeği, gözlem ve anne mülakatları kullanılmıştır); d) Duygusal problem göstergeleri (Koppitz, 1968, puanlama sistemiyle Goodenough Bir-İnsan-Çiz Testi) ve e) Benlik algısı/özgüveni içermiştir (PARI'den alınan bazı bölümler anne mülakatlarında sorulmuştur).

Aile değişkenleri ölçümlerinin kapsadığı alanlar: a) Demografik ve sosyoekonomik bilgiler; b) Ev ortamı (baba ve annenin eğitimini, annenin konuşma ve iletişim yeteneğini, çocuğa okunan/anlatılan hikâyelerin sıklığını, mevcut oyuncak sayısını ve evde kitap bulunup bulunmadığını/kitapların sayısını kapsayan bir çevresel uyarı endeksi); c) Mülakatlarla saptanan annenin çocuk yetiştirme tutum ve davranışları, yaşam tarzı, benlik algısı, yaşamdan tatmin olma düzeyi ve Hess ve Shipman, (1965) Oyuncak ve Blok ayrımı işlevi gözlemleriyle ölçülen annenin öğretme tarzı da dahil olmak üzere anneyle ilgili bilgiler olmuştur. Dördüncü yılda, eşler arası karar verme, rol dağılımı ve iletişime dayalı olarak annelerin aile içi statüsü de ölçülmüştür.

Çocuk bakım merkezi ve öğretmen değişkenlerinin ölçümleri, bakım merkezlerinin okulöncesi eğitim veren ya da salt bakım yapan kurumlar olmalarına göre sınıflamalar olmuştur. Sınıflamalar, merkezlerin ve öğretmenlerin doğrudan gözlemlerine ve yöneticileriyle yapılan mülakatlara dayanmıştır.

Ölçümlerin güvenilir olması ve anne ve çocuklar tarafından kabul edilebilir olması için her çaba gösterilmiştir. Testler ve mülakatlarda katılımcılarla iyi ilişkiler kurmaya ve bunların normal aktiviteler olarak sunulmasına çok özen gösterilmiştir. Genel olarak katılımcılar tarafından bu ölçmeler olumlu olarak karşılanmış, önemli bir sorun çıkmamıştır.

Okuyucu, kitabın ana teması olan kültürel ortam ve kültüre duyarlı araştırmaların önemi ile burada kullanılan Batı ölçümleri arasında bir çelişki bulabilir. Bu durum için üç açıklama söz konusudur. İlk olarak, daha önce birçok kere belirttiğim gibi, okul hazırlığı için genel bir bilişsel gelişim standardına gerek vardır. Ancak bunun ekolojik-kültürel geçerliliği de olmalıdır, ki biz ekolojik geçerliliği (Bronfenbrenner, 1979) sağlamak için çok uğraştık. Böylelikle, burada evrensel ölçeklerle kültürel uygunluğun bütünleşmesi için uğraşılmıştır. İkinci olarak, bazı değişkenler için sil baştan yeni ölçümler yaratacağımıza, katılımcılarla kullanımının uygun olduğunu düşündüğümüz daha önceden var olan (güvenirlik ve geçerliği olan) ölçümleri kullandık. Her ölçüm için, bir pilot çalışmasında yeni güvenirlilik testleri de uyguladık. Üçüncü olarak, bilhassa aile değişkenleri, ana baba eğilimleri gibi değişkenler için, kendi ölçümlerimizi oluşturduk. Bunun nedeni de kültürel ortamın burada daha belirgin olarak ön planda olmasıydı.

Anne Eğitimi
Projenin destek programı, tesadüfi olarak seçilen annelere iki yıla yayılan (60 hafta, her yıl 30 hafta) "anne eğitimi" olarak verilmiştir. Anne eğitimi, Bilişsel Eğitim Programı ve Anne Destek Programı olarak iki kısımdan oluşmuştur.

Bilişsel Eğitim Programı
Çocukların bilişsel gelişimini desteklemek için, "Okulöncesi Çocuklara Evde Eğitim Programı" (HIPPY) kullanıldı. Bu program Kudüs'teki Hebrew Üniversitesi, Eğitimde Yenilik için Araştırma Enstitüsü tarafından hazırlanmıştır (Lombard, 1981). Biz Türkiye'de kullanımı için Türkçeye çevirisini ve uyarlamasını yaptık. HIPPY, 4 ve 5 yaşlarındaki çocuklar için bilişsel gelişimin üç alanı üzerinde odaklaşmaktadır (dil, duyu ve algılamaya dayanan ayrım ve problem çözme yeteneği). Bilişsel Eğitim Programı, okuma yazma öncesi ve matematik öncesi becerileri geliştirmeyi de kapsayan bir okula hazırlık programı olarak görülebilir.

Materyaller her hafta dönüşümlü olarak, evlerde ve grup ortamlarında annelere verilmiştir. Anneye, evde çocuğu ile materyalleri nasıl kullanacağı rol alma yöntemi ile izah edilerek anlatılmıştır. Her biri 25-30 sayfa tutan 60 adet çalışma formu ve 18 adet hikâye kitabını kapsayan materyallerle anneler evlerinde, kendi çocuklarıyla günde 15-20 dakikalık haftalık program uygulamışlardır.

Genel olarak programda, proje ekibi tarafından eğitilip idare edilen yarı profesyonel eğiticiler çalışmıştır. Yarı profesyoneller, "Grup Liderleri" ve "Eğitici Anneler" olmak üzere iki gruptan oluşmaktaydı. "Grup Liderleri" aynı zamanda yöre sorumlusu olarak çalışmıştır (beş bölgenin her birinden sorumlu bir temsilci). Bunlar en az lise mezunu olup, iyi eğitim görmüş ve araştırma grubu tarafından özel olarak eğitilmişti. "Eğitici Anneler" ise projeye katılan annelerle aynı düşük eğitim ve sosyoekonomik düzeyde olup, annelere evlerde programı sunmuş ve onlara grup ortamında yardımcı olmuşlardır. Eğitici anneler, grup liderleri tarafından eğitilmiş ve her hafta yakından izlenmiştir. Eğitici anneler, programı evlerdeki annelere öğretmeden önce ilk olarak kendi çocuklarında deniyorlar, ondan sonra annelere öğretiyorlardı.

Anne Destek Programı

Bilişsel Destek Programı çalışmasına ilaveten, iki haftada bir yapılan grup toplantılarında, proje ekibi tarafından yönetilen grup tartışmaları yapıldı. Grup tartışmaları, annenin gelişmekte olan çocuğun ihtiyaçlarına ve kendi ihtiyaçlarına karşı daha duyarlı olmasına ve duygularını sözle iyi ifade edebilmesine yardımcı olacak şekilde hazırlanmıştı. Amaç, çocuğun genel gelişimini desteklemek olup, annelerin yeterlik ve kendilerine güven duygularını da geliştirmeleri desteklendi. Grup liderleri tarafından yürütülen bu tartışmalara anneler etkin bir şekilde katılıyordu; sorular soruyorlar, fikirlerini dile getiriyorlar, konuyla ilgili düşünce ve deneyimlerini paylaşıyorlardı. Çoğunlukla tartışmalar sonunda alınan kararlar evlerde uygulanıyor ve uygulamanın sonuçları da bir sonraki toplantıda tekrar tartışılıyordu. Bazen de önceden verilmiş olan kararlar yeni bir karara dönüşebiliyordu.

Annelerin, çocuklarının genel gelişimlerine yardımcı olmalarını sağlamak için Lewin (1958) geleneğindeki grup dinamikleri teknikleri kullanılmıştır. İlk yılki toplantılarda, çocuğun sağlığı, sağlıklı beslenme ve yaratıcı oyun etkinlikleri gibi konular tartışıldı. İkinci yılda ise, daha çok disipline ve anne-çocuk ilişkisine ve iletişimine önem verildi. Ayrıca çocuğu kabul etme, onu "dinleme," annenin çocuğa kendini duyurması da tartışıldı. Tüm program boyunca annelerin olumlu bir benlik kavramı edinmeleri teşvik edilmiştir. Amacımız, anneleri sorunlarla baş edebilecek şekilde güçlendirmek, çocuklarının olduğu kadar kendi gereksinmelerine de dikkat etmelerini sağlamak olmuştur. Bunlara ek olarak, sağlık ve aile planlaması konularına da değinilmiştir.

Programı kültüre duyarlı kılmaya özen gösterilmiştir. Örneğin, var olan yakın aile bağları ve ilişkisellik değerleri ön plana çıkarılıp kullanılmış, bunun yanı sıra, çocuk yetiştirme tarzlarına yeni bir kavram olarak "özerklik" dahil edilmiştir. Özerk-ilişkisel benlik idealine doğru yaklaşmak amaç edinilmiştir. Anne Destek Programı'nın yurtdışından getirtilmeyip, orijinal bir program olması, programın kültürel olarak duyarlı kılınmasında önemli olmuştur. Grup çalışmalarında, 1 saat bilişsel gelişim programına ve 1-1,5 saat Anne Destek Programı'na ayrılmıştır. Tüm annelerin grup toplantılarına katılmaları beklendiğinden ve bu en başta vurgulandığından devamsızlık az olmuştur.

Programın yeterli bir şekilde uygulandığından emin olmak için, 2 yıllık anne destek programı süresince grup ve ev etkinlikleri yakından izlenmiştir. Grup gözlemlerine, proje ekibiyle beraber üniversite öğrencileri de katılmış, projenin sürekli denetimi ve gelişmelerin doğru kaydı için gereken özen gösterilmiştir.

Dördüncü Yıl Sonuçları

Daha önce belirtildiği gibi, çocuğu bütüncül olarak inceleme ve bağlamsal yaklaşımımız doğrultusunda, Türkiye Erken Destek Projesi için çok sayıda ve çeşitli türde ölçümler uygulanmıştır. Bundan dolayı, çok sayıda bulgu elde edilmiştir. Bulgular burada, çocuk sonuçları (bilişsel ve sosyoduygusal) ve anne sonuçları olarak özetlenmiştir. Her ne kadar proje destek programının (anne eğitimi) bulguları vurgulanmaktaysa da, çevre etkisi de (eğitim kurumu, bakım kurumu, ev ortamı) kısaca özetlenecektir. Başka türlü belirtilmediyse, bildirilen bütün sonuçlar, istatistiksel önemlilik düzeyinde bulgulardır.

Bilişsel Gelişim (Çocuk Sonuçları). Dördüncü yılda uygulanan Stanford Binet Zekâ Testi sonuçlarında, anneleri eğitilmiş olan çocuklarla, projenin ikinci ve üçüncü yıllarında anneleri eğitilmemiş olan kontrol grubundaki çocuklar arasında önemli bir fark görüldü (bkz. **TABLO 9.2**).

Bu programda çocuklara doğrudan bir işlem yapılmayıp, bütün eğitimin anne aracılığıyla dolaylı olarak yapılmış olması, bu bulguyu daha da önemli kılmaktadır. Özellikle gündüzleri evde olan çocuklar için anne eğitimi önemli bir fark oluşturmuştur (bkz. **TABLO 9.2**). Eğitim kurumunda olup annesi eğitilen çocukların göreli olarak daha az zekâ puanı artışı sağlaması belki bir "tavan etkisi"yle açıklanabilir. Bu sonuç, bir önceki kısımda belirtildiği gibi, önceki bazı araştırma bulgularıyla da uygun düşmektedir (Myers, 1992). Şöyle ki, EÇG programlarının etkileri destek öncesi yoksunluğun derecesiyle orantılıdır.

Analitik Üçlü Test sonuçları IQ puanlarına paralellik göstermiştir. Anneleri eğitilmiş olan okulöncesi eğitim kurumundaki çocuklar en yüksek puanları almış, böylece hem anne eğitimi hem çevre faktörlerinin (eğitim kurumu, bakım kurumu, ev ortamı) önemli etkileri ortaya çıkmıştır. Blok Düzenleme ve Gizlenmiş Şekiller (CEFT) testlerinde, anne eğitimi ve çevrenin benzer olumlu etkileri görüldü. Son olarak, Piaget'nin sınıflandırma işlemlerinde, anneleri eğitilmiş çocuklar, kontrol grubundaki anneleri eğitilmemiş çocuklardan daha yüksek puan elde ettiler (χ^2=7.54, p= .02). Bilişsel performanslardaki bu farklılıklar, bütün eğitimin anne aracılığıyla dolaylı olarak yapıldığı "deney" grubundaki çocukların bu uygulamadan çok yararlandığını göstermektedir.

Çalışmanın 4. yılında, çocukların yaşlarına ve okul yıllarına uygun genel yetenek, matematik ve Türkçe başarı testleri uygulandı. Okul başarısı, küçük yaş grubu için 1. sınıf karne notları, büyük yaş grubu için üç yıllık karne notları

TABLO 9.2. Dördüncü Yıl Sonunda Çevre ve Anne Eğitimine Göre Çocuklardan Elde Edilen Bilişsel Puanlar

ÖLÇÜM		EĞİTİM KURUMU	BAKIM KURUMU	EV ORTAMI	TOPLAM	F DEĞERİ
IQ	ANNEYE EĞİTİM VERİLDİ	94.19 n=27	90.80 n=41	92.89 n=22	91.21	F=18.36 p= .0001 sd.1,244
	ANNEYE EĞİTİM VERİLMEDİ	89 n=34	82.72 n=60	86.12 n=60	85.43	
	TOPLAM	91.30	86.00	87.66		
	F=3.55; p= .03; sd. 2,244					
ANALİTİK ÜÇLÜ	ANNEYE EĞİTİM VERİLDİ	14.85	11.76	8.35	11.82	F=7.81 p= .0006 sd. 1,245
	ANNEYE EĞİTİM VERİLMEDİ	11.63	9.84	8.09	9.58	
	TOPLAM	13.03	10.60	8.16		
	F=16.09; p= .0001; sd. 2,245					
BLOK DÜZENLEME	ANNEYE EĞİTİM VERİLDİ	16.06	15.22	13.54	14.86	F=16.68 p= .0001 sd. 1.246
	ANNEYE EĞİTİM VERİLMEDİ	14.39	13.57	10.45	12.63	
	TOPLAM	15.14	14.32	11.16		
	F=16.09; p= .0001; sd. 2,245					
CEFT	ANNEYE EĞİTİM VERİLDİ	8.41	5.98	7.22	7.02	
	ANNEYE EĞİTİM VERİLMEDİ	7.37	5.40	6.66	6.32	
	TOPLAM	7.82	5.63	6.84		
	F=5.68; p= .004; sd. 2,254					

incelenerek saptandı. Tüm başarı testlerinde, annesi eğitilmiş olan çocukların, annesi eğitilmemiş olanlardan daha yüksek başarı gösterdikleri görüldü. Özellikle projenin 4. yılında uygulanan "sonra" ölçümlerinde, 1. sınıfı tamamlamış olan küçük yaş grubunun matematik notları kontrol grubuna göre daha öndeydi

(F=10.59, sd=1, 91, p= .002). Genel yetenek testinde de, bütün anneleri eğitilmiş grup, kontrol grubundan daha öndeydi (F=3.9, sd= 1, 212, p= .05).

Anne eğitiminin olumlu etkileri, eğitimin daha ilk yılının sonunda bile görülmeye başlamıştı. Anneleri eğitilmiş grubun, eğitilmemiş gruba göre tüm konulardaki notları, istatistik önemlilik düzeyinde olmasa bile yüksekti. Anne eğitiminin ikinci yılının sonunda ise genel olarak etkiler daha belirginleşmiş olup, anneleri eğitilmiş grubun Türkçe notları önemli düzeyde daha yüksek bulundu. Sosyal bilgiler notlarında da önemlilik düzeyine yakın bir farklılık vardı (F=11.19, sd=1, 80, p= .0011; ve F=3.29, sd=1, 79, p= .074). Ayrıca anne eğitimi bittikten bir yıl sonra bile anne eğitiminin olumlu etkileri çocukların okul başarısına yansımaya devam etmiş, anneleri eğitilmiş grup, anneleri eğitilmemiş gruptan önemli derecede daha yüksek notlar almış ve akademik ortalama açısından da daha başarılı olmuştu (F=4.5, sd=1, 80, p= .037). Aynı durum davranış notları için de geçerli olup, okula daha iyi uyumu göstermekteydi (F=4.22, sd=1, 79, p= .043).

Okulöncesi çevreye bakarsak, yine, eğitim veren okulöncesi kurumun diğer çevreye kıyasla (bakımevi ve ev) üstünlük gösterdiğini görmekteyiz. Okulöncesi eğitim kurumuna giden çocuklar, başarı testleri, okul başarısı ve davranış notlarında, diğerlerine göre önemli düzeyde daha yüksek puan aldılar (Kağıtçıbaşı vd, 1988).

Genel olarak, bilişsel gelişim ve okul başarı göstergeleri incelendiğinde, anne eğitimi ve eğitim kurumunun olumlu etkileri görülmektedir. Anneleri eğitilmiş çocuklar, kontrol grubundaki çocuklara kıyasla, bütün bilişsel gelişim ve okul başarı ölçümlerinde daha yüksek puan almışlardır. Yine aynı şekilde, hemen hemen bütün bilişsel ölçümler, eğitim veren okulöncesi kurumun, bakımevinden ve ev ortamından çok daha üstün olduğunu göstermektedir. Anneleri eğitilen ve eğitici bir okulöncesi ortamından gelen çocuklar, tüm testlerde en yüksek puanları aldılar. Ancak, çevre ve anne eğitimi arasında istatistiksel bir etkileşim bulunmamıştır. Bu, anne eğitimi ve eğitim kurumunun etkilerinin birbirine eklenmiş olabileceğini gösterir. Ayrıca eğitim kurumuna giden çocuklar, olumlu çevre etkisiyle zaten bilişsel performans potansiyellerini gerçekleştirmiş olduklarından bir "tavan etkisi" de ortaya çıkmış olabilir.

Sosyoduygusal Gelişim (Çocuk Sonuçları). Sosyoduygusal gelişim bulguları, bilişsel gelişim alanındaki kadar belirgin olmamıştır. Her ne kadar işe vuruk ölçümü çok zor olan bu alanda, anneleri eğitilmiş çocuklarla kontrol grubundaki çocuklar arasında bazı farkların saptanması, destek programının önemine işaret etse de fark, istatistik önemlilik düzeyine ancak ulaşmıştır. Çocuk bakım ortamlarındaki farklılıklar daha az belirgin olsa da evde bakılan çocukların, eğitim kurumuna gitmiş olan çocuklara oranla annelerine daha bağımlı oldukları

(F=4.29, sd=2, 196, p= .015) ve daha fazla duygusal sorunları olduğu saptandı (F= 4.82, sd=2, 198, p= .01).

Anneleri eğitilmiş gruptaki çocuklar, anne mülakatlarında kullanılan R. Rohner'in (1980) saldırganlık ölçeğiyle incelendiğinde, anneleri eğitilmemiş çocuklardan daha az saldırgan bulundular (t=2.59, p= .01). İstatistiksel önemlilik düzeyine varmasa da, R. Rohner'in (1980) özerklik/bağımlılık ölçeğinde anneleri eğitilmiş grup kontrol grubuna kıyasla daha özerk bulundu (t=1.75, p= .08). Rohner'in benlik kavramı ölçeğinde ise, anneleri eğitilmiş grup, eğitilmemiş gruptan daha olumlu benlik kavramı puanına sahip olmuş, aradaki fark istatistiksel önemliliğe yaklaşmıştır (F=3.19, sd=1, 191, p= .07). Son olarak, okula uyum ölçeğinde, anneleri eğitilmiş grup, gene istatistik önemlilik düzeyine varmasa da, eğitilmemiş gruptan biraz daha yüksek puan almıştır (F=3.06, p= .087).

Annenin Çocuğa Yaklaşımı. Araştırmada kullanılan anne mülakatı, annenin çocuğa yönelik tutumunu ve davranışlarını, ondan beklentilerini öğrenmeye yönelikti. Dördüncü yılın sonunda eğitilmiş ve eğitilmemiş anne grupları arasında, annenin çocuğa yaklaşımında önemli farklar bulunmuştur. Eğitilmiş annelerin çocuklarına daha çok ilgi gösterdikleri görüldü. Çocuğa yemek saatleri dışında ne kadar sıklıkla vakit ayırdıkları sorulduğunda iki grup arasında bir farklılık ortaya çıktı. Eğitilmiş annelerin %34,7'si "sıklıkla" veya "oldukça sık" yanıtını verirken, eğitilmemiş annelerin yalnız %18,6'sı aynı yanıtı verdiler. Ayrıca eğitilmiş anne grubu, evdeyken çocukla daha fazla etkileşim içinde olduklarını belirtti (eğitilmiş %26,6; eğitilmemiş %9,6); öte yandan eğitilmemiş anne grubunun %57,1'i, eğitilmiş annelerin ise %38,9'u çocuklarının evdeyken kendi başılarına oynadıkları yanıtını vermiştir (χ^2=14.6, sd=4, p= .005).

Eğitilmiş anneler, eğitilmemiş annelere kıyasla çocuklarına daha sık masal anlatıp, kitap okuduklarını söylediler (%87,7'ye karşı %62,6; χ^2=40,8, sd=3, p= .0001). Ayrıca eğitilmiş anneler, çocuklarının ev ödevleriyle de daha çok ilgileniyor (t=3.54, p= .001) ve çocuğun bilişsel becerilerine önem veriyorlardı (%32,2'ye karşı %25,6). Bu önemseme, eğitilmiş annelerin çocuğun bilişsel becerilerine yönelik tutum ve davranışlarıyla uyum göstermektedir. Pratik günlük becerileri çocuğa öğretmede ise iki grup arasında pek farklılık bulunmamıştır.

Eğitilmiş ve eğitilmemiş anneler, çocuklarına yönelik tutumları ve onlardan beklentileri açısından da farklılık gösterdiler. Eğitilmiş anneler, çocuklarının özellikle okul başarısı (F= 2.84, p= .09) ve daha uzun süre eğitim görmeleri konusunda yüksek beklentileri olup (t=2.03, p= .04), çocuklarının gerçekten de daha fazla okuyacağını tahmin ediyorlardı (t= 2.11, p= .04). Benzer şekilde, çocukların yardım istemeden neleri kendi başılarına yapabileceklerini bekledikleri sorulduğunda, iki grup anne belirgin bir şekilde farklı yanıtlar verdi (χ^2=14.85, sd=5, p= .01). Eğitilmiş grupta en sık verilen yanıt, okul başarısı oldu (%48,8'e karşı kontrol grubu için %18,6). Kuşkusuz, daha önce açıklandığı gibi, eğitilmiş annelerin çocuklarından bu yüksek okul başarısı (okuma) beklentileriyle, çocuklarının okulda gösterdiği başarı arasında bir bağ olmalıdır.

Projenin hipotezi hakkında bilgilendirilmeyen testçiler, annenin çocuğuna bir şeyler öğretmedeki yaklaşımlarını ölçen Hess ve Shipman, Yapılandırılmış Oyuncak ve Blok Düzenleme İşlemini uyguladılar. Eğitilmiş annelerin, çocuklarını eğitirken, eğitilmemiş annelerden daha fazla teşvik ve sözlü ödüllendirme uyguladıkları; işlem sırasında çocuğa yönelik teşvik, övgü, olumlu geribildirim, muhakeme ve bilişsel/rasyonel yaklaşımları daha çok kullandıkları saptandı (t=1.67, p= .09). Ayrıca eğitim alan anneler, 2-3 yıl öncesine göre çocuklarını genel olarak daha olumlu değerlendiriyorlardı (t=2.16, p= .03).

Son olarak, destek programında eğitilmiş annelerin, eğitilmemiş gruba oranla çocuklarıyla daha fazla sözlü iletişim kurdukları görüldü. Eğitilmiş annelerin daha çok sözlü iletişime başvurması hem çocuğun bir davranışından hoşnut kaldıklarında (%73,5'e karşı %58,1, χ^2=6.01, sd=1, p= .02) hem de özellikle hoşnutsuz kaldıklarında (%40,7'ye karşı %21,9; χ^2=9.79; sd=1; p= .002) ortaya çıkıyordu. Eğitilmemiş anneler ise çocuklarına kızdıklarında, eğitilmiş annelerden daha sık fiziksel cezaya (dayak) başvuruyorlardı (eğitilmemiş %36,8; eğitilmiş %17,6; X^2=10.11, sd=1, p= .002). Ayrıca eğitilmiş annelerin (%61), eğitilmemiş gruba göre (%39), çocuğun davranışlarının ardındaki niyeti değerlendirmeye daha yatkın oldukları görüldü. Çocuk disiplininde, eğitilmiş annelerin, öğüt verme ve çocuğun davranışlarının sonuçlarını izah ederek istenmeyen davranışları değiştirmeye de daha çok çalıştıkları görüldü (%26,4 ve %16,1; χ^2=3.77, sd=1 , p= .05).

Anne mülakatlarının sonucunda ortaya çıkan, deney (eğitilmiş) grubundaki anneler ile kontrol (eğitilmemiş) grubundaki anneler arasındaki farklılıklar, iki gruptaki değişik ana babalık yönelimlerine işaret etmektedir. Bu kitapta anlatılan gelişim psikolojisi alanındaki araştırma ve kuramlar, deney grubundaki ana babalık yaklaşımının, çocuğun bilişsel, ahlaki ve kişilik gelişimindeki olumlu etkisini vurgulamaktadır. Bu yaklaşım, çocukla sözel iletişimin daha çok, cezanın ise daha az kullanıldığı; çocuğa daha çok ilgi göstermek; çocuğu destekleyen etkileşim; övgü ve destek; çocuktan yüksek beklentiler; çocuğa hikâyeler okumak veya anlatmak; çocuğa ev ödevlerinde yardımcı olmak; çocuklarından genel olarak daha çok memnun olmak gibi özellikleri içermektedir. Bu durum, Goodnow'un (1988) belirttiği "ana baba modernliği"ne benzemektedir (bkz. 2. ve 3. Bölümler). Hem annelerin kendi söylediklerinden elde ettiğimiz sonuçlar hem de annelerin çocuklarla problem çözme işleminde gözlemlenen davranış biçimi (çocukla etkileşim) aynı yönde olup, anne eğitiminin ana babalık üzerindeki olumlu etkilerini göstermektedir.

Deney ve kontrol grubu karşılaştırmalarının dışında, proje tarafından verilen anne eğitiminden önce ve sonra edinilen bulguların karşılaştırmalı bir yaklaşımı da bize önemli bilgi kazandırıyor. Birinci yılın bulguları, annelerin sosyal, uyumlu, itaatkâr çocuk davranışlarına değer vermekte olup, yakın ilişkilere ihtiyaç duyduklarını göstermektedir. Örneğin, annelere, çocuklarının onları memnun edecek ne yaptığı ve genelde çocuklarının hangi davranışlarının onları memnun ettiği sorulduğunda, "çocuğun anneye yönelik iyi davranışı," en çok verilen yanıttı. Çocuklardan beklenen davranışların %80'i, sevgi göstermek, itaatkâr olmak ve diğerleriyle iyi geçinmek gibi ilişkisel davranışlardı. Böylece anneler tarafından sosyal/ilişkisel yönelimlerin veya sosyal zekânın önemsendiği açıkça görülüyordu. Buna karşılık "özerklik" söz dinlememek ve "dik başlılık" olarak görülerek anneleri kızdıran bir çocuk özelliğiydi ve kabul edilemeyecek davranışların yarısından fazlasını içermekteydi. Annelerin, çocuğun anneye bağımlılığı konusundaki şikâyetleri, dikkat çekecek kadar düşüktü (%1,2). "İyi çocuğun" tanımlanmasında, anneler, kibar (%37) ve itaatkâr (%35) tanımlarını diğerlerine göre daha sık vurguluyorlardı. Özerk olma ve kendine bakabilme tanımları ise yine çok az rastlanan yanıtlardı (%3,6).

Dördüncü yılda ise, eğitilmiş annelerin kontrol grubuna kıyasla, çocuklarında özerk davranışlara daha çok değer verdikleri görüldü (F=12,5, p= .02). Buna ilaveten, annelere, çocuklarının hangi davranışlarının onları memnun ettiği sorulduğunda eğitilmiş anneler grubu, eğitilmemiş gruba göre iki kat daha fazla özerklik olarak sınıflandırılabilecek yanıtlar verdi (%21'e karşı %9,7; χ^2=6.04, sd=1, p= .01). Her ne kadar "özerklik" yanıtı eğitilmiş grupta bile pek sıklıkla verilmese de, araştırmanın ilk yıl bulgularıyla karşılaştırıldığında, "özerkliğe" verilen önemdeki artış çok dikkat çekicidir.

Her iki gruptaki annelerin büyük çoğunluğu, çocuklardaki yakınlık ve sevgi gösterme gibi davranışlardan hoşnut olmaya devam etti. Bu bulgular, yakın ilişkilerin ve itaatin önemsendiği iç içe aile ilişkilerini yansıtmaktadır. Demek ki eğitilmiş bazı anneler, hem çocuğun özerkliğine olumlu yeni bir yaklaşım benimsemiş hem de çocuklarına, eğitilmemiş anneler kadar yakın kalmıştır. Böylelikle özerk-ilişkisel benlik anlayışına uyan davranışlar göstermişlerdir. Bu değişimler, ilişkisellikle özerkliği bir araya getiren yeni bir çocuk yetiştirme yaklaşımına işaret etmekte olabilir. Böylece, destek programı aracılığıyla, çocukta ilişkisel benlikle özerk benliğin bir sentezi, yani özerk-ilişkisel benlik desteklenmektedir. Bu sonuçlar 5. ve 6. Bölümler'de sunulan psikolojik/duygusal bağlı aile modeli ve özerk-ilişkisel benlik modeliyle uyumludur. Böylelikle özerklik ve ilişkisellik sentezinin bir destek programıyla ortaya çıkabileceği görülmüştür.

Anneler Üzerindeki Doğrudan Etkiler. Anne eğitimi programı salt anne-çocuk ilişkisini ve çocuğu etkilemekle kalmamış, programın ana amacı olmasa da doğrudan annenin de davranışlarını etkilemiştir. Projenin dördüncü yılında, eğitilmiş anneler kontrol grubuna kıyasla, kocaları karşısında daha yüksek aile içi statüye sahip olmuşlardır (Kağıtçıbaşı vd, 2001). Daha önce yurt çapında gerçekleştirilen bir araştırma için, ortak karar verme, rol paylaşımı ve eşler arası iletişimi kapsayan bir Kadının Aile İçi Statüsü Endeksi hazırlamıştım (Kağıtçıbaşı, 1982a ve b). Kadının yüksek aile içi statüsü, eşiyle paylaştığı eşitlikçi ilişkiyi gösterir. Bu endeksteki yüksek puan, birlikte karar vermeyi (sadece erkeğin karar vermesinin tersine), eşler arası iletişimi, kadın ve erkeğin belirgin farklı rolleri olmayıp, rol paylaşımı yapıldığını gösterir. Daha önce Çocuğun Değeri Projesi için (bkz. 5. Bölüm) bu endeksle saptadığım genel ülke değerleriyle ve kontrol grubu ile karşılaştırıldığında, eğitim alan annelerin oldukça iyi bir konuma geldikleri görüldü. Eğitilmiş gruptaki annelerin kendi yaşamlarına, 3 yıl öncesine göre ve kontrol grubuna kıyasla daha iyimser baktıkları (t=1.98, p= .05) ve gelecekteki durumları hakkındaki beklentilerinin de daha olumlu olduğu ortaya çıktı (t=2.61, p= .01). Bu yönde yanıt verenlere şimdiki durumlarının 3 yıl öncesine göre ne bakımdan daha iyi olduğu sorulduğunda ise eğitim alan anneler, anne eğitim programından dolayı daha iyi eğitilmiş olduklarını ve sorunlarla baş edebilecek şekilde güçlendiklerini ifade etmişlerdir.

Tartışma ve Takip Araştırması Gereği

Türkiye Erken Destek Projesi'nin dördüncü yılında elde edilen sonuçlar, anne eğitiminin ve okulöncesi eğitim kurumunun, çocukların genel gelişiminde olumlu etkileri olduğunu gösterdi. Bütün bulgular beklenen doğrultuda olmuş ve kullanılan ölçümlerin hiçbirinde tahmin edilenin aksi doğrultuda bir sonuç çıkmamıştır. Anneleri eğitilmemiş kontrol grubundaki çocuklar deney grubundaki çocuklardan daha başarısız olmuş, bakım kurumundaki ve evde bakım gören çocuklar, okulöncesi eğitim kurumuna giden çocuklardan geride kalmıştır. Çocuklardaki okul başarısıyla ilgili kazançların, destek programının ilk yılından sonra ortaya çıktığı, programın ikinci yılında ve hatta bitiminden bir yıl sonra da giderek arttığı görüldü.

Bir önceki bölümde tartışıldığı gibi, bir destek programının sağladığı kazançlar (bilhassa IQ puanları) zamanla silinebilmektedir. Birçok erken çocukluk programının etkilerinin uzun vadede kaybolmasının nedeni, bilhassa kurumsal ağırlıklı programların yalnızca bilişsel gelişimi vurgulaması ve çocuğu çevresinden soyutlayarak tek başına ele almasıdır. Çocuğun genel gelişimi "bütünsel" bir şekilde doğal ortamında ele alınmadığından ve böylelikle bilişsel gelişim diğer kazanımlarla desteklenmediğinden, programların olumlu etkileri uzun vadede devam edememektedir. Türkiye Erken Destek Projesi'nde çocuğu bir bütün olarak kabul edip, çokyönlü gelişimi ve çevre ortamını değerlendirerek bu sorunların üstesinden gelmeye çalıştık.

Annenin çocuğa yaklaşımı ve ana babalık davranış değişikliklerinin, çocuğun yakın çevresinde önemli yansımaları olacağı düşünülmüştür. Bu olumlu değişikliklerin uzun süreli olması, programın çocuklardaki etkilerinin daha kalıcı olmasını sağlayabilir. Böylelikle programdan kazanılan etkiler, birbirini pekiştiren olumlu bir döngüye dönüşecektir. Bu varsayımımız, anne eğitiminin sadece çocuğu değil, aynı zamanda anneyi de etkilediğine dayanmaktadır. Annelerin çocuklarına karşı davranışları ve annelerin üzerindeki doğrudan etkilerle ilgili bulgular, annelerdeki değişikliğe işaret etmektedir.

Böyle olumlu bir zincirleme etkinin başladığı belirtisi, çocuklar ilkokula başladığı zaman, yani Türkiye Erken Destek Projesi'nin dördüncü yıl sonuçlarında ("sonra" testinde) ortaya çıkmıştı. Anneleri eğitilmiş olan ve eğitim kurumuna giden çocuklar, okula daha iyi uyum sağlamış ve okulu sevmiş, başarı testlerinde daha yüksek puanlar almış ve okulda daha başarılı olmuşlardır. Buna ilaveten, eğitilmiş anneler, çocuklarından daha memnun olduklarını belirtmiş, çocuklarının okul başarılarıyla ilgili ve onların daha fazla okumaları konusunda daha yüksek emelleri ve beklentileri olduğunu ifade etmişlerdir.

Okula yönelik davranışlar ve yaklaşımlara ilaveten, eğitilmiş annelerin çocuklarına yönelik genel tutumları ve onlarla olan etkileşim tarzları da çocuğun genel gelişimi ve refahına yardımcı olmaktadır. Bunlar bilhassa çocukta özerkliğe değer vermek, çocuğa daha fazla ilgi göstermek ve onunla etkileşim içinde bulunmak, çocuğun ev ödevlerine yardımcı olmak, çocukla daha fazla sözel ve rasyonel iletişim kurmak ve çocuğa daha çok hikâye okuyup anlatmak şeklinde ortaya çıkmıştır. Anneleri eğitilmiş çocukların okul başarılarındaki artışın, anne eğitimi programının bitiminden bir yıl sonra bile *devam etmesi*, olumlu döngüsel gelişmenin kanıtıdır.

Ancak her ne kadar bu ve diğer sonuçlar umut verici olsa da, kazanımların gerçekten sürekli olup olmadığı ancak bir takip araştırmasıyla saptanabilir. Bu nedenle, uzun vadedeki etkileri inceleyecek bir takip araştırması planlandı. Bu araştırma, okulöncesi eğitim (kurum ağırlıklı ve çocuk ağırlıklı destek) ve anne eğitimi (ev merkezli, anne-çevre ağırlıklı destek) programlarının etkilerinin sürekliliklleri bakımından karşılaştırılmaları için öngörülmüştür. Bizim beklentimiz, anne eğitiminin etkilerinin, okulöncesi kurumsal eğitimden daha sürekli olduğu yönündeydi. Bu beklentimiz, daha önce tartıştığımız ortamsal yaklaşımımızdan kaynaklanmaktadır. Takip araştırması, annelerdeki değişimlerin sürekli olacağını öngören varsayımımızı sınamak için yapıldı.

Bu varsayımımızın bir nedeni de, anne eğitim programının, kültürde var olan kadın ağlarının destek grupları halinde, etkili bir şekilde kullanımından yararlandığı, bir yerel toplum müdahale programı modeli olmasıdır. Bu ağların, programın bitiminden sonra da kısmen devam etmesi ve annelere destek sağlaması beklenebilir. Sonuçların devamlılığı konusundaki beklentimizin bir başka

TABLO 9.3. Takip Araştırmasının Düzeni

	HER GRUPTAKİ KATILIMCI SAYISI			
	EĞİTİM KURUMU	BAKIM KURUMU	EV ORTAMI	TOPLAM
ANNEYE EĞİTİM VERİLDİ	24	37	22	83
ANNEYE EĞİTİM VERİLMEDİ	31	50	53	134
TOPLAM	55	87	75	217

nedeniyse, annelerin eşleri ve çocuklarıyla ilişkilerinde işe yarayan, uyum sağlayıcı nitelikte olmasıydı. Anne eğitim programı, annelere daha iyi iletişim kurabilme becerisini kazandırdığından, bu yeni becerilerin problem çözmede etkili olacağı ve böylelikle iyi öğrenileceği ve uzun süreli olacağı beklenebilir. Gerçekten de dördüncü yılda, eğitilmiş anneler, karşılarındakini suçlamak yerine kendi duygularını ifade etmeyi öğrendiklerinde ya da çocuklarının kötü davranışlarını değiştirmek için dayak yerine "davranış değiştirme" tekniklerine başvurduklarında, daha iyi sonuçlar aldıklarını ve duruma hâkim olduklarını belirtmişlerdir.

Birinci Takip Araştırması

Birinci Takip Araştırması, ilk araştırmanın bitiminden 6 yıl, anne eğitiminin bitiminden ise 7 yıl sonra gerçekleştirilmiştir. Amaç, şimdi ergen olan deney ve kontrol grubu çocuklarla anneleri ve ailelerinin durumunu incelemek ve bunu orijinal destek programıyla ilişkilendirmekti.

Takip araştırmasının düzeni, orijinal çalışmanın hemen hemen aynısıdır (bkz. **TABLO 9.1** ve **TABLO 9.3**), sadece yaş kategorisi çıkarılmıştır. 3 x 2'lik matris, üç kategorili erken çevre ortamı (eğitim kurumu, bakım kurumu ve ev ortamı) ile iki kategorili anne eğitiminden (eğitilmiş, eğitilmemiş) oluşmaktadır.

En büyük sorun, böyle uzun bir süreden sonra, orijinal örneklemi oluşturan ailelere ulaşmaktı. Orijinal örneklemi oluşturan 255 anne-çocuk çiftinden (aileden), sadece %10 kayıp oranı ile 225 anne ve çocuğa ulaşıldı ki bu büyük bir başarıdır. Bunlardan 217 aile takip araştırmasına katılmayı kabul etti (bkz. **TABLO 9.3**). Mülakatlar sırasında, ergenlerin 108'i 13 yaş civarında, 109'u ise 15 yaş civarındaydı; 117 erkek ve 100 kız vardı. Bunlardan 161'i halen okuldaydı; 56'sı ise okulu terk etmişti. Bu çocuklar 5. sınıftayken zorunlu temel eğitim süresi beş yıldı, (şimdi sekiz yıl).

Takip araştırmasında, ergenlerle, annelerle ve babalarla derinlemesine mülakatlar yapıldı. Ergenlerle yapılan mülakatlarda, okumaya ve eğitime yönelik tutumları, aile içi ilişkiler (güncel ve geçmişe yönelik), eğitim ve mesleklerileriyle ilgili beklentiler, benlik kavramı ve sosyal uyum ile ilgili bilgiler alındı. Annelerle yapılan mülakatlar, çocuklarının eğitimi ve sosyal uyumuyla ilgili tutumları, çocuk yetiştirme, aile içi ilişkiler, çocuklarının eğitim ve mesleklerileriyle ilgili beklentileri, annenin benlik kavramı, aile içinde eşiyle rol paylaşımı, iletişimi, beraber karar vermeleri (kadının aile içindeki statüsü) gibi konularda sorular içerdi. Anne mülakatının kısaltılmış bir versiyonu babalara uygulandı.

Ergenlere ayrıca, bireysel olarak, Wechsler Çocuklar İçin Zekâ Testi'nin (WISC-R) Türkçe standardizasyonlu Sözcük Dağarcığı Alt Testi (Savaşır ve Şahin, 1988)[2] ve yine Türkçe standardizasyonlu Şekil Yerleştirme Testi (Okman, 1982) uygulandı. Okul başarılarıyla ilgili bilgiler (karneler) ayrıca toplandı.

Birinci Takip Araştırmasının Sonuçları

Takip araştırmasında çok sayıda sonuç elde edildi. Anne eğitimi ve okulöncesi bakım ortamları (eğitim/bakım kurumu ve ev ortamı) ile ilgili sonuçlar ileride özetlenmiştir.[3] Aksi belirtilmediği takdirde, mülakat maddelerinde, 1 ile 5 arası Likert ölçekleri kullanılmıştır.

Bilişsel Gelişim ve Okul Başarısı. Zorunlu eğitimin beş yıl olduğu bir ortamda, düşük sosyoekonomik düzeyli kesimlerden gelen bu çocuklar için zorunlu

---

2 Bu yaşlarda başarı ve zekâ testleri, okul yaşantısından etkilendiğinden, bu test bir başarı testine veya bir zekâ testine tercih edilmiştir. Zorunlu eğitim 5 yıl olduğundan, toplam örneklemimizdeki ergenlerin %36'sı gibi küçümsenmeyecek bir kısmı okulu terk etmiş, bazıları birkaç yıldır okula gitmemişti. Bu, bizi yanlış yönlendirebilecek bir faktör olabilirdi. Ayrıca, benzer araştırmaların sonuçları eğitim programlarından edinilen zekâ puanı kazançlarının 6. sınıftan sonra devam etmediğini göstermiştir (Berrueta-Clement vd, 1984). Bu nedenlerle bir sözcük dağarcığı testi tercih edilmiştir. Sözcük dağarcığı da okul yaşantısından etkilenmekle birlikte, bu yaşta (13-15) ve televizyon, radyo, gazete, dergi vb sözel uyaranların bol olduğu kentsel bağlamda, bu etki görece daha azdır. Ayrıca gerek Türkiye'de gerek benzer konularda Yunanistan, İsrail gibi ülkelerde yapılan bazı araştırmalar, düşük sosyoekonomik düzeyli deneklerin özellikle sözel değil de performans testlerinde daha zorluk çektiğini ve genelde WISC-R'nin sözel faktörünün değişkenliği daha iyi açıkladığını göstermiştir (Kağıtçıbaşı ve Savaşır, 1988). Nihayet, WISC-R'nin Türkçe standardizasyonu bizim örneklemimize uyan kentsel düşük sosyoekonomik düzey normlarıyla yapılmıştır. Ayrıca sözcük dağarcığı alt-testi, geniş çaplı bir araştırmaya dayanarak tasarlandığı için, yüksek geçerliği, güvenirliği ve ayırt etme gücü vardır (Savaşır ve Şahin, 1988).

3 Deney (eğitilmiş anne) ve kontrol grupları (eğitilmemiş anne) arasındaki farkların yönü açısından kurama dayanan kesin beklentilerimiz olduğundan, tek yönlü (p) değerleri verilmiştir.

TABLO 9.4. Ergenin Akademik Başarısı

İLKOKUL GENEL ORTALAMALARI	ANNEYE EĞİTİM VERİLDİ N=83		ANNEYE EĞİTİM VERİLMEDİ N=134			
	ORTALAMA	SS	ORTALAMA	SS	T	P
TÜRKÇE	8.85	1.36	8.18	1.41	3.08	0.001
MATEMATİK	8.15	1.75	7.32	1.75	3.01	0.001
GENEL AKADEMİK	8.56	1.45	7.89	1.53	2.82	0.002

eğitimin ötesine geçen bir okullaşma, eğitime olan olumlu yaklaşımın önemli bir göstergesidir. Bu kesimde genellikle ekonomik baskılar yüzünden, özellikle okulda başarısız ve okumaya hevesli olmayan birçok çocuk, zorunlu olan ilkokul eğitiminden sonra ortalama 11-12 yaşlarında okulu bırakmaktadır. Bu önemli okullaşma (okula devam etme süresi) göstergesine bakıldığında, eğitim programının tamamlanmasından yedi yıl sonra, anne-eğitim programına katılmış olan çocukların %86'sının, kontrol grubunun ise %67'sinin hâlâ okulda olduğu görülmüştür. Aradaki fark, istatistik önemlilik düzeyindedir (χ^2=9.57, p= .002).

Bu bulgu, tek başına bile, objektif bir sonuç ölçümü olarak, erken desteğin (anne eğitimi) uzun süreli etkisini göstermede çok büyük önem taşımaktadır. Ortamsal erken destek modelimizin eğitim politikalarını etkileyecek gücüne işaret etmektedir. Çocukların gittiği okulöncesi bakım ortamları arasında ise (eğitim veren kurum, bakım veren kurum ve ev ortamı), okullaşma ile ilgili istatistiki önem taşıyan bir farklılık belirmemiştir.

İlkokulda ders başarısı, eğitimle ilgili ikinci objektif göstergemiz olup, yine deney (eğitilmiş anne) ve kontrol grupları arasında önemli farklılık göstermiştir. Beş yıllık ilkokul eğitimi süresince alınan karneler incelendiğinde, deney grubu çocuklarının, Türkçe, matematik ve genel okul başarısında kontrol grubu çocuklarından daha yüksek notlar aldıkları görülmüştür (bkz. **TABLO 9.4**). Bu bulgu, kullanmış olduğumuz destek modelinin değerini yine açık bir şekilde kanıtlamakta, kazanımların kısa süreli olmadığını göstermektedir. Beş yıllık okul başarısının, deney grubundaki çocukların ilkokul sonrası okula devam etme oranını olumlu etkilemiş olduğu görülüyor. Okula başlandığında yaşanan olumlu deneyimin, okul başarısını ve okula devam etme oranını olumlu yönde etkilediğini göstermektedir.

İki grubun ilkokul notları arasındaki istatistiki önem taşıyan fark, ilkokuldan sonra, ortaokulda bulunamamıştır. Bunun nedeni büyük olasılıkla anne eğitimi olmayan gruptaki çocuklardan başarısız olanlarının, ilkokuldan sonra okula devam etmemeleri, bu gruptan geriye kalan başarılı çocukların ortaokula devam etmiş olmasıdır. Böylece, kontrol grubunda doğal bir eleme söz konusudur.

Okulöncesi bakım ortamı, notları da doğrudan etkilememiştir. Ancak salt bakım kurumundaki çocukların, eğitim kurumu ya da ev gruplarındaki çocuklara kıyasla, bir veya daha fazla yıl sınıfta kalmış oldukları bulgulanmıştır (F=4.69, sd=2, 216, p= .01).[4] Bir önceki bölümde de belirtildiği gibi sınıfta kalmak, istenmeyen ciddi bir sonuçtur.

Sözel bilişsel performansı gösteren standardize edilmiş WISC-R Sözcük Dağarcığı Alt Testi'nde, annenin eğitim almış olduğu grup, almamış olduğu gruba göre daha yüksek puan almıştır. Bu bulgu düşük sosyoekonomik düzeyli ailelerin çocuklarının sözcük bilgisinin daha kısıtlı olduğunu ortaya koyan, Türkiye'de (Kağıtçıbaşı ve Savaşır, 1988; Savaşır vd, 1992; Savaşır ve Şahin, 1988) ve dünyada (Aksu-Koç, 2005; Bernstein, 1974; Hoff, 2003; Laosa, 1984; Leseman, 1993; van Tuijl ve Leseman, 2004) yapılmış araştırmalar açısından önem taşımaktadır. Yani aynı sosyal sınıf içinde bulunan bu fark, anne eğitiminin, düşük sosyoekonomik düzeyin olumsuz etkisini bir miktar telafi edebildiğini gösteriyor. Kitabın 2. ve 3. Bölümleri'nde de sözcük bilgisi ve dil becerisinin okul başarısındaki önemini tartışmıştım. İki yönlü varyans analizi, annenin eğitim almış olduğu grubun, almamış olduğu gruba göre daha yüksek ortalama puan aldığını gösterdi (0-68 ham puanlar üzerinden 45.62 annesi eğitilmiş grup, 41.92 eğitilmemiş grup; sırasıyla, sd=10.23 ve 13.39). Yani anne eğitimi, WISC-R puanlarında 0.3 önemlilik düzeyinde doğrudan bir etki yapmıştır (F=4.63, sd=2, 216).

Okulöncesi bakım ortamları da 0.1 istatistiki önemlilik düzeyinde bir etki yapmıştır (F=4.78, sd=2, 216); şöyle ki, eğitim kurumu grubu 47.06 puanla ilk sırayı alırken, bakım kurumu grubu 43.22 puanla ikinci olmuş, ev grubu ise 40.11 puanla öbür iki grubun gerisinde yer almıştır. Bu iki değişken ayrıca bir etkileşim etkisini de ortaya çıkarmıştır; anne eğitimi, bakım kurumları ile ev gruplarında, eğitim kurumu grubundakinden daha büyük bir kazanç sağlamıştır. Burada da, eğitim kurumu çocuklarında anne eğitiminin, tavan etkisi nedeniyle, diğer bakım ortamlarında (salt bakım grubu ve ev ortamı) yetişen gruplarda olduğu kadar büyük bir etki yapmaması söz konusudur.

Ergenin Akademik Yönelimi. Erken desteğin etkileri, ergenlerin okula yönelik tutumlarında, akademik açıdan kendilerini değerlendirme ve ilkokul öncesinde okula ne derece hazırlanabilmiş oldukları hakkındaki düşüncelerinde de görülmüştür.

Anneleri eğitilmiş deney grubu ergenleri, anneleri eğitilmemiş olanlara kıyasla, okuldaki başarılarından daha memnun olup, öğretmenlerinin de on-

4   Sınıfta kalınan yıldaki notlar silindiği için, sınıfta kalmalar notlara yansımamaktadır.

lardan daha memnun olduklarını düşünmekteydiler. Ayrıca bu ergenlerin daha çoğu, çok çalıştıkları takdirde sınıflarındaki en iyi öğrenci olabileceklerine de inanmaktaydılar (akademik olarak kendine güven duyma). Kontrol grubundaki ergenler ise, okula gitme nedenleri olarak, yapacak daha iyi bir şey olmaması ya da ailelerinin isteği gibi negatif veya dış baskıya dayanan nedenleri daha çok göstermişlerdir (Kağıtçıbaşı vd, 2001). Böylelikle, eğitime olumlu yaklaşım ve akademik bakımdan kendine güven duyma, okul başarısıyla beraber gitmektedir.

Anneleri eğitilmiş ergenler, kontrol grubuna göre ana babaları tarafından da okulda daha başarılı olarak görülüyorlardı. Şöyle ki, deney grubu çocuklarının babaları, kontrol grubuna kıyasla, çocuklarını okulda başarmaya daha hevesli görüyordu (3.26'ya karşı 4.00; t=3.03, p= .003). Anneleri de onların okulda daha başarılı olduğunu düşünüyordu (3.32'ye karşı 3.54; t=1.8, p= .04).

Okulöncesi bakım ortamına gelince; salt bakım kurumu olumsuz bir etki yapmıştır. Salt bakım kurumuna giden çocuklar, eğitim kurumu grubu ve ev grubu çocuklarına kıyasla, hem ana babalarının (F=3.67, sd=2, 214, p= .027) hem de öğretmenlerinin (F=3.53, sd=2, 214, p= .031) kendilerinin okul başarısından pek memnun olmadığını belirtmişlerdir.

İlkokula başlamadan önce okula hazır olup olmadıkları konusunda da, deney grubu, kontrol grubuna kıyasla daha fazla olumlu cevap vermiştir (%77'ye karşı %97; χ^2=15.1, p= .0001). Burada vurgulanması gereken, mülakatta sorulan soruda, gündüz bakımevi gibi her türlü hazırlığın göz önünde tutulduğudur (deney ve kontrol gruplarının üçte ikisi, gündüz bakımevlerine gitmişti). Okula hazır oldukları yanıtını veren ergenlerin arasında annesi eğitilmiş olanlar kontrol grubuna kıyasla, ön hazırlıkların kendilerine okulda daha fazla (4.15'e karşı 4.42; t=2.07, p= .02) ve daha uzun süreli yardımcı olduğuna da inanıyorlardı (4.3 yıla karşı 5.2 yıl; t=3.01, p= .002). Böylelikle, ev merkezli erken çocukluk müdahalesi, ergenlerin kendileri tarafından da yararlı olarak görülüyordu.

Okulöncesi bakım ortamı da çocukların okula hazır olup olmamaları hakkındaki görüşlerini etkilemiştir. Evde bakılan çocukların çok daha az bir oranı, okula başlarken hazır olduklarını ifade etmişlerdir (sırasıyla, %96 ve %93'e karşı %32; χ^2=27.42, sd=2, p= .0000).

Ergenin Sosyoduygusal Gelişimi ve Sosyal Uyumu. Anne eğitimi olmayan gruba oranla, anneleri eğitilmiş gruptaki ergenler, sosyoduygusal ve sosyal uyum alanındaki bazı göstergelerde daha başarılı olmuşlardır. Anneleri eğitilmiş ergenler, kendi kararlarını kendileri verme gibi konularda daha fazla özerklik göstermişlerdir (t=1.73, p= .05). Ayrıca sosyal ilişkilerde daha başarılı olmuş, daha olumlu sosyal uyum belirtileri göstermişlerdir (fikirlerinin arkadaşları tarafından kabul edilmesi (t=2.06, p= .02), annelerinin arkadaşlarını onaylaması (χ^2=9.02, p= .03) ve kanunla başlarının az derde girmesi gibi (χ^2=3.69, p= .05).

Ergenlerin çoğu parçalanmamış ailelerden gelmekte olup, kanunla başı derde giren çok azdır. Ancak az orandaki (%6) kanunla problemi olan ergenlerin hepsi de kontrol grubundandı.

Okulöncesi ortamların karşılaştırılmasında, yine bakım kurumunun olumsuz etkileri belirgindi. Salt bakım kurumuna gitmiş ergenler, diğer okulöncesi bakım ortamlarında bulunmuş olan ergenlerden daha az kendilerine güvendiklerini söylemiştir. Örneğin bu ergenler kendilerini sınıf arkadaşlarından daha az zeki görmekte (F=3.68, sd=2, 214, p= .027) ve istatistiki öneme yakın bir düzeyde sorunlarla baş edebilmede kendilerine daha az güvenmektedirler (F=2.4, sd=2, 214, p= .093). Kanunla başı derde giren 8 çocuktan 6'sı bakım kurumu grubundan, diğer ikisi ise ev grubundandır; hiçbiri eğitim kurumu grubundan değildir. Her ne kadar küçük sayılarla yapılan bir istatistiki testin sonuçlarının anlamlı olması zorsa da, bu bulgular topluma uyum bakımından bazı ipuçları sağlamaktadır.

Dördüncü yıl bulgularında sosyoduygusal sonuçlar pek net değildi. Takip araştırmasında ise uzun süreli etkiler daha belirginleşmektedir.

Ergenin Anneyi Algılayışı. Ergenlerin, çocukluklarında annelerinin nasıl olduğuna dair anıları, Anne Eğitim Programı'nın neler başarmış olduğunu ortaya koyuyor. Anneleri eğitilmiş ergenler, kontrol grubundakilere kıyasla, çocukken annelerinin kendilerine daha yakın ve kendileriyle daha ilgili olduklarını hatırlamaktaydılar; annelerinin onlarla daha fazla konuştuğunu, üzüldüklerinde teselli ettiğini, yaptıklarıyla daha ilgili olduğunu ve daha az dayak attığını söylemişlerdir (Kağıtçıbaşı vd, 2001). Çocukluktan hatırlanan bu deneyimler, eğitim alan annelerin daha farklı bir ana babalık anlayışıyla çocuklarına yaklaştıklarını göstermektedir. Bu durum, iki grup çocuğun yakın çevrelerinin arasındaki en önemli farktır.

Ana Babanın Çocuğu ve Aile İlişkilerini Algılayışı. Anne ve babalarla yapılan mülakatların sonuçları da ergenlerden elde edilen bulguları doğrulamaktadır. Mülakatlardan alınan bilgiler, annelerdeki değişikliklerin, ailenin duygusal atmosferini ve aile ilişkilerini olumlu yönde etkilediğini ve buna tekabül eden, daha önce tartıştığımız, çocuklardaki değişiklikleri göstermektedir. Birçok temel aile değişkeninde, ana baba-çocuk ilişkisinde ve ana babanın çocuğu algılayışında, iki grup arasında önemli farklar ortaya çıkmıştır. Böylelikle deney grubunda, ana baba ve çocuk arasında iletişimin daha sağlıklı olduğu, çocuğun ailesine daha fazla uyum gösterdiği, daha az fiziksel ceza ve genelde daha yakın ve sağlıklı aile ilişkileri yaşandığı, hem anne hem de baba tarafından belirtilmiştir (Kağıtçıbaşı vd, 2001).

Kadının aile içindeki statüsünü ölçen bir endeks de deney ve kontrol grupları arasındaki farkı göstermiştir. Orijinal çalışmanın dördüncü yılında da kullandığımız bu endeks, eşler arası iletişim, rol paylaşımı ve birlikte karar vermeyi ölçen maddelerden oluşmuştur. Eğitilmiş annelerin aile içinde sahip oldukları yüksek statülerini altı yıl sonra da devam ettirdiği görüldü. Bu, kadının aile içindeki olumlu konumuna anne eğitiminin katkısının sürekli olduğunu gösteren önemli bir bulgudur.

Ana Babanın Ergenin Eğitimine Yönelimi/Algısı. Son grup bulgular, ergenin eğitim konumuna yönelik (öğrenci rolü, okullaşma vb), ana babanın yönelimleri/beklentileriyle ilgilidir.

Deney grubundaki ana babalar, kontrol grubuna göre, çocuklarından okul ile ilgili daha yüksek beklentilere sahiptirler. Ayrıca deney grubundaki babalar okul yaşamıyla daha ilgili olduklarını ifade etmişlerdir. Eğitilmiş annelerin tamamı çocuklarının ilkokula başlarken hazır olduğunu belirtirken, bu oran eğitilmemiş anneler arasında %65'e düşmüştür. Eğitim programına katılmış anneler bu hazırlığın çocuklarına ilkokul yıllarında yararlı olduğuna daha çok inanmakta ve böylelikle kendi çocuklarının bağımsız değerlendirmelerini doğrulamaktadırlar. Başka bir deyişle, anne eğitim programı, hem anneler hem de çocuklar tarafından değerli bir okul hazırlığı olarak değerlendirilmiştir.

İki ölçek, çocuğun öğrenci rolünün evde desteklendiği konusunda bilgi vermektedir ki bu da ana babaların, çocuklarının eğitimine yönelik tutumlarıyla en azından dolaylı olarak ilişkilidir. Bunlardan biri, evde çocuğun ev ödevlerine gerektiğinde yardım edilmesidir. Diğeriyse çevresel uyarı endeksidir. Bu endeks, daha önce orijinal araştırmada kullanılmış olup, anne ve babanın eğitim düzeyi, annenin dil yeteneği, gazete ve dergilerin hangi sıklıkta satın alındığı ve evde kitap bulunması gibi maddelerden oluşuyordu. Bu iki göstergede, annelerin eğitilmiş olduğu aileler, eğitilmemiş olanlardan daha yüksek puan almışlardır ki bu da çocuğun okul başarısını daha olumlu etkileyecek bir ev ortamını yansıtmaktadır.

Tartışma ve İkinci Takip Araştırması'nın Gereği

Birinci Takip Araştırması yedi yıl boyunca süregelen önemli kazançlara işaret etmektedir. Bu sonuçlar ileride de anlatılacağı gibi, programda önemli düzenlemelere ve programın geniş çaplı uygulamalarına yol açmıştır

İki Müdahale Modelinin Göreli Etkileri. Erken Destek Araştırması'na başlarken amacımız, hem okulöncesi eğitim kurumunu (çocuk odaklı) hem de anne eğitimini içeren (anne odaklı) bir erken destek modelini incelemekti. Bu nedenle çevre etkisi (eğitim, bakım kurumu ve ev bakımı) ile beraber anne eğitiminin etkilerini de saptadık. Ayrıca en çok yararı eğitim kurumuyla, anne eğitiminin bir aradayken göstereceği etkilerin sağlayacağı varsayılmıştı.

Dördüncü yıl sonuçlarımız bize gerçekten, hem eğitim veren okulöncesi kuruma giden hem de anneleri eğitim görmüş çocukların diğerlerine göre hemen hemen tüm bilişsel gelişme ölçümlerinde ve okul başarısında üstün puan aldıklarını göstermişti (bkz. TABLO 9.2). Ancak eğitim kurumunun ve anne eğitiminin temel etkileri ayrı ayrı olumlu olsa bile, ikisinin bir arada çarpan etkisi yaratmadığı, sadece toplam bir etki yarattığı ortaya çıktı. Diğer bir deyişle, ikisi arasında önemli bir etkileşim bulunmadı. Daha önce de belirtildiği gibi, salt bakım kurumuna giden ve evde bakım gören daha yoksun çocuklar, anne eğitiminden daha çok yararlandılar. Böylece anne eğitimi, daha yoksun olan çocukların kapasitelerini geliştirmede *telafi* edici bir rol oynadı. Eğitim kurumuna giden çocukların bilişsel gelişimdeki kazançları zaten daha üst düzeyde olduğundan, tavan etkisi nedeniyle, anne eğitimi onlara fazla yarar sağlamadı. Eğitim kurumunun çocukların kapasitelerini gerçekleştirmelerine yardımcı olduğunu görüyoruz. Böylece, kurumsal ve ev eğitimi modelleri birbirlerini tamamlamaktan çok, farklı seçenekler olarak ortaya çıkmaktadır.

Bizim araştırmamızın ilk tasarımının özünde bu iki tip müdahale modeli yatıyordu. Önceki bölümlerde de belirtildiği gibi bu iki seçeneğin erken çocukluk eğitimi alanında göreli verimliliği son zamanların tartışma konusudur. Çoğu zaman birbirinden ayrık ve bağımsız yaklaşımlar olmadığından, kurum merkezli ve ev merkezli yaklaşımların göreli faydalarına yönelik sonuçlara varmak oldukça zordur. Daha önce de ifade edildiği gibi, genellikle kurum merkezli (çocuğa odaklaşan) yaklaşımlarda ana baba katılımı olabilmekte, ev merkezli bir yaklaşımda ise doğrudan çocuğa yönelik bir yaklaşım olabilmektedir. Bu sonuncusu, projemizdeki durumdur.

Bununla beraber, araştırma düzenimiz, ilk dört yıllık çalışmamızdaki iki tür müdahalenin göreli verimliliğini incelememize olanak sağladı. Dördüncü yıl sonuçlarına baktığımızda ve özellikle sosyoduygusal sonuçlardan daha net olan bilişsel okul başarısı sonuçlarını incelediğimizde, iki müdahale modelinin de etkili olduğunu gördük. Özellikle eğitim kurumu deneyimi olan çocuklar, 23 ölçümde üstün başarı göstermiş ve 5 ölçümde de istatistiki önemlilik düzeyinde olmasa da olumlu sonuçlar almışlardı. Buna karşılık, salt bakım kurumu grubu, sadece 3 ölçümde başarılı olabilmiş ve ev ortamı grubu ise hiçbir ölçümde yüksek puan elde edememişti. Buna benzer olarak, annenin eğitilmiş olduğu grup, eğitilmemiş gruba kıyasla, 12 ölçümde üstün başarı gösterip, 15 ölçümde istatistiki düzeye varmayan olumlu puanlar elde etmişlerdi. Annenin eğitim görmediği grup ise eğitim gördüğü gruba hiçbir ölçümde üstünlük gösterememişti.

Hem anne eğitimi hem eğitim kurumu modeli dördüncü yılın sonunda etkili bulunmuş, okulöncesi eğitim kurumundan kazanımlar daha da çok ölçüme yansımıştı. Bu açıdan bakıldığında ve dördüncü yıl sonuçlarını bırakıp, uzun vadedeki etkileri incelediğimizde, iki müdahale modelinin göreli etkilerinde bir tersine dönüş ortaya çıkıyor. Anne eğitiminin uzun vadeli etkilerinin, okulöncesi eğitim kurumunun etkilerinden daha fazla olduğu saptandı. Bu durum, hem okula devam, okul başarısı ve eğitime yönelik olumlu tutumlarda hem de sosyoduygusal gelişme ile uyumlu aile ilişkilerinde saptanmıştır. Sadece Sözcük Dağarcığı Testi'nde (WISC-R), hem anne eğitimi hem de kurum ortamı için önemli düzeyde etkiler bulunmuş olup, eğitim kurumu grubu en yüksek puanı elde etmiştir. Salt bakım kurumu grubu bile bu ölçümde ev ortamı grubundan daha başarılı olmuştur. Ancak daha önce de belirtildiği gibi, salt bakım kurumundaki ve ev ortamındaki anneleri eğitilmiş çocuklar, anneleri eğitilmemiş çocuklardan daha üstün başarı göstermişlerdir ki bu da etkileşim etkisinde gözükmektedir.

Uzun vadede eğitim kurumunun etkilerinin silinmesi, bundan önceki bölümde üzerinden geçtiğimiz, ana baba katılımının çok az olduğu veya hiç olmadığı durumlarla ilgili diğer bazı araştırmaların elde ettiği sonuçlarla benzerlik göstermektedir. Çalışmamızdaki eğitim kurumlarının, salt bakım kurumlarından üstün olmasına rağmen yeterince yüksek nitelikli eğitim verememesi, onların etkilerinin uzun vadeli olmamasına yol açmış olabilir. İstanbul'daki işçi kesimin çocuklarına hizmet veren en kaliteli üç bakım merkezini seçmiş olsak bile bu durum söz konusu olabilir. Aslında bazı araştırmalar (Schweinhart vd, 1994 ve 2005), her ne kadar çok önemli düzeyde olmasa da ana baba katılımının olduğu, nitelikli kurumsal okulöncesi eğitim programlarının olumlu uzun vadeli etkilerini saptamıştır.

Bununla birlikte, üzerinde durulması gereken bir husus da çalışmamızdaki okulöncesi eğitim kurumlarının, kısa vadede (dördüncü yılın sonunda) önemli düzeyde etkili olabilmesine yetecek kadar nitelikli olduklarıydı. Buradaki sorun, eğitim kurumunun, elde ettiğimiz kısa ve uzun vadedeki etkilerinin arasındaki farktır. Her ne kadar daha üstün nitelikli bir eğitim kurumunun, uzun vadede daha geniş kapsamlı etkiler yaratma olasılığı varsa da, böyle bir durumun ne kadar gerçekçi olduğu sorgulanabilir. İstanbul'daki kendi deneyimimize dayanarak ve literatürde belirtildiği gibi (Myers, 1992), özellikle Çoğunluk Dünya ülkelerinde, düşük gelirlilere hizmet veren gündüz bakımevlerinin böyle yüksek eğitim kalitesine ulaşmaları oldukça zordur. Demek ki geniş çaplı uygulamalarda, sırf kurum merkezli bir bakım anlayışı yerine, ana babayı da içine alan, çevreye yönelik bütüncül bir yaklaşıma ihtiyaç vardır.

Bu çerçevede, salt bakım kurumlarının uzun vadede, göreli olarak etkisiz olması önemli bir sorundur. Özellikle Çoğunluk Dünya ülkelerinde, düşük gelirli ailelerin çocuklarına hizmet veren okulöncesi kurumların çoğu eğitim kurumu olmayıp, eğitim sağlamayan salt bakım kurumudur. Elde ettiğimiz uzun vadeli sonuçlardan da görüldüğü gibi, bakım kurumunun çocuğu uyarmayan, onu kısıtlayıcı yapısı, çocuğun bütünsel gelişmesini engellemektedir (salt bakım kurumu deneyimi olan ergenler daha çok sınıfta kalmış; kendi ana babalarının ve öğretmenlerinin okuldaki başarılarından az memnun olduklarını belirtmiş;

düşük benlik kavramları olup polisle başı daha çok derde girmiştir). Bu durum kısmen de olsa, salt bakım kurumlarının yetkeci, kısıtlayıcı yapısından kaynaklanmaktadır (Bekman, 1993; Myers, 1992). Böylelikle sık sık gündeme getirilen, daha fazla bakım merkezi gibi nicelik talepleri, bakımın niteliği yükseltilmedikçe, soruna çare getirmemektedir.

İkinci Takip Araştırması

Esas araştırmanın başlangıcından 22 yıl ve birinci takip araştırmasının yapılmasından 10 yıl sonra Türkiye Erken Destek Projesi'nin ikinci takip araştırmasını yaptık (Kağıtçıbaşı, Sunar, Bekman ve Cemalcılar, 2007). Bunca yıldır irtibat kurmadığımız insanları bulmak gerçekten zorlu bir işti. Anne eğitiminin tamamlanmasının üzerinden 19 sene geçmişti. Araştırmadaki çocuklar 25-27 yaşlarındaki genç yetişkinler olmuşlardı. İkinci takip araştırması kurum merkezli ve ev merkezli (anne eğitimi) olmak üzere iki tür erken eğitim metodunun uzun vadedeki etkilerini araştırmak için yapıldı. Ayrıca birinci takip araştırmasının sonuçlarının 12 yıl sonra da hâlâ doğru olup olmadığını merak ediyorduk.

Yöntem ve Prosedür. Birinci takip araştırmasına katılmış olan 217 kişiden, 133'üne ulaşıldı ve mülakat yapıldı. Yani ilk araştırmaya katılanların %61'ine ulaşılabilmişti. Bu yüksek fire oranı bu tip uzun vadeli araştırmalarda olağan sayılmaktadır. Ulaşabildiğimiz katılımcılarla ulaşamadıklarımızı karşılaştırmak için, iki grubun da ilk yıldaki (müdahaleden önceki) IQ puanları, sosyoekonomik düzeyleri ve ilk takip çalışması sırasındaki okula devam durumlarını T-Testlerle karşılaştırdık. Önemlilik derecesinde bir fark bulunmayışı iki grubun benzer olduğunu ve katılımcıların bütün örneklem grubunu temsil ettiğini gösterdi. Yine de grubun azalan sayısı istatistik önemlilik derecesinde sonuçlar elde etmemizi zorlaştırdı. Eğer daha çok kişiye ulaşmayı başarabilseydik, daha yüksek önemlilik düzeyinde sonuçlar elde edebilirdik. Örneklem grubunun sayısının az olmasını ve müdahale ile ölçüm arasındaki uzun zamanı göz önünde bulundurarak, burada 0.10'luk önemlilik düzeyine kadar olan sonuçları sunuyorum. İkinci takip araştırmasındaki genel dağılım, birinci takip araştırmasındakilere benzerdi (bkz. TABLO 9.3).

Altmış altı kadın ve 67 erkek genç yetişkin ikinci takip araştırmasına katıldı. Katılımcıların yaş ortalaması 25,4'tü. Genç kadınların %38'i, genç erkeklerin %27'si evlenmişlerdi. Kadınların evlenme yaşı ortalaması 21,9, erkeklerinki ise 23,6'ydı. Evlenenlerin içinden 21'inin bir; 4 tanesinin ise iki çocuğu vardı. Kadınlar erkeklerden ortalama 2 yıl daha fazla okula gitmişlerdi.

İlk olarak annelerle telefonda irtibata geçildi ve onlardan şimdi birer yetişkin olan çocuklarının irtibat bilgileri alındı. Yetişkin çocuklara bireysel olarak evlerinde ve işyerlerinde mülakatlar uygulandı. %25'i ile de telefonda görüşüldü. Görüşme konuları demografik bilgiler, eğitim geçmişi, kariyer durumu, eğitime yönelik tutum, çocuk yetiştirme ve aile yaşamı ve sosyal katılımı kapsıyordu. Genellikle kapalı uçlu Likert tipi sorular kullanıldı. Ayrıca bir kelime dağarcığı testi de uygulandı.

Kariyer durumu; gelir düzeyi ve prestiji bir araya getiren bir endeksle ölçüldü (Kağıtçıbaşı, 1973). Kelime dağarcığı testi (Gülgöz, 2004) Türkçe kelime bilgisini ölçmekteydi (Cronbach alfası: .77).

İkinci Takip Araştırması'nın Sonuçları

İkinci takip araştırmasının örneklem grubunu yetişkinler oluşturduğu için sonuç değişkenleri ilk dört yıllık çalışmanın ve birinci takip araştırmasının sonuçlarından oldukça farklıydı. Bu farklılık, bu alandaki uzun dönemli takip araştırmaları için olağan bir durumdur. Çok mütevazı bir sosyoekonomik temelden gelmiş olan bu genç yetişkinlerin eğitim başarıları, kariyer durumları ve bulundukları bu önemli yaş döneminde modern sosyoekonomik hayata katılım ve uyumları, yani hayatta nasıl bir konuma geldikleri en çok merak edilen konulardı.

Bundan önceki iki çalışmada olduğu gibi, bağımsız değişkenler; üç okulöncesi ortam (eğitim kurumu, bakım kurumu ve ev ortamı) ve anne eğitimiydi (anne eğitim almış/almamış). Annelere eğitim verilecek ve verilmeyecek grupların, esas çalışmanın ikinci yılında tesadüfi örneklemeyle seçildiğini bir kere daha anımsatalım. Hangi çocukların eğitim kurumuna veya bakımevlerine gidecekleri ya da evde olacakları ise araştırma tarafından belirlenmemişti. Genelde annelerin çalışıp çalışmadığı ve nerede çalıştığı bu konuda belirleyici olmuştu. Ana babanın okulöncesi ortamı seçme şansları yoktu.

Ana hedefimiz erken müdahalenin bu kadar zaman sonra hâlâ etkili olup olmadığını araştırmak, eğer etkiliyse de ne tip etkilerin sürdüğünü görmekti. Bunu saptamak için esas çalışmadaki bağımsız değişkenlerin etkilerini (proje tarafından verilen anne eğitiminin sağladığı destek, eğitim kurumları tarafından sağlanan destek ve her ikisinin beraber sağladığı destek) incelemeye çalıştık.

Böylece üç çeşit karşılaştırma yapıldı:

1) Herhangi bir çeşit EÇG müdahalesinin uzun vadeli etkisi olup olmadığını görmek için, anne eğitimi almış olan grupla (herhangi üç okulöncesi bakım grubundan anne eğitimi almış olan katılımcılar) okulöncesi eğitim kurumuna gitmiş olan (eğitim kurumuna giden anne eğitimi almış ya da almamış olan katılımcılar) grubu birleştirdik. Diğer bir deyişle, çocuklardan annesi eğitim almış olan *veya* okulöncesi eğitim kurumuna gitmiş olan *ya da* her ikisini de almış olanlar "erken müdahale" grubunu oluşturdu. Bu katılımcılar ne anne eğitimi almış ne de okulöncesi eğitim deneyimi olan "karşılaştırma" (kontrol) grubu ile karşılaştırıldı.

2) Projenin müdahalesi olan anne eğitiminin etkilerini özellikle incelemek için anne eğitimi olan ve olmayan gruplar karşılaştırıldı.

3) Son olarak okulöncesi ortamın özel etkilerini görmek için eğitim kurumu, bakım kurumu ve ev ortamı arasında karşılaştırmalar yapıldı.

Erken Eğitim Müdahalesinin Etkileri

Herhangi bir erken destek almış olan katımcılarla almamış olanlar arasındaki farkları görmek için birçok sonuç değişkeni incelendi. Bunlar akademik ve sosyoekonomik başarı olmak üzere iki ana kategoride toplanabilir.

Akademik Başarı. Genel akademik başarı, okullaşma ve üniversiteye devam etme üzerinden belirlendi. Katılımcıların büyüdüğü yıllarda zorunlu eğitim beş yıldı.

Bütün örneklem için okula devam ortalaması 10,8 yıl olarak bulundu. Bu da çoğu katılımcının lise mezunu olduğunu gösteriyor (11 yıl). Yüzde 35'i hâlâ üniversiteye gidiyordu ya da üniversiteden mezun olmuştu. ŞEKİL 9.1, erken müdahale grubu ile kontrol grubunun okullaşma oranını gösteriyor. Okullaşma oranı bağımlı değişken olarak iki grupta karşılaştırıldı. Bu karşılaştırma için tek yönlü varyans analizi kullanıldı. Bunu yaparken de birinci yılki IQ puanları ve evin fiziksel durumu (esas çalışmanın birinci yılında sosyoekonomik düzey endeksiyle ölçülen) örneklem farklılıklarının etkisini bertaraf etmek için kontrol edildi. Analizler erken müdahale grubundaki katılımcıların, karşılaştırma grubuna göre daha uzun süre okula devam ettiğini gösterdi $F(1, 127)=3,22$, p= .07 (Sırasıyla $M_1=11.34$ yıl ve $M_2=10.13$ yıl) (bkz. ŞEKİL 9.1). Elde edilen bu bir yıldan fazla olan fark önemli bir sonuçtur. Üstelik herhangi bir erken destek almış olan katılımcıların %44,1'inin, destek almamış gruptakilerin ise %26,6'sının üniversiteye gittiği görüldü ($\chi^2=4.43$, sd=1, p= .03) (bkz. ŞEKİL 9.2). Böylelikle daha uzun süre okullaşma, erken müdahalenin en önemli uzun süreli yararı olarak ortaya çıktı.

Sosyoekonomik Başarı. Sosyoekonomik başarıyı belirlemek için, çalışmaya başlama yaşı, mesleki statü, aylık hane giderleri ve sosyal katılım gibi göstergeler kullanıldı. İş yaşamına erken yaşta katılım, daha kısa süre okula devam, daha vasıfsız işlerin ve daha düşük kazançların göstergesi olduğu için katılımcıların ilk çalışmaya başlama yaşı incelendi. Erken müdahale grubunun, daha uzun süre okula devam ettikleri için destek almayan gruptan daha ileri yaşlarda işe başladıkları görüldü. Sırasıyla $F(1,121)=4.71$, p= .03, $M_1=17.53$ yaşında ve $M_2=16.19$ yaşında (bkz. ŞEKİL 9.3). Bu durum erken müdahalenin bir diğer önemli sonucudur.

Katılımcıların çalıştığı işler 1'den 7'ye kadar artan bir prestij ölçeğiyle kodlandı. Erken müdahale grubundakilerin, destek almayan gruba göre daha prestijli işlerde çalıştığı bulgulandı. Bu durum, anneleri eğitime katılmayıp, ba-

Müdahale grubu
|||||| Kontrol grubu

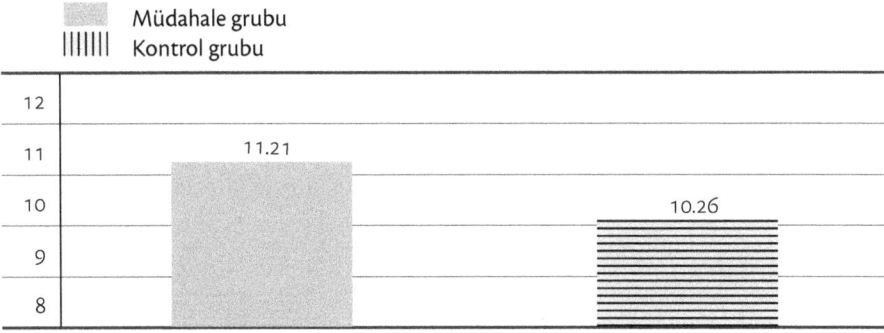

ŞEKİL 9.1. Müdahale ve kontrol gruplarının ikinci takip araştırmasındaki okullaşmaları (yıl olarak).
NOT: [ANCOVA F(1, 127) = 3.218, p=.07]

Müdahale grubu
|||||| Kontrol grubu

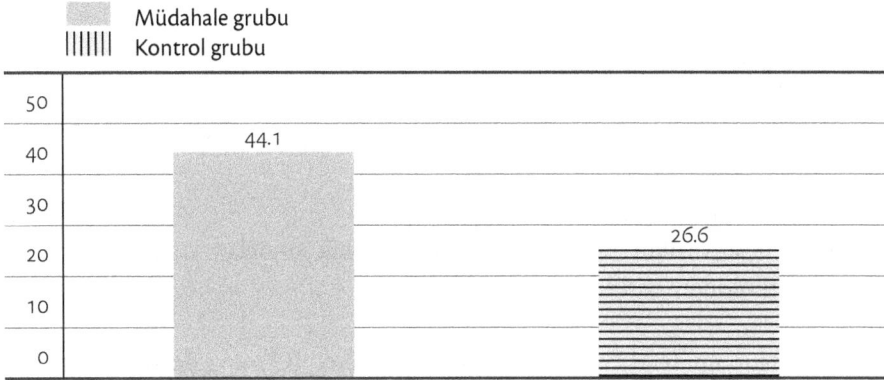

ŞEKİL 9.2. Müdahale ve kontrol gruplarının üniversiteye devamı (%).
NOT: [χ^2= 4.432, sd=1, p=.03]

kım kurumuna gitmiş ya da evde bakılmış çocukların, anneleri eğitime katılmış ve/veya eğitim kurumuna gitmiş yaşıtlarına oranla daha kısa süre okula devam ettikleri ve yaşamlarını kazanmak için daha erken yaşta çalışmaya başladıkları bulgusuyla aynı yöndedir. Beklenildiği üzere mesleki statü ve okula devam süresi arasında pozitif yönde ve önemlilik düzeyinde (r= .28, p= .001) bir ilişki vardır.

Aylık gelir yerine aylık hane gideri, gelir göstergesi olarak kullanılmıştır. Önceki çalışmalarda daha güvenilir bulunduğu ve insanların masraflarını kazançlarından daha rahat bir şekilde belirtmesinden dolayı aylık hane giderleri tercih edilmiştir. Destek grupları, harcamalarının genel örneklem ortalamasından yüzde olarak daha aşağıda veya daha yukarıda olma durumlarına göre karşılaştı-

░░░ Müdahale grubu
||||||| Kontrol grubu

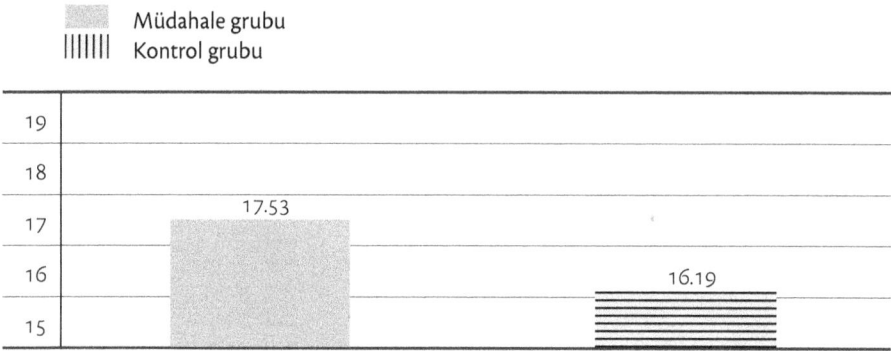

ŞEKİL 9.3. Kazanç karşılığında çalışmaya başlama yaşı.
NOT: [F(1, 121) = 4.708, p= .03]

rıldı. Beklenen yönde sonuçlar elde edildi ve destek alan grubun nispeten daha yüksek rakamlar belirttiği görüldü.

Son olarak, bilgisayar sahibi olmak, modern bilgi toplumuna katılımın göstergesi olarak kullanıldı. Destek alan grup, daha yüksek oranda bilgisayar sahibi-kullanıcısı olduğunu belirtti (%24'e karşılık %44) χ (1, N=131)=5.98, p=.01.

Anne Eğitiminin Etkileri

Bilişsel sonuçlar ve okul sonuçları ile sosyoekonomik sonuçlarda, anne eğitiminin özel etkileri olduğu görüldü.

Sözcük Dağarcığı Testi Performansı. Birinci yıldaki IQ'yu ve dördüncü yıldaki sözcük dağarcığı başarı skorlarını kontrol eden tek yönlü ANOVA, anneleri eğitilmiş katılımcıların, anneleri eğitilmemiş olanlardan sözcük dağarcığı testinde daha başarılı olduğunu gösterdi (0-24 değerli bir ölçekle, sırasıyla F(1,98)=3.36, p= .09, M_1=14.11 ve M_2=12.22). Bu bulgular anne eğitiminin, çocuklar büyürken dil gelişimi açısından daha uyaranlı bir çevre yaratmış olabileceğini düşündürmektedir. Ayrıca tahmin edilebileceği gibi, kelime bilgisi testinde daha yüksek puan alanlar daha uzun yıllar okula devam etmişti ve mesleki statüsü daha yüksek olan işlerde çalışıyorlardı. Kelime bilgisi puanları, okula devam süresi (r= .35, p= .001) ve mesleki statü (r= .18, p= .05) ile karşılıklı ilişkilidir.

Okullaşma. Birinci yıl IQ puanlarını kontrol eden, iki yönlü ANOVA, okulöncesi çevre ve anne eğitimi arasında önemlilik derecesinde bir etkileşim göstermiştir F(1,125)=3.51, p= .06. Anne eğitiminin, bakım kurumuna gitmiş veya evde bakılmış çocukların okullaşma oranlarına eğitim kurumuna gitmiş çocuklarınkinden daha çok etkisi olmuştur. Bakım kurumuna gitmiş ya da evde bakılmış çocuklardan anneleri eğitim almış olanların, anneleri eğitim almamış olanlara göre okula devam süreleri hemen hemen 1,5 yıl daha fazladır. Eğitim kurumuna giden çocuklarda ise annelerin eğitim alıp almaması önemlilik derecesinde bir etki göstermemiştir. Bu da göstermektedir ki anne eğitimi herhangi bir erken eğitim görmeyen çocuklarda yoksunluğu giderici bir etki göstermiş, öte yandan zaten bir eğitim kurumundan yararlanmakta olan çocuklara fazla bir yarar sağlamamıştır. Bu bulgu birinci takip araştırmasında elde edilen bulgularla paralellik gösterir.

Sosyoekonomik Başarı. Anneleri eğitim almış olan katılımcılar, anneleri eğitim almamış olanlardan daha geç yaşlarda çalışma hayatına girmişlerdir—sırasıyla $F_{(1,121)}=2.66$, p= .10, $M_1=17.58$ yaşında ve $M_2=16.51$ yaşında. Yine iki grup arasındaki bu bir yıllık fark büyük önem taşımaktadır.

Sosyoekonomik Katılım. Kredi kartına sahip olma, modern ekonomiye katılımın bir göstergesi olarak kullanıldı. Anneleri eğitim almış katılımcıların daha çoğunun, anneleri eğitim almamış olanlara kıyasla kredi kartına sahip olduğu görüldü χ^2 (1, N =131)=3.96, p= .047.

Okulöncesi Ortamın Etkileri

Okulöncesi ortamın (eğitim kurumu, bakım kurumu ya da evde bakım) belirli etkilerinin genel olarak sosyoekonomik sonuçlara yansıdığı görüldü. Okulu bırakma nedenleri de gruplar arasında farklılıklar gösterdi.

Sosyoekonomik Başarı ve Mesleki Statü. Eğitim kurumuna giden katılımcılar kazanç karşılığında çalışmaya, bakım kurumuna gidenlerden ya da evde bakım görenlerden daha geç yaşta başlamışlardır: $F_{(2,120)}=2.51$, p= .08, $M_1=17.94$ yaşında, $M_2=16.84$ yaşında ve $M_3=16.12$ yaşında. Ayrıca eğitim kurumuna gidenler daha yüksek mesleki statüye sahip olmuşlardır ($F_{(2,128)}=4.14$, p= .02). Bu beklenen yönde bir sonuçtu; çünkü eğitim kurumuna gidenler, önemlilik derecesinde olmasa da bakım kurumuna giden ya da evde bakım gören çocuklardan daha uzun süre okula devam etmişti (sırasıyla 11.15, 10.78 ve 10.46 yıl). Ayrıca eğitim kurumu grubunun aylık giderleri daha yüksek olmaya meyilliydi.

Okuldan Ayrılma Nedenleri. Çoğu katılımcı üniversiteye gitmeden önce bir noktada okulu bırakmıştı. Bu katılımcılara okula devam etmeyişlerinin nedenleri soruldu. Verilen cevaplar iki kategoriye ayrılabilir: Birinci kategoriyi insanın elinde olmayan maddi sıkıntılar, sağlık problemleri gibi sorunlar; ikinci kategoriyi ise kişinin kendi elinde olan evlenmek, okulu sevmemek gibi sebepler oluşturuyordu. Herhangi bir okulöncesi kuruma gitmiş olan katılımcıların, evde bakım görenlerden önemlilik derecesinde bir farkla okulu daha çok elde olmayan ekonomik/sağlık gibi nedenlerden dolayı bıraktığı, buna karşılık evde bakım gören katılımcıların okuldan ayrılma nedeni olarak daha kişisel etmenleri gösterdiği görüldü $\chi^2(1, N=100)=4.20$, p= .04. Bu da bize eğitim kurumuna ya da bakım kurumuna giden çocukların eğer imkânları olsaydı okula devam etmeyi tercih edeceklerini gösteriyor.

Sonuçlar ve Genel Tartışma

İkinci takip araştırmasının ana sonucu, erken çocukluk eğitim müdahalesinin, çocuğun gelişiminde olumlu etkileri olduğu ve bu etkilerin okula devam süresini artırıp, işgücüne girmeyi geciktirmesi ve daha yüksek statülü meslekler kazandırması, dolayısıyla hayattaki fırsatları etkilemesidir. Hem anne eğitiminin hem de okulöncesi eğitim kurumunun akademik başarı ve bilişsel beceriler, sosyoekonomik başarı ve modern kentsel yaşama sosyal ve ekonomik katılım alanlarında olumlu etkiler gösterdiği görülmüştür.

Böylece ister anne eğitimi ister okulöncesi eğitim kurumu olsun herhangi bir EÇG müdahalesinin yararlı etkileri vardır. Herhangi bir erken eğitim desteği gören çocuklar, destek görmeyenlere kıyasla daha uzun süre okula devam etmiş, üniversiteye gitme olanakları artmış, iş hayatına daha geç başlamış, daha yüksek statüde işlere sahip olmuş, kazancın göstergesi olarak daha fazla aylık harcama yapmaya meyilli olmuş ve daha büyük çoğunluğu bilgisayar sahibi olmuştur.

Bu bulgular ister ev, ister merkez odaklı olsun "kaliteli erken eğitim"in değerli olduğuna işaret etmektedir. Kaynaklar, harcamalar ve kazanç sağlayacakların sayısı göz önüne alındığında bu müdahale türlerinden hangisi daha uygun ve uygulanabilir ise, o tercih edilmelidir.

Bu EÇG programının uzun süreli etkilerinin yirmi yıl süresince korunabilmesi dikkate değer bir sonuçtur. Anne eğitiminin kendi başına erken yetişkinliği etkilediğini görüyoruz, özellikle daha iyi kelime dağarcığı ve kredi kartı kullanımının gösterdiği orta sınıf ekonomik hayata katılım gibi. Ayrıca anne eğitimi, bakımevi ve ev deneyimi yaşayan yoksun kalmış çocuklara, okulöncesi eğitim kurumuna gitmiş çocuklarla eş bir okullaşma düzeyi de kazandırıyor.

Ayrıca okulöncesi ortamın bağımsız etkileri de görülmüştür. Okulöncesi eğitim kurumuna giden çocuklar, bakımevine gitmiş ya da ev merkezli deneyim yaşamış çocuklardan daha geç iş hayatına atılmış, daha yüksek mesleki statüye ve kazanca sahip olmuştu. İster eğitim kurumu ister bakımevi olsun sadece okulöncesi eğitim almış olmak, çocuklarda eğitim almak için daha büyük bir istek yaratmıştır. Okulöncesi eğitim almış gençlerin, bu tür bir eğitim almamış olan gençlere göre okulu bırakma nedeni olarak "zorunluluklarını" göstermesi buna işaret etmektedir.

Proje Müdahalesi (Anne Eğitimi)

Türkiye Erken Destek Projesi hem anneyi hem de çocuğu desteklemeyi hedefleyen, çok amaçlı bir yaklaşım olarak tanımlanabilir. Özellikle Anne Destek Programı annelerin, çocukları ve başkalarıyla özellikle de eşleriyle daha iyi iletişim kurmasını, kendi ihtiyaçlarını daha iyi ifade edip başkalarınınkini de daha iyi anlayabilmesini mümkün kılan bir programdı. Projenin anne desteği, ortamsal-ilişkisel yaklaşımımızı en güzel yansıtan unsurdur. Bilişsel Eğitim Programı (HIPPY) da anneleri, çocuklarının öğretmenleri yaparak onların özyeterlik inancını pekiştirmiştir. Çocuklara kitap okumak, soru sormak ve talimatları takip etmek annelerin daha ziyade zayıf olan okuryazarlığını da geliştirmiştir. Anneler de programdan çocukları kadar yararlanmıştır.

Anne-çocuk etkileşimi Türkiye Erken Destek Projesi'nin önemli bir parçasıdır. Özellikle programın anne eğitimi unsurunda, grup tartışmaları anne eğitiminin verildiği temel araçtır. Grup dinamiği, öğrenmeyi oldukça kolaylaştırmış ve uzun süre korunan davranış değişikliğini de beraberinde getirmiştir. Grup tartışmaları yenilikçi değişiklikler getirmek adına çok yararlı bulunmuş ve daha geniş uygulamalarda kullanılması düşünülmüştür.

Beklentilerimizin dayandığı temel kuramsal varsayımlarımız, takip araştırmasının sonuçları tarafından desteklenmiştir. Kendi sürdürülebilirliğini sağlayabilen, olumlu bir döngü, anne eğitimi tarafından oluşmaya başlamıştır. Birinci takip araştırmasının verilerinin, destek programından 7 yıl sonra ve ikinci takip araştırmasının verilerinin ondan 13 yıl sonra toplanmış olması ve bu dönem içerisinde aileler ile hiçbir ilişkinin olmadığı göz önünde tutulduğunda, bu önemli bir husustur. Anneler (ve çocuklar), anne eğitimi programından güç aldıkları için programdan edindikleri kazanımları kendileri sürdürebilmekteydiler. Ortamsal-etkileşimsel yaklaşımımızın, kuşkusuz burada önemi çoktur. Müdahale modelimizin hedefi, kişilere tek tek ulaşmak olmayıp, birbirleriyle etkileşim içinde olan insanları (veya aile ortamı içindeki etkileşimleri) ele almaktı. Çocukların ev çevrelerinin değişmesi, kazanımlarının pekişmesini ve sürekli olmasını sağlıyordu. Bu, pek çok ülkede yapılan araştırmalar tarafından vurgulanan ve çocuk gelişiminde çocuğun yakın çevresinin genel sosyoekonomik bağlamdaki önemini gösteren bulgularla uyum göstermektedir. 2, 3 ve 7. Bölümler'de bunun pek çok örneğini gördük.

Vurgulanması gereken bir husus da kazanımların sadece bilişsel alanda ve okulla ilgili başarılarda olmayıp, aynı zamanda ana baba-çocuk ve karı koca ilişkilerini de kapsayan aile etkileşiminde de ortaya çıkmasıdır. Daha önce de belirtildiği gibi, anne destek programı (grup tartışmaları), annelerin iletişim becerilerini ilerletmeyi hedeflemiştir (başkalarını dinleme, başkalarını suçlamak yerine kendi duygularını ifade edebilme, başkalarının ihtiyaçlarına ve kendi isteklerine karşı duyarlı olmak gibi). Önce çocuğa yönelik bu iletişim becerileri, giderek başkalarına, özellikle de birçok kadının çocuklarıyla iletişiminden, daha fazla sorun yaşadığı eşleriyle ilişkilerine doğru genişlemişti. Etkiler, 7 yıl sonra daha olumlu aile ilişkilerinde ve anne ve çocukların kendilerini genel olarak daha iyi hissetmelerinde görülmektedir (okulda kendine daha çok güven duyma, çocuklarda daha iyi sosyal uyum ve özerklik ve annelerin aile içinde daha yüksek statüye sahip olmaları gibi). Bundan başka etkiler sonraları genç yetişkinlerin daha iyi bir genel uyuma sahip olmasıyla görüldü.

Böyle geniş çapta ve bütün aileye yönelik elde etmiş olduğumuz etkilerin nedeni, erken çocukluk gelişimine bütünsel ve ortamsal-etkileşimsel yaklaşımımızdır. Proje destek programı (anne eğitimi) ile ilgili tutarlı, olumlu sonuçlar elde edilmiştir. Bu, ergenlerin okullaşması, sosyal uyumu, sözcük dağarcığı ve huzurlu aile ilişkileri gibi çok farklı alanlar için söz konusudur.

Daha önce tartışıldığı gibi, zorunlu eğitimin ötesine geçen bir okullaşma, bu alt sosyoekonomik düzeyli grup için yukarı sosyal mobiliteyi sağlayan bir kazanım olduğundan, çok büyük önem taşımaktadır. İlkokuldaki başarı da, yoksul bir ailenin çocuğunun ortaokula devam mı edeceğini yoksa okuldan çıkıp erken yaşta çalışmaya mı başlayacağını belirleyebilen önemli bir faktördür. Anneleri eğitilmiş grubun hem okullaşmada hem de ilkokul başarısındaki üstünlüğü, çok önemli objektif bulgulardır; bunların ilgili politikalar bakımından da önemli sonuçları vardır. Anne eğitimi grubunun daha üstün olan sözcük dağarcığı da daha yüksek bilişsel yeterliğe işaret eden önemli bir bulgudur.

Uzun vadede elde etmiş olduğumuz bu sonuçlar doğrultusunda, erken desteğe ortamsal-etkileşimsel bir yaklaşımın, özellikle Çoğunluk Dünya ülkelerinde, insan gelişimine katkısı olduğunu söyleyebiliriz. Özellikle çok amaçlı bir modelin uygulanması, çokyönlü, yararlı etkiler sağlayabilir. Türkiye Erken Destek Projesi, eğitim politikalarına ışık tutan, kuramsal temellere dayanan uygulamalı bir araştırmanın örneği olarak sunulmuştur. Modelimizin uygulama potansiyeli, kamu hizmeti olarak gerçekleştirilmiştir. Anne eğitim programı, bugün Türkiye'nin her yerinde Milli Eğitim Bakanlığı Halk Eğitim Merkezlerinde uygulanmaktadır. Ayrıca Avrupa ve Ortadoğu'da da birkaç ülkede uygulanmaktadır. Bir sonraki bölümde kaynağını Türkiye Erken Destek Projesi'nden alan bu uygulamaları sunacağım.

Uygulamaları Yaygınlaştırmak

İlk uygulamalar, daha ilk dört yıllık Türkiye Erken Destek Projesi tamamlanmadan başladı. Ön raporlara dayanarak, anne eğitim programına hemen ilgi gösterildi. İlk teşebbüs, anne eğitim programına katılan bazı annelerden geldi. Daha fazla anne ve çocuğa ulaşmak amacıyla bir televizyon programı yapmamız için bizi teşvik ettiler. Anne Destek Programı'nın grup tartışmalarını içeren 11 bölümlük bir program hazırlandı. Erken Destek Projesi'ne katılan annelerden bazıları gönüllü olarak bu çekimlere katıldı. O zamanki tek kanallı televizyonda gösterilen bu program, büyük ilgi çekti. Daha sonra, anne eğitim programı, başta İstanbul'da olmak üzere, kamu hizmeti olarak, kısmi ve tam olarak uygulandı. Bu uygulamalar, okul aile birlikleri, gönüllü kadın kuruluşları ve özel şirketler gibi muhtelif grupların girişimleriyle gerçekleşti. Bu çalışmalar ayrıca, yarı profesyonellerin eğitimi ile program içeriğinin geliştirilmesi ve yenilenmesini de içermekteydi.

Sınırlı ilk uygulamalardan sonra, Milli Eğitim Bakanlığı ve UNICEF'in işbirliğiyle önemli gelişmeler sağlandı. Bu durumu, anne eğitim programının uzun vadeli yararlı etkilerini kanıtlayan takip araştırmamızın sonuçlarına bir yanıt olarak değerlendirmek gerekir. İlk olarak, Milli Eğitim Bakanlığının Halk Eğitim Merkezleri çerçevesinde, çocuk bakıcılarını eğitmek için Anne Destek Programı uygulanmaya başlandı. Eğitim kılavuzu UNICEF tarafından basıldı. Anne Eğitim Programı'nın tamamının, Milli Eğitim Bakanlığının Halk Eğitim Merkezleri altyapısı sayesinde geniş çaplı uygulanabileceği anlaşılınca, HIPPY'nin yerine geçecek yeni bir bilişsel eğitim programı geliştirmeye başladık.

Ayrıca programın tümünü değiştirerek, okul başlamadan önceki yıl üzerinde yoğunlaşan, önceki 60 haftalık program yerine 25 haftalık yeni bir program haline getirdik. Böyle yapılmasının en önemli sebebi ebeveyne "hassas bir an"da (Brazelton, 1982), çocuğunun okul performansı için bir şeyler yapmaya en hevesli olduğu zamanda, yani okula girmeden hemen önceki sene ulaşabilmekti. Ayrıca programın daha az masraflı olması ve annelerin zamanını daha az alması (2 yıl yerine 1 yıl) gerekiyordu. Ev ziyaretleriyle anneye evde öğretme metodu yerine, iki haftada bir değil, haftalık grup tartışmaları oluşturuldu. Bu haftalık toplantılarda Bilişsel Eğitim Programı ve Anne Destek Programı koordine bir şekilde grup dinamiği teknikleriyle uygulandı. Önceden de tartışıldığı üzere, anne eğitimiyle olan deneyimimiz ve grupların sosyal psikolojisi hakkındaki bilgimiz grup dinamiklerinin yararlılığına işaret ettiği için, böyle bir değişiklik yaptık. Sonuçta ortaya çıkan programa Anne-Çocuk Eğitim Programı (AÇEP) adı verildi.

Bütün eğitim, daha az eğitimli anne eğiticiler yerine, iyi eğitilmiş, tahsilli grup yöneticileri tarafından yapıldığından, bu yeni değişiklikler kaliteyi düşürmemiştir. Milli Eğitim Bakanlığı Halk Eğitimi öğretmenleri proje ekibi tarafından grup yöneticileri olarak eğitilmiş olduğundan, programın bu yeni uyarlaması fazla masraflı olmamıştır. Bu durum, elde var olan personel ve imkânların kullanımını optimize etti ve kalitesini yükseltti. Böylelikle tüm masraflar en düşük düzeydedir. Personelin ve materyallerin yakından izlenmesi ve sürekli geliştirilmesi, kaliteyi de güvenceye almaktadır. Hem çocuklar hem de annelerle yapılan değerlendirme araştırmaları (Aksu-Koç ve Kuşçul, 1994; Ayçiçeği, 1993; Bekman, 1997; Ercan, 1993), programın önemli yararlarına işaret etmektedir.

Diğer bir önemli bir gelişme de Finansbank'ın desteğiyle 1993'te kurulan Anne Çocuk Eğitim Vakfı'dır (AÇEV). Bu vakıf Milli Eğitim Bakanlığı işbirliği ve Dünya Bankası desteğiyle AÇEP'i aktif olarak desteklemekte ve uygulamaktadır. Bu vakfın amacı, programın etkin bir şekilde yaygınlaştırılıp ülkedeki tüm çocukları kapsayacak şekilde geniş çaplı uygulanmasıdır. Ulaşılan anne ve çocuk sayısı AÇEV'in kurulmasından bu yana büyük ölçüde artmıştır. 2005 yılında AÇEV ve ek kuruluşları geniş kitlelere ulaşarak, ülkenin en az kalkınmış olan bölgeleri dahil olmak üzere, 83 ilde 400.000 kadına ve çocuğa ulaşmıştır. Ayrıca Avrupa'daki (Fransa, Belçika ve Almanya) göçmen Türk ailelerle de uygulanmaktadır. Arapçaya çevrilmiş ve Bahreyn, Ürdün ve Suudi Arabistan'da da uygulamaya konulmuştur.

Dört farklı ilde yürütülen AÇEP üzerine kapsamlı bir değerlendirme çalışması yapılmıştır (Bekman, 1998a). Çocuk ve anneler üzerinde olumlu etkiler saptanmış, bu da ilk Erken Destek Projemizin bulgularına paralellik göstermiştir. Bu değerlendirme, programın kalitesinin geniş gruplarda da tutturulabildiğini, önemli faydalar sağlanabildiğini göstermiştir.

Türkiye Erken Destek Projesi ve uygulamaları, Türkiye'deki eğitim politikalarını ve oluşmakta olan yeni politikaları etkilemiştir. Politikayla ilgili bu yeni gelişmeler resmi olmayan aile ve toplum merkezli modellere (anne-çocuk eğitimi) tanınma ve onay sağlamıştır. Ayrıca son bölümün bitiminde kısaca değineceğim üzere, genişleyen EÇG servislerine de daha fazla yatırım yapılmıştır.

Maliyet Verimliliği

Daha önce de tartışıldığı gibi maliyet verimliliği, özellikle programlar geniş kitlelere uygulanacaksa, politika ve uygulamalar için büyük önem taşır. Ancak mutlak maliyetler de önemlidir. Ne kadar verimli olsa da pahalı programların düşük gelirli gruplara uygulanabilirliği kısıtlıdır. Kurumsal yatırımların ve profesyonellerin kullanılmadığı, onun yerine yarı profesyonellerin çalıştığı Erken Destek Projesi'nde olduğu gibi ev merkezli programlar kurum merkezli programlardan genelde daha az masraflı olmaktadır. Ayrıca kişisel bazlı (ev ziyareti) yerine, grup bazlı çalışmalar yapıldığında masraflar daha da azalmaktadır.

Yakın zamanda Türkiye'de yapılan bir fayda-maliyet araştırması (Kaytaz, 2005) çeşitli senaryolarda ev ve kurum merkezli modellerin fayda-maliyet oranlarını hesaplayıp karşılaştırmıştır. Hesaplanan fayda-maliyet oranları kurum merkezli eğitim için 1'e karşılık 4.35 ile 6.31, ve ev/yerel toplum merkezli anne-çocuk eğitim programı için (AÇEP) 1'e karşılık 5.91 ile 8.14 arasında değişmektedir. Diğer bir deyişle, kurum merkezli erken çocukluk eğitim kuruluşlarına yapılacak olan 1 birimlik yatırım, kişinin yaşamı süresince 6.31 birim olarak geri dönerken, ev merkezli EÇG servislerine yapılacak olan aynı 1 birimlik yatırım 8.14 birim olarak geri dönecektir (bkz. 8. Bölüm). Bu simülasyon çalışmasının sonucu, bizim çalışmamızın bulgularıyla paralellik gösteriyor: Her iki EÇG müdahalesi de kişinin üretkenliğini artırmak suretiyle önemli sosyal ve ekonomik kazanımlar getirmekte; genelde anne-çocuk eğitiminden yana olmak üzere her iki eğitim de belirli koşullarda daha üstün sonuçlar verebilmektedir.

Sonuç

Açıkça görülüyor ki Türkiye Erken Destek Projesi ve onun uzantısı olan AÇEP, psikolojinin insan yetkinliğine katkısına önemli birer örnek teşkil etmektedir. Çocukların çevresel kaynaklarının ve gelişimlerinin desteklenmesi için EÇG alanında neler yapılabileceğini göstermiştir. 2, 3, 7 ve 8. Bölümler'deki tartışmalarla ilişkiler ortadır: Çocuklara erken yaşta ulaşarak, yaşam boyu sürecek olan çevresel ve kişisel kapasite inşa etmek için önemli şeyler başarılabilir. Bireysel, bilişsel performans geliştirilirken çevresel koşulları da iyileştirmek, birlikte çalışan bir etki yaratarak tekrardan bu performansı desteklemeye yardımcı olacaktır. Böylece gelişim biliminden ve gelişim psikolojisinden (Lerner, 2000) elde ettiğimiz kavrayış ve bilgi birikimimiz bize olası bir evrensel sağlıklı gelişim standardı sağlayabilir.

Özet ve Temel Noktalar

- Kağıtçıbaşı, Sunar ve Bekman tarafından yürütülmüş olan Türkiye Erken Destek Projesi, 22 yıllık bir süreyi kapsamaktadır (1982-2004). İlk araştırma, saha çalışmasına dayanan 4 yıllık boylamsal bir projeydi. Birinci takip araştırması, orijinal araştırmanın tamamlanmasından 6 yıl sonra (destek programından 7 yıl sonra), ikinci takip araştırması ise 12 yıl sonra gerçekleştirilmiştir.

- Araştırmanın örneklemini, İstanbul'da yaşayan düşük gelirli ve düşük eğitimli, yarı kentli aileler oluşturuyordu. Üç ve beş yaşlarındaki çocuklar ve anneler bu araştırmaya katıldı. Toplamda 255 anne ve çocuk projede yer aldı.

- Araştırma düzeni üç (ortam: bakım kurumu, eğitim kurumu ve ev ortamı) çarpı iki (yaş: 3 veya 5) çarpı iki (anne eğitilmiş veya anne eğitilmemiş) faktörlü bir deney düzenidir.

- Araştırma okulöncesi yaşta anne eğitimi ile eğitim kurumu, bakım kurumu ya da bir merkez olmaksızın ev ortamının çocukların genel gelişimine olan etkilerini incelemiştir.

- Birinci yıldaki değerlendirmelerle elde edilen temel verilerden sonra, tesadüfi olarak seçilen bir kısım anneye, projenin ikinci ve üçüncü yıllarında anne eğitimi destek programı uygulanmıştır.

- Anne eğitimi, temel bağımsız değişken olurken, diğer bir değişken de okulöncesi ortam olmuştur. Anne eğitimi alan anneler (ve çocukları) deney grubunu, anne eğitimi almayanlar ise kontrol grubunu oluşturmuştur.

- Orijinal araştırmanın dördüncü yılında hem önce ve sonra hem de deney (anne eğitilmiş) ve kontrol (eğitilmemiş) grup farklarını saptamak için yeniden ölçümler yapılmıştır.

- Dördüncü yılda yapılan ölçümler anne eğitimi ve eğitim kurumunun çocukların bilişsel gelişimi, okul başarısı, sosyoduygusal gelişimi ve annelerin çocuğa karşı tutumunda pozitif etkilerinin olduğunu göstermiştir.

- Orijinal araştırmanın bitiminden 6 yıl sonra, hem artık ergen olan çocukların genel durumunu hem de anne ve ailelerinin durumunu görmek için bir takip araştırması yapılmıştır.

- Birinci takip araştırmasında, anne eğitim programından kazanılan bilişsel gelişim, okul performansı, akademik uyum, sosyoduygusal gelişim, sosyal katılım ve aile ilişkileri gibi farklı faktörler, kontrol grubuna kıyasla incelendi. Okula devam, okul başarısı, akademik yönelim, sosyoduygusal gelişim ve sosyal uyum/katılım bakımından anne eğitiminden kazanılanların, eğitim kurumlarından kazanılanlardan daha uzun süreli olduğu görüldü.

- Esas araştırmanın başlangıcından 22 yıl ve birinci takip araştırmasının yapılmasından 10 yıl sonra ikinci takip araştırması yapıldı. Erken müdahalenin (anne eğitimi, eğitim kurumu veya ikisi bir arada) akademik ve sosyoekonomik başarı üstünde uzun süren etkileri olduğu görüldü. Anne etkisinin bilişsel/okul ve sosyoekonomik çıktı değişkenlerinde özel etkileri olduğu görüldü.

- İkinci takip araştırmasının en önemli sonucu erken çocukluk eğitim müdahalesinin, çocuğun genel gelişimine pozitif yönde etki eden ve çocuğun yetişkin hayatına taşınan uzun süreli etkileri olduğudur.
- Proje, Türkiye ve yurtdışında geniş çaplı uygulamalara yol açmıştır.

ONUNCU BÖLÜM

Göç ve Kültürleşme

"Hollandalı çocuklar annelerinin tepelerindeler!" Bu sözler Hollanda'da yaşayan Çinli bir göçmen anneden alıntı (Dekoviç vd, 2006). Aynı zamanda, "öteki taraf"ın bakış açısının ender örneklerinden biri; yani bir göçmenin ev sahibi kültür hakkındaki görüşleri. Çoğu zaman, ev sahibi toplumun göçmenler hakkındaki görüşlerini duyarız; fakat her ne kadar birbirlerinden oldukça farklı olsa da algılamalar karşılıklıdır. Yukarıdaki alıntı da bize bu gerçeği hatırlatıyor. Bu bölüm, göç çerçevesi içinde insan ilişkileriyle bağlantılı olan bu ve bunun gibi konuların üzerinde duruyor. Bir önceki bölümle birlikte bu bölüm, bilgilerimizin etkilerini sosyal sorunlara ve uygulamalara yönelik olarak inceleyen İkinci Bölümdür.

Sekizinci ve 9. Bölümler, gelişim biliminin uygulamalı bir alanı olarak, yetkinlik ve genel refahı artıran erken çocuk eğitimine odaklanan erken müdahaleyi ele aldı. Bu alandaki araştırmalar, özellikle sosyoekonomik anlamda geri kalmış çevrelerde erken müdahalenin bir fark yarattığını ve sürekli yarar sağladığını göstermiştir. Sekizinci ve 9. Bölümler'de odak noktası, özellikle 2 ve 3. Bölümler'deki kuramsal bakış açılarının üzerine kurulan yetkinlik gelişimidir. Bu bölüm ise, özellikle 4, 5 ve 6. Bölümler'de incelediğimiz kuramsal bakış açılarının üzerine kurulan benlik kavramını göç ve kültürleşme çerçevesinde ele alıyor.

Kültürleşme başlı başına üzerinde çalışılan ve özellikle politikayla ilgili uygulamalarda üzerinde durulan uygulamalı bir alandır. Bu uygulamalar eğitimden sağlığa, sosyal güvenlikten önyargıyı azaltmaya ve gruplar arası ilişkileri geliştirmeye kadar geniş bir alanı kapsayabilir. Konunun politikayla bağlantısı ve uygulamadaki önemi göz önünde bulundurularak, bu bölüm kitabın İkinci Kısmı'na kondu. Göç ve kültürleşme üzerine yüzlerce çalışma yürütülmüştür, burada sadece kitaptaki diğer bölümlerle ilgili bazı konu ve sorunları ele alıyorum.

Göç

Göç insana dair küresel bir fenomendir. Tarih boyunca, insanlar ve topluluklar savaş, kıtlık, sığınma ya da iş bulma gibi sayısız nedenle bir yerden bir yere göç etmişlerdir. Sosyal bir olay olarak göç, sosyal bilimciler tarafından etraflıca çalışılmıştır. Yürütülen birçok araştırma, göçe makro analiz düzeyinde yaklaşmış ve özellikle politik, ekonomik ve sosyal yönlerine eğilmiştir (Kağıtçıbaşı, 2006a). İnsani bir olay olmasına karşın, göç üzerine yapılan psikolojik çalışmaların daha çok yeni olması ironiktir. Bu noktada yine psikolojinin birey odaklı oluşunun, sosyal bir fenomeni ele alma üzerindeki etkilerini görüyoruz.

Tarihsel Arka Plan

Başlangıçta, sosyoloji ve sosyal psikoloji alanında göçten çok etnik konular ve gruplar arası ilişkiler üzerine çalışmalar yapılmıştır. Thomas ve Znaniecki'nin (1918-20) Amerika'da yaşayan Polonyalı göçmenlerin tutumları ve dünya görüşlerini incelediği *The Polish Peasant* adlı araştırması bu alanda öncü olmuş bir çalışmadır. Kültürel çatışma ve kişilik üzerine yapılan önemli bir sosyolojik araştırma da Stonequist'in (1937) *The Marginal Man* adlı çalışmasıdır. Halen bu alanda kullanılmakta olan bazı kültürleşme stratejilerinin öncüleri (Berry, 1990b, 2001) Stonequist'in çalışmasından etkilenmiştir. Örneğin, *asimilasyon* ve *ulusçuluk* (baskın toplumdan ayrılma ve yüzünü kendi miras kültürüne çevirme anlamında) ilk olarak bu çalışmada göçmenin ya da *marjinal insan*ın karşıt kültürleşme stratejileri olarak öne sürülmüştür.

1950'ler, gruplar arası ilişkilerin yapıtaşı olan tutum üzerine yürütülen ilk çalışmalarla tarihe damgasını vurmuştur. Psikanalitik bakış açısından, *The Authoritarian Personality* [Otoriteryen Kişilik Üzerine] (Adorno vd, 1950) Avrupa'da faşizmin doğuşunun psikolojik temelini aradı ve "otoriter kişilik sendromu"nun bir parçası olarak, özellikle antisemitizm olmak üzere etnik önyargıyı inceledi. Amerika'da tutumları ve kalıpyargıları inceleyen kapsamlı araştırmalar çoğunlukla Musevi ve Afro-Amerikalılara karşı ırkçı ve etnik önyargıları ele almıştır (Allport, 1980; Pettigrew, 1979). Elli yılı aşkın bir süredir Amerikalı üniversite öğrencilerinde etnik kalıpyargılar üzerine yürütülen bir araştırma dizisi, insanların sahip olduğu kalıpyargıların direncine/kalıcılığına dikkat çekmiştir (Gilbert, 1951; Karlins, Coffman ve Walters, 1969; Katz ve Braly, 1933; Singleton ve Kerber, 1980). Son zamanlarda kalıpyargılar üzerine yapılan çalışmalar bu konuya yönelik ilginin hâlâ güncel olduğunun bir göstergesidir. Bu çalışmaların ortak noktası ise süregelen ulusal kalıpyargıları ortaya koymalarıdır (McAndrew, Akande, Bridgstock, Mealey, Gordon, Scheib vd, 2000; Peabody, 1985; Stephan, Stephan ve Abalakina, Ageyev, Blanco, Bond vd, 1996).

Başlangıçtan beri temel sorun, önyargılı tutumları kişisel etmenlerin mi yoksa durumsal etmenlerin mi açıkladığıydı. Yetkeci kişilik kuramının öne çıkardığı kişilik odaklı açıklama 1950'lerde ve 1960'larda yapılan çalışmalarla sarsıldı. Pettigrew (1958, 1959) önyargılarda kişisel özellikleri geçersiz kılan bölgesel farklılıkları ve sosyokültürel unsurların etkisini gösterdi. Sherif'in çocuklardan oluşan gruplarda, gruplar arası rekabeti ve işbirliğini inceleyen ünlü çalışmaları da durumsal etmenlerin güçlü rolüne dikkat çekmiştir (Sherif vd, 1961). Kişisel ve durumsal bakış açıları bugün hâlâ tartışma konusudur. Bu iki bakış açısı, aynı zamanda kişiliğe ve sosyal-psikolojik açıklamalara yüklenen göreli önemi yansıtır (Smith, Bond ve Kağıtçıbaşı, 2006). Buna rağmen, bu iki bakış açısı giderek daha fazla birbirlerini tamamlayıcı hale gelmektedir ve her biri ayrı ayrı kişisel ve grup farklılıklarını açıklayıcı etkin unsurlar olarak kabul edilmektedir.

Amerika'da gruplar arası tutum ve önyargı üzerine yapılan ilk çalışmalar, önyargıların hedefi olan farklı etnik ve ırk grupları yeni göçmen olmadığından, göç ortamında yapılan araştırmalar olarak algılanamaz. Son zamanlarda Amerika'da etnik göçü ele alan psikolojik çalışmalar ise Latin ve Asya kökenli Amerikalı göçmenlerle yürütülmektedir. Bu çalışmalar giderek göçmenlerin kültürleşme süreçlerine odaklanmaktadır (Berry, 1997; Berry ve Sam, 1997; Ward, 2001; Ward ve Kennedy, 1996).

Göç üzerine psikolojik çalışmalar başta Batı Avrupa ülkeleri olmak üzere başka ülkelerde de yürütülmektedir. Fakat Avrupa'ya göç Amerika'ya göçten oldukça farklı bir şekilde gerçekleşmektedir. Amerika'nın baştan beri göçmenlerden oluşan bir millet olmasına karşılık, Avrupa ülkeleri tarih boyunca tek kültürlü olmuşlardır. Özellikle İngiltere'ye eski kolonilerinden sürekli bir göç akışı olmasına rağmen, Avrupa ülkeleri geniş çapta göçe ancak 1950'lerde tanık olmuştur.

Avrupa'ya göç, İkinci Dünya Savaşı sonrası ekonomik tahribatın ardından ekonomilerini tekrar yapılandırmayı amaçlayan Kuzey Avrupa hükümetlerinin davet ettiği işçilerin göçüydü. Almanca bir terim olan *Gastarbeiten*'den (misafir işçi) de anlaşıldığı üzere, hem "ev sahibi" toplumlar hem de göçmenler bunu geçici bir süreç olarak gördüler. İşçi göçü sıcak bir karşılamayla başladı; zamanla ekonomik büyümeye önemli oranda katkısı olduğundan daha çok işçiye ihtiyaç duyuldu. Denebilir ki Batı Avrupa, İkinci Dünya Savaşı sonrası yıllarda elde ettiği büyük ekonomik ilerlemeyi büyük oranda bu ithal işgücüne borçludur. Bunun nedeniyse, istenildiği zaman istenildiği yerde kullanılabilen, ev sahibi ülke vatandaşlarının yapmaya en isteksiz olduğu işleri bile yapan, talepkâr olmayan, sendikalaşmamış, ucuz ve çalışkan bir işgücü olmasıydı (Kağıtçıbaşı, 1987b, 1997d).

İş göçünü takip eden yıllarda, ailelerin bir araya gelmesine izin verildi; bu da işçilerin bakmakla yükümlü olduğu akrabalarının yanlarına gelmesine ve etnik azınlık nüfusunda belirgin bir artışa neden oldu. Avrupa halkı için, başta geçici varsayılan bu sürecin kalıcı bir hal aldığını, "misafir" işçilerin artık misafir değil azınlık olduğunu ve Avrupa toplumlarının artık farklı kültürlerden insanlardan oluştuğunu fark etmek belli bir süre aldı.

Bu yeni durum yerli nüfusta hoşgörüden kararsızlığa, kızgınlıktan önyargıya, karışık tepkiler doğurdu. Göçmenlerin ev sahibi toplumlara, ev sahibi toplumlarınsa tekkültürlü toplumdan çokkültürlü topluma dönüşümüne uyum sağlaması önemli sosyal ve psikolojik sorunlar olarak ortaya çıktı. Özellikle 1973 petrol krizinden kaynaklanan ekonomik zorluklar, ev sahibi toplumların istihdam ve sosyal hizmet alanında rakip olarak görmeye başladıkları "yabancılar"a karşı düşüncelerini kötüleştirdi. Geç de olsa, bu alanda yürütülen psikolojik çalışmalar özellikle bu ve bunun gibi sorunlardan ilham almıştır.

Avustralya, Kanada ve İsrail gibi zengin "göçmen" ülkelerine de geniş çapta göçler gerçekleşmiştir ve bu ülkelerde de konuyla ilgili bazı araştırmalar yapılmıştır. Fakat bu bölümde çoğunlukla, yakın tarihte Amerika ve Avrupa olmak üzere iki farklı göç ortamında yürütülen ancak ortak temaları içeren araştırmalar üzerinde duracağım.

Bu araştırmalarda önemli bir ortak tema, bu çalışmaların makro bakış açısı yerine bireysel, ailevi ve kişiler arası analiz düzeylerini kullanan *psikolojik* araştırmalar olmalarıdır. Makro bakış açısı çoğunlukla toplu veri kullanan diğer sosyal bilim araştırmaları tarafından kullanılmaktadır. Diğer bir ortak tema ise araştırmaların birçoğunda ele alınan *psikolojik kültürleşme*dir. Bu da mikropsikolojik bir yaklaşımı takip ederek, ev sahibi toplumun göçmene uyumunu değil de göçmenin yeni ortama uyumunu merkez alan bir bakış açısı gerektirir.

Her ne kadar çalışmalar göçe psikolojik açıdan yaklaşsalar da, daha geniş çaptaki göç *ortamının* kendine özgü özellikleri de göz ardı edilmemelidir. Çevrenin farklı yönleri değişik derecede önem taşıyabilir (Liebkind, 2003). Örneğin, kültürlerin birbirleriyle yakın temas halinde olduğu durumlarda bazı değerler ve gelenekler birbirleriyle çatışır, bazılarıysa çatışmaz; bu da genel görünüş ve davranış örüntülerinin bir kısmının değişmesine, bir kısmının da aynı kalmasına neden olur.

Kültürleşme

Esasında kültürleşme, grupların ve/veya bireylerin kültürel temas durumlarında uyum sağlaması anlamına gelir. Bunun için, antropolog Redfield, Linton ve Herskovits (1936, s. 149) tarafından kullanılan klasik tanımlama, "... farklı kültürlerden gelen bireylerden oluşan gruplar, gruplardan birinin ya da her ikisinin öz kültürel örüntülerinde değişime yol açan, sürekli bire bir temasa geçerler" şeklindedir. Ancak daha sonraları kültürleşme üzerine yürütülen araştırmalar, ev sahibi toplumu değil de kültürleşmekte olan göçmen grubu ele almıştır. Bununla birlikte, kültürleşmenin politik, ekonomik vb yönlerinden ziyade *psikolojik* yönü geniş ölçüde çalışılmıştır. Psikologların ilgi alanları göz önünde bulundurulduğunda bu, beklenen bir durumdur.

Kültürleşme, kültürel temas ve karşılıklı etkileme durumunda karşılaşılan çok sayıda unsuru içerir. Önyargı ve gruplar arası ilişkiler, etnik kalıpyargılar, uyum sağlama süreci gibi birçok etmen sosyal psikolojik bakış açısını benimseyen sayısız araştırmada incelenmektedir. Farklı kültür temaslarını oluşturan koşullar da çok çeşitli olabilir. Örneğin, yabancı üniversite öğrencilerinin, mevsimlik göçmen işçilerin, yabancı ülkelerde çalışan yöneticilerin, diplomatların, misafir öğretim üyelerinin, göçmenlerin, sığınma hakkı arayanların deneyimlerini bir düşünelim. Bunlara bir de bu kişilerin farklı yaşlarda olduklarını, her birinin kendine özgü kişilik özellikleri olduğunu, her deneyimin ülkeden ülkeye farklılık gösterdiğini ekleyelim. Bu durumda ortaya çıkan tablo o kadar karmaşık bir hal alır ki, bu deneyimlerden herhangi bir ortak nokta çıkarmak güçleşir. Ayrıca bizim bu konuyu kavrayışımız araştırmacıların üzerinde durmak istedikleri noktalarla sınırlanmaktadır. Yani bugüne kadar yürütülmüş çok sayıda araştırma olmasına karşın, elimizde olanları sadece "ipuçları" olarak, bu alandaki çalışmaları da henüz "bebeklik çağında" görebiliriz (Hong, Roisman ve Chen, 2006).

Her ne kadar karmaşık ve zorlu bir konu olsa da, epeyce bir ilerleme kaydedilmiştir ve elde edilen her ipucu değerlidir. Özellikle, bu karmaşıklığı bir düzene sokmaya ve bundan bir anlam çıkarmaya katkısı olan kuramsal şemalar yararlıdır.

Kuramsal Bakış Açıları

Kültürleşme çalışmasına kuramsal yaklaşımların bir gruplaması Ward (2001) tarafından ortaya atılmıştır. Bunlar duygusal (A), davranışsal (B) ve bilişsel (C) alanlara ilişkin stres ve başa çıkma, kültürel öğrenme ve sosyal kimlik yaklaşımlarıdır. Psikolojik işlevin bu alanlarının psikolojide, özellikle sosyal psikolojide köklü bir yeri vardır ve tutum üzerine yürütülen araştırmalarda yaygın olarak kullanılmıştır (Rosenberg ve Hovland, 1960). Kültürel temasın söz konusu olduğu çevrelerde Ward, kültürleşme stresinin ve onunla başa çıkmanın çalışılmasına, kültürleşmenin duygusal yönü üzerinde durarak dikkat çekiyor. Davranışsal alan, "kültürel öğrenme" yaklaşımı içinde etraflıca çalışılmıştır. Burada, uyum sağlama sürecini başarılı kılmak için, dil gibi kültüre özgü bilgiyi elde etme ve kültüre uygun davranış repertuarı geliştirme üzerinde durulmuştur. Son olarak, kültürel kimlik ve gruplar arası algılamalarla ilgili bilişsel sonuçlar da kültürleşmeye sosyal kimlik yaklaşımları kapsamında, sosyal bilişe dayanarak çalışılmaktadır (Ward, 2001). Bu gruplama, belirli çalışmaların şu ya da bu kuramsal bakış açısına tam tamına uygun olduğu anlamına gelmemektedir. Çoğu zaman, kültürleşme sürecinin birçok yüzü bir arada çalışılır. Bununla beraber, farklı kuramsal bakış açılarını anlamak yararlı olacaktır.

Ward'ın A, B ve C sınıflandırmasına ek olarak dördüncü bir kategori öne sürülmüştür: Gelişim (D) (Sam, Kosic ve Oppedal, 2003; Sam, 2006). Göç ortamlarındaki çocuk ve ergenlerin gelişimi, çoğunlukla kültürleşme araştırmaları kapsamında incelenmiştir. Fakat kültürleşme ve insan gelişimi süreçleri zaman zaman örtüşür ve bunları birbirlerinden ayırmak güçleşir. Örneğin etnik azınlık ailelerinde görülen kuşaklar arası çatışma, ana babaların ve çocukların farklı kültürleşme düzeylerini ya da daha yaygın olarak kuşak farkını, hatta her ikisini de yansıtabilir. Gelişimsel bir yaklaşım bu gibi karışmış süreçleri çözmeye yardımcı olabilir (Phinney, 2003).

Kültürler Arası Uyum Sağlama Türleri. Ward, farklı kültürlerin bulunduğu kültürleşme ortamında, psikolojik ve sosyokültürel uyum arasında bir ayrım yapmıştır (Searle ve Ward, 1990; Ward ve Kennedy, 1996; Ward, 2001). Bu kavramlardan ilki daha çok bireysel anlamda bir refahı ve öztatmini ifade eder. İkincisiyse baskın kültüre sosyokültürel bütünleşme anlamında uyum sağlamayla (okul ve iş alanı gibi) ilgilidir. Yukarıda sözü edilen kuramsal yaklaşımlar ele alındığında, psikolojik uyum sağlama sonuçlarının daha çok stres ve başa çıkma kuramsal bakış açılarından; sosyokültürel uyum sağlama sonuçlarının ise kültürel öğrenme kuramsal bakış açılarından incelendiği görülür. Kuramsal ilgi daha ziyade kültürleşme stresi üzerinde olsa da (Berry, 1990, 1997), bir süredir sosyokültürel uyum da oldukça dikkat çekmeye başlamıştır.

Uyumun veçhelerinden biri olan ekonomik uyum da Aycan ve Berry (1996) tarafından ortaya atılmıştır. Genel anlamda sosyokültürel uyumla bağlantılı olsa da, ekonomik uyum özellikle göç sebebi, göreli mahrumiyet algısı ve göç ile statü kaybetmeye daha çok odaklanmıştır ve özellikle bu değişkenler tarafından öngörüldüğü bulgulanmıştır. Araştırmalar sonucu ulaşılan ortak bir sonuç, göçmenlerin kendi ülkelerindeki iş deneyimleriyle karşılaştırıldığında göç ettikleri ülkelerde daha düşük itibar ve gelir seviyesi sağlayan işlerde çalışmalarından kaynaklanan statü kaybıdır. Bu durum için birçok neden olabilir. Çoğu zaman göçmenin eğitim durumu sahip olduğu diplomalar da dahil, baskın toplumunkilerle bir tutulmamaktadır. Bu yargılama gerçekçi bir değerlendirmeden kaynaklanabilse de, çoğunlukla göçmenlerin geldiği ülke hakkında bilgi eksikliği veya önyargıya dayanır. Bunun ötesinde, eşit işe eşit maaşlı durumlarda genellikle yerel halk, göçmenlere tercih edilir.

Kültürel temasın söz konusu olduğu ortamlarda, yeni bir çevrenin gerektirdiği yaşam tarzına ve gerekliliklerine uyum süresi çok değişkendir. Bir anlamda, göçmen sayısı kadar uyum süreci vardır, yani her bireyin deneyimi tekildir. Bunun yanında, belirli grupları ve psikolojik alanlardaki sistematik değişmeleri yansıtan bazı örüntülerin de olduğu görülmüştür. Zor olan, görünürdeki karmaşık durumu daha iyi kavramak için bu örüntüleri ortaya çıkarmak ve temelinde yatanları keşfetmektir. Kuramsal bakış açıları da bu noktada aydınlatıcıdır.

Kültürleşme Stratejileri. Kültürleşmenin basit kavramlaştırılmalarından biri tek boyutluluğa örnek teşkil eder. Bu görüş, göçmenin baskın kültüre ayak uydurdukça ve uyum sağladıkça, yani kültürleşirken kendi kültüründen vazgeçtiğini ve ona yabancılaştığını varsayar. Bu iki kutuplu görüş, yeni kültürü benimseme sürecini, esas kültür pahasına işleyen bir süreç olarak kabul eder. Diğer bir deyişle, göçmenin kendi kültüründen göç ettiği ülkenin kültürüne bir kimlik dönüşümü yaşadığını varsayar. Bu, asimilasyon kavramının temelini oluşturan yaygın görüştür. Göç gerçeğine ne kadar denk düştüğü tartışmalı olsa da, uzun bir süre hâkim Amerikan ideolojisi olan "kültürlerin kaynaştığı ülke" mefhumu, buna örnek gösterilebilir.

Bu görüş Amerika'da bile, kültürleşme süreci üzerine yapılan çalışmalarla sorgulandı. İki boyutlu görüş Berry (1990, 1997, 2001; Berry ve Sam, 1997) tarafından tek boyutlu görüşün yerini almak üzere ortaya atılmıştır. Baskın kültürü benimseme (ya da benimsememe) ve öz kültürü muhafaza etme (ya da etmeme), bu görüşte iki bağımsız boyut olarak görülür. Yani sonuç olarak, meydana gelen stratejileri dört kategoride toplamak mümkündür. Bunlar, belirtilen iki boyut da yüksekse bütünleşme; ikisi de düşükse marjinalleşme; birincisi yüksek ikincisi düşükse asimilasyon; tam tersi söz konusu ise ayrılmadır. Kültürleşme üzerine yapılan çalışmalarda bu dört kategori yaygın bir şekilde kullanılmaktadır (Berry, 1997; Berry ve Sam, 1996; Berry vd, 2002).

Bu yaklaşımdaki sorun, kültürleşen kişiye veya gruba odaklanma eğilimi gösterip bu dört kategorinin mevcut olan stratejiler olduğunu varsaymasıdır ki bu her zaman mümkün değildir (Kağıtçıbaşı, 1997d). Ayırıcı önyargılı ortamlarda, asimilasyon ve bütünleşme stratejileri takip edilemeyebilir ya da asimilasyona yönelik baskının olduğu durumlarda, bütünleşme mümkün olmayabilir. Bütünleşme yalnızca kültürel farklılıkların hoş görüldüğü ev sahibi toplumlarda mümkündür. Zaten Berry de bu kısıtlamanın farkına 1974 gibi erken bir tarihte varmış (aktaran Berry, 1990) ve baskın grubun göçmenlere yönelimlerini modele üçüncü bir boyut olarak eklemiştir. Bu noktada, baskın grubun yönelimleri bireyinkilere paraleldir. Yani eğer baskın grup göçmen grubu toplumdan ayrı tutmak isterse, onları ayırır. ŞEKİL 10.1 aynı zamanda baskın toplumun kültürleşen gruba yönelik stratejilerini de içine alan toplu bir şema sunmaktadır.

Her ne kadar baskın toplumun tutum ve politikalarının önemi biliniyor olsa da, alanda yapılan birçok araştırmada kültürleşen grupların stratejileri vurgulanmaktadır. Bu daha önce de belirtildiği gibi, birey odaklı psikolojinin çevresel/ortamsal etmenleri ihmal etme eğiliminden kaynaklanır. Baskın toplum stratejilerinin psikolojik araçlarla kolaylıkla çalışılamaması da buna neden olabilir. Bu stratejiler bir uçta hoşgörüden diğer uçta açıkça sergilenen önyargıya kadar uzanabilir (Pettigrew ve Meertens, 1995) ve çokkültürlülük, vatandaşlık hakları, eğitim, sosyal güvenlik ve işsizlik yardımı vb farklı sosyal, politik ve ekonomik politikalara yansıyabilir. Kültürleşme fenomenini daha iyi kavramak için baskın kültürün farklı yüzleri üzerine çalışmaya gerek vardır.

	KONU 1: KÖK KÜLTÜRÜN VE KİMLİĞİN SÜRDÜRÜLMESİ	
KONU 2: GRUPLAR ARASINDA İSTENEN İLİŞKİLER	+ ⟵────────────⟶ − + ⟵────────────⟶ −	
	Bütünleşme Asimilasyon Çokkültürlülük Kaynaşma Ayrılma Marjinalleşme Ayrı tutma Dışlama	
	Etno-kültürel grupların stratejileri	Göç alan/büyük toplumun stratejileri

ŞEKİL 10.1. Etno-kültürel gruplarda ve geniş toplumda kültürleşme stratejileri.
KAYNAK: *Cross-Cultural Psychology: Research and Applications* (s. 354), Berry, Poortinga, Segal ve Dasen, 2002, Cambridge UK: Cambridge University Press.

Ya kişisel tercih ya da baskın toplum politikası nedeniyle, hatırı sayılır sayıda araştırma aynı zamanda çiftkültürlülük olarak da adlandırılan, *bütünleşme*nin uyum sağlama sürecindeki önemine dikkat çekmektedir (Berry, 1997, 2006; Berry ve Sam, 1996; Berry vd, 2002). Fakat kültürleşme ve psikolojik uyum üzerine yapılan araştırmalarda istisnalar ve birbiriyle çelişen sonuçlar da elde edilmiştir (Lopez ve Contreras, 2005). Özellikle göçmen grubun kendini toplumdan dışlanmış hissettiği durumlarda, aile içi dayanışma ve öz kültürün değerinin artması olarak yansıyan *ayrılma* stratejisinin, daha az kültürleşme stresi ve daha iyi psikolojik uyumla ilişkili olduğu ortaya çıkmıştır (örneğin Arends-Tóth ve van de Vijver, 2006; Phalet ve Swyngedouw, 2004). Göçmenlerin iyi kabul gördüğü ortamlarda ise, *asimilasyon* sosyokültürel uyum sağlama açısından daha başarılı bir strateji olabilir. Hem öz kültürü hem de ev sahibi kültürü sürdürmeyi içerdiğinden, *bütünleşme*nin daha zengin bir kültürleşme stratejisi olduğuna dair yaygın bir kanı vardır. Bununla birlikte, bu kültürleşme stratejisinin hangi yönlerinin böyle bir sonuca sebep olduğu daha iyi anlaşılmalıdır. Lopez ve Contreras (2005), her ne kadar çiftkültürlülük (bütünleşme) ve dil dengesinin (anadil olmayan dilde yüksek oranda yeterlilik) her ikisinin de psikolojik uyum sağlamayla bağlantılı olduğunu bulgulamışsa da, ikinci değişkenin daha fazla bağlantılı olduğunu saptamışlardır.

Berry'nin modeli genel olarak kabul görmüştür; ancak kategorik olduğu ve kültürleşme sürecinden çok sonuca odaklandığı için eleştirilmektedir (Hong, Roisman ve Chen, 2006). Birman (2006) da bu modelde kullanılan ölçülerin kültürleşme sırasında, ana babalar ve çocuklar arasında oluşan uçurumları anlamada yetersiz olduğuna dikkat çekmiş ve göçmen ailelerdeki bu uçurumları daha iyi ele almak için bir etkileşim modeli önermiştir.

Berry'nin modelindeki dört stratejiden başka alternatif kültürleşme yolları da olabilir. Örneğin kültürleşme sürecine üçüncü bir boyut getiren kaynaşma modeli öne sürülmüştür (Arends-Tóth, 2003; Arends-Tóth ve van de Vijver, 2006). Bu yeni bir bütünlük olarak, baskın kültür ve öz kültür olmak üzere iki kültürün birleşimi ya da karışımı olabilir. Ancak bu modelin bütünleşme ya da çiftkültürlülükten farklı olup olmadığı sorusu göz önünde bulundurulmalıdır. Sonuç olarak, kendini küresel "hip-hop" genç kültürüyle özdeşleştiren göçmen gençlerinki gibi başka olası stratejiler de vardır (Kaya, 2001). Buna başka bir örnek ise; fazlaca bireyselleşmiş grupların ne kendi kültürleriyle ne de içinde yaşadıkları ülkenin kültürüyle bir bağ oluşturmayıp yine de kendi hayatlarından oldukça memnun olmaları ve *marjinalleşme* stratejisinin aksine, uyum sağlamayla ilgili bir problem yaşamamalarıdır (van Oudenhoven, van der Zee ve Bakker, 2002).

Kültürleşmenin İçeriği. Kültürleşme stratejileri üzerinde çok durulması kültürleşmenin *içeriğini* ikinci planda bırakmıştır. Daha önce de belirttiğim gibi kültürleşmedeki değişimler kültürleşme ortamının gündelik gerçekliğine ışık tutar. Dolayısıyla kültürleşmenin içeriği kültürleşme sürecinin ötesinde çalışılmalıdır. Örneğin Bornstein ve Cote (2006), açıkça gözlemlenen ana baba davranışlarının, ana baba bilişlerinden daha fazla değiştiğini ve asimile olduğunu göstermişlerdir. Yani kültürel davranışlar değişmeye, tutumlardan daha yatkın olabilirler. Aynı zamanda, gruplar arası farklılıklar bireysel farklılıklardan daha fazladır ve grup düzeyindeki farklılıklar kültürleşmeden daha fazla etkilenir.

Bu noktada bireysel farklılıklar, durum ve alana özgül davranışlar; tutum, biliş ve davranış farklılıkları gibi birçok değişken önemli oluyor. Araştırmalar, kullanılan dilden arkadaş seçimine, yemek alışkanlıklarına kadar farklılık gösterebilen kamusal ve özel alanlardaki birçok davranış yapılarının ayırt edilmesi gereğini göstermiştir. Örneğin Arends-Tóth (2003), Hollanda'da yaşayan Türk göçmenlerin kamusal alanlarda bütünleşmeyi, özel alanlarda ise ayrılmayı seçtiklerini ortaya koymuştur.

Farklı alanlarda, aileler, akranlar, okullar ve yerel toplumlarla ilgili sayısız durum kültürleşmede farklılıklar oluşturur (Cooper, 2003). Daha sonra gelen göçmen kuşaklar genellikle ilk gelenlerden daha fazla kültürleştiğinden, kültürleşme açısından kuşak kavramı önem taşır. Örneğin Harwood ve Feng (2006), Amerika'da yaşayan ikinci kuşak Porto Rikolu annelerin İngilizce kullanmayı tercih ettiklerini, Amerikan değerlerini benimsediklerini ve Porto Riko geleneklerini sürdürme eğiliminde olmadıklarını bulmuşlardır. Yine de Porto Riko kültürüne bağlıdırlar, beraber yaşadıkları akrabaları vardır ve etnik mirasın önemli olduğunu düşünmektedirler. Sonuç olarak, göç ortamında ortaya çıkan değişim tekdüze değildir.

Kişi, değişik ortamlarda değişik kişilerle farklı hareket eder. İnsanın durumdan duruma değişebilen davranış karmaşıklığı, kültürel temas ortamında daha çarpıcı bir hal alır. Bunun nedeni, kültürel temas durumlarının çok çeşitli olmasıdır. Yani insanlar kendilerine farklı talepler getiren değişik ortamlara (kültürlere) ne kadar maruz kalırlarsa, davranışları o kadar farklılık gösterir. Örneğin, aile içinde veya arkadaş grubunda işbirliği içinde hareket eden bir genç, okul ortamında rekabetçi bir tavır sergileyebilir.

Dahası aynı davranış, çeşitli anlamlar taşıyabilir. Örneğin ergenlik dönemindeki göçmenlerin akademik başarıları, ana babalarının hoşuna gitmek amacıyla, onlara minnettarlıklarını ve aileye veya topluluklarına karşı görevlerini yerine getirme isteğini yansıtabilir (Liebkind, 2003; Phalet ve Schonpflug, 2001). Ya da bireyselleşmiş başarı için bir araç olup, aynı zamanda kendi etnik grubunu bırakma ve baskın toplumu özümseme yolu olabilir.

Durum ve alan özgüllüklerinin ötesinde, baskın topluma uyan, yani sosyokültürel olarak uyumlu olan davranış yapıları (Ward ve Kennedy, 1992) değişime, daha özel ve evle ilgili olan davranış yapılarından daha yatkındırlar. Daha önce belirtildiği gibi Hollandalı Türklerle yapılan araştırmalara göre bütünleşme kamusal alanda asimilasyon, özel alanda ise ayrılma ile sonuçlanır (Arends-Tóth, 2003). Diğer yandan, göçmenlerin bazı davranışları ev sahibi toplum tarafından hoşgörüyle karşılanırken, bazı davranışların ise değişmesi için daha fazla baskı olur. Örneğin Avrupa'da yaşayan Müslüman azınlıkların bazı dini gelenekleri hoş karşılanmazken, etnik yemekleri kabul edilir, hatta çokkültürlülüğün bir parçası olarak görülür. Yani bütünleşme içinde çok fazla çeşitlilik oluşur (Arends-Tóth ve van de Vijver, 2006). Bu çeşitlilik hem talep ettiği ve hoş gördüğü davranışlar nedeniyle baskın toplumdan hem de farklı amaçları olan azınlıklardan kaynaklanır. Değişimin göreli *uyumsal* işlevi ve davranışların, değerlerin ve kişiler arası ilişkilerin korunması ya da değişmesi kültürleşme sürecinin sonucunu etkiler.

Kültürleşmede Aile ve Ana Babalık

Psikologlar için kültürleşen aile, üzerinde çalışılacak anahtar bir alandır. Kültürleşme ortamında aile ve ana baba-çocuk ilişkisini ele alan araştırmalar gün geçtikçe çoğalmaktadır. Batı toplumları çokkültürlü sosyal yapılarının farkına vardıkça ve etnik azınlıklar giderek artan nüfuslarından dolayı daha görünür hale geldikçe, diğer ülkelerden çok Batı toplumlarında Batılı psikologlar tarafından yürütülen kültürler arası (ya da etnik) araştırmalar ortaya çıkıyor. Bu araştırmalar da, genel anlamda aile içi dinamiklere ışık tuttuğu gibi kuramlar için de değerli kanıt sağlamaktadır. Bu bölümde, 4, 5 ve 6. Bölümler'de öne sürülen kuramsal bakış açılarıyla ilgili de bazı araştırmaları inceleyeceğim.

Kültürleşme ortamında aile, dinamik bir karmaşıklık içindedir. Eşler arası ve kuşaklar arası ilişkiler ve kültürleşme sürecinde oluşan farklılaşmalar bazı alanlarda çatışmalar yaratırken, bazılarında yaratmaz. Bu durumda, aile ilişkilerinin bazı yönleri değişime maruz kalırken, bazı yönleri aynen korunabilir. Örneğin Kwak (2003), Amerika'da yapılan göçmen ergen-ana baba ilişkileriyle ilgili araştırmaların çoğunu gözden geçirerek, genellikle göçmen ergenlerin, ana babalarıyla yaşadıkları kuşak çatışmasının ilişkisellik değil de özerklik çevresinde geliştiğini göstermiştir. Başka bir deyişle, 6. Bölümde de sözü edildiği gibi, göçmen ergenler ana babalarının onlara tanıdığından daha fazla özerkliğe sahip olmak istiyorlar; fakat aynı zamanda ana babalarına bağlı olmaktan memnunlar ve onlardan ayrılmak istemiyorlar. Bu bulgu, kültürleşmenin kendine has içeriğine ve bunun sonucu olan çatışmaları araştırma ihtiyacına işaret ediyor. Bu, ana baba-çocuk etkileşiminin karışıklığını; bazı alanlarda düzgün ilişkiler içerirken diğerlerinde sorunlu ilişkiler içerebildiğini de gösteriyor.

Kültürleşme Bağlamında Benlik ve Aile Değişimi Modeli

Bu durumu 5. Bölümde anlatılan kuramsal bakış açısıyla daha iyi anlayabiliriz. Temel konu; toplulukçu toplumlardan gelen etnik azınlıkların ilişkisellik kültürüyle bireyciliğin baskın olduğu ev sahibi ayrıklık kültürünün temas halinde olmasıdır. Örneğin Kwak'ın makalesinde (2003) görünen odur ki ergenlerin özlemleri, özerk-ilişkisel benlik ve psikolojik/duygusal bağlı aile modeline işaret eder (Kağıtçıbaşı, 2003). Özerklik, ergenlerin okul ve gündelik yaşantılarında uyum işlevi görür. Sosyal karşılaştırma süreci de burada rol oynar. Bu, etnik azınlık ergenleri kendilerini baskın toplumun ergenleriyle karşılaştırdıklarında, onların kendilerinden daha fazla özerkliğe sahip olduklarını görmeleridir. Diğer taraftan ana babalarıyla ilişkililik onların ilişkisellik ihtiyacını karşılar, yakınlık ve güven sağlar. Çatışma yaşanmasının nedeni de budur. Araştırmalar, ergenler özerkliğe ulaştığında, göç bağlamında ana babayla ilişkiselliğin ve ana baba-çocuk bağının uyumlu rolüne dikkat çekmektedir (Buriel, Love ve Ment, 2006; Chao, 2006).

Aslında Leyendecker, Schoelmerich ve Çıtlak (2006) Almanya'daki ikinci kuşak Türk göçmen ana babaların, çocuklarından, aileyle yakın ilişki içinde olmalarını beklediklerini ama aynı zamanda da onların özerkliğini kabul ettiklerini bulgulamıştır. İkinci kuşak Türk anneler ile Alman anneler arasında özerklik hedefleri bakımından bir fark bulunamamış, fakat birinci kuşak annelerin uyumluluğa değer verdikleri ortaya çıkmıştır. Öyleyse hem ilişkisellik hem de özerklik arzu ediliyor. Benzer olarak Nijsten (2006) Hollanda'daki Türk göçmen ana babalar için benzer bir tablo çiziyor; ana babaların büyük çoğunluğu yetkeci kontrolün artık uygun olmadığını düşünüyor. Özellikle daha çok eğitim almış olanları, çocuklarıyla birlikte karar vermeyi ve güç uygulama teknikleri kullanmaktansa açıklama yapmayı tercih ediyorlar. Bu bulgular psikolojik/duygusal bağlı aile modelinin göç bağlamında ortaya çıktığını kanıtlıyor.

Ancak bazı ana babalar, özellikle az eğitimli olanlar, çocuklarına özerklik vermekten kaçınmaya eğilimli oluyorlar; çünkü bunu bağımsızlığın, saygısızlığın ve ayrılmanın bir işareti olarak görüyorlar. Burada, (tam) bağımlı aile modelinin geleneksel görünümünün kentsel teknolojik topluma göç bağlamında uyumlu olmadığı halde devam etmesi şeklinde bir "kültür gecikmesi" görülüyor. Burada, bir tarafta ergenlerin tercih ettiği özerk-ilişkisel benlik ve psikolojik/duygusal bağlı aile modeli, diğer tarafta ana babalarının tercih ettiği bağımlı-ilişkisel benlik ve (tam) bağımlı aile modeli arasında çatışma oluyor. Göç bağlamında ilki diğerinden daha uyumlu olduğu için, ilkinin etkili olması daha olasıdır. Başka bir deyişle, ergenlerin istediklerini elde etmeleri beklenebilir; ama bu sorunsuz bir değişim süreci olmayacaktır.

Bu sorunun özü psikologlar, sosyal hizmet uzmanları ve profesyoneller tarafından iyi anlaşılabilirse bu süreç kolaylaştırılabilir ve aileler desteklenebilir. Örneğin özerkliğin çocuğun okul başarısında işlevsel olduğu, ana babaya saygısızlığa yol açmadığı ve ana babadan ayrılmayı gerektirmediği, ana babalara anlatılıp, onların bunu anlaması sağlanabilir. Fakat genelde bu böyle yapılmıyor; çünkü bu uzmanlar bu şekilde düşünmeye eğilimli değiller. Bildikleri baskın psikolojik bakış açıları çerçevesinde, uzmanlar genellikle özerk-ayrık benliği ve bağımsız aile modelini ideal ve sağlıklı modeller olarak görüp, göçmenlere bunu dayatırlar. Sonuç, anlama ve destekten yoksunluktur.

Kültür çatışması ve ana babalarla uzmanların (ev sahibi toplumun) farklı bakış açıları, başka şekillerde de kendisini gösterir. Dekoviç vd (2006) Hollanda'daki etnik azınlıklarla ilgili araştırmalarında sıkı bir ana baba disiplini uygulamasının çok yaygın olduğunu görmüşlerdir. Fakat aynı zamanda bu ailelerin çocuklarına karşı şefkatli olduklarını da bulgulamışlardır. Bunu "nadir bir kombinasyon" olarak adlandırıyorlar. Bu yorum, Batılı psikolojide yer alan, ana baba kontrolünün ana baba şefkatiyle birlikte var olamayacağını savunan, psikanalitik görüşlere dayanan baskın bir varsayıma dayanır.

Daha önce 2 ve 6. Bölümler'de tartışıldığı gibi Afrikalı kökenli Amerikalı ailelerle (Deater-Deckart ve Dodge, 1997; Lansford vd, 2003) ve Amerika ve Avrupa'daki (Chao, 1994; Dekoviç vd, 2006; Harwood vd, 2001) etnik azınlıklarla yapılan son araştırmalar burada düzeltici bir rol oynuyor. Bu çalışmalar aile kontrolünün ve bağlanmışlığın bir arada var olabildiğini gösteriyor (Jose vd, 2000; Kwak, 2003).

Bu nedenle Gonzales vd (1996) etnik azınlığa mensup ana babaların çok kontrolcü göründükleri için genellikle yetkeci olarak etiketlendiklerini belirtiyor. İkinci Bölümde de belirttiğim gibi, ana baba kontrolü ve ana baba şefkati ana babalığın iki bağımsız boyutudur, bu nedenle birlikte var olabilirler (Dekoviç vd, 2006; L.W. Hoffman, 2003; Kağıtçıbaşı, 1970; Rohner ve Pettengill, 1985; Trommsdorff, 1985). Bu birlikte varoluşun birçok örneğini 5. Bölümde ele alınan ve psikolojik/duygusal bağlı aile modelini destekleyen araştırmalarda görebiliyoruz.

Etnik azınlık ana babalığını yetkeci olarak damgalayan bazı araştırmacılar gene de yetkeciliğin ana baba şefkatiyle birlikte var olabileceğini savunuyor. Örneğin Rudy ve Grusec (2001), Mısır asıllı Kanadalılar ve Anglo-Kanadalıları karşılaştırdıkları çalışmalarında iki grupta da topluluçkuluğun yetkeci ana babalığı öngördüğünü ama şefkat eksikliğinin sadece Anglo-Kanadalı grupta olduğunu, Mısır asıllılarda görülmediğini bulgulamışlardır. Mısırlı grupta olduğu gibi yetkecilik şefkat eksikliğiyle ya da çocuğun hatalarına karşı (suçlama, aşağılama gibi) negatif tutum içinde olmakla bağlantılı olmayabilir. Bu örneklerde de görüldüğü gibi, ana baba disiplini grup içinde yaygın ve kabul edilmiş olduğunda, daha hoşgörülü bir ana babalığın normal karşılandığı ortamlarda taşıdığı olumsuz bir anlamı taşımaz.

Burada önemli olan sıkı bir ana baba kontrolü olup olmaması değil, bunun şefkatle tamamlanıp tamamlanmadığı ve topluluk içinde neyin normatif olduğudur. "Normal"in ve normal olmayanın altında yatan sosyal karşılaştırma süreci göz önüne alındığında, sıkı ana baba disiplininin kabul edildiği sosyokültürel bağlamlarda, bu ana baba disiplini sevgisizlik anlamına gelmez. Dolayısıyla uyumsuz sonuçlara yol açmayabilir.

Ana babalıkta kontrolün nasıl uygulandığı da son derece önemlidir. Eğer ana babalar sıkı kontrolü çocuğun yararı için kullanıyorlarsa, özellikle de çocuklarına kendi değerlerini anlatıyorlarsa ve çocukların bu değerleri içselleştirmelerini sağlıyorlarsa, bu, çocuk için olumsuz sonuçlara yol açmaz (Deater-Deckart ve Dodge, 1997; L.W. Hoffman, 2003, Lansford vd, 2003; Rudy ve Grusec, 2001). Fakat eğer sıkı kontrol ana baba tarafından kin, baskı ve şefkat eksikliği şeklinde gösterilirse, o zaman sağlıksızdır. Aslında sadece bu son örnek "yetkeci" olarak adlandırılmalıdır çünkü *Otoriteryen Kişilik*'in (Adorno vd, 1950) basımından beri bu, sağlıksız yetkeci (otoriter) ana baba tavrı olarak görülüyor.

Bununla bağlantılı bir konu da etnik azınlık mensubu ana babaların çocuklarından bekledikleri saygıdır. Bu, ev sahibi toplum profesyonelleri tarafından hükmedici aile hiyerarşisi olarak yorumlanır. Ancak bu durum, özellikle çocuğa herhangi bir özerklik sağlamayan, hükmedici bir kontrol varsa söz konusudur. Diğer yandan çocuktan saygı beklentisi, aile terbiyesinin farklı bir biçimde algılanması da olabilir (Kağıtçıbaşı, 2006a ve b). Örneğin bir çocuk yetiştirme amacı olarak "nazik tavır" (Harwood vd, 2002) sadece basit itaati yansıtmayabilir; aile bütünlüğünü, sosyal farkındalığı ve başkalarının ihtiyaçlarına duyarlılığı da yansıtabilir (Fuligni, Tseng, ve Lam, 1999; bkz. 6. Bölüm). Bu ahlakın da farklı biçimde bir algılanması olabilir. İşte bu durumda ana baba kontrolü ve çocuğa bir miktar özerklik tanımak birlikte görülebilir. Bu da psikolojik/duygusal bağlı aile modeli olarak yorumlanan şeydir. Bu modelde ana baba kontrolü ve şefkatinin birleşimini de görürüz.

İlişkisellik kültürüne sahip birçok göçmen aile bu örüntüyü sergiler. Kentsel teknolojik toplumda başarılı olabilmek için özerklik gerektiğini anlayabilen daha eğitimli ve kültürleşmiş ana babalarda bu daha da yaygındır. Ana babaların bu eğilimini kabul etmek ve desteklemek gerekir. Öte yandan, daha önce de sözü edildiği gibi, birçok etnik-azınlık ana baba da (tam) bağımlı aile modelini ve itaate yönelik ana babalığı temel alan kendi geleneksel yaklaşımlarını sürdürmeye devam edebilir. Bu genellikle daha az eğitim görmüş ve az kültürleşmiş etnik-azınlık ana babalarda görülür. Bu ana babaların, çocuklarının ev sahibi toplumda daha başarılı olmalarını sağlayacak özerkliğin değeri hakkında bilgilendirilmeleri onlara yarar sağlar.

Ev sahibi toplumun profesyonelleri ve göçmen gruplarla ilgilenen kişiler, bu iki ana baba eğilimi arasındaki farklara dikkat ederlerse yararlı olur. Bağımlı aile modeline uyan eğilimin değişmesi gerekirken, psikolojik/duygusal bağlı aile modeline uyan eğilim desteklenmelidir. İkincisinde, hem özerklik hem de ilişkisellik ihtiyaçları karşılanmış sağlıklı işleyen bir aile modeli görüyoruz. Hatta bu model ev sahibi topluma da örnek olabilir. Göçmenlerin ev sahibi toplumdan öğrenecekleri çok şey var ama karşılıklı olarak ev sahibi toplum da göçmenlerden, özellikle yakın aile ilişkilerinin değerini öğrenebilir.

Sıkı aile bağları ilişkisellik ihtiyacını karşılar ve bu yüzden desteklenmelidir. Ana baba şefkati ve yakın ana baba-çocuk/ergen ilişkileri, değerlerin nesilden nesle aktarılmasını ve daha önce de sözü edildiği gibi bu değerlerin çocuk tarafından benimsenmesini sağlar. Öz belirleme kuramında belirtildiği gibi, özerklik, yakın ana baba-çocuk ilişkisi bağlamında da ortaya çıkar (Chirkov vd, 2003; Ryan 1995; Ryan ve Lynch, 1989; bkz. 4. ve 6. Bölümler).

Değerlerin Kültürel Aktarımı. Kültürleşme bağlamında değerlerin kültürel aktarımı konusunda çok sayıda araştırma yapılmıştır. Kültürel aktarım kültürel değerlerde değişiklikleri gerektirir. Göç durumlarında bu değişiklikler kültür teması olduğu için daha da dikkat çekicidir. Toplulukçu yönelimler, ailevi değerler ve aile yükümlülükleriyle ilgili tutumlar nesiller arası kültürel aktarımın oluştuğu bazı alanlardır.

İlişkisel kültürlerden gelen göçmenlerle yapılan araştırmalarda aileye sadakatin devam ettiği görülmüştür. Fuligni vd (1999) Amerika'daki Filipinli, Çinli,

Meksikalı ve Latin Amerikalı göçmen ergenlerin, Avrupalı-Amerikalı ergenlerle karşılaştırıldıklarında, ailelerine destek ve saygı vazifeleri konusunda daha güçlü değerlere ve daha fazla beklentilere sahip olduklarını bulgulamıştır. Bu farklar önemlidir ve cinsiyetler arasında, farklı aile türlerinde, farklı sosyoekonomik statülerde ve nesiller arasında tutarlılık gösterir. Aileye sadakatin ikinci ve üçüncü nesil gençlerde azalmaması dikkate değerdir. Yani aile bütünlüğü ve aile yükümlülüklerine ilişkin değerlerin aktarımı zaman içinde sürekliliğini korumaktadır. Buna ilaveten araştırmacılar, ergenlerin bağımsızlığını vurgulayan bireyci toplumda, toplulukçu aile değerlerinin gençlerin gelişiminde olumsuz bir etkisinin olmadığını da bulgulamışlardır.

Batı Avrupa'daki Türk göçmen aileler üzerinde yapılan bir dizi araştırma, kültürleşme bağlamında nesiller arası değerlerin aktarımı konusuna ışık tutuyor. Phalet ve Schonpflug (2001), ana babanın toplulukçu ve başarı değerlerinin Hollanda ve Almanya'daki ergenlere etkili olarak aktarıldığını göstermiştir. Uyumluluğu vurgulayan ve başarıyı önemseyen toplulukçu Türk ana babalar, çocuklarını, aileye bağlılığa dayanan *toplulukçu başarı güdüsü* yönünde sosyalleştirirler (bkz. 4. Bölüm). Daha toplulukçu aileler uyumluluğu daha çok vurgularlar ve başarı değerlerinin bir sonraki nesle aktarımını artırırlar. Araştırmacılar bu başarı güdüsünün bireyci bir toplumda göçmen ailelerin ve toplulukların hayatlarına devam edebilmeleri için işlevsel olduğunu belirtiyorlar. Benzer şekilde Phalet ve Swyngedouw (2004), Belçika'daki Türk ve Faslı göçmenler üzerinde gerçekleştirdikleri çalışmalarında uyumluluk-gelenek değerleri ve kültür devamlılığının göçmenleri bireysel hareketlilikten çok ailesel hareketliliği tercih etmeye yönelttiğini bulgulamışlardır. Oysa ki ev sahibi kültürün değerlerini benimsemek, göçmenleri daha zayıf bir ailesel hareketlilik tercihine yöneltir.

Nesiller arası kültürel aktarımın, göç bağlamında psikolojik ve sosyokültürel uyum üzerinde farklı etkileri olabilir (Searle ve Ward, 1990; Ward, 2001; Ward ve Kennedy, 1996). Güngör, Belçika'daki Türk ergen göçmenlerle yaptığı çalışmasında toplulukçuluğun ve güçlü kültür devamlılığının daha iyi psikolojik uyum sağlamayla ilgili olduğunu, bireyciliğin ise psikolojik uyumu azalttığını bulgulamıştır. Bu da kendini daha çok bedenselleştirme ve depresyon-düşmanlık içeren bir ruh hali şeklinde gösteriyor. Öte yandan bireycilik, ev sahibi kültürü benimsemeyi artırıp kişiyi daha iyi bir sosyokültürel uyuma yöneltir. Bu nedenle, psikolojik ve sosyokültürel uyum, farklı hatta ters yönlerde ilerleyebilir. Özel ve kamusal alanlar, kültürleşen gençliğe farklı olanaklar ve mücadeleler sunar.

Son olarak gruplar arası ilişkiler, özellikle göçmenlerin baskın kültürün ayırımcılık yaptığını algılamaları, değerlerin kültürleşme yönelimlerini nasıl etkileyeceğinde rol oynar. Ergen göçmenlerde toplumsal cinsiyet yönelimlerini araştıran Idema ve Phalet (2006), erkek çocukların ev sahibi kültürün ayırımcılık yaptığını algılamalarının ve dini yönde sosyalleşmelerinin, toplulukçuluğu pekiştirdiğini ve toplumsal cinsiyet yönelimlerinde eşitlikten uzak davranışlara yol açtığını bulgulamışlardır. Öte yandan, erkek çocuklar için ev sahibi kültürle daha çok ilişki kurmak ve kız çocuklar için ev sahibi ulusun diline daha hâkim olmak daha eşitlikçi toplumsal cinsiyet değerlerine yönelir. Bu bulgular bizi ev sahibi kültür gibi daha geniş bağlamsal unsurları araştırmaya götürür.

Kültürleşmede Rol Oynayan Bağlamsal Faktörler

Yukarıdaki bulgulardan da anlaşıldığı gibi ailenin ötesinde çok sayıda faktör kültürleşmede rol oynar. Bunların bir kısmına kültürleşmeyi etkileyen faktörler olarak değindim. Burada, özellikle bizim büyük resmi görmemize yarayacak faktörler üzerinde yoğunlaşacağım. Bunlar gruplar arası ilişkiler ve baskın toplumun, azınlık grubun ya da her ikisinin algılanmaları ile ilgilidir.

Algılanan Kabul. Çok sayıda araştırma, kültürleşen grubun baskın toplum tarafından kabul görme derecesiyle ilgili algılarının çok önemli bir rol oynadığına işaret ediyor. Bunun her tür kültürleşmede; gurbetçi, göçmen, mülteci vb önemli olduğu görülmüş. Genel olarak, algılanan kabul arttıkça, kültürleşme deneyimi ve psikolojik uyum da o kadar olumlu olur. Örneğin ABD'de bir yıl geçiren Türk değişim öğrencileriyle yaptığım bir çalışmamda, öğrencilerin kendilerini konuk etmeye gönüllü; yani onları kabul eden ailelerle kalmalarının onlara çok olumlu bir gelişim deneyimi sağladığını bulguladım (Kağıtçıbaşı, 1978). Bunu Almanya Solingen'deki öfkeli faşist çeteler tarafından evleri yakılıp aile fertlerini kaybeden bazı Türk göçmen ailelerin deneyimleriyle karşılaştırın. Bu iki uç arasında, algılanan kabulün farklı kültürleşme deneyimlerini getirdiğini görüyoruz.

Açıkça görülüyor ki gruplar arası ilişkilerde, özellikle de çok güçlü ve güçsüz grupların arasında olanlarda, bu faktör çok önemli; zayıf grubun davranışını inceleyen birçok araştırmanın bulguları bunu gösteriyor. Bu, "kendini gerçekleştiren kehanete" benzeyen durumlar yaratabilir; şöyle ki, kendilerini aşağılanmış, etiketlenmiş hisseden birey ya da gruplar daha güçlü olanların bu küçümseyici tutumlarını doğrulayıcı biçimde davranmaya eğilimli olurlar. Örneğin ABD'de kalıpyargı tehdidi üzerine yapılan bir çalışma, kendilerine karşı olumsuz ırkçı kalıpyargılar açıkça gösterildiğinde, Afrika kökenli Amerikalı öğrencilerin akademik çalışmalarında daha başarısız olduklarını gösteriyor (Steele ve Aronson, 1995).

Burada asıl neden algılanan önyargı ve ayırımcılık. Daha önce de söz edildiği gibi, yıllar içinde Amerika'da yapılan kalıpyargılarla ilgili araştırmalar "zihnimizdeki imajlar" ile ilgili önemli bilgiler sağlamış ve bu imajların değişime dayanıklı ve durağan olduklarını göstermiştir. Bu imajlar tarihe, mitlere, ekonomik ve politik rekabete ve çatışmalara dayanır. Sosyal kimlik ve gruplar arası ilişkilerin temelinde yatan "biz-onlar" ayırımıyla ilgilidir.

Göç bağlamında insanlara bu kabul edilmeme duygularını veren nedir? Çok eskiden beri var olan kalıpyargıları ele aldığımızda bazı azınlık gruplarının diğerlerinden daha az kabul gördükleri açıktır. Örneğin, Schalk-Soekar ve Van de Vijver (2004) Avrupalı göçmen gruplar arasındaki etnik hiyerarşiye değinmişlerdir. Bu hiyerarşide aşağıda yer alan azınlık gruplarının üyeleri için *statü kaybı*, daha önce söz edildiği gibi sadece ekonomik ya da istihdam dezavantajları bağlamında değil, yaşamlarının her alanında öne çıkan bir deneyimdir. Bu da onların kültürleşme sürecinde derin etkiler yaratır.

Algılanan Farklılık. Bu hiyerarşinin altında yatan olgu, genellikle baskın toplum ile göçmen arasında algılanan farklılıktır. Bazı önemli niteliklerde bu fark arttıkça, etnik hiyerarşide göçmen grubun statüsü düşer ve bu grup baskın toplum tarafından reddedilir. Örneğin Fransa'da yapılan bir çalışmada (Malewska-Peyre, 1980) Kuzey Afrikalı göçmenlerin Fransızca konuşabildikleri halde Fransızca bilmeyen Portekizli göçmenlerden daha çok reddedildiği bulunmuştur. Onu takip eden araştırmalar, algılanan farklılığın bu ayırımcılıkta çok önemli bir faktör olduğu bulgusunu doğrulamıştır (Arends-Tóth ve Van de Vijver, 2006; Berry vd, 2002; Mirdal ve Rynanen-Karjalainen, 2004; Montreuil ve Bourhis, 2001; Ward, 2001).

Aslında sosyal psikolojide tutum, kalıpyargı ve Bogardus (1925) Sosyal Mesafe Ölçeği çalışmalarının başlarından beri biliyoruz ki, öteki daha "farklı" görüldükçe, benlik ile öteki arasındaki tercih edilen sosyal mesafe artar. Sosyal kimlik kuramı da aynı olguya işaret eder (Tajfel ve Turner, 1979). Kalıpyargılar *öteki*nin farkını *pekiştirir* böylece ev sahibi/baskın toplum ile etnik azınlıklar arasındaki sosyal mesafeyi artırır. Ayrıca kalıpyargılar grup içi çeşitliliği ve bireysel farklılıkları gizler, bu yüzden göçmenleri "patolojikleştiren" bir hal alabilir. Bu, göçmenleri "düşük kalite mal" olarak gören iddialarda da görülür. Bu olumsuz kalıpyargılar, göçmenler arasında birçok olumlu sosyokültürel uyum sağlama örneği olmasına rağmen, yaygındır. Olumlu örnekler arasında Kanada ve Amerika okullarında başarılı olan bazı göçmen grupların çocukları (Beiser, Hou, Hyman ve Tousignabt, 2002; Fuligni, 1997, 1998, 2003; Kwak, 2003) ya da Almanya'da başarılı olan girişimci, sanatçı, film yapımcısı vb Türkler sayılabilir.

Kalıpyargısal tutumlar, asıl toplum tarafından göçmen gruptan talep edilen kültürleşme stratejisini de etkiler. Tercih edilen azınlıklar için bütünleşme (entegrasyon) onaylanır, böylece bu grupların kültürel özellikleri korunmuş olur. Fakat reddedilen gruplar için asimilasyon, ayrım ya da dışlanma tercih edilir. Onların kültürel özellikleri hoş karşılanmaz, bu yüzden ya tam bir asimilasyon geçirip eski kültürlerinin yok olması ya da asıl toplumdan tecrit edilmeleri istenir. Kanada'da yapılan, Fransız göçmenler ile Haitililerle karşılaştıran (Montreuil ve Bourhis, 2001) ve İsrail'de yapılan, Rus ve Etiyopyalı Musevileri İsrailli Araplarla karşılaştıran araştırmalar (Bourhis ve Dayan, 2004) bu duygulara işaret etmiştir.

Algılanan (ve gerçek) kültürel farklılıkların ötesinde, sosyoekonomik farklılıklar da önemlidir. Etnik azınlık statüsü ve düşük sosyoekonomik statü çoğunlukla örtüşür. Bu özellikle de, işçi gönderen ülkelerin daha kırsal ve azgelişmiş bölgelerinden, düşük eğitimli ve kalifiye olmayan göçmenlerin işe alınmasını hedeflemiş olan Avrupa'da görülür. Uzun yıllar boyunca evlerini terk edip başka memleketlerde iş arayan, az kaynağa sahip fakir nüfus olmuştur (Abadan-Unat, 1986; Kağıtçıbaşı, 1987b). Bu, hem aynı ülke içinde kırdan kente göç hem de uluslararası göç için geçerlidir.

Bazı durumlarda bu etnik azınlıkların düşük sosyoekonomik statüleri göz ardı edilmiş, çeşitli davranışları ve özellikleri "kültürlerine" atfedilmiştir. Örneğin, eğer çocukları okulda başarı gösteremiyorsa, bu onların kültürlerinden dolayıdır. Oysa ki araştırmalar kültürel farklılık diye kabul edilen şeyin aslında sosyal sınıf farkı olabileceğini göstermiştir. Örneğin 2. Bölümde de değinildiği gibi Cashmore ve Goodnow (1986) sosyal sınıf kontrol edildiğinde Avustralya'daki etnik gruplar arası ana baba yönelim farklarının ortadan kalktığını bulgulamışlardır. 1980'lerde yapılan başka araştırmalar da benzer sonuçlar ortaya koymuştur (Lambert, 1987; Laosa, 1980; Podmore ve St. George, 1986). Daha güncel çalışmalar da önceki bulguları destekliyor. Örneğin Hollanda'daki Türk azınlık çocukları ve Flaman çocukları karşılaştıran çalışmalar, sosyoekonomik statünün problemli davranışların kökenindeki etnik farkların büyük bir kısmını açıkladığını ortaya koymuştur (Bengi-Arslan, Verhulst ve Crijnen, 2002; Crijnen, 2003).

Makro Bağlam

Özellikle kültürleşme makro bağlamı olumsuz etnik kalıpyargılar, sosyal mesafe ve ayırımcılık içerdiği zaman, etnik azınlık gruplarında genellikle statü kaybına tepki olarak (Kağıtçıbaşı, 1997d), ev sahibi toplumdan ayrılma ve hatta marjinalleşme baş gösterebilir (Berry, 2006). Bu konular psikolojik sorunların ötesine geçip politik nitelikler üstlenebilir. O zaman bunları daha iyi anlayabilmek için psikologların diğer sosyal bilimcilerle işbirliği yapıp çokdisiplinli araştırmalar yapmaları gerekir. Özellikle grup hareketliliği söz konusu olduğunda daha kapsamlı makro bakış açıları gerekebilir.

Avrupa'daki İslami hareketlilik burada önemli bir noktadır. Bu, ciddi gruplar arası çatışma tohumları taşıyan, uluslararası ölçekteki olaylarda kendini gösteren ve çok tartışılan güncel politik/sosyal bir konudur. Avrupa'da insanlar çokkültürlülükten söz ettikleri zaman genellikle İslam'a atıfta bulunurlar (Mirdal ve Rynanen-Karjalainen, 2004; Weller, 2004). Nitekim Peach (2002), "Din Batı'daki etnik kimliği çözmek için yeni anahtardır," der (s. 255). Din, kültürün sadece bir yanı olmasına rağmen ev sahibi toplumun gözünde İslam, Müslüman göçmenlerin kültürüdür ve buna ilişkin tarihsel geçmişten kaynaklanan, yaygın olumsuz duygular söz konusudur.

Batı Avrupa hükümetleri dinsel hoşgörüyü savunan anayasal hükümlere uygun olarak, Müslüman azınlıklara kendi dini okullarını kurabilmeleri ve diğer dini aktivitelerini yerine getirebilmeleri için fon sağlamaktadır. Fakat burada bir ikilem vardır; bu hoşgörülü politikalar birkaç nedenden ötürü gerçekte ev sahibi toplumda hoşgörüyü çoğaltmıyor ve azınlıklara yararlı olmuyor. İlk olarak, bu dini eğitim ve faaliyetlerin güçlendirdiği Müslüman kimlik, bu azınlıkları ev sahibi toplumdan görünüş ve davranış olarak daha *farklı* kılıyor. Onların "ötekilikleri" vurgulanıyor; bu da baskın toplumun onları daha çok reddetmesini körüklüyor (Kağıtçıbaşı, 1997d; Kaya, 2001). Böylece hoşgörü adı altında Müslüman azınlıklara karşı hoşgörüsüzlük besleniyor.

İkinci olarak, ev sahibi toplum tarafından reddedilmelerine karşılık Müslüman göçmenler, dinlerini kendi grup kimlikleri ve değerlerinin ifadesi olarak görüp onu daha çok benimsiyor. Araştırmalar dindarlık ve grup özdeşleşmesinin algılanan önyargılar *sonucu* arttığını göstermiştir (Baumgartl, 1994). Bu, Batı Avrupa'da görüldüğü gibi, bazı göçmenleri köktendinci seferberliğe açık hale bile getirebilir. Böylece çokkültürlü politikalar genellikle Müslüman azınlığın ev sahibi toplumla bütünleşmesi değil, tam aksine ondan daha çok ayrılması sonucuna yol açar.

Üçüncü olarak, azınlık çocukları normal devlet okullarına değil de Müslüman okullarına gidince, ev sahibi toplumun çocuklarıyla etkileşime geçemezler ve ev sahibi toplumun dilini güzelce öğrenemezler. Bu, azınlık çocuklarının düşük eğitim düzeyine sahip, toplumla daha az bütünleşen ve buna bağlı olarak göç ettikleri ülkede daha düşük yaşam koşullarına sahip olmaları gibi ciddi sonuçları olan bir problemdir. Böylece bir kısırdöngüye dönüşen, birbiri üzerine binen olumsuz etkiler zinciri, problemi daha da karmaşıklaştırır. Bu olumsuz sonuçları engellemek için bu kısırdöngü, etkili tedbirler ve bilinçli sosyoekonomik politikalarla kırılmalıdır (Guiraudon vd, 2005; eğitim ve dini eğitim konusunun daha genel bir tartışması için 7. Bölüme bakınız).

Politikaya Yönelik Sonuçlar

Yukarıda tartıştığımız düşünceler, gruplar arası ilişkileri ve göçmenlerin yaşadığı zorlukları iyileştirmek konusunda bazı politik açılımların gerekliliğine işaret ediyor. Araştırmaların bize gösterdiği temel nokta, *hem* göçmen *hem de* baskın toplum nüfusunun hedef alınması gerektiğidir. Göçmenlere psikolojik ve sosyokültürel uyum için ihtiyaç duydukları kaynakları sağlamakta yardım edilmesinin yanı sıra, ev sahibi toplumda duyarlığı ve farkındalığı artırıcı çabalar, gruplar arası gerginliği ve önyargıyı azaltmakta yardımcı olabilir. Örneğin daha önce bahsedildiği gibi Arends-Tóth (2003), Hollandalı Türklerin özel ve kamusal alanlarını ayırdıklarını ve buralarda farklı kültürleşme stratejileri tercih ettiklerini bulgulamıştır. Diğer yandan, Hollandalı çoğunluk böyle bir ayrım yapmaz ve bütün alanlarda asimilasyon talep eder. Eğer böyle farklı görüşler saptanabilirse, çözüme yönelik stratejiler aranabilir.

Araştırmalar ve destek programları gibi uygulamalarda asıl ilgi göçmene odaklanmış durumdadır. Böyle bir ilgi yararlı olabildiği gibi, genellikle soruna yönelik bir tutumla ele alındığı için diğer taraftan da göçmeni patolojikleştirmeye sebep olabilir (Sam vd, 2003). Eksiklikleri vurgulamaktan, güçlü yanları anlamaya ve etkili kılmaya doğru bir geçiş gerekir. Örneğin ailelerin, çocuklarının okula alışmalarına ve performanslarını hangi yollarla destekleyebileceklerini anlamalarına yardımcı olunabilir. Genellikle düşük eğitimli göçmenler çocuklarının yüksek eğitim almasını ister ama bunu nasıl ve hangi yoldan gerçekleştirebileceklerinden emin olamazlar. Örneğin 2. Bölümde göçmen ailelerin, çocuklarının okulda sessiz ve itaatkâr olmalarının onları başarılı yapacağı düşüncesinin okulun beklentileriyle örtüşmediğini gördük.

Göçmen çocuklara ve ergenlere rehberlik aracılığıyla doğrudan yardım edilebilir. Başarı hikâyeleri; daha iyi bir gelişim, yetkinlik ve uyum için, göçmen ergenlerin ve gençliğin çoklu dünyalarının bağdaştırılması gerektiğini gösteriyor (Cooper, 2003). Var olan güçlü yanları geliştirmek ve yetkinliğin artması için kaynak sağlamak çok büyük önem taşır. Önceki bölümde anlatılan Türkiye Erken Destek Projesi gibi müdahaleler bu amaca hizmet eder. Bağlam içinde gelişim, yetkinlik gelişimi ve söz konusu uygulamalarla ilgili, 2, 3, 8 ve 9. Bölümler'de incelenen konuların çoğu göç bağlamında da geçerlidir.

Daha önce tartışıldığı gibi göçmenlere odaklanmak, dikkati ev sahibi toplumdan uzaklaştırabilir. Oysa ki ev sahibi toplumda farklı olanı yetersiz görmek yerine farklılıkları takdir etmeyi pekiştiren "duyarlılaştırma" çabaları çokkültürlü politikaları desteklemede önemli bir adımdır. Özellikle öğretmenlere, göçmen çocukları daha az akademik çaba gerektiren alanlara yönlendirme ve göçmen çocuklardan daha az şey bekleme eğilimine karşı duyarlı olma konusunda yardım edilebilir; zira bu yaklaşım çocukların "kendini gerçekleştiren kehanet" durumuna düşmelerine neden olabilir. Benzer şekilde sosyal hizmet uzmanları ve psikologlar değişik aile kültürlerine; özellikle de psikolojik-duygusal bağlı aile modeline daha duyarlı hale getirilebilir. Böylece yakın aile bağları ve sıkı ana baba disiplini gördüklerinde bunu yanlış bir biçimde patoloji olarak adlandırmazlar.

Bu tür duyarlılaştırma, göçmen ana babaların geleneksel uygulamaları ve göç edilen ülkedeki yasal şartların çatışması gibi daha ciddi problemlerin çözümünde bile yardımcı olabilir. Örneğin Azar ve Cote (2002), Amerika'daki göçmen çocukların vesayet kararlarında sosyokültürel unsurların önemine dikkat çekiyor.

Benliğin—kültürleşme bağlamında—gelişimi konusunda da özerk-ilişkisel benliğin gelişimini desteklemek, göçmen çocuğun ruh sağlığını ve psikolojik uyumunu artırır. Çünkü bu tür benlik, bir yandan özerk hareket için çevresel talepleri karşıladığı gibi, diğer yandan yakın ilişkilerin sağladığı psikolojik destekten yararlanmayı da sağladığı için işlevseldir. Bu ancak, *ilişkisellik kültürüne* sahip ana babalar, özerkliğin değerini anlayıp onun ilişkisellikle birlikte var olabileceğini ve olması gerektiğini anlamaları için desteklenirlerse gerçekleşebilir. Baskın toplum uzmanlarının da kültürleşen göçmenlere yardım edebilmeleri için bunu anlamaları gerekir. Aileyle ilişkisellik, uyumlu gelişim için engel değildir, hatta özerkliği beslediği sürece bir güç kaynağı olabilir.

Demek ki; benlik ve aile kültürleşme sürecinin özündedir. Göç ve kültür teması benlik-aile dinamiklerinde genel gelişimsel değişikliklerin ötesinde değişikliklere yol açan yeni ortamlar yaratabilir. Bu süreçleri araştırmak kültürleşme psikolojisine ışık tuttuğu gibi, değişken bağlamlarda benliğin daha iyi anlaşılmasını da sağlar.

Özet ve Temel Noktalar

- Bu bölüm göç bağlamında insan ilişkilerini içeren bazı konularla ilgilidir.
- Gruplar arası ilişkileri anlamak için uzun bir süre önce Amerika'da tutum üzerine çalışmalar yapılmıştır. Kişilik unsurlarının mı yoksa durumsal unsurların mı önyargılı tutumları açıklamakta daha önemli olduğu konusu ele alınmıştır. Son zamanlarda ilgi, tutumlardan göçmenlerin kültürleşmesine kaymıştır.
- En yakın tarihli Amerika ve Avrupa çalışmalarında makro bakış açılarından çok birey, aile ve kişiler arası analizlerle psikolojik bakış açıları kullanılmıştır. *Psikolojik* kültürleşme politik, ekonomik vd kültürleşme şekillerinden daha çok incelenmektedir.
- Kültürleşmenin analizinde kuramsal yaklaşımların gruplandırılması Ward tarafından önerilmiştir. Bu gruplama duygusal, davranışsal ve bilişsel alanlarla ilgili olarak sırasıyla stres ve başa çıkma, kültür öğrenimi ve sosyal kimlik yaklaşımlarını içerir. Bunlara dördüncü bir yaklaşım da eklenmiştir: Gelişim.
- Psikolojik ve sosyokültürel uyum konusunda bir ayrım yapılmıştır. Ekonomik uyum da ayrıca ileri sürülmüştür.
- Baskın ev sahibi kültüre uyum sağlamanın kendi kültürünü bırakmayı gerektirdiğini savunan tek boyutlu kültürleşme görüşüne itiraz edilmiştir. Berry tarafından ileri sürülen iki boyutlu model yaygın kabul görmüştür. Burada, sonuç olarak ortaya çıkan stratejiler, *bütünleşme, marjinalleşme, asimilasyon* ve *ayrılma*dır. Bu stratejiler her zaman göçmen gruplar için ulaşılabilir tercihler olmayabilir; bu yüzden modelin yeni halinde baskın grubun göçmenlere karşı yönelimleri de dikkate alınmıştır.
- Kültürleşmede gerçekten neyin değiştiğinin kavranması, kültür temasının gündelik gerçekliğine ışık tutar. Burada büyük çapta çeşitlilik devreye girer.

Bu çeşitlilik kişisel farklılıklara, davranışın durum ve alan özgüllüğüne ve tutumlar, bilişler ve davranışlar arasındaki çeşitlemelere dayanır.

- Psikologlar için önemli bir çalışma alanı da kültürleşen ailedir. Aile bağlamı dinamik bir karmaşıklık gösterir. Eşler ve nesiller arası ilişkiler ve uçurumlar, kültürleşme süreçlerinde, bazı alanlarda anlaşmazlık yaratırken diğerlerinde yaratmayabilir. Bu, aile ilişkilerinin bazı yanlarının değişmesine bazılarının ise korunmasına yol açar.

- Araştırmalar *özerk-ilişkisel benliğin* ve *psikolojik/duygusal bağlı* aile modelinin işlevsel rolünü ortaya koymuştur. Buna rağmen bazen bir yanda ergenlerin tercih ettikleri özerk-ilişkisel benlik ve psikolojik/duygusal bağlı aile modeli; öbür yanda da geleneksel ana babaların tercih ettikleri bağımlı-ilişkisel benlik ve bağımlı aile modeli arasında çatışma olur. Eğer sorunun özü uzmanlar tarafından iyice anlaşılabilirse değişim süreci kolaylaştırılabilir ve ailelere destek olunabilir.

- Ana baba kontrolü ve şefkati ana babalığın farklı boyutlarıdır. Ana baba kontrolü ve özerkliğin, ilişkisellik kültürüne sahip, özellikle de daha iyi eğitimli bazı göçmen ailelerde birlikte yer aldığı görülür.

- Aile bütünlüğü ve aile yükümlülüklerine ilişkin değerlerin aktarımı zaman içinde süreklilik gösterir. Kültürel değerlerin nesiller arası aktarımının psikolojik ve sosyokültürel uyuma yönelik farklı sonuçları olabilir.

- Ailenin ötesinde sayısız unsur kültürleşmede rol oynar. Kültürleşen grubun baskın toplumdan gördüğü kabulün algısı çok önemlidir. Algılanan kabul arttıkça kültürleşme deneyimi ve psikolojik uyum da daha olumlu olur.

- Baskın toplum tarafından kendisiyle göçmen grup arasında algılanan farklılıklar arttıkça, göçmen grubun etnik hiyerarşideki statüsü düşer ve göçmen grup baskın toplum tarafından daha çok reddedilir.

- Özellikle kültürleşmenin makro bağlamı olumsuz kalıpyargılar, sosyal mesafe ve ayırımcılık içerdikçe, etnik azınlık gruplarında statü kaybına bir tepki olarak ayrılık ve hatta marjinalleşme stratejileri ortaya çıkabilir.

- Göçmenlere psikolojik ve sosyokültürel uyum için ihtiyaç duydukları kaynakları sağlamakta yardım edilmesinin yanında, ev sahibi toplumda duyarlığı ve farkındalığı artırıcı çabalar gruplar arası gerginliği ve önyargıyı azaltmakta önemlidir.

Entegrasyon Arayışları ve Politika Çıkarsamaları

Şu anda ne durumdayız, bundan sonra ne olacak? Bu kitap çok geniş bir alanı kapsıyor. Bir taraftan insan gelişimi, aile ve kültüre ait konuları kuramsal açıdan incelerken, diğer taraftan değişimi amaçlayan uygulamalara değindim. Sekizinci ve 9. Bölümde genel olarak erken müdahale ile Türkiye Erken Destek Projesi örneğine yer vererek kuram ve uygulama arasında bir köprü oluşturmaya çalıştım. Sonra da göç ve kültürleşme, yani başka bir kültüre uyum sağlama araştırmalarının çıkarsamalarını inceledim. Kitabın bu son bölümü, bu incelemelerimin bir özetini veriyor ve insan yetkinliğiyle benliğin değişen aile içinde gelişimine yönelik kavramsal yaklaşımımı destekleyici noktaları içeriyor. Ayrıca Türkiye Erken Destek Projesi ve göç/kültürleşme araştırmalarından doğan yeni bakış açılarını ele alıp, bu bakış açılarını ve araştırma sonuçlarını, izlenebilecek politikalarla ilgili sonuçlara götürecek yol göstericiler olarak kullanacağım. Kitabın önceki bölümlerinde tartışılan esas noktalarda bir bütünlük ve bağdaşma sağlayabilmek için, konuları önceki bölümlerde izlediğim sırayla ele alacağım.

Genel Özet ve Önemli Konular

Başlangıçtan itibaren, psikolojiye yönelimimin önceliklerini ortaya koydum. Bunlar, kişiler arası ilişkiler ve sosyal katılım ya da sosyal sorumluluktu. Benlik, aile ve toplum arasındaki ilişkiyi ve kuramla uygulama arasındaki ilişkiyi kurarken de, bağlamsal, gelişimsel ve işlevsel bir yaklaşım kullandım. Ayrıca bu yaklaşım kültürel ve kültürler arası bir perspektife oturtulmuştu. Bunlar, bu kitapta kullanılan genel kuramsal yönelimin temel özelliklerini oluşturmaktadır.

İnsan gelişimi ve benlik, bu kuramsal anlayışla ve bağlamsal olarak incelenmektedir. İlk olarak toplumun ve ana babanın çocuklarla ilgili inançları, amaçları ve değerlerini içeren bağlam ele alındı. Bu bağlam, bir anlam kaynağı olarak da incelendi. Bu inceleme sonunda bağlamın özelliklerinin işlevsel temellerinin önemi ortaya çıktı. Bunu takiben, yeterlik için sosyalleşme ve benlik, aile ve kültür çerçevesinde incelendi. Bilişsel yeterliğin ve benliğin gelişimi bu kitapta hem kuram hem uygulama açısından ana konuları teşkil etmektedir. Bunlar, büyük ölçüde kültürel etkiye açıktır.

Özellikle, (karşılıklı) bağımlılık-bağımsızlık boyutunun yanı sıra, ilişkisel benlik ve ayrık benlik arasındaki ayrım; kültür, aile ve benlik arasındaki işlevsel bağın ve sosyoekonomik gelişimle meydana gelen aile değişiminin daha iyi anlaşılmasında anahtar bir rol oynamaktadır. Üç farklı insan/aile modeli ortaya koydum ve bunlardan duygusal bağlılık modeline doğru genel bir geçişten söz ettim. Bu geçiş, genel olarak modernleşme yaklaşımı tarafından varsayılandan farklı bir tür odaklaşmayı yansıtıyor.

Bir sonraki adım, psikolojinin bireysel ve toplumsal düzeyde insan gelişiminin ilerlemesindeki rolünün göz önüne alınmasıydı. Karşılaştırmalı standartlar/görecilik; doğa/çevre etkilerinin temelleri ve psikolojik araştırmaların sosyopolitik çıkarsamaları gibi konular tartışıldı. Bunu takiben erken çocukluk eğitimini, değişimi amaçlayan bir alan olarak seçtim ve bu alandaki araştırmaların uygulamalarını inceledim. Sonrasında Türkiye Erken Destek Projesi'ni, değişimi amaçlayan bir örnek olarak sundum. Son olarak, göç ve kültürleşme, birey ve ailedeki değişimlerin çıkarsamaları ile kültür ilişkisine ve çevre değişimine önemli bir örnek olarak incelenmiştir.

Genel olarak özetlemek gerekirse, 1. Kısım'da temel olarak aile, insan gelişimi ve benlikle ilgili kuramsal konuları kültür bağlamında ele aldım. İkinci Kısım'da ise kültürleşme ve çocuğa verilen erken destek üzerinde durarak, değişimi ve psikolojinin rolünü inceledim. Bu konuları incelerken önemli sorular ortaya çıktı. Bunlardan bazılarına burada, farklı bölümlerde sözü edilen konular arasında bir bütünlük sağlamaya çalışarak değineceğim. Özellikle de, kitabın 1. Kısmı'nda sözünü ettiğim kuramsal yaklaşımı 2. Kısım'da yer alan uygulamalı çalışmalarla ve somut olarak Türkiye Erken Destek Projesi ile ilişkilendirmeye çalışacağım.

Bütünleştirici Sentezler

Kitapta çeşitli bütünleştirici sentezlere yer verilmiştir. Bunlar söz konusu alanda kullanılan birtakım kavramlar arasında tutarlılık sağlamaya ve bağlamsal ve evrensel perspektifler arasında bağlantı kurmaya yardımcı olmuştur. Bu çalışmanın ana kuramsal katkılarından bazılarını da bunlar oluşturmaktadır.

Bütünleştirici sentez, bir fikri ya da bir yaklaşımı, başka bir bağlamdan doğan bir fikir ya da bir yaklaşımla birleştirerek ona bir nitelik kazandırma ya da değiştirme girişimidir. Tipik olarak, evrensel olduğu iddia edilen ama belirli bir sosyokültürel bağlamdaki araştırmalara dayalı bir kuram ya da fikir–ki bu genelde ABD olur–başka bir bağlamdan doğan bir kuram ya da fikirle birleştirilir. Sonuç, insan olgusunun küresel farklılık ve benzerliklerine ışık tutucu olacaktır.

Önceki bölümlerde kültürler arası araştırmadan doğan böyle bazı bütünleştirici sentezler tanımlanmıştı. Örneğin sosyal odaklı başarı güdüsü (Agarwal ve Misra, 1986; Phalet ve Claeys, 1993; Yu ve Yang, 1994), başarı ihtiyacı ile başkalarıyla ilişki kurma ihtiyacını birleştiren bir bütünleştirici sentezdir (Sinha, 1985, bkz. 4. Bölüm). Bu, ana akım Batı psikolojisinin bireyci, rekabetçi başarı güdüsünden farklı bir kavramdır (McCleland ve Winters, 1969). Kültürel (bağlamsal) değişkenlik gösteren ilişkisel olma ihtiyacı ile evrensel başarı ihtiyacını bütünleştirir. Aynı zamanda bireysel odaklı başarı güdüsü ölçülerinin, ilişkisellik kültürüne sahip insanları başarısız göstermesinin nedenini anlamamıza da yardımcı olur (Bradburn, 1963; Rosen, 1962). Bu kavram, örneğin göç ortamında gözlenen bireysel başarı ve hareketlilikten ziyade aile başarısı hareketliliği özleminin de altını çizer (Phalet ve Swyngedouw, 2004).

Bu kitapta, bunun gibi birçok bütünleştirici sentez öne sürdüm. Bunların çoğu kuramsal kavramlar; biri ise benim metodolojik yaklaşımımı ilgilendiriyor. Bununla başlayarak hepsini özetleyeceğim.

Evrensel Standartlarla Kültürel Bağlamsallığı Birleştirme. Bu kitapta kullandığım temel metodolojik bakış açısı, kültürel bağlamsallıkla insan gelişimi ve refahının evrensel standartlarını birleştirmeye çalışıyor. Bu yaklaşım da bütünleştirici bir sentez olarak görülebilir. Çünkü burada yapılan kuramsallaştırmada kültürel çeşitlilik vurgulanıp bağlam önemli görülse de, sonuç kültürel görecilik olmuyor. Nasıl oluyor da kültürel bağlamsallığı evrensel standartlarla birleştirip görecilik elde etmiyoruz? Bu kitapta ayrıntılı olarak tartışıldığı gibi, bu, birçok yöntemle mümkün kılınmıştır. Öncelikle, bağlama dikkat etmek her bağlamın tek ve benzersiz olduğunu iddia etmek değildir. Tam tersine, bağlamların ortak özellikleri, benzerlikleri olabilir ve birbirleriyle karşılaştırılabilir (bkz. 1. Bölüm; Kağıtçıbaşı, 2000a). Bunun farkına varmamız, sosyal değişimin altında yatan nedenleri aramamıza yardımcı olur. Aynı zamanda değişen çevre koşullarıyla bu değişen koşulların insanlara yüklediği ihtiyaçlar arasındaki benzerlikleri fark etmemizi sağlar. Sonucunda, sosyal değişime adaptasyonun daha iyi anlaşılmasına yol açar.

Kültür bağlamında davranışa bu çeşit bir bütünleştirici sentez yaklaşımı, yenilikçi bir kavramlaştırma ve metodolojiyle gerçekleşebilir. Örneğin aşağıdaki yöntemler, insan gelişimi araştırmalarında bağlamsalla evrenseli bütünleştirmede işe yarayabilir:

- Olası evrensel ortak niteliklere işaret eden, kültürel açıdan geçerli ve anlamlı insan gelişiminin ve çevresinin belirleyici göstergelerini (indikatörlerini) oluşturmak.
- Neyin çevreye uyum sağlayıcı olduğunu, neyin olmadığını ve değişen çevresel talepler sonucunda bunlardaki değişiklikleri belirlemek (işlevsel yaklaşım).
- Yerel bilgiyle donanmış yerli uzmanları ve araştırma katılımcılarını karar verme sürecine ortak ederek kültüre duyarlı araştırma yapmak.

- Kültüre duyarlı ve geçerli ölçme ve değerlendirmeler kullanmak.
- Araştırma sonuçlarının yorumunda bağlamsal faktörleri de hesaba katmak.

Psikolojik-Duygusal Bağlı Aile Modeli. Bu kitapta öne sürülen temel bütünleştirici sentezlerden biri psikolojik-duygusal bağlı aile modelidir (bkz. 5. Bölüm). Bu, *bağımsız* ve *bağımlı* aile modellerinin sentezi olarak ortaya çıkar. Bu aile modelinde, toplumsallaşma değerlerinde, çocuklara atfedilen değerlerde ve aile yapısında birçok sentez gözlenir. En önemlisi, ana baba yöneliminde, kontrol, özerklik ve ilişkisel olmanın (şefkatin) bir birleşimi görülür. Bu çeşit bir ana babalık, çatıştığı varsayılan özelliklerin bir sentezini yansıtır. Ana baba kontrolü (katı disiplin), psikanalitik bir perspektiften yola çıkan psikolojik öğretilerde, sevgi içermeyen yetkeci ana babalık olarak yorumlanır. Genel kabul gören bu yorumdan ötürü, ana baba şefkati ve kontrolünün bir arada var olamayacağı düşünülür. O kadar ki (Avrupa'daki etnik azınlık ailelerinde olduğu gibi) bunların bir arada gözlendiği durumlar istisna olarak adlandırılır (Dekoviç vd, 2006). Psikolojik-duygusal bağlı aile modelinde ise ana babanın sevgi ve kontrol yaklaşımlarının bir sentezi vardır.

Beşinci, 6. ve 10. Bölümler'de psikolojik-duygusal bağlı aile modelinin, kentleşmeyle artan eğitim, uzmanlaşma vb değişen yaşam tarzlarına uyum sağlamak için geliştiğini gördük. Bu çevresel değişimler, özerklik ve bireysel olarak karar verme yetisini gerektirir. Ama aynı zamanda, ilişkisellik kültürü korunmuştur; çünkü ilişkisellik, yeni yaşam tarzlarına aykırı bir şey değildir. Bütünleştirici bir sentez olarak bu aile modeli, gelişmekte olan ülkelerdeki sosyoekonomik bağlamda ve gelişmiş ülkelerdeki göçmenler bağlamında özellikle önemlidir. Model, hangi aile özelliklerinin değişen yaşam koşullarına daha kolay adapte olabildiğini ve neden böyle olduğunu anlamamıza yardımcı olur. Dahası, yaşam tarzlarındaki değişimlerin ortak noktaları göz önünde bulundurularak, psikolojik-duygusal bağlı aile modeli, kendisine doğru küresel bir uyumun yaşandığı model olarak da önerilmektedir.

Özerk-İlişkisel Benlik. Bu kitapta öne sürülen diğer temel bütünleştirici sentezlerden biri de, çoğunlukla psikolojik-duygusal bağlı aile modelinde görülen özerk-ilişkisel benliktir. Altıncı Bölümde ayrıntılı anlatıldığı üzere, özerk-ilişkisel benlik oluşumu iki özelliği birleştirir: özerklik ve ilişkilik. Bunlar psikolojide her ne kadar temel olarak kabul edilse de bir o kadar da çelişkili görülür. Özerk-ilişkisel benlik kavramına iki farklı düşünme ve araştırma yoluyla vardım. Bunlardan biri, Çocuğun Değeri Araştırması'na dayanan bana ait aile değişimi kuramıdır. Psikolojik/duygusal bağlı aile modelinde görülen özerk-ilişkisel benlik ve bu aile modeli, kent yaşamına doğru değişen küresel sosyal değişim bağlamında görülür. Buna uluslararası göç de dahildir. Bu benlik türü, değişen yaşam tarzlarına uyum sağlar niteliktedir. Diğer yol ise, iki temel insan ihtiyacından ortaya çıkmıştır: Yetkinlik (özerklik) ve ilişkisellik. Bunların bileşimi olarak özerk-ilişkisel benlik bu nedenle optimal bir insan modeli olarak ortaya çıkar. Bu iki düşünce yolu da özerk-ilişkisel benliğin sağlıklı bir insan modeli olduğunu ima eder (bkz. Tablo 6.4, s. 205).

Özerk-ilişkisel benlik modeli en az iki nedenden dolayı sağlıklı bir insan modeli olarak ortaya çıkıyor. Öncelikle bu model, iki temel ihtiyacı—özerklik (yetkinlik) ve ilişkisellik—tanır ve karşılar. İkinci olarak, bu ihtiyaçların karşılanması, modern teknoloji toplumunda yaşamaya elverişlidir. Özerklik, okulda ve kentsel teknoloji toplumunda uzmanlık gerektiren işlerde başarı için işlevseldir. Diğer yandan ilişkisellik, sağlıklı insan gelişimi için gereken psikolojik desteği sağlar.

Sosyal/Bilişsel Zekâ. Yetkinlik gelişimini tartışmamızda, sosyal ve bilişsel yeterlik önemli bir faktör olarak ortaya çıktı. Sanayi öncesi toplumlardaki sosyal zekânın ve pratik becerilerin önemini konu alan kültürel çeşitlilik 3. Bölümde anlatılmıştı. Bu, teknoloji toplumlarında değer verilen bilişsel okul tarzı bir yetkinlikten farklıdır. Özellikle günlük biliş paradigması içinde yürütülen araştırmalar, bu yetkinliklerin birbiriyle çatıştığına işaret ediyor. Bunların alternatif öğrenme yolları olduğunu, her birinin kendi bağlamı içinde değerli olduğunu öne süren görüşler kültürel çeşitliliği tanır ve över ama küresel kentleşmeye ve değişen yaşam tarzlarına değinmez. Yüksek teknolojili kentsel toplumlarda başarı, bilişsel/okul tarzı beceriler gerektirir, bu yüzden bu beceriler değerlidir. Değişen yaşam şartlarında başarı için pratik beceriler tek başına yeterli değildir. Öte yandan sosyal zekâ, özellikle ilişkisellik kültürlerinde değerli olmaya devam eder.

Bu nedenle, bilişsel yeterliği sosyal zekâ yerine koymak değil, sosyal zekâya *eklemek* gerekir (bkz. 3. Bölüm). Yani sıkı insan bağlarının geçerli olduğu toplumlarda sosyoekonomik gelişim bağlamında, sosyal/bilişsel yeterliğin bütünleştirici bir sentezi gereklidir. Bu yapı yetkinlik konusu içine girer ama özerk-ilişkisel benliğe de paraleldir. Özerk hareket, bilişsel yeterlikten yararlanır ve ilişkisel benlik, başkalarının ihtiyaçlarına olan sosyal duyarlık ve sosyal sorumluluk (yani sosyal zekâ) üzerine inşa edilir.

Yukarıdaki sentezler bu kitapta ortaya konan kuramsal perspektiflerin bel kemiğini oluşturur. Sentezler, farklı kültürel deneyimlerden ortaya çıkan yerel bilgilerle beraber bu konudaki evrensel bilgiden de yararlanan düşünce sistemini temsil ediyorlar. Bu yüzden bunlar, 7. Bölümde tartışılan "içsel" düşüncenin örnekleri olarak görülebilir. Aslen UNESCO tarafından öne sürülen içsel gelişme, hem kültüre ait hem de evrensel ortak bilgiyi içine alır; yani bu da bütünleştirici bir sentezdir (Huynh, 1979; Tripathi, 1988). Bu perspektifi sırf "yerel" olandan ayıran, sadece yereli içermeyip, onunla birlikte evrenseli de kapsaması ve bağlamsalla evrenseli bağdaştırmasıdır.

Erken Müdahaleyle İlgili Kritik Konular

Bu kitapta ortaya çıkan önemli bir temel soru, toplumsal değerler ve uygulamalarla, örneğin çocuk yetiştirme tarzlarıyla, çocukların "gelişimsel yörüngeleri" arasında optimal bir uyum olup olmadığıdır. Eğer aşırı bir göreci görüş açısına sahip değilseniz, bu, meşru bir sorudur. Bu soru, aşırı işlevsel-belirlenimci-göreci bir görüş tarafından olumlu olarak cevaplandırılacaktır. Çünkü bu görüşe göre, bir toplum neye ihtiyaç duyarsa, ona değer verir ve uygular. Dolayısıyla, örneğin çocuk yetiştirme tarzının toplumun öncelikleriyle optimal olarak uyuşacağı varsayılabilir.

Bu görüş ciddi birtakım problemler içermektedir. İlk olarak, herhangi bir toplumda hiçbir zaman tam bir görüş birliği ve uzlaşma olamaz; aykırılıklara ve sapmalara her yerde rastlanır. Bu yüzden toplumun değer ve uygulamalarıyla davranışsal sonuçlar arasında mükemmel bir uyum var olamaz. İkinci nokta ise, işlevsel analiz aydınlatıcı olmakla birlikte birtakım sınırlar da içerir. İşlevsel analiz, belirlenimci bir tarzda kullanıldığı zaman döngüsel bir uslamlamaya dönüşebilir ve durağan, değişmeyen bir toplum varsayımına yol açabilir. Örneğin, tarım toplumlarının yaşam tarzlarında itaate odaklı çocuk yetiştirme işlevsel olduğundan aile kültürünün bir parçası haline gelmiştir. Fakat aile kültürünün bir parçası olması, onun, değişen bağlamda (örneğin, kente göç edildiğinde) kullanımını meşru kılmaz; çünkü artık işlevsel olmayabilir. Nitekim itaat odaklı çocuk yetiştirme, kentsel yaşamda işlevsel değildir.

Bazı davranışların kültürün bir parçası olduğu için işlevsel olması gerektiği varsayımı açıkça yanlıştır; çünkü bütün toplumlar sürekli olarak değişir. Toplumsal değişimle beraber, bir zamanlar işlevsel olan ve optimal uyuma sahip bazı uygulamalar işlevsel olmaktan çıkabilir, bu durumda bunların düzeltilmesi, değiştirilmesi gerekir.

Bu son iddia, neyin optimal veya değil, neyin doğru veya değil, neyin iyi veya kötü olduğu konularında kararların *alınabilirliği* üzerine kurulmuştur. Bu tez, bu kitapta uzunca tartışılan standartlar/görecilik ve değişim meydana getirmede psikolojinin rolü gibi birbiriyle ilgili konuları irdeliyor.

Bu konuyla ilgili kişisel görüşüm, toplumsal değer ve uygulamalarla çocuk gelişim yörüngesi arasındaki uyumun optimal olup olmadığı sorusunun meşru bir soru olduğu doğrultusundadır. Psikoloji, gerekli bilgiyi ve bu soruyu cevaplama yetisini oluşturmuştur. Böyle olmakla beraber, psikoloji insan gelişiminin temel standartlarını oluştururken, kültüre duyarlı olmayı unutmamalıdır. Bu nokta kendi içinde çelişkili görünebilir, ancak bu kitapta da iddia edildiği gibi aslında değildir. Kültüre duyarlı bir bakışa sahip olmak, her kültürün tek ve kendine özgü olması ve karşılaştırma standartlarının imkânsızlığı demek değildir. Önemli olan, ölçümün ve değerlendirmenin doğru yapılmasıdır. Burada doğru ölçümden kastedilen, karşılaştırmalı olarak kullanılabilecek ve kültürel geçerliliği olan standartların kullanılmasıdır. Demek ki "emik" ve "etik" yönelimler arasında (bağlamsal ve evrensel arasında) bir dengeye gerek vardır; bu ise emiklerin karşılaştırılması sonucu ortaya çıkan "oluşturulmuş etik"le mümkündür (Berry, 1989; Berry vd, 1992). Yani, farklı kültürel ortamlardan toplanan bulgular arasında ortak, benzer süreç ve özellikler olabilir ve bunların bazı kıstas ya da standartlara göre karşılaştırılması mümkündür.

Bu bakış açısı, genelde müdahale araştırmalarının temelini teşkil etmektedir. Bu bakış, örneğin "okulöncesi hazırlık" ve okul başarısı gibi belli standartların kullanılabildiği bilişsel yeterliğin geliştirilmesi alanında oldukça belirgindir. Bu standartlar, okuma öncesi ve matematik öncesi yeteneklerin geliştirilmesi gibi müdahalenin belli alanlarında uygulandığı gibi, değerlendirmede kullanılan ölçümlerde de uygulanabilir. Karşılaştırılabilir standartlar, bilişsel yeterlik, okul ihtiyaçları ve okulla ilgili başarı kıstasına dayanmaktadır. Okulla ilgili bilişsel göstergeler kadar belirgin olmamakla beraber, sağlıklı sosyoduygusal gelişimin göstergeleri de oluşturulabilir.

Türkiye Erken Destek Projesi Örneği. Bu projede kullanılan göstergeler 4, 5 ve 6. Bölümler'de tartışılan kuramsal bakış açısına dayanmaktadır. Bu kuramsal bakış açısı, özerklik ve ilişkisellik olmak üzere iki temel insan gereksinimi ve bunları birleştiren psikolojik/duygusal bağlı aile/insan modelini içermektedir. İlişkisellik kültürüne sahip Türk toplumunu ele aldığımızda, ilişkiselliğe ve sıkı insan bağlarına verilen önem sonucunda insanların ilişkisellik gereksiniminin büyük ölçüde doyurulduğunu görüyoruz. Ancak özerklik gereksinimi yeteri kadar tanınmamakta ve doyurulmamaktadır. Bu durum TEDP'nin ilk yıl ölçümlerinde, annelerin ilişkiselliğe değer veren ve özerkliği reddeden çocuk terbiyesi yaklaşımlarında görülmüştür. Benzer bulgular Türkiye'de yapılan başka araştırmalarda da saptanmıştır (Ekşi, 1982; Fişek, 1991; Geçtan, 1973). TEDP'deki sosyoduygusal alandaki müdahalenin temel amacı, çocuk eğitiminde özerkliğin kabulü ve çocuklarda özerkliğin teşviki olmuştur.

Bu kitapta ortaya çıkan bir başka konu da kültürel değer ve uygulamalarla çocuk gelişimi yörüngeleri arasında optimalden daha az bir uyum olduğunda psikolojinin rolünün ne olacağıdır. Psikolojinin, durumu analiz etme, anlama ve açıklamadaki rolüne ek olarak gerektiği yerde değişim *oluşturma* rolünden de söz etmiştim. Bu, her müdahale araştırmasının temelinde yatan bir roldür. Değişimin *nasıl* gerçekleştirileceği ve en etkili stratejinin ne olacağı ise ampirik bir konudur.

Kitapta vurgulanan bağlamsal yaklaşım, TEDP'de bizim bu konuya ilişkin seçimlerimizi şekillendirmiştir. Projede amaçlanan temel müdahale, anneye odaklanarak çocuğun aile çevresini yani bağlamı değiştirmekti. Süregelen kurum merkezli müdahale ile beraber ve onunla karşılaştırarak ev merkezli bir erken destek müdahalesi uyguladık.

Projenin oluşturduğu müdahalede kullanılan genel yaklaşım, bir "eksikliği" düzeltmekten çok, olanı destekleyerek "güçlendirme" anlayışı üzerine kurulmuştu. Bu, kavram ve uygulama açısından önem taşıyan bir başka konudur. Bir "eksiklik" modelini kabul etmemek, var olan şartların çocuk gelişimi için optimal olduğu anlamına gelmez. Eğer durum böyle olsaydı, müdahaleye gerek kalmazdı. Burada anlaşılması gereken daha çok, optimal gelişimin oluşturulması için şartları değiştirirken, var olan olumlu unsurların güçlendirilmesidir. Yani destekleyici müdahale, uyumsuz olanın değiştirilmesi için uyumlu olanın güçlendirilmesi demektir. Böyle bir yaklaşım, ilk olarak bir psikoloğun değişim faili rolünü kabul etmesini, ikinci olarak da neyin değişmesi gerektiği konusunda bilimsel bulgulara dayanarak karar vermesini gerektirir. Diğer bir deyişle, bazı optimal gelişim standartlarının (normların/kriterlerin) kabulü gerekir.

Bu tür kararlar alınırken birtakım riskler de mutlaka beraberinde gelmektedir. Ancak daha önce de sözü edildiği gibi, ortamın "gerçekleri"ni ve insanların özlemlerini kavramak için çaba harcanırsa bu riskler azaltılabilir. Dahası, karar *almamak* ve bir şey *yapmamak* da statükonun devam etmesine yol açan "kararsızlık kararı"dır, riskler taşır.

Araştırma bulgularıyla desteklenen sağlam bir kuramın yol göstericiliği de önemlidir. TEDP müdahalesi, geliştirdiğim aile değişimi kuramıyla ve gelişim psikolojisi alanındaki kültürel geçerliliği olan kuram ve araştırmalarla şekillenmişti. Burada kültürel bağlamcılığı evrensel standartlarla bir araya getirme çabası vardır (2, 3, 5 ve 7. Bölümler'de sözü edildiği gibi). Çocukları kentteki okullara devam eden kır kökenli ailelerin değişen yaşam tarzları, müdahalenin sosyoekonomik bağlamını oluşturmaktaydı. Bu noktalar göz önünde tutularak, TEDP'de, annenin değişen yönelim ve davranışlarına odaklanılmış ve buna yeni unsurlar ekleyerek değişim meydana getirme konusunda bazı kararlar alınmıştır. Bu kararlar, bir taraftan çocuğun bilişsel yeterliğinin gelişmesi ve okul başarısı için, diğer taraftan daha sağlıklı sosyoduygusal gelişimi için daha iyi bir anne-çocuk etkileşimi sağlamak ve çocuğu desteklemek amacıyla alınmıştır. Bunlar arasında çocukla sözel iletişimin artırılması; çocuğa ilgi; annenin çocuğun bakış açısını anlamaya çalışması; neden-sonuç ilişkilerini içeren ve yetkeli (yetkeci olmayan) disiplin; çocuğun anneden daha fazla kabul görmesi, çocuğun özerkliğinin anne tarafından takdir edilmesi; daha fazla destekleyici ana babalık; daha yüksek eğitim beklentileri ve çocukla birlikte yürütülen bir okula hazırlanma programı gibi çok belirgin değişim hedefleri bulunmaktaydı.

Bu kararlar, bir taraftan yaşa ait bilişsel gelişim ve okul hazırlığı ile ilgili evrensel gelişim psikolojisi bilgilerine, diğer taraftan psikolojik/duygusal bağlı insan/aile modeline dayanmaktadır (bkz. 5. Bölüm). Kitabın ilk kısmında tartıştığım araştırma ve kuramlar, bu noktada önem kazanmaktadır. Örneğin anne eğitiminin esas amacı, Goodnow (1988) tarafından "ana baba modernliği" olarak tanımlanan uyarıcı ana baba yönelimini teşvik etmekti. Bu tür bir yönelim, çocuğun bilişsel gelişimine ve okul başarısına katkıda bulunmaktadır (bkz. 2. ve 3. Bölümler). Diğer bir amaç da ilişkisel benliğin gelişiminde özerkliği yerleştirmek, böylece yetkinlik ve ilişkisellik gereksinimlerini dengelemekti (bkz. 4, 5 ve 6. Bölümler).

Daha önce sözü edildiği gibi, bu amaçların psikolojik/duygusal bağlı aile modeliyle bir uyum gösterdiği görülmektedir. Bu modelde özerk benlikle ilişkisel benliğin bir sentezi öneriliyor. Bu noktada bir itiraz ortaya çıkabilir. Bizim, bağımlı ve bağımsız gelişmenin bir sentezine doğru ilerlemediğimiz, bağımsızlığı (bireyselliği) yerleştirmeye çalıştığımız ileri sürülebilir. Böyle bir itirazın cevabı, TEDP'de, bazı annelerde özerkliğe doğru olumlu bir yönelim görülürken, ilişkisel yönelimlerin de zayıflamamış olmasıdır. Bu, salt bireysellik/ayrışmaya doğru olan bir değişimden çok farklıdır. Burada, özerklik ve ilişkiselliğin sentezine doğru bir değişimin başladığı görülmektedir.

Bu değişimi meydana getirmede bağlamsal bir yaklaşım kullanılmıştır. Değişim aracı olarak grup tartışmaları ve genel olarak grup dinamiği kullanılmıştır. K. Lewin'in erken dönem çalışmaları (1951, 1958)—bugün yeterince takdir edilmese de—grup süreçlerinin tutum ve davranış değişimini kolaylaştırdığını göstermiştir. Aynı kolaylaştırıcı etkiler bizim projemizde de ortaya çıkmıştır. Küçük gruplar halinde düzenli olarak toplanan bireyler, kendilerini grupla özdeşleştirmişler ve grubun aktif katılımcıları oldukları için grup normlarını benimsemişlerdir. Böylece, grup kararlarını uygulama konusunda kendilerini sorumlu hissetmişlerdir; bu, tutum ve davranış değişimini kolaylaştıran bir süreç olarak gözüküyor. Bundan öte, grup üyeleri grubun içinde olmadıkları zaman bile grup desteğini hissettikleri için, çevrelerindeki bazı kimselerin olası muhalefetine karşı direnme konusunda, sadece kendi bireysel kararlarını uygulama durumundan daha güçlü oluyorlar. Bu güçlenme, grup etkilerinin uzun süre korunmasının temelini teşkil ediyor.

Kültüre duyarlı bir yaklaşım da grup sürecine işaret etmektedir. Geleneksel Türk kültüründe, kadının akrabaları ve yakın çevresindeki gruplar önemli bir destek işlevi görür (Kiray, 1981; Olson, 1982). Böyle bir tanıdık sosyal yapıyı kullanmak, var olan kültürel öğelerden yararlanmak demektir. Gerçekten de kadının çevresindeki kadınlardan oluşan destek ağının, kadın ve erkeğin rol paylaşımının çok sınırlı olduğu ataerkil Akdeniz toplumlarından (Peristiany, 1976) Amerika'da kadının aile reisi olduğu erkeksiz, Afirka kökenli Amerikalı ailelere kadar birçok kültürde önemli olduğu gözlenmiştir (Coll, 1990; Garbarino, 1990; Harrison vd, 1990; Stevens, 1988). Nitekim Slaughter (1983) kültürel olarak grup tartışmalarının, düşük gelirli siyah annelere yapılan ev ziyaretlerinden daha uygun bir müdahale yaklaşımı olduğunu öne sürmüştür. Türkiye'de de olduğu gibi, birbirine sıkı bağlarla bağlı insan ilişkilerinin görüldüğü bağlılık kültüründe, grupları destek mekanizmaları ve değişimin failleri olarak görmek mümkündür.

Son olarak, grup eğitimi bireysel eğitimden daha ekonomiktir. Zaman, personel ve kişi başına eğitim hizmeti için yapılan yatırımlar açısından, grup ortamı tek tek kişileri hedef almaktan çok daha ekonomiktir. Bütün bu nedenlerden dolayı TEDP, gruba yönelimi tercih etmiştir. Yani *bağlamsal* yönelimimiz, bu projede kavramsal ve metodolojik yaklaşımımızı iki düzeyde belirlemektedir: Hem çocuğun gelişimine aile bağlamında (anne aracılığıyla) hem de anneye grup içinde eğilirken. Çocuk çevresi içinde; anne de çevresi içinde desteklenmektedir—Bronfenbrenner'in kavramlarıyla sırasıyla mikro ve mezo sistemler (1979).

Annelerle çalışırken kullandığımız yaklaşım, aynı zamanda annenin rolünün kavramlaştırılmasında da bir değişim meydana getirmektedir. Düşük sosyoekonomik düzeydeki gruplar, kırsal kesimde yaşayanlar ve kentsel toplumda marjinal konumdaki etnik azınlıklar arasındaki ana babalığın tanımı, sevgi ve ilgiyi içermektedir; ancak çocuğu okula hazırlamak genelde bu tanımın dışında kalır. Daha yüksek eğitimli orta sınıfın ana babalık tanımına ise bu son nokta da dahildir (bkz. 2. ve 3. Bölümler). Araştırmaların büyük bir bölümü, ana babalığın bu daha kapsamlı tanımının çocuğun okula hazırlığı ve okul başarısı açısından daha yararlı olduğunu göstermiştir (Chao, 2000; Chao ve Tseng, 2002; Coll, 1990; Goodnow, 1988; Jose vd, 2000; Laosa, 1980, 1984; R.A. LeVine ve White, 1986; Slaughter, 1988). Biz de çalışmamızda bu tanımı kullandık. Bilişsel yönelimli anne odaklı müdahale çalışmaları ana babanın öğretici, yetiştirici rolünü benimser.

TEDP'nin uygulamaları ve sonuçları, ana babalığın tanımının kültürel olarak değişebileceğini; hatta müdahaleyle de değiştirilebileceğini göstermiştir. Uzun vadeli bulgularımız da bu tür bir değişimin çocuğun gelişimsel rotası açısından daha yararlı olabileceğini göstermiştir.

Ana baba rollerinin tanımındaki değişiklikle birlikte, ana babaların "iyi" ve "yetkin" çocuk kavramlarının da değiştiği görülmüştür. Üçüncü ve 4. Bölümde belirtildiği gibi, benliğin ilişkisel olarak kavramlaştırıldığı ve birbirine sıkı bağlı ilişkilerin yaygın olduğu ortamlarda (ilişkisellik kültürlerinde), zekânın sosyal tanımı hâkimdir. Burada itaatkâr ve sosyal açıdan sorumluluk sahibi çocuk istenmektedir. TEDP'nin birinci yıl taban ölçümleri de bunu göstermiştir. Bilişsel yeterlik ve özerklik üstünde duran müdahale projesi, bu kavramlaştırmayı bilişsel yeterliği ve özerkliği de içine alacak şekilde genişletti. Değişim çok açıktı; örneğin eğitim almış annelerin çocuklarının özerkliğini kabul etmesi, çocuklarının okulla ilgili faaliyetlerini kendi başlarına yapmalarını beklemeleri ve çocuklarının daha yüksek bir eğitim düzeyine ve başarıya ulaşmasını istemeleri, eğitim almamış annelere göre daha yüksek düzeydeydi.

Oluşan bu "yeni" değerler, ilişkisellik değerlerinin yerini almak yerine onlara *eklenmiştir*. Bunu, eğitim görmüş annelerin ilişkiselliğe gösterdikleri önemin devam etmesinden anlıyoruz. Bu sonuçlar psikolojik/duygusal bağlı aile modelinin geçerliliğine kanıt oluşturmaktadır (bkz. 5. Bölüm). Sonuçların işaret ettiği bir başka önemli nokta da, bu tür bir insan ilişkileri modelinin müdahaleyle oluşturulabileceğidir.

Önemli bazı noktaların TEDP'deki yansımaları, kitabın birinci kısmında sözü edilen kavramsal düşüncelerin kitabın ikinci kısmında sözü edilen uygulamalarla yakından ilgili olduğunu gösteriyor. İnsan gelişimi, benlik, aile ve toplumu ilişkilendirmekte kullandığım genel bağlamsal-gelişimsel-işlevsel yaklaşım, aynı zamanda TEDP'nin de temelini oluşturdu.

Göçle İlgili Önemli Konular

Bu kitapta ortaya çıkan kilit bir soru, aile/insan modellerinin sosyoekonomik değişimle birlikte belli bir yöne doğru odaklaşmasını ele alır. Soru, kentsel teknoloji ağırlıklı yaşam tarzlarına doğru olan küresel eğilimlerle birlikte, psikolojik/duygusal bağlı aile modeline ve özerk-ilişkisel benlik modeline doğru genel bir eğilim olup olmadığıdır. Çünkü bu modeller yeni yaşam tarzlarına daha kolay adapte olur. Burada öne sürdüğüm kuramsal perspektif, ilgili ampirik göstergelerle beraber bu soruya olumlu yanıt veriyor.

Bu aile değişimi kuramı aslen, karşılaştırmalı Çocuğun Değeri Çalışması'ndan ortaya çıkmıştır. Bu çalışma, sosyoekonomik gelişimleri ve demografik geçişleri farklı, doğurganlık düzeyleri çeşitlilik gösteren dokuz ülkede yürütülmüştü. Ülkelerarası çeşitlilikler ve Türkiye'de sosyal sınıf farklılıkları, aile değişimi kuramının açıklamaya çalıştığı aile fonksiyonunun sistematik örüntülerine işaret etti. Bunlar 5. Bölümde ayrıntılı olarak anlatılmıştır.

Toplumsal değişim normalde yavaş işleyen bir süreçtir, kültürel değişim de öyle. Bu nedenle, böyle değişimleri ampirik olarak araştırmalarda saptamak zordur. Ama göç bağlamında, bazı değişiklikler hızla oluşur. Özellikle uluslararası göçlerde, kırsal/tarımsal/geleneksel yaşam tarzından teknoloji ağırlıklı/kentsel bir yaşam tarzına doğru geçiş vardır. Bu geçişte, başka bir kültürle karşılaşılır. Bu karşılaşma, ilişkisellik kültürüyle ayrıklık kültürü arasında çatışma şeklinde oluşabilir. Bu yüzden göç, toplum, aile ve birey düzeyinde sosyal bir değişimi oluşturur. Bir toplumda normalde kuşaklar boyu sürebilecek bir olay, kültür teması bağlamında bir ya da iki kuşak içinde oluşabilir. Bu yüzden göç, kültürleşme yoluyla bize aile/insan modellerindeki değişimleri incelemek için sosyal bir laboratuvar sağlar. Toplumsal değişimde de olduğu gibi, göç, psikolojik/duygusal bağlı aile modeline ve özerk-ilişkisel benlik modeline doğru bir eğilimi ortaya çıkarır.

Görünen odur ki hem özerklik hem ilişkisellik kültürleşme için değerlidir. Özerklik sosyokültürel adaptasyona, ilişkisellik ise psikolojik adaptasyona yardımcı olur. Sosyokültürel adaptasyon, özerk kişinin, teknoloji ağırlıklı kentsel toplumun eğitim ve meslek başarısı taleplerini başarılı bir şekilde karşılayabileceği yetkinliği gerektirir. Genellikle dışa bağımlılığın içerdiği uysal ve itaatkâr bir tavır, gelişmiş teknoloji toplumunda başarı ve yukarı sosyal hareketlilik için çok geçerli değildir. Diğer yandan ilişkisellik, psikolojik adaptasyona yardımcı olur; çünkü özellikle ailede ilişkisellik, kültür etkileşimine giren kişiye stresli ortamlarla başa çıkabilmesi için gereken duygusal desteği sağlar. Bu görüş göçte adaptasyon konusunda yürütülen ampirik çalışma sonuçlarıyla desteklenmektedir (Arends-Tóth ve Van de Vijver, 2006; Güngör, 2007; Phalet ve Swyngedouw, 2004; Kwak, 2003; Ward ve Kennedy, 1996; Ward, 2001).

Bu nedenle, kendisine doğru evrensel bir odaklaşma olduğunu gördüğümüz (bkz. 6. Bölüm) özerk-ilişkisel benlik, göç ve kültürleşme bağlamında da uyumlu bir model olarak ortaya çıkıyor. Bu bağlamda özerk-ilişkisel benliğin adapte olabilirliği daha da dikkat çekicidir. Toplumsal sosyoekonomik gelişim ve uluslararası göçteki benzer değişimleri düşündüğümüzde bu şaşırtıcı değildir. İki durumda da çoğunlukla kırsal/gelenekselden kentsel/moderne bir geçiş vardır. Dolayısıyla psikolojik/duygusal bağlı aile modeli, göç bağlamına en iyi adapte olabilen model olarak görünmektedir. Çünkü bu model çocuk yetiştirmede hem ana baba kontrolünü hem de ilişkisellikle birlikte özerkliği içerir. Bu yüzden de özerk-ilişkisel benliğin gelişimine yardımcı olur.

Böylelikle göç bağlamı, psikolojik/duygusal bağlı aile modelini ve özerk-ilişkisel benliği sağlıklı insan modelleri olarak doğrular. Göçmenlerin ve azınlıkların daha iyi entegre olmalarını sağlamak için tasarlanmış politikalar ve müdahaleler, bu sağlıklı modelleri desteklemeyi amaçlamalıdır. Ayrıca hem baskın toplumda hem de azınlık gruplarında, bu modellerin istenirliği bilincini oluşturmaları yararlı olur.

Şimdi, yeterlik için sosyalleşmedeki değişime değinen Tablo 3.1'i (bkz. 3. Bölüm) aile ve benlikteki değişimleri de ekleyerek tamamlamaya hazırız. Tablo 11.1 hem toplumsal sosyoekonomik gelişimleri hem de geleneksel kırsal toplumdan teknoloji toplumuna göçle oluşan değişimleri içeren daha kapsamlı bir resim sunuyor.

Çoğunluk Dünya'nın gelişmiş kentsel kesimlerindeki yaşam tarzları ve göç edilen Batı ülkelerinin yaşam tarzları arasındaki benzerlikler, bunları değişim yörüngelerinin odakları olarak ele almamıza imkân tanıyor. İkisinde de, yetkinlikteki değişimlerle beraber benlikte de değişimler vardır. Aile ve benlikte hâlâ eski köylülerin/göçmenlerin beraberinde taşıdıkları ilişkisellik kültürü yansımalarına şahit oluruz. Ama bu yansımalar değişen yaşam tarzlarına adapte olabilecek şekilde değişmiştir. Sonuç genellikle bütünleştirici sentezdir. Tablo 11.1'de gösterilen değişimler, psikolojik/duygusal bağlı aile modelinde kendini gösteren değişimlerdir.

TABLO 11.1. Sosyal Değişim ve Yeterlikte, Ailede ve Benlikte Değişimler

ORTAM	GELENEKSEL/KIRSAL TOPLUM	KENTSEL/YÜKSEK SOSYOEKONOMİK DÜZEY TEKNOLOJİ (GÖÇ) TOPLUMU
	Uzmanlaşma gerektirmeyen iş ➝ Sıfır/az okullaşma	Uzmanlaşılmış iş Okullaşmada artış
ÖĞRETME VE ÖĞRENME	Gösterme ve örnek alma ➝ Çıraklık yöntemi	Sözlü açıklama Okul temelli öğrenme
YETERLİK	Sosyal zekâ ➝ Pratik el becerileri	Sosyal + bilişsel zekâ Okul temelli beceriler
AİLE	Bağımlılık modeli ➝ Maddi bağımlılık Ekonomik/faydacıl çocuk değeri	Psikolojik/duygusal bağlılık modeli Azalmış maddi bağımlılık Çocuğun psikolojik değeri
ÇOCUK YETİŞTİRME	İtaat odaklı çocuk yetiştirme ➝	Kontrol + özerklik
BENLİK GELİŞİMİ	Bağımlı ilişkisel benlik ➝	Özerk ilişkisel benlik

Psikoloji ve Sosyal Politika

Bu tartışmalar bizi hangi yöne götürüyor? Bu soruyla politikanın alanına girmiş oluyoruz. Bu kitapta sözü edilen konuların politikalar açısından ne anlam ifade ettiği hakkında söylenecek çok söz var. Burada ilk olarak psikoloji ve sosyal politikalar arasındaki ilişkiyi incelemek istiyorum.

Siyaset bilimciler, sosyologlar ve ekonomistler gibi diğer sosyal bilimcilerin tersine, psikologlar sosyal (kamusal) politikalarla pek ilgilenmemişlerdir (bkz. 7. Bölüm). Bu durum, psikoloji analizlerindeki bireye odaklı bakış ve sosyal gelişim konularına karşı ilgisizlik göz önüne alındığında şaşırtıcı değildir. Bu kitapta bunun değişmesi gerektiği savunuldu; çünkü psikoloji, bilimsel olduğu kadar sosyal sorumluluk da taşımalıdır.

Psikolojinin büyük ölçüde tanındığı ve kurumsallaştığı ABD'de, psikolojinin sosyal konularla ilgilenme geleneği bir ölçüde mevcuttur, özellikle ruh sağlığı alanında. Fakat henüz ABD'de bile psikoloji "toplumsal çıkarlar"la ilgili değişimler meydana getirebilecek bir araç olarak gücünü ortaya koyamamıştır (M.B. Smith, 1990). Yine de psikoloji bilimcilerinin politik konulara dahil olmaları gerektiği bilinci yaygınlaşmakta (Ceci ve Papierno, 2005; Lerner, 2001; Shonkoff, 2000; Zimbardo, 2002) ve bunun başladığına dair işaretler görülmektedir. Amerikan Psikoloji Derneği, ulusal sağlık reformundan (*APA Monitor*, 1994), Head Start'ı güçlendirme çabalarına (*American Psychologist*, 1994) ve uluslararası insan haklarına (APA, 1994) kadar çeşitli politik konulara yön vermek için uğraşmaktadır. Toplumun bazı önemli sorunlarının çözümü için bir ilk adım olarak 2000-2010 yılları arasını "Davranışın 10 Yılı" olarak ilan etmiştir (www.decadeofbehavior.org). Diğer ülkelerde, özellikle Çoğunluk Dünya'da psikoloji, sosyal politika ile çok daha az ilgilenmiştir.

Kuram ve araştırmaların politika çıkarsamaları burada anahtar bir rol oynar. Bir süre önce Bronfenbrenner'in belirttiği gibi (1979), "Toplumsal politikaların temel bilime muhtaç olmalarından çok, temel bilimler toplumsal politikalara muhtaçtır. Olması gereken, bu iki alanın birbiriyle sadece tamamlayıcı ilişkileri değil, işlevsel bütünleşmeleridir" (s. 8). Smith'e göre de (1991) "Psikolojinin katkısı nihai araştırma bulgularını rapor etmekle sınırlı değildir (ki araştırma bulguları çok ender nihai sonuç verir); belki daha da önemli olan, düşünülmemiş olasılıkların farkına varılmasını sağlayarak veya o bildik çıkmazları tekrar kavramlaştırarak politik soruları yeniden tanımlamaktır" (s. xviii).

Toplumsal politikalar, psikolojinin çalışma konusu olan insan koşulları ve insan davranışları üzerinde etkili olmaktadır. Diğer taraftan da politikalar, bir toplumun çoğunlukla ideolojilerini, kültürel değerlerini ve sosyal-yapısal özelliklerini yansıtır. Yani politikalar, insan gelişimi ve davranışının içinde yer aldığı bağlamın önemli bir parçasını oluşturur. Politikalar bilimsel temellere oturabilir, oturmalı ve insan ihtiyaçlarını karşılayacak şekilde değiştirilebilir olmalıdır.

Politikaların kültürel ve ideolojik temelleri ve bunların insan koşulları üzerindeki etkileriyle ilgili birçok örnek verilebilir. Örneğin Avrupa'nın kuzeyindeki sosyal refah devletlerinde, tüm çocuklara erken çocukluk eğitimi ve gelişimi (EÇG) sağlamak devletin sorumluluğu olarak kabul edilmiştir. İsveç'te her çocuk ortalama bir yaşından itibaren, ebeveyninin doğum izninin bitmesiyle EÇG'ye hak kazanmaktadır (Kağıtçıbaşı, Benedek, Dubois, Carney, Jallinoja ve Vlaardingerbroek, 1994; Kamerman, 1991). Bu tür bir sosyal refah ideolojisi, bütün çocukları kapsayan kuvvetli bir çocuk bakım politikasını beraberinde getirmektedir. Yüksek kaliteli kurumsal çocuk bakımının herkese açık olması, kadının işgücüne katılımını artırmaktadır, bu oran İsveç'te %85'tir (dünyadaki en yüksek oran). Bu durum, örneğin çocuk bakımının toplumsal sorumluluk olarak görülmediği, "esas olarak bireysel ve özel bir konu" olarak kabul edildiği ABD'yle tezat teşkil etmektedir (Huston, 1991, s. 306). Sonuç, ABD'de kapsamlı çocuk bakım politikalarının olmamasıdır (Bogenschneider, 2000; Duncan ve Brooks-Gunn, 2000; Dohrn, 1993; McLoyd, 1997; Kamerman, 1991).

Bir başka örnek Batı Avrupa'daki sosyal politikalardır; bunlar, merkezkaç kuvveti gibi genç insanın ailesinden ayrılmasını teşvik edicidir. Avrupa ülkelerinin birçoğunda tüm sosyal güvenlik sistemi bireye odaklanmıştır. Avrupa Konseyi'nin "Aile Hizmet Sunucuları Arasındaki Etkileşim" konulu bir çalışma grubu (Kağıtçıbaşı vd, 1994), Avrupa'da aile hizmetleri olarak adlandırılan hizmetlerin bile esas olarak bireylere yönelik olduğunu saptamıştır. Hatta bu o kadar yaygındır ki, bazı durumlarda kişinin başkalarıyla yaşamaktansa yalnız yaşaması, maddi olarak daha avantajlı olmaktadır. Örneğin Hollanda'da ailesiyle oturmayan üniversite öğrencilerine yapılan devlet yardımı, ailesiyle oturanlara yapılandan daha fazladır. Yine, ayrıklık kültürünün yansımalarının, sosyal politikalarla ayrıklığı daha da güçlendirdiği görülmektedir.

Bu örnekler, özellikle kültürler arası açıdan bakıldığında, kültürel değerlerin, politikaların ve insan koşullarının karşılıklı etkileri ve işlevsel bütünleşmelerine işaret etmektedir. Bu yüzden, bu koşulların bilimsel olarak çalışılmasında, politikalar göz ardı edilmemelidir. Değişimi amaçlayan herhangi bir uygulamalı araştırma, bunun politik sonuçlarına dikkat etmelidir. Psikoloji, politik konularla ilgili olarak diğer sosyal bilimlerin yanında yerini almalı, sosyal politikalar-insan davranışı-insan koşulları kesişimlerini incelemeli, sosyal politikaları bilgilendirmeli ve insan refahını artıracak politikalar oluşturmak için harekete geçmelidir.

Politikaya Yönelik Çıkarsamalar

Burada, bu kitapta sözü edilen konuların ve özellikle Türkiye Erken Destek Projesi'nin sosyal politikaya yönelik sonuçlarını inceleyeceğim. Politikaya yönelimi hem genel kavramlar hem de özel uygulamalar bağlamında inceleyeceğim. Başka bir deyişle burada, önceki bölümlerde tartıştıklarımı tekrar etmek ve irdelemek istiyorum.

Erken İnsan Gelişimini Destekleyen Politikalar

Bu kitabın 1. ve 2. Kısımları'nda yer alan tartışmaların muhtemelen en önemli politik sonucu, erken insan gelişiminin ve EÇG'ye yatırım yapılmasının öneminin ortaya konulmuş olmasıdır. Bu, erken yaşların "kritik dönem" olarak görüldüğü belirlenimci bir bakışı içermez. Gerçekten de erken yaşta yoksunluk çekmiş çocukların ileri yaşlarda iyi gelişebilmeleri de mümkündür (Thompson ve Nelson, 2001; ayrıca bkz. Tizard, 1991). Ancak yoksun koşullardan başarıyla sıyrılıp iyiye doğru gitmenin de sınırları vardır. Örneğin özellikle sinir sistemi ve beynin hızla büyüdüğü yaşamın ilk yıllarındaki kronik beslenme bozuklukları ve ciddi protein-kalori eksikliği, kalıcı bilişsel ve fiziksel hasarlara, hatta ölüme bile yol açabilir; aynı durum mikro besleyicilerin yetersiz olarak alınmasında da ortaya çıkabilir (özellikle iyot, demir ve A vitamini) (Evans ve Shah, 1994; Pollitt vd, 1993; Dünya Bankası, 1993). Bu kitapta beslenme sorunlarından söz etmemiş olmama rağmen, bu örneği ciddi yoksunluklardan kurtulmanın sınırlarının olduğunu hatırlatmak için kullandım. Yakın zamandaki nöro-psikolojik araştırmalar erken yaştaki yoksunluğun zararlı etkilerini göstermektedir (Duncan vd, 2003; Hoffman, 2003; Mustard, 2002; bkz. 2. ve 7. Bölümler).

Ayrıca yoksun koşullardan kurtulmanın ve iyileşmenin meydana gelmesi de çocuğun yakın çevresine bağlıdır. Daha önce de sözünü ettiğim gibi (bkz. 7. Bölüm), beslenme ve çevrenin sağladığı bakım ve psikososyal uyarım arasındaki etkileşim, "olumlu sapma"nın oluşmasını sağlar. Yoksun koşullarda çocukların hayatta kalması ve gelişmesi, onlara bakan, destekleyen ve uyaran, birbirine bağlı insan ilişkilerinin var olduğu bir çevrenin yardımıyla mümkündür (Carviota, 1981; Ceballo ve McLoyd, 2002; Kotchabhakdi vd, 1987; Levinger, 1992; Weiss ve Jacobs, 1988; Zeitlin, 1991; Zeitlin vd, 1990). Yetersiz beslenmenin bilişsel gelişmeye zararlı etkileri bile "evde uygun uyarımlar" yardımıyla düzeltilebilmektedir (L. Eisenberg, 1982, s. 63). Bütün bu bulgular, erken insan gelişimine odaklanan ve çocuğa verilen çevresel desteğin geliştirilmesini amaçlayan örneğin eğitim politikalarının gerekliliğini ortaya koyuyor. Beslenme, sağlık ve psikososyal gelişim arasındaki sinerjinin farkına varılmalıdır. Ana babalar çocuklarının çokyönlü ihtiyaçları ve çok boyutlu gelişimleri hakkında daha fazla bilgi sahibi oldukça, bu karmaşık sürece olumlu katkıları artacaktır.

Sağlıklı insan gelişimini desteklemek amacıyla EÇG'ye yatırımın birçok gerekçesi vardır. Myers (1992) bunlardan birkaç tanesini sıralamıştır. İlki ve en başta geleni, 1959'da Birleşmiş Milletler Genel Kurulu'nda tam ittifakla kabul edilen Çocuk Hakları Bildirgesi'nde yer alan, "çocuklar büyüyüp gelişerek tüm kapasitelerini gerçekleştirme hakkına sahiptirler" maddesidir. Bundan otuz yıl sonra 1989'da, Çocuk Hakları Anlaşması onaylandı ve çocukların hayatta kalmaları, *gelişebilmeleri* ve bakımlarıyla ilgili hizmetlerin sağlanabilmesi kararları alındı. Bu, çocuğun refahını amaçlayan herhangi bir politika için temel bir gerekçedir. Bununla beraber, ideal durumdan oldukça uzak olduğumuz göz önüne alınırsa, EÇG'ye yatırım yapmak için uygulanacak politikalara daha belirgin başka gerekçeler gerekmektedir. Bunlar bilimsel tartışmalardan ekonomik tartışmalara; sosyal eşitlikten programları güçlendirmeye kadar geniş bir alanı kapsamaktadır. Örneğin bilimsel bulgular insan gelişiminde ilk yılların önemini vurguluyor; erken eğitim yatırımlarının üretimin artması gibi uzun vadeli getirileri oluyor; erken eğitim yoksun çevrelerde büyüyen çocuk için adil bir başlangıç sağlıyor ve EÇG ile bütünleştirilen kadın programlarının etkileri artıyor. Daha güncel tartışmalar, yoksul çocukların yoksunluğunu gidermeye ve EÇG'ye yatırımlara odaklanmıştır (Doryan, Gautam ve Foege, 2002; Iglesias ve Shalala, 2002).

Erken gelişimi destekleyen politikaların aynı zamanda eğitime doğrudan katkısı da vardır; çünkü çocuğun "okula hazırlığını" sağlar. Bu, bir diğer temel insan hakkıdır: eğitim hakkı (Evrensel İnsan Hakları Beyannamesi, 26. Madde). Demek ki gelişim ve eğitim eksikliğinin milyonlarca çocuğu olumsuz etkilemesine, bunu önlemek mümkünken izin vermek, temel bir insan hakkının ihlal edilmesi demektir. Son yıllarda Çoğunluk Dünya'da EÇG'nin alternatif modellerine yapılan yatırımlar (bkz. 8. ve 9. Bölümler) doğru yöne doğru ilerlendiğinin bir göstergesidir. ABD'de Head Start programlarına ilginin ve yapılan yatırımın yeniden artması (Brooks-Gunn, 2003; Kassenbaum, 1994; Zigler, 2003; Zigler ve Styfco, 1994), bazı teknoloji toplumlarında da artan yoksulluk çerçevesinde erken gelişime odaklanma gereksiniminin daha fazla kabul edildiği anlamına gelir.

Bütünsel, Çok Amaçlı Politikalar

Bu kitapta çevrenin önemi hakkında yapılan tartışmalar, erken insan gelişimine ve EÇG'ye bütünsel, bağlamsal bir yaklaşıma işaret etmektedir. Sekizinci Bölümde incelenen EÇG ve müdahale çalışmalarında elde edilen bulgular ve Türkiye Erken Destek Projesi (bkz. 9. Bölüm), müdahale programında bireye odaklı bir yaklaşımdan çok bağlamsal/bütünsel bir yaklaşımın gerekliliğini vurgulamaktadır. Çocuğu büyüten kişinin projeye dahil edilmesi burada anahtar rol oynamaktadır.

Bağlamsal yaklaşımın önemi, çocuk odaklı yaklaşımların yararsız olduğu anlamına gelmez. Örneğin uzun vadeli yararlara sahip verimli bir müdahale programı olan Perry Okulöncesi Programı (Berrueta-Clement vd, 1984; Schweinhart vd, 1994, 2005) ana baba katılımını az da olsa içermekle beraber esas olarak çocuk odaklı bir çalışmaydı. Buradaki önemli nokta, bağlamsal bir yaklaşımın çocukla birlikte çevreyi de desteklediği için daha fazla kazanım sağlayacağıdır. Bu nokta, özellikle herhangi bir nedenden ötürü çevrenin potansiyel olarak çocuğa verebileceğini verememesi durumlarında önem kazanıyor.

Bağlamsal/bütünsel bir yaklaşım, özellikle birden çok amaç hedeflendiği zaman işe yarar. Özellikle sağlık, beslenme, gelişim ve çocukların okula hazırlık ihtiyacı gibi konuları içeren, aynı zamanda da annenin ihtiyaçlarını gözeten (sağlık, aile planlaması, gelir sağlamak vb) çok amaçlı programların daha yüksek düzeyde güdülenme ve katılım sağladığı ve daha uzun vadeli olumlu etkilerinin olduğu görülmüştür. Örneğin, TEÇG'yi yetişkin eğitimiyle birleştiren EÇG, beslenme, sağlık, aile planlaması öğelerini de içeriyordu ve kalıcı etkileri olan ekonomik bir programdı. Anneler bu konularda bilgilendiriliyor, böylece bilinç ve bilgi düzeyleri artıyor ve gerekli hizmetleri nasıl edineceklerini öğreniyorlardı.

Yukarıda sözünü ettiğim noktalar, özellikle birbiriyle kesişen farklı gereksinimlerin çok yoğun olduğu ve kaynakların kısıtlı olduğu Çoğunluk Dünya toplumları açısından önem taşımaktadır. Aile ve yerel toplum odaklı çok amaçlı politikalar, EÇG'yi hedeflerken, birbirini karşılıklı güçlendiren ve pekiştiren olumlu bir gelişim döngüsü oluşturma potansiyeline sahiptir.

ABD'de yoksulluk içinde yaşayan çocuklar için oluşturulmuş başarılı müdahale çalışmalarının ortak noktalarıyla ilgili olarak Schorr (1991) şu hususlara işaret etmiştir: "Başarılı programlar *çocuğu aile bağlamı içinde, aileyi de çevre bağlamı içinde ele almaktadır*" (vurgu orijinalden, s. 267). Yani başarılı programlar, öncelikle ana babaya ya da çocuğa odaklansalar bile, *iki kuşağı* birden içine almaktadır—bazıları üç kuşağı birden içerir—(Hadeed, 2005; Zigler ve Styfco, 1994). Dahası, başarılı programlar aynı zamanda, *"tutarlı, geniş bir spektrumdaki gereksinimleri birleştiren, insanların gereksinimlerine uygun, esnek yapılı"* ve *"ilişkilerin* önemini vurgulayan" programlardır (vurgu orijinalden, Shorr, 1991, s. 267-9). Bu tartışma, çok amaçlı programları destekleyen kapsamlı politikaların gerekliliğini ve sadece Çoğunluk Dünya'da değil her yerde verimli olacağını göstermektedir.

Çoğu zaman, özellikle Çoğunluk Dünya'daki çocuk bakımı programları, çalışan annelerin çocuklarına salt bakım amacı taşır (Huston, 1991; Myers, 1992; Phillips, 1991). Çoğunlukla da talep edilen bakımdır. Oysa ki EÇG program değerlendirmeleri (bkz. 8. Bölüm) ve özellikle TEDP takip araştırması sonuçları (bkz. 9. Bölüm), eğitim içermeyen salt bakımın yetersiz olduğunu ve hatta çocuğun genel gelişimine zararlı bile olabileceğini göstermektedir. Demek ki kadının iş sahibi olmasını destekleyen politikalar bile yararlı olabilmek için çocuk gelişim hedeflerini gözetmek zorundadır. Bu durum, çok amaçlı ve aynı zamanda "kaliteli bakım"ı amaçlayan politikaları gerektirmektedir.

Kurum merkezli bakımın, bebeklikten itibaren bile, yüksek kaliteli olması mümkündür. İsveç'te yapılan araştırmaların ortaya çıkardığı uzun vadeli yararlar bunu göstermektedir (Andersson, 1992). Eğer çocuk bakım politikaları "kalite"yi ve "gelişimsel amaçlar"ı vurgularsa, değişik türdeki programların hepsi (kurum ya da ev merkezli) yararlı olabilir. Ancak şunu da kabul etmek gerekir ki, İsveç, dünyada en yüksek kalitedeki çocuk bakımına sahiptir (Kamerman, 1991). Çoğunluk Dünya'da bu düzeyde bir bakıma erişmek çok uzak bir olasılık gibi gözüküyor. Bu yüzden, sonuç olarak şöyle bir genelleme yapabiliriz: Ev ortamının çocuğun optimal gelişimini yeterince destekleyemediği durumlarda, kurum merkezli bakımdan kalıcı yarar beklenemez. Buna karşılık, ev ortamının çocuğa erken uyarımı sağladığı ve gereksinimlerini karşıladığı durumda, kurum merkezli bakım yararlı olabilir. Yani ev ortamı yetersiz ise, ana babayı ve aileyi içine alan bağlamsal bir yaklaşım daha doğru olacaktır.

Bir başka politik çıkarsama da EÇG programlarının geniş çaplı uygulama potansiyeliyle ilgilidir. Daha ekonomik modellerin geniş çaplı uygulanması daha kolaydır. Özellikle Çoğunluk Dünya'da kurumsal olmayan, grup odaklı, ev ve yerel toplum merkezli programların yaygınlaşması, bu bakımdan daha olasıdır. Ancak çok pahalı olmayan kurum merkezli programlar da yaygınlaşabilir.

TEDP'nin Politikaya Yansımaları. Politikalar, programları oluşturabildiği gibi, geniş uygulama alanı bulmuş başarılı programlar da politikaları etkileyebilir. Örneğin TEDP ve bu projeden çıkarılmış uygulamalar, Türkiye'de yeni bir erken çocukluk eğitimi politikasının oluşmasına yardımcı olmuştur. EÇG, geleneksel anlayışta örgün anaokullar olarak görülüyordu, daha önce de anlatıldığı gibi bunun sonucu çok yetersiz bir yaygınlık oranıdır (bkz. 8. ve 9. Bölümler). Kurumsal EÇG'ye alternatif bir model oluşturan TEDP örneğiyle bu dar tanım, EÇG'yi anaokullarına *ek olarak* yetişkin eğitim hizmetlerini de içine alacak yeni bir uygulama anlayışına doğru genişletildi. Bu projenin bir başka yararı da sivil toplum kuruluşlarıyla devlet arasında pek sık görülmeyen bir işbirliğini sağlamış olmasıdır. Böylece EDP, gereken hizmetlerin yerine getirilmesinde önemli bir sorun olarak ortaya çıkan, koordine edilmemiş bölük pörçük hizmetler (Schorr, 1991; Huston, 1991; Myers, 1992; Kağıtçıbaşı vd, 2006) yerine, düzenli bir işbirliğinin oluşmasına yol açmıştır. Türkiye'de iki bakanlık ve bir vakıf (Anne-Çocuk Eğitim Vakfı), TEDP'den ortaya çıkmış olan Anne Çocuk Eğitim Programı'nın geniş çaplı uygulamalarının gerçekleştirilmesine dahil olmuştur.

Dokuzuncu Bölümde anlatıldığı gibi, son on yılda Anne-Çocuk Eğitim programlarının genişleyen uygulamaları yüz binlerce anne ve çocuğa ulaşmıştır. Programlar, Batı Avrupa'daki etnik azınlıklara ve bazı Ortadoğu ülkelerinde uygulanarak Türkiye sınırlarının dışına da çıkmıştır. Ayrıca AÇEV'in yeni programlarıyla binlerce babaya Türkiye'deki baba destek programları tarafından ulaşılmıştır. Anaokulu öğretmenleri, ana babalar ve çocuklar Anne Çocuk Eğitim programlarından çıkarılmış olan okulöncesine odaklı programlar tarafından desteklenmektedir. Son olarak AÇEP, televizyona uyarlanmış ve TRT'de yayınlanmıştır ("Benimle Oynar mısın?" programı). Farklı uygulamaların çeşitli değerlendirme çalışmaları, bunların çok yararlı olduğunu göstermiştir (Bekman, 1998a; Baydar, Kağıtçıbaşı, Gökşen ve Küntay, baskıda).

Bu, bir bilimsel araştırmanın politikayı nasıl bilgilendirebileceği ve etkileyebileceğine bir örnektir. Bu çalışma aynı zamanda, psikolojinin, kamuoyunda ve uygulayıcılar arasında, toplumsal gelişmeye katkısı olan bir bilim olarak tanınmasına ve prestijinin artmasına da katkıda bulunmuştur. Daha önce de sözünü ettiğim gibi (bkz. 7. Bölüm), Çoğunluk Dünya'nın birçok yerinde sosyal gelişim ekonomik gelişimin gerisinde kalmaktadır ve bunun önemli bir nedeni "gelişim"in hâlâ öncelikle ekonomik ve teknolojik olarak tanımlanmasıdır. Kültüre duyarlı psikolojik araştırmalar aradaki bu farkı, özellikle yeni programlar ve politikalar başlatarak kapatabilir.

Duygusal Bağlılık Modeli'nin Politik Çıkarsamaları

Psikolojik-duygusal bağlı aile modelinin de bazı politik çıkarsamaları vardır. Çoğunluk Dünya'da sosyoekonomik gelişime paralel olarak, bu modele doğru bir geçiş üzerinde durmuştum. Çoğunluk Dünya'nın kentsel gelişmiş çevrelerinde, eğitimin herkese açık olmasıyla ve sosyal refahın artmasıyla, çocukların ekonomik ve yaşlılık güvencesi değeri azalmakta ve masrafları artmaktadır. Bu süreç, yaşlılıkta yetişkin evlatlara maddi bağımlılığı azaltmaktadır. Bu, çocuk eğitimine özerkliğin girmesine imkân sağlar; çünkü karşılıklı bağımlılığa yönelik mutlak itaat, artık amaç olmaktan çıkmıştır. Ayrıca özerklik, gelişmiş kentsel çevrelerin yaşam tarzlarında işlevsel hale gelir.

Bununla birlikte, bu sürecin gerçekleşmesi bazen uzun zaman alabilir ve değişen yaşam tarzının gerekleriyle kültürel değerler arasında bir çelişki meydana gelebilir. Sosyoekonomik koşulların değişmesiyle ailede karşılıklı maddi bağımlılık azalsa bile, çocuklardan mutlak itaat beklentisi ve özerkliğin reddi, kültürel değerler olarak devamlılığını sürdürebilir. Bu tür yetkeci ana babalığın devam etmesi, Çoğunluk Dünya'nın değişen kentsel çevrelerinde artık işlevsel değildir. Çünkü kentsel yaşam tarzları ve uzmanlaşmış, çeşitlenmiş çalışma yaşamı, artık sadece söyleneni yapan değil, özerk karar verebilen insanlara gerek duyar.

Bu noktada çocuk bakımı ve eğitiminde değişimi kolaylaştıracak ve destekleyecek eğitimle ilgili politikaların önemi ortaya çıkmaktadır. Örneğin, okullarda ve özellikle yetişkin (ana baba) eğitim programlarında özerklik, ilişkisellikle birlikte bir amaç olarak tanıtılabilir. Azalan nesiller arası maddi bağımlılıkla birlikte değişen ailede büyüyen çocuğun özerk olması, ailenin bütünlüğüne artık bir tehdit olmaktan çıkma durumundadır. Bu yüzden, bu tür bir değişim girişiminin büyük bir dirençle karşılaşması beklenmez. Özerk-ilişkisel benliğin oluşmasını sağlayan duygusal bağlı aile modelinin bu bakımdan uygulamaya yönelik önemi vardır. Örneğin, TEDP'de kullanılan Anne Destek Programı, bu modele dayandırılmıştı.

Psikolojik-duygusal bağlılık modelinde sözü edilen aile değişimiyle ilgili başka özelliklerin de sosyal politikaya yönelik etkileri vardır. Çok önemli bir nokta, kadının aile içi konumunun değişmesidir. Artan eğitim ve kentleşme, azalan doğurganlık, ataerkilliğin azalması ve erkek çocuk tercihindeki azalma, kadının konumunun yükselmesi ile beraber gitmektedir. Kadının konumunu ve refahını yükseltmeye yönelik sosyal politikalar ve eğitim politikaları, bu değişim sürecini daha da hızlandırabilir. Örneğin bu, TEDP'de kullanılan, kadını güçlendirme programıyla (Anne Destek Programı) gerçekleştirilmiştir.

Aynı şekilde, doğurganlığı azaltmayı amaçlayan aile planlaması programları da kadının aile içi konumunun yükselmesine katkıda bulunur. Birçok toplumda kadının konumu, doğurganlıkla ters orantılıdır (Kağıtçıbaşı, 1982a, 1998a). Yüksek doğurganlık, kadının ve çocuğun daha az sağlıklı olmasıyla ilintilidir. Demek ki, Anne Destek Programı'nda olduğu gibi aile planlaması, beslenme ve sağlık konularını kapsayan eğitim programları, kadının refahını ve aile içi konumunu yükseltmeye yardımcı olabilir.

Sonuç olarak görülen, psikolojik-duygusal bağlı aile modelinin farklı yönlerinin sosyal politikalara yönelik çıkarsamaları olduğudur. Bunlardan bazıları TEDP'de kullanılan genel yaklaşımda ve programlarda yansımasını bulmuştur; proje, okula hazırlığa yönelik bilişsel desteğin ötesine geçmiştir.

Göç Bağlamına Yönelik Çıkarsamalar. Psikolojik/duygusal bağlı aile modeli aynı zamanda göç bağlamıyla yakından ilgilidir. Onuncu Bölümde ayrıntılı incelendiği üzere, göç olgusunun psikolojik incelemesi, kültürleşme, uyum stresi, psikolojik ve sosyokültürel adaptasyon üzerinde yoğunlaşmıştır. Bu süreçlerde aile önemli bir rol oynar ve yoğun olarak incelenmesi gerekir. Göç konularına yönelik politikalar açısından da aile, destek için optimal bir hedef olabilir.

Bu aile modeli, göç bağlamında işlevseldir. Çünkü yine bu bağlamda optimal olarak işlevsel olan özerk-ilişkisel benliğin gelişimine yardım eder. Daha önce de belirtildiği gibi, özerklik sosyokültürel adaptasyon için, ilişkisellik de psikolojik adaptasyon için işlevseldir. Psikolojik/duygusal bağlı aile modeli ilişkisellik bağlamı içinde özerklik gelişimine izin verir. Bu, ana baba kontrolünü ilişkisellik, tolerans ve hatta özerklik teşvikiyle bütünleştiren bir çocuk yetiştirme yoluyla gerçekleşir.

Bu durum iyi anlaşılıp takdir edilirse, göç bağlamındaki insan refahını yükseltmek için tasarlanan politikalar, bu aile modelinin yararlarını anlatan programlarla desteklenebilir. Yararlanacak kesim göçmenler ve baskın toplumdur. Örneğin göçmen ana babalarla yapılacak görüşmeler, çocuklarının önce okul sonra iş yaşantısında başarıları için özerkliğin değeri konusunda onları duyarlı hale getirebilir. Duyarlılaştırma çalışmaları, baskın topluma yönelik de yapılabilir. Burada göçmen ailelerinde yaygın olarak görülen ilişkisellik değerine dikkat çekilebilir. Böyle bir duyarlılaştırma çalışmasından, öğretmenler, sosyal hizmet uzmanları ve psikologlar gibi özellikle göçmenlerle iletişim halindeki profesyoneller yararlanacaktır. Onlar da giderek göçle ilgili insan problemlerinden bazılarını çözmeye yardımcı olabilirler.

Psikolojik/duygusal bağlı aile modeli baskın toplum için de örnek bir model olabilir. Ev sahibi kültürün göçmenlerden bir şeyler öğrenmesi, çok nadir görülen daha zayıftan (göçmenlerden) öğrenme olgusunun bir örneği olacaktır. Bu çok olası olmasa bile, psikolojik/duygusal bağlı aile modeli ve özerk-ilişkisel benliğin, bireysel Batı toplumunda giderek daha fazla kabul gördüğüne dair belirtiler mevcuttur (örneğin; Georgas vd, 2006; Inglehart, 2003; Kegan, 1994; Mascolo ve Li, 2004; Silk vd, 2003; bkz. 5, 6 ve 10. Bölümler).

Sonuçlar: Sağlıklı Bir İnsan Modeli

Bu kitapta bazı temel kavramsal ve uygulamaya yönelik konuları birbiriyle ilişkilendirerek inceledim. Kavramsal bir bakış açısından, birbirine paralel iki gelişim yörüngesi—bir yandan *benliğin* (ve insan ilişkilerinin), diğer yandan *insan yetkinliğinin* gelişimi—çalışmamın odak noktalarını oluşturdu. Aile; benliğin ve benlik/öteki ilişkilerinin kültürel olarak değişen özelliklerinin ortaya çıkmasında önemli bir anahtar oldu. Aile değişimi ise sosyal değişim ile bireyin ilişkisinde önemli bir yere sahiptir. Aile ve çocuğun yetiştirilmesi, insanın yetkinliğinin oluşmasında etkilidir. Kültürel değerlerin ve ana baba inanç ve davranışlarının da özellikle erken yaşlarda önemli olduğu ortaya çıkmıştır.

Erken yaşlardaki çevrenin ve özellikle ailenin benliğin ve yetkinliğin gelişimi açısından önemi göz önüne alındığında, değişimin gerçekleştirilmesi için ilk yıllardaki çevreye ve aileye yönelme gereği açıktır.

Uygulamalı bir bakış açısından, erken çocukluk eğitimi değişimin gerçekleştirilebileceği bir alan olarak ele alınmıştır. EÇG, özellikle bireysel değil bağlamsal bir açıdan yaklaşıldığında, ilk yıllardaki çevreye ve aileye odaklanılabilecek bir alandır. Bulgular, özellikle insan gelişimi için yetersiz aile desteğinin söz konusu olduğu olumsuz sosyoekonomik koşullarda, erken müdahalede bağlamsal bir yaklaşımın gereğine işaret ediyor.

Benliğin ve bilişsel yeterliğin gelişimiyle ilgili kavramsal görüşler doğrultusunda TEDP'de belli bazı müdahaleler uygulanmıştır. Bunlar esas olarak, ilişkisel aile kültürüne, *özerkliğin* ve sosyal-ilişkisel çocuk yetiştirme yaklaşımına, *bilişsel vurgunun* katılmasıdır. Amaçlanan bir hedef, insan gelişimi açısından bağımsızlık ve (tam) bağımlılık modellerinden daha optimal olarak görülen psikolojik/duygusal bağlı aile modeli doğrultusunda yeni bir sentez oluşturmaktı. Bir başka hedef ise; iyi ana babalık ve iyi (yetkin) çocuk kavramlarını, sosyal-ilişkisel özelliklerin yanında bilişsel özellikleri de kapsayacak şekilde genişletmekti.

Uzun vadeli yararlı sonuçlar, yakın çevre ve aileyi desteklemek ve daha optimal insan gelişimi için güçlendirmek adına daha fazla çaba gerektiğini göstermektedir. Beslenme ve sağlıktan bilişsel gelişime, bireysel başarıdan duygusal desteğe kadar uzanan insan refahına katkıda bulunmak için ailenin potansiyelini anlamak ve geliştirmek esastır. Bunun, muhafazakâr aile ideolojisine yönelik bir çağrı olmadığı kesinlikle bilinmelidir. Bireysel özerkliği baskı altına alan, tipik olarak tutucu bir dünya görüşüne sahip (mutlak) bağımlı aile modeli sağlıklı bir model değildir ve sosyal değişim ve gelişimle birlikte değişmektedir. Bu, aslında ilişkiselliğin *içinde* bireysel özerkliği destekleyen, özerk-ilişkisel benliği oluşturan psikolojik/duygusal bağlı aile modeline bir çağrıdır.

Psikolojinin, var olan mekanizmaların anlaşılmasına ve daha iyi işlemesine katkı açısından yapabileceği çok şey vardır. Psikoloji, özellikle bazı profesyonel uygulamalarda, *kural koyucu* bir bilimdir. Diğer bir deyişle, insanların ne yapması gerektiğini söyler; belli başlı kuralları, tedbirleri ortaya koyar. Bunu yapmak için bir *sağlıklı insan modeli*ne ihtiyacı vardır.

Psikolojinin aslında geleneksel bir sağlıklı insan modeli vardır. Bu modelin birbiriyle ilişkili birkaç özelliği vardır. İlki, bunun bireysel düzeyde analiz ve müdahaleler için tasarlanmış *bireysel* bir model olmasıdır. İkincisi, Batı'nın bireyci toplum düzeninden etkilenmiş *bireyci* bir model olduğudur. Üçüncüsü ise, çoğunlukla pek *tartışılmadan* doğru olduğu varsayılmış olmasıdır. Klinik psikoloji, rehberlik, aile terapisi vb, yani daha kural koyucu profesyonel psikoloji tarafından uzun bir zamandır kabul edilen bu model, psikanalitik perspektiflerle de beslenen Batı'nın bireyci modelidir. Dördüncü, 5 ve 6. Bölümler'de tartışıldığı gibi, bu model özerk-ayrık benliği destekler. Ancak bu benlik kurgusunda arzu edilen bir şey eksiktir; çünkü insanın temel ilişkisellik ihtiyacını karşılamaz. Aynı zamanda, böyle bir yaklaşımda psikoloji, birey ötesi konulara eğilen politik çıkarsamaları da olan bir bilim olarak görülmemektedir.

Bu kitapta, bireysel düzeyde özerk-ilişkisel benliğin sağlıklı bir insan modeli olduğunu ve psikolojik öğretiler yoluyla desteklenmesi gerektiğini savundum. Bu model *tek* sağlıklı insan modeli olmayabilir. Demokratik yaklaşım, tolerans, estetik ve insancıl bakış açıları gibi diğer zenginlikleri ve pozitif bakış açılarını düşünebiliriz. Yine de bu kitapta gözden geçirilen önemli ölçüdeki araştırmaya dayanarak, özerk-ilişkisel benliğin sağlıklı bir insan modeli olduğunu görebiliyoruz. Bu model psikolojide geleneksel olarak desteklenen özerk-ayrık benlikten daha optimaldir. Diğer araştırmalar da bunu gösterir (bkz. 5. ve 6. Bölümler).

Dahası, özerk-ilişkisel benlik *bağlam içinde* de sağlıklı bir modeldir. Bu bağlam, çevresel taleplere uyum için özerk hareket gerektiren kentsel, modern toplumdur. Bu çeşit bir benliğin gelişimi için yakın bağlam, psikolojik-duygusal bağlı ailedir. Bu yüzden, bu psikolojik perspektifteki sağlıklı modelin sadece bireye değil, aynı zamanda sosyokültürel-ekonomik bağlamdaki aileye dair de doğrudan göstergeleri vardır. Bu geniş bakış açısı, bu perspektifi ailesel ve sosyal düzeylerdeki politikalar bakımından daha anlamlı kılar. Örneğin göç bağlamında eğitim ve sosyal destek politikaları, hem bireysel düzeyde hem ailesel düzeyde sağlıklı insan modelini desteklemek amacıyla formüle edilebilir. Bireyci toplumlarda da politikaların bu sağlıklı benlik/aile modelini teşvik etmesi çok yararlı olabilir (TABLO 11.2).

TABLO 11.2. Sağlıklı İnsan Modeline Doğru Olduğu Öne Sürülen Yönelim

AİLE MODELİ	(Tam) bağımlılık	⟶	Psikolojik/Duygusal bağlılık	⟵	Bağımsızlık
BENLİK MODELİ	Bağımlı/ ilişkisel	⟶	Özerk/ilişkisel	⟵	Özerk/ ayrık

TABLO 11.2 Benlik modeliyle beraber Aile Değişimi Kuramı'nı da kapsayan bu kitabın ana tezini şematik olarak gösteriyor. Bu tez, daha sağlıklı psikolojik/ duygusal bağlı aile modeline ve özerk-ilişkisel benliğe doğru giden odaklaşma tezidir. Bu odaklaşmanın politik çıkarsamaları da önemlidir.

Ancak müdahale araştırmalarında olduğu gibi, değişim meydana getirmeye çalışmak büyük bir sorumluluk içerir. Bu, özellikle hareket noktasının dayandığı bilgi temeli yeterince oluşmamışsa, bir sorun yaratabilir. Psikologların müdahale konusunda endişe taşımalarının nedenlerinden biri de budur. Gerçekten de "herhangi bir uygulamalı disiplinde araştırma ile eylem arasında bir gerilim vardır" (Huston. 1991, s. 307; Schonkoff, 2000). Bir taraftan, harekete geçebilecek ölçüde bilgi birikimimiz vardır ve sorunlar çözüm için süresiz bekleyemezler; diğer taraftan yetersiz bilgiyle politik kararlara yönelmek boşuna ve hatta zararlı olabilir. Bu yüzden, araştırma (bilim) ve eylem (politika) birbirini tamamlayan karşılıklı destek ilişkisi içinde olmalıdır.

Akılda tutulması gerekir ki psikologlar katılsın ya da katılmasın, var olan sorunların çözümüne yönelik politikalar oluşturulacaktır; zira çözüm isteyen pek çok insani sorun vardır. Eğer psikologlar ya da diğer sosyal bilimciler bu sürecin içinde yer almazlarsa, bilimsel bilgiye sahip olmayan başkaları, örneğin politikacılar politika üretecektir. İnsanla ilgili geçerli kuram ve bulgulara dayanmayan politikalar ise yetersiz olabilir. Bu nedenle, bilgi birikimimizin ve kuramlarımızın geliştirilmesi gerekliliğini unutmadan, harekete geçme konusunda ciddi bir sorumluluk üstlenmek zorundayız. Bu, psikolojinin insan refahına sadece bireysel değil, küresel düzeyde de katkıda bulunabilmesi için üstüne almaya hazır olması gereken bir sorumluluktur. Bu kitapta sunulan çok sayıdaki konu ve bilgi, zorlukların üstesinden gelme konusunda bize bir temel sağlayabilir.

Özet ve Temel Noktalar

- Kültürel bağlamsallığı insan gelişimi ve refahının evrensel standartlarıyla birleştiren bütünleştirici bir sentez, bağlamların ortak özelliklerinin olduğunu ve karşılaştırılabileceklerini savunur. Aynı zamanda bu sentez, sosyal değişimin altındaki nedenlerin ve çevresel değişimlerin yarattığı benzer taleplerin fark edilmesini ve sosyal değişime adaptasyonların daha iyi anlaşılmasını sağlar.
- Yaşam tarzı değişimlerindeki ortak noktalar düşünüldüğünde, psikolojik-duygusal bağlı aile modeli, kendisine doğru küresel odaklaşma yaşanan bir model olarak sunulan temel bütünleştirici sentezlerden biridir. Özerk-ilişkisel benlik, temel olarak bu aile modelinden çıkan sağlıklı bir insan modelidir.
- İki bütünleştirici sentez, yani sosyal-bilişsel yeterlik ile özerk-ilişkisel benlik arasında kavramsal paralellikler vardır.
- Psikoloji, insan gelişimi için bazı temel standartları oluştururken, aynı zamanda kültüre duyarlı bir şekilde, toplumsal değerler/uygulamalar ve çocuk gelişimi yörüngeleri arasında ideal bir uyum olup olmadığı sorusunu sorabilir. Bu, "mik" ve "etik" yönelimler arasında bir denge kurar.
- Türkiye Erken Destek Projesi (TEDP), ana babalığın kültürel kavramının müdahale yoluyla değiştirilebildiğini ve bu değişimin çocukların gelişim rotalarında olumlu rol oynadığını göstermesi açısından önemlidir.

- Sosyoekonomik gelişimle beraber aile/insan modellerinde odaklaşmalar uluslararası göçle beraber ortaya çıkar, bu yüzden psikolojik-duygusal bağlı aile modeli ve özerk-ilişkisel benlik, göç ve kültürleşme bağlamında en uyumlu modeller olarak görülmektedir. Özellikle sosyokültürel adaptasyon için özerklik ve psikolojik adaptasyon için de ilişkisellik işlevseldir.
- Erken insan gelişimini destekleyici politikalar, beslenme, sağlık ve psikososyal gelişimin birlikteliğini göz önüne almalıdır.
- Erken Çocuk Gelişiminden (EÇG), müdahale araştırması ve TEDP'den elde edilen kanıtlar, bağlamsal/bütünsel bir yaklaşımın, uzun vadede salt çocuk odaklı yaklaşımdan daha etkili olduğuna ve ana baba/bakıcı ilgisinin burada kilit nokta olduğuna işaret etmektedir.
- Özerk-ilişkisel benliği ortaya çıkaran psikolojik-duygusal bağlı aile modeli, giderek benzeşen gelişmiş sosyoekonomik bağlamlarda olduğu gibi, göç bağlamlarında da insan refahına yönelik politikalar için çıkarımlar içerir.

Kaynakça

Abadan-Unat, N. (1986). Turkish migration to Europe and the Middle East: Its impact on social structure and social legislation. Michalak, L.O. ve Salacuse, J.W. (Ed.). *Social Legislation in the Contemporary Middle East,* (s. 325-369). Berkeley: University of California Press.

Adair, J.G. (1992). Empirical studies of indigenization and development of the discipline in developing countries. S. Iwawaki, Y. Kashima & K. Leung (Ed.), *Innovations in cross-cultural psychology,* (s. 62-74). Lisse, Netherlands: Swets and Zeitlinger.

Adair, J. G. & Diaz-Loving, R. (1999). Indigenous psychologies: The meaning of the concept and its assessment: Introduction. *Applied Psychology: An International Review, 48,* 397-402.

Adorno, T.W. Frenkel-Brunswik, E.Levinson, D.J. & Sanford, R.N. (1950). *The authoritarian personality.* New York: Harper.

Agarwal, R., & Misra, G. (1986). A factor analytical study of achievement goals and means: An Indian view. *International Journal of Psychology, 21,* 717-731.

Ainsworth, M. D. S. (1963). The development of infant-mother interaction among the Ganda. B. M. Foss (Ed.), *The determinants of infant behaviour II,* (s. 67-112). Londra: Methuen.

Ainsworth, M. D. S. (1976). System for rating maternal care behavior. Princeton, NJ: ETS Test Collection.

Aksu-Koç, A. (2005). Role of the home-context in the relations between narrative abilities and literacy practices. D. Ravid & H. Bat-Zeev Shyldkrot (Ed.), *Perspectives on language and language development,* (s. 257-274). Dordrecht, Netherlands: Kluwer.

Aksu-Koç, A. & Kuscul, H. (1994, April 4-8). A comparison of Turkish middle- and working-class homes as a preliteracy environment. Paper presented at American Educational Research Association, International Symposium, New Orleans, LA.

Allen, J.P., McElhaney, K.B., Land, D.J., Kuperminc, G.P., Moore, C.W., O'Beirne-Kelly, H., & Liebman Kilmer, S. (2003). A secure base in child adolescence: Markers of attachment security in the mother-adolescent relationship. *Child Development, 74,* 292-307.

Allik, J., & Realo, A. (2004). Individualism-collectivism and social capital. *Journal of cross-cultural psychology, 35*, 29-49.

Allport, G. W. (1937). *Personality: A psychological interpretation.* New York: Holt.

Allport, G.W. (1959). The historical background of modern social psychology. G. Lindzey (Ed.), *Handbook of social psychology,*, (Cilt 1, s. 3-56). Reading, MA: Addison-Wesley.

Allport, G. (1980). *The nature of prejudice.* Reading, MA: Addison-Wesley.

American Psychologist (1994). Special section on Head Start (s. 120-139).

Anandalaksmy, S. (1994). *The girl child and the family: An action research study.* Department of Women and Child Development, Ministry of Human Resources Development.

Anandalaksmy, S. & Bajaj, M. (1981). Childhood in the weavers' community in Varanasi: Socialization for adult roles. D. Sinha (Ed.), *Socialization of the Indian Child,* (s. 31-38). Yeni Delhi, Hindistan: Concept.

Anastasi, A. (1958). Heredity, environment, and the question "how?". *Psychological Review, 65, 197-208.*

Anastasi, A. (1992). A century of psychological science. *American Psychologist, 47,* 842-843.

Andersson, B.E. (1992). Effects of day-care on cognitive and socioemotional competence of thirteen-year-old Swedish schoolchildren. *Child Development, 63,* 20-36.

Angyal, A. (1951). A theoretical model for personality studies. *Journal of Personality, 20,* 131-142.

The APA Monitor. (1994, January). Vol. 25 (1).

Applegate, J.L., Burleson, B.R. & Delia, J.G. (1992) Reflection enhancing parenting as an antecedent to children's social-cognitive and communicative development. I.E. Sigel, A.V. McGillicuddy DeLisi, & J.J. Goodnow (Ed.), *Parental belief systems,* (s. 3-40). Hillsdale, NJ: Lawrence Erlbaum Associates.

Arends-Tóth, J. (2003). *Psychological acculturation of Turkish migrants in the Netherlands: Issues in theory and assessment.* Amsterdam: Dutch University Press.

Arends-Tóth, J., & Van de Vijver, F.J.R. (2006) Issues in Conceptualization and Assesment of Acculturation. Bornstein, M.H. & Cote, L.R. (Ed.) *Acculturation and parent-child relationships: Measurement and development,* (s. 33-62). Mahwah, NJ: Lawrence Erlbaum Associates.

Aries, P. (1962). *Centuries of childhood: A social history of family life* (R. Baldick, trans.), New York: Knopf.

Aries, P. (1980). Two successive motivations for the declining birth rate in the West. *Population and Development Review, 6,* 645-650.

Armecin, G., Behrman, J., Duazo, P., Ghuman, S., Gultiano, S., King, E.M., Lee, N. (2005). Early childhood development programs and children's health, nutrition, and psycho-social development: Evidence from the Philippines. Office of Population Studies, University of San Carlos.

Aronson, E. (1968). Dissonance theory: Progress and problems. R.P. Abelson, E. Aronson,W.J. McGuire, T.M. Newcomb, M.J. Rosenberg, & P.H. Tannenbaum (Ed.), *Theories of cognitive consistency: A sourcebook,* (s. 5-27). Chicago: Rand McNally.

Aronson, E., Stephan, C., Sikes, J., Blaney, N., & Snapp, M. (1978). *The jigsaw classroom.* Beverly Hills, CA: Sage.

Assor, A., Kaplan, H., & Roth, G. (2002). Choice is good but relevance is excellent: Autonomy affecting teacher behaviors that predict students' engagement in learning, *British Journal of Educational Psychology, 72*, 261-278.

Aycan, Z. (2006). Paternalism: Towards Conceptual refinement and operationalization. U. Kim, K-S. Yang & K- K. Hwang (Ed.). *Scientific Advances in Indigenous Psychologies: Empirical, Philosophical, and Cultural Contributions,* (s. 445-466). Londra: Cambridge University Press.

Aycan, Z., & Berry, J. W. (1996). Impact of employment-related experiences on immigrants' psychological well-being and adaptation to Canada. *Canadian Journal of Behavioral Science, 28*, 240-251.

Ayçiçeği, A. (1993). *The effects of the mother trainig program.* Unpublished master's thesis, Bogazici University, Istanbul.

Aydın, B. & Öztütüncü, F. (2001). Examination of adolescents' negative thoughts, depressive mood, and family environment. *Adolescence, 36*, 77-83.

Azar, S. T., & Cote, L. R. (2002). Sociocultural issues in the evaluation of the needs of children in custody decision-making: What do our current frameworks for evaluating parenting practices have to offer? *International Journal of Law and Psychiatry, 25*, 193-217.

Azmitia, M. (1988) Peer interaction and problem solving: When are two heads better than one? *Child Development, 59*, 87-96.

Azuma, H. (1984). Secondary control as a heterogeneous category. *American Psychologist, 39*, 970-971.

Azuma, H. (1986). Why study child development in Japan? H. Stevenson, H. Azuma & K. Hakuta (Ed.). *Child development and education in Japan,* (s. 3-12). New York: Freeman.

Bakan, D. (1966). *The duality of human existence.* Chicago: Rand McNally.

Bakan, D. (1968). *Disease, pain, and sacrifice.* Chicago: University of Chicago Press.

Baldwin, J.M. (1895). *Mental development in the child and the race.* New York: Macmillan.

Baldwin, J.M. (1909). *Darwin and the humanities.* Baltimore: Review.

Baltes, P.B. (1987). Theoretical propositions of life-span developmental psychology: On the dynamics between growth and decline. *Developmental Psychology, 23*, 611-626.

Baltes, P.B., Reese, H.W., & Lipsitt, L.P. (1980). Life-span developmental psychology. *Annual review of psychology, 31,* 65-110.

Bandura, A. (1962). Social learning through imitation. M.R. Jones (Ed.), *Nebraska Symposium on Motivation,* (Cilt 10, s. 211-271). Lincoln: University of Nebraska Press.

Bandura, A. (1977). *Social learning theory.* Englewood Cliffs, NJ: Prentice Hall.

Bandura, A. (1986). *Social foundations of thought and action: A social cognitive theory.* Englewood Cliffs NJ: Prentice Hall.

Bandura, A. (1989). Human agency in social cognitive theory. *American Psychologist, 44,* 1175-1184.

Barciauskas, R.C., & Hull, D.B. (1989). *Loving and working: Reweaving women's public and private lives.* Bloomington, IN: Meyer-Stone Books.

Barker, R.G. (1968). *Ecological psychology.* Stanford, CA: Stanford University Press.

Barnett, W. S. (1995). Long-term effects of early childhood programs on cognitive and school outcomes. *The Future of Children, 5,* 25-50.

Barros, R. P. & Mendonca, R. (1999). Costs and benefits of preschool education in Brazil. Background study commissioned to IPEA by the World Bank. Rio de Janeiro, Institute of Applied Economic Research.

Barry, H., Bacon, M., & Child, I. (1957). A cross-cultural survey of some sex differences in socialization. *Journal of Abnormal and Social Psychology, 55,* 327-332.

Barry, H., Child, I., & Bacon, M. (1959). Relation of child training to subsistence economy. *American Anthropologist, 61,* 31-63.

Bartle, S. E., & Anderson, S. (1991). Similarity between parents' and adolescents' levels of individuation. *Adolescence, 26,* 913-925.

Batson, C.D. (1990). How social an animal? *American Psychologist, 45,* 336-346.

Baumeister, R.F. (1986). *Identity: Culture change and the struggle for self.* New York: Oxford University Press.

Baumeister, R.F. (1991). *Meanings of life.* New York: Guilford.

Baumeister, R., & Leary, M. R. (1995). The need to belong: Desire for interpersonal attachments as a fundamental human motivation. *Psychological Bulletin, 117,* 497-529.

Baumrind, D. (1971). Current patterns of parental authority. *Developmental Psychology Monographs, 4* (1, 2. Kısım).

Baumrind, D. (1980). New directions in socialization research. *American Psychologist, 35,* 639-652.

Baumrind, D. (1989). Rearing competent children. W. Damon (Ed.), *Child development today and tomorrow,* (s. 349-378). San Francisco: Jossey Bass.

Baydar, N., Kağıtçıbaşı, Ç., Kuntay, A., & Göksen, F. (2007). Effects of an educational television program on preschoolers: Variability in benefits. Journal of Applied Developmental Psychology. Manuscript submitted for publication.

Befu, H. (1986). The social and cultural background of child development in Japan and the United States. H. Stevenson, H. Azuma, & K. Hakuta (Ed.), *Child development and education in Japan*, (s. 13-25). New York: Freeman.

Behrman, J.R., Cheng, Y. & Todd, P.E. (2004). Evaluating preschool programs when length of exposure to the program varies: A nonparametric approach. *The Review of Economics and Statistics, 86*, 108-132.

Behrman, J.R., & Hoddinott, J. (2005). Programme evaluation with unobserved heterogeneity and selective implementation: The Mexican PROGRESA impact on child nutrition. *Oxford bulletin of economics and statistics, 67*(4), 547–569.

Beiser, M., Hou, F., Hyman, I., & Tousignant, M. (2002). Poverty, family process and the mental health of immigrant children in Canada. *American Journal of Public Health, 92*, 220-227.

Bekman, S. (1993) The preschool education system in Turkey revisited. *OMEP International Journal of Early childhood, 25*, 13-19.

Bekman, S. (1998a). *A fair start; An evaluation of the Mother-Child Education Program.* Istanbul: MOCEF.

Bekman, S. (1998b). Long-term effects of the Turkish Home-Based Early Intervention Program. U. Gielen & A.L. Comunian (Ed.), *The family and family therapy in international perspective*, (s. 401-417). Trieste, Italy: Edizioni Lint.

Bellah, R.N., Madsen, R., Sullivan, W.M., Swidler, A., & Tipton, S.M. (1985) *Habits of the heart: Individualism and commitment in American life.* Berkeley: University of California Press.

Belsky, J. & Pensky, E. (1988). Developmental history, personality, and family relationships: Toward an emergent family system. R.A. Hinde & J.S.-Hinde (Ed.) *Relationships within families*, (s. 193-217). Oxford, England: Clarendon.

Bendix, R. (1967). Tradition and modernity reconsidered. *Comparative studies in society and history, 9*, 292-346.

Benedict, R. (1934). *Patterns of culture.* New York: Mentor.

Benedict, R. (1970). Patterns of the good culture. *Psychology Today, 4*, 53-55.

Bengi-Arslan L, Verhulst F. C., &Crijnen, A. A. M. (2002). Prevalence and determinants of minor pediatric disorder in Turkish immigrants living in the Netherlands. *Social Psychiatry Psychiatric Epidemology, 37*, 118-124.

Bennett, J. (1984). The tie that binds: Peasant marriage and families in late Medieval England. *Journal of Interdisciplinary History, 15*, 111-129.

Bennett, J.M. (1993). Jomtien revisited: A plea for a differentiated approach. L. Eldering, & P. Leseman (Ed.). *Early intervention and culture*, (s. 11-19). Paris: Unesco Publishing.

Berger, P.L. & Luckmann, T. (1967). *The social construction of reality.* New York: Doubleday.

Berman, J.J. (Ed.). (1990*). Cross-cultural perspectives: Nebraska symposium on motivation* 1989. Lincoln: University of Nebraska Press.

Bernstein, B. (1974). *Class, codes, and control: Theoretical studies toward a sociology of language (Rev. Ed.)*. New York: Shocken.

Berrueta-Clement, J.R., Schweinhart, L., L. Barnett, W., Epstein, A. & Weikart, D. (1984). *Changed lives: The effects of the Perry Preschool Programme on youths through age 19.* Ypsilanti, MI: The High/Scope Press.

Berry, J.W. (1976). *Human ecology and cognitive style: Comparative studies in cultural and psychological adaptation.* New York: Sage/Halsted.

Berry, J. W. (1979). A cultural ecology of social behaviour. L. Berkowitz (Ed.), *Advances in experimental social psychology* (s. 177-206). New York: Academic Press.

Berry, J.W. (1980). Ecological analyses for cross-cultural psychology. N. Warren (Ed.). *Studies in cross-cultural psychology,* (Cilt 2, s. 157-189). New York: Academic Press

Berry, J.W. (1985). Cultural psychology and ethnic psychology: A comparative analysis. I. Reyes-Lagunes and Y. Poortinga (Ed.). *From a different perspective,* (s. 3-15). Lisse, Netherlands: Swets and Zeitlinger.

Berry, J.W. (1989). Imposed etics-emics-derived etics: The operationalization of a compelling idea. *International Journal of Psychology, 24,* 721-735.

Berry, J. W. (1990). Psychology of acculturation, J. Berman (Ed.), *Cross-cultural perspectives: Nebraska Symposium on motivation,* (Cilt 37, s. 201-34). Lincoln: University of Nebraska Press.

Berry, J.W. (1997). Immigration, acculturation and adaptation. *Applied Psychology: An International Review, 46,* 5-68.

Berry, J.W. (2001). A psychology of immigration. *Journal of Social Issues, 57,* 615-31.

Berry, J. (2006). Acculturation: A conceptual overview. M. H. Bornstein & L. R. Cote (Ed.), *Acculturation and Parent-Child Relationships: Measurement and Development,* (s. 13-30). Mahwah, NJ: Lawrence Erlbaum Associates.

Berry, J.W. & Bennett, J.A. (1992). Cree conceptions of cognitive competence. *International Journal of Psychology, 27,* 73-88.

Berry, J. W., & Dasen, P. R. (Ed.) (1974). *Culture and cognition: Readings in cross-cutural psychology.* Londra: Methuen.

Berry J. W., Dasen, P. R., Saraswathi, T. H., Poortinga, Y. H., Pandey, J., Segall, M. H., & Kağıtçıbaşı, Ç. (1997). *Handbook of Cross-Cultural Psychology* (3 cilt). Boston: Allyn and Bacon.

Berry, J.W., Irvine, S.H., & Hunt, E.B. (Ed.) (1988). *Indigenous cognition: Functioning in cultural context.* Dordrecht, Netherlands: Nijhoff.

Berry, J. W., Poortinga, Y. H., Pandey, J., Dasen, P. R., Saraswathi, T. S., Segall, M. H., & Kağıtçıbaşı, Ç. (1997). *Handbook of Cross-Cultural Psychology,* cilt 1-3, Londra: Allyn and Bacon.

Berry, J. W., Poortinga, Y. H., Segall, M. H., & Dasen, P. R. (2002). *Cross-cultural psychology. research and applications* (2. baskı). Cambridge, England: Cambridge University Press.

Berry, J. W., & Sam, D. L. (1997). Acculturation and Adaptation. J. W. Berry, M. H. Segall & Ç. Kağıtçıbaşı (Ed.), *Handbook of Cross-Cultural Psychology,* (s. 291-326). Londra: Allyn and Bacon.

Beyers, W. & Goossens, L. (1999). Emotional autonomy, psychological adjustment, and parenting: Interactions, moderating, and mediating effects. *Journal of Research on Adolescence, 22,* 753-769.

Beyers, W., Goossens, L., Vansant, I. & Moors, E. (2003). A structural model of autonomy in the middle and late adolescence: Connectedness, separation, detachment, and agency. *Journal of Youth and Adolescence, 32,* 351-365.

Birman, D. (2006). Measurement of the "Acculturation Gap" in Immigrant and Refugee Families. Bornstein, M.H. & Cote, L.R. (Ed.) *Acculturation and parent-child relationships: Measurement and development,* (s. 97-112). Mahwah, NJ: Lawrence Erlbaum Associates.

Bisht, S., & Sinha, D. (1981). Socialization, family and psychological differentiation. D. Sinha (Ed.) *Socialization of the Indian child,* (s. 41-54). Yeni Delhi, Hindistan: Concept.

Black, J.E., Jones, T.A., Nelson, C.A. & Greenough, W.T. (1998) Neuronal Plasticity and the Developing Brain. In N.E. Alessi, J.T. Coyle, S.I. Harrison, and S. Eth, (Ed.) *Handbook of Child and Adolescent Psychiatry, Cilt 6: Basic Psychiatric Science and Treatment,* New York: Wiley.

Blair, A.L., Blair, M.C.L., & Madamba, A.B. (1999). Racial/ethnic differences in high school students' academic performance: Understanding the interweave of social class and ethnicity in the family context. *Journal of Comparative Family Studies, 30,* 539-555.

Blatt, S., & Blass, R.B. (1996). Relatedness and self-definition: A dialectic model of personality development. G.G. Noam & K.W. Fischer (Ed.), *Development and vulnerability in close relationship,* (s. 309-338). Mahvah, NJ: Lawrence Erlbaum Associates.

Blok, H. Fukkink, R.G., Gebhardt, E.D., & Leseman, P.P.M. (2005). The relevance of delivery mode and other program characteristics for the effectiveness of early childhood intervention. *International Journal of Behavioral Development, 29,* 35-47.

Blos, P. (1979). *The adolescent passage.* New York: International Universities Press.

Boas, F. (1911). *The mind of primitive man.* New York: Macmillan.

Bock, P. K. (1988). *Rethinking psychological anthropology: Continuity and change in the study of human actions.* New York.: Freeman.

Bogardus, E. S. (1925). Measuring social distance. *Journal of Applied Sociology, 2,* 299-308.

Bogenschneider, K. (2000). Has family policy come of age? A decade review of the state of US family policy in the 1990s. *Journal of Marriage and the Family, 62*, 1136-1159.

Bolger, K.E., Patterson, C.J., Thompson, W.W., & Kupersmidt, J.B. (1995). Psychosocial adjustment among children experiencing persistent and intermittent family economic hardship. *Child Development, 66*, 1107-1129.

Bond, M.H. (Ed.). (1986). *The psychology of the Chinese people.* Hong Kong: Oxford University Press.

Bond, M.H. (1988). Finding universal dimensions of individual variation in multi-cultural surveys of values: The Rokeach and Chinese value surveys. *Journal of Personality and Social Psychology, 55*, 1009-15.

Bond, M.H. (1994). Into the heart of collectivism: A personal and scientific journey. U. Kim, H.C. Triandis, Ç. Kağıtçıbaşı, S.C. Choi, & G. Yoon (Ed.) *Individualism and collectivism: Theory, method, and applications,* (s. 66-76). Thousand Oaks CA: Sage.

Bond, M.H. (2002). Reclaiming the individual from Hofstede's ecological analysis. A 20-year Odyssey. *Psychological Bulletin, 128*, 73-77.

Bond, M.H., & Cheung, T.S. (1983). The spontaneous self-concept of college students in Hong Kong, Japan, and the United States. *Journal of Cross-Cultural Psychology, 14*, 153-171.

Bond, M. H., Leung, K., & 67 co-authors (2004). Culture-level dimensions of social axioms and their correlates across 41 cultures. *Journal of Cross-Cultural Psychology, 35*, 548-570.

Bond, M.H., Leung, K., & Wan, K.C. (1982). How does cultural collectivism operate? The impact of task and maintenance contributions on reward distribution. *Journal of Cross-Cultural Psychology, 13*, 186-200.

Bond, R., & Smith, P. B. (1996). Culture and conformity: A meta-analysis of studies using Asch's (1952b, 1956) line judgment task. *Psychological Bulletin, 119*, 111-137.

Bornstein, M.H. (1984). Cross-cultural developmental psychology. M.H. Bornstein & M.E. Lamb (Ed.). *Developmental psychology: An advanced textbook,* (s. 231-281). Londra: Lawrence Erlbaum Associates.

Bornstein, M.H. (1989). Between caretakers and their young: Two modes of interaction and their consequences for cognitive growth. M.H. Bornstein & J.S. Bruner (Ed.), *Interaction in human development,* (s. 197-214). Hillsdale, NJ: Lawrence Erlbaum Associates.

Bornstein, M.H. & Bradley, R.H. (2003). *Socioeconomic status, parenting, and child development.* Mahwah, NJ: Lawrence Erlbaum Associates.

Bornstein, M.H. & Cote, L.R. (2006) Parenting Cognitions and Practices in the Acculturative Process. Bornstein, M.H. & Cote, L.R. (Ed.) *Acculturation and parent-child relationships: Measurement and development,* (s.173-196). Mahwah, NJ: Lawrence Erlbaum Associates.

Bornstein, M.H., Tal, J., & Tamis-LeMonda, C. (1991). Parenting in cross-cultural perspective: The United States, France and Japan. M.H. Bornstein (Ed.). *Cultural approaches to parenting,* (s. 69-89). Londra: Lawrence Erlbaum Associates.

Bornstein, M.H., & Tamis-LeMonda, C. (1990). Activities and interactions of mothers and their first born infants in the first six months of life. *Child Development, 61,* 1206-1217.

Bornstein, M.H., Tamis-LeMonda, C.S., Tal, J., Ludemann, P., Toda S., Rahn, C.W., Pecheux, M.G., Azuma, H., & Vardi, D. (1992). Maternal responsiveness to infants in three societies: The United States, France, and Japan. *Child Development, 63,* 808-821.

Bourhis, R. Y., & Dayan, J. (2004). Acculturation orientations towards Israeli arabs and Jewish immigrants. *International Journal of Psychology, 39,* 118-131.

Bowlby, J. (1969/1982). *Attachment and loss: Cilt 1. Attachment.* New York: Basic Books.

Bowlby, J. (1973). *Attachment and loss: Cilt 2. Separation: Anxiety and anger.* New York: Basic Books.

Boyden, J., (1990). Childhood and the policy makers: A comparative perspective on the globalization of childhood. A. James & A. Prout (Ed.). *Constructing and reconstructing childhood,* (s. 184-215). New York: Palmer Press.

Bradburn, N.M. (1963). N achievement and father dominance in Turkey. *Journal of Abnormal and social Psychology, 67,* 464-468.

Bradley, R. & Caldwell, B. (1988, March-April). Using the HOME inventory to assess the family environment. *Pediatric Nursing, 14(2).*

Brazelton, B.T. (1982). Early intervention: What does it mean? H.E. Fitzgerald (Ed.). *Theory and research in behavioral pediatrics,* (s. 1-34). New York: Plenum.

Bretherton, I. (1987). New perspectives on attachment relations: Security, communication and internal working models. J. Osofsky (Ed.), *Handbook of infant development,* (s. 1016-1100). New York: Wiley.

Bridges, M., Fuller, B., Rumberger, R., & Tran, L. (2004). Preschool for California's Children: Promising Benefits, unequal access (Policy Brief No. 04-9). Berkeley: Policy Analysis for California Education.

Brislin, R.W. (1983). Cross-cultural research in psychology. *Annual Review of Psychology, 34,* 363-400.

Bronfenbrenner, U. (1974). *Is early intervention effective?* (Unpublished report). Washington D.C: U.S. Department of Health, Education, and Welfare.

Bronfenbrenner, U. (1979). *The ecology of human development: Experiments by nature and design.* Cambridge, MA: Harvard University Press.

Bronfenbrenner, U. (1986). Ecology of the family as a context for human development: Research perspectives. *Developmental Psychology, 22,* 723-742.

Bronfenbrenner, U. (1998). The ecology of developmental process. R.M. Lerner (Ed.), *Handbook of child psychology: Cilt 1. Theoretical models of human development,* (5. baskı, s. 993-1028). New York: Wiley.

Bronfenbrenner, U. (1999). Environments in developmental perspective: Theoretical and operational models. S.L. Friedman & T.D. Wachs (Ed.), *Measuring environment across the life span,* (s. 3–30). Washington, DC: American Psychological Association.

Bronfenbrenner, U., & Ceci, S.J. (1993). Heredity, environment, and the question "how?" - A first approximation. R. Plomin & G.E. McClearn (Ed.). *Nature-nurture,* (s. 313-324). Washington D.C.: American Psychological Association.

Bronfenbrenner, U., & Evans, G.W. (2000). Developmental science in the 21st century: Emerging questions, theoretical models, research designs and empirical findings. *Social Development, 9,* 115-125.

Bronfenbrenner, U., & Morris, P. (1998). The ecology of developmental processes. R. M. Lerner (Ed.), *Handbook of child psychology, Cilt 1: Theoretical models of human development,* (5. baskı). New York: Wiley.

Bronfenbrenner, U., & Weiss, H. B. (1983). Beyond policies without people: An ecological per- spective on child and family policy. E. F. Zigler, S. L. Kagan, & E. Klugman (Ed.), *Children, families* and *government: Perspectives* on *American social* policy, (s. 393-414). New York: Cambridge University Press.

Brooks-Gunn, J. (2003). Do you believe in magic?: What we can expect from early childhood intervention programs. *Social Policy Report, 17,* 3-14.

Brooks-Gunn, J., & Duncan, G. (1997). The effects of poverty on children and youth. *The future of children, 7,* 55-71.

Brooks-Gunn, J., Schley, S., & Hardy, J. (2000) Marriage and the baby carriage: historical change and intergenerational continuity in early parenthood. L.J. Crockett & R.K. Silbereisen (Ed.), *Negotiating adolescence in times of social change,* (s. 36-57). Cambridge, England: Cambridge University Press.

Brunswik, R. (1955). Representative design and probabilistic theory. *Psychological Review, 62,* 236-242.

Bulatao, R.A. (1979). *On the nature of the transition in the value of children.* Honolulu, HI: East-West Population Institute.

Buriel, R., Love, J. & De Ment, T. (2006). The relation of language brokering to depression and parent-child bonding among Latino adolescents. M. H. Bornstein & L. R. Cote (Ed.), *Acculturation and Parent-Child Relationships: Measurement and Development,* (s. 249-270). Mahwah, NJ: Lawrence Erlbaum Associates.

Caldwell, J.C. (1977). Towards a restatement of demographic transition theory. J.C. Caldwell (Ed.). *The persistence of high fertility,* (s. 25-122). Canberra: The Australian National University.

Caldwell, J.C. (1979). "Education as a factor in mortality decline: An examination of Nigerian data". *Population Studies, 33,* 395-413.

Caldwell, J.C. (1980). "Mass education as a determinant of the timing of fertility decline". *Population and development Review, 6,* 225-256.

Campbell, D.T. (1975). On the conflicts between biological and social evolution and between psychology and moral tradition. *American Psychologist, 30,* 1103-1126.

Campbell, F. A., Ramey, C. T., Pungello, E., Sparling, J., & Miller-Johnson, Shari (2002). Early childhood Education: Young adult outcomes from the Abecedarian Project. *Applied Developmental Science, 6,* 42-57.

Carlson, V. J., & Harwood, R. L. (2003). Attachment, culture, and the caregiving system: The cultural patterning of everyday experiences among Anglo and Puerto Rican mother–infant pairs. *Infant Mental Health Journal, 24,* 53-73.

Carraher, T.N., Schliemann, A.d., & Carraher, D.W. (1988). Mathematical concepts in everyday life. G.B. Saxe & M. Gearhart (Ed.), *Children's mathematics: New directions in child development,* (s. 71-87). San Francisco: Jossey-Bass.

Carvioto, J. (1981). Nutrition, stimulation, mental development and learning. W. O. Atwater Me- morial Lecture presented at the 12th International Congress of Nutrition, San Diego, CA.

Cashmore, J.A., & Goodnow, J.J. (1986). Influences on Australian parents' values: Ethnicity versus socioeconomic status. *Journal of Cross Cultural Psychology, 17,* 441-454.

Caudill, W.A., & Frost, L. (1973). A comparison of maternal care and infant behavior in Japanese-American, American and Japanese families. W.P. Lebra (Ed.). *Mental health research in Asia and the Pacific,* (Cilt 3). Honolulu: University Press of Hawaii.

Caudill, W.A., & Schooler, C. (1973). Child behavior and child rearing in Japan and the United States: An interim report. *Journal of Nervous and Mental Disease, 157,* 323-338.

Ceballo, R., & McLoyd V.C. (2002). Social support and parenting in poor, dangerous neighborhoods. *Child Development, 73,* 1310-1321.

Ceci, S.J. (1991). How much does schooling influence general intelligence and its cognitive components? A reassessment of the evidence. *Developmental Psychology, 27,* 703-722.

Ceci, S.J. (1999). Schooling and intelligence. S.J. Ceci & W.M. Williams (Ed.) *The Nature – Nurture Debate: The essential readings,,* (s. 168-176). Malden, MA:Blackwell.

Ceci, S. J., & Papierno, P. B. (2005). The rhetoric and reality of gap closing: When the "have-nots" gain but the "haves" gain even more. *American Psychologist, 60,* 149-160.

Ceci, S.J., & Williams, W.M. (1997). Schooling, intelligence, and income. *American Psychologist, 52,* 1051-1058.

Ceci, S.J., & Williams, W.M. (1999). Born vs. made: Nature – Nurture in the new millennium. S.J. Ceci & W.M. Williams (Ed.) *The Nature – Nurture Debate: The essential readings,,* (s. 1-11). Malden, MA: Blackwell.

Cha, J. H. (1994). Changes in value, belief, attitude and behavior of the Koreans over the past 100 years. *Korean Journal of Psychology: Social, 8,* 40-58.

Chamoux, M.N. (1986). Apprendre autrement: Aspects des pédagogies dites informelles chex les Indiens du Méxique [A different type of learning: Aspects of informal pedagogy among Mexican Indians]. P. Rossel (Ed.), *Demain l'artisanat?* [Tomorrow's handicraft?], . Paris: Cahiers: IUED.

Chao, R. K. (1994). Chinese and European-American mothers' views about the role of parenting upon children's school success. Unpublished manuscript.

Chao, R.K. (2000). Cultural explanations for the role of parenting in the school success of Asian-American children. R. Taylor & M. Wang (Ed.), *Resilience across contexts: Family, work, culture, and community,* (s. 333-363). Mahwah, NJ: Lawrence Erlbaum Associates.

Chao, R.K. (2006). The prevalence and consequences of adolescents' language brokering for their immigrant parents. M.H. Bornstein & L.R. Cote (Ed.) *Acculturation and Parent-Child Relationships: Measurement and Development,* (s. 271-296). Mahwah, NJ: Lawrence Erlbaum Associates.

Chao, R.K. & Tseng, V. (2002). Parenting of Asians. M.H. Bornstein (Ed.), *Handbook of parenting: Cilt 4. Social conditions and applied parenting,* (2. baskı). 59-93. Mahwah, NJ: Lawrence Erlbaum Associates.

Chaturvedi, E., Srivastava, B. C., Singh, J. V. & Prasad, M. (1987). Impact of six years exposure to ICDS scheme on psycho-social development. *Indian Pediatrics, 24,* 153-160.

Chavajay, P., & Rogoff, B. (2002). Schooling and traditional collaborative social organization of problem solving by Mayan mothers and children. *Developmental Psychology. 38,* 55-66.

Chen, Z. & Dornbusch, S.M. (1998). Relating aspects of adolescent emotional autonomy to academic achievement and deviant behavior. *Journal of Research on Adolescence, 13,* 293-319.

Chinese Culture Connection (1987). Chinese values and the search for culture-free dimensions of culture. *Journal of Cross-Cultural Psychology, 18,* 143-64.

Chirkov, V., Kim, Y., Ryan, R., Kaplan, U. (2003). Differentiating autonomy from individualism and independence: A self-determination theory perspective on internalization of cultural orientations and well being, *Journal of Personality and Social Psychology*, 84, 97-110.

Chodorow, N. (1974). Family structure and feminine personality. M.Z. Rosaldo & L. Lamphere (Ed.). *Women, culture and society,* (s. 43-66). Stanford, CA: Stanford University Press.

Chodorow, N. (1978). *The reproduction of mothering: Psychoanalysis and the sociology of gender.* Berkeley: University of California Press.

Chodorow, N. (1989). *Feminism and psychoanalytic theory.* New Haven, CT: Yale University Press.

Choi, I., & Choi, Y. (2002). Culture and self-concept flexibility. *Personality & Social Psychology Bulletin, 28,* 1508-1517.

Choi, S.H. (1992). Communicative socialization processes: Korea and Canada. S. Iwawaki, Y. Kashima, & K. Leung (Ed.) *Innovations in cross-cultural psychology,* (s. 103-121). Lisse, Netherlands: Swets & Zeitlinger.

Chou, K-L. (2000). Emotional autonomy and depression among Chinese adolescents. *Journal of Genetic Psychology, 161,* 161-169.

Christie, R. & Jahoda, M. (1954). *Studies in the scope and method of "The Authoritarian Personality".* Glencoe, IL: The Free Press.

Cicirelli, V.G., Evans, J.W., and Schiller, J.S. (1969). *The impact of Head Start: An evaluation of the effects of Head Start on children's cognitive and affective development.* Washington D.C.: Westinghouse Learning Corporation, Ohio University.

Clarke, A., & Clarke A. (1999). Early Experience and the Life Path. S.J. Ceci & W.M. Williams, (Ed.) *The Nature-Nurture Debate. The Essential Readings, 9,,* (s. 136-147). Oxford, England: Blackwell.

Cochrane, S. H. (1979). *Fertility and education: What do we really know?* Baltimore: The Johns Hopkins University Press.

Cochrane, S., & Mehra, K. (1983). Socioeconomic determinants of infant and child mortality in developing countries. O.A. Wagner (Ed.), *Child development and international development: Research-policy interfaces,* (s. 27-44). San Francisco: Jossey-Bass.

Coe, C.L. (1999). Psychosocial Factors and Psychoneuroimmunology Within a Lifespan Perspective. D. Keating and C. Hertzman, (Ed.) *Developmental Health and the Wealth of Nations,* (s. 638-641). New York: Guilford.

Cohler, B., & Geyer, S. (1982). Psychological autonomy and interdependence within the family. F. Walsh (Ed.). *Normal family processes,* (s. 196-227). New York: Guilford.

Cohler, B., & Grunebaum, H. (1981). *Mothers, grandmothers, and daughters: Personality and child-care in three generation families:* New York: Wiley.

Cole, M., (1996). *Cultural psychology: A once and future discipline.* Cambridge, MA: Belknap.

Cole, M. (2005). Cultural-Historical Activity Theory in the Family of Socio-Cultural Approaches. *International Society for the Study of Behavioural Development Newsletter, 1, 47.*

Cole, M., & Cole, S.R. (2001). *The development of children* (4. baskı). New York: Worth.

Cole, M., Sharp, D., & Lave, C. (1976). The cognitive consequences of education: Some empirical evidence and theoretical misgivings. *Urban Review, 9,* 218-233.

Cole, P.M. & Tamang, B.L. (2001). Nepali Children's Ideas About Emotional Displays in Hypothetical Challenges. *Developmental Psychology, 34,* 640-646.

Coleman, J.S. (1990). *Foundations of social theory.* Cambridge, MA: Harvard UP.

Coll, C.T.G. (1990). Developmental outcome of minority infants: A process-oriented look into our beginnings. *Child Development, 61,* 270-289.

Collins, R.C. (1990). Head start salaries: 1989-90 staff salary survey. Alexandria, VA: National Head Start Program.

Conger, K.J., Rueter, M.A., & Conger, R.D. (2000). The Role of Economic Pressure in the Lives of Parents and Their Adolescents : The Family Stress Model. L.J. Crockett & R.K. Silbereisen (Ed.) *Negotiating Adolescence in Times f Social Change,* (s. 201-223). Cambridge, England: Cambridge University Press.

Conger, R.D., Conger, J. K., & Elder, G.H. Jr. (1997). Family economic hardships and adolescent adjustment: Mediating and moderating processes. J.G. Duncan & J. Brooks-Gunn (Ed.) *Consequences of growing up poor,* (s.288-310). New York: Russell Sage Foundation.

Connolly, K. (1985). Can there be a psychology for the Third World? *Bulletin of the British Psychological Society, 38,* 249-257.

Consultative Group (1986). *Measuring early childhood development: A review of instruments and measures.* (Report). New York.

Cooley, C.H. (1902). *Human nature and the social order.* New York: Scribner's.

Cooper, C.R. (2003). Bridging multiple worlds: Immigrant youth identity and pathways to college. *International Society for the Study of Behavioural Development Newsletter, 2,* 1-4.

Cooper, C.R. & Denner, J. (1998). Theories Linking Culture and Psychology: Universal and Community-specific Processes. *Annual Review of Psychology, 49,* 559-84.

Copple, C., Cline, M., & Smith, A. (1987). *Paths to the future: Long term effects of Head Start in Philadelphia school district.* Washington, DC: U.S. Department of Health and Human Services.

Correa-Chávez, M. & Rogoff, B. (2005). Cultural Research has Transformed Our Ideas of Cognitive Development. *International Society for the Study of Behavioural Development, 1, 47.*

Cousins, S. (1989). Culture and selfhood in Japan and the U.S. *Journal of Personality and Social Psychology, 56,* 124-131.

Crijnen, A.A.M. (2003). Emotional and behavioral problems of Turkish immigrant children, adolescents and their parents living in the Netherlands – an overview. *International Society for the Study of Behavioural Development Newsletter, 2,* 44, 7-9.

Crijnen, A.A.M., Bengi-Arslan, L., Verhulst, F.C. (2000). Teacher-reported problem behavior in Turkish immigrant and Dutch children: A cross-cultural comparison. *Acta Psychiatry Scan, 102,* 439-444.

Crittenden, P.M. (2000). A dynamic-maturational exploration of the meaning of security and adaptation. P.M. Crittenden & A.H. Claussen (Ed.), *The organization of attachment relationships: Maturation, culture and context,* (s. 358-383). Cambridge, England: Cambridge University Press.

Crocker, J., & Luhtanen, R. (1990). Collective self-esteem and ingroup bias. *Journal of Personality and Social Psychology, 58,* 60-67.

Crockett, L.J., & Silbereisen, R.K. (Ed.) (2000). *Negotiating adolescence in times of social change.* Cambridge, England: Cambridge University Press.

Cross, S. E., & Madson, L. (1997). Models of the self: Self-construals and gender. *Psychological Bulletin, 122,* 5-37.

Cross, S.E., Morris, M.L., & Gore, J.S. (2002) Thinking about oneself and others: The relational-interdependent self-construal and social cognition. *Journal of Personality and Social Psychology, 82,, ,* 399-418.

Curran, V.H. (Ed.). (1984). *Nigerian children: Developmental perspectives.* Londra: Routledge & Kegan Paul.

Cushman, P. (1990). Why the self is empty: Toward a historically situated psychology. *American Psychologist, 45,* 599-611.

Dalal, A.K. (1990). India: Psychology in Asia and the Pacific. G. Shouksmith & E.A. Shouksmith (Ed.). *Status reports on teaching research in eleven countries,* Bangkok, Thailand: UNESCO.

D'Andrade, R.G. & Strauss, C. (ed.) (1992). *Human motives and cultural models.* Cambridge, England: Cambridge University Press.

Daniels, J. A. (1990). Adolescent separation-individuation and family. *Adolescence, 25,* 105-117.

Darroch, R., Meyer, P. A., & Singarimbun, M. (1981). *Two are not enough: The value of children to Javanese and Sundanese parents.* Honolulu, HI: East-West Population Institute.

Dasen, P.R. (1984). The cross-cultural study of intelligence: Piaget and the Baoule. *International Journal of Psychology, 19,* 407-434.

Dasen, P.R. (1988a). Cultures et développement cognitif: La recherche et ses applications [Culture and cognitive development: Research and its applications]. R. Bureau & D. de Saivre (Ed.), *Apprentissages et cultures: les manières d'apprendre (Colloque de Cerisy)*, (s. 123-141). Paris: Karthala.

Dasen, P.R. (1988b). Developpement psychologique et activités quotidiennes ches des enfants Africains [Psychological development and daily activities of African children]. *Enfance, 41*, 3-24.

Dasen, P.R. (2003). Theoretical Frameworks in Cross-cultural Developmental Psychology: An Attempt at Integration. T.S. Saraswathi (Ed.) *Cross-cultural perspectives in human development: Theory, research and applications,* (s. 128-166). Yeni Delhi, Hindistan: Sage.

Dasen, P.R., Berry, J.W., & Sartorius, N. (Eds.). (1988). *Health and cross-cultural psychology: Toward applications.* Londra: Sage.

Dasen, P.R., & Jahoda, G. (1986). Cross-cultural human development. *International Journal of Behavioral Development, 9*, 413-416.

Dawson, J.L.M. (1967). Traditional versus Western attitudes in West Africa: The construction, validation and application of a measuring device. *British Journal of Social and Clinical Psychology, 6*, 81-96.

Dawson et al. (2000, November). Cited in D. Phillips (2004). Early experience and the developing brain. Paper presented at the International Step by Step Association Conference, Nov. 2004, Budapest, Hungary.

Dearing, E., McCartney, K. & Taylor, B. A. (2001). Change in family income-to-needs matters more for children with less. *Child Development, 72*, 1779-1794.

Deater-Deckard, K., & Dodge, K.A. (1997). Externalizing behaviour problems and discipline revisited: Nonlinear effects and variation by culture, context, and gender. *Psychological Inquiry, 8*, 161-75.

Decade of Behavior: 2000 – 2010. (2006). Behavior matters: How Research Improves Our Lives. Retrieved May 17, 2005 from http://www.decadeof-behavior.org.

Deci, E. L., & Ryan, R. M. (1995). Human autonomy: The basis for true self-esteem. M. H. Kernis (Ed.), *Efficacy, Agency, and Self-Esteem,* New York: Plenum.

Dekovic, M., Pels, T., & Model, S. (Eds.) (2006) *Unity and diversity in child rearing: Family life in a multicultural society.* Lewiston, NY: Edwin Mellen Press.

Dennis, T.A., Cole, P.M., Zahn-Waxler, C., & Mizuta, I. (2002). Self in context: Autonomy and relatedness in Japanese and U.S. mother-preschooler dyads. *Child Development, 73*, 1803-17.

De Silva, M., Nikapota, A., Vidyasagara, N. W. (1988). Advocacy and opportunity: Planning for child mental health in Sri Lanka. *Health, Policy and Planning, 3*, 302-307.

De Vos, G. (1968). Achievement and innovation in culture and personality. E. Norbeck, D. Price-Williams, & E. W. McCord (Ed.), *The study of personality,* (s. 348-370). New York: Holt, Rinehart & Winston.

De Vos, G. (1985). Dimensions of the self in Japanese culture. M.G. De Vos & F.L.K. Hsu (Ed.), *Culture and self*, New York: Tavistock.

De Wolff, M. S., & van Ijzendoorn, M. H. (1997). Sensitivity and attachment: A meta-analysis on parental antecedents of infant attachment. *Child Development, 68*, 571-592.

Deutsch, M. (1962). Cooperation and trust: Some theoretical notes. M.R. Jones (Ed.). *Nebraska Symposium on Motivation*, (s. 275-319). Lincoln: University of Nebraska Press.

Diaz-Guerrero, R. (Ed.) (1975). Psychology of the Mexican: culture and personality. *The Texas Pan American Series.* Austin: University of Texas Press.

Diaz-Guerrero, R. (1991). Historic-sociocultural premises (HSCPs) and global change. *International Journal of Psychology, 26*, 665-673.

Diener, M.L., Nievar, M.A., Wright, C. (2003). Attachment security among mothers and their young children living in poverty: Associations with maternal, child, and contextual characteristics. *Merrill-Palmer Quarterly, 49*, 154-182.

Dohrn, B. (1993) "Leastwise of the land" : Children and the law. K. Ekberg & P.E. Mjaavatn (Ed.) *Children at risk: selected papers*, (s. 18-33). Trondheim: Norwegian Centre for Child Research.

Doi, L.A. (1974) Amae: A Key concept for understanding Japanese personality structure. R.A. LeVine (Ed.). *Culture and personality*, (s. 307-314). Chicago: Aldine.

Doi, T. (1973). *Anatomy of dependence.* Tokyo: Kodansha International.

Doob, L.W. (1967). Scales for assaying psychological modernization in Africa. *Public Opinion Quarterly, 31*, 414-421.

Dornbusch, S.M., Ritter, P.L., Leiderman, P.H., Roberts, O.f., & Fraleigh, M.J. (1987). The relation of parenting style to adolescent school performance. *Child Development, 58*, 1244-1257.

Douvan, E., & Adelson, J. (1996). *The adolescent experience.* New York: Wiley.

Drenth, P.J.D. (1991, July). Scientific and social responsibility: A dilemma for the psychologist as a scientist. Paper presented at the 2nd European Congress, Budapest, Hungary.

Duben, A. (1982). The significance of family and kinship in urban Turkey. Ç. Kağıtçıbaşı (Ed.). *Sex, roles, family and community in Turkey*, (s. 73-99). Bloomington: Indiana University Press.

DuBois, C. (1944). *The people of Alor.* New York: Harper and Row.

Duncan, G.J., & Brooks-Gunn J. (Eds.). (1997). *Consequences of growing up poor.* New York: Russell Sage Foundation.

Duncan, G.J., & Brooks-Gunn J. (2000). Family poverty, welfare reform, and child development. *Child Development, 71*, 188-196.

Duncan, G.J., & Magnuson, K.A. (2003). Off with Hollingshead: Socioeconomic resources, parenting, and child development. M.H. Bornstein &

R.H. Bradley (Ed.) *Socioeconomic status, parenting, and child development*, (s. 83-107). Mahwah, NJ: Lawrence Erlbaum Associates.

Dym, B. (1988). Ecological perspectives on change in families. H. B. Weiss & F. H. Jacobs (Ed.), *Evaluating family programs*, (s. 477-496). New York: Aldine.

Earley, C.P. (1989). Social loafing and collectivism: A comparison of the United States and the People's Republic of China. *Administrative Science Quarterly, 34,* 565-581.

Earley, C.P. (1993). East meets West meets Mid-east: Further explorations of collectivistic and individualistic work groups. *Academy of Management Journal, 36,* 219-348.

Eccles, J. S., & Harold, R. D. (1993). Parent-school involvement during the early adolescent years. *Teachers College Report, 94, 568-587.*

Eckensberger, L. (1990). On the necessity of the culture concept in psychology: A view from cross-cultural psychology. F.J.R. van de Vijver & G.J.M. Hutschemaekers (Ed.). *The investigation of culture,* (s. 153-177). Tilburg, Netherlands: Tilburg University Press.

Eckensberger, L. H., (1995). Activity or action: Two different roads towards an integration of culture into psychology? *Culture and Psychology,* 1, 67-80.

Eckensberger, L.H. (2003). Wanted: A contextualized Psychology: Plea for a cultural psychology based on action theory. T.S. Saraswathi (Ed.) *Cross-cultural perspectives in human development. Theory, research and applications,* (s. 70-102). Yeni Delhi, Hindistan: Sage.

Eisenberg, L. (1982). Conceptual issues on biobehavioral interactions. D.L. Parron & L. Eisenberg (Ed.), *Infants at risk for developmental dysfunction,* (s. 57-68). Washington, D.C.: National Academy of Sciences, Institute of Medicine.

Eisenberg, N., & Zhou, Q. (2001). Regulation from a developmental perspective. *Psychological Inquiry, 11,* 166-171.

Ekstrand, L. H., & Ekstrand, G. (1987). Children's perceptions of nonns and sanctions in two cultures. In Ç. Kağıtçıbaşı (Ed.). *Growth and progress in cross-cultural psychology* (pp. 171- 180). Lisse, Netherlands: Swets & Zeitlinger.

Elder, G.H. Jr. (1985). The life course as developmental theory. *Child Development, 69,* 1-12.

Elder, G.H., Jr. (1995). Life trajectories in changing societies. A. Bandura (Ed.), *Self-efficacy in changing societies,* (s. 46-57). New York: Cambridge University Press.

Elder, G.H., Jr. (1998). The life course and human development. W. Damon (Seri Ed.) & R.M. Lerner (Cilt Ed.), *Handbook of child psychology: Vol. 1. Theoretical models of human development,* (s. 939-991). New York: Wiley.

Eldering, L. & Leseman, P. (1993). *Early intervention and culture: Preparation for literacy. The Interface between theory and practice.* Netherlands National Commission for UNESCO.

Eldering, L. & Vedder, P. (1993). culture-sensitive home intervention: The Dutch Hippy experiment. L. Eldering & P. Leseman (Ed.) *Early intervention and culture,* (s. 231-252). Paris: UNESCO.

Eliram, T., & Schwarzwald, J. (1987). Social orientation among Israeli youth. *Journal of Cross-Cultural Psychology, 18,* 31-44.

Engle, P.L. (1986). *The intersecting needs of working mothers and their young children: 1980 to 1985.* Unpublished manuscript, California Polytechnic State University, San Luis Obispo.

Enriquez, V.G. (1988). The structure of Philippine social values: towards integrating indigenous values and appropriate technology. D. Sinha & H.S.R. Kao (Ed.). *Social values and development: Asian perspectives,* (s. 124-148). Newbury Park, CA: Sage.

Enriquez, G.E. (1990). *Indigenous psychology.* Manila, Philippines: New Horizons Press.

Ercan, S. (1993). *The short-term effects of the Home Intervention Program on the cognitive development of children.* Unpublished Master's Thesis, Bogazici University, Istanbul.

Erelçin, F. G. (1988). *Collectivistic norms in Turkey: Tendency to give and receive support.* Unpublished master's thesis, Boğaziçi University, Istanbul.

Erikson, E.H. (1959). Identity and the life cycle. *Psychological Issues, I* (I).

Erikson, E. H. (1968). *Identity: Youth and crisis.* New York: Norton.

Etzioni, A. (1993). *Spirit of community. Rights, responsibilities and the communitarian agenda.* New York: Crown.

Evans, G.W. (2004). The environment of childhood poverty. *American Psychologist, 59,* 77-92.

Evans, J.L., & Myers, R.G. (1985). Improving program actions to meet the intersecting needs of women and children in developing countries: A policy and program review. Ipsilanti, MI: The Consultative Group on early Childhood Care and Development, High/Scope Educational Research Foundation.

Evans, J.L., & Shah, P.M. (1994). *Child care programmes as an entry point for maternal and child health components of primary health care.* Geneva, Switzerland: World Health Organisation.

Farran, D.C. (1990). Effects of intervention with disadvantaged and disabled children: a decade review. S.J. Meisels & J.P. Shonkoff (Ed), *Handbook of early childhood intervention,* (s. 501–540). Cambridge, England: Cambridge UP.

Fawcett, J.T. (1983). Perceptions of the Value of Children: Satisfactions and costs. Bulatao, R., Lee, R.D., Hollerbach, P.E. & Bongaarts, J. (Ed.) *De-*

terminants of fertility in developing countries, 1, (s. 347-369). Washington, DC: National Academy Press.

Featherman, D. L. & Lerner, R. M. (1985). Ontogenesis and sociogenesis: Problematics for theory and research about development and socialization across lifespan. *American Sociological Review, 50,* 659-676.

Festinger, L. (1954). A theory of social comparison processes. *Human Relations, 8,* 117-140.

Fiati, T.A. (1992) Cross-cultural variation in the structure of children's thought. R. Case (Ed.), *The mind's staircase: Exploring the conceptual underpinnings of children's thought and knowledge,* (s. 319-42). Hillsdale, NJ: Lawrence Erlbaum Associates.

Fişek, G. O. (1991). A cross-cultural examination of proximity and hierarchy as dimensions of family structure. *Family Process, 30,* 121-133.

Forgas, J.P., & Bond, M.H. (1985). Cultural influences on the perception of interaction episodes. *Personality and Social Psychology Bulletin, 11,* 75-88.

Frank, S.J., Avery, C.B., & Laman, M.S. (1988). Young adult's perceptions of their relationships with their parents: Individual differences in connectedness, competence and emotional autonomy. *Developmental Psychology, 24,* 729-737.

Franz, C. E. & White, K. M. (1985). Individuation and attachment in personality development: Extending Erikson's Theory. *Journal of Personality, 53,* 224-256.

Freud, A. (1958). Adolescence. *Psychoanalytic Study of the Child, 13,* 255-278.

Friedlmeier, W. (2005). Emotional development and culture: Reciprocal contributions of cross-cultural research and developmental psychology. W. Friedlmeier, P. Chakkarath & B. Schwarz (ed.), *Culture and Human Development: The Importance of Cross-Cultural Research to the Social Sciences,* New York: Psychology Press.

Friedlmeier, W., Chakkarath, P. & Schwarz, B. (Ed.) (2005). *Culture and human development. The importance of cross-cultural research for the social sciences.* New York: Psychology Press.

Fromm, E. (1941). *Escape from freedom.* New York: Farrar & Rinehart.

Fu, V.R., Hinkle, D.E. & Hanna, M.A. (1986). A three-generational study of the development of individual dependence and family interdependence. *Genetic, Social and General Psychology Monographs, 112,* 153-171.

Fujinaga, T. (1991). Development of personality among Japanese Children. Paper presented at the International Society for the Study of Behavioural Development, Workshop on Asian Perspectives of Psychology. Ann Arbor, MI.

Fuligni, A.J. (1997). The academic achievement of adolescents from immigrant families: The roles of family background, attitudes, and behavior. *Child Development, 68,* 261-273

Fuligni, A.J. (1998). The adjustment of children from immigrant families. *Current Directions in Psychological Science, 7,* 99-103

Fuligni, A. J. (2003). The Adaptation of children from Immigrant Families. *International Society for the Study of Behavioural Development Newsletter, 2, 44,* 9-11.

Fuligni, A. J., Tseng V., & Lam M. (1999). Attitudes toward family obligations among American adolescents with Asian, Latin American and European backgrounds. *Child Development, 70(4),* 1030-1044.

Furstenberg, F.F., Jr. (1966). Industrialization and the American family: A look backward. *American Sociological Review, 31,* 326-337.

Gabrenya, W.K., Wang, Y., & Latane, B. (1985). Social loafing on an optimizing task: Cross-cultural differences among Chinese and Americans. *Journal of Cross-Cultural Psychology, 16,* 223-242.

Gaines, A.D. (1984). Cultural definitions, behavior and the person in American psychiatry. A.J. Marsella & G.M. White (Ed.). *Cultural conceptions of mental health and therapy,* (s. 167-192). Dordrecht, Netherlands: D. Reidel.

Garbarino, J. (1990). The human ecology of early risk. S.J. Meisels & J.P. Shonkoff (Ed.). *Handbook of early childhood intervention,* (s. 78-96). Cambridge, England: Cambridge University Press.

Garber, J. & Little, S.A. (2001). Emotional autonomy and adolescent adjustment. *Journal of Research on Adolescence, 16,* 355-371.

Gardiner, H.W., & Kosmitzki, C. (2005). *Lives across cultures: Cross-cultural human development.* (3. baskı) New York: Allyn and Bacon.

Gardner, W.L., Gabriel, S., & Lee, A.Y. (1999). "I" value freedom, but "we" value relationships: Self-construal priming mirrors cultural differences in judgment. *Psychological Science,* Cilt 10 (4), 321-326.

Gay, J., & Cole, M. (1967). *The new mathematics and an old culture.* New York: Holt, Rinehart & Winston.

Geertz, C. (1975). On the nature of anthropological understanding. *American Scientist, 63,* 47-53.

Gellner, E. (1992). *Postmodernism, reason and religion.* Londra: Routledge.

Gennetian, L.A., & Miller, C. (2002). Children and welfare reform : A view from an experimental welfare program in Minnesota. *Child Development, 73,* 601-620.

Georgas, J. (1988). An ecological and social cross-cultural model: The case of Greece. J.W. Berry, S.H. Irvine, & E.B. Hunt (Ed.), *Indigenous cognition: Functioning in cultural context,* (s. 105-123). Dordrecht, Netherlands: Nijhoff.

Georgas, J. (1989). Changing family values in Greece: From collectivistic to individualistic. *Journal of Cross-Cultural Psychology, 20,* 80-91.

Georgas, J. (1993). Ecological-social model of Greek psychology. U. Kim & J.W. Berry (Ed.), *Indigenous psychology: Research and experience in cultural context,* (s. 56-78). Newbury Park, CA: Sage.

Georgas, J., Berry, J.W., Vijver van de, F., Kağıtçıbaşı, Ç., Poortinga, Y.H. (Ed.) (2006) *Families across cultures: A 30 Nation psychological study.* Cambridge, England: Cambridge University Press.

Gerard, H.B., & Rabbie, J.M. (1961). Fear and social comparison. *Journal of Abnormal and Social Psychology, 62,* 586-592.

Gergen, K.J. (1973). Social psychology as history. *Journal of Personality and Social Psychology, 26,* 309-320.

Gergen, K.J. (1985). Social constructionist inquiry: Context and implications. K.J. Gergen & K.E. Davis (Ed.), *The social construction of the person,* (s. 3–18).. New York: Springer-Verlag.

Gergen, K.J. (1991). *The saturated self: Dilemmas of identity in contemporary life.* New York: Basic Books.

Gheorghiu, M. A.,& Vignoles, V. L.(2005). *Individual and nation level predictors of social trust in 21 nations.* Paper presented in University of Sussex, Sussex, England.

Gheorghiu, M. A.,& Vignoles, V. L.(2005, MONTH). *Individual and nation leve predictors of social trust in 21 nations.* Paper presented at the meeting of the NAME OF GROUP, Sussex, England.

Gilbert, G. M. (1951). Stereotype persistence and change among college students. *Journal of Abnormal and Social Psychology, 46,* 245-254.

Gillespie, J.M. and G.W. Allport (1955). *Youth's outlook on the future: A cross national study.* Garden City, New York: Doubleday.

Gilligan, C. (1982). *In a different voice: Psychological theory and women's development.* Cambridge, MA: Harvard University Press.

Göncü, A. (1993). Guided participation in Keçiören. B. Rogoff, J. Mistry, A. Göncü, & C. Moiser (Ed.), *Guided participation in cultural activity by toddlers and caregivers,* (Cilt 236, s. 126-147). Monographs of the Society for Research in Child Development.

Gonzales, N. A., Cauce, A. M., & Mason, C. A. (1996). Interobserver agreement in the assessment of parental behavior and parent-adolescent conflict: African American mothers, daughters, and independent observers. *Child Development, 67,* 1483-1498.

Goodnow, J.J. (1988). Parents' ideas, actions, and feeling: Models and methods from developmental and social psychology. *Child development, 59,* 286-320.

Goodson, B.D., Layer, J.L., StPierre, R.G., Bernstein, L.S. & Lopez, M. (2000). Effectiveness of a comprehensive family support programme for low-income children and their families: Findings from the Comprehensive Child Development Programme. *Early Childhood Research Quarterly*, 15, 5-39.

Gorer, G., & Rickman, J. (1949). *The people of great Russia*. New York: Norton.

Gottfried, A.E., Fleming, J.S., & Gottfried, A.W. (1998). Role of cognitively stimulating home environment in children's academic intrinsic motivation: A longitudinal study. *Child Development, 69,* 1448-1460.

Goncu, A. (1993). Guided participation in Kecioren. B. Rogoff, J. Mistry, A. Goncu & C. Moiser, *Guided participation in cultural activity by toddlers and caregivers. Monographs of the Society for Research in Child Development,* 58.

Gray, S., Ramey, B., & Klaus, R. (1983). The early training project 1962-1980. The Consortium for Longitudional Studies (Ed.), *As the twig is bent,* (s.33-70). Hillsdale, NJ: Lawrence Erlbaum Associates.

Greenfield, P. M. (1994). Independence and interdependence as developmental scripts: implications for theory, research and practice. P. M. Greenfield & R. R. Cocking (Ed.), *Cross-cultural Roots of Minority Child Development,* (s 1-40). Hillsdale, NJ: Lawrence Erlbaum Associates.

Greenfield, P.M. (1996). Culture as process: Empirical methods for cultural psychology. J.W. Berry, Y.H. Poortinga, & J. Pandey (Ed.), *Handbook of cross-cultural psychology: Vol. 1. Theory and method,* (2. baskı, s. 301-346). Boston: Allyn& Bacon.

Greenfield, P.M. (1999). Cultural change and human development. *New Directions for Child and Adolescent Development, 83,* 37-59.

Greenfield, P.M. (2000). Culture and universals: Integrating social and cognitive development. L. Nucci, G. Saxe, & E. Turiel (Ed.), *Culture, thought, and development,* (s. 231-277). Mahwah, NJ: Lawrence Erlbaum Associates.

Greenfield, P.M., & Childs, C.P. (1977). Weaving, color terms, and pattern representation: Cultural influences and cognitive development among the Zinacantecos of Southern Mexico. *International Journal of Psychology, 11,* 23-48.

Greenfield, P.M., & Cocking, R.R. (Ed.) (1994). *Cross-cultural roots of minority child development.* Hillsdale, NJ: Lawrence Erlbaum Associates.

Greenfield, P.M., Keller, H., Fuligni, A., & Maynard, A. (2003). Cultural pathways through universal development. *Annual Review of Psychology, 54,* 461-90.

Greenfield, P.M., & Lave, J. (1982). Cognitive aspects of informal education. D. Wagner & H. Stevenson (Ed.), *Cultural perspectives on child development,* San Francisco: Freeman.

Greenfield, P.M., Maynard, A.E., & Childs, C.P. (2003). Historical change, cultural learning, and cognitive representation in Zinacantec Maya Children. *Cognitive Development, 18,* 455-487.

Greenfield, P.M., & Suzuki, L. (1998). Culture and human development: Implications for parenting, education, pediatrics, and mental health. I.E. Sigel & K.A. Renninger (Ed.), *Handbook of child psychology: Vol. 4. Child psychology in practice,* (5. baskı, s. 1059-1109). NewYork: Wiley.

Greenwald, A.G., & Pratkanis, A.R. (1984). The self. R.S. Wyer & T.K. Srull (Ed.) *Handbook of social cognition,* (cilt 3, s. 129-178). Hillsdale, NJ: Lawrence Erlbaum Associates.

Greulich, W.W. (1957). A comparison of the physical growth and development of American-born and Japanese children. *American Journal of Physical Anthropology, 15,* 489-515.

Grigorenko, E.L., Wenzel Geissler, P., Prince, R., Okatcha, F., Nokes, C., Kenny, D.A. et al (2001). The organisation of Luo conceptions of intelligence: A study of implicit theories in a Kenyan village. *International Journal of Behavioral development, 25,* 367-378.

Grossmann, K. E., Grossmann, K., & Keppler, A. (2005). Universal and culture-specific aspects of human behavior: The case of attachment. W. Friedlmeier, P. Chakkarath, & B. Schwarz (Ed.), *Culture and human development. The importance of cross-cultural research for the social sciences,* (s. 75-97). Hove, England: Psychology Press.

Grotevant, H. D. and Cooper, C. R. (1986). Individuation in family relationships. *Human Development, 29,* 82-100.

Gudykunst, W.B., Bond, M.H. (1997). Intergroup relations across cultures. J.W. Berry, M.H. Segall & Ç. Kağıtçıbaşı (Ed.) *Handbook of cross-cultural psychology,,* (3. cilt, s. 119-162) , Boston: Allyn and Bacon.

Gudykunst, W.B., Matsumoto, Y., Ting-Toomey, S., & Nishida, T. (1996). The influence of cultural individualism-collectivism, self-construals, and individual values on communication styles accross cultures. *Human Communication Research, 22,* 510-543.

Guerin, P.J. (1976). Family therapy: The first twenty-five years. P.J. Guerin (Ed.), *Family therapy: Theory and practice,* (s. 2-22). New York: Gardner.

Guiraudon, V., Phalet, K., & ter Wal, J. (2005). Monitoring ethnic minorities in the Netherlands. International Social Science Journal, 183, 75-87.

Guisinger, S., & Blatt, S.J. (1994). Individuality and relatedness; Evolution of a fundamental dialectic. *American Psychologist, 49,* 104-111.

Gülgöz, S. (2004). Psychometric properties of the Turkish Vocabulary Test. Unpublished manuscript, Koc University, Istanbul, Turkey.

Güngör, D. (2007). *The meaning of parental control across migrant, sending, and host communities: Adaptation or persistance?* Manuscript submitted for publication.

Güngör, D., Kağıtçıbaşı, Ç., & Phalet, K (2006). Values, intercultural relations and acculturation among Turkish migrant youth in Belgium: A comparison across migrant, sending and host communities. Unpublished research proposal.

Gunnar, M. R. (2000). Early adversity and the development of stress reactivity and regulation. Charles A. Nelson (Ed.), *The Minnesota symposia on child psychology,,* (Cilt 31, s. 163-200), Mahwah, NJ: Lawrence Erlbaum Associates.

Gusfield, J. R. (1967). Tradition and modernity: Misplaced polarities in the study of social change. *American Journal of Sociology, 73,* 351-362.

Gutierrez, J., Sameroff, A.J., & Karrer, B.M. (1988). Acculturation and SES effects on Mexican-American parents' concepts of development. *Child Development, 59,* 250-255.

Haddad, L. (2002). *An integrated approach to early childhood education and care.* Paris: UNESCO.

Hadeed, J. (2005). Poverty begins at home: The Mother-Child Education Programme (MOCEP) in the Kingdom of Bahrain. New York: Peter Lang.

Hagiwara, S. (1992). The concept of responsibility and determinants of responsibility judgment in the Japanese context. *International Journal of Psychology, 27,* 143-156.

Haglund, E. (1982). The problem of the match: cognitive transition between early childhood and primary school: Nigeria. *Journal of Developing Areas, 17,* 77-92.

Haight, W. L., Parke, R. D., & Black, J. E. (1997). Mothers' and fathers' beliefs about and spontaneous participation in their toddlers' pretend play. *Merrill-Palmer Quarterly, 43,* 271-290.

Halpern, R. (1990). Community based early intervention. S.J. Meisels & J.P. Shonkoff (Ed.). *Handbook of early childhood intervention,* (s. 469-498). Cambridge, England: Cambridge University Press.

Hamaguchi, E. (1985). *Culture and experience.* Philadelphia: University of Pennsylvania Press.

Hamilton, C.E. (2000). Continuity and discontinuity of attachment from infancy through adolescence. *Child Development, 71,* 690-694.

Hanawalt, B.A. (1986). *The ties that bound: Peasant families in medieval England.* New York: Oxford University Press.

Hanawalt, B.A. (2002). Medievalists and the Study of Childhood. In *Ariès, centuries of childhood. Speculum, 77,* 440-461.

Hantal, B., Kağıtçıbaşı, Ç. & Ataca, B. (2006, June). *Does parental acceptance-rejection constitute a unidimensional construct? A Turkish-German comparison.* Paper presented at the First International Congress on Interpersonal Acceptance and Rejection, Istanbul, Turkey.

Harkness, S., Edwards, C. P., & Super, C. M. (1981). Social roles and moral reasoning: A case study in a rural African community. *Developmental Psychology, 17,* 595-603.

Harkness, S. , & Super, C. (1993). The developmental niche: Implications for children's literacy development. L. Eldering& P. Leseman (Ed.), *Early intervention and culture*, (s. 115-132). Paris: UNESCO.

Harkness, S. & Super, C. M. (1996). *Parents' cultural belief systems: Their origins, expressions, and consequences*. New York: Guildford.

Harkness, S., & Super, C., & van Tijen, N. (2000). Individualism and the "Western Mind"reconsidered: American and Dutch parents'ethnotheories of the child. *New Directions for child and adolescent development, 87.* Jossey-Bass.

Harris, R., Terrel, D., & Allen, G. (1999). The influence of education context and beliefs on the stimulating behavior of African American mothers. *Journal of Black Psychology, 25,* 490-503.

Harrison A.D., Wilson, M.N., Pine, C.J., Chan, S.R. & Buriel, R. (1990). Family Ecologies of ethnic minority children. *Child Development, 61,* 347-362.

Hart, B., & Risley, T.R. (1995). *Meaningful differences in the everyday experiences of young American children*. Baltimore: Brookes.

Hart, B., & Risley, T.R. (2003, Spring). The early catastrophe. The 30 million word gap by age 3. *American Educator*. Retrieved March, 2, 2005, from http://www.aft.org.

Hartman, H. (1958). *Ego psychology and the problem of adaptation* (D. Rapaport, Trans.). New York: International Universities Press. (Original work published 1939).

Harwood, R., & Feng, X. (2006) Studies of Acculturation among Latinos in the United States. M.H. Bornstein, & L.R. Cote, (Ed.) *Acculturation and parent-child relationships: Measurement and development*, Mahwah, NJ: Lawrence Erlbaum Associates.

Harwood, R.L., Handwerker, W.P., Schoelmerich, A., & Leyendecker, B. (2001) Ethnic category labels, parental beliefs, and the contextualized individual: An exploration of the individualism-sociocentrism debate. *Parenting: Science and Practice, 1,* 217-236.

Harwood, R. , Leyendecker, B., Carlson, V., Asencio, M., & Miller, A. (2002). Parenting among Latino families in the U.S. in M. H. Bornstein (Ed.), *Handbook of parenting: Vol. 4. Social conditions and applied parenting* (s. 21-46). Mahwah, NJ: Lawrence Erlbaum Associates.

Harwood, R., Miller, J. G., & Irizarry, L. N. (1995). *Culture and attachment: Perceptions of the child in context*. New York: Guildford.

Hatano, G. (1982). Cognitive consequences of practice in culture specific procedural skills. *Quarterly Newsletter of the Laboratory of Comparative Human Cognition, 4,* 15-18.

Hatano, G., & Inagaki, K. (1998). Cultural context of schooling revisited: A review of the learning gap from a cultural psychology perspective. S.G.

Paris & H.M. Wellman (Ed.), *Global prospects for education. Development, culture and schooling,* (s. 79-104). Washington DC: American Psychological Association.

Hatano, G. & Inagaki, K. (2000). Domain-specific constrains of conceptual development. *Journal of Behavioral Development, 24,* 267-275.

Hebbeler, K. (1985). An old and a new question on the effects of early education for children from low income families. *Educational Evaluation and Policy Analysis, 7,* 207-216.

Heelas, P., & Lock, A. (Ed.). (1981). Indigenous psychologies: The anthropology of the self. Londra: Academic Press.

Heine, S. J., Kitayama, S., Lehman, D. R., Takata, T. (2001). Divergent Consequences of Success and Failure in Japan and North America: An Investigation of Self-Improving Motivations and Malleable Selves, *Journal of Personality and Social Psychology 81,* 599-615.

Heine, S. J., & Lehman, D. R. (1997). Culture, dissonance, and self-affirmation. *Personality and Social Psychology Bulletin, 23,* 389-400.

Heine, S. J., Lehman, D. R., Markus, H. R. & Kitayama, S. (1999). Is there a universal need for self-regard? *Psychological Review, 106,* 766-94.

Helling, G.A. (1966). *The Turkish village as a social system* Los Angeles, CA: Occidental College.

Hendrix, L. (1985) Economy and child training reexamined. *Ethos, 13,* 246-261.

Herrnstein, R. J., & Murray, C. (1994). *The bell curve: Intelligence and class structure in American life.* New York: Free Press.

Hess, R.D., & Shipman, V.C. (1965). Early experience and the socialization of cognitive modes in children. *Child Development, 36,* 869-888.

Ho, D. Y-F., & Chiu, C-Y. (1994). Component ideas of individualism, collectivism and social organisation: An application in the study of Chinese culture. U. Kim, H. C. Triandis, Ç. Kağıtçıbaşı, S-C. Choi, & G. Yoon (Ed.), *Individualism and collectivism: Theory, method and applications,* (s.137-156). Thousand Oaks, CA: Sage.

Hockenberger, E., Goldstein, H., & Sirianni Haas, L. (1999). Effects of commenting during joint book reading by mothers with low SES. *Topics in Early Childhood Special Education, 19, 62,* 15-27.

Hodgins, H.; Koeatner, R., & Duncan, N. (1996). On the compatibility of autonomy and relatedness. *Personality and Social Psychology Bulletin, 22,* 227-237.

Hoff, E. (2003) The specificity of environmental influence: Socioeconomic status affects early vocabulary development via maternal speech. *Child Development, 74,* 1368-1378.

Hoffman, J. A. (1984). Psychological separation of late adolescents from their parents. *Journal of Counseling Psychology, 31,* 170-178.

Hoffman, L.W. (1987). The value of children to parents and child rearing patterns. Ç. Kağıtçıbaşı (Ed.), *Growth and progress in cross-cultural psychology,* (s. 159-170). Lisse, Netherlands: Swets & Zeitlinger.

Hoffman, L.W. (2003). Methodological issues in studies of SES, parenting, and child development. M.H. Bornstein & R.H. Bradley (Ed.), *Socioeconomic status, parenting, and child development,* (s. 125-143). Mahwah, NJ: Lawrence Erlbaum Associates.

Hoffman, L. W., & Hoffman, M. L. (1973). The value of children to parents. In J. T. Fawcett (Ed.), *Psychological Perspectives on Education* (s. 19-76). New York: Basic Books.

Hoffman, L.W. & Youngblade, L.M. (1998). Maternal employment, morale, and parenting style: Social class comparisons. *Journal of Applied Developmental Psychology, 19,* 389-413.

Hoffman, M.L. (1977). Moral internalization: Current theory and research. L. Berkowitz (Ed.), *Advances in experimental social psychology,* (s. 85-133). New York: Academic Press.

Hoffman, M.L. (1989). Developmental issues, college students and the 1990s. *Journal of College Student Psychotherapy, 4,* 3-12.

Hofstede, G. (1980). *Culture's consequences.* Beverly Hills, CA: Sage.

Hofstede, G. (1991). *Cultures and organizations: Software of the mind.* Londra: McGraw-Hill.

Hofstede, G. (2001). *Culture's consequences: Comparing values, behaviours, institutions and organizations across nations* (2nd ed.). Thousand Oaks, CA: Sage.

Hogan, R. (1975). Theoretical egocentrism and the problem of compliance. *American Psychologist, 30,* 533-540.

Home visiting: Recent program evaluations. (1999). (Whole Issue). The Future of Children, 9(1) Retrieved August 8, 2000 from the World Wide Web: http://www.futureofchildren.org/hv2/index.htm).

Hong, Y., Roisman, G.I., & Chen, J. (2006). A model of Cultural Attachment: A New Approach for Studying Bicultural Experience. Bornstein, M.H. & Cote, L.R. (Ed.) *Acculturation and parent-child relationships: Measurement and development,* (s. 135-172). Mahwah, NJ: Lawrence Erlbaum Associates.

Horowitz, F.D. (1993). The need for a comprehensive new environmentalism. R. Plomin & G.E.C. McClearn (Ed.), *Nature-nurture,* (s. 341-354). Washington D.C.: American Psychological Association.

Hoselitz, B. (1965). *Economics and the idea of mankind.* New York: Columbia University Press.

Hsu, F.L.K. (Ed). (1961). *Psychological anthropology* (1. baskı). Homewood, IL: Dorsey.

Hsu, F.L.K. (1985). The self in cross-cultural perspective. A.J. Marsella, G. De Vos, & F.L.K. Hsu (Ed.), *Culture and self: Asian and Western perspectives*, (s. 24-55). New York: Tavistock.

Hui, C.H. & Yee, C. (1994). The shortened individualism-collectivism scale: Its relationship to demographic and work related variables. *Journal of Research in Personality, 28*, 409-424.

Huiberts, A., Oosterwegel, A., Vandervalk, I., Vollebergh, W., & Meeus, W. (2006). Connectedness with parents and behavioural autonomy among Dutch and Moroccan adolescents. *Ethnic & Racial Studies, 29(2)*, 315-330.

Hurrelman, K. (1988). *Social structure and personality development: The individual as a productive processor of reality*. New York: Cambridge University Press.

Huston, A. C. (1991). Antecedents, consequences, and possible solutions for poverty among children. A. C. Huston (Ed.), *Children in poverty: Child development and public policy*, (s. 282- 315). Cambridge, England: Cambridge University Press.

Huston, A.C., Duncan, G.J., Granger, R., Bos, J., McLoyd, V., Mistry, R., Crosby, D., Gibson, C., Magnuson, K., Romich, J., & Ventura, A. (2001). Work-based antipoverty programs for parents to enhance the school performance and social behaviour of children. *Child Development, 72*, 318-336.

Huynh, C.T. (1979). *The concept of endogenous development centered on man*. Paris: UNESCO.

Hyman, S. (1999). Susceptibility and "Second Hits." R. Conlan, (Ed.), *States of mind: New discoveries about how our brains make us who we are,* New York: Wiley.

Idema, H. & Phalet, K. (2006). Transmission of gender-role values in Turkish-German migrant families: The role of gender, intergenerational and intercultural relations. *Zeitschrift für Familienforschung*. (Special issue on migrant families).

Iglesias, E. V., & Shalala, D. E. (2002) Narrowing the gap for poor children. M. E.Young (Ed.), *From Early Childhood Development to Human Development*, (s. 363-374). Washington, D.C.: World Bank.

İmamoğlu, E.O. (1987). An interdependence model of human development. In C. Kağıtçıbaşı (Ed.). *Growth and progress,* (s. 138-145). Lisse, Netherlands: Swets & Zeitlinger.

İmamoğlu, E.O. (1998). Individualism and collectivism in a model and scale of balanced differentiation and integration. *Journal of Psychology, 132*, 95-105.

İmamoğlu, E.O. (2003). Individuation and relatedness: Not opposing, but distinct and complementary. *Genetic, Social, and General Psychology Monographs, 129*, 367-402.

Inglehart, R. (2003) *Human values and social change. Findings from the values surveys* (International Studies in Sociology and Social Anthropology). Leiden, Netherlands: Brill.

Inkeles, A. (1969). Making men modern. On the causes and consequences of individual change in six developing countries. *American Journal of Sociology, 75,* 208-225.

Inkeles, A. (1977). Understanding and misunderstanding individual modernity. *Journal of Cross Cultural Psychology, 8,* 135-176.

Inkeles, A., Levinson, D.J. (1954). The study of modal personality and socio-cultural systems, in Lindzey, G. (Ed.) *Handbook of social psychology.* (Cilt II, s. 977-1020) Reading, MA: Addison-Wesley.

Inkeles, A., & Smith, D.H. (1974). *Becoming modern: Individual changes in six developing countries.* Cambridge, MA: Harvard University Press.

International Labor Organization. (2002). *The 2002 global report on child labour.* Geneva, Switzerland: Author.

Irvine, S.H. (1970). Affect and construct - a cross-cultural check on theories of intelligence. *Journal of Social Psychology, 80,* 23-30.

Iwawaki, S. (1986). Achievement motivation and socialization. S.E. Newstead, S.M. Irvine, & P.L. Dann (Ed.) *Human assessment: Cognition and motivation,* Boston: Martinus Nijhoff.

Jackson, A.P., Brooks-Gunn, J., Huang, C.-C., & Glassman, M. (2000). Single mothers in low-wage jobs: Financial strain, parenting, and preschoolers' outcomes. *Child Development, 71,* 1409-1423.

Jahoda, G. (1975). Applying cross-cultural psychology to the Third World. J. W. Berry & W. J. Lonner (Ed.), *Applied cross-cultural psychology,* (s. 3-7). Lisse, Netherlands: Swets & Zeitlinger.

Jahoda, G. (1986). A cross-cultural perspective on developmental psychology. *International Journal of Behavioral Development, 9,* 417-437.

Jahoda, G., & Dasen, P.R. (Ed.) (1986). *International Journal of Behavioral Development, 9,* 4, 413-416.

Jolly, R. (1988). Deprivation in the child's environment: Seeking advantage in adversity. *Canadian Journal of Public Health Supplement, 20.*

Jones, E. E. (1990). *Interpersonal perception.* New York: Macmillan.

Jose, P.E., Huntsinger, C.S., Huntsinger, P.R. & Liaw, F-R. (2000). Parental values and practices relevant to young children's social development in Taiwan and the United States. *Journal of Cross-Cultural Psychology, 31,* 677-702.

Kagan, J. (1984). *Nature of the child.* New York: Basic Books.

Kağıtçıbaşı, Ç. (1970). Social norms and authoritarianism: A Turkish-American comparison. *Journal of Personality & Social Psychology, 16,* 444-451.

Kağıtçıbaşı, Ç. (1973). Psychological aspects of modernization in Turkey. *Journal of Cross-Cultural Psychology, 4,* 157-174.

Kağıtçıbaşı, Ç. (1978). Cross-national encounters: Turkish Students in the US, *International Journal of Intercultural Relations, 2,* 141-160.

Kağıtçıbaşı, Ç. (1982a). *The changing value of children in Turkey.* (Pub. No. 60-E). Honolulu, HI: East-West Center.

Kağıtçıbaşı, Ç. (1982b). Old-age security value of children: Cross-national socio-economic evidence. *Journal of Cross-Cultural Psychology, 13,* 29-42.

Kağıtçıbaşı, Ç. (1984). Socialization in traditional society: A challenge to psychology. *International Journal of Psychology, 19,* 145-157.

Kağıtçıbaşı, Ç. (1985a). Culture of separateness-culture of relatedness. *1984 Vision and Reality, Papers in Comparative Studies, 4,* 91-99.

Kağıtçıbaşı, Ç. (1985b). A Model of family change through development: The Turkish family in comparative perspective. R. Lagunes and Y.H. Poortinga (Ed.) *From a different perspective: Studies of behavior across cultures,* (s. 120-135). Lisse, Netherlands: Swets & Zeitlinger.

Kağıtçıbaşı, Ç. (1987a). Individual and group loyalties: Are they compatible? Ç. Kağıtçıbaşı (Ed.) *Growth and progress in cross-cultural psychology,* Lisse: Swets and Zeitlinger.

Kağıtçıbaşı, Ç. (1987b) Alienation of the Outsider: The Plight of Migrants. *International Migration, 25,* 195-210.

Kağıtçıbaşı, Ç. (1990). Family and socialization in cross-cultural perspective: A model of change. J. Berman (Ed.), *Cross-cultural perspectives: Nebraska symposium on motivation, 1989,* (s 135-200). Lindoln: University of Nebraska Press.

Kağıtçıbaşı, Ç. (1991). Decreasing infant mortality as a global demographic change: A challenge to psychology. *International Journal of Psychology, 26,* 649-664.

Kağıtçıbaşı, Ç. (1992a). Linking the indigenous and universalist orientations. S. Iwawaki, Y. Kashima and K. Leung (Ed.), *Innovations in cross-cultural psychology,* (s. 29-37). Lisse, Netherlands: Swets & Zeitlinger.

Kağıtçıbaşı, Ç. (1992b). Research on parenting and child development in cross-cultural perspective. M. Rosenzweig (Ed.), *International psychological science,* (s. 137-160). Washington, DC: American Psychological Association.

Kağıtçıbaşı, Ç. (1994a). A critical appraisal of individualism and collectivism: Toward a new formulation. Kim, U.; Triandis, H.; Kağıtçıbaşı, Ç.; Choi, S. and Yoon, G. (Ed.) Individualism and collectivism. Theory, Method and Applications, (s. 52-65) Newbury Park, CA: Sage.

Kağıtçıbaşı, Ç. (1994b). Human development and societal development. Bouvy, A-M, v.d. Vijver, F.J.R., Boski, P. (Ed.), *Journeys in cross-cultural psychology,* (s. 3-24). Lisse, Netherlands: Swets & Zeitlinger.

Kağıtçıbaşı, Ç. (1995). Is psychology relevant to global human development issues? *American Psychologist, 50,* 293-300.

Kağıtçıbaşı, Ç. (1996a). The autonomous-relational self: A new synthesis. *European Psychologist, 1,* 180-186

Kağıtçıbaşı, Ç. (1996b). *Family and human development across cultures: A view from the other side.* Mahvah, NJ: Lawrence Erlbaum Associates.

Kağıtçıbaşı, Ç. (1997a). Individualism and collectivism. J. W. Berry, M. H. Segall & Ç. Kağıtçıbaşı (Ed.), *Handbook of Cross-Cultural Psychology,* (2. baskı, cilt 3, s. 1-50). Boston: Allyn and Bacon.

Kağıtçıbaşı, Ç. (1997b). Interactive mediated learning: the Turkish experience. *International Journal of Early Childhood, 29,* 22-32.

Kağıtçıbaşı, Ç. (1997c). Whither multiculturalism? *Applied Psychology: An International Review, 44,* 44-49.

Kağıtçıbaşı, Ç. (1998a). The Value of Children: A Key to Gender Issues. *International Child Health, 9,* 15-24.

Kağıtçıbaşı, Ç. (1998b). Whatever happened to modernization? *Cross-cultural Psychology Bulletin, 32,* 8-12.

Kağıtçıbaşı, Ç. (2000a). Indigenous Psychology and Indigenous Approaches to Developmental Research, *International Society for the Study of Behavioural Development Newsletter, 37,* 6-9.

Kağıtçıbaşı, Ç. (2000b). Cultural contextualism without complete relativism in the study of human development. A.L. Comunian & U. Gielen (Ed.) *International perspectives on human development,* (s. 97-115). Rome: Pabst Science.

Kağıtçıbaşı, Ç. (2002). Psychology and Human Competence Development, *Applied Psychology: An International Review,* 5-22, 51.

Kağıtçıbaşı, Ç. (2003). Autonomy, embeddedness and adaptability in immigration contexts. *Human Development, 46,* 145-150.

Kağıtçıbaşı, Ç. (2004). Culture and Child Development. C. Spielberger, (Ed.), *Encyclopedia of Applied Psychology,* (s. 329-338). Londra: Academic Press.

Kağıtçıbaşı, Ç. (2005a). Autonomy and relatedness in cultural context. Implications for self and family. *Journal of Cross-Cultural Psychology, 36,* 403-422.

Kağıtçıbaşı, Ç. (2005b). Modernization does not mean westernization: Emergence of a different pattern. W. Friedmeier, P. Chakkarath, and B. Shwarz (Ed.), *Culture and human development,* (s. 255-272). Hove, England: Psychology Press.

Kağıtçıbaşı, Ç. (2006a) An overview of acculturation and parent-child relationships. M.H. Bornstein, & L.R. Cote, (Ed.) *Acculturation and parent-child relationships: Measurement and development,* (s. 319-332). Mahwah, NJ: Lawrence Erlbaum Associates.

Kağıtçıbaşı, Ç. (2006b). Preface. M. Dekovich, T. Pels. & S. Model (Ed.), Child Rearing in Six Ethnic Families: The Multi-Cultural Dutch Experience, (s. 9-15). Lewiston, NY: Edwin Mellen Press.

Kağıtçıbaşı, Ç., & Ataca, B. (2005). Value of Children and Family Change: A Three-Decade Portrait From Turkey. *Applied Psychology: An International Review, 54*, 317-338.

Kağıtçıbaşı, Ç., & Ataca, B., & Diri, A. (2005). The Turkish family and the value of children : Trends over time. G. Trommsdorff & B. Nauck (Ed.) *The value of children in cross-cultural perspective*, (s. 91-120). Berlin: Pabst Science.

Kağıtçıbaşı, Ç., Baydar, N., Aycicegi, A., Cheung, F. M., Cheung, S. F., Johnson, M.,et al. (2007). Meanings attached to relatedness and autonomy: An exploratory study. Manuscript submitted for publication.

Kağıtçıbaşı, Ç., Baydar, N., & Cemalcilar, Z. (2006). *Autonomy and relatedness scales* (Progress report). Istanbul, Koç University.

Kağıtçıbaşı, Ç., Benedek, L., Dubois, A., Carney, C., Jallinoja, A., & Vlaardingerbroek, P. (1994). *The interaction between the providers of family services.* Strasbourg, France: Council of Europe.

Kağıtçıbaşı, Ç. & Berry, J.W. (1989). Cross-cultural psychology: Current research and trends. *Annual Review of Psychology, 40*, 493-531.

Kağıtçıbaşı, Ç., & Savasir, I. (1988). Human abilities in the eastern mediterranean. S. H. Irvine & I. W. Berry (Ed.), *Human abilities in cultural contat*, (s. 232-262). Cambridge, England: Cambridge University Press.

Kağıtçıbaşı, Ç., Sunar, D., & Bekman, S. (2001). Long-term effects of early intervention: Turkish low-income mothers and children. *Journal of Applied Development Psychology, 22*, 333-361.

Kağıtçıbaşı, Ç., Sunar, D., Bekman, S., & Baydar, N. (2007). *Journal of Applied Developmental Psychology.* Manuscript submitted for publication.

Kağıtçıbaşı, Ç., Sunar, D., Bekman, S., & Cemalcilar, Z. (2007). Continuing effects of early intervention in adult life: The Turkish Early Enrichment Project 22 years later. Manuscript submitted for publication.

Kakar, S. (1978). *The inner world: A psychoanalytic study of childhood and society in India.* Oxford, England: Oxford University Press.

Kamerman, S. B. (1991). Child care policies and programs: An international overview. *Journal of Social Issues, 47*, 179-196.

Kao, H. S. R., & Hong, N. S. (1988). Minimal 'self' and Chinese work behavior: Psychology of the grass-roots. D. Sinha & H. S. R. Kao (Ed.), *Social values and development: Asian perspectives*, (s. 254-272). Londra: Sage.

Kapadia, S., & Miller, J. (2005). Parent-adolescent relationships in the context of interpersonal diasgreements: view from a collectivist culture. *Psychology and Developing Societies, 17*, 33-50.

Kardiner, A., & Linton, R. (1945). *The individual and his society.* New York: Columbia University Press.

Karlins, M., Coffman, T. L. & Walters, G. (1969). On the finding of social stereotypes: Studies in three generations of college students. *Journal of Personality and Social Psychology, 13,* 1-16.

Karpov, Y.V. (2005) Psychological Tools, Internalization and Mediation: The Neo-Vygotskian Elaboration of Vygotsky's Notions. *International Society for the Study of Behavioural Development, 1, 47.*

Kashima, E. S., & Hardie, E. A. (2000). The development and validation of the relational, individual and collective self-aspects (RIC) scale. *Asian Journal of Social Psychology, 3,* 19-48.

Kashima, Y., Siegel, M., Tanaka, K., & Isaka, H. (1988). Universalism in lay conceptions of distributive justice: A cross-cultural examination. *International Journal of Psychology, 23,* 51-64.

Kashima, Y., & Triandis, H.C. (1986). The self-serving bias in attributions as a coping strategy: A cross-cultural study. *Journal of Cross-Cultural Psychology, 17,* 83-97.

Kassebaum. N.L. (1994) Head start: Only the best for America's children. *American Psychologist, 49,* 123-126.

Katz, D., & Braly, K. W. (1933). Racial stereotypes of one hundred college students. *Journal of Abnormal and Social Psychology, 28,* 280-290.

Kaya, A. (2001). *"Zicher in Kreuzberg" Constructing diasporas: Turkish hip-hop youth in Berlin.* Londra: Transaction.

Kaytaz, M. (2005). *A Cost Benefit Analysis of Preschool Education in Turkey.* Istanbul: AÇEV.

Keating, D.P., & Herzman, C. (1999). *Developmental health & the wealth of nations: Social, biological and educational dynamics.* New York: Guilford.

Kegan, R. (1994). *In over our heads. The mental demands of modern life.* Cambridge, MA: Harvard University Press.

Keller, H. (1997). Evolutionary approaches. J.W. Berry, Y. Poortinga, & J. Pandey (Ed.) *Handbook of cross-cultural psychology,* (2. baskı, cilt 1, s. 215-56). Needham Heights, MA: Allyn & Bacon.

Keller, H. (2003). Socialization for competence: Cultural models of infancy. *Human Development, 46,* 288-311.

Keller, H., & Greenfield, P.M. (2000). History and future of development in cross-cultural psychology. *Journal of Cross-Cultural Psychology, 31,* 52-62.

Keller, H., & Lamm, B. (2005). Parenting as the expression of socio-historical time: The case of German individualisation. *International Journal of Behavioral Development, 29,* 238-46.

Keller, H., Lohauw, A., Völker, S., Cappenberg, M., & Chasiotis, A. (1999). Temporal contingency as an independent component of parenting behaviour. *Child Development, 70,* 474-85.

Keller, H., Papaligoura, Z., Kunsemuller, P., Voelker, S., Papaeliou, C., Lohaus, A., Lamm, B., Kokkinaki, N., Chrysikou, L., & Mousouli, V. (2003). Concepts of mother- infant interaction in Greece and Germany. *Journal of Cross Cultural Psychology.*

Keller, H., Poortinga, Y.H. & Schölmerich, A. (2002). *Between culture and biology. Perspectives on ontogenetic development.* Cambridge, England: Cambridge University Press.

Keller, H., Schölmerich, A., & Eibl-Eibesfeldt, I. (1988) Communication patterns in adult-infant interactions in western and non-western cultures. *Journal of cross-cultural psychology, 19,* 427-445.

Keniston, K. (1985). The myth of family independence. J. M. Henslin (Ed.). *Marriage and family in a changing society,* (2. baskı, s. 27-33). New York: Free Press.

Kessen, W. (1991). The American child and other cultural inventions. M. Woodhead, P. Light, & R. Carr, (Ed.), *Growing up in a changing society,* (s. 37-53). Londra: Routledge.

Killen, M. (1997). Culture, self, and development: Are cultural templates useful or stereotypic? *Developmental Review, 17,* 239-249.

Kim, U. & Berry, J.W. (1993) *Indigenous psychologies: Research and experience in cultural context.* Newbury Park, CA: Sage.

Kim, Y., Butzel, J. S., & Ryan, R. M. (1998). *Interdependence and well-being: A function of culture and relatedness needs.* Paper presented at the International Society for the Study of Personal Relationships. Saratoga Spring, NY.

Kim, U., Park, Y-S., Kwon, Y-E., & Koo, J. (2005). Values of Children, Parent-Child Relationship, and Social Change in Korea : Indigenous, Cultural, and Psychological Analysis. *Applied Psychology: An International Review 54,* 338-355.

Kim, U., Triandis, H.C., Kağıtçıbaşı, Ç. Choi, S-C., & Yoon, G. (Eds.). (1994). *Individualism and collectivism: Theory method applications.* Newbury Park, CA: Sage.

Kim, U., Yang, K-S., & Hwang, K-K. (2006). *Indigenous and cultural psychology: Understanding people in context.* New York: Springer.

Kiray, M.B. (1981). The women of small town. N. Abadan-Unat (Ed.) *Women in Turkish society,* (s. 259-274). Leiden, Netherlands: Brill.

Kirkpatrick, J., & White, G.M. (1985). Exploring ethnopsychologies. G. M. White & J. Kirkpatrick (Ed.). *Person, self and experience: Exploring Pacific ethnopsychologies,* Berkeley: University of California Press.

Kirpal, S. (2002). Communities can make a difference: Five cases across continents. M. E.Young (Ed.), *From Early Childhood Development to Human Development*, (s. 293-360). Washington, DC: World Bank.

Kitayama, S., Markus, H.R., & Kurokawa, M. (2000). Culture, emotion and well-being: Good feelings in Japan and the U.S. *Cognition and Emotion, 14,* 93-124.

Kitayama, S., Markus, H.R., Kurokawa, M., Tummala, P., & Kato, K. (1991). Self-other similarity judgements depend on culture. University of Oregon, Institute of Cognitive Decision Sciences, Technical Report, No. 91-17.

Kitayama, S., Markus, H.R., & Matsumoto, H. (1995). Culture, self, and emotion: A cultural perspective on "self-conscious" emotions. J.P. Tangney & K. Fischer (Ed.), *Self-conscious emotions: The psychology of shame, guilt, embarrassment, and pride,* (s. 439-464). New York: Guilford.

Kitayama, S., Markus, H.R., Matsumoto, H., & Norasakkunkit, V. (1997). Individual and collective processes in the construction of the self: Self-enhancement in the United States and self-criticism in Japan. *Journal of Personality and Social Psychology, 72,* 1245-1267.

Kitayama, S., Snibbe, A.C., Markus, H.R., & Suzuki, T. (2004). Is there any "free" choice? *Psychological Science, 15,* 527-534.

Klaus, D., Nauck, B., & Klein, T. (2005). Families and the Value of Children in Germany. G. Trommsdorff, & B. Nauck (Ed.), *The value of children in cross-cultural perspective: Case studies from eight societies,* Berlin: Pabst Science.

Klaus, R.A., & Gray, S.W. (1968). The early training project for disadvantaged children. *Monographs of the Society for Research in Child Development, 33* (4, Serial No. 120).

Kluckhohn, C. (1957). *Mirror for man.* New York: Premier Books.

Kluckhohn, F. R. & Strodtbeck, F. L. (1961). *Variations in value orientations.* Evanston, IL: Row, Peterson.

Kohen, D.E., Brooks-Gunn, J., Leventhal, T., & Hertzman, C. (2002). Neighborhood income and physical and social disorder in Canada: Associations with young children's competencies. *Child Development, 73,* 1844-1860.

Kohlberg, L. (1969). Stage and sequence: The cognitive-developmental approach to socialization. D.A. Goslin (Ed.), *Handbook of socialization theory* ,347-380, Chicago: Rand McNally.

Kohlberg, L. (1984). *The psychology of moral development: The nature and validity of moral stages (Essays on moral development, Vol. II).* San Francisco: Harper & Row.

Kohn, M.L. (1969). *Class and conformity: A study in values.* New York: Dorsey.

Kohut, H. (1977). *The restoration of the self.* New York: International Universities Press.

Kohut, H. (1984). *How does analysis cure?* Chicago: University of Chicago Press.

Koppitz, E. M. (1968). *Psychological evaluation of children's human figure drawings.* New York : Grune & Stratton.

Korenman. S., Miller, J., & Sjaastad, J. (1995). Long-term poverty and child development in the United States: Results from the NLSY. *Children and Youth Services Review, 17,* 127-155.

Kornadt, H.J. (1987). The aggression motive and personality development: Japan and Germany. F. Halish & J. Kuhl (Ed.) *Motivation, intention and volition,* Berlin: Springer-Verlag.

Kotchabhakdi, N.J., Winichagoon, P., Smitasiri, S., Dhanamitta, S., & Valya-Sevi, A. (1987). The integration of psychosocial components in nutrition education in northeastern Thai villages. *Asia Pacific Journal of Publich Health, 2,* 16-25.

Koutrelakos, J. (2004). Acculturation of Greek Americans: change and continuity in cognitive schemas guiding intimate relationships. *International Journal of Psychology, 39,* 95-105.

Kroeber, A.L., Kluckhohn, C. (1952). Culture (Part III: papers of the Peabody Museum of Harvard University). New York: Meridian Books.

Kroger, J. (1998). Adolescence as a second separation-individuation process: Critical review of an object relations approach. E.E.A. Skoe & A.L.von der Lippe (Ed.), *Personality development in adolescence: A cross-national and life span perspective. Adolescence and society.* , (s. 172-192). New York: Routledge.

Kuhn, M.H., & McPartland, T.S. (1954). An empirical investigation of self-attitudes. *American Sociological Review, 19,* 68-76.

Kurman, J. (2001). Self-enhancement: Is it restricted to individualistic cultures? *Personality and Social Psychology Bulletin, 27,* 1705-1716.

Kwak, K. (2003). Adolescents and their parents: A review of intergenerational family relations for immigrant and non-immigrant families. *Human Development, 46,* 15-36.

Lakoff, G., & Johnson, M. (1980). *Metaphors we live by.* Chicago: University of Chicago Press.

Lambert, W.E. (1987). The fate of old-country values in a new land: A cross-national study of childrearing. *Canadian Psychology, 28,* 9-20.

Lamborn, S.D., Mounts, N.S., Steinberg, L., & Dornbusch, S.M. (1991). Patterns of competence and adjustment among adolescents from authoritative, authoritarian, indulgent, and neglectful families. *Child Development, 62,* 1049-1065.

Landers, C. & Kağıtçıbaşı, Ç. (1990) *Measuring the psychosocial development of young children.* Florence, Italy: Innocenti (UNICEF).

Lansford, J.E., Deater-Deckard, K., Dodge, K.A., Bates, J.E., & Pettit, G.S. (2003). Ethnic differences in the link between physical discipline and later adolescent externalizing behaviors. *Journal of Child Psychology and Psychiatry, 44,* 1-13.

Laosa, L. M. (1978). Maternal teaching strategies in Chicano families of varied educational and socioeconomic levels. *Child development,* 49,1129-1135.

Laosa, L. M. (1980). Maternal teaching strategies in Chicano and Anglo-American families: The influence of culture and education on maternal behavior. *Child Development,* 51, 759-765.

Laosa, L.M. (1982). Families as facilitators of children's intellectual development at 3 years of age. L.M. Laosa, & I.E. Sigel (Ed.). *Families as learning environments for children,* (s. 1-45). New York: Plenum.

Laosa, L.M. (1984). Ethnic, socioeconomic, and home language influences upon early performance on measures of abilities. *Journal of Educational Psychology, 76,* 1178-1198.

Laosa, L. M., & Sigel I. E. (1982). *Families as learning environments for children.* New York: Plenum.

Larson, R., Verma, S., & Dworkin, J. (2003). Adolescence without family disengagement: The daily family lives of Indian middle class teenagers. T.S. Saraswathi (Ed.) *Cross-cultural perspectives in human development. Theory, research and applications,* (s. 258-287). Yeni Delhi, Hindistan: Sage.

Lasch, C. (1978). *The culture of narcissism.* New York: Norton.

Lasch, C. (1984). *The minimal self: Psychic survival in troubled times.* New York: Norton.

Laslett, P. (1977). Characteristics of the Western family considered over time. P. Laslett (Ed.). *Family and illicit love in earlier generations,* (s. 12-50). Londra: Cambridge University Press.

Lau, S., & Cheung, P.C. (1987). Relations between Chinese adolescents' perception of parental control and organization and their perception of parental warmth. *Developmental Psychology, 23,* 726-729.

Lau, S., Lew, W.J.F., Hau, K.T., Cheung, P.C., Berndt, T.J. (1990). Relations among perceived parental control, warmth, indulgence, and family harmony of Chinese in Mainland China. *Developmental Psychology, 26,* 674-677.

Layzer, J., Goodson, B., Bernstein, L. & Price, C. (2001). National Evaluation of Family Support Programmes. Final Report Volume A: The Meta-Analysis. Cambridge, MA: Abt Associates, Inc. Retrieved December 3, 2004, from http://www.abtassoc.com

Lazar, I., Darlington, R.B., Murray, H.W., & Snipper, A.S. (1982) Lasting effects of early education: A report from the consortium for longitudinal studies. *Monographs of Society for Research in Child Development, 33,* No.120.

Leahy, R.L. (1990). The development of concepts of economic and social inequality. V.C. McLoyd, & C.A. Flanagan (Ed.). *Economic Stress: Effects on family life and child development*, (s. 107-120). San Francisco: Jossey-Bass.

Lebra, T.S. (1976). *Japanese patterns of behavior.* Honolulu: University of Hawaii Press.

Lee, A.Y., Aaker, J. L., & Gardner, W. L. (2000). The Pleasures and Pains of Distinct Self-Construals: The Role of Interdependence in Regulatory Focus. *Journal of Personality & Social Psychology, 78,* 1122-1134

Lee, V., & Croninger, R. (1994). The relative importance of home and school in the development of literacy skills for middle-grade students. *American Journal of Education, 102,* 286-329.

Lerner, R.M. (1989) Developmental contextualism and the lifespan view of person-context interaction. M.H. Bornstein and J.S. Bruner (Ed.), *Interaction in human development*, (s. 217-143). Hillsdale, N.J.: Lawrence Erlbaum Associates.

Lerner, R.M. (1998). Towards a Science for and of the people: Promoting civil society through the application of developmental science. *Child Development, 7,* 11-20.

Lerner, R. M. (2001). Toward a democratic ethnotheory of parenting for families and policy makers: A developmental systems perspective. *Parenting: Science and Practice, 1,* 339-351.

Lerner, R.M., Hultsch, D.F., & Dixon, R.A. (1983). Contextualism and the character of developmental psychology in the 1970s. *Annals of the New York Academy of Sciences, 412,* 101-128.

Leseman, P., (1993). How parents provide young children with access to literacy. L. Eldering, & P. Leseman (Ed.) *Early Intervention and culture*, (s. 149-172). Paris: UNESCO.

Lerner, R.M., Rothbaum, F., Boulos, S., & Castellino, D.R. (2002) Developmental systems perspective on parenting. M.H. Bornstein (Ed.) *Handbook of parenting: Vol. 2. Biology and ecology of parenting*, (2. baskı, s. 315-345). Mahwah, NJ: Lawrence Erlbaum Associates.

Leseman, P. (1993). How parents provide young children with access to literacy. L. Eldering & P. Leseman (Ed.), *Early intervention and culture*, (s. 149-172). The Hague, Netherlands: UNESCO.

Lesthaeghe, R. (1980). On the social control of human reproduction. *Population and Development Review, 6,* 527-548.

Lesthaeghe, R. (1983). A century of demographic and cultural change in Western Europe: An exploration of underlying dimensions. *Population and Development Review, 9,* 411-437.

Lesthaeghe, R., & Surkyn, J. (1988). Cultural dynamics and economic theories of fertility change. *Population and Development Review, 14,* 1-47.

Leung, K. (1987). Some determinants of reactions to procedural models for conflict resolution. A cross national study. *Journal of Personality and Social Psychology, 53,* 898-908.

Leung, K. (1997). Negotiation and reward allocations across cultures. P.C. Earley & M. Erez (Ed.), *New perspectives on international industrial/organizational psychology,* (s. 640-675). San Francisco: Jossey-Bass.

Leung, K., & Bond, M.H. (1984). The impact of cultural collectivism on reward allocation. *Journal of Personality and Social Psychology, 47,* 793-804.

Levenstein, P., O'Hara, J., and Madden, J. (1983). The mother-child home program of the verbal interaction project. Consortium for Longitudinal Studies (Ed.), *As the twig is bent,* (s. 237-263). Hillsdale, NJ: Lawrence Erlbaum Associates.

LeVine, R.A. (1974). Parental goals: A cross-cultural view. *Teachers' College Record, 76,* 226-239.

LeVine, R.A. (1983). Fertility and child development: An anthropological approach. D.A. Wagner (Ed.), *Child development and international development: Research-policy interfaces,* (s. 45-56). San Francisco: Jossey-Bass.

LeVine, R.A. (1988). Human parental care: Universal goals, cultural strategies, individual behavior. *New Directions in Child Development, 40,* 37-50.

LeVine, R.A. (1989). Cultural environments in child development. N. Damon (Ed.), *Child development today and tomorrow,* San Francisco: Jossey-Bass.

LeVine, R.A. (2004). Challenging expert knowledge: Findings from an African study of infant care and development. U.P. Gielen & J.L. Roopnarine (Ed.), *Childhood and adolescence: Cross-cultural perspectives and applications,* . Westport, CT: Praeger/Greenwood.

LeVine, R.A. & LeVine, B. (1966). *Nyansongo: A Gusii community in Kenya.* New York: Wiley.

LeVine, R.A., & Norman, K. (2001). The infant's acquisition of culture: Early attachment re-examined in anthropological perspective. C. C. Mors & H. F. Matthews (Ed.), *The psychology of cultural experience,* (s. 83-104). Cambridge, England: Cambridge University Press.

LeVine, R.A., & White, M.I. (1986). *Human conditions: The cultural basis of educational development.* Londra: Routledge & Kegan.

LeVine, R.A., & White, M.I. (1991). Revolution in parenthood. M. Woodhead, P. Light, & R. Carr (Ed.), *Growing up in a changing society,* (s. 5-25). Londra: Routledge.

Levinger, B. (1992). *Promoting child quality: Issues, trends and strategies.* Washington, DC: Academy for Educational Development.

Lévy-Bruhl, L. (1910). *Les fonctions mentales dans les sociétés inférieures* [How natives think]. Paris: Alcan.

Lévy-Bruhl, l. (1922). *Mentalité primitive* [Primitive Mentality]. Paris: Alcan.

Lewin, K. (1951). *Field theory in social science.* New York: Harper.

Lewin, L., (1958). Group decision and social change. E.E. Maccoby, T.M. Newcomb & E.L. Hartley (Ed.) *Readings in social psychology,* (s. 197-211). New York: Holt, Rinehart.

Lewis, M., Feiring, C., & Rosenthal, S. (2000). Attachment over time. *Child Development, 71,* 707-720.

Leyendecker, B., Schoelmerich, A., & Citlak, B. (2006). Similarities and differences between first- and second-generation Turkish migrant mothers in Germany: the acculturation gap. M.H. Bornstein, & L.R. Cote, (Ed.) *Acculturation and parent-child relationships: Measurement and development,* (s. 297-315). Mahwah, NJ: Lawrence Erlbaum Associates.

Li, J. (1995). China's one child policy: How and how well has it worked? A case study of Hebei Province, 1979-88. *Population and development review, 21,* 563-584.

Liebkind, K. (2003). Gaps in the research on ethnic minority youth. *International Society for the Study of Behavioural Development Newsletter, 2,* 44, 15-16.

Lightfoot, C., & Valsiner, J. (1992). Parental belief systems under the influence: Social guidance of the construction of personal cultures. I.E. Sigel, A.McGillicuddy, & J. Goodnow (Ed.). *Parental belief systems,* (s. 393-414). Hillsdale, NJ: Lawrence Erlbaum Associates.

Liljestrom, R., & Özdalga, E. (2002a). *Autonomy and dependency in the family: Turkey and Sweden in critical perspective.* Istanbul & Stockholm: Swedish Research Institute.

Liljestrom, R., & Ozdalga, E. (2002b). Epilogue: Seeing oneself through the eyes of the other. Liljestrom, R., & Ozdalga, E. (Ed.), *Autonomy and Dependency in the Family: Turkey and Sweden in Critical Perspective,* (s. 263-271). Istanbul & Stockholm: Swedish Research Institute

Lin, C-Y. C. & Fu, V. R. (1990). A comparison of child-rearing practices among Chinese, immigrant Chinese, and Caucasian-American parents. *Child Development, 61,* 429-433.

Lin, J., & Wang, Q. (2002, August). *I want to be like Carol: US and Chinese preschoolers talk about learning and achievement.* Paper presented at the 17th Biennial meeting of the ISSBD, Ottawa, Canada.

Linver, M.R., Brooks-Gunn, J., & Kohen, D.E. (2002) Family processes as pathways from income to young children's development. *Developmental Psychology, 38,* 719-734.

Lombard, A., (1981). *Success begins at home.* Lexington, MA: Lexington.

Lonner, W.J. & Malpass, R.S. (Ed.), (1994). *Psychology and culture.* Boston: Allyn & Bacon.

Lopez, I. R. & Contreras, J. M. (2005). The best of both worlds: Biculturality, acculturation, and adjustment among young mainland Puerto Rican mothers. *Journal of Cross-Cultural Psychology,36,* 192-208.

Love, J.M., Schochet, P.Z. & Meckstroth, A.L. (2002). Investing in effective childcare and education: Lessons from research. M.E. Young (Ed.) From early child development to human development: Investing in our children's future, (s. 145-194). Washington, DC: World Bank.

Luria, A. R. (1976). *Cognitive development: its cultural and social foundations.* Cambridge, MA: Harvard University Pres.

Lykes, M. B. (1985). Gender and individualistic vs. Collectivistic bases for notions about the self. *Journal of Personality, 53,* 356-383.

Ma, H.K. (1997). The affective and cognitive aspects of moral development: A Chinese perspective. D. Sinha (Ed.), *Asian perspectives on psychology,* (s. 93-109). Thousand Oaks, CA: Sage.

Maccoby, E. E. & Martin, J. A. (1983). Socialization in the context of the family: Parent-child interaction. E. M. Hetherington (Ed.) *Handbook of child psychology: Socialization, personality, and social development,* (Cilt 4, s. 1-102). New York: Wiley.

MacFarlane, A. (1978). *The origins of English individualism.* Oxford, England: Blackwell.

MacFarlane, A. (1987). *The Culture of Capitalism.* Oxford, England: Basil Blackwell.

Macro (1993). *Ailede cocuk egitimi arastirmasi* (child training in the family). Ankara, Turkey: Aile Arastirma Kurumu.

Madden, N., Slavin, R., Karweit, N. L., Dolan, L., & Wasik, B. A. (1993). Success for all. *Phi Delta Kappan, 72,* 593-600.

Mahler, M. (1972). On the first three phases of the separation-individuation process. *International Journal of Psychoanalysis, 53,* 333-338.

Mahler, M., Pine, F., & Bergman, A. (1975). *The psychological birth of the human infant.* New York: Basic Books.

Malewska-Peyre, H. (1980). *Conflictual cultural identity of second generation immigrants.* Paper presented at the Workshop on Cultural Identity and Structural Marginalization of Migrant Workers, European Science Foundation.

Marin, G. (1985). The preference for equity when judging the attractiveness and fairness of an allocator: The role of familiarity and culture. *Journal of Social Psychology, 125,* 543-549.

Markus, H. R., & Kitayama, S. (1991). Culture and the self: Implications for cognition, emotion, and motivation. *Psychological Review, 98,* 224-253.

Markus, H.R. & Kitayama, S. (1992). The what, why and how of cultural psychology: A Review on Shweder's "Thinking through cultures". *Psychological Inquiry, 3,* 357-364.

Markus, H. R. & Kitayama, S. (1994). The cultural construction of self and emotion: implications for social behaviour. S. Kitayama & M. R. Markus (Ed.), Emotion and culture: Empirical studies of mutual influence, (s. 89-130). Washington, DC: American Psychological Asssociation.

Markus, H. R., & Kitayama, S. (2003). Models of agency: Sociocultural diversity in the construction of action. V.M.Berman & J.J.Berman (Ed.) Nebraska symposium on motivation: Cross-cultural differences in perspectives on the self, (Cilt 49, s. 1-58). Lincoln: University of Nebraska Press.

Marsella, A.J., De Vos, G., & Hsu, F.L.K. (Ed.) (1985). Culture and self: Asian and Western perspectives. New York: Tavistock.

Marsella, A. J. & White, G. M. (1984). Cultural conceptions of mental health and therapy. Dordrecht, Netherlands: D. Reidel.

Martini, M. (1995). Features of home environments associated with children's school success. Early Child Development and Care, 49-68.

Martini, M. (1996). "What's new?" at the dinner table: Family dynamics during meal times in two cultural groups in Hawaii. Early Development and Parenting, 5, 23-34.

Martini, M., & Mistry, J. (1993). The relationship between talking at home and test taking at school : A Study of Hawaiian preschool children. R. N. Roberts (Ed.), Coming home to preschool : The sociocultural context of early education : Vol. 7. Advances in applied developmental psychology, Norwood, NJ : Ablex.

Mascolo, M.F., Li, J. (2004). Culture and Developing Selves : Beyond Dichotomization. New directions for child and adolescent development, 104. Londra: Jossey-Bass

Masse, L. N. & Barnett, W. S. (2002). A benefit-cost analysis of the Abecedarian early childhood intervention. American Journal of Orthopsychiatry, 63, 500-508.

Masten, A. S., & Coatsworth, J.D. (1998). The development of competence in favorable environments: lessons from research on successful children. American Psychologist 53, 205–220.

Matsumoto, D. (1999). Culture and self: An empirical assessment of Markus and Kitayama's theory of independent and interdependent self-construal. Asian Journal of Social Psychology, 2, 289-310.

Matsumoto, D. (2001a). Culture and emotion. D. Matsumoto (Ed.) The handbook of culture and psychology, (s. 171-194). New York: Oxford University Press.

Matsumoto, D. (2001b). The handbook of culture & psychology. Oxford, England: Oxford University Press.

Matsumoto, D. & Juang, L. (2004). Culture and psychology (3. baskı). Melbourne, Australia: Thomson Wadsworth.

Matsumoto, D., Weissman, M.D., Preston, K., Brown, B.R., & Kupperbusch, C. (1997). Context-specific measurement of individualism-collectivism on the individual level: the individualism-collectivism interpersonal assessment inventory. *Journal of Cross-Cultural Psychology, 28,* 743-767.

Mayer, S. (1997). *What money can't buy: The effect of parental income on children's outcomes.* Cambridge, MA: Harvard University Press.

Mayer, B., Albert, I., Trommsdorff, G., & Schwarz. (2005). Value of children in Germany: Dimensions, comparison of generations, and relevance for parenting. G. Trommsdorff & B. Nauck (Ed.), *The value of children in cross-cultural perspective,* (s. 43-65). Lengerich: Pabst Science Publishers.

Mazrui, A. (1968). From social Darwinism to current theories of modernization. *World Politics, 21,* 69-83.

McAndrew, F. T., Akande, A., Bridgstock, R., Mealey, L., Gordon, S. C., Scheib, J. E., et al. (2000) A Multicultural Study of Stereotyping in English-Speaking Countries. *Journal of Social Psychology, 140,* 487-502.

McClelland, D.C., Atkinson, J.W., Clark, R.A., & Lowell, EL. (1953). *The achievement motive.* New York: Appleton-Century-Crofts.

McClelland, D. C., & Winters, D. G. (1969). *Motivating economic achievement.* New York: Free Press.

McGoldrick, M., & Carter, E.A. (1982). The family life cycle. F. Walsh (Ed.) *Normal family processes,* (s. 167-195). New York: Guilford.

McKey, R.H., Condelli, L., Ganson, H., Barret, B.J., McConkey, C., & Plantz, M.C. (1985). The impact of Head Start on children, families and communities. Washington, DC: Head Start Evaluation, Synthesis and Utilization Project.

McLoyd, V.C. (1990). The impact of economic hardship on black families and children: Psychological distress, parenting, and socioemotional development. *Child Development, 61,* 311-346.

McLoyd, V.C. (1997). Socioeconomic disadvantage and child development. *American Psychologist, 53,* 185-204.

McLoyd, V. (1998). Socioeconomic disadvantage and child development. *American Psychologist, 53,* 185-204.

Mcloyd, V.C., & Wilson, L. (1990). Maternal behavior, social support, and economic conditions as predictors of distress in children. V.C. McLoyd & C. Flanagan (Ed.). *Economic stress: Effects on family life and child development,* (s. 49-70). San Francisco: Jossey-Bass.

Mead, G.H. (1934). *Mind, self, and society.* Chicago: University of Chicago Press.

Mead, M. (1928). *Coming of age in Samoa.* New York: Morrow.

Meeus, W., Oosterweegel, A., & Vollebergh, W. (2002). Parental and peer attachment and identity development in adolescence. *Journal of Adolescence, 25,* 93-106.

Meisels, S.J., & Shonhoff, J.P. (Ed.). (1990). *Handbook of early childhood intervention.* Cambridge, England: Cambridge University Press.

Menon, U., & Shweder, R.A. (1998). The return of the "white man's burden": The moral discourse of anthropology and the domestic life of Hindu women. R.A. Shweder (Ed.), *Welcome to middle age! (And other cultural fictions)*, (s. 139-188). Chicago: University of Chicago Press.

Miller, A.M., & Harwood, R.L. (2002). The cultural organization of parenting: Change and stability of behavior patterns during feeding and social play across the first year of life. *Parenting: Science and Practice, 2*, 241-273.

Miller, J.G. (1984). Culture and the development of everyday social explanation. *Journal of Personality and Social Psychology, 46*, 961-978.

Miller, J. G., (1994). Cultural diversity in the morality of caring: Individually oriented versus duty-based interpersonal moral codes. *Cross-Cultural Research: The Journal of Comparative Social Science, 28*, 3-39.

Miller, J. G., (2001). Culture and Moral Development. D. Matsumoto (Ed.), *The handbook of culture and psychology*, (151-171). Oxford, England: Oxford University Press.

Miller, J. G., (2002). Bringing culture to basic psychological theory – Beyond individualism and collectivism: Comment on Oyserman et al. *Psychological Bulletin, 128*, 97-109.

Miller, J.G. (2003).Culture and Agency: Implications for Psychological Theories of Motivation and Social Development. V.M.Berman & J.J.Berman (Ed.) *Nebraska symposium on motivation: Cross-cultural differences in perspectives on the self*, (Cilt 49, s.59-101). Lincoln: University of Nebraska Press.

Miller, J.G., Bersoff, D.M., & Harwood, R.L. (1990). Perceptions of social responsibilities in India and the United States: moral imperatives or personal decisions? *Journal of Personality and Social Psychology, 58*, 33-47.

Miller, J.G., & Chen, X. (2005). Introduction to Sociocultural Perspectives on Cognitive development. *International Society for the Study of Behavioural Development, Newsletter 1, 47.*

Miller, J. G., Schaberg, L., Bachman, M., & Conner, A. (2006).*Culture, agency, and interpersonal motivation*. Manuscript submitted for publication.

Miller, S. A. (1988). Parents' beliefs about children's cognitive development. *Child Development, 59*, 259-285.

Min, Kan Feng. (1994). *Empowering Women Through Formal Education*. The Hague: CESO.

Minturn, L., & Lambert, W.W. (1964). *Mothers of six cultures*. New York: Wiley.

Minuchin, S. (1974). *Families and family therapy*. Cambridge, MA: Harvard University Press.

Mirdal, G. M. & Rynanen-Karjalainen,, L. (2004, October) *Migration and Transcultural Identities*. (EFS Forward Look Report 2). Strasbourg, France: European Science Foundation.

Mishra, R., Mayer, B., Trommsdorff, G., Albert, I., & Schwartz, B. (2005) Background and empirical results. G. Trommsdorff, & B. Nauck (Ed.), *The value of children in cross-cultural perspective: Case studies from eight societies,* (s. 143-170). Berlin: Pabst Science.

Mistry, J. , & Saraswathi, T. S. (2003). The cultural context of child development. R. M. Lerner, M. A. Easterbrooks, & J. Mistry (Ed.), *Handbook of Psychology: Developmental Psychology,* (s. 267-291). New York: Wiley.

Mistry, R.S., Vandewater, E.A., Huston A.C., & McLoyd V.C. (2002). Economic well-being and children's social adjustment: The role of family process in an ethnically diverse low-income sample. *Child Development, 73*, 935-951.

Miyake, K. (1993). Temperament, mother-infant interaction, and early emotional development. *Japanese Journal of Research and Emotions, 1*, 48-55.

Miyake, K., Chen, S., & Campos, J.J. (1985). Infant temperament, mother's mode of interaction, and attachment in Japan: An interim report. I. Bretherton & E. Waters (Ed.), *Growing points of attachment theory. Monographs of the Society for Research in Child Development, 50,* (1-2, Seri No. 209).

Moghaddam, F.M. (1990). Modulative and generative orientations in psychology: Implications for psychology in the three worlds. *Journal of Social Issues, 1*, 21-41.

Moghaddam, F.M., & Taylor, D.M. (1986). What constitutes an "appropriate psychology" for the developing world? *International Journal of Psychology, 21*, 253-267.

Moghaddam, F. M., Taylor, D. M., & Wright, S. C. (1993). *Social psychology incross-cultural perspective.* New York: Freeman.

Molfese, V. J., Molfese, D. L., & Modgline, A. A. (2001). Newborn and preschool predictors of second-grade reading scores: An evaluation of categorical and continuous scores. *Journal of Learning Disabilities, 34*, 545-555.

Montreuil, A., & Bourhis, R. Y. (2001). Majority acculturation orientations toward 'valued' and 'devalued' immigrants. *Journal of Cross-Cultural Psychology, 32*, 698-719.

Moos, R.H., & Moos, B.S. (1981). *Family environment scale manual.* Palo Alto, CA: Consulting Psychologists' Press.

Morelli, G., Rogoff, B., & Angellilo, C. (2003). Cultural variation in young children's access to work or involvement in specialized child-focused activities. *International Journal of Behavioral Development, 27*, 264-275.

Morsbach, H. (1980). Major psychological factors influencing Japanese interpersonal relations. N. Warren (Ed.), *Studies in cross-cultural psychology,* (Cilt 2, s. 317-344). Londra: Academic Press.

Mulhall, S., & Swift, A. (1982). *Liberals & Communaitarians.* Londra: Blackwell.

Mundy-Castle, A. (1974). Social and technological intelligence in Western and non-Western cultures. S. Pilowsky (Ed.), *Cultures in collision,* Adelaide: Australian National Association of Mental Health.

Munroe, R.L., Munroe, R.H. & Shimmin, H. (1984) Children's work in Four Cultures: Determinants and Consequences. *American Anthropologist, 86,* 342-348.

Munroe, R.L., Munroe, R.H. & Whiting, B.B. (Ed.). (1981). *Handbook of cross-cultural human development.* New York: Garland.

Murphy, G. (1947). *Personality: A biosocial approach to origins and structure.* New York: Harper.

Murphy-Berman, V.A., and Berman, J.J. (Ed.) (2003). *Cross-Cultural differences in perspectives on the self. The Nebraska Symposium on Motivation, vol. 49.* Lincoln: University of Nebraska Press.

Mustard, J.F. (2002). Early Child Development and the Brain – the Base for Health, Learning, and Behavior Throughout Life. Young, M.E. (Ed.) *From early child development to human development: Investing in our children's future,, (s. 23-61.).* Washington, DC: World Bank.

Myers, R. (1992). *The twelve who survive.* Londra: Routledge.

Naidu, R. K. (1983, December). *A developing program of stress research.* Paper presented at the seminar on Stress, Anxiety and Mental Health. Allahabad, India.

Nauck, B., & Kohlmann, A. (1999). Kinship as social capital: Network relationships in Turkish migrant families. R. Richter & S. Supper (Ed.), *New Qualities of the Life Course: Intercultural Aspects,* (s. 199-218). Würzburg, Germany: Ergon.

Neff, K. (2003). Understanding How Universal Goals of Independence and Interdependence Are Manifested within Particular Cultural Contexts. *Human Development, 46, 312-318.*

Neisser, U., Boodoo, G., Bouchard, T.J. Jr., Boykin, A.W., Brody, N., Ceci, S.J., Halpern, D.F., Loehlin, J.C., Perloff, R., Sternberg, R.J. & Urbina, S. (1996). Intelligence: Knowns and Unknowns. *American Psychologist, 51,* 77-101.

Neki, J.S. (1976). An examination of the cultural relativism of dependence as a dynamic of social and therapeutic relationships. *British Journal of Medical Psychology, 49,* 1-10.

Neubauer, G., & Hurrelmann, K. (1995). Introduction: Comments on the Individualization Theorem. G. Neubauer & K. Hurrelmann. (Ed.), *Individualization in childhood and adolescence,* (s. 1-12). Berlin: deGroyter.

Nijsten, C. C. (2006). Coming from the East: Child rearing in Turkish families. M. Deković, T. Pels, & S. Model (Ed.) (2006) *Unity and diversity in child rearing: Family life in a multicultural society,* (s. 25-57). Ceredigion, England: Edwin Mellen Press.

Nikapota, A.D., (1990). Case study for Sri Lanka - child development in primary care. Paper prepared for UNICEF and Ministry of Health, Sri Lanka. Presented to Innocenti Technical Workshop on Psychosocial Development. Florence, Italy.

Noom, M. (1999). *Adolescent autonomy: Characteristics and correlates.* Delft, Netherlands: Eburon.

Novikoff, A.B. (1945) The concept of integrative levels of biology. *Science, 62,* 209-215.

Nsamenang, A.B. (1992). *Human development in cultural context: A Third World perspective.* Newbury Park, CA: Sage.

Nsamenang, A.B. (1993). Psychology in Sub-Saharan Africa. *Psychology and Developing Societies, 5,* 171-184.

Nsamenang, A.B. & Lamb, M.E. (1994). Socialization of Nso children in the Bamenda grassfields of Northwest Cameroon. P.M. Greenfield & R.R. Cocking (Ed.), *Cross-cultural roots of minority child development,* (s. 133-146). Hilsdale, NJ: Lawrence Erlbaum Associates.

Nucci, L., G. Saxe, & E. Turiel (Eds.) (2000). *Culture, thought, and development.* Mahwah, NJ: Lawrence Erlbaum Associates.

Nunes, T. (1993). Psychology in Latin America: The case of Brazil. *Psychology and Developing societies, 5,* 123-134.

Nunes, T. (2005). What we learn in School: The Socialization of Cognition. *International Society for the Study of Behavioural Development Bulletin, 1, 47.*

Nunes, T., Schliemann, A.D., & Carraher, D.W. (1993). *Street mathematics and school mathematics.* New York: Cambridge University Press.

Obermeyer, I. (1973). The relationship between moral development and role-taking during the years 10 to 20. Unpublished Master's thesis, American University, Beirut, Lebanon.

Ochs, E., & Schieffelin, B. B. (1984). Language acquisition and socialization: Three developmental stories and their implications. R. Schweder & R. LeVine (Ed.), *Culture and its acquisition,* Chicago: University of Chicago Press.

Ogbu, J.U. (1990). Cultural model, identity, and literacy. J.W. Stigler, R.A. Shweder, & G. Herdt (Ed.). *Cultural psychology: Essays on comparative human development,* (s. 520-541). Cambridge, England: Cambridge University Press.

Ohbuchi, K., Fukushima, O., and Tedeschi, J. T. (1999). Cultural values in conflict management: Goal orientation, goal attainment, and tactical decision, *Journal of Cross-Cultural Psychology, 30,* 51-71.

Okagaki, L., & Sternberg, R.J. (1993). Parental beliefs and children's school performance. *Child Development, 64,* 36-56.

Okman, F. (1982). *The determinants of cognitive style: An investigation on adolescence* [in Turkish]. Unpublished thesis, Boğaziçi University, İstanbul, Turkey.

Oloko, B.A. (1994). In P.M. Greenfield & R.R. Cocking (Eds.), *Cross-cultural roots of minority child development.* Hillsdale, NJ: Lawrence Erlbaum Associates.

Olson, E. (1982). Duofocal family structure and an alternative model of husband-wife relationship. Ç. Kağıtçıbaşı (Ed.), *Sex roles, family and community in Turkey,* (s. 33-72). Bloomington: Indiana University Press.

Onur, B. (2007). *Çocuk, tarih ve toplum.* Ankara: İmge Kitabevi.

Oosterwegel, M. W., & Vollebergh, A. (2002). Parental and peer attachment and identity in adolescence. *Journal of Adolescence, 25,* 93-106.

Orme, N. (2001). *Medieval Children.* New Haven, CT.: Yale University Press.

Osterweil, Z., & Nagano, K.N. (1991). Maternal views on autonomy: Japan and Israel. *Journal of Cross-Cultural Psychology, 22,* 363-375.

Oyserman, D., Kemmelmeier, M., Coon, H. (2002a). Cultural Psychology, A New Look: Reply to Bond (2002), Fiske (2002), Kitayama (2002), and Miller (2002). *Psychological Bulletin, 128,* 110-117.

Oyserman, D., Kemmelmeier, M., Coon, H. (2002b). Rethinking individualism and collectivism: Evaluation of Theoretical Assumptions and Meta-Analyses, *Psychological Bulletin, 128,* 3-72.

Padilla, A.M. (Ed.) (1995). *Hispanic psychology: critical issues in theory and research.* Thousand Oaks, CA.: Sage.

Padilla, E. (2000). In Retrospect: The "we feeling" among Puerto Ricans. *Cento Journal, 12,* 96-115.

Pandey, J. (Ed.), (1988). *Psychology in India: the state-of-the-art.* (1 ve 3. ciltler). Yeni Delhi, Hindistan: Sage.

Panel (1973a). The experience of separation-individuation in infancy and its reverbarations through the course of life: 1. Infancy and childhood. *Journal of the American Psychoanalytic Association, 21,* 135-154.

Panel (1973b). The experience of separation-individuation in infancy and its reverbarations through the course of life: 2. Adolescence and maturity. *Journal of the American Psychoanalitic Association, 21,* 155-167.

Papousek, H., & Papousek, M. (1991). Innate and cultural guidance of infants' integrative competencies: China, The United States, and Germany. M.H. Bornstein (Ed.), *Cultural approaches to parenting,* (s. 23-44). Hillsdale, N.J.: Lawrence Erlbaum Associates.

Papoušek, H., & Papoušek, M. (2002). Intuitive parenting. M.H. Bornstein (Ed.) *Handbook of parenting, Vol. 2, Biology and ecology of parenting,* (s. 183-203). Mahwah, NJ: Lawrence Erlbaum Associates.

Patterson, G.r. & Dishion, T.J. (1988) Multilevel family process models: traits, interactions, and relationships. R.A. Hinde & J. Hinde (Ed.), *Relationships within families,* (s. 283-310). Oxford, England: Clarendon.

Pawlik, K. & Rosenzweig, M.R. (Ed.) (2000). *International handbook of psychology*. Londra: Sage.

Peabody, D. (1985). *National Characteristics*. Cambridge, England: Cambridge University Press.

Peach, C. (2002). Social geography: New religions and ethnoburbs-contrasts with cultural geography. *Progress in Human Geography, 26*, 252-260.

Pepitone, A. (1987). The role of culture in theories of social psychology. Kağıtçıbaşı, Ç. (Ed.), *Growth and progress in cross-cultural psychology*, (s. 12-22). Lisse, Netherlands: Swets &Zeitlinger.

Peralta de Mendoza, O.A., & Irice, R.A. (1995). Developmental changes and socioeconomic differences in mother-infant picture book reading. *European Journal of Psychology of Education, 10,* 261-272.

Perez, W. & Padilla, A.M. (2000). Cultural orientation across three generations of Hispanic students. *Hispanic Journal of Behavioral Psychology, 22,* 390-398.

Peristiany, J.C. (1976). *Mediterranean family structures.* Londra: Cambridge University Press.

Pettigrew, T.F. (1958). Personality and sociocultural factors and intergroup attitudes: A cross-national comparison. *Journal of Conflict Resolution, 2,* 29-42.

Pettigrew, T.F. (1959). Regional differences in anti-Negro prejudice. *Journal of Abnormal and Social Psychology, 59,* 28-36.

Pettigrew, T.F. (1979). The ultimate attribution error: Extending Allport's cognitive analysis of prejudice. *Personality and Social Psychology Bulletin, 5,* 461-476.

Pettigrew, T. F.; Meertens, R. W. (1995). Subtle and blatant prejudice in Western Europe. *European Journal of Social Psychology, 25,* 57-75.

Phalet, K. & Claeys, W. (1993). A comparative study of Turkish and Belgian youth. *Journal of Cross-Cultural Psychology, 24,* 319-343.

Phalet, K. & Schonpflug, U. (2001). Intergenerational transmission of collectivism and achievement values in two acculturation contexts: The case of Turkish families in Germany and Turkish and Moroccan families in the Netherlands. *Journal of Cross-Cultural Psychology, 32,* 186-201.

Phalet, K. & Swyngedouw, M. (2004). A cross-cultural analysis of immigrant and host acculturation and value orientations. H. Vinken, G. Soeters en P. Ester (Ed), *Comparing Cultures, (s. 183-212)*. Leiden, Netherlands: Brill.

Phillips, D.A. (1991). With a little help: Children in poverty and child care. A.C. Huston (Ed.). *Children in poverty: Child development and public policy,* (s. 158-189). Cambridge, England: Cambridge University Press.

Phillips, D.A. (2004, November). Early experience and the developing brain. Paper presented at the International step by step Association Conference, "A Decade of change: stepping into the Future". Budapest, Hungary.

Phinney, J.S. (2003). What is developmental about immigration? *International Society for the Study of Behavioural Development Newsletter, 2*, 44, 14-15.

Piaget, J. (1948). *The moral judgment of the child*. Glencloe, IL: The Free Press.

Plomin, R. (1989) Environment and genes: determinants of behavior. *American Psychologist, 44,* 105-111.

Podmore, V.N., & St. George, R. (1986). New Zealand Maori and European mothers and their 3-year-old children: Interactive behaviors in pre-school settings. *Journal of Applied Developmental Psychology, 7,* 373-382.

Pollitt, R., Gorman, K.S., Engle, P.L., Martorell, R., & Rivera, J. (1993). Early supplementary feeding and cognition. *Monographs of the Society for Research in Child Development,* 58.

Pollitt, E., & Metallinos-Katsaras, E. (1990). Iron deficiency and behavior: Constructs, methods and validity of the findings. Wurtman and Wurtman (Ed.). *Nutrition and the brain: Vol. 8: Behavioral effects of metals, and their biochemical mechanisms,* (s. 101-146). New York: Raven.

Pomerlau, A., Malcuit, G., & Sabatier, C. (1991). Child-rearing practices and parental beliefs in three cultural groups of Montreal: Quebeçois, Vietnamese, Haitian. M. Bornstein (Ed.), *Cultural approaches to parenting,* (s. 56-68). Londra: Lawrence Erlbaum Associates.

Poortinga, Y.H. (1992). Towards a conceptualization of culture for psychology. S. Iwawaki, Y. Kashima, & K. Leung (Ed.), *Innovations in cross-cultural psychology,* (s. 3-17). Lisse, Netherlands: Swets & Zeitlinger.

Poortinga, Y.H., Van de Vijver, F.J.R., Joe, R.C., & Van de Koppel, J.M.H. (1987). Peeling the onion called culture: A sypnosis. Ç. Kağıtçıbaşı (Ed.). *Growth and progress in cross-cultural psychology,* (s. 22-34). Lisse, Netherlands: Swets & Zeitlinger.

Posada, G., Jacobs, A., Richmond, M. K., Carbonell, O. A., Alzate, G., Bustamante, M. R., & Quiceno, J. (2002). Maternal caregiving and infant security in two cultures. *Developmental Psychology, 38,* 67-78.

Price-Williams, D. (1980). Toward the idea of a cultural psychology: A superordinate theme for study. *Journal of Cross-Cultural Psychology, 11,* 75-88.

Quintana, S. M. & Kerr, J. (1993). Relational needs in late adolescent separation-individuation. *Journal of Counseling & Development, 71,* 349-354.

Raeff, C. (1997). Individuals in Relationships: Cultural Values, Children's Social Interactions, and the Development of an American Individualistic Self. *Developmental Review, 17,* 205-238.

Raeff, C. (2004). Within-culture complexities: multifaceted and interrelated autonomy and connectedness characteristics in late adolescent selves. M.F. Mascolo & J. Li (Ed.), *Culture and Developing Selves: Beyond Dichotomization,, , 104,* 61-79. San Francisco: Jossey Bass.

Ramey, C.T., Campbell, F.A., Burchinal, M., Skinner, M.L., Gardner, D.M. & Ramey, S.L. (2000). Persistent Effects of Early Childhood Education on High-Risk Children and Their Mothers. *Applied Developmental Science, 4,* 2-14.

Ramey, C.T., & Ramey, S.L.(1998). Early intervention and early experience. *American Psychologist, 53,* 109-120.

Rank, O. (1929). *The trauma of birth.* New York: Knopf.

Rank, O. (1945). *Will therapy and truth and reality.* New York: Knopf.

Razí, Z. (1993). The myth of the immutable English family. *Past & Present: A journal of Historical Studies, 140,* 3-44.

Realo, A., Koido, K., Ceulemans, E., & Allik, J. (2002). Three components of individualism. *European Journal of Personality, 16,* 163-184.

Redfield, R., Linton, R., & Herskovits, M.J. (1936). Memorandum on the study of acculturation. *American Anthropologist, 38,* 149-52.

Reynolds, A.J. (2004). Research on early childhood interventions in the confirmatory mode. *Children and Youth Services Review, 26,* 15-38.

Reynolds, A.J., Chang, H., & Temple, J.A. (1998). Early childhood intervention and juvenile delinquency. *Evaluation Review, 22,* 341-373.

Reynolds, A.J., & Ou, S-R. (2004). Alterable predictors of child well-being in the Chicago Longitudinal Study. *Children and Youth Services Review, 26,* 1-14.

Reynolds, A. J., Wang, M. C., & Walberg, H. J. (2003). *Early childhood programs for a new century.* Washington, DC: Child Welfare League of America.

Rhee, E., Uleman, J.S., & Lee, H.K. (1996). Variations in collectivism and individualism by ingroup and culture: Confirmatory factor analyses. *Journal of Personality and Social Psychology, 71,* 1037-1054.

Rogoff, B. (1990). *Apprenticeship in Thinking: Cognitive Development in Social Context.* New York: Oxford University Press.

Rogoff, B. (2003). The *Cultural* nature of human development. New York: Oxford University Press.

Rogoff, B., Ellis, S., & Gardner, W. (1984). Adjustment of adult-child instruction according to child's age and task. *Developmental Psychology, 20,* 193-199.

Rogoff, B., Gauvain, M., & Ellis, S. (1984). Development viewed in its cultural context. M. H. Bomstein & M. E. Lamb (Ed.), *Developmental psychology: An advanced textbook,* (s. 533- 571). Londra: Lawrence Erlbaum Associates.

Rogoff, B., & Lave, L. (1984). *Everyday cognition: Its development in social context.* Cambridge, MA.: Harvard University Press.

Rogoff, B., Mistry, J., Goncu, A., & Mosier, C. (1991). Cultural variation in the role relations of toddlers and their families. M.H. Bornstein (Ed.), *Cultural approaches to parenting,* (s. 173-183). Londra: Lawrence Erlbaum Associates.

Rogoff, B. & Morelli, G. (1989). Perspectives on children's development from cultural psychology. *American Psychologist, 44*(2), 343-348.

Rohner, R. (1980). *Handbook for the study of parental acceptance and rejection.* (3. baskı). Storrs: University of Connecticut.

Rohner, R. (1984). Toward a conception of culture for cross-cultural psychology. *Journal of Cross- Cultural Psychology, 15, 111-138.*

Rohner, R.P. & Pettengill, S.M. (1985). Perceived parental acceptance-rejection and parental control among Korean adolescents. *Child Development, 56,* 524-528.

Rohner, R.P., & Rohner, E.C. (1978). Unpublished research data, Center for the Study of Parental Acceptance and Rejection, University of Connecticut.

Roland, A. (1988). *In search of self in India and Japan.* Princeton, NJ: Princeton University Press.

Roopnarine, J.L., & Talukder, E. (1990). Characteristics of holding, patterns of play, and social behaviors between parents and infants in New Delhi, India. *Developmental Psychology, 26,* 667-673.

Rosen, B.C. (1962). Socialization and achievement motivation in Brazil. *American Sociological Review, 27,* 612-624.

Rosenberg, B.G. & Jing, Q. (1996). A revolution in family life: The political and social structural impact of China's one child policy. *Journal of Social Issues, 53,* 51-69.

Rosenberg, M. J. & Hovland, C. I. (1960). Cognitive, Affective and Behavioral Components of Attitudes. M. J. Rosenberg et al. (Ed.), *Attitude Organization and Change,* (s. 1-14). New Haven, CT: Yale University Press.

Rosenthal, R. & Jacobson, L. (1968). *Pygmalion in the classroom: Teacher expectation and pupils' intellectual development.* New York: Holt, Rinehart & Winston.

Rotenberg, M. (1977). Alienating-individualism and reciprocal-individualism: A cross-cultural conceptualisation. *Journal of Humanistic Psychology, 3,* 3-17.

Rothbaum, F., & Morelli, G. (2005). Attachment and Culture: Bridging Relativism and Universalism. W. Friedlmeier, P. Chakkarath, & B. Schwarz (Ed.) *Culture and Human Development. The importance of cross-cultural research for the social sciences,* (s. 99-124). New York: Psychology Press.

Rothbaum, F., Pott, M., Azuma, H., Miyake, K., & Weisz, J. (2000). The development of close relationships in Japan and the United States: Paths of symbiotic harmony and generative tension. *Child Development, 71,* 1121-1142.

Rothbaum, F., & Trommsdorff, G. (2007). Do roots and wings complement or oppose one another? The socialization of relatedness and autonomy in cultural context. J. Grusec and P. Hastings (Ed.), *The Handbook of Socialization: Theory and Research* (s. 461-489), . New York: Guilford Press.

Rothbaum, F., Weisz, J., Pott, M., Miyake, K., & Morelli, G. (2000b). Attachment and culture: Security in the United States and Japan. *American Psychologist, 55,* 1093-1104.

Rotter, J. B. (1966). Generalized expectancies for internal versus external control of reinforcement. *Psychological Monographs, 80,* Whole No.609, 1-28.

Rotter, J. B. (1990). Internal versus external control of reinforcement: A case history of a variable. *American Psychologist, 45,* 489-493.

Rudy, D., & Grusec, J.E. (2001). Correlates of authoritarian parenting in individualist and collectivist cultures and implications for understanding the transmission of values. *Journal of cross-cultural psychology, 32,* 202-212.

Rutter, M., & the English and Romanian Adoptees (ERA) study team. (1999). Developmental Catch-up, and Deficit, Following Adoption after Severe Global Early Privation. S.J. Ceci & W.M. Williams, (Ed.) *The Nature-Nurture Debate: The Essential Readings,* (Cilt 8, s.108-135). Londra: Blackwell.

Ryan, R. M., & Deci, E. L. (2000). Self-determination theory and the facilitation of intrinsic motivation, social development, and well-being. *American Psychologist, 55,* 68-78.

Ryan, R. M., Deci, E. L., & Grolnick, W. S. (1995). Autonomy, relatedness, and the Self: Their relation to development and psychopathology. D. Cicchetti & D. J. Cohen. (Ed.), *Developmental psychopathology,* 618-655. New York: Wiley.

Ryan, R. M., & Lynch, J. H. (1989). Emotional autonomy versus detachment: Revisiting the vicissitudes of adolescence and young adulthood. *Child Development, 60,* 340-356.

Saal, C. D. (1987). Alternative forms of living and housing. L. Shamgar-Handelman & R. Palomba (Ed.), *Alternative patterns of family life in modern societies,* Rome: Collana Monografie.

Sabatier, C. (1986). La mere et son bébé: Variations culturelles: Analyse critique de la littérature [Mother and her baby: Cultural variations: Critical analysis of literature]. Journal of International Psychology, 21, 513-553.

Sabatier, C. & Lannegrand-Willems, L. (2005). Transmission of family values and attachment: A French three-generation study. *Applied Psychology: An International Review, 54,* 356-378.

Sabogal, F., Marin, G., Otero-Sabogal, R., & Marin, B. V. (1987). Hispanic familism and acculturation: What changes and what doesn't? *Hispanic Journal of Behavioral Sciences, 9,* 397-412.

Sagi, A., Lamb, M.E., Lewkowicz, K.S., Shoham, R., Dvir, R., & Estes, D. (1985). Security of infant-mother, -father, and metapelet attachments among kibbutz reared Israeli children. I. Bretherton & E. Waters (Ed.), *Growing point in attachment theory. Monographs of the society for research in child development,, , [50(1-2), Seri No. 209].*

Sam, D.L. (2006). Adaptation of children and adolescents with immigrant background: Acculturation or development? M.H. Bornstein & L.R. Cote

(Ed.), *Acculturation and Parent-Child Relationships: Measurement and Development*, (s. 97-111). Mahwah, NJ: Lawrence Erlbaum Associates.

Sam, D.L., Kosic, A. & Oppedal, B. (2003). Where is "development" in acculturation theories? *International Society for the Study of Behavioural Development Newsletter, 2,* 44, 4-7.

Sam, D., Peltzer, K., & Mayer, B. (2005). The changing values of children and preferences regarding family size in South Africa. *Applied Psychology: An International Review, 54,* 355-377.

Sameroff, A.J., & Fiese, B.H. (1992). Family representations of development. I.E. Sigel, A.V. McGillicuddy-DeLisi, & J.J. Goodnow (Ed.), *Parental Belief Systems*, (s. 347-369). Hillsdale, NJ: Lawrence Erlbaum Associates.

Sameroff, A.J., Seifer, R., Barocas, B., Zax, M., & Greenspan, S. (1987), IQ scores of 4-year-old children: Social environmental risk factors. *Pediatrics, 79,* 343-350.

Sampson, E.E. (1977). Psychology and the American ideal. *Journal of Personality and Social Psychology, 35,* 767-782.

Sampson, E. E. (1987). Individuation and domination: Undermining the social bond. Ç. Kağıtçıbaşı, (Ed.), *Growth and progress in cross-cultural psychology*, (s. 84-93). Lisse, Netherlands: Swets & Zeitlinger.

Sampson, E. E. (1988). The debate on individualism: Indigenious psychologies of the individual and their role in personal and societal functioning. *American Psychologist, 43,* 15-22.

Sampson, E.E. (1989). The challenge of social change for psychology: Globalization and psychology's theory of the person. *American Psychologist, 44,* 914-921.

Sarason, S.B. (1981). *Psychology misdirected.* New York: The Free Press.

Sarason, S.B. (1988). *The making of an American psychologist: An autobiography.* San Francisco: Jossey-Bass.

Saraswathi, T.S. (2003). *Cross-cultural perspectives in human development. Theory, Research and Applications.* Yeni Delhi, Hindistan: Sage.

Saraswathi, T.S., & Dutta, R. (1987). *Developmental psychology in India, 1975-1986: An annotated bibliography.* Yeni Delhi, Hindistan: Sage.

Saraswathi, T.S., & Ganapathy, H. (2002). Indian parents ; ethnotheories as reflections of the Hindu scheme of child and human development. H. Keller, Y.H. Poortinga, & A. Schölmerich (Ed.), *Between biology and culture: Perspectives on onthogenetic development*, (s. 79-88). Cambridge, England: Cambridge UP.

Saraswathi, T.S., & Kaur, B. (1993). *Human development and family studies in India.* Yeni Delhi, Hindistan: Sage.

Saxe, G.B., & Esmonde, I. (2005). Studying cognition in flux: The Case of 'fu' in the social history of Oksapmin mathematics. *Mind, Culture, and Activity, 12,* 225-275.

Savaşır, I., Şahin, N. (1988). *Weschler çocuk zekâ ölçeği (Wisc-R)*. Ankara, Türkiye: Milli Eğitim Basımevi.

Savaşır, I., Sezgin, N. & Erol, N. (1992) 0-6 Yaş Çocukları için gelişim tarama envanteri geliştirilmesi. *Türk Psikiyatri Dergisi*, 3, 33-38.

Scarr, S. (1992). Developmental theories for the 1990s. *Child development*, 63, 1-19.

Scarr, S. & McCartney, K. (1988). Far from home: An experimental evaluation of the mother-child home program in Bermuda. *Child Development, 59*, 531-544.

Schalk-Soekar, R. G. S., & van de Vivjer, F. J. R. (2004). Attitudes toward multiculturalism of immigrants and majority members in the Netherlands. *International Journal of Intercultural Relations, 28*, 533-550.

Schieffelin, B. B., & Eisenberg, A. R. (1984). Cultural variation in children's conversations. R. Schiefelbusch & J. Pickar (Ed.), *The acquisition of communicative competence,* Baltimore: University Park Press.

Schimmack, U., Oishi, S., & Diener, E. (2005). Individualism: A Valid and Important Dimension of Cultural Differences Between Nations. *Personality and Social Psychology Review, 9*, 17-31.

Schlegel, A. (2003) Modernization and changes in adolescent social life. T.S. Saraswathi (Ed.) *Cross-cultural perspectives in human development. Theory, research and application,* (s. 236-258). Yeni Delhi, Hindistan: Sage.

Schliemann, A., Carraher, D., & Ceci, S. (1997). Everyday cognition. J.W. Berry, P.R. Dasen, & T.S. Saraswathi (Ed.), *Handbook of cross-cultural psychology, Vol. 2, Basic process and human development,* (s. 177-216). Boston: Allyn & Bacon.

Schmitz, M. F. & Baer, J. C. (2001). The vicissitudes of measurement: A confirmatory factor analysis of the emotional autonomy scale. *Child Development, 72*, 207-220.

Schonkoff, J. P. (2000). Science, policy and practice: Three cultures in search of a shared mission. *Child Development, 71*, 181-187.

Schorr, L.B. (1991). Effective programs for children growing up in concentrated poverty. A.C. Huston (Ed.), *Children in poverty: Child development and public policy,* (s. 260-281). Cambridge, England: Cambridge University Press.

Schwartz, B. (2000). Self-determination: The tyranny of freedom. *American Psychologist, 55*, 79-88.

Schwartz, S.H. (1992). Universals in the content and structure of values: Theoretical advances and empirical tests in 20 countries. M. Zanna (Ed.), *Advances in experimental social psychology,* (Cilt 25, s. 1-65). Orlando, FL:Academic Press.

Schwartz, S.H. (1994). Beyond individualism and collectivism: New cultural dimensions of values. U. Kim, H.C. Triandis, Ç. Kağıtçıbaşı, S.C. Choi,

& G. Yoon (Ed.), *Individualism and collectivism: Theory, method and applications,* (s. 85-119). Thousand Oaks, CA: Sage.

Schwartz, S.H. (2004). Mapping and interpreting cultural differences around the world. H. Vinken, J. Soeters, & P. Ester (Ed.), *Comparing Cultures: Dimensions of culture in a comparative perspective,* (s. 43-73). Leiden, Netherlands: Brill.

Schwartz, S.H., & Bardi, A. (2001). Value hierarchies across cultures: Taking a similarities perspective. *Journal of Cross-Cultural Psychology, 32,* 268-290.

Schwartz, S.H., & Bilsky, W. (1990). Toward a theory of the universal content and structure of values: Extensions and cross-cultural replications. *Journal of Personality and Social Psychology, 58,* 878-891.

Schwartz, T. (1981). The acquisition of culture. *Ethos, 9,* 4-17.

Schweinhart, L. J., Barnes, H. V., Weikart, D. P., Barnett, W. S., & Epstein, A. S. (1994). *Significant Benefits: The High/Scope Perry Preschool Study Through Age 27.* Ypsilanti, MI: High/Scope Press.

Schweinhart, L.J., Montie, J., Xiang, Z., Barnett, W. S., Belfield, C.R., & Nores, M. (2005). Lifetime effects: The High/Scope Perry Preschool study through age 40. *Monographs of the High/Scope Educational Research Foundation, 14.* Ypsilanti, MI: High/Scope Press.

Scott-McDonald, K. (2002). Elements of quality in home visiting programs: Three Jamaican models. M. E. Young (Ed.), *From Early Childhood Development to Human Development,* (s. 233-253). Washington, DC: World Bank.

Scribner, S., & Cole, M. (1981). *The psychology of literacy.* Cambridge, MA: Harvard University Press.

Searle, W., & Ward, C. (1990). The prediction of psychological and sociocultural adjustment during cross-cultural transitions. *International Journal of Intercultural Relations, 14,* 449-64.

Sedikides, C., Gaertner, J. & Toguchi, Y. (2003). Pan-cultural self-enhancement. *Journal of Personality and Social Psychology, 84,* 60-79.

Segall, M.H. (1983). On the search for the independent variable in cross-cultural psychology. S.H. Irvine & J.W. Berry (Ed.), *Human assessment and cultural factors,* (s. 127-138). New York: Plenum.

Segall, M.H. (1984). More than we need to know about culture, but are afraid not to ask. *Journal of Cross-Cultural Psychology, 15,* 153-162.

Segall, M.H., Dasen, P.R., Berry, J. W. & Poortinga, Y.H. (1999). *Human behavior in global perspective. An introduction to cross-cultural psychology.* 2. Baskı Boston: Allyn & Bacon.

Seitz, V., & Provence, S. (1990). Caregiver-focused models of early intervention. S. J. Meisels & J. P. Shonkoff (Ed.), *Handbook of early childhood intervention,* (s. 400-427). New York: Cambridge University Press.

Seitz, V., Rosenbaum, L.K. & Apfel, N.H. (1985). Effects of family support intervention: A ten-year follow-up. *Child Development, 56,* 376-391.

Selman, R.L. (1989). Fostering intimacy and autonomy. W. Damon (Ed.), *Child development today and tomorrow,* (s. 409-436). San Francisco: Jossey Bass.

Sen, A. K. (1999, March 14). Investing in Early Childhood: Its Role in Development. Keynote address presented at a seminar on breaking the Poverty Cycle: Investing in Early Childhood, Annual Meeting of the Board of Governors of the Inter-American Development Bank and the Inter-American Investment Corporation, Paris. Retrieved January 9, 2003 from www.iadb.org/sds/soc.

Sénécal, M. & LeFevre, J. A. (2002). Parental involvement in the development of children's reading skill: A five-year longitudinal study. *Child Development, 73,* 445-460.

Serpell, R. (1976). *Culture's influence on behavior.* Londra: Methuen.

Serpell, R. (1977). Strategies for investigating intelligence in its cultural context. *Quarterly Newsletter, Institute for Comparative Human Development, 3,* 11-15.

Serpell, R. (1993). *Significance of schooling.* Cambridge, England: Cambridge University Press.

Seshadri, S., & Gopaldas, T. (1989). Impact of iron supplementation on cognitive functions in pre-school and school-aged children: The Indian experience. *American Journal of Clinical Nutrition, 50,* 675-686.

Shand, N. (1985). Culture's influence in Japanese and American maternal role perception and confidence. *Psychiatry, 48,* 52-67.

Sherif, M., Harvey, O.J., White, B.J., Hood, W., & Sherif, C. (1961). *Intergroup conflict and cooperation: The Robbers cave experiment.* Norman: University of Oklahoma Institute of Intergroup Relations.

Shonkoff, J. P. (2000). Science, policy, and practice: Three cultures in search of a shared mission. *Child development, 71,* 181-187.

Shweder, R. A. (1984). Anthropology's romantic rebellion against the enlightenment, or there is -more to the thinking than reason and evidence. R. A. Shweder & R. A. LeVine (Ed.), *Culture theory: Essays on mind, self, and emotion,* (s. 1-27). Cambridge, England: Cambridge University Press.

Shweder, R.A. (1990). Cultural psychology -What is it? J.W. Stigler, R.A. Shweder, G. Herdt (Ed.), *Cultural psychology: Essays on comparative human development,* (s.1-43). Cambridge, England: Cambridge University Press.

Shweder, R.A. (1991). *Thinking through cultures: Expeditions in cultural psychology.* Cambridge, MA: Harvard University Press.

Shweder, R.A., & Bourne, E.J. (1984). Does the concept of the person vary cross-culturally? R.A. Shweder, & R.A. LeVine (Ed.), *Culture theory: Essays on mind, self and emotion,* (s. 158-199). Cambridge, England: Cambridge UP.

Shweder, R.A., Goodnow, J., Hatano, G., Le Vine, R.A., Markus, H., & Miller, P. (1998). The cultural psychology of development: One mind, many mentalities. W. Damon (Chief Ed.) & R.M. Lerner (Vol. Ed.), *Handbook of child psychology.* Vol. I: *Theoretical models of human development,* (5. baskı, s. 865-923). New York: Wiley.

Shweder, R.A., & LeVine, R. (1984). *Culture theory.* Cambridge, England: Cambridge University Press.

Shweder, R.A., & Sullivan, M.A. (1993). Cultural Psychology: Who needs it? *Annual Review of Psychology, 44,* 497-523.

Sigel, I. E. (1985). A conceptual analysis of beliefs. I. E. Sigel (Ed.), *Parental belief systems,* (s. 345-371). Hillsdale, NJ: Lawrence Erlbaum Associates.

Sigel, I.E. (1992). The belief-behavior connection: A resolvable dilemma? I.E. Sigel, A. McGillicuddy-Delisi, & J.J. Goodnow (Ed.), *Parental belief systems,* (s. 433-456). Hillsdale, NJ: Lawrence Erlbaum Associates.

Sigel, I.E., McGillicuddy-Delisi, A. & Goodnow, J. (1992). *Parental belief systems.* Hillsdale, NJ: Lawrence Erlbaum Associates.

Sigman, M., & Wachs, T. D. (1991). Structure, continuity, and nutritional correlates of caregiver behavior patterns in Kenya and Egypt. M. H. Bomstein (Ed.), *Cultural Approaches to Parenting,* (s. 123-136). Hillsdale, NJ: Lawrence Erlbaum Associates.

Silk, J. S., Morris, A.S., Kanaya, T., & Steinberg, L. (2003). Psychological control and autonomy granting: Opposite ends of a continuum or distinct constructs? *Journal of Research on Adolescence, 13,* 113-128.

Simons, R.L., Whitbeck, L.B., Conger, R.D., & Chyi, I.W. (1991). Intergenerational transmission of harsh parenting. *Developmental Psychology, 27,* 159-171.

Singelis, T.M. (1994). The measurement of independent and interdependent self-construals. *Personality and Social Psychology Bulletin, 20,* 580-591.

Singelis, T. M., Triandis, H. C., Bhawuk, D. S., & Gelfand, M. (1995). Horizontal and vertical dimensions of individualism and collectivism: A theoretical and measurement refinement. *Cross-Cultural Research, 29,* 240-275.

Singleton, R., Jr. & Kerber, K. W. (1980). Topics in social psychology: Further classroom demonstrations. *Teaching Sociology, 7,* 439-452.

Sinha, D. (1983). Cross-cultural psychology: A view from the Third World. J. B. Deregowski, S. Dziuraviec, & R. C. Annis (Ed.), *Expiscations in cross-cultural psychology,* (s. 3-17). Lisse, Netherlands: Swets & Zeitlinger.

Sinha, D. (1986). *Psychology in a Third World country: The Indian experience.* Yeni Delhi, Hindistan: Sage.

Sinha, D. (1988). The family scenario in a developing country and its implications for mental health: The case of India. P.R. Dasen, J.W. Berry & N.

Sartorious (Ed.), *Health and cross-cultural psychology: Toward applications.* (s. 48-70), Newbury Park, CA: Sage.

Sinha, D. (1989). Cross-cultural psychology and the process of indigenisation: A second view from the Third World. D.M. Keats, D.M. Munro, & L. Mann (Ed.), *Heterogeneity in cross-cultural psychology,* (s. 24-40). Lisse, Netherlands: Swets & Zeitlinger.

Sinha, D. (1992). Appropriate indigenous psychology in India: A search for new identity. S. Iwawaki, Y. Kashima & K. Leung (Ed.), *Innovations in cross-cultural psychology,* (s. 38-48). Lisse, Netherlands: Swets & Zeitlinger.

Sinha, D. (1997). Indigenizing psychology. J. W. Berry, Y. P. Poortinga, J. Pandey, & H. Needham (Ed.). *Handbook of cross-cultural psychology, Cilt 1: Theory and method (2. baskı),* (pp. 129-169). Needham Heights, MA: Allyn & Bacon

Sinha, D., & Kao, H.S.R. (1988). *Social values and development: Asian perspectives.* Newbury Park, CA: Sage.

Sinha, D., & Tripathi, R.C. (1994). Individualism in a collectivist culture: A case of coexistence of opposites. U. Kim, H.C. Triandis, Ç. Kağıtçıbaşı, S-C. Choi, & G. Yoon (Ed.), *Individualism and collectivism: Theory, Method and Applications.* (s. 123-138), Newbury Park, CA: Sage.

Sinha, J. B. P. (1980). *The nurturant task leader.* Yeni Delhi, Hindistan: Concept.

Sinha, J.B.P. (1985). Collectivism, social energy, and development in India. I.R. Lagunes, & Y.H. Poortinga (Ed.), *From a different perspective: Studies of behavior across cultures,* (pp. 120-135). Lisse, Netherlands: Swets & Zeitlinger.

Sinha, J.B.P. (1993). The bulk and the front of psychology in India. *Psychology and Developing Societies, 5,* 135-150.

Slaughter, D. T. (1983). Early intervention and its effects upon maternal and child development. *Monographs of the Society for Research in Child Development,* 48.

Slaughter, D.T. (1988). Black children, schooling, and educational interventions. D.T. Slaughter (Ed.). *Black children and poverty: A developmental perspective,* (s. 109-116). San Francisco: Jossey-Bass.

Slobin, D.I. (1972). Children and language: They learn the same way all around the world. *Psychology Today, 6,* 71-74; 82.

Smetana, J., & Gaines, C. (1999). Adolescent-parent conflict in middle class African American families, *Child Development, 70,* 1447-1463.

Smilansky, M. (1979). *Priorities in education: Preschool evidence and conclusions.* (World Bank Staff Working Paper, No.323). Washington, DC: World Bank.

Smith, M.B. (1968). Competence and socialization. J.A. Clausen (Ed.), *Socialization and Society,* (s. 270-320). Boston: Little, Brown.

Smith, M.B. (1978). Perspectives on selfhood. *American Psychologist, 33,* 1053-1063.

Smith, M.B. (1990). Psychology in the public interest: What have we done? What can we do? *American Psychologist, 45,* 530-536.

Smith, M.B. (1991). *Values, self, and society*. New Brunswick, NJ: Transaction.

Smith, M.B. (1993). *Selfhood at risk: Post-Modern perils and the perils of Post-Modernism*. Murray Award Address at the meeting of the American Psychological Association, Toronto, Ontario.

Smith, M. B. (1994). Selfhood at risk: Post-modern perils and the perils of post-modernism. *American Psychologist, 49*, 405-411.

Smith, M.B. (2003). For a Significant Social Psychology. The collected writings of M. Brewster Smith. New York: New York University Press.

Smith, P.B., Bond, M.H. & Kağıtçıbaşı, Ç. (2006). *Understanding social psychology across cultures*. Londra: Sage.

Smith, P.B., Dugan, S., & Trompenaars, F. (1996). National culture and the values of organizational employees. *Journal of Cross-Cultural Psychology, 27*, 231-64.

Smith, P.B., & Schwartz, S.H. (1997). Values. J.W. Berry, M.H. Segall, & Ç. Kağıtçıbaşı (Ed.), *Handbook of cross-cultural psychology*, (2. baskı, Cilt 3, s. 77-108). Needham Heights, MA: Allyn & Bacon.

Snow, C.E. (1991). The theoretical basis for relationships between language and literacy in development. *Journal of Research in Childhood Education, 6*, 5-10.

Snow, C.E. (1993). Linguistic development as related to literacy. L. Eldering, & P. Leseman (Ed.), *Early intervention and culture*, (s. 133-148). Delft, Netherlands:UNESCO.

Sockalingam, S., Zeitlin, M., Satoto, C.N. (1990). *Study to encourage positive indigenous caretaking behaviour in improving child nutrition and health*. A paper available from the Consultative Group on Early Child Care and Development, New York.

Solomon, M. (1993). Transmission of cultural goals: Social network influences on infant socialization. J. Demick, K. Bursik, & R. DiBiase (Ed.), *Parental development*, (s. 135-156). Hillsdale, NJ: Lawrence Erlbaum Associates.

Spence, J.T. (1985). Achievement American style. *American Psychologist, 12*, 1285-1295.

Spielberger, C. (2004). *Encyclopedia of Applied Psychology*. San Diego, CA: Academic Press.

Staub, S., & Green, P. (Ed.) (1992). *Psychology and social responsibility: Facing global challenges*. New York: New York University Press.

Steele, C. M. & Aronson, J. (1995). Stereotype Threat and the Intellectual Test Performance of African Americans. *Journal of Personality and Social Psychology. 69*, 797-811.

Steinberg, L., Elmen, J.D., & Mounts, N.S. (1989). Authoritative parenting, psychosocial maturity, and academic success among adolescents. *Child Development, 60*, 1424-1436.

Steinberg, L., & Silverberg, S. B. (1986). The vicissitudes of autonomy in early adolescence. *Child Development, 57*, 841-851.

Stephan, W. G., Stephan, C. W., Abalakina, M., Ageyev, V., Blanco, A., Bond, M., et al. (1996). Distinctiveness effects in intergroup perceptions: An international study. H. Grad, A. Blanco, & J. Georgas (Ed.), Key issues in cross-cultural psychology, (s. 298-308). Lisse, Netherlands: Swets & Zeitlinger.

Stevens, J.H. (1988). Social support, locus of control and parenting in three low-income groups of mothers: Black teenagers, black adults, and white adults. *Child Development, 59,* 635-642.

Stevenson, H., Azuma, H, & Hakuta, K. (Ed.) (1986). *Child development and education in Japan.* New York: Freeman.

Stewart, S.M., Bond, M.H., Deeds, O. & Chung, S.F. (1999). Intergenerational patterns of values and autonomy expectations in cultures of relatedness and separateness. *Journal of Cross-Cultural Psychology, 30,* 575-593.

Stigler, J.W., Shweder, R.A., & Herdt, G. (1990). *Cultural psychology.* Cambridge, England: Cambridge University Press.

Stone, J., & Cooper, J. (2001). A self-standards model of cognitive dissonance. *Journal of Experimental Social Psychology, 37,* 228-243.

Stonequist, E.V. (1937). *The marginal man: A study in personality and culture conflict.* New York: Scribner's.

Suckow, J. (2005). The Value of Children among Jews and Muslims in Israel: Methods and results from the VOC-field study. G. Trommsdorff, & B. Nauck (Ed.), *The value of children in cross-cultural perspective: Case studies from eight societies,* (s. 121-142). Berlin: Pabst Science.

Suedfeld, P., & Tetlock, P.E. (Ed.) (1992). Psychologists as Policy Advocates: The Roots of Controversy. Suedfeld, P., & Tetlock, P.E. (Ed.) *Psychology and social policy,* New York: Hemisphere.

Suina, J.H., & Smolkin, L.B. (1994). From natal culture to school culture to dominant society culture: Supporting transitions for Pueblo Indian students. P.M. Greenfield & R.R. Cocking (Ed.), *Cross-cultural roots of minority child development,* Hillsdale, NJ: Lawrence Erlbaum Associates.

Suizzo, M.-A. (2002) French parents' cultural models and childrearing beliefs. *International Journal of Behavioral Development, 26,* 297-307.

Sun, L.K. (1991). Contemporary Chinese culture: Structure and emotionality. *The Australian Journal of Chinese Affairs, 26,* 1-41.

Suomi, S.J. (2000). A Biobehavioral Perspective on Developmental Psychopathology. A.J. Sameroff, M. Lewis, & S.M. Miller (Ed.), *Handbook of Developmental Psychopathology,* New York: Kluwer Academic.

Super, C.M., & Harkness, S. (1986). The developmental niche: A conceptualization at the interface of child and culture. *International Journal of Behavioral Development, 9,* 545-570.

Super, C.M., & Harkness, S. (1994). The developmental niche. W.J. Lonner & R. Malpass (Ed.), *Psychology and culture,* (s. 95-99). Boston: Allyn & Bacon.

Super, C. M. & Harkness, S. (1997). The cultural structuring of child development. J. W. Berry, P. R. Dasen, & T. S. Saraswathi (Ed.), *Handbook of cross-cultural psychology,* (2. baskı, Cilt 2, s. 1-39). Boston: Allyn & Bacon.

Super, C. M. & Harkness, S. (1999). The environment as culture in developmental research. S. L. Friedman & T. D. Wachs (Ed.), *Measuring environment across the life span,* Washington, DC: American Psychological Association.

Super, C.M., & Harkness, S. (2002). Culture structures the environment for development. *Human Development,* 45, 270-274.

Suvannathat, C., Bhanthumnavin, D., Bhuapirom, L., & Keats, D. M. (1985). *Handbook of Asian child develapment and child rearing practices.* Bangkok, Thailand: Behavioral Science Research Institute.

Suzuki, T. (1984). Ways of life and social milieus in Japan and the United States: A comparative study. *Behaviormetrika, 15,* 77-108.

Sweet, M.A. & Appelbaum, M. (2004). Is home visiting an effective strategy? *Child Development, 75,* 1435-1456.

Szapocznik, J. & Kurtines, W.M. (1993). Family psychology and cultural diversity. *American Psychologist, 48,* 400-407.

Tajfel, H., & Turner, J. C. (1979). An integrative theory of intergroup conflict. W. G. Austin & S. Worchel (Ed.), *The social psychology of intergroup relations,* Monterey, CA: Brooks-Cole.

Takano, Y., & Osaka, E. (1999). An unsupported common view: Comparing Japan and the U.S. on individualism/collectivism. *Asian Journal of Social Psychology, 2,* 311-341.

Tamis-LeMonda, C. S., Bornstein, M. H., & Baumwell, L. (1996). Responsive parenting in the second year: Specific influences on children's language and play. *Early Development & Parenting, 5,* 173-183.

Tanon, F. (1994). *A cultural view on planning: The case of weaving in Ivory Coast.* Tilburg, Netherlands: Tilburg University Press.

Taylor, C. (1989). *Sources of the self: The making of the modern identity.* Cambridge, MA: Harvard University Press.

Taylor, R.D., & Roberts, D. (1995). Kinship support and maternal and adolescent well-being in economically disadvantaged African-American families. *Child Development, 66,* 1585-1597.

Teasdale, G.R. & Teasdale, J.I. (1992). Culture and curriculum: Dilemmas in the schooling of Australian Aboriginal children. S. Iwawaki, Y Kashima & K. Leung (Ed.). *Innovations in cross-cultural psychology,* (s. 442-457). Lisse, Netherlands: Swets & Zeitlinger.

Thadani, V.N. (1978). The logic of sentiment: The family and social change. *Population and Development Review, 4,* 457-499.

Thomas, W.I., & Znaniecki, F. (1918-1919). *The Polish Peasant in Europe and America* (5 cilt). Boston: Badger.

Thomas, W.I., & Znaniecki, F. (1927). *The Polish peasant in Europe and America.* New York: Knopf.

Thompson, R. A., & Nelson, C. A. (2001). Developmental science and the media: Early brain development. *American Psychologist, 56,* 5-15.

Thorton, A. (1984). Modernization and family change. *Social change and family policies.* Proceedings of the 20th International CFR Seminar, Melbourne: Australian Institute of Family Studies.

Thorton, A., & Fricke, T.E. (1987). Social change and the family: Comparative perspectives from the West, China, and South Asia. *Sociological Forum, 2,* 746-779.

Tizard, B. (1991). Working mothers and the care of young children. M. Woodhead, P. Light, & R. Caar (Ed.), *Growing up in a changing society,* (s. 61-77). Londra: Routledge.

Tönnies, F. (1957). *Community and society.* (C. P. Loomis, translator) East Lansing: Michigan State University Press.

Triandis, H. C. (1980) Reflections on trends in cross-cultural research. *Journal of Cross-Cultural Psychology, 11,* 35-58.

Triandis, H.C. (1988). Collectivism and individualism: A reconceptualization of a basic concept in cross-cultural psychology. G.K. Verma & C. Bagley (Ed.) *Personality, attitudes, and cognitions,* (s. 60-95). Londra: MacMillan.

Triandis, H.C. (1989). The self and social behavior in differing cultural contexts. *Psychological Review, 96,* 506-520.

Triandis, H.C. (1990). Cross-cultural studies of individualism and collectivism. J.J. Berman (Ed.). *Cross-cultural perspectives: Nebraska Symposium on Motivation,* (s. 41-134). Lincoln: University of Nebraska Press.

Triandis, H.C. (1994). *Culture and social behavior.* New York: McGraw-Hill.

Triandis, H.C. (1995). *Individualism and collectivism.* Boulder, CO: Westview Press.

Triandis, H.C., Bontempo, R., Villareal, M.J., Asai, M., & Lucca, N. (1988). Individualism and collectivism: Cross-cultural perspectives on self-ingroup relationships. *Journal of Personality and Social Psychology, 54,* 323-338.

Triandis, H.C., Leung, K., Villareal, M.V. & Clack, F.L. (1985). Allocentric versus idiocentric tendencies: Convergent and discriminant validation. *Journal of Research in Personality, 19,* 395-415.

Triandis, H.C., McCusker, C., & Hui, C.H. (1990). Multimethod probes of individualism and collectivism. *Journal of Personality and Social Psychology, 59,* 1006-1020.

Triandis, H.C., & Suh, E.M. (2002). Cultural influences on personality. *Annual Review of Personality, 53*, 133-160.

Tripathi, R.C. (1988). Aligning development to values in India. D. Sinha, & H.S.R. Kao (Ed.). *Social values and development,* (s. 315-333). Newburg Park, CA: Sage.

Trommsdorff, G. (1985). Some comparative aspects of socialization in Japan and Germany. I.R. Lagunes & Y.H. Poortinga (Ed.), *From a different perspective: Studies of behavior across cultures, (s. 231-240).* Lisse, Netherlands: Swets and Zeitlinger.

Trommsdorff, G. & B. Nauck (Ed.) (2005) The value of children in cross-cultural perspective: case studies from eight societies. Berlin: Pabst Science.

Trommsdorff, G., Kim, U., & Nauck, B. (2005). Factors influencing value of children and intergenerational relations in times of social change: Analyses from psychological and socio-cultural perspectives [Special issue]. *Applied Psychology: An International Review, 54 (3).*

Tuncer, G. (2006). *The effect of the self in family context and traditional family values on attitudes toward paternalistic leadership style.* Unpublished master's thesis, Koç University, İstanbul, Türkiye.

Uleman, J. S., Rhee, E., & Bardoliwalla, N. (2000). The relational self: Closeness to ingroups depends on who they are, culture, and the type of closeness. *Asian Journal of Social Psychology, 3,* 1-17.

UNESCO (1982). *Different theories and practices of development.* Paris: Author.

UNESCO (1991). *World education report.* Paris: Author.

UNESCO (2002). *Illiteracy*: The obstacle to an Arab Renaissance. UNESCO: Education. Retrieved from January 10, 2003 http://portal.unesco.org/education/.

UNESCO (2004). Repetition at High Cost in Latin America and the Caribbean. *Education Today, 8,* 15.

UNESCO (2005). Institute of Statistics. Retrieved from April 5, 2006, from http://portal.unesco.org/education/.

UNICEF (1991). *The state of the world's children.* New York: Author.

UNICEF (2000). *The state of the world's children.* New York: Author.

UNICEF (2005). Child development questions (Integrated Early Childhood Development). New York: Author.

Uskul, A.K., Hynie, M., & Lalonde, R.N. (2004). Interdependence as a mediator between culture and interpersonal closeness for Euro-Canadians and Turks. *Journal of Cross-Cultural Psychology, 35,* 174-191.

Valsiner, J. (1989). *Child development in cultural context.* Toronto, Kanada: Hogrefe.

Valsiner, J. (1994). *Comparative-cultural and constructivist perspectives.* Norwood, NJ: Ablex.

Valsiner, J. (2000). Cultural Psychology. A. Kazdin (Ed.). *Encyclopedia of psychology, Vol.2,* (s.389-392). Washington, DC: American Psychological Association.

van der Gaag, J., & J.P. Tan (1998), *The Benefits of Early Child Development Programs: An Economic Analysis,* Washington, DC: World Bank

van der Gaag, J. (2002). From child development to human development. M. E. Young (Ed.), *From Early Childhood Development to Human Development,* (s. 63-78). Washington, DC: World Bank.

van de Vijver, F.J.R., & Hutschemaekers, G.J.M. (Ed.), (1990). *The investigation of culture.* Tilburg, Netherlands: Tilburg University Press.

van de Vijver, F.J.R., & Poortinga, Y.H. (1990). A taxonomy of cultural differences. J.R. van de Vijver & G.J.M. Hutschemaekers (Ed.). *The investigation of culture: Current issues in cultural psychology,* (s. 91-114). Tilburg, Netherlands: Tilburg University Press.

Van Ijzendoorn, M. H., & Sagi, A. (1999). Cross-cultural patterns of attachment: Universal and contextual dimensions. J. Cassidy & P.R. Shaver (Ed.), *Handbook of attachment: Theory, research, and clinical applications,* (s. 713-734). New York: Guilford.

Van Oudenhoven, J. P. L., van der Zee, K., & Bakker, W. (2002). Culture, identity, adaptation strategy and well being. D. Gorter & K. van der Zee (Ed.). *Frisian Abroad,* (s. 46-56). Ljouwert, Netherlands: Fryske Akademy.

Van Oudenhoven, N. (1989). Children at risk and community response. (UNESCO): *Notes, Comments* No. 187.

Van Tuijl, C., & Leseman, P.P.M. (2004). Improving mother-child interaction in low-income Turkish-Dutch families: A study of mechanisms mediating improvements resulting from participating in a home-based preschool intervention program. *Infant and Child Development, 13,* 323-340.

Van Tuijl, C., Leseman, P. P. M. & Rispens, J. (2001). Efficacy of an intensive home-based educational intervention programme for 4- to 6-year-old ethnic minority children in the Netherlands. *International Journal of Behavioral Development, 25,* 148-159.

Vannoy, D. (1991). Social differentiation, contemporary marriage, and human development. *Journal of Family Issues, 12,* 251-267.

Verhoeven, L., Rood, v.R., & v.d. Laan, C. (Ed.) (1991). *Attaining functional literacy: A cross-cultural perspective.* The Hague, Netherlands: UNESCO.

Von Bertalanffy, L. (1933). *Modern theories of development.* Londra: Oxford University Press.

Völker, S., Yovsi, R., & Keller, H. (1998). *Maternal interactional quality as assessed by non-trained raters from different cultural backgrounds.* Paper presented at the XVth Biennial ISSBD Meetings, Bern, Switzerland.

Vygotsky, L.S. (1978). *Mind in society: The development of higher psychological processes.* Cambridge, MA: Harvard University Press.

Vygotsky, L.S. (1986). *Thought and language* (Trans./rev. by A. Kozulin). Cambridge, MA: MIT Press. (Original work published in 1934).

Wachs, T.D. (1987). Specificity of environmental action as manifested in environmental correlates of infant's mastery motivation. *Development Psychology, 23,* 782-790.

Wachs, T.D. (1993). Determinants of intellectual development: Single determinant research in a multideterminant universe. *Intelligence, 17,* 1-10.

Wachs, T. D., & Gruen, G. (1982). *Early experience and human development.* New York: Wiley.

Wagar, B., & Cohen, D. (2003). Culture, memory, and the self: An analysis of the personal and collective self in long-term memory. *Journal of Experimental Social Psychology, 39,* 468-475.

Wagner, D.A. (Ed.), (1983). *Child development and international development: Research-policy interfaces.* San Francisco: Jossey-Bass.

Wagner, D. A. (Ed.). (1986). Child development research and the Third World. *American Psychologist, 41,* 298-301.

Wagner, D.A. (1988). Appropriate education and literacy in the Third World. P.R. Dasen, J.W. Berry, & N. Sartorius (Ed.). *Health and cross-cultural psychology,* (s. 93-111) Newbury Park, CA: Sage.

Wagner, D.A., & Spratt, J.E. (1987). Cognitive consequences of contrasting pedagogies: The effects of Quranic preschooling in Morocco. *Child Development, 58,* 1207-1219.

Wagner, D.A., & Stevenson, H.W. (Ed.). (1982). *Cultural perspectives on child development.* San Francisco: Freeman.

Wallach, M.A. & Wallach, L. (1983*). Psychology's sanction for selfishness: The error of egoism in theory and therapy.* New York: Freeman.

Wallach, M.A. & Wallach, L. (1990). *Rethinking goodness.* Albany: State University of New York Press.

Wang, Q. (2004). The Emergence of Cultural Self-Constructs: Autobiographical Memory and Self-Description in European American and Chinese Children. *Developmental Psychology, 40*(1), 3-15.

Wang, Q. (2006). Earliest Recollections of Self and Others in European American and Taiwanese Young Adults. *Psychological Science, 17, 708-714.*.

Wang, Q., & Conway, M.A. (2004). The stories we keep: autobiographical memory in American and Chinese Middle-Aged adults. *Journal of Personality, 72,* 911-938.

Wang, Q., & Tamis-LeMonda, C.S. (2003). Do child-rearing values in Taiwan and the United States reflect cultural values of collectivism and individualism? *Journal of Cross-Cultural Psychology, 34,* 629-642.

Wang, Z.M. (1993). New Chinese approach in psychological research. *Psychology and Developing Societies, 5,* 151-170.

Ward, C. (2001). The A, B, Cs of Acculturation. D. Matsumoto (Ed.) *The Handbook of Culture and Psychology,* (s. 411-446). Oxford, England: Oxford University Press.

Ward, C., & Kennedy, A. (1992). Locus of control, mood disturbance and social difficulty during cross-cultural transitions. *International Journal of Intercultural Relations, 16,* 175-194.

Ward, C., & Kennedy, A. (1996). Crossing cultures: The relationship between psychological and sociocultural dimensions of cross-cultural adjustment. J. Pandey, D. Sinha, & D.P.S. Bhawuk (Ed.), *Asian contributions to cross-cultural psychology,* (s. 289-306). Yeni Delhi, Hindistan: Sage.

Washington, V. (1988). Historical and contemporary linkages between black child development and social policy. D.T. Slaughter (Ed.). *Black children and poverty: A developmental perspective,* (s. 934-108). San Francisco: Jossey-Bass.

Wassik, B.H., Ramey, C.T., Bryant, D.M. & Sparling, J.J. (1990). A longitudinal study of two early intervention strategies: Project care. *Child Development, 61,* 1682-1696.

Waters, E., Merrick, S., Treboux, D., Crowell, J., & Albersheim, L. (2000) Attachment security in infancy and early adulthood: A twenty-year longitudinal study. *Child Development, 71,* 684-689.

Weil, S. (1987). Proximal households as alternatives to joint families in Israel. L. Shamgar-Handelman & R. Palomba (Ed.), *Alternative patterns of family life in modern societies,* Rome: Collana Monografie.

Weinfield, N., Sroufe, L.A., & Egeland, B. (2000). Attachment from infancy to early adulthood in a high-risk sample: Continuity, discontinuity, and their correlates. *Child Development, 71,* 695-702.

Weisner, T.S. (2002). Ecocultural pathways, family values, and parenting. *Parenting: Science and practice, 2,* 325-334.

Weiss, H. B., & Jacobs, F. H. (1988). Family support and education programs: challenges and opportunities. H. B. Weiss & F. H. Jacobs (Ed.), *Evaluating family programs,* (s. xix-xxix). New York: AIdine.

Weisz, J.R., Rothbaum, F.M., & Blackburn, T.C. (1984). Standing out and standing in. *American Psychologist, 39,* 955-969.

Weller, P. (2004). Identity, politics, and the future(s) of religion in the UK: The case of the religion questions in the 2001 decennial census. *Journal of Contemporary Religion, 19,* 3-21.

Westen, D. (1985). *Self and society.* Cambridge, England: Cambridge UP.

White, G. & Kirkpatrick, J. (Ed.) (1985). *Person, self, and experience: Exploring Pacific ethnopsychologies.* Berkeley: University of California Press.

Whitehurst, G. J., Arnold, D. S., Epstein, J. N., Angell, A. L., Smith, M., & Fischel, J. E. (1994). A picture book reading intervention in day care and home for children from low-income families. *Developmental Psychology, 30*, 679-689.

Whitehurst, G. J., & Fischel, J. E. (1999). A developmental model of reading and language impairments arising in conditions of economic poverty. D. Bishop & L. L. Lenard (Ed.), *Speech and language impairments in children: Causes, characteristics, intervention, and outcomes*, (s. 53-71). East Sussex, England: Psychology Press.

Whitehurst, G. J, Zevenbergen, A. A., Crone, D. A., Schultz, M. D. & Velting, O. N. (1999). Outcomes of an emergent literacy intervention from head start through second grade. *Journal of Educational Psychology, 91*, 261-272.

Whiting, B.B. (Ed.). (1963). *Six cultures: Studies in child rearing.* New York: Wiley.

Whiting, B.B., & Whiting J.W. (1975). *Children of six cultures: A psychocultural analysis.* Cambridge, MA: Harvard University Press.

Whiting J.W. & Child, I. (1953). *Child training and personality.* New Haven, CT: Yale University Press.

Wiggins, J.S. & Trapnell, P.D. (1996). A dyadic-interactional perspective on the five-factor model. J.S. Wiggins (Ed.) *The five-factor model of personality: Theoretical perspectives*, (s. 88-162). New York: Guilford.

Willms, J. D. (2002). Standards of care: Investments to improve children's educational outcomes in Latin America. M. E. Young (Ed.), From early child development to human development, (s. 81-122). Washington, DC: The World Bank.

Winkvist, A., & Akhtar, H.Z. (2000). God should give daughters to rich families only: attitudes towards childbearing among low-income women in Punjab, Pakistan. *Social Science & Medicine 51*, 73-81.

Witkin, H., & Berry, J.W. (1975). Psychological differentiation in cross-cultural perspective. *Journal of Cross-Cultural Psychology, 6*, 4-87.

Woodhead, M. (1985). Pre-school education has long term effects: But can they be generalized? *Oxford Review of Education, 11*, 133-155.

Woodhead, M. (1988). When psychology informs public policy. *American Psychologist, 43*, 443-454.

Woodhead, M. (1991). Psychology and the cultural construction of children's needs. M. Woodhead, P., Light, R. Carr (Ed.) *Growing up in a changing society*, (s. 37-57). Londra: Routledge.

World Bank (1988). *Education in Sub-Saharan Africa, policies for adjustment, revitalization, and expansion.* Washington DC: Author.

World Bank Population, Health and Nutrition Department. (1993). *Best practices in addressing micronutrient malnutrition.* Washington DC: World Bank.

World Bank. (2001). Arab Republic of Egypt: An economic analysis of early childhood education/development. Washington, DC: Author.

World Energy Council (1999, May). Londra.

World Health Organization (1986). *Protocols for the development and field testing of techniques for monitoring physical growth and psychosocial development* (WHO/MCH/MNH/86.1). Geneva, Switzerland: Author.

World Health Organization (1990). *Progress report on the activities of physical growth and psycho-social development (September 1988-April 1990)* (Programme of Maternal and Child Health). Geneva, Switzerland: Author.

Yamagishi, T. (2002). The structure of trust: An evolutionary game of mind and society. *Hokkaido Behavioral Science Report, SP-13,* 1-157.

Yamagishi, T., Cook, K.S., & Watabe, M. (1998). Uncertainty, Trust, and Commitment Formation in the United States and Japan., *American Journal of Sociology, 104,* 165-94.

Yamaguchi (1994). Collectivism among the Japanese: A perspective from the self. U. Kim, H.C. Triandis, Ç. Kağıtçıbaşı, S.-C. Choi, & G. Yoon (Ed.), *Individualism and collectivism: Theory, method and applications,* (s. 175-188). Thousand Oaks, CA: Sage.

Yamaguchi, S. (2001). Culture and control orientations. D. Matsumoto (Ed.), *The Handbook of culture and psychology,* (s. 223-243). New York: Oxford University Press.

Yang, C.F. (1988). Familism and development: An examination of the role of family in contemporary China Mainland, Hong Kong, and Taiwan. D. Sinha & H.S.R. Kao (Ed.), *Social values and development: Asian perspectives,* (s. 93-123). Londra: Sage.

Yang, K-S. (1986). Chinese personality and its change. M.H. Bond (Ed.), *The psychology of the Chinese people,* (s. 106-170). New York: Oxford University Press.

Yang, K-S. (1988). Will societal modernization eventually eliminate cross-cultural psychological differences? M.H. Bond (Ed.). *The cross-cultural challenge to social psychology,* (s. 67-85). Londra: Sage.

Yang, S., & Sternberg, R.J. (1997). Taiwanese Chinese people's conception of intelligence. *Intelligence, 25,* 21-36.

Yau, J., & Smetana, J.G. (1996). Adolescent-Parent Conflict among Chinese Adolescents in Hong Kong. *Child Development, 67,* 1262-1275.

Yeung, W. J., Linver, M.R., & Brooks-Gunn, J. (2002). How money matters for young children's development: Parental investment and family processes. *Child Development, 73,* 1861-1879.

Yoshida, T., Kojo, K., & Kaku, H. (1982). A study on the development of self-presentation in children. *Japanese Journal of Educational Psychology, 30,* 30-37.

Yoshikawa, H. (1994). Prevention as cumulative protection: Effects of early family support and education on chronic delinquency and its risks. *Psychological Bulletin, 115*, 27-54.

Young, M.E. (1997). *Early child development: Investing in our children's future.* International Congress Series 1137. Amsterdam: Elsevier Science.

Young, M.E. (Ed.) (2002). *From early child development to human development: Investing in our children's future.* Washington, DC: World Bank.

Young, M.E., & van der Gaag, J. (2002). *Ready to Learn? An Assessment of Needs and Programs for Children Ages 4-6 in Jordan.* Washington, DC: World Bank.

Young, N. (1992). Postmodern self-psychology mirrored in science and the arts. S. Kvale (Ed.). *Psychology and postmodernism,* (s. 135-145). Londra: Sage.

Yovsi, R. D. (2001). *Ethotheories about breastfeeding and mother-infant interaction: The case of sedentary Nso farmers and nomadic Fulani pastrals with their infants 3-6 months of age in Mbvem subdivision of the Northwest providence of Cameroon, Africa.* Unpublished doctoral dissertation, University of Osnabrück, Germany.

Yu, A-B. & Yang, K-S. (1994). The Nature of achievement motivation in collectivistic societies. U. Kim, H.C. Triandis, Ç. Kağıtçıbaşı, S-C. Choi & G. Yoon (Ed.). *Individualism and collectivism: Theory, method, and applications,* Newbury Park, CA: Sage.

Zeitlin, M. (1991). Nutritional resilience in a hostile environment: Positive deviance in child nutrition. *Nutrition Review, 49*, 259-268.

Zeitlin, M. (1996). My child is my crown. Yoruba parental theories and practices in early childhood. S. Harkness & C.M. Super (Ed.), *Parents' cultural belief systems. Their origins, expressions, and consequences,* (s. 407-427). New York: Guilford.

Zeitlin, M., Ghassemi, H., & Mansour, M. (1990). Positive deviance in child nutrition, with emphasis on psychosocial and behavioral aspects and implications for development. Tokyo: United Nations University.

Zheng, G., Shi, S., & Tang, H. (2005). Population development and the value of children in the people's republic of China. G. Trommsdorff, & B. Nauck (Ed.), *The value of children in cross-cultural perspective: Case studies from eight societies,* Berlin: Pabst Science.

Zigler, E. (2003). Forty years of believing in magic is enough. *Social Policy Report, 17*, 10.

Zigler, E., & Berman, W. (1983). Discerning the future of early childhood intervention. *American Psychologist, 38*, 894-906.

Zigler,E., & Styfco , S.J. (1994) Head Start: Criticism in a constructive context. *American Psychologist, 49*, 127-132.

Zigler, E., Taussig, C., & Black, K. (1992). Early childhood intervention: a promising preventative for juvenile delinquency. *American Psychologist 47*, 997–1006.

Zigler, E., & Weiss, H. (1985). Family support systems: an ecological approach to child development. R. Rapaport (Ed.), *Children, youth, and families: The action-research relationship*, (s. 166-205). Cambridge, England: Cambridge University Press.

Zimbardo, P. G. (2002). Psychology in the public service. *American Psychologist, 57*(6), 431-433.

Zimmerman, B.J., & Rosenthal, T.L. (1974). Observational learning of rule-governed behavior by children. *Psychological Bulletin, 81*, 29-42.

Kavramlar Dizini

Adlar Dizini

A

Aaker, J.L. 36
Abadan-Unat, N. 336
Abalakina, M. 320
Adair, J. 37, 43
Adelson, J. 192
Adorno, T.W. 23-4, 320, 331
Agarwal, R. 27, 141, 224, 237, 342
Ageyev, V. 320
Ainsworth, M.D.S. 186
Akande, A. 320
Akhtar, H.Z. 67, 145
Aksu-Koç, A. 83, 95, 102, 229-30, 296, 311
Albersheim, L. 188
Albert, I. 170
Allen, J.P. 102, 193, 210
Allik, J. 122, 127, 204
Allport, G.W. 27, 32, 36, 320
Anandalaksmy, S. 84, 226
Anastasi, A. 33, 246
Anderson, S. 194
Andersson, B.E. 253, 267, 358
Angell 102
Angellilo, C. 83
Angyal, A. 130, 195-6, 203
Apfel, N.H. 269
Appelbaum, M. 253, 257, 265-6
Applegate, J.L. 96-7, 100
Arends-Tóth, J. 326-8, 335, 338, 352
Aries, P. 63, 65, 148
Armecin, G. 226, 243, 252
Arnold, D.S. 102

Aronson, E. 90, 137, 235
Aronson, J. 334
Asai, M. 111, 208
Asencio, M. 68
Assor, A. 195
Ataca, B. 53, 56, 124, 149-50, 165, 168, 213
Atkinson, J.W. 140
Avery, C.B. 194
Aycan, Z. 210, 324
Ayçiçeği, A. 44, 311
Aydın, B. 193, 212
Azar, S.T. 338
Azmitia, M. 83
Azuma, H. 42, 51-2, 113, 140, 181-2, 187

B

Bachman, M. 134, 140
Bacon, M. 54, 120
Baer, J.C. 192
Bajaj, M. 84, 226
Bakan, D. 130, 164, 195-6, 203
Bakker, W. 327
Baldwin, J.M. 55
Baltes, P.B. 56, 57
Bandura, A. 56, 84, 196, 205
Barciauskas, R.C. 173
Bardi, A. 45
Bardoliwalla, N. 127
Barker, R.G. 57
Barnes, H.V. 256
Barnett, W.S. 256, 258, 272
Barocas, B. 74

www.ingramcontent.com/pod-product-compliance
Lightning Source LLC
Chambersburg PA
CBHW080641270326
41928CB00017B/3158